THE START

Salesforce를 시작하는 모든 사용자 및 엔지니어들을 위한 최고의 입문서

DKBMC Salesforce User Guide

DKBMC Salesforce
User Guide

저자	DKBMC 기술연구소
감수	김연홍
초판 발행	2023년 4월 1일
발행처	아이티포럼
발행인	김연홍
디자인	Studio 7kg
편집	이재덕
주소	경기도 안산시 단원구 당곡1로 28번지 912동 502호
전화	02) 865-3701
등록번호	제 2012-000001 호
등록일자	2012년 1월 26일
ISBN	978-89-97945-05-4 93000
가격	47,000원

이 책은 저작권법에 따라 보호받는 저작물로 무단제제 및 무단복제를 금지합니다.
이 책의 전부 또는 일부를 이용하려면 반드시 저작권자의 서면 동의를 받아야 합니다.
학교를 제외한 기관에서 이 책을 교육용 교재로 사용할 경우 저작권자의 서면 동의를 받아야 합니다.
본 서적의 수업 자료 및 오탈자, 수정 내용은 아이티포럼 출판사 네이버 카페
(https://cafe.naver.com/itforum01)에서 제공 및 안내 받으실 수 있습니다.
잘못 만들어진 책은 구입하신 곳에서 교환하여 드립니다.

THE START

Salesforce를 시작하는 모든 사용자 및 엔지니어들을 위한 최고의 입문서

DKBMC Salesforce User Guide

저자 **DKBMC 기술 연구소** / 감수 **김연홍 이사**

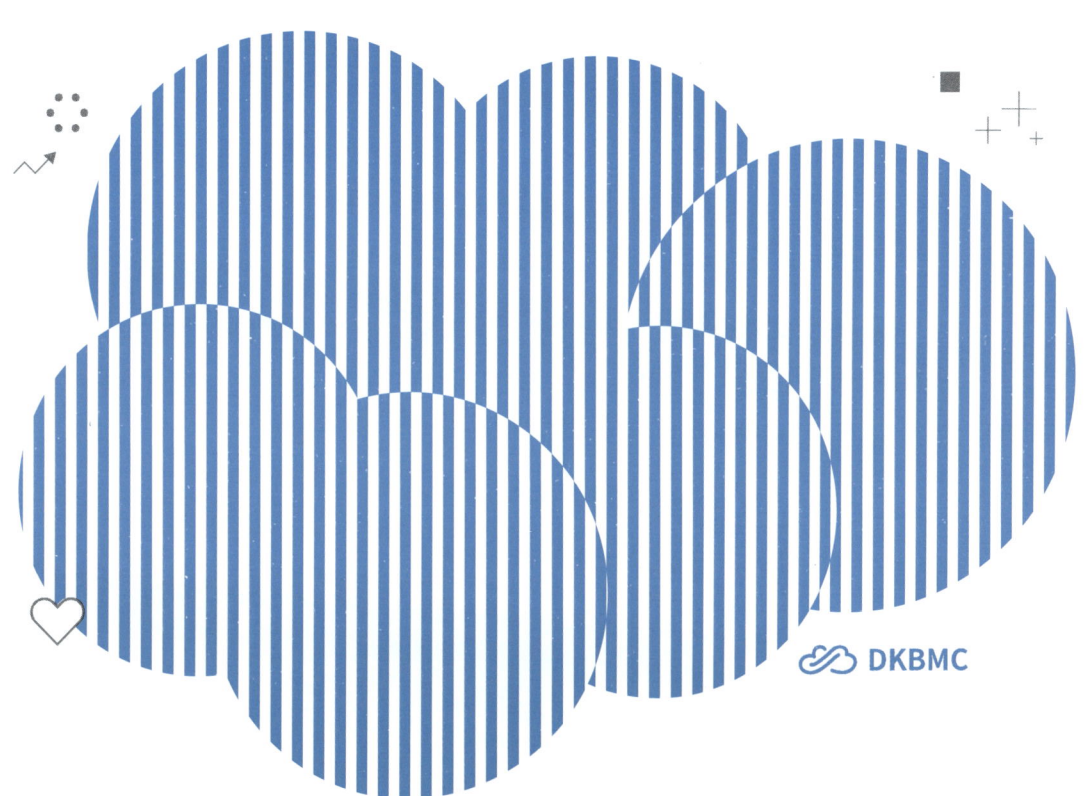

아이티포럼

추천사

"고객중심의 디지털 혁신"을 통한 경쟁력 강화는 이제 대부분의 기업들에게 낯익은 비지니스 언어가 되었으며, 특히 CRM업계의 글로벌 리더인 세일즈포스 솔루션 도입을 통해 이를 구현하려는 노력이 점차 일반화되고 있습니다.

우리는 많은 경영진으로부터 성공적인 디지털 혁신 여정에 대한 질문을 받곤 합니다.

성공적인 혁신에는 크게 세 가지 요소가 같이 진행되어야 합니다.

먼저, 성공적인 디지털 혁신 대상 프로세스를 선정하고, 구현 이후 모습에 대한 명확한 방향성과 청사진이 정립되어야 합니다. 두 번째는 이러한 방향성과 일치하며, 민첩하고 확장성 있는 디지털 혁신을 지원하는 솔루션의 도입입니다. 그리고 가장 중요한 마지막 세 번째 사항은 혁신이후 변화된 업무 프로세스와 솔루션의 내재화를 지원하는 변화관리, 즉 기업문화의 혁신입니다.

'구슬이 서말이라도 꿰어야 보배'라는 말처럼, 프로세스를 설계하고, 솔루션을 도입하고, 이를 내재화하는 전 과정에서 도입한 솔루션에 대해 명확하게 이해하는 것이 중요합니다.

이런 점에서 세일즈포스란 무엇이고, 어떤 솔루션인지에 대해 체계적으로 학습하고, 세일즈포스와 함께하는 디지털혁신 여정의 길잡이가 되어줄 전문서적이 출간된 걸 진심으로 환영하며, 집필에 애써주신 저자에게 감사드립니다.

이 책을 통해 고객중심의 디지털 혁신을 꿈꾸는 모든 트레일블레이저들이 세일즈포스의 기술을 체계적으로 이해하고, '성공적인 디지털 혁신'을 이룰 수 있기를 기대합니다.

세일즈포스 코리아 대표 손부한

인사말

지난 10년간 DK BMC는 "고객의 성공을 위해 일한다"는 기치 아래 세일즈포스와 함께 기업의 혁신과 가치 창출을 위해 노력해 왔습니다. 특히, 디지털 전환의 시대를 맞이하여 기업의 고객 디지털 경험 혁신을 위한 변화의 여정을 함께 해오고 있습니다.

이러한 분위기를 반영하듯 글로벌 CRM 시장 No 1. 세일즈포스는 이제 대기업뿐만아니라 중견, 중소기업의 핵심 인프라로 자리매김하고 있습니다. 하지만 아직도 많은 영역에서 세일즈포스 교육 컨텐츠와 기술 서비스에 갈증을 느끼시는 분들이 많으신 것 또한 현실입니다.

DKBMC는 지난 1년여 시간 동안 많은 논의와 준비 끝에 이러한 고객분들의 기술적 갈증을 해소하고, 특히 중견, 중소 기업들이 세일즈포스 활용을 통해 일하는 방식을 혁신할 수 있도록 THE START 사이트(www.thestart.cloud) 를 런칭했으며, 세일즈포스의 이해와 활용을 돕는 책을 출간하게 되었습니다.

물론 이 책에 세일즈포스의 노하우가 모두 담겨있다고 할 수는 없습니다.

하지만 세일즈포스 사용자 및 엔지니어분들이 세일즈포스를 이해하고, 기능을 활용하는데 있어서 도움이 될 수 있는 핵심적인 요소들을 체계적으로 따라하며, 학습하실 수 있도록 시나리오 기반으로 책을 집필하였습니다.

더불어 이 책을 학습하시면서 궁금하거나 혹은 기술 지원이 필요한 경우, THE START 사이트에서 고객분들이 필요로 하는 서비스를 충실히 제공받으실 수 있도록 체계적으로 준비하였습니다.

이제 이 책의 출판과 함께 THE START 서비스를 런칭함으로써 DKBMC는 고객의 성공적 디지털 전환 여정을 함께하는 신뢰할 수 있는 파트너가 되기 위해 더욱 노력할 것 입니다.

그동안 DKBMC와 함께 했던 많은 고객사의 고객분들과 바쁜 시간 짬을 내서 집필을 위해 노력해주신 집필진 그리고 DKBMC 가족분들께 감사의 마음을 전합니다.

감사합니다.

DKBMC 대표이사 배창욱 드림

Contents

I. 세일즈포스 시작하기

Chapter 1 세일즈포스 소개

1 세일즈포스 소개 — 4
- 1-1 클라우드 서비스(Cloud Service) 소개 — 4
- 1-2 멀티 테넌트 클라우드(Multi-Tenant Cloud) 소개 — 6
- 1-3 CRM(Customer Relationship Management) 소개 — 7

2 세일즈포스 제품 소개 — 11
- 2-1 세일즈포스 – 고객(Customer) 360 — 11
- 2-2 판매 및 서비스 클라우드 에디션 (Sales and Service Cloud Editions) — 12
- 2-3 라이트닝 플랫폼(Lightning Platform) — 14
- 2-4 아인스타인(Einstein) 클라우드 서비스 — 15
- 2-5 세일즈포스 학습 커뮤니티 – 트레일헤드(Trailhead) — 16

3 세일즈포스 개발자 에디션 (Developer Edition) — 19
- 3-1 개발자 에디션 소개 — 19
- 3-2 세일즈포스 계정과 오그(Org) — 20
- 3-3 세일즈포스 로그인 — 24
- 3-4 휴대폰 등록 — 26
- 3-5 Salesforce Authenticator, Lightning Login — 27
- 3-6 세일즈포스 모바일 앱 — 31

Quiz — 32

Chapter 2 세일즈포스 환경 및 권한 설정

1 사용자 개인 설정 — 36
- 1-1 개인정보 확인 및 이메일 변경 — 36
- 1-2 내 암호 변경 — 39
- 1-3 언어 및 표준 시간대 변경 — 40
- 1-4 내 이메일 설정 — 42
- 1-5 개인 홈 페이지 — 43

2 회사 정보 설정 — 45
- 2-1 회사 소개 및 회사 정보 확인 — 45
- 2-2 통화 설정 — 49
- 2-3 업무 시간 등록 — 51

	2-4 휴일 등록	53
	2-5 테마 및 브랜딩 설정	55

3 권한 설정의 기본   **59**

	3-1 오그(Org, 조직) 전체 기본값(OWD)	59
	3-2 역할 계층(Role Hierarchy, 회사 조직도, 권한 계층) 등록	62
	3-3 공개 그룹(Public Group)	65
	3-4 공유 규칙(Sharing Rule)	66

4 프로필과 사용자   **68**

	4-1 프로필(Profile) 소개	68
	4-2 권한 집합(Permission Set)	73
	4-3 사용자(User) 등록	76
	4-4 암호 다시 설정	79
	4-5 여러 사용자 추가	80
	4-6 임의의 사용자 로그인 설정	83
	4-7 사용자 정의 프로필 사용 예	85

Quiz   **88**

Chapter 3 세일즈포스 사용 기본

1 세일즈포스 인터페이스(Interface)   **92**

	1-1 앱 시작 관리자(App Launcher)	92
	1-2 글로벌 검색(Global Search)	94
	1-3 목록 보기(List View)	96
	1-4 목록 보기(List View) 필터링	97
	1-5 목록 보기(List View) 새로 만들기	99
	1-6 목록 보기 형식(Table, Kanban, Split)	101
	1-7 Lightning UI와 Classic UI	103
	1-8 앱(App)과 콘솔(Console)의 차이	105

2 판매 프로세스 소개   **110**

	2-1 리드(Lead) 소개	111
	2-2 기회(Opportunity) 소개	112
	2-3 기회(Opportunity)의 성공 및 관리	113

Contents

3 활동(Activity) 소개 — 114
- 3-1 작업(Task) 만들기 — 115
- 3-2 방문/통화 기록(Log a Call) — 118
- 3-3 이벤트(Event) 만들기 — 120
- 3-4 캘린더(Calendar)에서 이벤트(Event) 만들기 — 123
- 3-5 이메일(Email) 전송하기 — 124

4 채터(Chatter) 소개 — 127
- 4-1 게시(Post) 하기 — 128
- 4-2 설문(Poll) 등록하기 — 130
- 4-3 질문(Question) 등록하기 — 132
- 4-4 그룹(Group) 등록하기 — 134
- 4-5 스트림(Stream) 등록하기 — 136

Quiz — 138

II 표준 개체(Standard Ojbect) 이해하기

Chapter 4 표준 개체(Standard Object) 이해하기

1 리드(Lead) 생성 및 관리 — 144
- 1-1 리드(Lead) 선별 및 발굴 과정 — 145
- 1-2 리드(Lead) 생성 — 146
- 1-3 리드 변환(Lead Conversion) — 151
- 1-4 중복 레코드 병합 — 158
- 1-5 Web to Lead (웹을 통한 리드 생성) — 161

2 계정(Account)과 연락처(Contact) 생성 및 관리 — 168
- 2-1 계정(Account) 만들기 — 169
- 2-2 연락처(Contact) 만들기 — 171
- 2-3 관련 연락차(Related Contract) 만들기 — 173
- 2-4 파트너(Partner) 등록하기 — 177
- 2-5 뉴스(News) 연결 — 179
- 2-6 활동(Activity) 등록하기 — 181

Quiz — 185

Chapter 5 기회(Opportunity) 사용하기

1 기회(Opportunity)소개 — 190
- 1-1 기회(Opportunity)의 단계 — 190
- 1-2 기회(Opportunity) 만들기 — 194
- 1-3 기회(Opportunity) 소유자 변경하기 — 197

2 기회 관련 개체(Opportunity Related Object) — 200
- 2-1 제품(Product) 및 가격 목록(Price Book) 소개 — 201
- 2-2 제품(Product) 등록하기 — 202
- 2-3 표준 가격 목록(Standard Price Book)에 제품 등록하기 — 209
- 2-4 가격 목록(Price Book) 생성하기 — 210
- 2-5 기회(Opportunity)에 가격 목록(Price Book) 적용하기 — 213
- 2-6 연락처 역할(Contact Role)과 파트너(Partner) 등록 — 218
- 2-7 노트 및 첨부 파일 — 220
- 2-8 견적(Quote) 활성화 — 225
- 2-9 견적(Quote) 내기 — 226
- 2-10 견적(Quote) 수정하기 — 229
- 2-11 견적(Quote) 동기화하기 — 232
- 2-12 예측(Forecast) 활성화 및 확인하기 — 233
- 2-13 소유권 변경 시 예측 확인 — 238

Quiz — 242

III 세일즈포스 활용하기

Chapter 6 캠페인(Campaign) 및 사례(Case) 관리

1 캠페인(campaign) 활용하기 — 248
- 1-1 캠페인(Campaign) 만들기 — 249
- 1-2 캠페인(Campaign) 계층 만들기 — 251
- 1-3 캠페인 구성원(Campaign Member) 등록 — 255
- 1-4 캠페인 구성원(Campaign Member)에게 단체 메일 발송 — 258
- 1-5 캠페인 구성원(Campaign Member) 상태 업데이트 — 261
- 1-6 캠페인 기반 기회(Opportunity) 만들기 — 262

Contents

2 사례(Case) 활용하기   **263**
- 2-1 사례(Case) 만들기   264
- 2-2 사례(Case) 이용하기   266
- 2-3 사례 할당 규칙(Case Assignment Rule) – 사용자 할당   270
- 2-4 사례 할당 규칙(Case Assignment Rule) 적용   276
- 2-5 사례 할당 규칙(Case Assignment Rule) – 팀 할당   280
- 2-6 Web to Case (웹을 통한 케이스 생성)   294
- 2-7 사례(Case) 이메일 템플릿 수정   299
- 2-8 Email to Case 설정하기   301
- 2-9 Email to Case 테스트하기   306

3 대기열(Queue) 활용하기   **309**
- 3-1 대기열(Queue) 이란?   309
- 3-2 사례 대기열(Queue) 만들기   310
- 3-3 대기열 할당 규칙(Queue Assignment Rule) 만들기   312
- 3-4 대기열 할당 규칙(Queue Assignment Rule) 적용   314
- 3-5 에스컬레이션 규칙(Escalation Rule) 만들기   316
- 3-6 에스컬레이션 규칙(Escalation Rule) 적용 확인   321

Quiz   **322**

Chapter 7   사용자 정의 개체(Custom Object)

1 개체 관리자(Object Manager) 사용하기   **326**
- 1-1 개체 관리자(Object Manager) 소개   326
- 1-2 데이터 유형(Data Type)   330

2 사용자 정의 개체(Custom Object) 만들기   **332**
- 2-1 사용자 정의 개체(Custom Object) 설명   332
- 2-2 사용자 정의 개체(Custom Object) 만들기   333
- 2-3 "팀" 개체에 사용자 정의 필드(Custom Field) 추가하기   337
- 2-4 사원 개체에 사용자 정의 필드(Custom Field) 추가하기   340
- 2-5 확인(유효성 검사) 규칙(Validation Rule) 정의   351
- 2-6 스키마 빌더(Schema Builder)   353
- 2-7 사용자 정의 개체 탭 추가   355
- 2-8 데이터 입력하기   357
- 2-9 표시할 필드 선택 – 모두보기   361
- 2-10 표시할 필드 선택 – 최근 조회 항목   362

3 사용자 인터페이스(User Interface) 개선 — 366
  3-1 "팀", "사원" 개체 인터페이스 확인 — 366
  3-2 관련됨 항목(Related Object)들의 필드 표시 — 368
  3-3 "사원" 개체 세부 사항 레이아웃 편집하기 — 374
  3-4 "사원" 개체에 활동(Activity) 추가하기 — 377
  3-5 "사원" 개체에 체터(Chatter) 추가하기 — 381
  3-6 기타 변경 사항 — 385
4 경로(Path) 설정 — 395
  4-1 선택 목록(Pick List) 확인 — 395
  4-2 경로(Path) 만들기 — 397
Quiz — 403

Chapter 8 보고서(Report) 및 대시보드(Dashboard)

1 보고서(Report) 활용하기 — 408
  1-1 보고서(Report) 만들기 — 410
  1-2 보고서(Report) 내보내기 — 415
  1-3 보고서(Report) 구독 설정 — 417
  1-4 보고서(Report) 공유 설정 — 419
  1-5 그룹 열 추가 보고서(Report) — 420
  1-6 사용자 정의 개체 보고서 활성화 — 421
  1-7 목록 보기에서 차트보기 — 425
2 대시보드(Dashboard) 활용하기 — 427
  2-1 대시보드(Dashboard) 만들기 — 428
  2-2 대시보드(Dashboard)에 차트 추가 — 429
  2-3 대시보드(Dashboard) 판매 홈에 노출하기 — 432
  2-4 대시보드(Dashboard) 화면 이미지 다운로드 — 436
Quiz — 438

Contents

Chapter 9 — 데이터 가져오기 및 내보내기

1 데이터 가져오기 / 내보내기 — 442
- 1-1 데이터 가져오기 마법사(Data Import Wizard) 소개 — 442
- 1-2 리드(Lead) 데이터 가져오기 — 445
- 1-3 데이터 내보내기 — 451
- 1-4 데이터 내보내기 – 예약 — 454

2 Data loader — 455
- 2-1 Data Loader 설치 — 455
- 2-2 Data Loader 실행 – "Upsert" — 457
- 2-3 Data Loader 실행 – "Export" — 464

3 Salesforce Inspector — 467
- 3-1 Salesforce Inspector 설치 — 467
- 3-2 Data Export — 468
- 3-3 Data Import — 471

4 레코드 대량 작업 — 475
- 4-1 레코드 대량 전송 — 475
- 4-2 레코드 대량 삭제 — 479

Quiz — 481

IV 프로세스 자동화 및 메일 연동

Chapter 10 — 프로세스 자동화(Process Automation)

1 플로 빌더(Flow Builder) — 486
- 1-1 세일즈포스 자동화 소개 — 486
- 1-2 자동화 업무 예제 소개 및 개체 준비 — 488
- 1-3 플로(Flow)를 이용한 자동화 구현 — 499
- 1-4 플로(Flow)를 이용한 예외처리 — 511
- 1-5 플로(Flow) 버전 확인하기 — 521

2 승인 프로세스(Approval Process)   **523**

  2-1   승인 프로세스(Approval Process) 소개   523

  2-2   승인 프로세스(Approval Process) 구현   527

  2-3   승인 프로세스(Approval Process) 테스트   538

  2-4   거부 프로세스(Reject Process) 추가 및 테스트   543

Quiz   **548**

Chapter 11   이메일 연동 및 AppExchange

1 Outlook 연동   **552**

  1-1   Outlook 설정   552

  1-2   Outlook 연결   556

  1-3   Outlook에서 세일즈포스에 이메일 등록   557

  1-4   Outlook 일정 세일즈포스에 등록   559

2 Gmail 연동   **561**

  2-1   Gmail 설정   561

  2-2   Chrome 확장 프로그램 추가   564

  2-3   Gmail에서 세일즈포스에 이메일 등록   567

  2-4   캘린더 이벤트 세일즈포스에 등록   569

3 세일즈포스 AppExchange   **571**

  3-1   세일즈포스 AppExchange 소개   571

  3-2   패키지(Package) 설치   573

  3-3   패키지(Package) 설치 확인   577

  3-4   대시보드 적용   580

4 앱 관리자를 이용한 앱 만들기   **584**

  4-1   새로운 앱 만들기   584

  4-2   앱 실행하기   587

  4-3   앱 노출 제어하기   590

5 기타   **592**

  5-1   ORGanizer for Salesforce 사용   592

  5-2   레코드 삭제 후 복원 : 휴지통   596

  5-3   인쇄하기   598

Quiz   **600**

THE START

PART I
세일즈포스 시작하기

THE START

chapter 01
세일즈포스 소개

1 세일즈포스 소개

2 세일즈포스 제품 소개

3 세일즈포스 개발자 에디션(Developer Edition)

THE START

1. 세일즈포스 소개

1-1 클라우드 서비스(Cloud Service) 소개

Salesforce Tower, San Francisco.

전통적으로 기업들은 사내에서 컴퓨팅 시스템과 운영 소프트웨어를 이용하여 기업의 전산 시스템을 운영했다. 이러한 운영 환경을 온프레미스(On-Premise)라고 하며, 이는 2010년 초반까지만 하더라도 일반적인 시스템 운영 방식이었다. 이러한 온프레미스 환경은 기업의 비즈니스 인프라를 내제화 함으로써 높은 보안성과 관리성 그리고 원하는 하드웨어를 사용할 수 있음으로 인한 독립성과 자율성이 높다는 장점을 제공한다. 하지만 이러한 온프레미스(On-Premise) 환경은 초기 시스템을 구축하는데 있어서 많은 비용과 시간이 소요되며, 시스템 및 서비스가 확장됨에 따라 지속적인 유지관리가 수행되어야 한다는 단점 또한 존재한다.

이에 반해 클라우드(Cloud) 환경은 인터넷을 통해 서버와 스토리지, 데이터베이스 그리고 응용 소프트웨어 등을 서비스 형태로 제공하는 것을 말한다. 이러한 클라우드(Cloud) 환경의 장점이라고 한다면 유연한 리소스 관리가 가능하다는 점이며, 이 때문에 업무적인 상황에 따른 빠른 대처가 가능하고, 사용한 만큼 비용을 지불하기 때문에 운영비용을 효율적으로 관리 내지는 절감할 수 있다는 장점을 갖는다.

이러한 클라우드 서비스의 종류는 다음과 같은 것들이 있다.

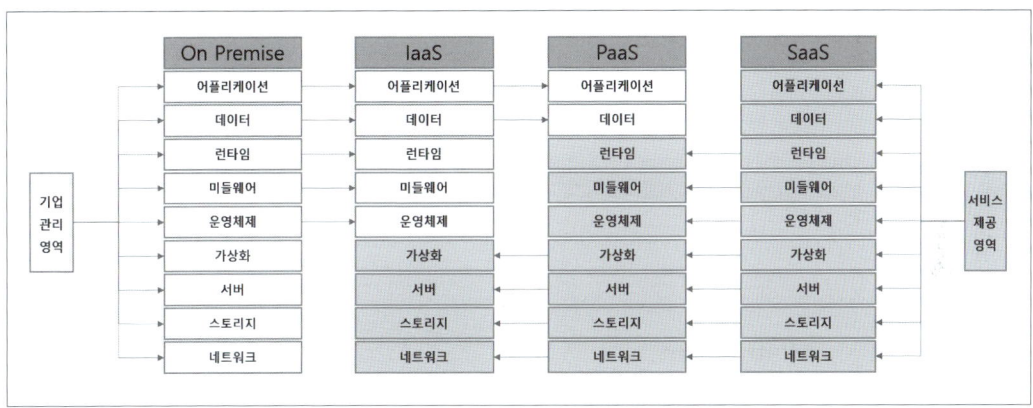

클라우드 서비스 종류	내용
1. IaaS (Infrastructure as a Service)	클라우드 환경에서 서버나 스토리지 등을 할당 받아서 사용하는 서비스 형태로 클라우드 환경에서 가상머신을 구축해서 사용하는 서비스이다. 온프레미스 환경을 클라우드 환경으로 전환한 것이라고 생각하면 된다. AWS EC2 서비스가 이에 해당한다.
2. PaaS (Platform as a Service)	서비스를 개발할 수 있는 기본 환경(Platform)이 미리 준비되어 있는 클라우드 서비스이다. 여기에는 운영체제와 미들웨어 그리고 어플리케이션을 실행할 수 있는 환경이 포함된다. 세일즈포스 제품 중에는 Heroku가 이에 해당하며, 구글의 앱 엔진도 이에 해당한다.
3. SaaS (Software as a Service)	사용자고자 하는 어플리케이션이 미리 만들어져 있는 서비스로 사용자는 어플리케이션의 이용료를 내고 바로 사용할 수 있는 클라우드 서비스이다. 이는 세일즈포스가 이에 해당하며, Office 365와 구글 드라이브 같은 환경의 서비스 등이 대표적이다.

세일즈포스를 소개하면서 이렇게 온프레미스 환경과 클라우드 환경을 이야기하는 이유는 세일즈포스가 처음 런칭됐던 1999년부터 클라우드 기반으로 서비스가 제공됐기 때문이다. 당시로는 생소한 개념이었지만, 지금은 모두 당연하게 클라우드 서비스를 이용하는 것처럼 세일즈포스는 클라우드 환경의 서비스 모델을 선도했고, 지금도 그러한 사실에는 변함이 없다.

세일즈포스에서 제공하는 대부분의 서비스는 SaaS 형태로 제공되지만, 확장 개발과 외부 시스템과의 연동 등을 위해 Paas 서비스도 제공하는데, 이를 Heroku(히로쿠)라고 한다. 이러한 Heroku를 기반으로 세일즈포스와의 데이터 동기화 및 별도의 외부 서비스 및 프로그램 개발 작업 등을 진행할 수 있다.

1-2 멀티 테넌트 클라우드(Multi-Tenant Cloud) 소개

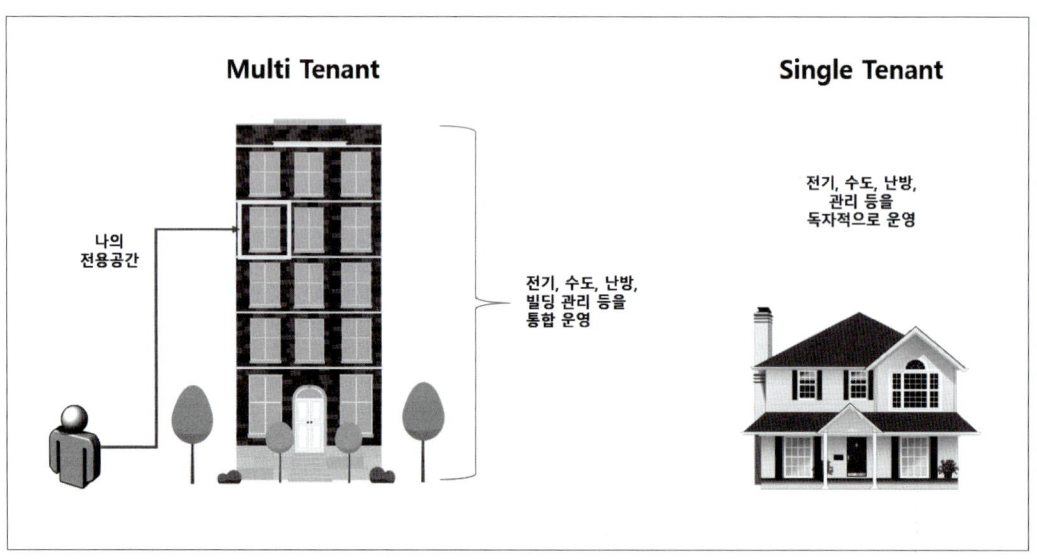

앞에서 클라우드 서비스에 대해서 소개했는데, 이러한 클라우드 서비스는 멀티 테넌트 클라우드(Multi Tenant Cloud) 환경과 싱글 테넌트 클라우드(Single Tenant Cloud) 환경으로 구분할 수 있다. 멀티 테넌트 클라우드 환경을 설명할 때 주로 아파트를 예로 많이 사용한다. 위 화면에서 보는 것과 같이 멀티 테넌트 클라우드 환경은 내가 사용하는 전용 공간은 단독으로 사용하지만, 그 외에 전기, 수도, 난방, 빌딩관리 등은 통합으로 운영한다. 하지만 싱글 테넌트 클라우드는 운영에 필요한 모든 요소들을 독자적으로 운영하는 방식이다.

멀티 테넌트 클라우드 이용 환경이 비용적인 측면에서 보다 효율적이지만, 그렇다고 모든 경우에 대해서 멀티 테넌트 클라우드 이용 환경이 싱글 테넌트 클라우드 이용 환경보다 우수하다고 할 수는 없다.

다만 대중적인 서비스를 제공하는 비즈니스 모델 측면에서 본다면, 멀티 테넌트 클라우드 환경이 보다 경제적이며 운영 효율이 높다는 점은 쉽게 이해할 수 있을 것이다. 이러한 장점 때문에 일반적인 SaaS(Software as a Service) 환경에서 주로 이용하는 서비스 모델이 바로 멀티 테넌트 클라우드 환경이며, 세일즈포스 역시 멀티 테넌트 클라우드 환경으로 서비스 인프라가 구현되어 있다.

1-3 CRM(Customer Relationship Management) 소개

CRM이란 「Customer Relationship Management」의 약자로 한국어로는 "고객 관계 관리"로 번역하며, 이를 위한 소프트웨어 또는 서비스를 CRM 솔루션이라고 한다.

그렇다면 이러한 CRM이 기존 회사의 운영 시스템과 다른 점은 무엇일까?

기존의 회사 운영 시스템은 업무 처리에 관한 결과를 저장하기 위해 만들어진 시스템이라고 볼 수 있다. 예를 들어서 "장바구니에 넣었다.", "구매(결제)를 했다.", "배송이 됐다.", "거래가 완료됐다.", "주문이 취소됐다." 등 이러한 문장들은 모두 결과를 기준으로 업무를 바라보는 관점 즉, 트랜잭션(Transaction, 데이터베이스에서 작업의 처리 단위) 처리 중심의 관점이 강하게 적용된 특징을 갖는 시스템이라는 점이다.

물론 CRM 솔루션 역시 업무 처리 중심의 관점이 전제되지 않는 것은 아니며 오히려 그것이 기본이지만, CRM은 추가로 고객을 중심으로 한 일련의 프로세스(과정)에 포커스가 되어있는 시스템이라고 할 수 있다. 이를 좀 다른 말로 고객생애가치(LTV, Life Time Value)라고 하는데, 이는 업무 프로세스 관리(BPM, Business Process Management)와도 일맥 상통하는 개념이다. 업무 프로세스 관리가 되지 않은 조직이 업무 개선을 논의할 수 없는 것처럼, 고객의 프로세스가 관리되지 않은 조직은 매출에 대한 개선 방향을 찾기가 어려워진다.

이를 극복하기 위해 기존에는 DW(Data Warehouse)를 구축해서 경영에 필요한 방향성 및 마케팅 방법을 찾고자 했으나 그것은 어디까지나 결과가 발생한 이후의 대처 방법일 뿐이다. 그러므로 CRM은 고객의 프로세스 진행 상황을 살펴보고, 이를 관리하고, 대응하고자 하는, 보다 적극적인 고객 중심의 서비스를 제공하기 위한 솔루션이라고 할 수 있는 것이다.

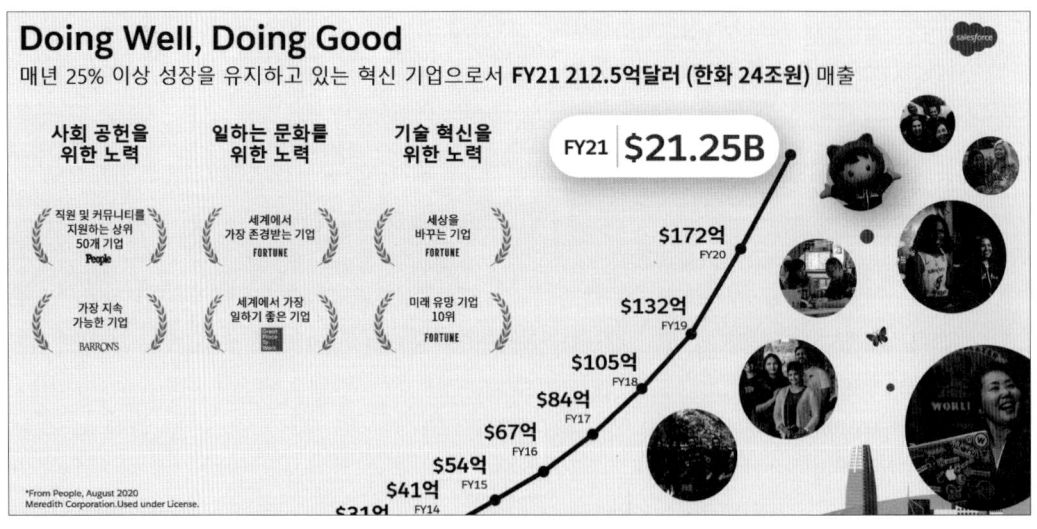

이러한 관점은 CRM시장의 급성장과 더불어 글로벌 CRM 시장의 No. 1인 세일즈포스가 급성장하게 되는 원동력을 제공하고 있다. 참고로 현재 포춘 글로벌 100대 기업 중 99개사 즉 99%, 포춘 500대 기업 중 89%가 세일즈포스를 이용하고 있다.

이를 바탕으로 세일즈포스의 주가는 이미 몇 해 전 IT업계의 공룡이라고 할 수 있는 오라클과 SAP을 넘어섰으며, 전 세계적으로 2025년까지 420만개 일자리와 1,400조원에 달하는 엄청난 규모의 경제적 가치를 창출할 것이라고 예측하고 있을 만큼 커다란 산업적 생태계를 이미 구축해 놓은 상태이며, 이를 세일즈포스 경제(Salesforce Economy)라고 한다.

위 화면에서 보면 세일즈포스의 2021년 매출이 한화로 24조원이라고 한다. 이 수치 자체도 대단한 매출이지만, 더 대단한 건 세일즈포스는 구독형 서비스라는 점이다. 즉, 연 단위로 매번 과금하는 형태의 매출구조를 갖는다는 것이다. 그러므로 어느 해는 좋았다가 또 안 좋아지는 그래프가 아니라 지속적으로 상승하는 매출구조를 갖는다는 점은 지금도 대단하지만 향후 세일즈포스의 미래를 예측하는데 주요한 판단 근거가 될 것이다.

얼마전까지만 하더라도 기업의 입장에서 CRM은 옵션이었다. 즉, 있으면 좋고, 없어도 괜찮은 시스템이었다는 것이다. 그러나 국내 CRM 시장과 더불어 글로벌 CRM의 급성장이 의미하는 것은 이제 CRM이 기업의 시스템 인프라에서 옵션이 아닌 필수로 자리를 잡아가고 있다는 것을 의미한다. 그리고 이러한 현상은 더욱 가속화될 것이라 모두들 전망하고 있다.

참고로 매출 기준으로 2024년 글로벌 CRM 시장은 100조원을 돌파할 것으로 예상되고 있으며, 2022년 현재 국내 CRM 시장은 2,000억 정도이지만, 2025년까지 1조원을 돌파할 것으로 예상되고 있다. 대략 국내 CRM시장은 글로벌 시장의 1% 정도라고 한다. 하지만 글로벌 CRM 시장의 성장율이 연평균 15.44% 예상되고 있는 반면에, 2025년 국내 CRM 시장 1조원 돌파는 거의 매년 50%에 가까운 초고속 성장이 예상되고 있을 만큼 국내 CRM 시장은 글로벌 CRM 시장에 비해 훨씬 더 가파른 성장이 예상되고 있다.

이러한 성장은 다른 자료들을 굳이 찾아보지 않더라도, 몇몇 테마 주 같은 이슈에 민감한 아이템을 제외한, 기존의 산업군 중에서는 독보적인 성장세를 보이고 있음이 분명하며, 아마도 이것이 여러분들이 지금 세일즈포스 생태에게 들어오고자 하는, 또는 들어와야만 하는 이유가 될 것이다.

참고로 다음 표는 2020년 발표된 유망직종 관련 표이다.

◆2020년 유망직업 20선

〈자료: 글래스도어. *만족도는 5점 만점〉

순위	직업	*만족도(점)	채용 중(명)	중간연봉(달러)
1	프런트 엔드 엔지니어	3.9	13,122	105,240
2	자바(JAVA) 개발자	3.9	16,136	85,589
3	데이터 과학자	4	6,542	107,801
4	제품 매니저	3.8	12,173	117,713
5	데브옵스 엔지니어	3.9	6,603	107,310
6	데이터 엔지니어	3.9	6,941	102,472
7	소프트웨어 엔지니어	3.6	50,438	105,563
8	언어치료사	3.8	29,167	71,869
9	전략 매니저	4.3	3,515	133,067
10	비즈니스 개발 매니저	4	6,560	78,480
11	간호 매니저	3.7	12,320	85,389
12	HR 매니저	4.1	3,966	83,190
13	오퍼레이션 매니저	3.8	19,198	70,189
14	세일즈포스 개발자	4.2	3,639	81,175
15	재정 매니저	3.8	4,091	120,644
16	회계 매니저	4	3,589	85,794
17	프로그램 매니저	3.6	19,280	87,005
18	앱 개발자	3.7	9,550	76,854
19	클리닉 매니저	3.9	5,768	70,000
20	물리치료사	3.6	28,886	71,483

위 표를 보면 2020년 내용이긴 하지만, 유망직업 20선에서 보면 대부분 IT관련한 직업이 상당히 많다는 점을 확인할 수 있는데, 이 중에서 "세일즈포스 개발자"가 14위에 랭크되어 있다. 그러면 Java 개발자나 데이터 엔지니어보다 한참 낮은 순위이다. 그러나 다시 보면 위의 리스트 중 세일즈포스를 제외한 모든 직업은 직업 군을 대표하고 있는데 반해서 "세일즈포스 개발자"는 특정 회사의 솔루션으로 랭크가 되어 있다는 점이다.

그리고 더불어 살펴볼 내용은 만족도가 4.2점인데, 이는 전체 만족도 중 2위에 해당하고 있다는 점이다. 그만큼 세일즈포스의 위상과 가치 또한 상당히 공고하다고 볼 수 있다.

2. 세일즈포스 제품 소개

 세일즈포스 – 고객(Customer) 360

세일즈포스는 처음 CRM(Customer Relations Management) 툴로 시작하다가 이후 이를 세분화해서 판매 클라우드(Sales Cloud), 서비스 클라우드(Service Cloud), 마케팅 클라우드(Marketing Cloud), 커머스 클라우드(Commerce Cloud), 분석 클라우드(Analytics Cloud), 커뮤니티 클라우드(Community Cloud) 등등 매우 다양한 비즈니스 플랫폼으로 확장됐다.

세일즈포스에서는 이러한 각기 서비스들을 묶어서 "고객(Customer) 360"란 이름으로 전체 플랫폼의 방향성을 소개하고 있다. 고객 360의 의미는 고객 여정(Customer Journey)을 중심으로 모든 채널과 정보를 연결하는 고객 중심의 서비스를 제공하겠다는 세일즈포스의 핵심 컨셉이다.

이들 중에서 세일즈포스를 대표할 수 있는 서비스는 단연 판매 클라우드(Sales Cloud)와 서비스 클라우드(Service Cloud)이다. 리드(Lead, 잠재 고객) 및 기회(Opportunity, 매출 기회) 관리와 같은 영업 활동의 모든 핵심 기능들은 판매 클라우드(Sales Cloud)에 포함되며, 이를 통해 판매의 효율성을 높일 수 있다. 사례(Case) 및 기술 자료(Knowledge base)와 같은 기능들은 서비스 클라우드(Service Cloud)에 속하는데, 이를 통해 보다 우수한 고객 경험을 사용자들에게 제공할 수 있게 된다.

이 외의 다른 서비스들은 판매 클라우드(Sales Cloud)와 서비스 클라우드(Service Cloud)를 기반으로 확장 기능을 제공한다.

예를 들어 마케팅 클라우드의 경우 판매 클라우드(Sales Cloud) 또는 서비스 클라우드(Service Cloud)가 있는 상태에서 마케팅 클라우드가 동작하게 되는 것이 기본 시나리오이다. 물론 마케팅 클라우드만 도입해서 사용할 수도 있다.

본 책에서는 이들 중 판매 클라우드(Sales Cloud)와 서비스 클라우드(Service Cloud)를 중심으로 관련 기능들을 설명할 것이다.

2-2 판매 및 서비스 클라우드 에디션 (Sales and Service Cloud Editions)

Salesforce Essentials	Lightning Professional	Lightning Enterprise	Lightning Unlimited
		MOST POPULAR	
최대 10명의 사용자가 CRM 즉시 사용 가능	다양한 규모의 팀을 위한 완벽한 CRM	비즈니스에 맞게 세밀하게 사용자 정의 가능한 영업 CRM	무제한으로 제공되는 CRM 기능 및 지원
$25	$75	$150	$300
사용자당 월 요금(USD)* (매년 청구됨)	사용자당 월 요금(USD)* (매년 청구됨)	사용자당 월 요금(USD)* (매년 청구됨)	사용자당 월 요금(USD)* (매년 청구됨)
무료 체험	무료 체험	무료 체험	무료 체험

세일즈포스의 핵심 제품인 판매 클라우드(Sales Cloud)와 서비스 클라우드(Service Cloud)는 4가지 에디션(Edition)이 제공되는데, 앞서 말씀드린 바와 같이 모두 구독형 서비스(정기적으로 과금되는 형태)로 제공된다.

- Salesforce Essentials: 최대 10명의 사용자를 위한 소규모 비즈니스 CRM
- Salesforce Lightning Professional: 모든 규모의 팀을 위한 완벽한 CRM
- Salesforce Lightning Enterprise: 비즈니스 요구사항에 맞게 커스텀 개발이 가능한 CRM
- Salesforce Lightning Unlimited: 무제한의 용도로 확장 가능한 CRM

해당 에디션들의 상세 기능이 소개된 자료는 다음 링크를 통해 다운받을 수 있다.

> * 판매 클라우드 에디션 별 비교 차트
> https://www.salesforce.com/content/dam/web/ko_kr/www/documents/pricing/DS_SalesCloud_EdCompare.pdf
>
> * 서비스 클라우드 에디션 별 비교 차트
> https://www.salesforce.com/content/dam/web/ko_kr/www/documents/pricing/salesforce-service-cloud-pricing-editions.pdf?d=cta-body-promo-70/salesforce-service-cloud-pricing-editions.pdf

위의 4가지 에디션들 중에서 Salesforce Essentials와 Salesforce Lightning Professional은 기본적으로 제공되는 표준 기능을 사용해야 하며, Salesforce Lightning Enterprise와 Salesforce Lightning Unlimited 에디션은 커스텀(사용자 정의) 개발이 가능한 에디션이다.

우리 회사의 운영 환경에 올바른 세일즈포스 라이선스를 선택하는 것은 회사의 운영 환경 및 각 직원의 업무에 따라 많은 이해도가 요구된다. 그러나 한 가지 확실한 점은 모든 직원들이 세일즈포스의 고급 라이선스를 가지고 있을 필요는 없다는 점이다.

즉, 세일즈포스 라이선스는 실제 영업 및 세일즈포스 서비스를 이용해야 하는 직원들에게만 있으면 되는 것이고, 그들의 역할에 따라 라이선스를 효율적으로 배분하는 것이 가능하다는 점이다.

예를 들자면 100명의 직원이 있는 회사가 있다고 가정할 때 이들 중 실제 세일즈포스에 접근해야 하는 인원이 30명일 경우, 일반 사용자 25명에게는 세일즈포스 Professional 라이선스를 부여하고, 이들 중 관리 및 운영을 위한 인력 5명한테 세일즈포스 Enterprise 라이선스 부여하는 형식인 것이다.

그러나 커스텀 개발 환경에 따라서 이는 얼마든지 달라질 수 있는 상황이니 적합한 라이선스에 대한 선택은 전문 회사의 영업라인의 조언을 듣고 결정하는 것이 바람직한 방법이 될 것이다.

2-3 라이트닝 플랫폼(Lightning Platform)

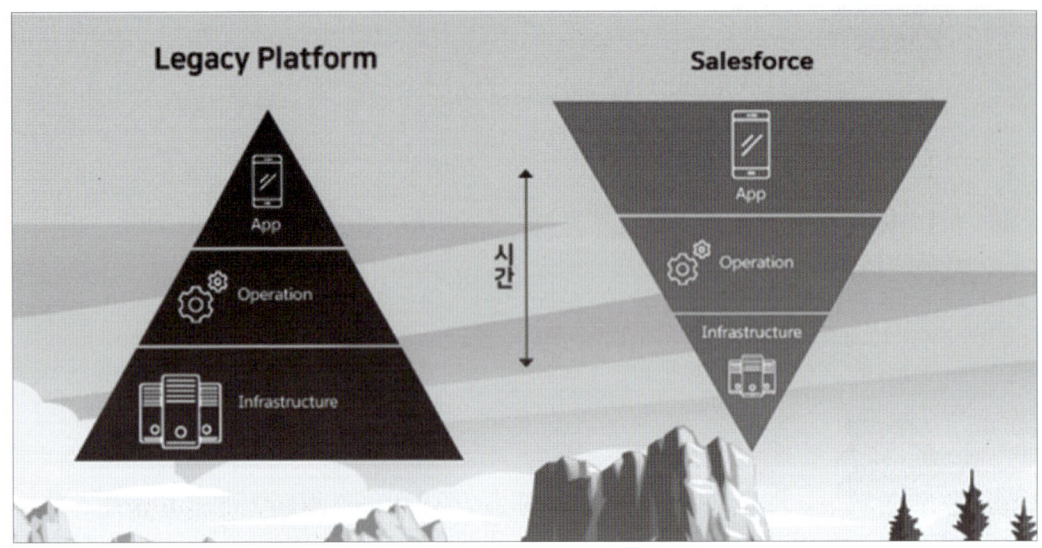

세일즈포스의 강력함 중에 하나는 기존에 만들어진 솔루션을 이용할 수도 있지만, 고객이 원하는 형태로 커스텀(사용자 정의) 개발이 가능하다는 점이다. 그리고 이렇게 커스텀 개발이 가능하다는 것은 세일즈포스의 기본 기능 이외에 추가로 고객이 원하는 기능들을 맞춤형으로 개발할 수 있다는 의미이다.

예를 들어서 세일즈포스를 이용하면서 특정 상황이 발생했을 때 고객에게 알림톡을 발송해야 한다고 생각해보자. 이러한 알림톡 발송 기능은 세일즈포스의 기본 기능이 아니므로 카카오와 연동된 개발 작업을 필요하는데 이는 얼마든지 가능하다. 이러한 방식으로 세일즈포스는 거의 무한대에 가까운 확장이 가능해지며, 이러한 확장을 가능하게 해주는 세일즈포스 개발 플랫폼을 "라이트닝 플랫폼(Lightning Platform)"이라고 한다.

위의 판매 및 서비스 클라우드 에디션에서도 "Lightning"이란 단어가 들어간 이유는 Lightning이 세일즈포스를 대표하는 개발 플랫폼의 이름이기 때문이다.

이러한 "Lightning Platform"의 기능이 점점 확장됨에 따라서 최근 들어 세일즈포스는 더 이상 솔루션 밴더가 아닌 핵심 솔루션들을 제공면서도 확장 및 개발 가능한 모든 인프라를 제공한다는 의미로 플랫폼 사업자라는 명칭을 사용하고 있다.

2-4 아인스타인(Einstein) 클라우드 서비스

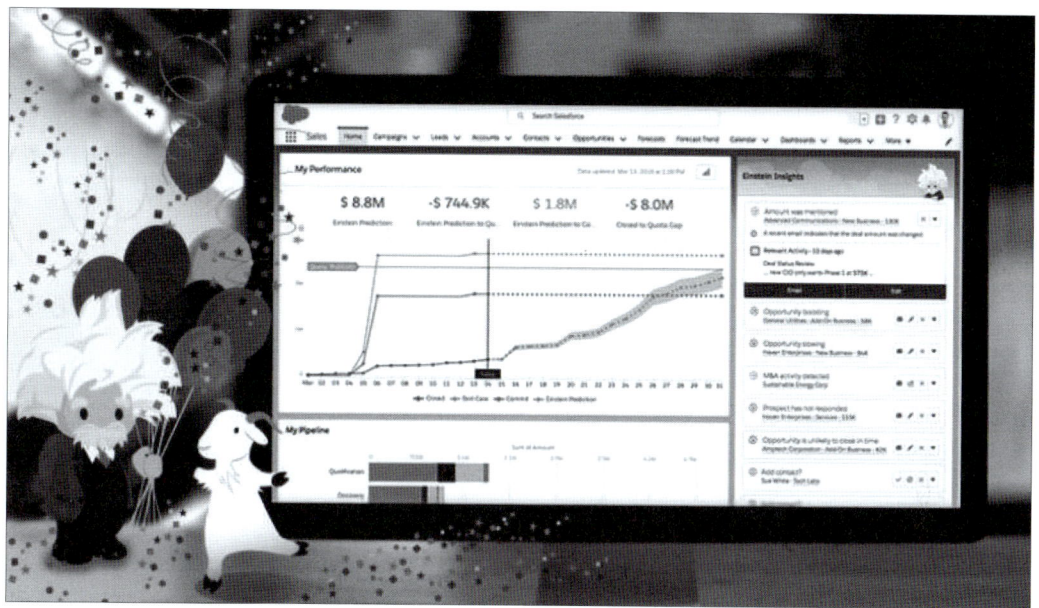

세일즈포스의 인공지능(AI, Artificial Intelligence) 서비스인 아인스타인(Einstein)은 세일즈포스의 모든 제품군에 인공지능 서비스를 제공하기 위해 만들어진 서비스이다. 이는 고객의 행동과 경험을 예측하여, 관리자에게 판매량에 대한 예측을 가능케하며, 가치와 중요도에 따른 정확한 판단을 통해 고객에게 보다 더 적합한 서비스를 제공해주는 기회를 제공해주게 된다.

웹의 트랜드 중에 개인화(Personalization)란 단어가 있다. 고객의 특성이나 활동을 분석해서 메뉴 및 상품 구성을 고객의 성향에 맞추어 서비스를 제공하는 것이 그 내용이다. 개인화의 관점에서 아인스타인은 세일즈포스를 이용하는 이용자들에게 보다 정확한 고객 중심의 서비스를 할 수 있게 도움을 주게 된다.

이러한 아인스타인 서비스는 세일즈포스의 특정 제품이 아니라 세일즈포스 제품군에 추가로 이용할 수 있는 빌트인 형태로 제공되어 기존 서비스들의 생산성과 퀄리티를 높여주게 된다.

세일즈포스 학습 커뮤니티 - 트레일헤드(Trailhead)

세일즈포스에서 운영하는 트레일헤드(https://trailhead.salesforce.com/ko) 사이트는 전세계 모든 세일즈포스 사용자들이 모여 학습 및 커뮤니케이션을 할 수 있는 열린 공간이다. 누구나 세일즈포스를 공부하고, 경험을 가지고 있는 엔지니어들은 자유롭게 참여하여 단계별로 준비되어 있는 학습 과제를 진행할 수 있으며, 커뮤니티 영역에서 자유로운 활동들을 할 수 있다. 그리고 이렇게 소통하고 참여하는 세일즈포스 사용자들을 트레이블레이저(Trailblazer)라고 한다.

트레이블레이저(Trailblazer)의 사전적 정의는 "개척자, 혁신가, 선구자" 등이다. 그러나 세일즈포스에서 정의하고 있는 트레이블레이저의 정의는 다음과 같다.

> '트레이블레이저 : 세일즈포스 플랫폼을 사용하여 회사와 사회의 변화를 이끄는 사람'

그러므로 트레이블레이저는 세일즈포스를 이용해서 개발 및 관리작업을 진행하는 엔지니어들만을 지칭하는 것이 아니라 세일즈포스를 사용하는 모든 참여자들을 트레이블레이저라고 하는 것이다.

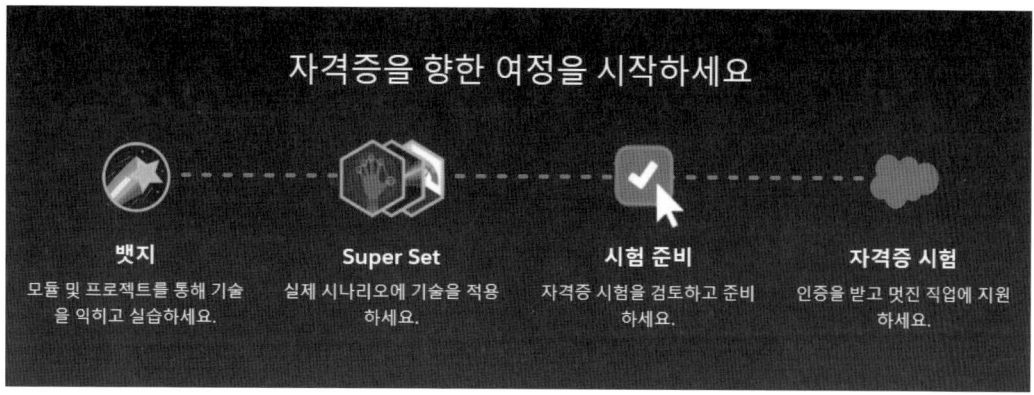

트레일헤드는 세일즈포스에서 무상으로 제공하고 있는 학습 플랫폼이다. 학습 구성은 모듈 단위로 구성되어 있으며, 이를 학습해 나가면 슈퍼뱃지(Superbadge)를 받게 된다. 그 다음으로 슈퍼 셋(Super Set)에 도전하게 되는데, 이는 분야별 업무 기반의 해결 능력을 증명하는 코스이다. 예를 들어 이러한 슈퍼셋에는 "관리자 슈퍼 셋", "개발자 슈퍼 셋" 등 분야별 여러 종류가 있다. 슈퍼 셋을 받았다는 건 기본적인 학습 단계를 마무리한 것이라 보고 시험 준비를 하는 형태로 학습 로드맵이 구성되어 있다.

세일즈포스와 관련된 자격증 종류는 대략 30여개가 넘으며 계속 신규 자격증이 추가되고 있다. 아래 내용은 그 중에서 2021년 가장 인기가 많은 자격증을 나열한 것이다.

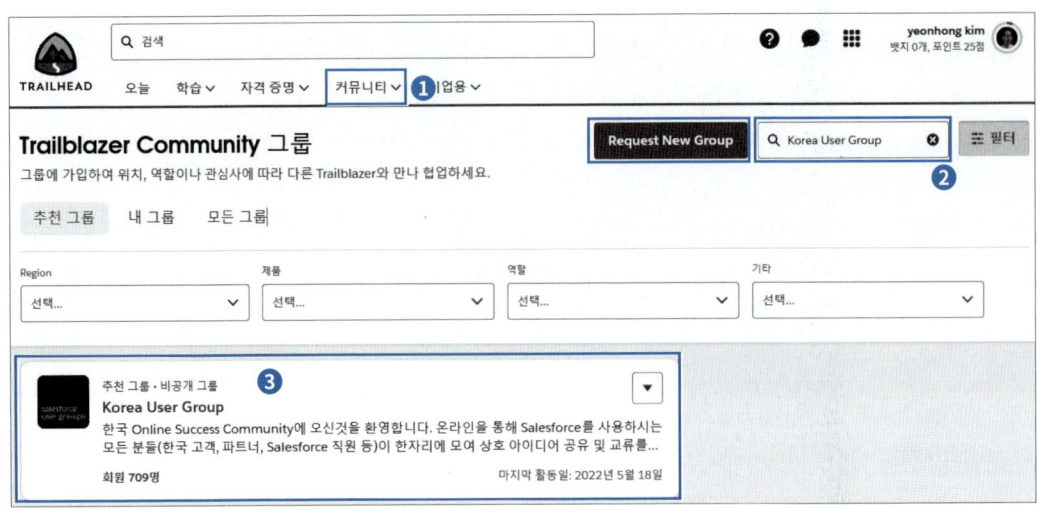

마지막으로 트레일헤드에서는 그룹을 통해 커뮤니케이션 및 활동들을 할 수 있다. 이중 대표적인 커뮤니티는 세일즈포스 코리아에서 운영하는 "한국 유저 그룹"인데, 트레일헤드 메뉴 중 "커뮤니티"(1번)을 선택한 후 오른쪽 상단에 있는 검색 상자에 "Korea User Group"을 입력하면, 아래와 같이 검색 결과가 나타난다. 여기에서 "Korea User Group"링크(3번)를 클릭하면 해당 그룹으로 이동하며, 가입 신청 후 승인이 이뤄지면 정식 멤버로 활동할 수 있다.

THE START

3. 세일즈포스 개발자 에디션 (Developer Edition)

3-1 개발자 에디션 소개

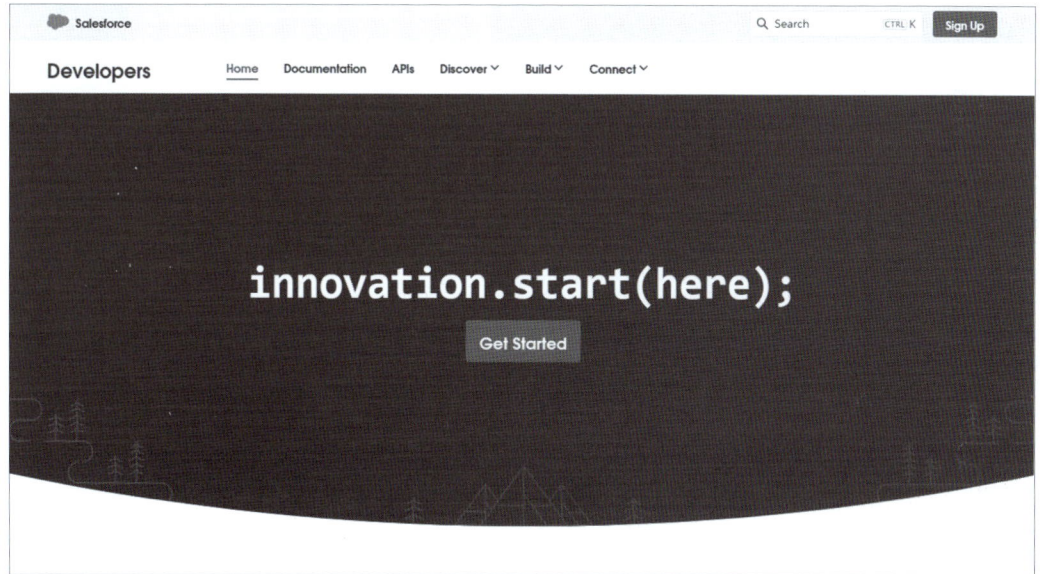

세일즈포스에서는 세일즈포스의 개발 및 운영 환경을 익히기 위한 엔지니어나 이용자들 위해 개발자 에디션(Developer Edition)을 무료로 제공하고 있다. 이러한 개발자 에디션은 스토리지 용량이 적고 라이센스가 두 개로 제한되며, 일부 기능들이 빠져 있기는 하지만 학습 목적으로 사용할 수 있도록 온전한 세일즈포스의 개발 및 운영 환경을 제공해주고 있다.

이러한 개발자 에디션을 사용하기 위해서는 해당 URL(https://developer.salesforce.com)로 이동한 후 오른쪽 상단에 있는 Sing Up 버튼을 눌러서 계정을 생성하면, 누구나 자유롭게 독립된 공간의 세일즈포스를 이용할 수 있다.

개발자 에디션의 사용기간 제한은 없으며, 다만 마지막 로그인이 12개월 이상 됐다면 자동으로 계정이 잠기고, 이후 삭제된다.

3-2 세일즈포스 계정과 오그(Org)

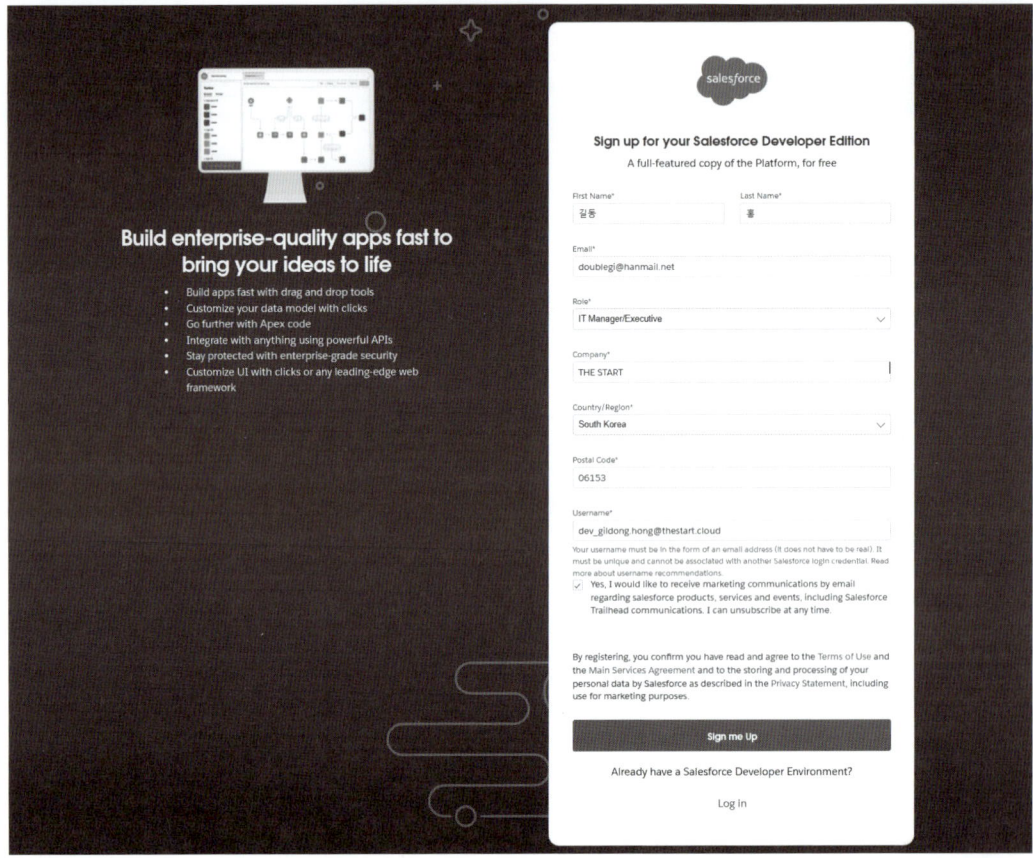

세일즈포스에서 계정을 생성하기 위해서는 몇 가지 사전에 알아 두어야 할 내용이 있다. 앞에서 개발자 에디션 사이트에서 Sign Up 버튼을 누르면, 위와 같이 계정 정보를 입력해야 한다. 여기서 주의해야하는 내용은 바로 사용자 이름(Username)과 Email(이메일) 정보인데, 그 전에 세일즈포스 오그(Org)에 대해서 먼저 알아 둘 필요가 있다.

오그(Org, Organization의 약어)란 세일즈포스의 인스턴스(Instance)이다. 세일즈포스 오그(Org) 안에는 세일즈포스 운영 환경이 모두 담겨있으며, 이 오그(Org) 안에 계정 또한 생성되고 관리된다. 좀 더 쉽게 설명하자면 오그(Org)란 세일즈포스 프로그램이 설치되어 있는 컴퓨터라고 생각하면 된다. 만일 여러분이 사용하고 있는 컴퓨터에 세일즈포스 프로그램이 설치되어 있다면, 그 컴퓨터가 바로 오그(Org)이고, 컴퓨터에 설치된 프로그램을 사용하기 위해서는 당연히 컴퓨터에 계정을 만들고 로그인을 해야 한다.

이렇듯이 컴퓨터 즉, 오그(Org)에 만들어지는 계정을 세일즈포스에서는 사용자(User)라고 한다. 그러므로 세일즈포스를 이용하기 위해서는 사용자(User)가 존재해야 하고, 이러한 사용자를 생성할 때 가장 중요한 것은 사용자 이름(Username)과 이메일(Email)이다.

우선 사용자 이름(Username)은 포털 사이트의 ID와 같다. 그러므로 사용자 이름(Username)은 세일즈포스 내에서 유일해야 하기 때문에 일반적으로 회사 도메인을 이용한 메일 형식(UPN, Universal Principal Name)을 사용한다. 그리고 이메일(Email)은 사용자가 실제로 사용하고 있는 이메일 주소이다. 이메일은 사용자와 세일즈포스간에 소통 및 인증을 위한 수단으로 사용되기 때문에 반드시 실제 본인이 사용하고 있는 수신 및 확인이 가능한 이메일을 입력해야 한다.

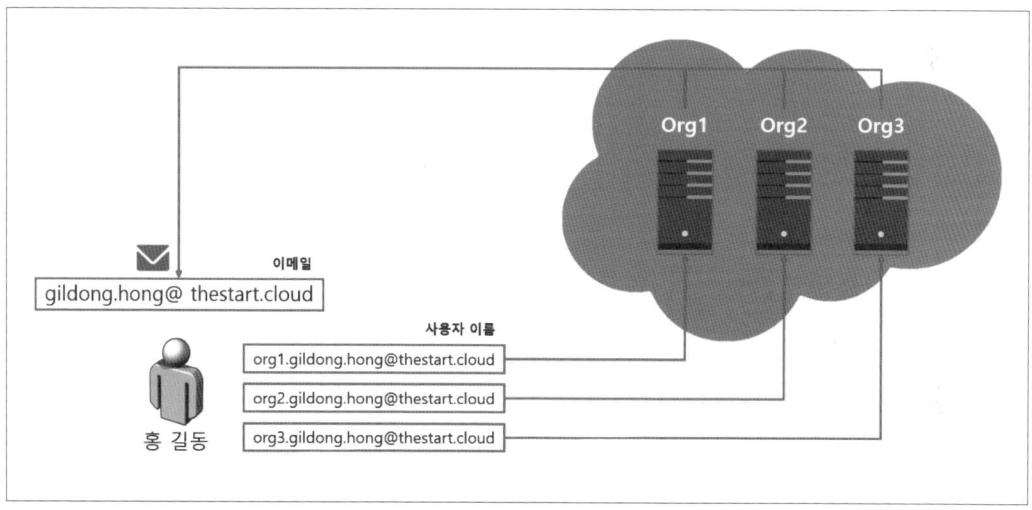

위 화면의 예처럼 내(홍길동, 이메일 : gildong.hong@thestart.cloud)가 회사(www.thestart.cloud)에서 개발 및 운영해야 하는 세일즈포스 오그(Org)가 다음과 같이 Org1, Org2, Org3 이렇게 3개 있다고 하자.

그러면 각기 Org1, Org2, Org3에 계정을 등록할 때 사용하는 "이메일"은 모두 내가 실제 사용하고 있는 이메일 계정인 "gildong.hong@thestart.cloud"을 등록해야 한다. 왜냐하면, 이메일은 실제 사용자와 세일즈포스 오그(Org)간에 인증, 알림, 보고 용도로 사용되기 때문이다. 그리고 사용자 이름은 Org1에서는 "org1_gildong.hong@thestart.cloud", Org2에서는 "org2_gildong.hong@thestart.cloud", Org3에서는 "org3_gildong.hong@thestart.cloud" 이렇게 또는 회사의 네이밍 규칙에 맞게 오그 별로 상호 구분될 수 있도록 등록하는 것이다.

즉, 다시 말해서 사용자 이름(Username)은 세일즈포스 오그에 로그인하기 위한 계정(ID)이며 이는 전체 세일즈포스 내에서 유일해야 하고, 이메일은 해당 사용자가 사용하고 있는 실제 메일 계정을 등록해야 하는 것이다.

위 내용을 이해했다면 다음과 같이 입력하도록 하자.

항목	저자	독자
First Name	길동	이름 (본인)
Last Name	홍	성 (본인)
Email	포털 메일 계정(실제 사용)	포털 메일 계정(실제 사용)
Role	Administrator	Administrator
Company	THE START	회사명 (본인 소속)
Country/Region	South Korea	South Korea
Postal Code	06153	우편번호(회사 주소)
Username	dev_gildong.hong@thestart.cloud	dev_메일주소

위 표에 대해서 약간 설명을 붙이자면, 다시 또 말씀드리지만, Email은 현재 여러분들이 실제 사용하고 있는(포털 사이트에서 사용중인 개인 메일 또는 회사 메일) 메일을 등록해야 한다. 그리고 다른 내용은 모두 동일한데 사용자 이름(Username, 로그인 ID)은 메일(gildong.hong@thestart.cloud) 앞에 오그 구분명으로 "dev_"를 임의로 붙였다. "dev_"의 의미는 개발자 오그의 의미를 담고 있는 약자이다.

입력을 완료한 다음 "Sign me up" 버튼을 누르면, 여러분을 위한 세일즈포스 개발자 오그(컴퓨터)가 세일즈포스 클라우드에 자동으로 만들어지고, 해당 오그에 방금 전 입력한 정보를 기반으로 등록한 사용자가 관리자 계정으로 등록된다.

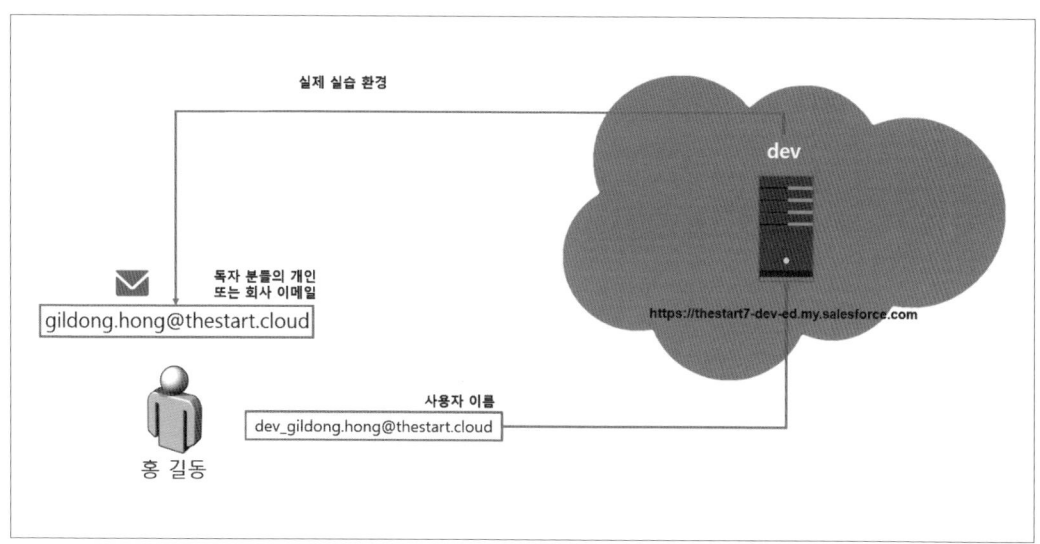

여러분들은 지금 세일즈포스 클라우드에 컴퓨터 즉, 오그(Org)를 만든 것이다. 어찌 보면 엄청난 일을 한 것인데 단지 사용자 계정을 만드는 것만으로 모든 준비가 완료된 것이다. 이것이 바로 클라우드 서비스(Cloud Service)의 혜택이다.

이렇게 오그(Org)가 생성되면, 공통으로 "my.salesforce.com"도메인 앞에 호스트(Host) 명이 자동으로 부여되는데, 필자의 경우 "thestart7-dev-ed"이렇게 자동으로 등록됐다. 그러므로 호스트명을 포함해서 오그에 액세스하기 위한 전체 URL은 "https://thestart7-dev-ed.my.salesforce.com"이 된다. 해당 URL은 북마크를 해 놓아서 보다 편하게 접근할 수 있도록 하기로 하자.

정상적으로 절차가 마무리되면, 여러분들이 입력한 이메일로 계정 확인 메일이 발송된다.

3-3 세일즈포스 로그인

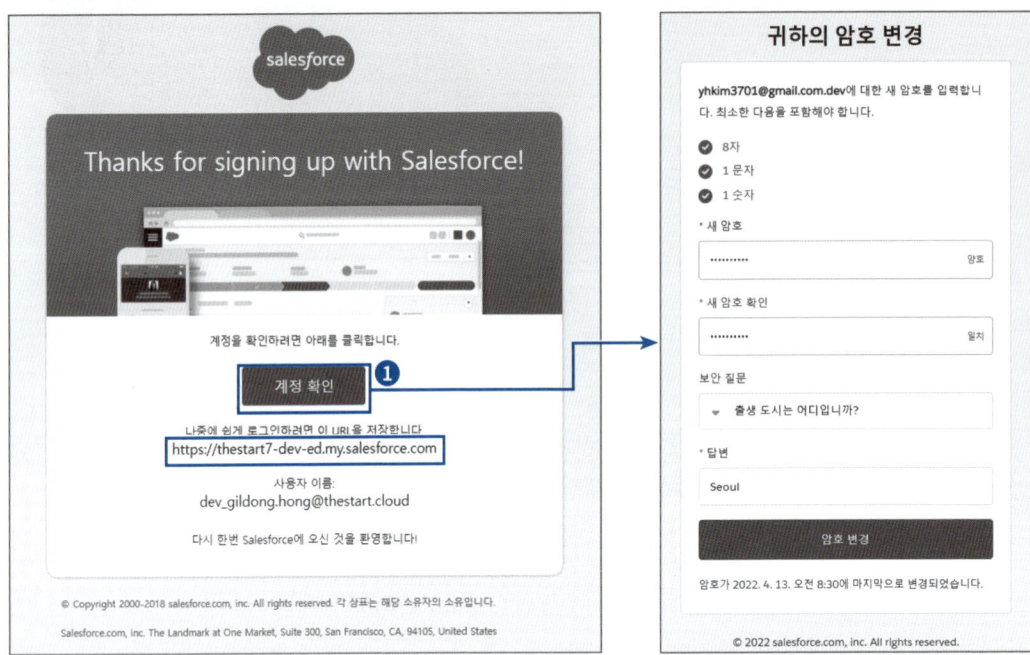

개발자 에디션 사이트에서 계정 정보를 입력한 후 하단에 "Sign me up" 버튼을 누르면, 잠시 후 위의 왼쪽 화면과 같이 입력된 이메일 계정으로 계정확인 이메일이 전송되는데, 메일이 수신되기까지 약간의 시간(5~ 15분)이 걸리므로 잠시 기다려 보기로 하자.

메일이 도착했다면 수신된 메일에서 위 화면과 같이 "계정 확인" 버튼(1번)을 누르면, 오른쪽 화면과 같이 비밀번호를 설정하는 화면이 나오게 된다. 그러면 이제 비로서 앞에서 정의했던 사용자 이름(Username)에 비밀번호가 등록되면서 비로소 로그인하기 위한 계정이 완성되는 것이다.

이렇게 개발자 에디션에서 계정을 만들게 되면 세일즈포스에 나만의 개발자 오그가 자동으로 생성되며, 해당 오그에 앞서 정의한 사용자 계정(로그인 ID, Username)이 관리자 계정(시스템 관리자)으로 자동 등록된다.

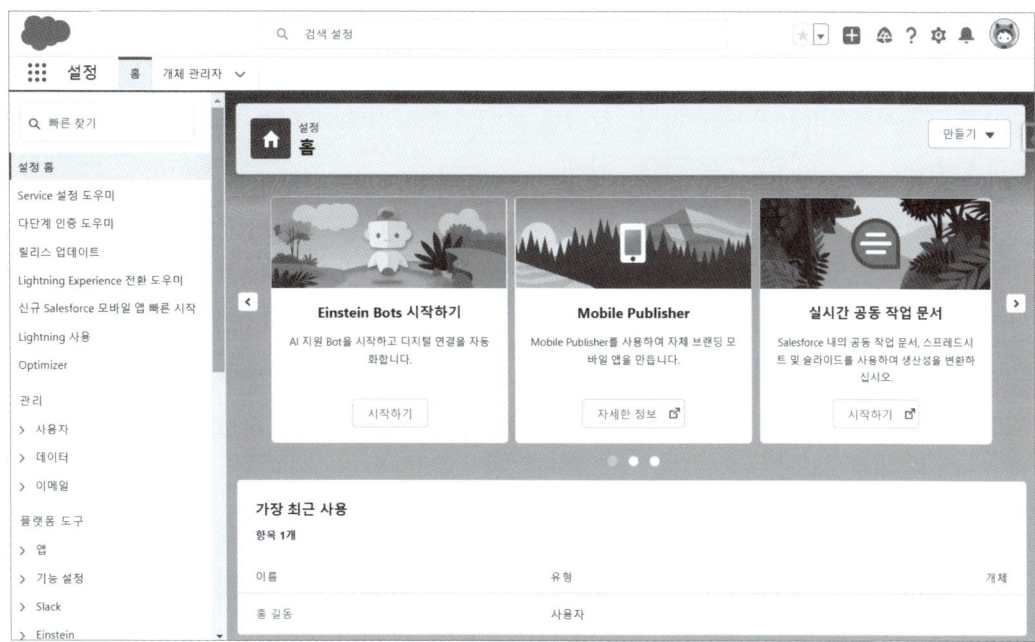

정상적으로 비밀번호가 셋팅되면 위와 같이 세일즈포스 개발자 오그의 설정의 홈 화면으로 들어오게 된다. 이제 여러분들이 관리자로 등록되어 있는 세일즈포스 오그(Org, 현재 개발자 오그)에 들어온 것이다.

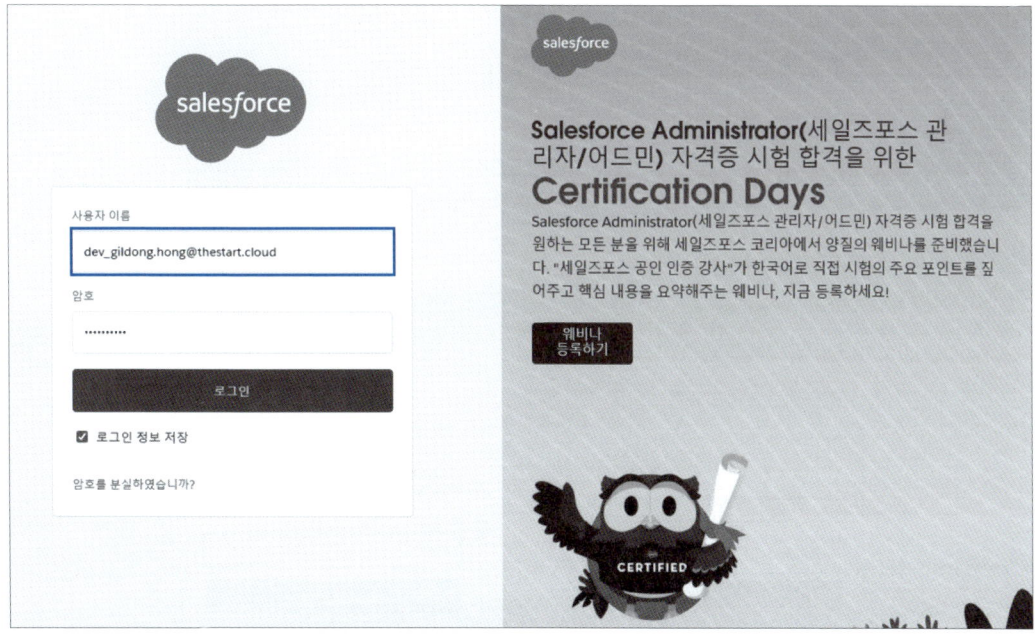

이후에도 지금 만들어진 개발자 오그에 연결하기 위해서는 메일에서 안내된 URL(https://thestart7-dev-ed.my.salesforce.com, 이 URL은 독자분들과 다릅니다. 독자 분들의 메일을 확인해 주셔야 합니다.)을 클릭하고, 로그인 페이지에서 사용자 이름(Username)과 비밀번호를 입력해서 로그인 버튼을 누르면 된다.

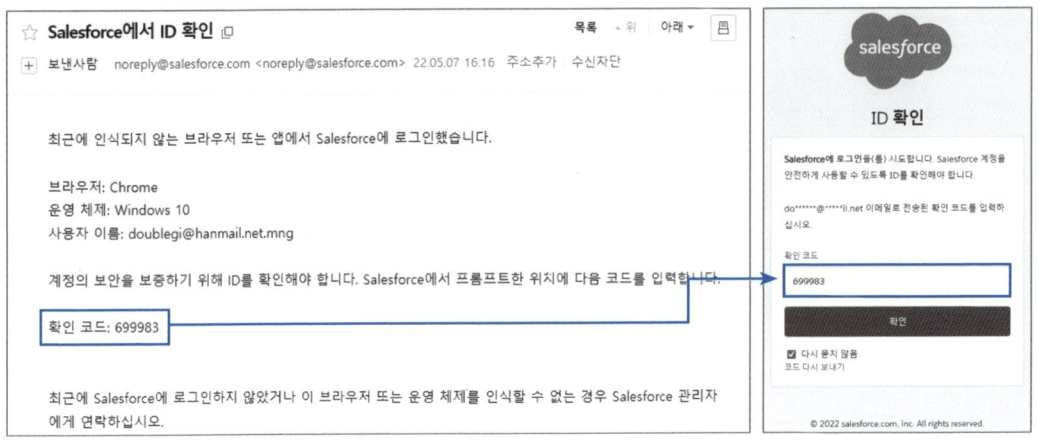

다만 최초 로그인을 할 때는 위와 같이 ID 확인을 위한 확인코드가 등록된 이메일로 전송되는데, 해당 이메일을 확인해서 확인 코드에 입력한 후 "확인"을 누르면 방금 전 계정을 생성하면서 만들어진 나만의 개발자 오그에 로그인 된다. 이후에는 ID 확인을 하지 않고, 사용자 이름(ID, Username)과 비밀번호를 입력하면 바로 로그인 된다.

3-4 휴대폰 등록

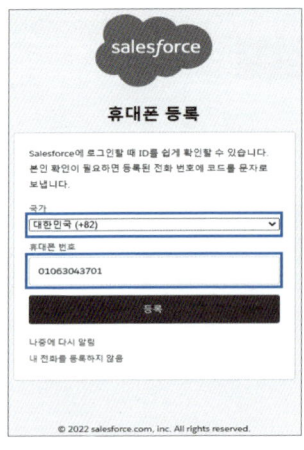

세일즈포스 개발자 오그에 계정이 만들어진 이후에 세일즈포스는 해당 사용자의 휴대폰을 등록할 수 있도록 "휴대폰 등록" 화면을 보여준다. 여기에서 본인의 휴대폰을 등록하면 최초 등록된 휴대폰으로 확인코드가 전송되며, 이를 입력하면 정상적으로 휴대폰이 등록된다.

이렇게 휴대폰이 등록되면 본인확인 수단이 이메일 뿐만 아니라 핸드폰 문자로도 가능해지기 때문에 보다 안전하며, 더불어 다음 소개할 내용과 같이 휴대폰에 Salesforce Authenticator를 설치해서 활용할 수도 있기 때문에 편의성이나 보안성을 위해서 휴대폰을 등록하는 것이 보다 좋은 방법이다.

3-5 Salesforce Authenticator, Lightning Login

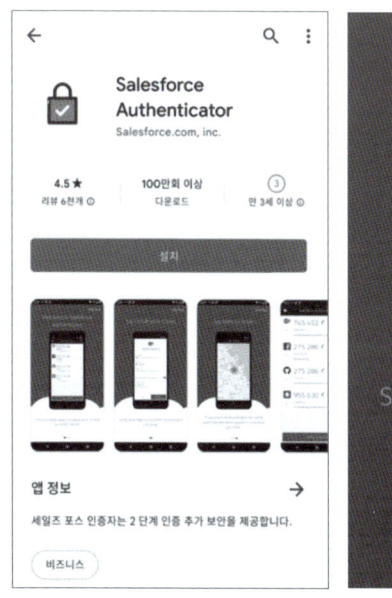

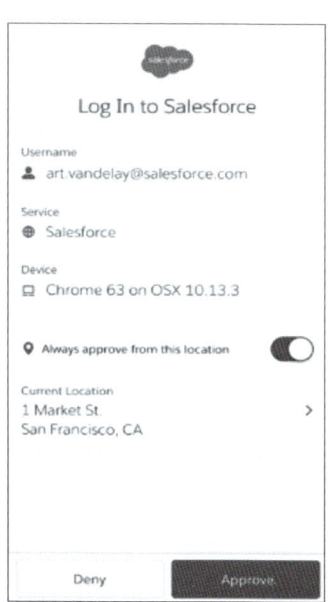

세일즈포스에 로그인할 수 있는 방법 중에 보다 안전하고 편리한 방법은 바로 Salesforce Authenticator란 앱을 사용하는 것이다. 이는 세일즈포스에 로그인 할 때 핸드폰에 인증확인 메시지를 전달하고, 확인을 누르면 간단히 로그인 되는 방식이다. 사용자 이름과 비밀번호를 이용해서 인증하는 전통적인 방식보다 핸드폰을 이용하기 때문에 보다 편리한 방식이며, 기본적으로 GPS를 켜 놓을 경우 예상치 못한 지역에서 로그인 하는 경우에 사용자에게 알람을 해주어 보다 안전하게 세일즈포스를 이용할 수 있는 환경을 제공해 준다. 이를 다단계 인증(MFA, Multi-Factor Authentication)이라고 하며, MFA 적용은 2022년 2월 1일부터 의무적으로 적용되었다.

이를 위해서는 위 화면처럼 구글 플레이 또는 앱스토어로 이동해서 "Salesforce Authenticator"를 검색한 후 설치하면, 기본적으로 핸드폰 번호로 인증 메시지를 전송하며, 설치가 완료되면 세일즈포스에서도 설정을 해주어야 한다.

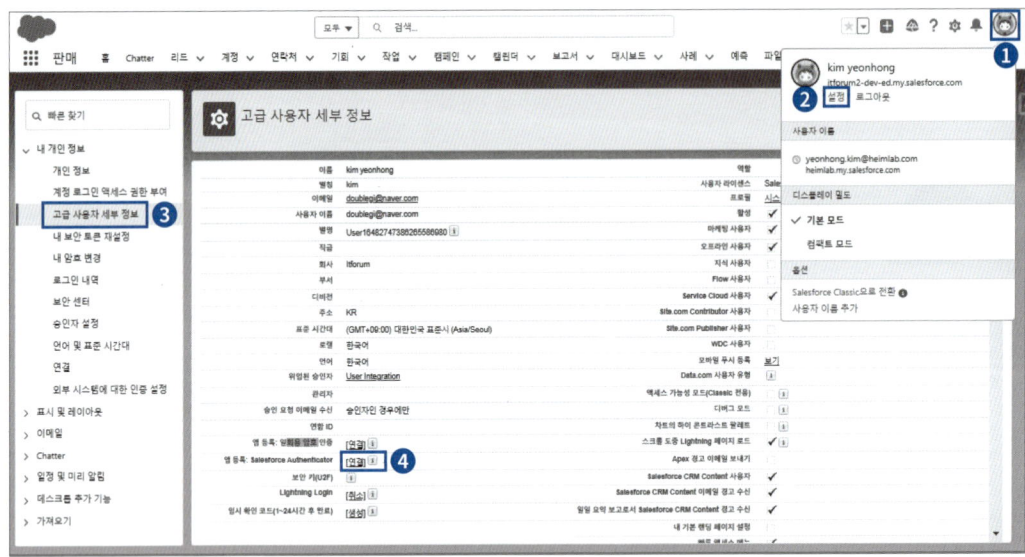

우선 Salesforce Authenticator 앱을 사용할 수 있도록 설정하기 위해서는 우선 개발자 오그에 사용자 이름과 비밀번호로 로그인을 한다. 그런 다음, 화면 오른쪽 상단에 있는 "프로필보기" 아이콘(1번)을 클릭한 후 하단에 "설정" 버튼(2번)을 클릭하면, 개인 설정 화면으로 이동한다. 여기에서 "고급 사용자 세부 정보" 항목(3번)을 클릭하면 "고급 사용자 세부 정보" 페이지가 보여진다. 그러면 해당 화면에서 중간 아래를 자세히 보면 "앱 등록 : Salesforce Authenticator" 항목이 있고, 여기서 그 옆에 있는 "연결" 링크(4번)을 누른다.

 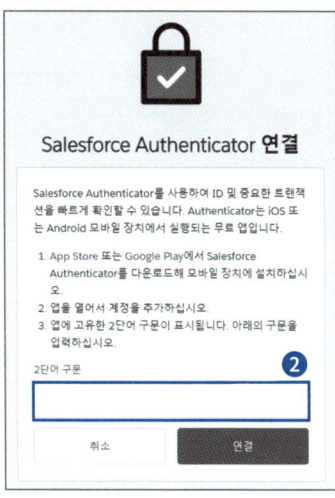 

그러면 등록된 사용자 메일로 확인 코드가 전송되며, 해당 메일로 이동해서 확인 코드를 복사한 후 이를 입력(1번)한다. 그런 다음 2단어 구문을 입력해야 하며, 이를 위해서는 핸드폰에서 Salesforce Authenticator 앱을 열고 시작하기 화면에서 "계정 추가" 버튼을 누르면 2개의 단어로 구성된 문장이 출력되는데, 이를 그대로 위 화면에서 2단어 구문 입력란(2번)에 입력하면 완료된다. 더불어 모바일에서도 다음 단계로 이동해서 계정 연결을 마무리해주면 된다.

로그인을 확인한 후 이전 화면에서 "프로필보기" 아이콘(1번)을 클릭한 후 하단에 "설정" 버튼(2번) 오른쪽을 보면 숫자에 가려져 있는데 "로그아웃" 버튼이 있다. 이를 눌러서 로그오프 한 후 다시 로그인을 시도해 보자.

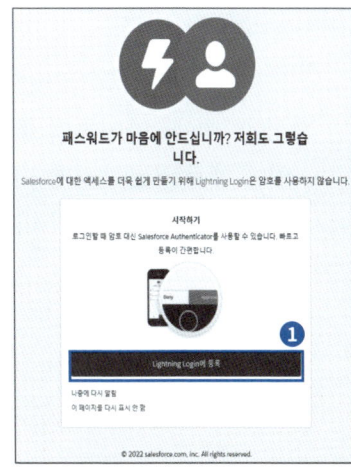  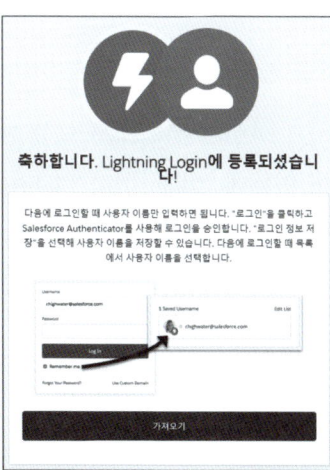

그러면 위와 같이 Lightning Login에 등록하기 위한 메시지가 보이는데, 이를 이용하면 매번 사용자 이름과 비밀번호를 입력하는 대신 Salesforce Authenticator를 통해 전송된 인증 메시지의 확인을 통해 안전하게 로그인 할 수 있게 된다. 이를 위해 위 화면에서 "Lightning Login에 등록" 버튼(1번)을 누르면 "승인 필요" 단계로 화면이 전환되는데, 이때 핸드폰의 Salesforce Authenticator를 통해 승인 메시지가 휴대폰에 전송되며, 휴대폰에서 승인을 하면 자동으로 마지막 단계로 이동한다. 마지막 단계에서 "가져오기" 버튼을 누르면 자동으로 로그인 되고, 이제 로그인 할 때는 사용자 이름과 비밀번호를 입력하는 것이 아니라 로그인 화면에 "Lightning Login" (번개)표시가 나타나게 된다.

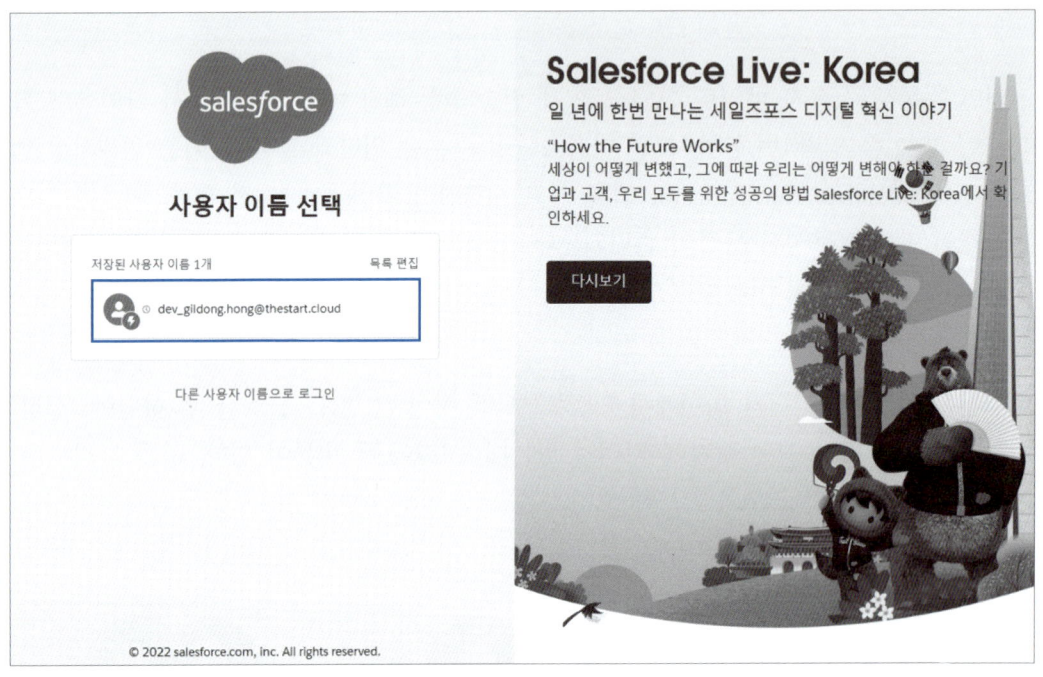

이를 확인하기 위해서 로그오프 한 후 로그인 화면을 살펴보면 계정에 "번개" 아이콘이 붙어 있는데, 이게 바로 "Lightning Login"이 가능하다는 표시이며, 해당 계정을 선택하게 되면, 휴대폰의 Salesforce Authenticator 앱을 통해 승인 요청 메시지가 전달된다. 그러면 마지막으로 Salesforce Authenticator 앱에서 승인 버튼을 누르면 자동으로 로그인이 된다.

3-6 세일즈포스 모바일 앱

 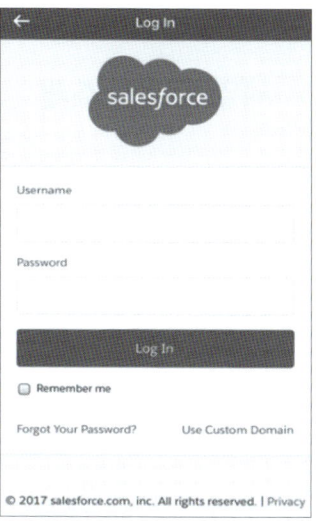 

비즈니스 관계로 외부 미팅이 많은 사용자들은 모바일 기기를 사용하는 일이 많을 수밖에 없으며, 이에 발 맞춰 세일즈포스는 PC의 브라우저 뿐만 아니라 모바일(핸드폰, 태블릿)에서도 자유롭게 세일즈포스 전용 앱을 통해 사용할 수 있다는 점은 매우 큰 장점이다.

이를 위해서 역시 구글 플레이 또는 앱스토어로 이동해서 "Salesforce" 앱을 다운로드 받으면 된다. 세일즈포스 앱 설치 후 실행하면 로그인 과정만 거치면 언제든 모바일(Mobile) 환경에서 세일즈포스에 연결할 수 있게 된다.

다시 말씀드리지만 세일즈포스는 솔루션이다. 그것의 의미는 솔루션으로서 이용에 필요한 모든 기능은 준비가 되어있는 상태라는 것이다.

chapter 01
세일즈포스 소개

01 다음 중 클라우드 서비스의 종류가 아닌 것은 무엇인가?

① On-Premise
② IaaS(Infrastructure as a Service)
③ PaaS(Platform as a Service)
④ SaaS(Software as a Service)

02 다음 중 PaaS(Platform as a Service)에서 제공하지 않은 서비스영역은 무엇인가?

① 네트워크
② 미들웨어
③ 애플리케이션
④ 스토리지

03 다음 중 SaaS(Software as a Service)에서는 제공되지만, Paas(Platform as a Service)에서는 제공되지 않는 서비스영역은 무엇인가?

① 데이터
② 런타임
③ 운영체제
④ 네트워크

04 다음 중 PaaS 서비스를 제공하는 세일즈포스의 클라우드 컴퓨팅 플랫폼은 무엇인가?

① AWS
② Heroku
③ Postgresql
④ Redis

05 다양한 세일즈포스의 서비스들을 기반으로 고객 중심의 서비스를 제공하겠다는 의미의 세일즈포스 제품 전략은 무엇인가?

① 고객(Customer) 360
② 판매(Sales) 360
③ 서비스(Service) 360
④ 마케팅(Marketing) 360

06 판매(Sales) 클라우드 서비스의 에디션(Edition) 중 커스텀 개발이 가능한 가장 인기있는 에디션은 무엇인가?

　① Salesforce Essentials　　　② Lightning Professional
　③ Lightning Enterprise　　　 ④ Lightning Unlimited

07 다음 중 세일즈포스의 독립된 인스턴스(Instance)를 의미하는 용어는 무엇인가?

　① 서비스(Service)　　　② 클라우드(Cloud)
　③ 테넌트(Tenant)　　　 ④ 오그(Org)

08 다음 중 사용자와 오그(Org)에 관한 설명 중 올바른 것은 무엇인가?

　① 하나의 오그에 등록된 사용자의 이메일은 오그 내에서 유일해야 한다.
　② 사용자 이름은 오그 내에서 유일해야 한다.
　③ 사용자 이름은 세일즈포스 전체에서 유일해야 한다.
　④ 다른 오그에 동일한 사용자 이름이 존재할 수 있다.

09 다음 중 Lightning Login과 관한 설명으로 잘못된 것은 무엇인가?

　① 해당 사용자의 휴대폰 번호가 등록되어 있어야 한다.
　② 사용자 프로필 설정에서 Salesforce Authenticator [연결] 설정을 해주어야 한다.
　③ Salesforce Authenticator 앱이 설치되어 있어야 한다.
　④ 세일즈포스 모바일 앱이 설치되어 있어야 한다.

10 다음 중 목록보기(List View)에 관한 설명으로 잘못된 것은 무엇인가?

　① 특정 개체의 목록 보기 기본값은 "최근 조회 항목"이며 이는 변경할 수 있다.
　② "최근 조회 항목"의 필드 구성은 개체 관리자의 검색 레이아웃에서 변경할 수 있다.
　③ "최근 조회 항목"에서 필터를 추가해서 원하는 레코드를 검색할 수 있다.
　④ "최근 조회 항목"에서는 차트를 추가할 수 없다.

11 다음 중 프로필 보기 > 설정 > 개인 정보 페이지에서 변경할 수 없는 항목은 무엇인가?

① 별칭
② 이메일
③ 사용자 이름
④ 회사 이름

12 전세계 모든 세일즈포스 사용자들이 학습 및 커뮤니케이션을 할 수 있는 열린 공간을 무엇이라고 하는가?

① 트레일헤드(Trailhead)
② 트레이블레이저(Trailblazer)
③ 앱 익스체인지(AppExchange)
④ 커뮤니티 포털(Community Portal)

13 세일즈포스 플랫폼을 사용하여 회사와 사회의 변화를 이끄는 사람을 무엇이라고 하는가?

① 트레일헤드(Trailhead)
② 트레이블레이저(Trailblazer)
③ 앱 익스체인지(AppExchange)
④ 커뮤니티 포털(Community Portal)

1	2	3	4	5	6	7	8	9	10	11	12	13
①	③	①	②	①	③	④	③	④	③	③	①	②

chapter 02
세일즈포스 환경 및 권한 설정

1 사용자 개인 설정

2 회사 정보 설정

3 권한 설정의 기본

4 프로필과 사용자

1 사용자 개인 설정

1-1 개인정보 확인 및 이메일 변경

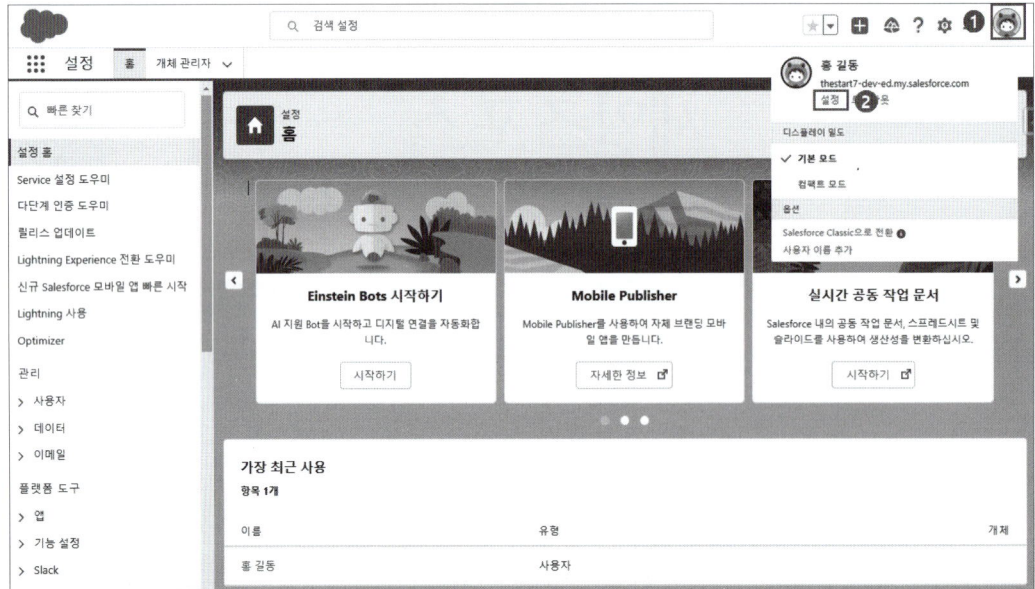

현재 로그인한 사용자 계정에 대한 정보를 확인하기 위해서는 오른쪽 상단의 프로필 보기 (1번)를 클릭하면 위 그림과 같이 계정에 대한 팝업 화면이 나오게 되는데, 여기에서 "설정" 링크(2번)를 누르면 현재 로그인 한 계정에 대한 개인 설정 관련 항목들을 확인할 수 있다.

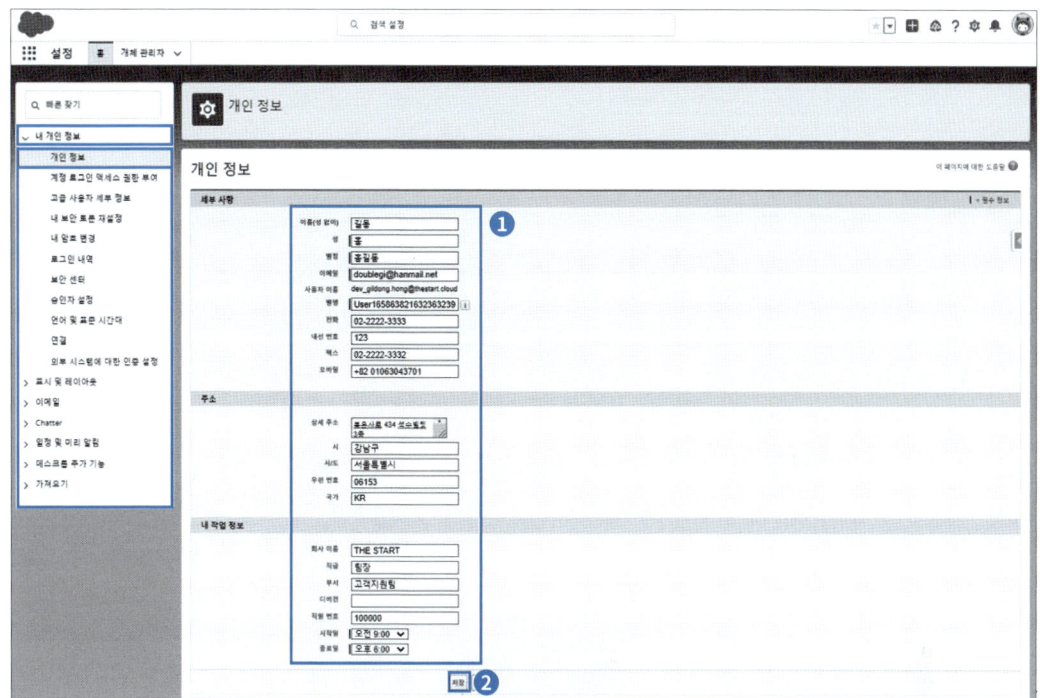

앞의 단계에서 "설정"을 누르면 위와 같이 "내 개인 정보" 영역의 "개인 정보" 항목으로 기본적으로 이동하게 된다. 여기서는 이름과 연락처, 주소 그리고 회사정보 등을 입력하거나 수정할 수 있다. 현재 상황은 오그를 생성한 후 처음 들어온 상황이기 때문에 많은 항목들이 비어 있는데, 최대한 입력할 수 있는 내용들은 모두 입력해주어야 한다. 왜냐하면 여기에 있는 항목들은 이후 프로그램에서 참조될 수 있기 때문이다.

그리고 여기에서 중요한 항목은 이메일이 될 것이다. 만일 오그(Org)를 생성한 후에 내가 업무적으로 사용하는 이메일 주소가 어떠한 이유로 변경됐다고 가정해 보자. 그러면 새로운 메일 주소로 변경해야 하는데, 바로 여기에서 새로운 이메일 주소로 변경하고, 아래에서 "저장" 버튼(2번)을 누르면 된다.

물론 이메일 변경은 이와 같이 "개인 설정"은 본인이 수정하는 것이며, "오그(Org) 설정"으로 들어가면 관리자 권한으로 다른 사용자들의 이메일을 변경할 수 있다.

그러면 새로 변경된 메일 계정과 관리자 계정에게 위와 같은 메일이 전달된다. 위 화면에서 이전 이메일 주소와 새 이메일 주소를 확인하고 이상이 없다면, 링크를 선택(1번)한다.

그러면 개발자 오그 계정에 대한 이메일 주소가 성공적으로 변경되고, 계속 버튼을 누르면 다시 로드인 대화상자가 나타나는데, 여기서 주의해야 하는 점은 이메일을 변경했다고 해서 사용자 이름(로그인 ID, Username)이 변경된 것은 아니라는 점이다. 앞에 오그 설명할 때 누차 언급했지만, 이메일은 연락 받을 실제 메일이고, 로그인 ID는 "사용자 이름"이다.

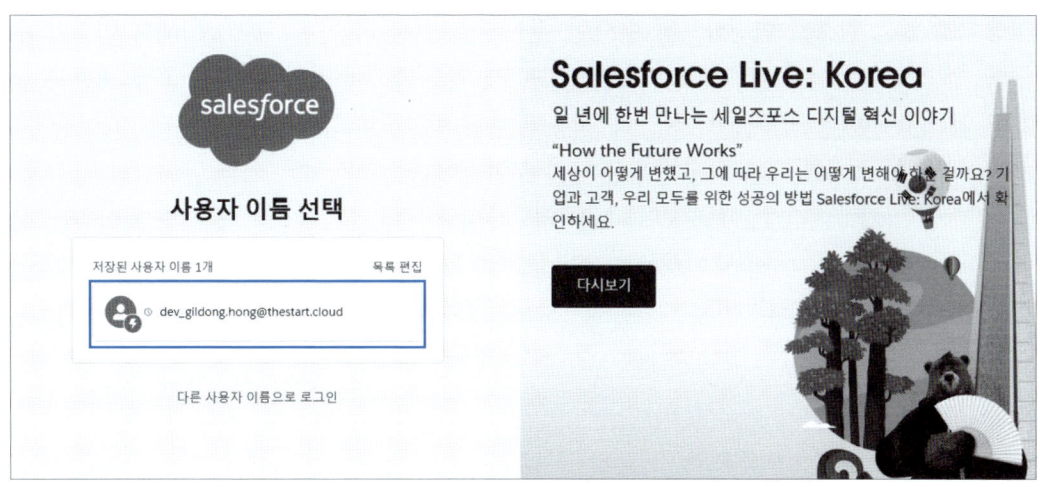

그러므로 이전에 Lightning Login 방식으로 동일하게 로그인하면 된다.

그리고 위 설정에서 한가지 확인할 내용은 "별칭"인데 기본적으로 별칭에는 "성"만 입력되어 있다. 그런데 데이터를 조회할 때 별칭을 출력하는 경우가 있는데, 이때 "성"만 출력되면 구분이 어려운 경우가 많다. 그러므로 "별칭"에 이름을 같이 넣어주는 것이 좋다. 위 예에서는 "별칭"에 "홍길동"을 입력했다.

1-2 내 암호 변경

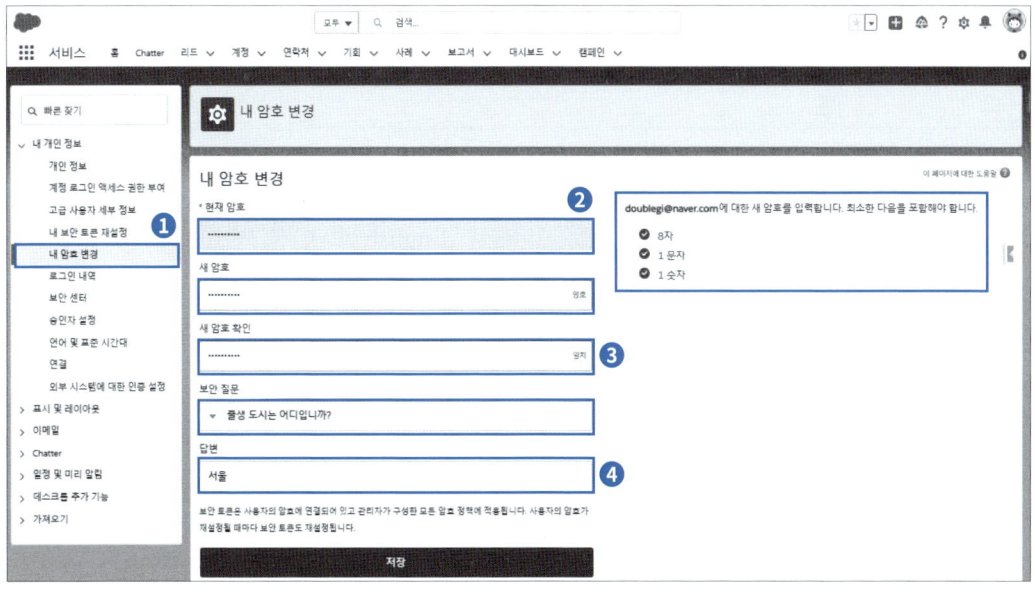

사용하고 있는 암호를 변경하고자 한다면, "내 암호 변경" 항목을 선택(1번)해서 변경할 수 있다. 일반적으로 현재 암호를 입력(2번)한 후 "새 암호"와 "새 암호 확인"을 통해 새로운 암호를 입력(3번)한다. 암호를 사용할 때 적용되는 규칙은 오른쪽 상단에 있는데 기본적으로 8자 이상이어야 하고, 1개의 문자와 숫자를 포함해야만 한다. 이는 기본 규칙이니 알아 두도록 하자. 마지막으로 "보안 질문"과 "답변"을 등록하는데, 로그인 할 때 해당 보안 질문이 나오는 경우가 있다. 이때를 위해서 "보안 질문"과 "답변"내용 또한 메모해 두어서 잊지 않도록 해야 한다.

1-3 언어 및 표준 시간대 변경

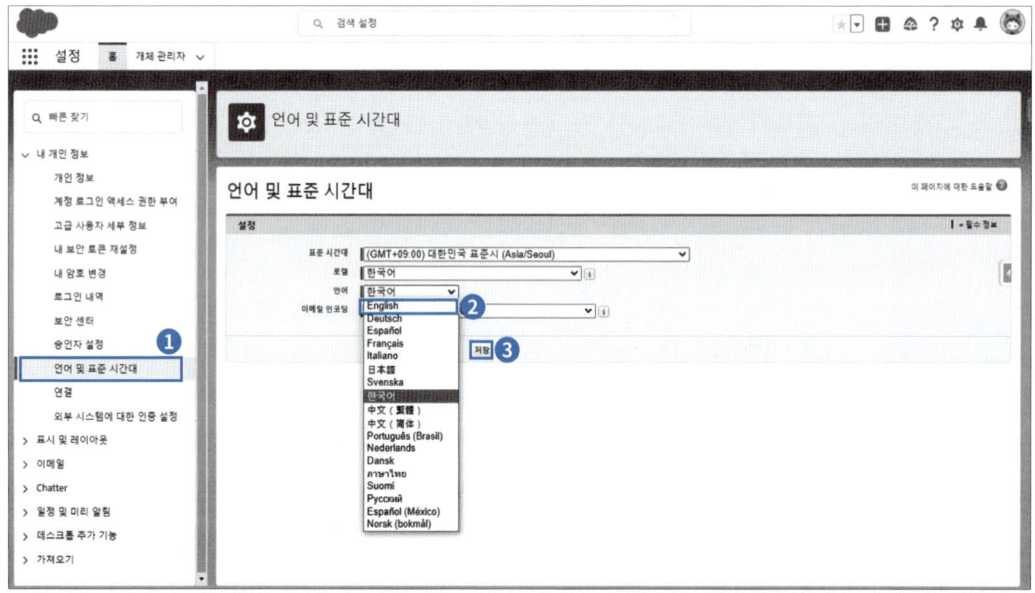

세일즈포스의 표시 언어 및 시간대를 변경하기 위해서는 위의 화면에서 "언어 및 표준 시간대" 항목(1번)을 선택한 후 언어를 "한국어"에서 "English"로 변경(2번)하고, 저장 버튼(3)을 누르면 된다.

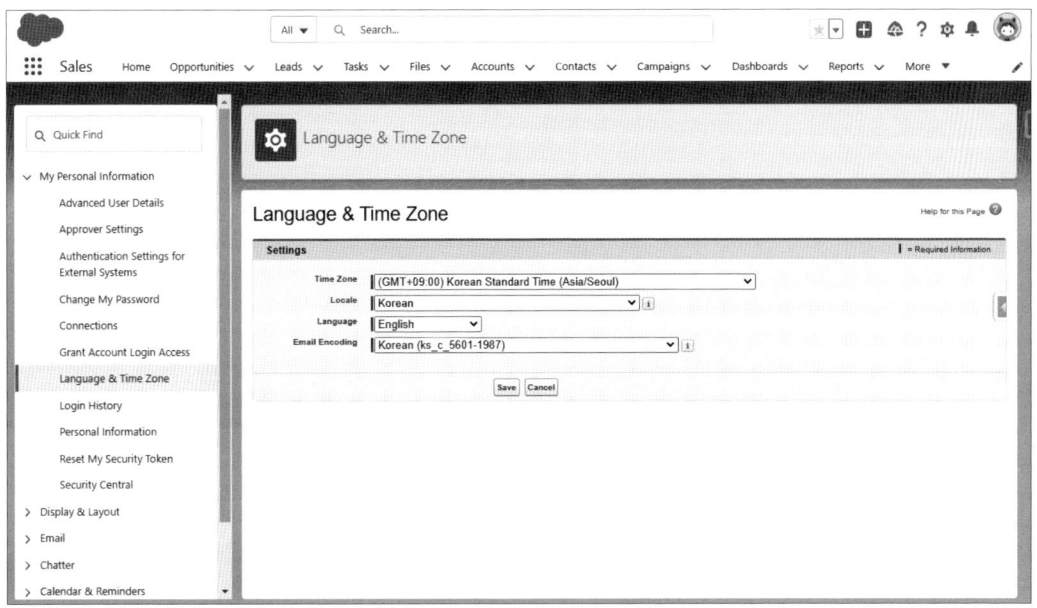

그러면 모든 탭의 이름과 메뉴 이름 그리고 페이지에 노출된 모든 단어 및 문장들이 영문으로 변경된 것을 확인할 수 있다. 실제 세일즈포스는 한국어를 지원하기 위해서 많은 노력을 하고 있지만, 아직 한국어로 번역된 명칭과 내용이 매끄럽지 않은 경우가 많이 있다. 물론 이는 지속적인 개선이 예상되지만, 100% 완벽하지는 않다는 것이다. 이로 인해 많은 엔지니어들은 세일즈포스의 언어를 영문으로 설정하고 사용하는 경우도 많이 있다. 하지만 이 책에서는 한국어를 기준으로 설명할 것이므로 영문으로 변환된 것을 확인했다면 다시 언어를 "한국어"로 변경하기로 하자.

1-4 내 이메일 설정

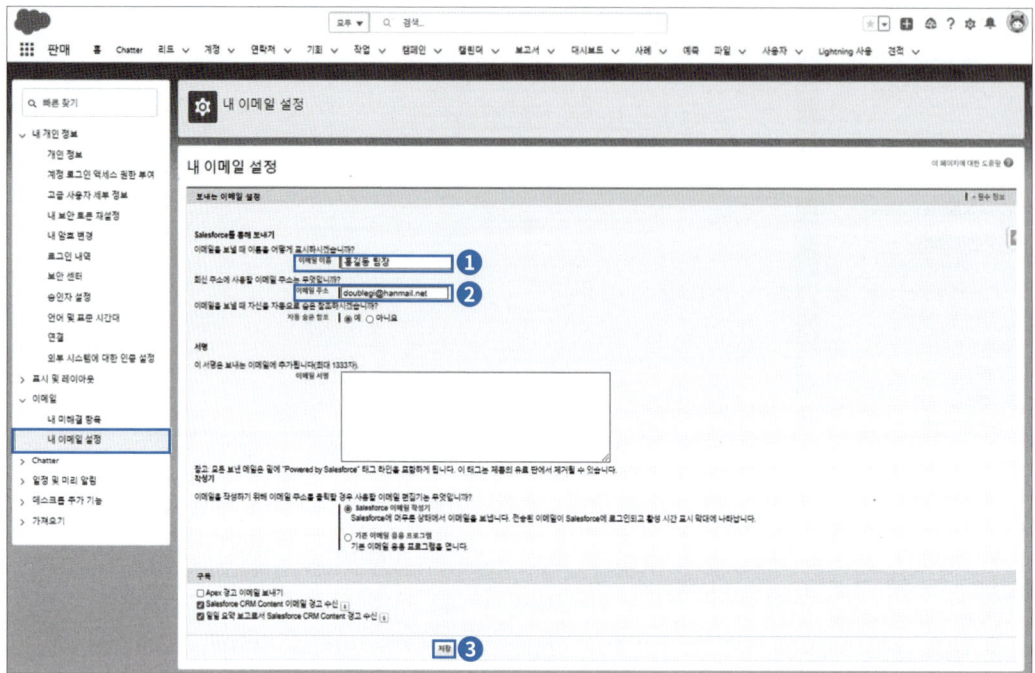

내 이메일 설정에서 살펴볼 내용으로는 "이메일 이름"과 "이메일 주소"이다. 우선 "이메일 이름"은 메일이 전송될 때 보낸 사람 이름으로 보여지는 내용이다. 기본적으로 "이메일 이름"은 개발자 오그 생성 시 등록한 사용자의 성과 이름이 등록되는데, 이 보다는 회사 이름이나 회사의 조직 이름을 사용해야 하는 경우가 더 적합한 경우가 많다. 이 다음 화면처럼 메일이 고객에게 전송된 화면 이미지를 보면 이해할 수 있을 것이다.

우선 여기서는 "이메일 이름"으로 "홍길동 팀장"을 입력(1번)했고, "이메일 주소" 즉 회신 메일 주소는 담당자 메일 주소(독자 분들의 실제 이메일 주소)를 입력(2번)했다. 수정이 완료됐다면, "저장" 버튼(3번)을 눌러서 변경된 설정을 저장하자. 여기서 주의해야할 점은 개인정보에서 이메일 주소를 변경할 때와 마찬가지로 회신 이메일 주소를 변경할 때도 확인 메일이 전송되고, 해당 메일에서 링크를 클릭한 후 정상적으로 인증을 마쳐야 변경이 반영된다는 점이다.

위 메일 내용은 앞서 "이메일 이름"을 변경한 후 고객에게 전송된 메일을 캡처한 것이다. 보낸 사람 이름이 "홍길동 팀장"으로 되어있는 것을 확인할 수 있다.

1-5 개인 홈페이지

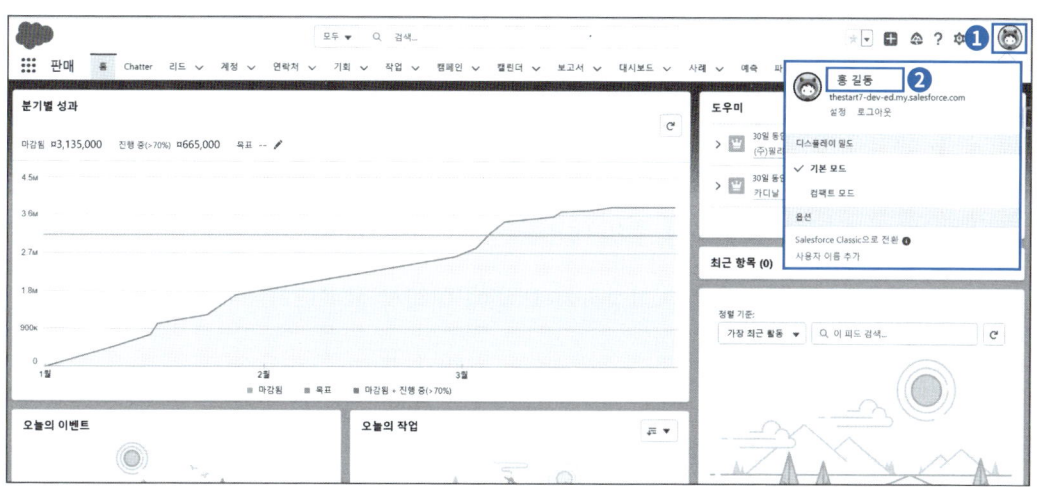

세일즈포스에는 나의 공간이라고 할 수 있는 개인 홈페이지도 제공된다. 이를 위해서는 오른쪽 상단에 "프로필 보기" 아이콘을 선택(1번)하고, "홍 길동" 이름 링크를 선택(2번)하면, 다음과 같이 "홍 길동" 사용자의 홈페이지 화면으로 이동한다.

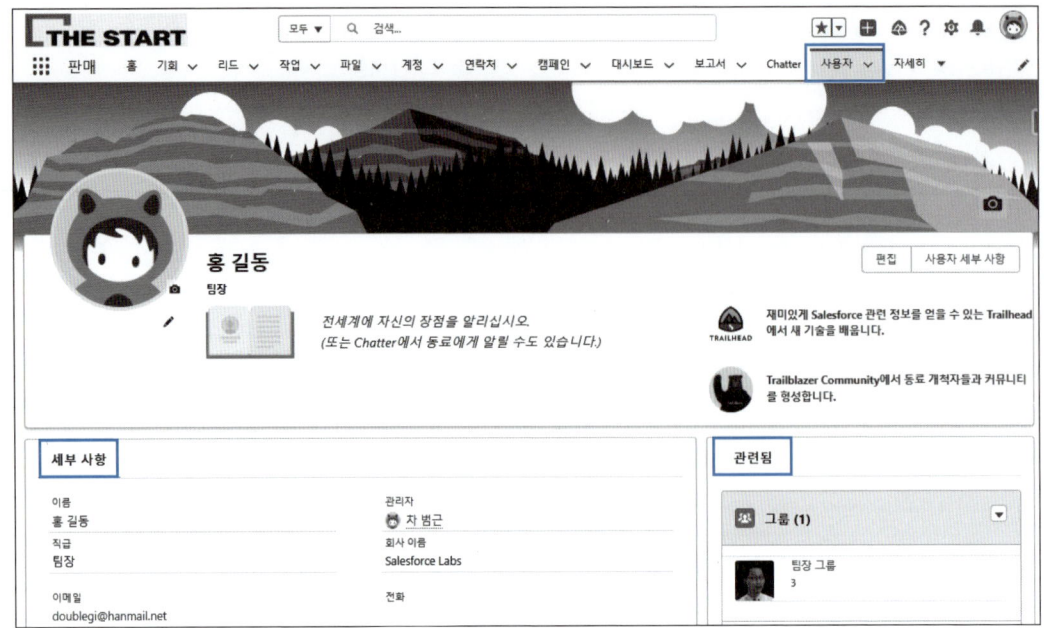

그러면 기본적으로 "사용자" 탭으로 이동하며, "홍 길동" 사용자의 홈페이지 화면으로 이동하게 된다. 여기서는 홍 길동 사용자의 "세부 사항"에 있는 기본 정보와 "관련됨" 영역에 나열된 관련 항목들 그리고 하단에는 체터(Chatter) 관련 내용들이 보이게 된다.

이러한 각 항목들에 대해서는 이후에 계속 학습해 갈 것이다. 그러므로 여기서는 개인 사용자 홈페이지가 있다는 정도만 확인해두기로 하자.

이상으로 개인 설정과 관련해서 간단히 살펴보았는데, 위 화면에서 보는 것처럼 개인 설정에는 매우 많은 분류와 항목들이 존재한다. 이와 관련한 모든 내용들을 자세히 살펴보기는 어렵겠지만, 그리도 꼭 필요한 주요 내용들은 이후 예제와 함께 살펴보도록 할 것이다.

이제 다음 내용으로 회사 정보를 설정하는 내용에 대해서 살펴보기로 하자.

2 회사 정보 설정

2-1 회사 소개 및 회사 정보 확인

이 회사는 "THE START"란 이름의 가상의 회사로 차범근 대표를 비롯해 총 9명의 사원으로 구성된 IT 회사이다. 그리고 위 사원들 중에서 고객 지원팀의 팀장(홍 길동)이 바로 세일즈포스 관리자인데, 이 역할이 바로 여러분이 담당하게 될 역할이다. 그러므로 이전 단계를 통해 만들어진 여러분들의 계정은 위 가상의 회사에서 고객 지원팀 팀장의 역할을 수행하게 될 것이다.

더불어 이 책에 있는 실습 예제 및 설명들은 모두 위 내용을 기준으로 작성할 것이다. 조직이 복잡하면, 조직의 구조를 파악하는데도 시간이 걸리기 때문에 최대한 단순하게 정리했으니 위의 조직도는 반드시 기억해주어야 한다.

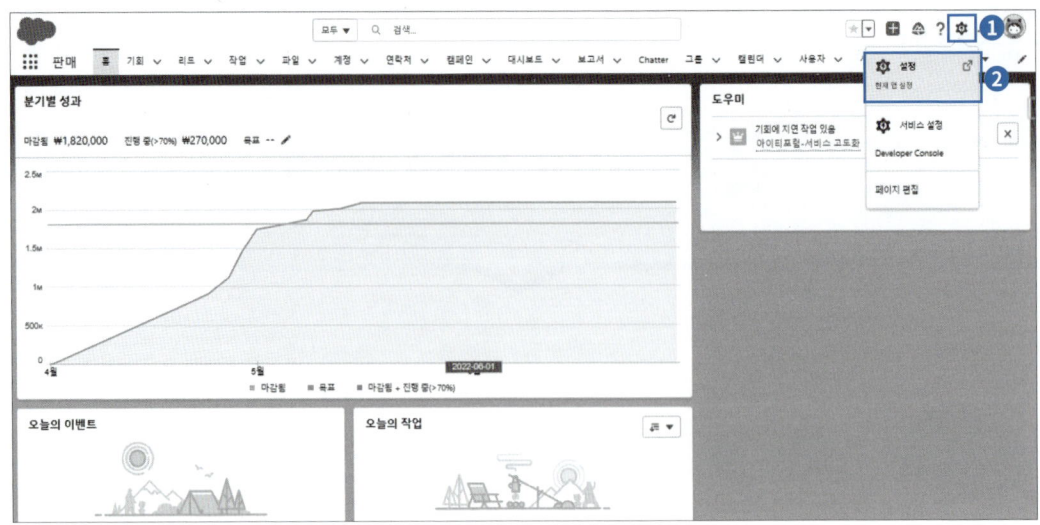

앞서 살펴본 바와 같이 "개인 정보"는 프로필 보기의 "설정" 링크를 눌러서 들어갔다면, 회사 정보를 확인하거나 관련 내용을 변경하기 위해서는 오른쪽 상단에 "설정" 버튼(1번, 기어 아이콘)을 선택한 후 "설정" 메뉴(2번)를 눌러서 이동해야 한다. 그런데 여기서 한가지 알아 둘 내용은 지금 들어가는 "설정" 화면은 단지 회사 정보를 확인하거나 변경하기 위한 것이 아니라 앞서 언급했던 것처럼 오그(Org) 즉, 현재 우리가 생성한 개발자 오그(Org)의 전체의 정보를 확인하고 변경하기 위한 곳으로서 일반 컴퓨터의 제어판과 같은 역할을 하는 곳이라 생각하면 된다.

다시 한번 얘기하지만 이전 "프로필 보기"에서의 설정은 개인 설정이고, 지금 우리가 들어가는 설정은 오그(Org) 설정이다. 그러면 오그(Org) 위 화면에서 "설정" 메뉴(2번)을 눌러서 이동해보기로 하자. 이를 위해 "설정" 메뉴에 마우스를 올려놓으면, 조그만 사각형에 화살표가 있는 이미지가 나타나는데, 이는 웹 브라우저에서 새로운 탭을 생성해서 해당 화면을 보여준다는 의미이다.

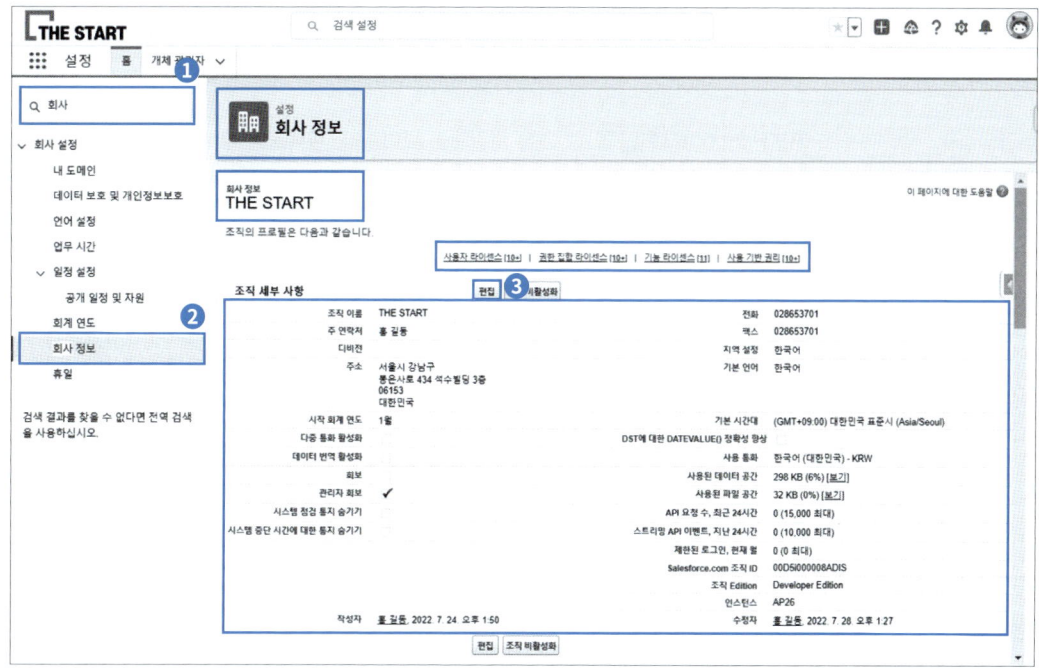

오그(Org) 설정으로 이동해서 검색 란에서 "회사"로 검색(1번)하면, 위와 같이 "회사 설정" 항목에 다양한 하위 항목들이 있는 것을 확인할 수 있다. 이 중에서 "회사 정보"를 선택(2번)하면, 오른쪽 페이지가 회사 정보 페이지로 이동한다.

회사 정보 페이지에서는 회사 즉, 세일즈포스를 사용하고 있는 회사의 정보가 기본적으로 노출되며, 여기에 있는 정보들은 해당 오그(Org)에서 가장 기본적이면서도 중요한 정보들이라고 할 수 있다. 그러므로 기본적으로 입력할 수 있는 회사 관련 내용들은 모두 기입해두는 것이 좋다. 만일 해당 내용들을 새로 입력하거나 수정하기 위해서는 중앙 상단에 있는 "편집" 버튼(3번)을 누르면 편집화면으로 이동하게 되고, 원하는 항목을 수정할 수 있다.

다음은 위 회사 정보에서 주요한 내용들을 정리해 놓은 표이다.

항목	값	설명
조직 이름	THE START	개발자 오그 생성 화면에서 입력한 회사명이 등록되며, 이를 변경할 수 있다.
주 연락처	홍 길동	개발자 오그 생성 당시 등록한 이름이며, 기본적으로 해당 오그의 관리자 계정을 지정한다.
지역 설정	한국어	지역 설정을 보여준다.

항목	값	설명
기본 언어	한국어	기본 사용 언어를 보여준다.
기본 시간대	(GMT+09:00) 대한민국 표준시 (Asia/Seoul)	기본 시간대를 보여준다. 한국의 경우 GMT + 09:00 지역이다.
사용 통화	한국어 – null	금액에 대한 기본적인 사용 화폐를 정의한다. 한국어 – null 은 잘못된 것이고, 이를 수정해주어야 하며 이는 바로 다음에 설명하기로 하겠다.
사용된 데이터 공간	1,017 KB (20%)	현재 오그에서 사용중인 공간의 정보와 함께 사용 비율을 표시한다.
사용된 파일 공간	294 KB (1%)	현재 오그 저장되어 있는 파일의 용량과 사용 비율을 표시한다.
Salesforce.com 조직 ID	00D5i000002Qjyq	오그(Org) 구분 값으로 각 오그(Org) 마다 유일한 값을 갖는다.
조직 Edition	Developer Edition	현재 사용하고 있는 에디션을 보여준다.

위에서 한 가지 확인해 볼 내용은 현재 "기본 언어"가 "한국어"로 되어 있는데, 이전 "개인 설정" 예제에서 "언어 및 표준 시간대"를 "English"로 변경한 적이 있었다. 그때 모든 화면이 영문으로 전환됐었는데, 그 당시 회사 설정의 기본 언어를 변경하지는 않았으니 회사 설정의 "기본 언어"는 "한국어"였을 것이다. 즉, 개인 설정에서 "언어 및 표준 시간대"를 변경했을 때 표시되는 언어가 바뀌었다는 것은 궁극적으로 사용자들에게 적용되는 설정들 중에서 "개인 설정"이 "회사 설정"에 우선한다는 것이다.

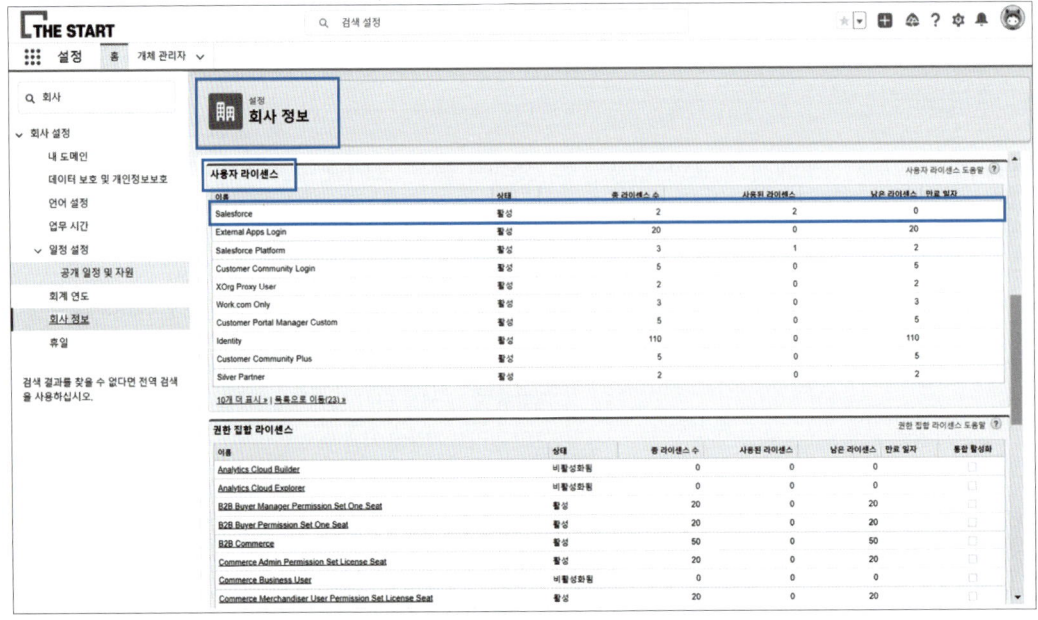

그리고 스크롤을 내려서 하단으로 이동해서 보면, 사용자 라이선스를 비롯해 다양한 라이선스 정보를 확인할 수 있는데, 오그 관리자라면 라이선스 현황도 관리해야 하므로 정기적으로 확인해주어야 할 필요가 있는 정보들이다. 참고로 하단으로 스크롤을 내리지 않더라도 위 화면에서 편집 버튼 위에 있는 목록에 마우스를 이동하면 팝업으로 각기 정보들을 바로 확인할 수도 있다.

위 화면에서 "사용자 라이선스" 항목이 있는데 현재 개발자 오그(Org)에 할당되어 있는 라이선스 종류와 총 라이선스 수 그리고 사용한 라이선스와 남은 라이선스 내역들을 확인할 수 있다. 이 중에서 가장 중요한 라이선스는 "Salesforce" 라이선스이며, 기본적으로 2개가 할당되어 있는데, 사용한 라이선스가 하나가 있다.

누가 사용하고 있을까? 그건 바로 독자분들이 만든 관리자 계정이 지금 사용하고 있는 것이다. 그리고 현 단계에서는 아직 사용자를 등록하지 않았기 때문에 라이선스 1개가 남아있는 것을 확인할 수 있다.

2-2 통화 설정

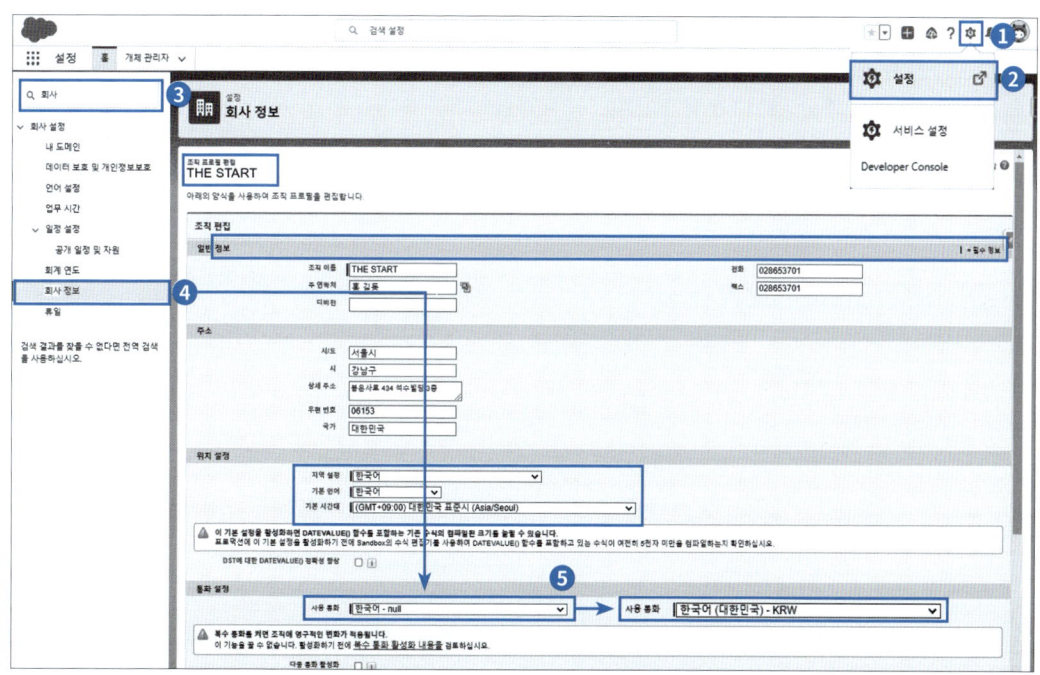

이번에는 약간의 버그 해소를 위해서 "회사 정보"를 수정해 보기로 하겠다. 이전 화면에서 "편집" 버튼(1번)을 누르면 위와 같이 편집 화면으로 전환되는데, 현재 "사용 통화"에서 선택 값은 "한국어 – null"이 선택되어 있다. 이는 세일즈포스의 잘 알려진 버그 중에 하나인데 이 값이 "한국어 – null"로 되어 있으면, 다음 화면과 같이 레코드 페이지의 "세부 사항" 화면이 오류가 발생하게 된다.

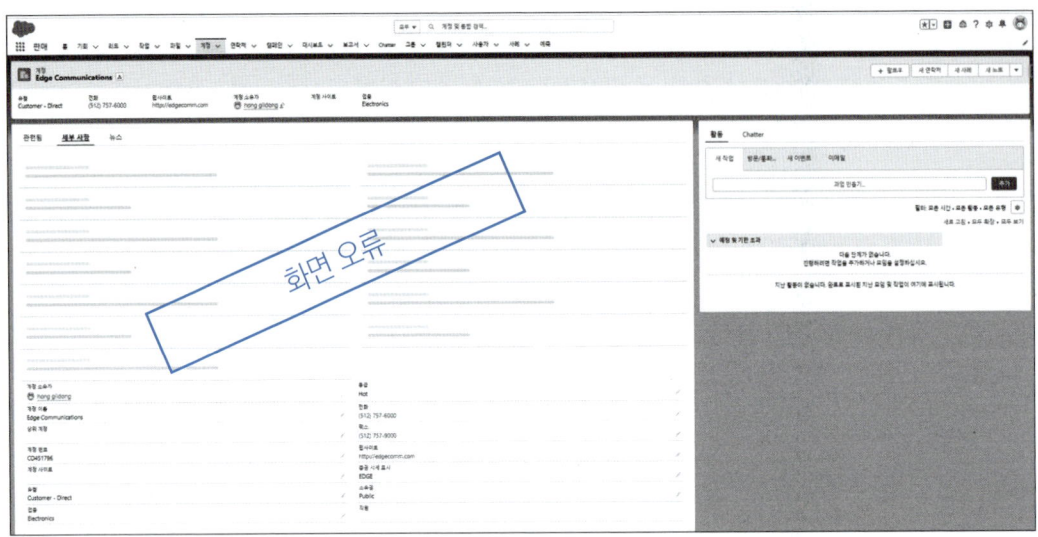

물론 이 오류는 어느 시점에는 개선되겠지만, 최소한 현 시점까지는 그렇다는 것이다. 그러므로 오그(Org)를 생성한 후 반드시 "사용 통화"를 "한국어 – null"에서 "한국어(대한민국) – KRW"로 변경(이전 화면 1번)한 후 "저장" 버튼을 눌러 변경 내용을 저장해 주어야 한다.

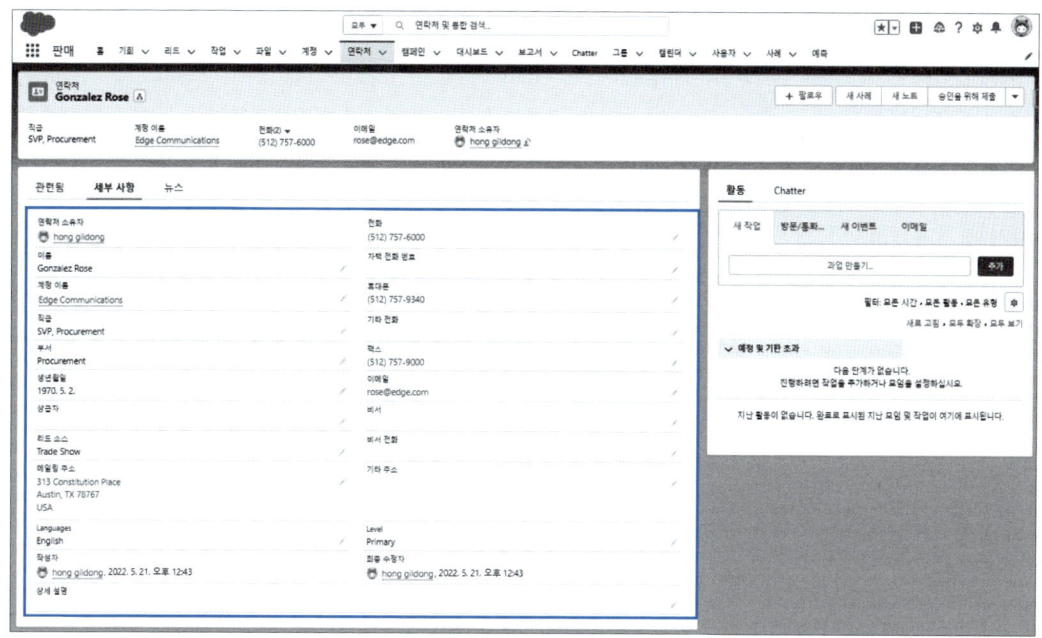

해당 설정을 변경한 후에는 위 화면과 같이 화면 오류가 개선된 모습을 확인할 수 있다.

2-3 업무 시간 등록

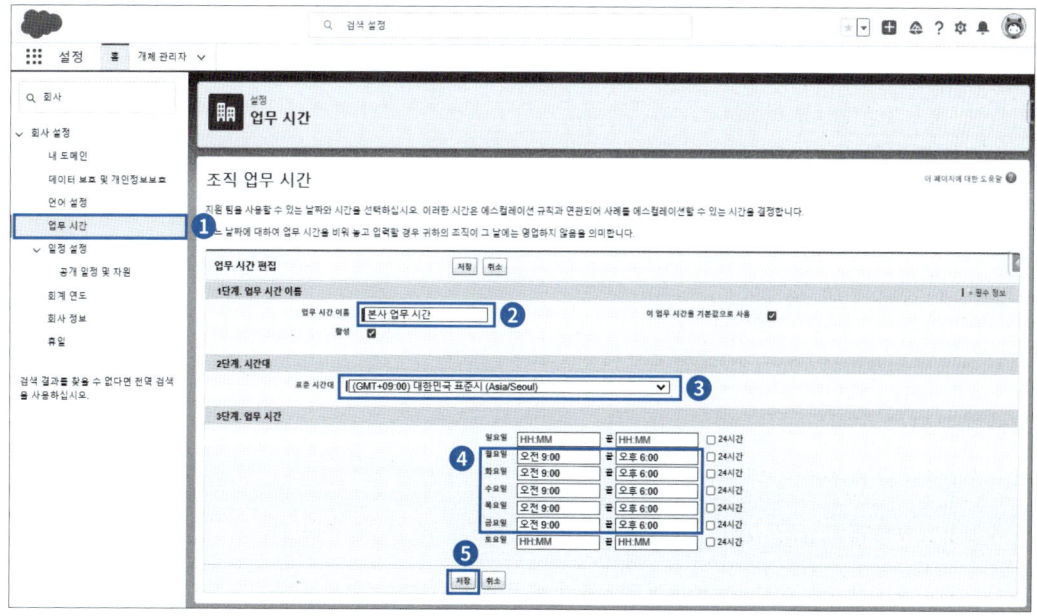

업무 시간도 회사의 상황에 맞게 정확하게 입력을 해줄 필요가 있다. 우선 회사 설정 항목 중 "업무 시간"을 선택(1번)하면, 기본적으로 "업무 시간 이름"은 "Default"로 등록된 업무 시간이 있는데, 해당 항목의 "편집" 버튼을 누르면 위와 같이 업무 시간 페이지로 이동한다.

여기서 "Default"로 등록된 업무 시간 이름을 "본사 업무 시간"으로 변경(2번) 한 후 확인 해야하는 부분은 업무 시간에 적용될 표준 시간대이다. 여기서 적용되는 표준 시간대는 오그(Org)에 적용되는 "기본 시간대"가 아니라 업무 시간에 적용되는 시간대이기 때문에 대한민국으로 설정되지 않고 임의로 설정되어 있다. 이 의미는 지금 등록하는 업무 시간이 어느 지역의 업무 시간인지를 구분한다는 것이다. 우리는 대한민국 서울에 본사를 두고 있는 회사를 기준으로 정의할 것이므로 업무 시간의 "표준 시간대"를 위 화면과 같이 "(GMT +09:00) 대한민국 표준시 (Asia/Seoul)"로 선택(3번)해 주어야 한다.

그리고 근무 요일 및 시간도 정확히 설정해 놓도록 하자. 위의 화면에서는 기본적으로 모두 "24시간"이 체크되어 있는데, 이를 모두 해제하고 일요일과 토요일은 입력 값을 삭제했으며, 평일은 모두 "오전 09:00"에서 "오후 06:00"으로 변경(4번)했다. 모두 변경했다면 "저장" 버튼(5번)을 눌러서 변경 내용을 적용하도록 하자.

만일 우리 회사가 미국 샌프란시스코에 지사를 두고 있다면 "샌프란시스코 지사 근무시간"을 추가로 등록하고, 해당 표준 시간대를 설정한 후 현지 근무 시간을 추가할 수 있는 것이다.

2-4 휴일 등록

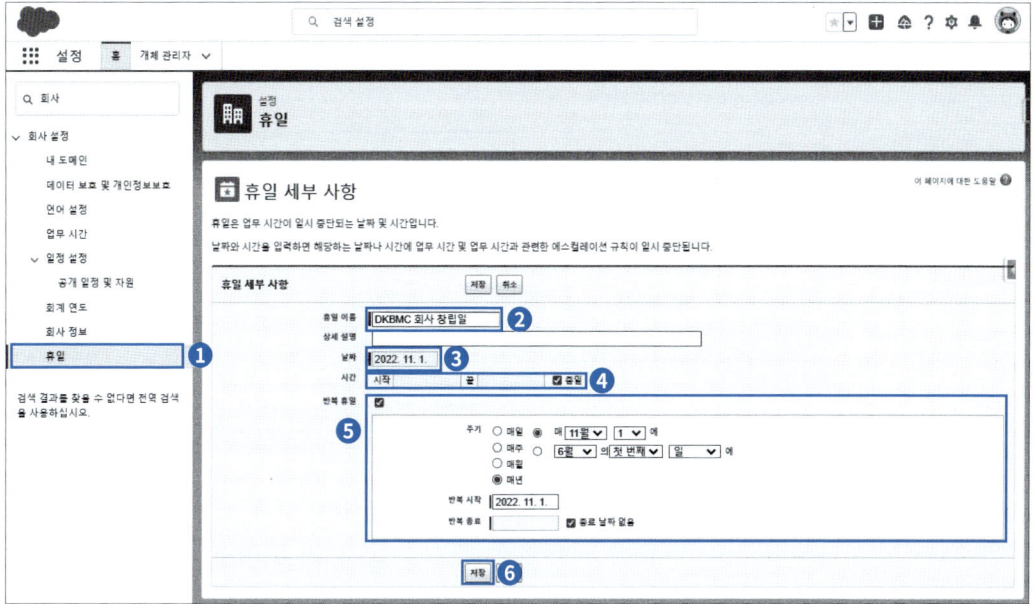

휴일은 회사의 여름 휴가 기간이나 명절 연휴, 그리고 창립 기념일 등 고객 서비스가 어려운 시간을 등록하기 위해서 사용한다. 예를 들어서 회사의 창립 기념일(특정 날짜)에 오전(09:00 ~ 12:00)만 근무한다고 하면, 해당 날짜에서 고객 응대가 어려운 시간 "오후 12:00"부터 "오후 6:00"까지 등록하는 것이다. 또한 반복적으로 진행되어야 한다면, 아래 반복 설정에서 일, 주, 월, 년 단위로 반복 설정을 할 수 있다.

이제 휴일을 등록해 보기로 하자. 이를 위해 위 화면에서 "휴일" 항목을 선택(1번)하면, "휴일" 페이지로 이동하게 된다. 그러면 "휴일 이름"으로 "회사 창립일"이라고 입력(2번)하고, 날짜를 지정(3번)한다. 그리고 회사 창립일에 오전 근무만 하는 관계로 12시부터 오후 6시까지는 근무를 할 수 없기 때문에 해당 시간을 등록(4번)한다.

더불어 회사 창립일은 매년 반복되는 일정이기 때문에 "반복 휴일"에 체크한 후 "매년"을 선택(4번)하고, "저장" 버튼(6번)을 눌러 휴일 설정을 저장한다.

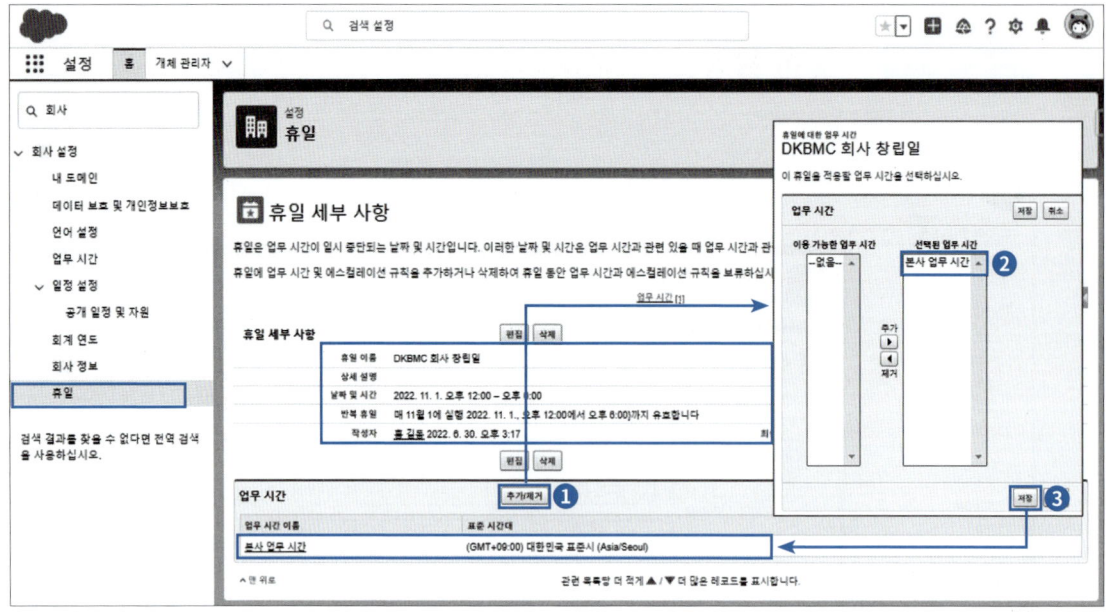

그러면 위 화면과 같이 등록된 휴일과 관련한 정보가 화면 중간에 보이게 되는데, 화면 하단에 업무시간을 등록할 수 있도록 "추가/제거" 버튼이 있다. 이 의미는 해당 휴일에 적용될 업무시간을 등록할 수 있다는 것이다. 이것의 의미는 예를 들어 본사 창립 기념일에 "샌프란시스코 지사 근무시간"을 적용할 수 있다는 것이다.

여기서는 너무 복잡하게 정의하지 않고, "추가/제거" 버튼(1번)을 눌러 "선택된 업무 시간"에 "본사 업무 시간"을 선택(2번)한 후 "저장" 버튼(3번)을 누른다. 그러면 다시 원래 화면의 업무 시간에 "본사 업무 시간"이 등록되는 것을 확인할 수 있다.

지금껏 "회사 정보"에 대해서 살펴보고 있는데 "회사 정보"에는 이 외에도 회계 연도나 내 도메인 설정 등 중요한 항목들이 많이 있다. 그러나 처음부터 많은 옵션들을 설명하면 너무 복잡해지기 때문에 회사 정보에 다양한 설정 항목들이 있다는 정도만 여기서는 확인하도록 하자.

2-5 테마 및 브랜딩 설정

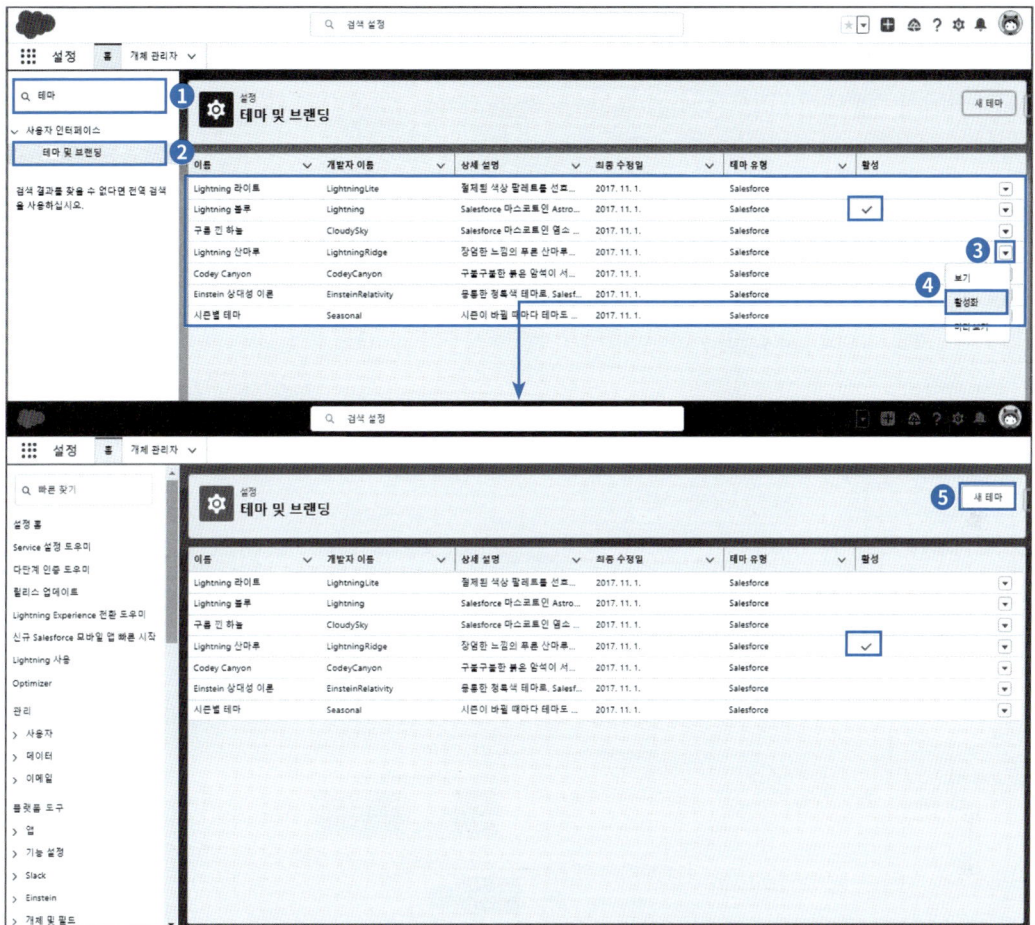

위 화면은 두 개의 화면이 겹쳐진 화면이다. 우선 위 화면을 살펴보자. "설정"으로 이동해서 검색 란에 "테마"로 검색(1번)하면, "테마 및 브랜딩" 항목이 검색된다. 이를 선택(2번)하면, "테마 및 브랜딩" 페이지로 이동하는데 현재 여러 개의 테마가 만들어져 있는 상태이고, 그 중에서 두 번째 테마가 활성 표시가 되어 있는 것을 확인할 수 있다.

만일 이를 다른 테마로 변경해보고자 한다면, 다른 테마의 오른쪽 끝에 있는 콤보 버튼(3번)을 눌러서 "활성화" 메뉴(4번)을 선택하면, 화면이 다시 로딩되면서 아래 화면과 같이 변경된 테마가 적용된다. 아래 화면에서 보면, 활성 체크 테마가 변경된 것을 확인할 수 있다.

이러한 테마는 비단 전체적인 분위기만 변경할 수 있는 것이 아니라 로고나 각종 이미지도 변경할 수 있기 때문에 처음 오그(Org)를 셋팅할 때 기본적으로 확인해야 하는 내용이라고 할 수 있다. 내가 원하는 로고나 이미지를 변경하기 위해서 기존 테마를 변경할 수는 없다. 새로운 테마를 만들어서 원하는 설정을 적용한 후 이를 활성화 해주는 방법으로 적용해야 한다.

이를 위해서 "새 테마" 버튼(5번)을 눌러 보기로 하자.

그러면 주제 이름에 "더 스타트 테마"로 입력(1번)했으며, API 이름에는 "The_Start_Theme"으로 입력(2번)했다. 이름은 독자분들의 회사명을 근거로 입력하면 좋을 것이다. 그리고 회사 로고를 적용할 수 있는데, 이를 위해서 "브랜드 이미지" 영역을 선택해서 회사 로고 파일을 선택(3번)하면, 위 화면처럼 해당 영역에 로고 이미지가 올라온다. 해당 이미지 사이즈는 가로 600 × 세로 120이므로, 해당 사이즈로 로고 이미지를 준비하면 깨지지 않고 세일즈포스 화면에 로고가 반영된다.

그리고 그 아래에 있는 "Lightning Experience 로딩 페이지에서 브랜드 이미지 사용" 옵션(4번)을 체크하면, 세일즈포스에서 앱 화면(판매 앱, 서비스 앱 등) 전환 시 세일즈포스에서 준비한 이미지가 아닌 회사 로고가 보이게 된다.

그리고 하단으로 이동하면, 배경 이미지 뿐만 아니라 그룹이나 사용자 배너 그리고 아바타 이미지도 변경할 수 있다는 것을 확인할 수 있을 것이다. 모든 설정을 마무리했다면, "저장" 버튼(5번)을 눌러서 새로운 테마를 생성한 다음, 오른쪽 위에 있는 "활성화" 버튼(6번)을 눌러서 해당 테마를 적용해보기로 하자.

그러면 이제 이를 확인해보기 위해 판매 앱으로 이동해보기로 하자.

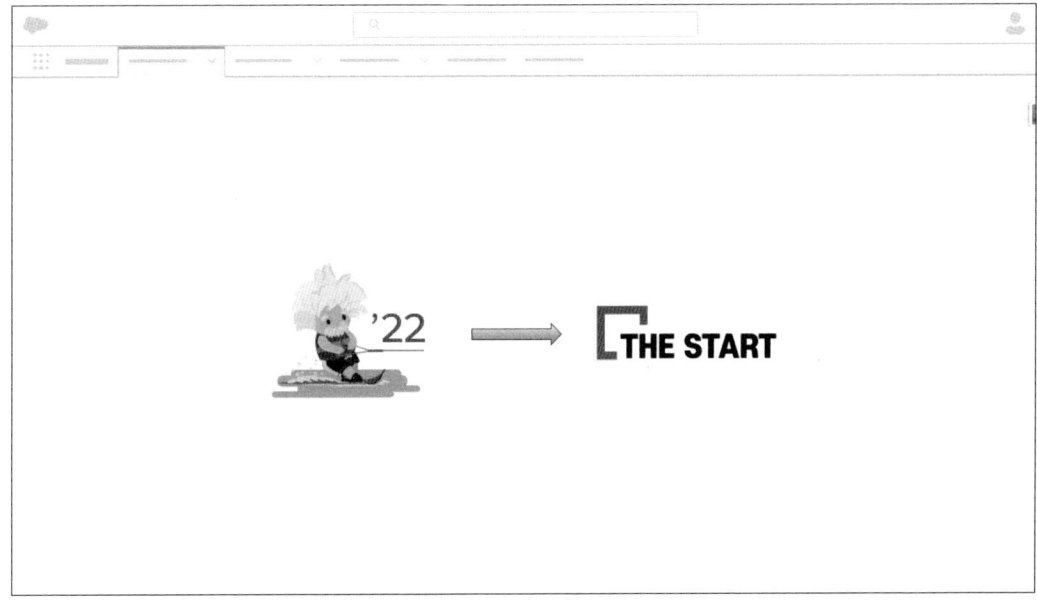

그러면 원래 앱 화면으로 전환할 때 세일즈포스에서 기본적으로 제공하는 이미지가 페이지 로딩 시간에 보여졌는데, 이제는 회사 로고가 보여지는 것을 확인할 수 있다.

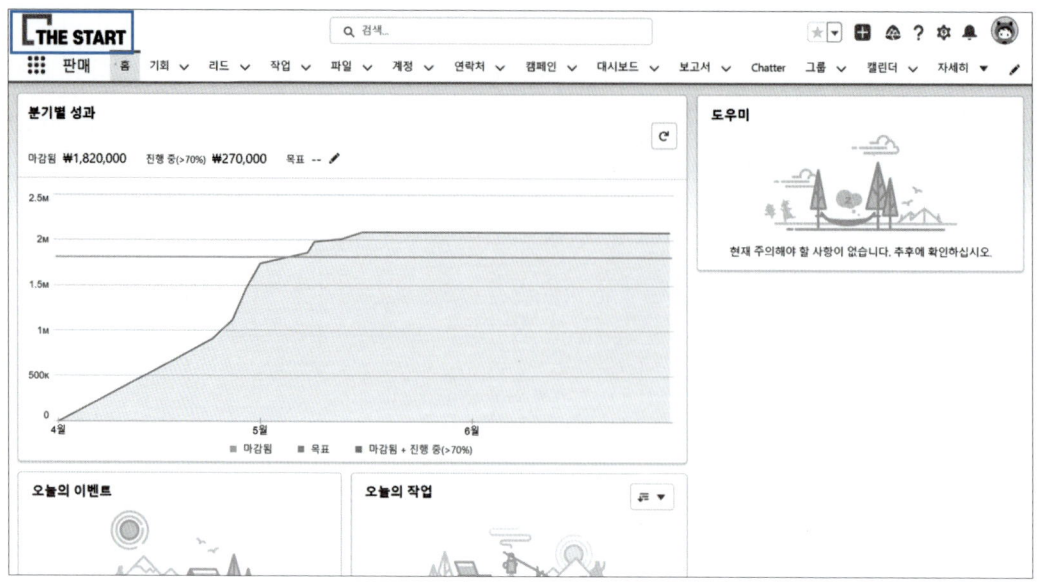

그리고 페이지 왼쪽 위에 있었던 '세일즈포스 클라우드 아이콘'도 '회사 로고'로 변경된 것을 확인할 수 있다.

3 권한 설정의 기본

3-1 오그(Org, 조직) 전체 기본값

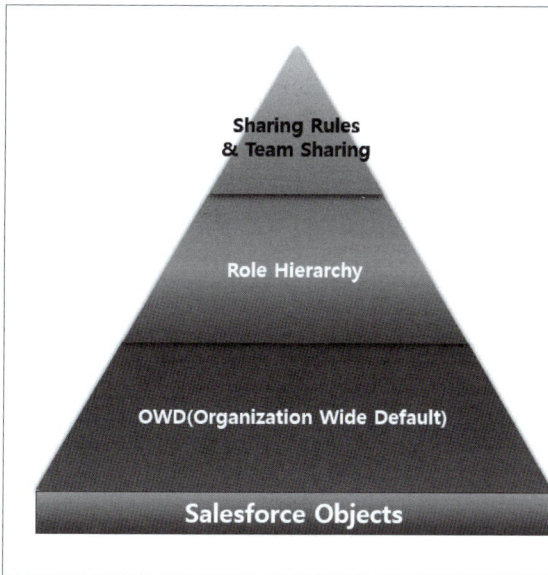

공유 규칙과 팀 공유(Sharing Rules, Team Sharing)
- 레코드의 소유권 또는 특정 필드 값 등 레코드의 특정 기준에 따라 레코드에 대한 액세스를 공유할 수 있다.

역할 계층(Role Hierarchy)
- 역할(Role)은 계층 구조로써 접근 권한을 제어하기 위한 회사의 계층(조직도)을 정의한다. 기본적으로 상위 역할(Role)은 하위 역할(Role)의 레코드에 대한 접근이 가능하다.

오그(조직) 전체 기본값(OWD)
- OWD(Organization Wide Default)는 오그 내 각 개체들의 접근 권한(가시성)에 대한 기본 설정이다.

오그(Org)내에는 많은 수의 개체들이 존재하며, 이 개체들은 궁극적으로 사용자들에 의해서 사용된다. 이때 사용자들의 업무 및 역할에 따라서 각기 개체들의 접근 권한을 설정해 주는 일은 관리자의 중요한 일 중에 하나이다. 이러한 관리작업을 위해서는 개체들에 대한 접근 권한들이 어떻게 기본적으로 설정되어 있는지를 확인해야 하고, 이를 업무적인 요구사항에 맞게 수정하기 위해서 어떠한 요소들을 고려해야 하는지를 이해하고 있어야 하는데, 바로 그 기본 내용을 정리한 표가 위에 나와있다.

위 표에서 보면 세일즈포스 오그(Org) 내 각 개체들에 대한 기본 설정 권한이 적용되어 있는 계층을 OWD(Organization Wide Default, 오그(조직) 전체 기본값)라고 한다. 이를 확인하기 위해서 다음 화면을 살펴보기로 하자.

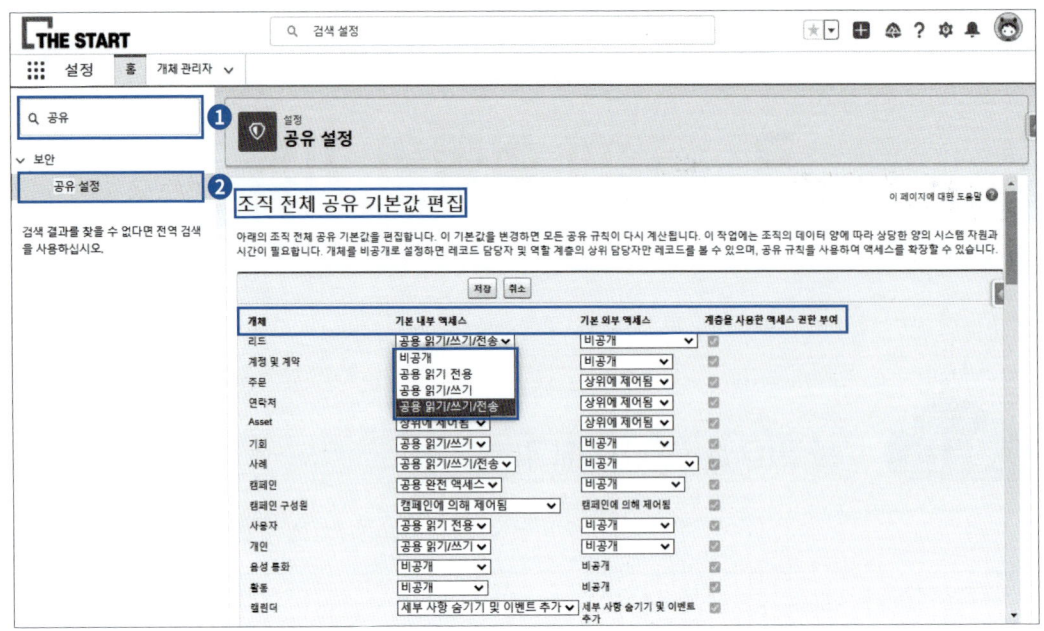

위 화면에서는 "조직"으로 번역됐는데, 이는 직역으로 여기서는 "오그(Org)"로 용어를 정리하도록 하겠습니다. 오그 전체 기본값(OWD)은 오그 내 개체들에 대한 내부 및 외부 사용자들의 액세스 기본값을 설정하는 것으로, 권한 설정의 가장 기본(Base) 설정이라고 할 수 있다. 이를 위해 "설정"의 "홈"으로 이동해서 검색 란에 "공유"를 입력하면 "공유 설정" 항목(1번)을 확인할 수 있으며, 이를 선택하면 위 화면처럼 공유 설정 페이지가 나타난다.

해당 페이지는 오그(Org)내의 개체들이 기본적으로 어떠한 형태로 사용자들에게 접근 권한이 셋팅이 되어 있는지를 보여주는 것이며, 해당 설정을 근거로 개체들에 대한 접근 권한이 기본적으로 이뤄지게 된다. 그러므로 해당 설정은 개체들에 대한 권한 설정의 핵심이라고 해도 과하지 않을 만큼 중요한 내용이며, 일반 사용자가 아닌 IT엔지니어 분들이라면 해당 설정에 대한 의미와 내용을 기본적으로 정리해 둘 필요가 있다.

✅ 오그(Org, 조직) 전체 기본값의 개체 권한 설명

구분	설명
비공개	개체 내의 레코드는 레코드 소유자와 역할 계층의 상위에 있는 사용자들만 조회하고, 수정할 수 있는 권한을 갖는다.
공용 읽기 전용	개체의 레코드는 모든 사용자에게 표시되지만 레코드 소유자와 역할 계층의 상위에 있는 사용자들 만이 편집할 수 있다.
공용 읽기/쓰기	개체 내의 레코드는 모든 사용자가 볼 수 있으며 편집할 수 있다.

구분	설명
공용 읽기/쓰기/전송	해당 권한은 리드 및 케이스와 같은 일부 객체에 대한 설정이며, 공용 읽기/쓰기 권한과의 차이점은 소유자를 변경할 수 있다는 점이다.
상위에 제어됨	마스터-세부 상세 관계에 있는 자식 개체에 대한 설정이며, 상위(마스터) 개체에 적용된 기본값을 상속받다.

세일즈포스는 앞에서도 소개했지만, SaaS(Software as a service) 서비스이다. 그러므로 기존 서비스에 대한 개체들의 권한 설정은 기본적으로 모두 설정되어 있다. 다만 관리자의 입장에서 새로운 개체를 만들었다면, 온전하게 서비스가 이뤄지기 전에는 "비공개"로 개체의 권한 설정을 한 상태로 준비한 후에 권한을 확대하는 것이 바람직한 접근 방법이라고 할 수 있다. 기존에 만들어진 표준 개체들도 관리자의 의도에 따라서 설정을 변경할 수 있다. 예를 들어 관리자로서 계정(Account) 객체를 비공개로 설정하여 계정 소유자들만 자신이 소유한 계정을 확인할 수 있도록 할 수 있다는 것이다.

이렇듯 오그 전체 기본값 (OWD)이 변경되면 전체 공유 권한이 재평가되고, 변경에 따른 권한 설정이 모두 다시 설정된다. 그러므로 오그 전체 기본값을 변경한 이후에 이를 확인 작업은 필수라고 할 수 있다.

✅ 권한 적용 구분

구분	설명
기본 내부 액세스	각 개체들에 대한 오그(Org) 사용자들의 기본 접근 권한에 대한 설정이다.
기본 외부 액세스	커뮤니티를 비롯한 외부 연결(액세스)에 대한 기본 설정이다
계층을 사용한 액세스 권한 부여	마스터-세부 상세 관계에서 상위 개체의 사용자가 하위 개체의 접근 권한을 상속할 수 있도록 할 것인지를 선택한다.

이러한 오그 내에 각기 개체들은 일반적으로 내부 사용자들에 대한 접근 권한을 고려하는 것이 기본이며, 이러한 내용은 "기본 내부 액세스" 항목에서 정의한다. 하지만 내부가 아닌 외부에서 연결해 들어오는 접근에 대해서 권한 설정이 필요한 경우에는 "기본 외부 액세스" 항목에서 정의한다. 그리고 "마스터-세부 상세" 관계에서 하위 개체의 접근 권한을 상속할지 여부는 "계층을 사용한 액세스 권한 부여" 항목에서 설정하게 된다.

3-2 역할 계층(Role Hierarchy, 회사 조직도, 권한 계층) 등록

역할(Role)이란 권한에 대한 계층적 구조를 정의하는 것으로, 이는 일반적으로 상위 단위와 하위 단위로 구성된 회사내의 조직 단위를 의미한다. 그리고 사용자(사원)들은 이러한 역할에 소속됨으로써 회사의 조직(계층적) 구조에 편입된다. 위 조직도를 살펴보면 "THE START"란 회사에서 역할은 "대표", "솔루션 영업팀", "솔루션 개발팀", "고객 지원팀" 이렇게 총 4개의 역할이 존재하며, "대표" 역할(Role)이 가장 상위이고, 나머지 팀들은 대표 역할의 하위 역할들이다.

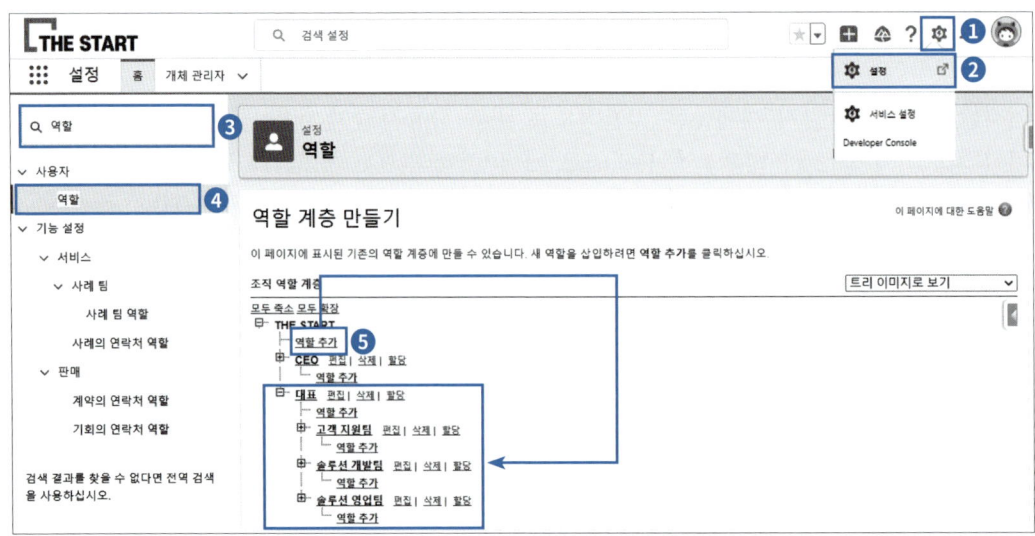

PART I 세일즈포스 시작하기

이를 구현하기 위해서는 오른쪽 상단에 있는 설정(기어 아이콘)버튼(1번)을 누른 후 보여지는 메뉴에서 "설정" 메뉴(2번)을 클릭한다. 그러면 설정 홈으로 이동하며, 왼쪽 상단에 있는 검색 창(3번)에서 "역할"를 입력하면 하위 검색 결과가 나오는데, 여기에서 "역할" 항목(4번)을 선택하면 된다. 그러면 위 화면이 아닌 역할을 소개하기 위한 페이지가 나오는데 이는 무시하고, 중간에 있는 "기능 설정" 버튼을 누르면 위 화면과 같이 계층적인 구조로 회사의 역할 구조가 보여진다.

현재는 개발자 오그에 기본 셋팅 되어 있는 많은 역할들이 보여질 것이다. 필자는 그 역할들은 모두 제거해도 괜찮고, 아니면 그 상태에서 새롭게 역할을 추가해도 된다. 역할을 추가할 때는 회사인 "THE START" 하위에 있는 "역할 추가"를 눌러서(5번) "대표" 역할을 만든 후에 그 다음 하위 역할들을 만들면서 "역할 상급자"로 "대표" 역할을 선택해 주면 된다.

역할을 등록할 때 입력된 항목으로 하기 이미지 하단에 리스트를 참조해서 역할을 등록하도록 하자.

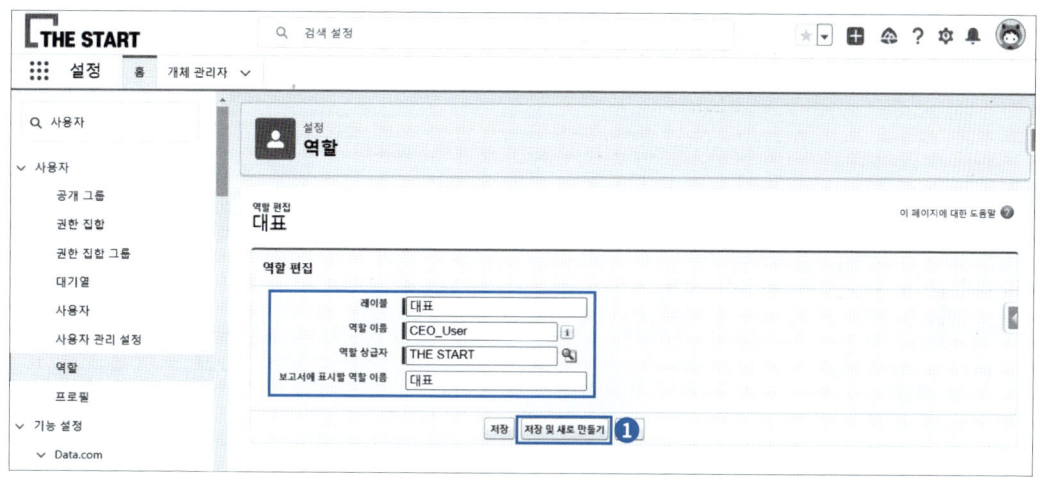

위 화면에서 한 가지 참고할 내용은 하나를 등록할 때는 입력 후 저장 버튼을 누르면 되지만, 이와 같이 여러 역할을 계속 등록하고자 한다면 내용을 입력한 후 "저장 및 새로 만들기" 버튼(1번)을 누르면 계속해서 화면 전환없이 추가 등록할 수 있어 편리하다.

레이블	역할 이름	역할 상급자	보고서에 표시할 역할 이름
대표	CEO_User	Salesforce Labs	회사 대표
고객 지원팀	Customer_Support	대표	고객 지원팀
솔루션 개발팀	Solution_Developer	대표	솔루션 개발팀
솔루션 영업팀	Solution_Sales	대표	솔루션 영업팀

위 4개의 역할을 모두 등록했다면, 리스트에서 다음 화면처럼 보이게 될 것이다.

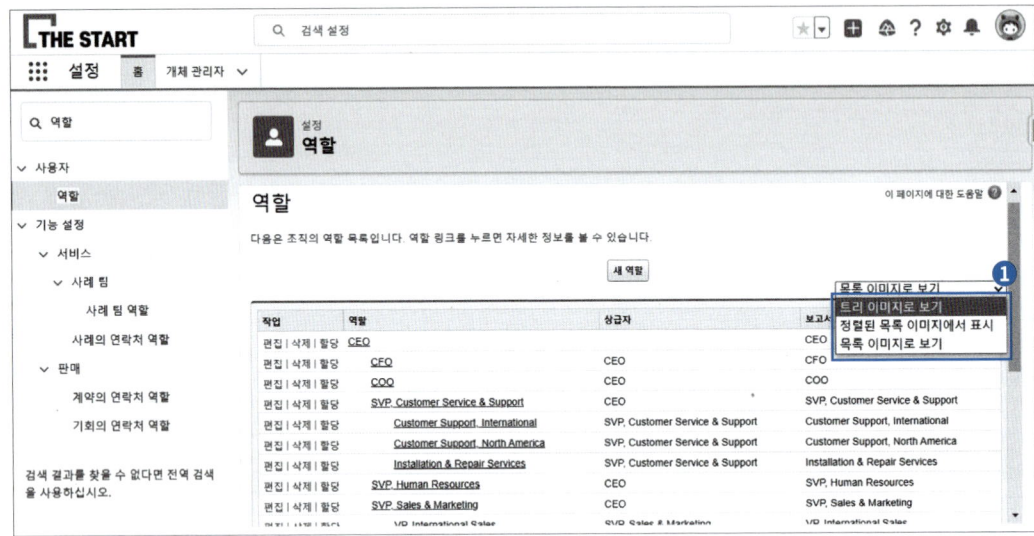

위 화면은 오른쪽 "목록 이미지로 보기" 콤보 상자(1번)을 누른 모습이다. CEO 역할 및 하위 역할들은 세일즈포스에서 개발자 오그를 생성할 때 기본적으로 만들어진 예제 역할들이다. 삭제해도 되며, 삭제하기 위해서는 모든 계층을 펼친 다음 하위 역할부터 삭제해 주어야 한다.

3-3 공개 그룹(Public Group)

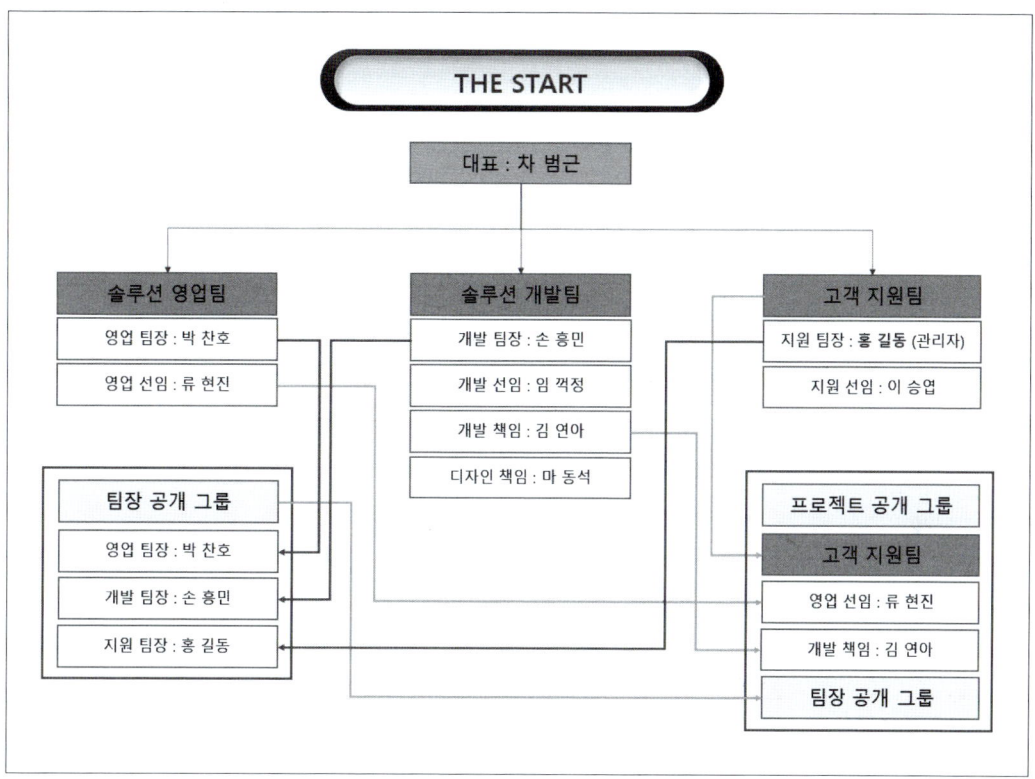

공개 그룹(Public Group)은 동일한 액세스 권한이 필요한 사용자가 여러 명 있는 경우 이들에게 일괄적으로 권한을 부여하기 위해서 사용되는 그룹이다. 위 화면은 다소 복잡하게 보일 수는 있는데 복잡한 내용은 아니다.

우선 "팀장 공개 그룹"이 있는데, 여기에는 각 팀의 팀장(박 찬호, 손 흥민, 홍 길동)들이 구성원으로 포함되어 있다. 그리고 위 화면 오른쪽을 보면 새로운 신규 프로젝트를 수행하기 위해서 "프로젝트 공개 그룹"이란 이름의 공개 그룹이 만들어졌으며, 해당 공개 그룹의 구성원으로는 "고객 지원팀" 역할(Role)과 "류현진 선임"과 "김연아 책임" 그리고 "팀장 공개 그룹"이 구성원으로 참여했다.

관리자는 이렇게 구성된 "프로젝트 공개 그룹"에게 특정 프로젝트를 수행하는데 있어서 필요한 권한을 일괄적으로 부여할 수 있다. 이와 같이 공개 그룹은 사용자나 역할 그리고 기존에 만들어진 공개 그룹을 포함할 수 있다.

이러한 공개 그룹(Public Group)과 역할(Role)에 대한 권한 부여는 다음 소개할 공유 규칙(Sharing Rule)을 통해서 이루지게 된다.

3-4 공유 규칙(Sharing Rule)

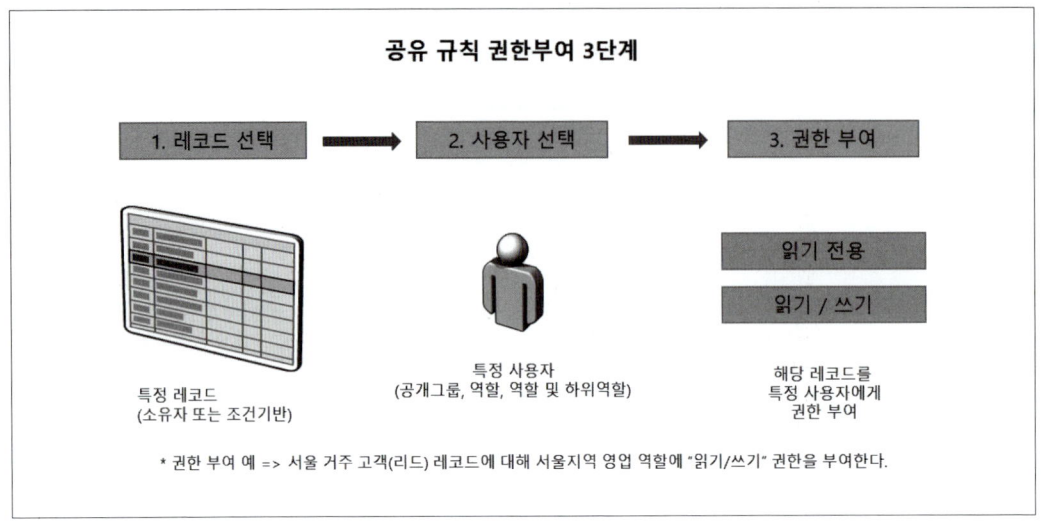

앞선 OWD(Organization Wide Default, 오그 전체 기본값)를 이용해서 각종 개체들에 대한 기본적인 접근 권한을 정의할 수 있으며, 추가로 특정 개체들에 저장된 레코드에 대한 접근 권한을 다른 역할이나 그룹에게 부여해야 할 필요가 있을 때 "공유 규칙(Sharing Rules)"을 사용한다.

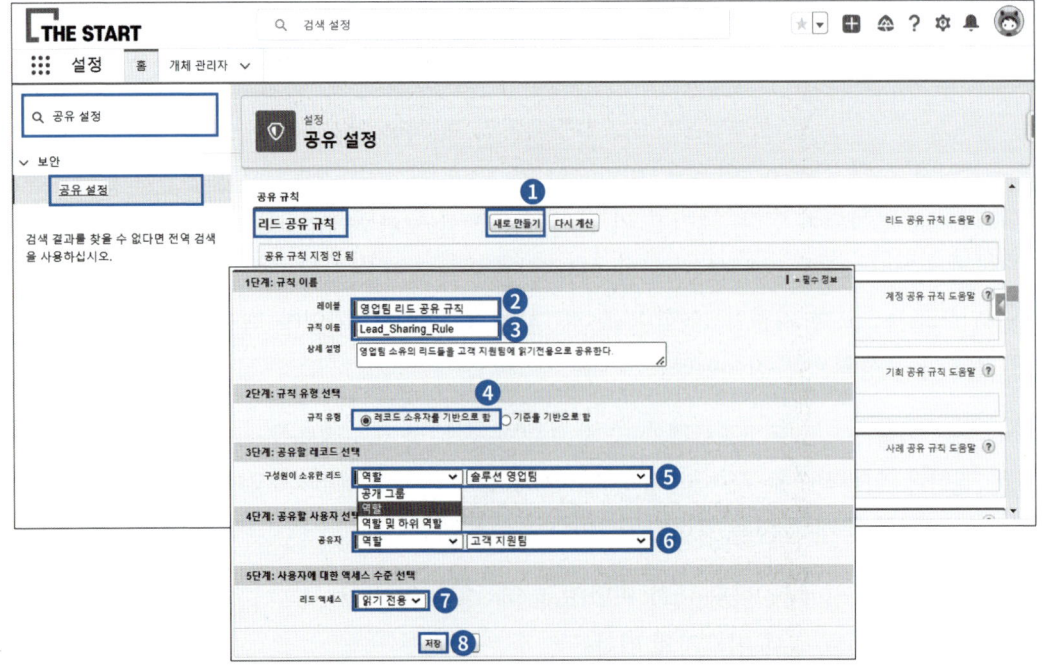

위 화면에서 보면 "리드 공유 규칙" 항목에서 "새로 만들기" 버튼(1번)을 눌러 보기로 하자. 그러면 아래와 같이 새로운 공유 규칙을 만들 수 있는 화면으로 전환되는데, 이때 "레이블"은 "영업팀 리드 공유 규칙"이라고 입력(2번)하고, "규칙 이름"은 "Lead_Sharing_Rule"이라고 입력(3번)했다.

그리고 이러한 공유 규칙은 두 가지 기준으로 정의할 수 있는데, 하나는 레코드 소유자를 기준으로 하는 것과 또 다른 하나는 특정 필드 값을 기준으로 레코드에 대한 액세스를 허용하는 것이다. 이와 관련한 설명은 아래 표를 보도록 하자.

▼ 공유 규칙의 유형

레코드 소유자를 기반으로 함	기준을 기반으로 함
공개 그룹, 역할, 역할 및 하위 역할에 소속된 사용자들이 소유하고 있는 레코드를 다른 공개 그룹, 역할, 역할 및 하위 역할에게 읽기 전용 또는 읽기/쓰기 권한을 부여한다.	특정 필드의 값이 조건에 만족하는 레코드들에 대해서 공개 그룹, 역할, 역할 및 하위 역할에게 읽기 전용 또는 읽기/쓰기 권한을 부여한다. 예를 들어서 "시도명" 필드 값이 "서울시"로 되어있는 레코드들에 대해서 "서울지역AS담당" 역할에게 읽기/쓰기 권한을 부여한다.

위의 예에서는 "레코드 소유자를 기반으로 함" 옵션(4번)을 선택했다.

그 다음으로 공유할 레코드는 "역할"에서 "솔루션 영업팀"을 선택(5번)했으며, 공유할 대상으로는 "역할"에서 "고객 지원팀"을 선택했다. 그리고 권한은 "읽기 전용"을 선택(7번)했다. 이러한 일련의 작업에 대한 업무적인 의미는 영업팀에서 관리하는 리드(Lead)들을 "고객 지원팀"에서 읽을 수 있도록 하고자 하는 것이다.

모두 설정을 완료했다면, "저장" 버튼(8번)을 눌러서 설정을 저장하도록 하자.

우리는 아직 판매(Sales) 클라우드의 표준 개체들과 역할에 대해서 배우지는 않았기 때문에 위 내용을 업무적으로 연결시키는 게 다소 어려울 수도 있다. 하지만 오그 전체 기본값(OWD, Organization Wide Default)과 역할 계층(Role Hierarchy), 그리고 공유 규칙(Sharing Rules)을 통해서 기본적으로 사용자들이 개체 및 레코드에 대한 접근 권한을 설정한다는 것만은 기억해 두기로 하자.

THE START

4 프로필(Profile)과 사용자(User)

4-1 프로필(Profile) 소개

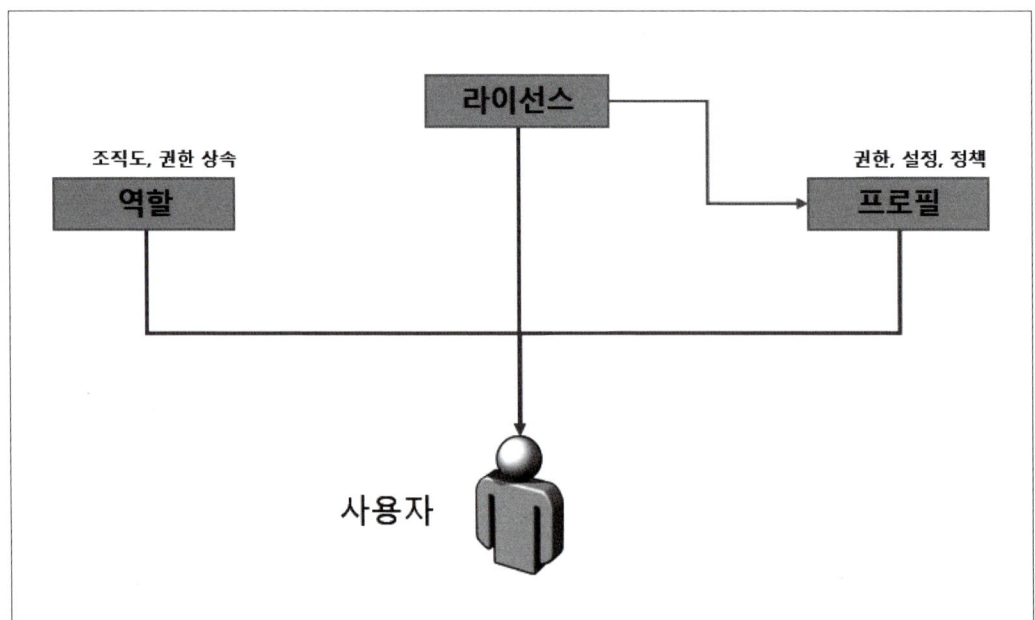

사용자(User)가 등록되기 위해서는 위 그림에서 보는 것처럼, 우선 정식 라이선스(License)가 있어야 하고, 회사의 조직도에 해당하는 역할(Role)이 만들어져 있어야 하며, 마지막으로 프로필(Profile)이 있어야 한다. 라이선스는 앞에서 설명했던 것처럼, 연 단위 과금되는 정식 서비스에 대한 라이선스이며, 사용 전에 미리 구매를 해야 한다. 그리고 역할(Role)은 사용자를 만들 때 필수 옵션은 아니지만, 권한 상속의 기본이기 때문에 역할 또한 사용자가 등록되기 전에 미리 만들어져 있는 것이 기본이다. 그렇다면 마지막으로 프로필(Profile)은 무엇일까? 프로필은 바로 권한과 설정, 그리고 정책의 집합이다. 한마디로 사용자들의 작업 환경을 제어하는 가장 기본이 되는 것이 바로 프로필이다.

다음 표는 일반적으로 사용되는 표준 프로필들에 대한 설명이다.

표준 프로필 유형	프로필 설명
시스템 관리자	오그(Org) 환경을 구성하고, 라이선스 범주 내에서 오그 내 모든 기능에 액세스할 수 있는 최고의 관리자 계정이다.
표준 플랫폼 사용자	앱을 사용할 수 있으며 계정, 연락처, 보고서, 대시보드 및 사용자 정의 탭과 같은 핵심 플랫폼 기능을 사용할 수 있다.
표준 플랫폼 단일 앱 사용자	사용자 정의 앱은 5개의 탭으로 제한되며, 계정, 연락처, 보고서, 대시보드 및 사용자 정의 탭과 같은 핵심 플랫폼 기능을 사용할 수 있다.
표준 사용자	대부분의 주요 레코드 유형을 만들고 편집하며 보고서를 실행하고 조직의 설정을 볼 수 있다.
고객 커뮤니티 사용자 Customer Community Plus 사용자 Partner Community 사용자	Experience Cloud 사이트를 통해 로그인할 수 있습니다. 사이트 설정 및 공유 모델에 따라 탭, 개체 및 기타 기능에 대한 액세스 권한이 결정된다.
파트너 사용자	파트너 포털 또는 Experience Cloud 사이트를 통해 로그인할 수 있다.
솔루션 관리자	솔루션을 검토하고 게시할 수 있으며, 표준 사용자와 같은 기능에 액세스할 수 있다.
마케팅 사용자	캠페인을 관리하고, 캠페인 구성원을 추가할 수 있으며, 데이터 가져오기 마법사를 이용할 수 있다. 더불어 표준 사용자와 같은 기능에 액세스할 수 있다.
계약 관리자	계약을 만들고 편집하고 활성화하고 승인할 수 있다.
읽기 전용	조직의 설정을 보고 보고서를 실행하고 내보낼 수 있으며, 다른 레코드를 볼 수는 있지만 편집할 수는 없다.
Chatter 중재자 사용자	Chatter에 로그인할 수 있으며, 모든 표준 Chatter 사람, 프로필, 그룹 및 파일에 액세스할 수 있다.
최소 액세스 – Salesforce	Salesforce Platform에서 최소 권한을 부여한다. 일반적으로 이 프로필을 할당한 다음, 권한 집합 및 권한 집합 그룹을 통해 사용자에게 필요한 권한을 추가한다.

세일즈포스에서는 사용자에게 권한을 직접 부여하지 않는다. 그러므로 기본적인 모든 권한 및 설정은 프로필에 정의되어 있고, 사용자는 특정 프로필을 적용받음으로써 프로필에 부여된 권한과 설정 그리고 정책을 적용받게 되는 것이다.

이러한 프로필(Profile)은 세일즈포스 서비스의 종류(판매 클라우드, 서비스 클라우드, 마케팅 클라우드 등)에 따라서 기본적으로 만들어지는 프로필들이 있으며, 이를 표준 프로필(Standard Profile)이라고 하며, 이는 삭제할 수 없다. 그리고 사용자가 임의로 필요에 의해서 만들어서 사용하는 프로필을 사용자 정의 프로필(Custom Profile)이라고 한다. 사용자 정의 프로필은 표준 프로필을 복제해서 설정을 변경한 후 사용자에게 적용하게 된다.

프로필은 게임 캐릭터와 같다고 할 수 있다. 예를 들어서 오버워치라는 게임 라이선스를 구매하면, 해당 게임에 접속할 수 있게 되는데, 실제 게임에 들어가서는 정해진 몇 개의 캐릭터 중에 하나를 선택해서 게임을 해야 한다. 그리고 그 각각의 캐릭터들은 모두 장단점(즉, 각기 다른 권한)을 가지고 있다. 그러므로 프로필은 라이선스에 종속되며, 오그(Org) 내의 모든 사용자들의 역할에 따라서 적합한 프로필이 적용되어야 하는 것이다.

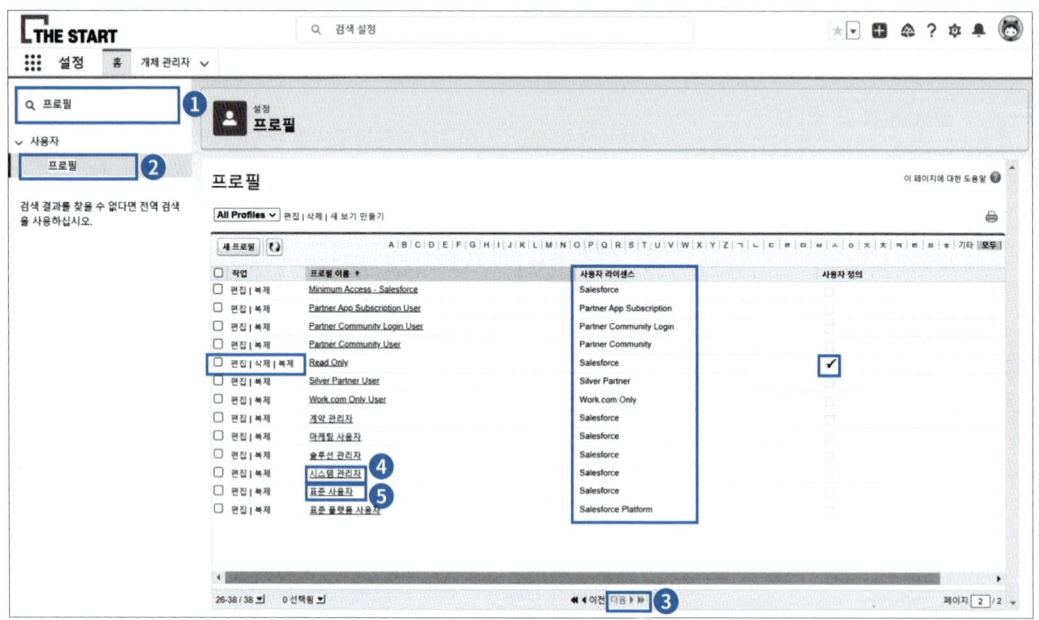

오그에 적용되어 있는 프로필들을 확인하기 위해서는 오그 "설정"으로 이동한 후 검색창에 "프로필"을 입력(1번)하면, "프로필" 항목(2번)이 검색되며, 이를 선택하면 프로필 페이지로 이동한다. 우선 앞서 사용자들을 만들면서 우리가 사용했던 프로필을 확인해보기 위해서 화면 아래쪽에 있는 "다음" 화살표 버튼(2번)을 눌러서 다음 페이지로 이동하면 한글로 등록된 프로필들을 확인해 볼 수 있다.

위 표에서 3번째 열은 "사용자 라이선스"필드가 있는데, 각각의 프로필마다 적용된 라이선스를 확인할 수 있다. 그리고 4번째 열을 보면 "사용자 정의" 필드가 있는데 여기에 체크된 프로필이 사용자 정의 프로필이다. 그런데 우리는 프로필을 만든 적이 없다. 그러므로 해당 프로필은 개발자 오그(Org) 생성시 자동으로 만들어진 프로필이다. 이러한 사용자 정의 프로필은 삭제할 수 있으며, 기본적으로 표준 프로필 중 적당한 프로필을 복제(Clone)해서 새로운 사용자 정의 프로필을 만들게 된다.

그리고 항목들 중 "시스템 관리자" 프로필(4번)과 "표준 사용자" 프로필(5번)을 확인할 수 있는데, 우선 "시스템 관리자" 프로필(4번)은 모든 관리 권한을 가지고 있는 프로필이다. 그럼 "시스템 관리자" 프로필을 선택한 후 해당 내역들을 살펴보기로 하자.

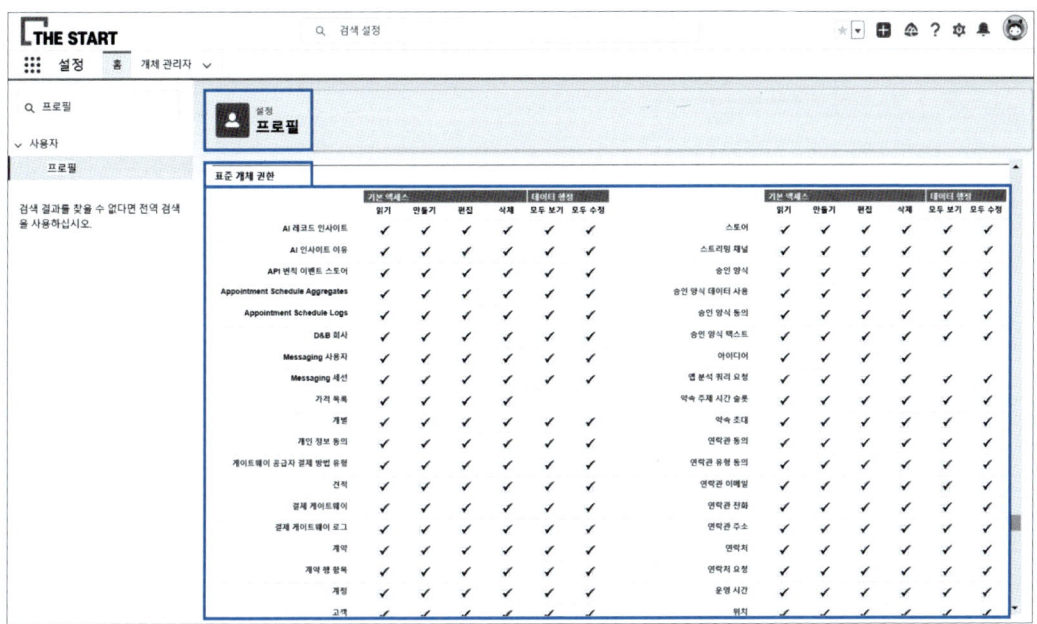

프로필 상세 페이지에는 우선 너무 많은 내용들이 있어서 쉽게 적응이 되질 않는다. 다만 처음에는 부담스럽지만, 익숙해지면 한 곳에서 많은 정보를 확인할 수 있어서 장단점이 있는 것 같다. 지금은 "시스템 관리자" 프로필과 "표준 사용자" 프로필을 비교해 볼 것이므로 중간 아래 정도로 이동하면 "표준 개체 권한" 항목이 있는데, 위 화면에서 보여지는 바와 같이 "시스템 관리자" 프로필에는 대부분의 모든 개체들에 대해서 권한이 부여되어 있는 것을 확인해볼 수 있다.

다음으로 이번에는 이전 화면에서 "표준 사용자"(5번)를 선택해서 위 화면처럼 "표준 개체 권한" 항목으로 스크롤 해서 내용을 확인해보기로 하자.

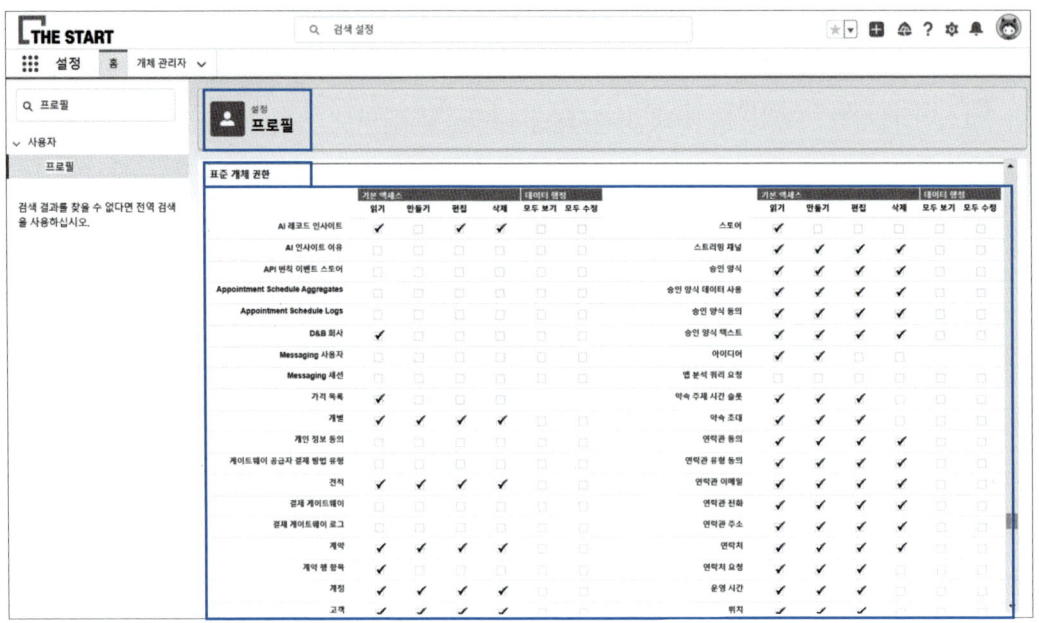

위 화면은 "표준 사용자" 프로필에 "표준 개체 권한" 내역으로 이전에 "시스템 관리자" 프로필에 비해서 월등히 권한이 부족한 것을 확인할 수 있다.

프로필 역시 다뤄야할 내용들이 상당히 많은데 서두부터 권한과 계정에 관한 내용들을 상세히 진행하게 되면, 일반 세일즈포스 사용자 분들에게는 너무 어려운 주제가 될 수 있을 것이다. 물론 세일즈포스를 좀 더 전문적으로 사용하기 위해서는 반드시 알아 두어야 할 내용이긴 하다. 그러므로 이번에는 개념에 대해서 설명하고, 프로필에 대한 예제는 이후 다양한 주제들 속에서 프로필 예제를 다룰 예정이다.

4-2 권한 집합(Permission Sets)

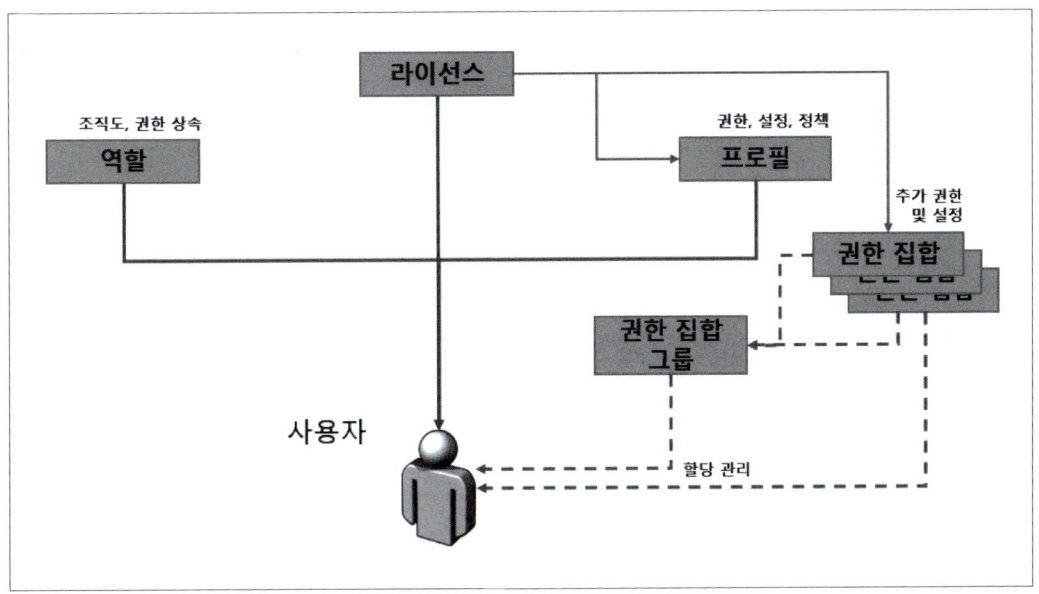

권한 집합(Permission Set)은 프로필에 적용된 권한 이외에 사용자 별로 권한 및 설정을 추가하기 위해서 사용한다. 예를 들어서 같은 부서에 사원들이 동일한 프로필을 적용받고 있는 상황에서 그중 한 명에게 다른 권한을 부여해야 한다면, 그 사원만을 위한 프로필을 만들 필요는 없는 것이다. 그러므로 모두 같은 프로필을 적용받고 있지만, 특정 사원이 수행해야하는 작업이 있다면, 이에 대한 권한을 "권한 집합"을 통해서 정의하고 이를 해당 사용자에게 적용하면 된다.

그러므로 권한 집합은 프로필을 보조해서 권한을 부여하기 위한 수단이라고 생각하면 된다. 그리고 개별적인 권한 집합을 모아서 하나의 세트로 권한 집합을 구성할 수 있는데, 이를 권한 집합 그룹(Permission Set Groups)이라고 한다.

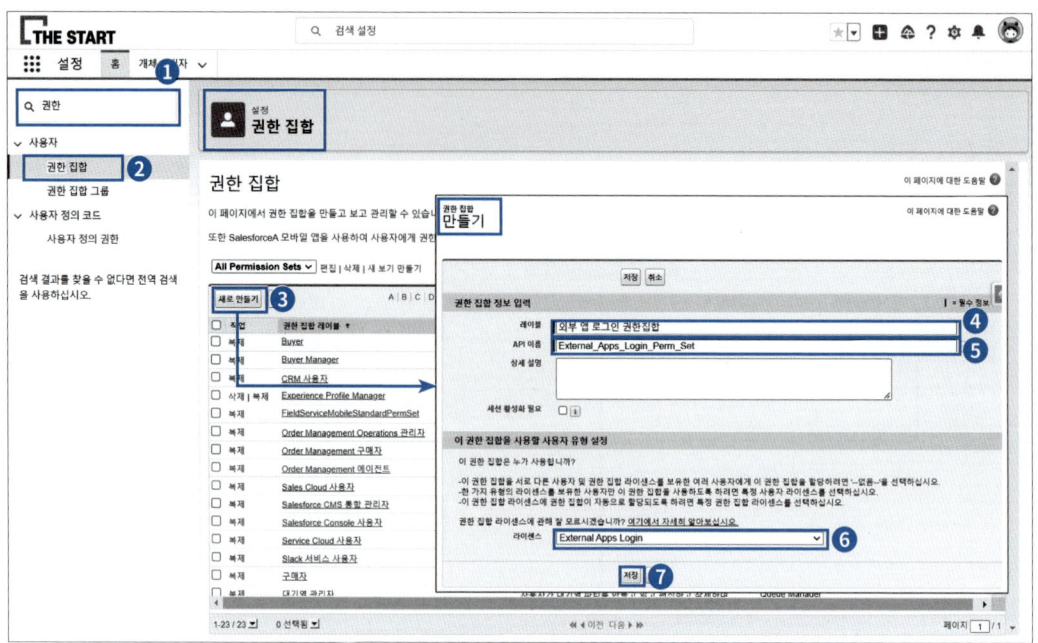

권한 집합을 만드는 방법에 대해서 살펴보기로 하자. 이를 위해서 "설정"의 홈에 있는 검색란에 "권한"을 입력(1번)하면 "권한 집합" 항목이 조회되며, 이를 선택(2번)하면 권한 집합 페이지로 이동하게 된다.

여기에서 "새로 만들기" 버튼(3번)을 누르면 "권한 집합 만들기" 페이지로 이동하는데, 여기에서 "레이블"은 "외부 앱 로그인 권한 집합"으로 입력(4번)하고, "API 이름"은 "External_Apps_Login_Perm_Set"으로 입력한다. 그리고 "라이선스"는 "External Apps Login"을 선택(6번)한 후 "저장" 버튼(7번)을 눌러서 저장한다.

그러면 위와 같이 선택된 라이선스에 따라 추가 권한을 설정할 수 있으며, 권한 설정이 완료되었다면 상단에 있는 "할당 관리" 버튼을 눌러서 특정 사용자를 선택함으로써 권한 집합에 부여된 권한을 특정 사용자에게 추가로 부여할 수 있게 되는 것이다.

이 부분은 전문적인 관리자 영역에 해당하기 때문에 이렇게 할 수 있다는 정도의 개념만 정리해두기로 하자.

4-3 사용자(User) 등록

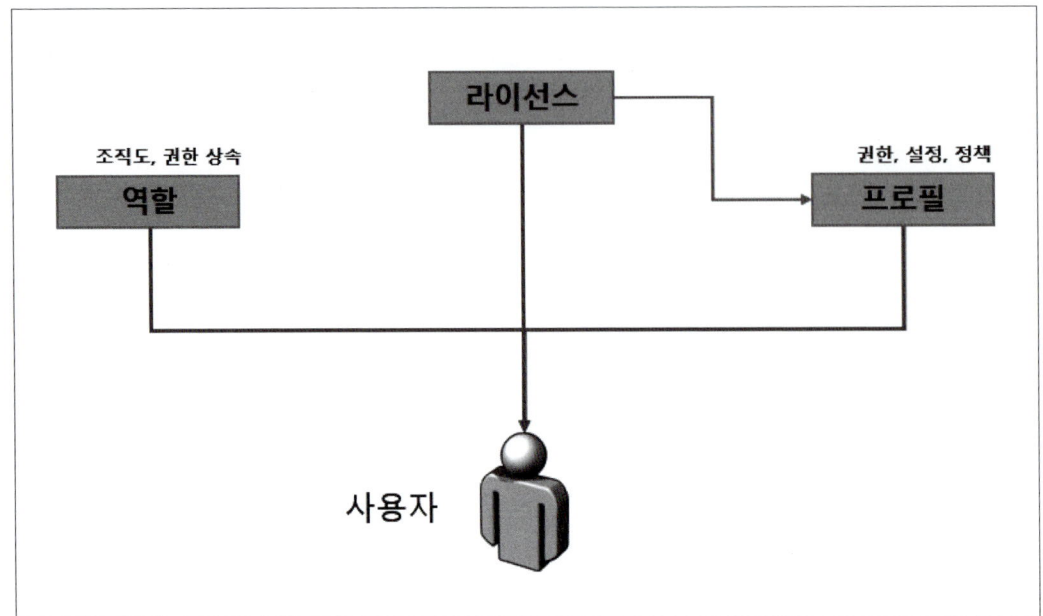

사용자는 회사 내 세일즈포스를 이용하는 사원들의 계정이다. 이러한 사용자를 등록하기 위해서는 우선 라이선스를 구매해야 하며, 회사의 조직도에 부합하는 역할(Role)을 생성하고, 그리고 프로필을 적용해야 한다. 우리는 앞의 조직도에서는 9명의 사원들이 있었지만, 실제로는 대표 포함 팀장까지 4명만 등록할 것이다.

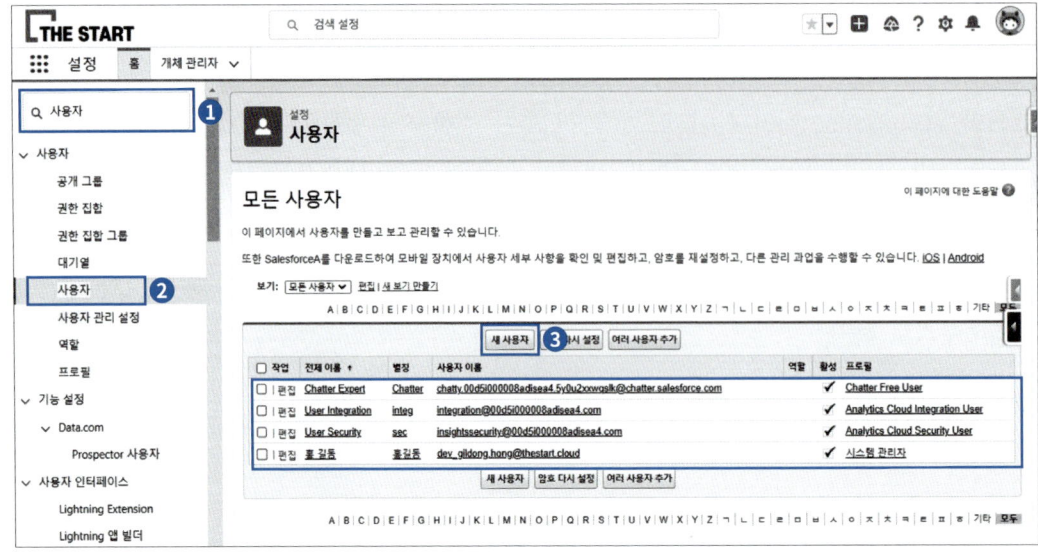

이를 위해서 설정 홈의 검색 란에서 "사용자"로 검색(1번)한 후 "사용자" 항목(2번)을 선택한다. 그러면 현재 4명이 등록되어 있는데 이 중에서 개발자 오그를 만들면서 등록된 계정(홍길동, 독자분들 이름)이 현재 시스템 관리자로 등록되어 있는 것을 확인할 수 있다. 이 외의 3개 계정은 개발자 오그(Org)의 예제를 위해 자동 생성된 계정이므로 무시하도록 하자.

그럼 지금 "시스템 관리자"로 등록된 계정 외에 대표를 비롯한 세일즈포스를 사용해야 하는 직원(사용자)들을 다음과 같이 새로 만들어 보기로 하자. 새로운 사용자를 만들기 위해서는 "새 사용자" 버튼(3번)을 눌러 보기로 하자.

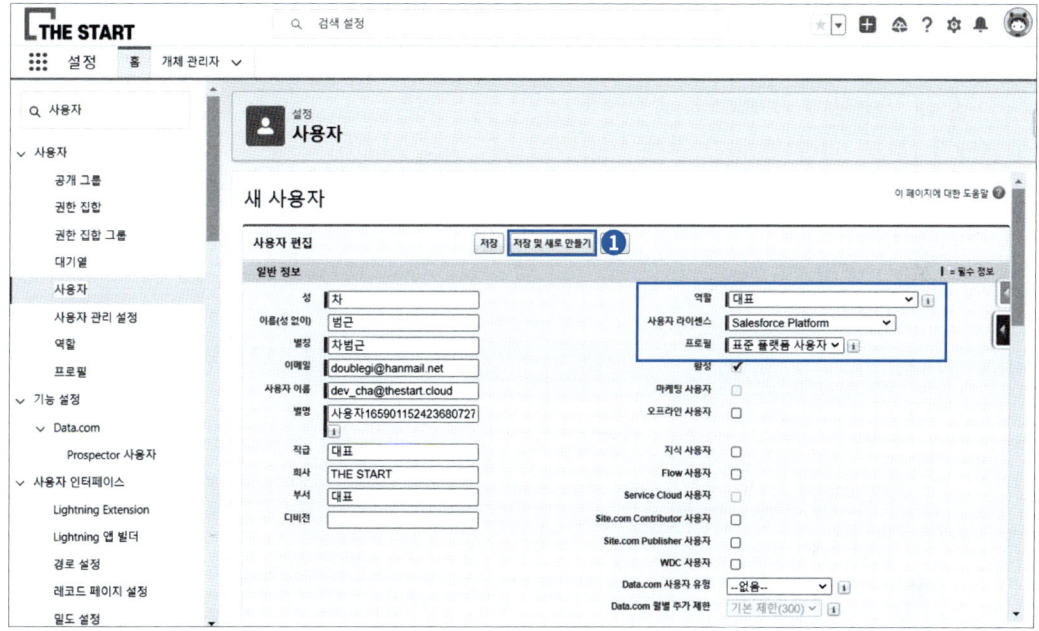

그러면 "새 사용자" 페이지로 이동하며 이제 각종 입력항목을 선택 또는 입력하면 된다. 특히나 오른쪽 상단에 보면 "역할", "라이선스", "프로필"을 입력할 수 있도록 되어 있는 것을 확인할 수 있다. 이렇게 사용자를 등록할 때 중요한 점이 바로 "사용자 이름"이다.

이러한 사용자 이름을 정의하는데 있어서는 약간의 규칙을 정의하면 혼선을 피할 수 있기 때문에 사용자 이름 구성을 잠시 소개하기로 하겠다.

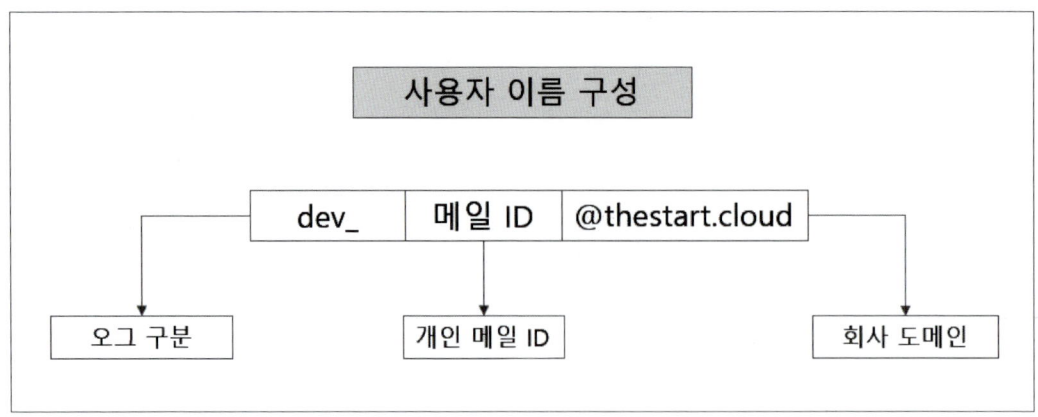

세일즈포스에서 사용자를 등록할 때는 혼란스러움을 피하기 위해 나름의 규칙을 정의해서 사용자 이름(User Name)을 등록하게 된다. 일반적으로 앞 부분은 해당 사용자의 메일 계정(메일 ID + 회사 도메인) 앞에 오그명을 언더바로 구분해서 사용자 이름을 구성하는 방식이다. 물론 이는 강제사항은 아니며 회사에 사용자 이름 정의 규칙이 있다면, 이를 따르면 되는 것이다.

이름	직급	사용자 이름	이메일	역할	프로필	라이선스	관리자
차 범근	대표	dev_cha@thestart.cloud	독자 개인 메일	대표	표준 플랫폼 사용자	Salesforce Platform	없음
박 찬호	팀장	dev_park@thestart.cloud		솔루션 영업팀	표준 사용자	Salesforce	차 범근
손 흥민	팀장	dev_son@thestart.cloud		솔루션 개발팀	표준 플랫폼 사용자	Salesforce Platform	차 범근
홍 길동	팀장	dev_gildong.hong@thestart.cloud		고객 지원팀	시스템 관리자	Salesforce	차 범근

위 사용자를 추가할 때 관련 이메일은 실제 회사라면 모두 개인 사원들에게 할당된 메일을 입력하겠지만, 이 책에서 실습하며 전달되는 모든 메일은 독자 분들이 받아서 확인해야 하므로 독자분들이 사용하시는 개인 메일 계정을 등록해 주면 된다.

그리고 사용자 이름은 편의상 "성"을 영문으로 붙였고, 앞서 설명한 바와 같이 가장 앞부분은 모두 공통으로 해당 오그의 이니셜인 "dev_"를 붙였다. 이렇게 사용자 이름 앞에 오그를 구분할 수 있는 이니셜을 붙여주면, 로그인 할 때마다 어느 오그에 로그인 하는지를 보다 쉽게 확인할 수 있어서 여러 오그를 이동하며 작업하는 경우에 도움이 된다.

작성이 완료되면, "저장 및 새로 만들기" 버튼(1번)을 누른 후 추가로 모든 사용자들을 입력한다.

4-4 암호 다시 설정

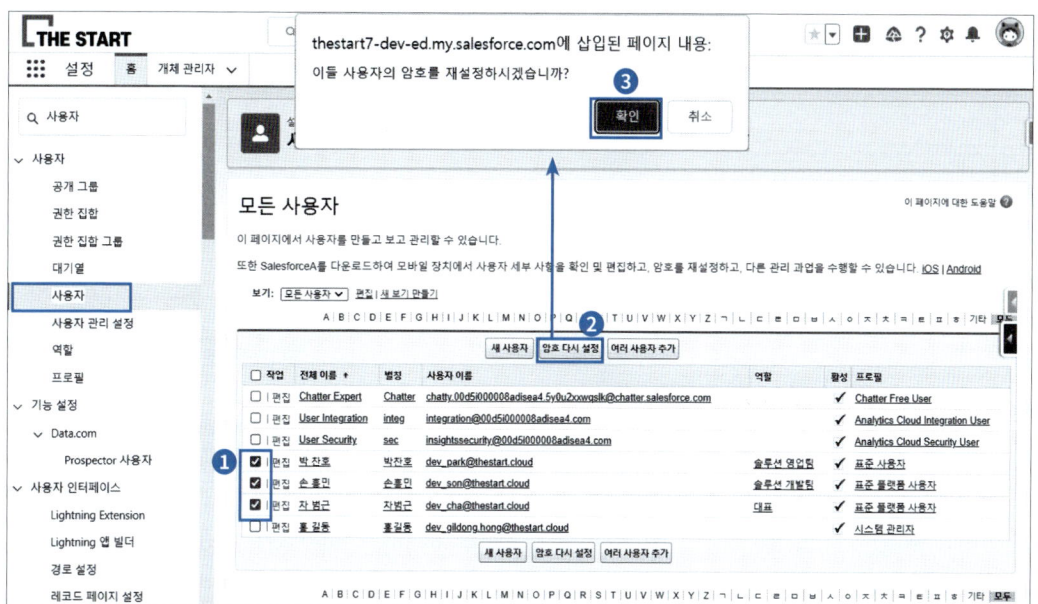

특정 사용자가 암호를 잊어버려서 로그인을 할 수 없게 됐다고 가정하자. 그러면 관리자는 해당 사용자가 비밀번호를 다시 설정하도록 강제할 수 있다. 위 화면에서 보면 우선 등록된 사용자 앞에 체크 상자를 선택(1번)한 후 중앙에 있는 "암호 다시 설정" 버튼(2번)을 누르면, 팝업이 나오면서 "암호 재설정에 대한 확인"을 하게 된다. 여기에서 "확인" 버튼(3번)을 누르면, 해당 사용자에게 이메일로 암호 재설정에 대한 메일이 발송된다.

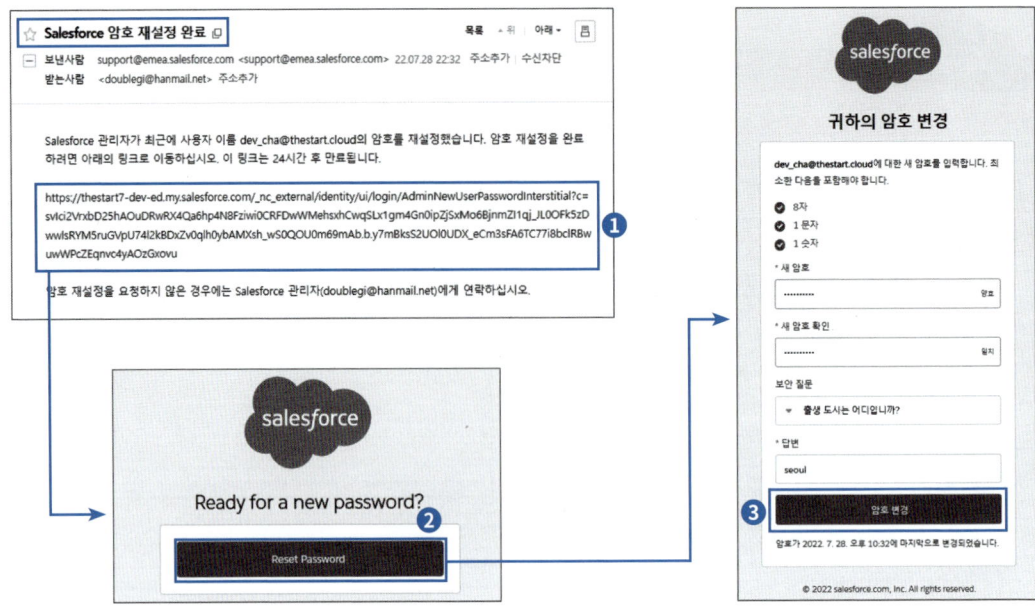

메일이 도착하면 메일 안에는 위와 같이 링크가 포함되어 있는데 이 링크를 선택(1번)하면, 비밀번호 변경확인 단계(2번)를 지나서 최초 오그 생성했을 때와 같이 비밀번호를 설정해 주면된다.

4-5 여러 사용자 추가

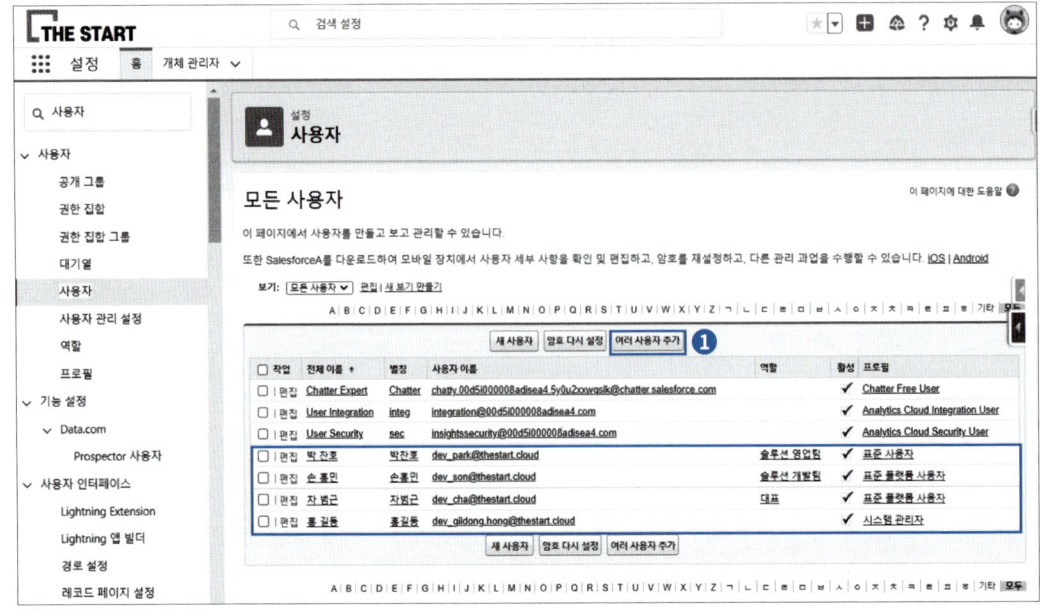

참고로 규모가 있는 회사에서 사용자 여러 명의 사용자 계정을 등록할 때 좀 더 편리한 방법이 있다. 위 화면에서 중앙에 버튼들을 보면 "여러 사용자 추가" 버튼(1번)이 있으며, 이를 클릭해보기로 하자.

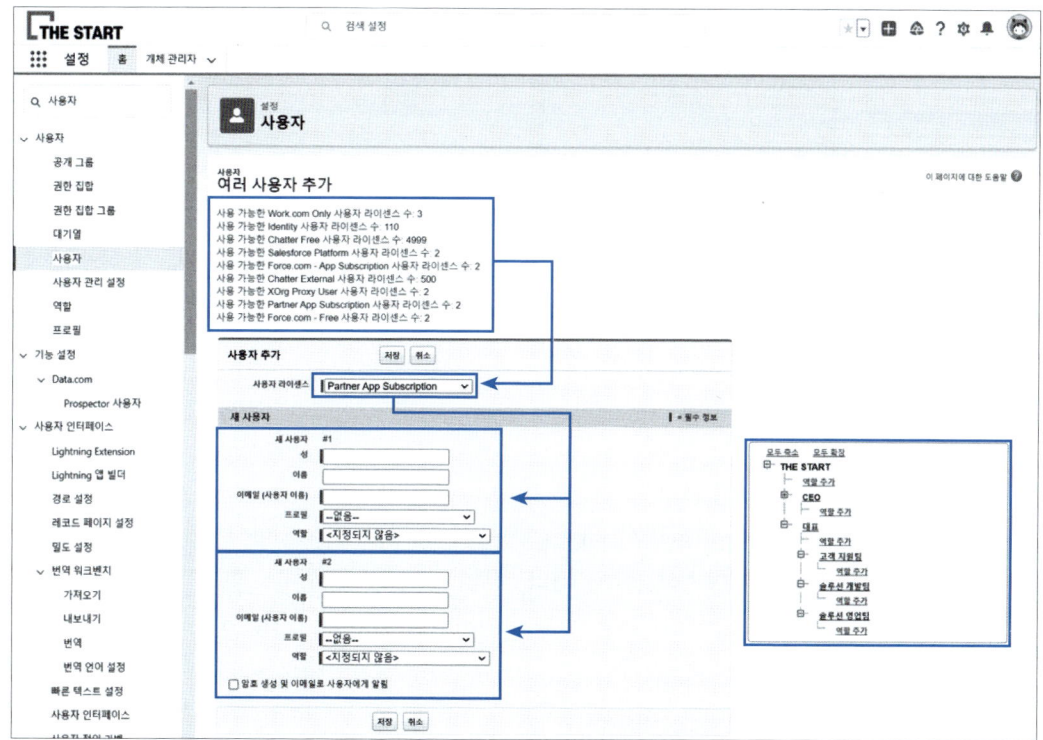

그러면 우선 상단에 현재 오그에서 사용 가능한 라이선스 종류와 숫자가 나온다. 그리고 사용자를 등록할 때 어떠한 라이선스를 적용할 지 결정하고, 일괄적으로 사용자들 등록할 수 있도록 하단에 인터페이스가 제공된다.

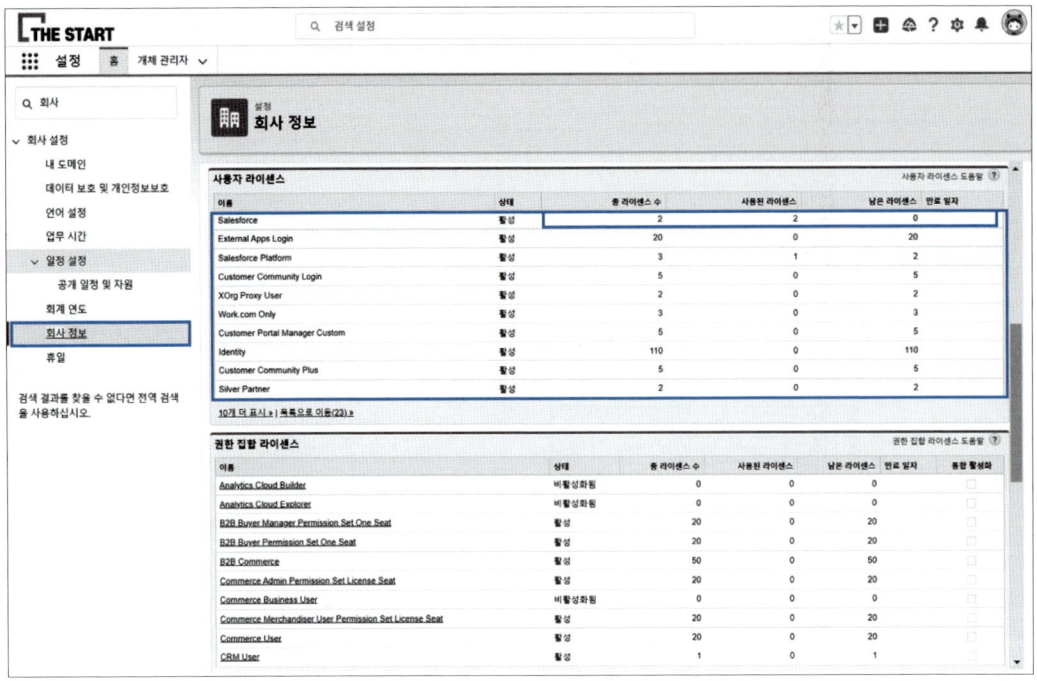

이전 화면에서 사용자를 등록하면서 라이선스를 선택해야하는 것에 대해서 확인했었다. 위 화면은 앞에서 확인했었던 "회사정보"이며, 화면 중간에 라이선스 관련 내역이 표로 보여진다. 여기에서 "Salesforce" 라이선스는 총 2개이고, 현재 "홍 길동"으로 등록된 시스템 관리자에게는 오그 생성 시 자동으로 부여됐으며, "박 찬호" 영업 팀장에게는 직접 해당 라이선스를 부여했다.

실제 Salesforce 라이선스가 정상적으로 사용할 수 있는 라이선스이며, 개발자 오그에는 이 라이선스가 2개로 제한되어 있기 때문에 이 책의 예제를 위해 우선 "박 찬호" 팀장에게 라이선스가 부여되어 있지만, 시나리오에 따라서 이후 다른 사용자에게 라이선스를 부여해서 테스트를 해볼 것이다.

임의의 사용자 로그인 설정

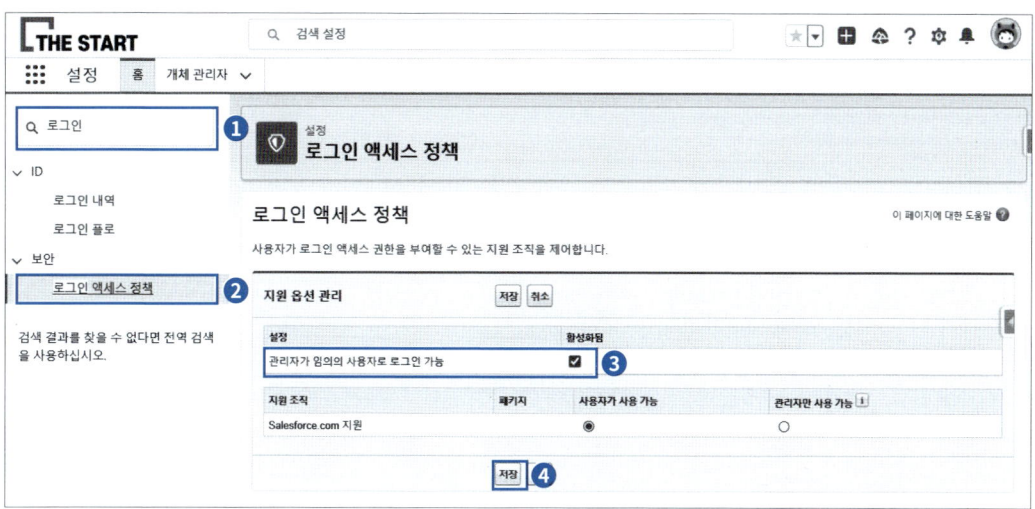

세일즈포스를 운영하다 보면 "사용자"들의 권한은 항상 제한적으로 설정되어 있기 때문에 관리자 화면에는 정상 노출되지만, 일반 사용자는 화면에 노출이 안되는 경우가 있을 수 있으며, 기능적으로도 관리자 계정에서는 문제가 없는데 일반 사용자 계정에서는 문제가 발생하는 상황이 얼마든지 있을 수 있다. 그러면 관리자도 증상을 확인해야 할 필요가 있는데, 이때 해당 사용자 이름과 비밀 번호를 알고 로그인을 해야 한다. 이와 같이 일반 사용자들의 "비밀번호"를 관리자가 알고 있다는 건 보안 정책상 문제가 있는 상황이다. 그렇다고 매번 해당 사용자에게 달려가서 해당 사용자 계정으로 로그인 된 상태에서 확인을 한다는 것도 번거로운 일이 될 것이다. 그러므로 관리자가 현재 등록되어 있는 "사용자" 계정으로 로그인 할 수 있도록 하는 기능은 관리자 입장에서 매우 유용한 기능이며, 이를 "임의의 사용자 로그인 설정"이라고 한다.

이 기능을 설정하기 위해서는 "설정"으로 이동해서 "로그인"으로 검색창에서 검색(1번)한 후 검색 항목 중에 "로그인 액세스 정책"이 있다. 이를 선택(2)하면 해당 페이지로 이동하는데, 여기에서 화면 중간에 "관리자가 임의의 사용자로 로그인 가능" 옵션을 "체크"(3번)한 후 "저장" 버튼(4번)을 누르면 된다.

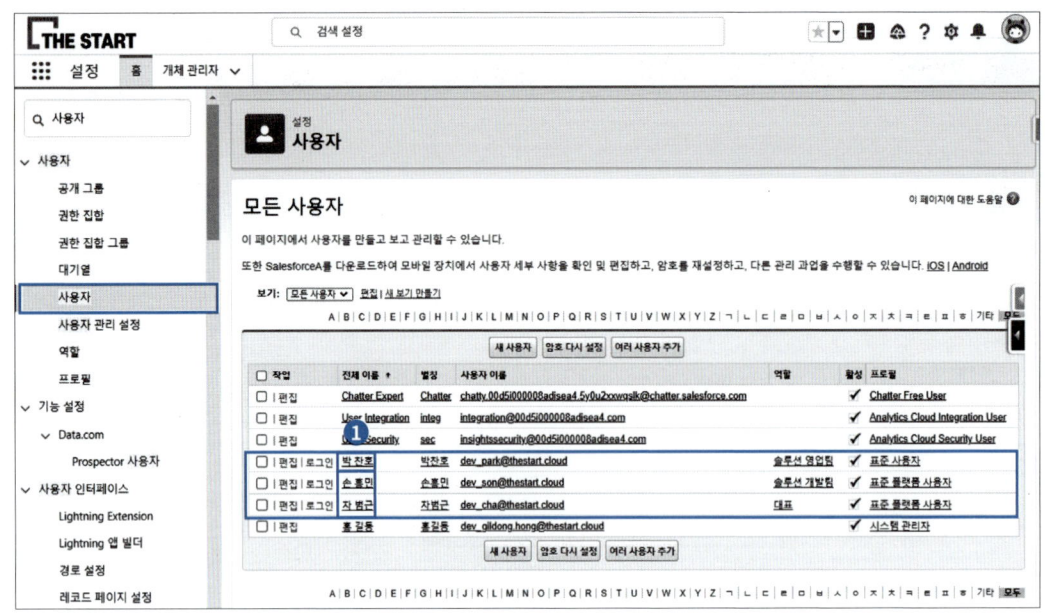

이제 기능을 확인하기 위해서 "설정"에서 "사용자"로 검색란에서 검색(1번)하면 "사용자" 항목이 검색되며, 이를 선택하면 해당 오그(Org)에 등록된 모든 사용자들을 볼 수 있다. 그런데 이전 설정을 통해서 변화된 모습은 일반 사용자 계정 이름 앞에 "로그인"이 있다는 것이다. 이 중에 "박 찬호" 사용자 앞에 있는 "로그인"을 선택(3번)하면, 다음 화면과 같이 "박 찬호" 계정으로 로그인 한 화면이 보이게 된다.

위 화면에서 현재 관리자 입장에서 어떤 사용자 계정으로 들어온 화면인 지를 확인하는 방법은 화면 상단에 로그인 계정 정보가 출력되므로 쉽게 확인할 수 있다.

4-7 사용자 정의 프로필 사용 예

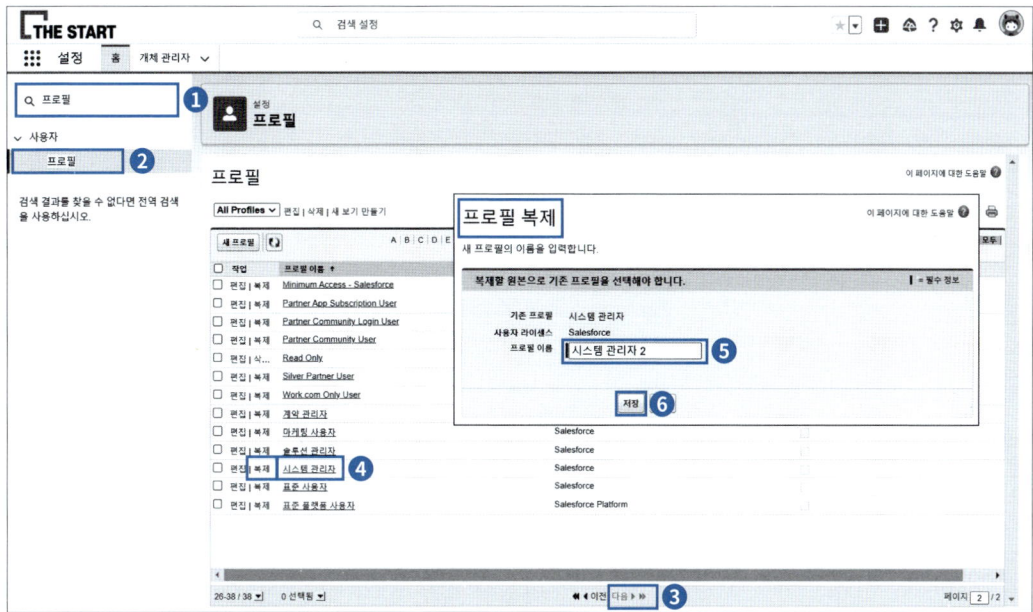

이번 예제는 사용자 정의 프로필을 이용해서 사용자의 비밀번호 설정을 변경해보기로 하겠다. 이를 위해서 "설정"으로 이동한 후 검색란에서 "프로필"을 입력(1번)하면 "프로필" 항목(2번)이 검색되며, 이를 선택하면 프로필 페이지로 이동한다. 여기에서 오른쪽에 있는 "다음" 버튼(3번)을 눌러 다음 리스트로 이동한다. 그러면 앞에서 살펴본 바와 같이 "시스템 관리자" 프로필을 확인할 수 있다. 여기에서 이번에는 프로필 앞에 있는 "복제" 링크(4번)를 누르면 "프로필 복제" 페이지로 이동한다. 여기에서 새로운 "프로필 이름"으로 "시스템 관리자 2"를 입력(5번)한 후 "저장" 버튼(6번)을 눌러서 저장한다.

그러면 방금 만들어진 "시스템 관리자 2" 프로필 상세 페이지로 이동하는데, 해당 화면에서 "편집"버튼을 누르면 다음과 같이 프로필 편집 화면으로 전환된다.

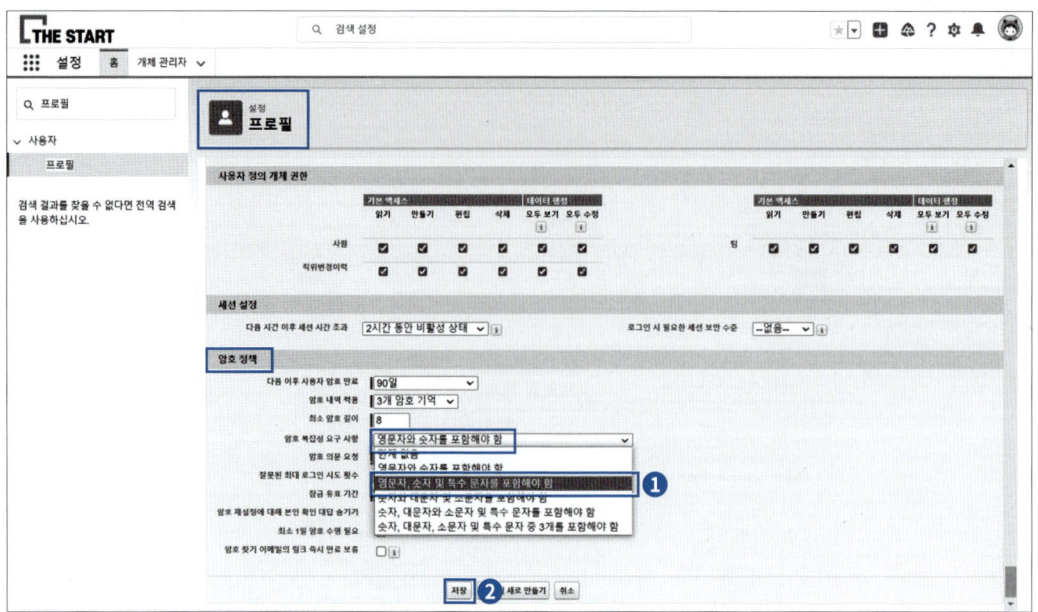

그러면 스크롤을 내려서 가장 하단으로 이동하면, 암호정책 영역이 나타난다. 현재 설정된 "암호 복잡성 요구 사항"은 "영문자와 숫자를 포함해야 함"으로 설정되어 있다. 여기에 암호를 구성할 때 특수문자도 포함되도록 하기 위해서 콤보 상자에서 "영문자, 숫자 및 특수 문자를 포함해야 함"으로 선택(1번)한 후 "저장" 버튼을 눌러서 변경 내용을 저장하도록 하자.

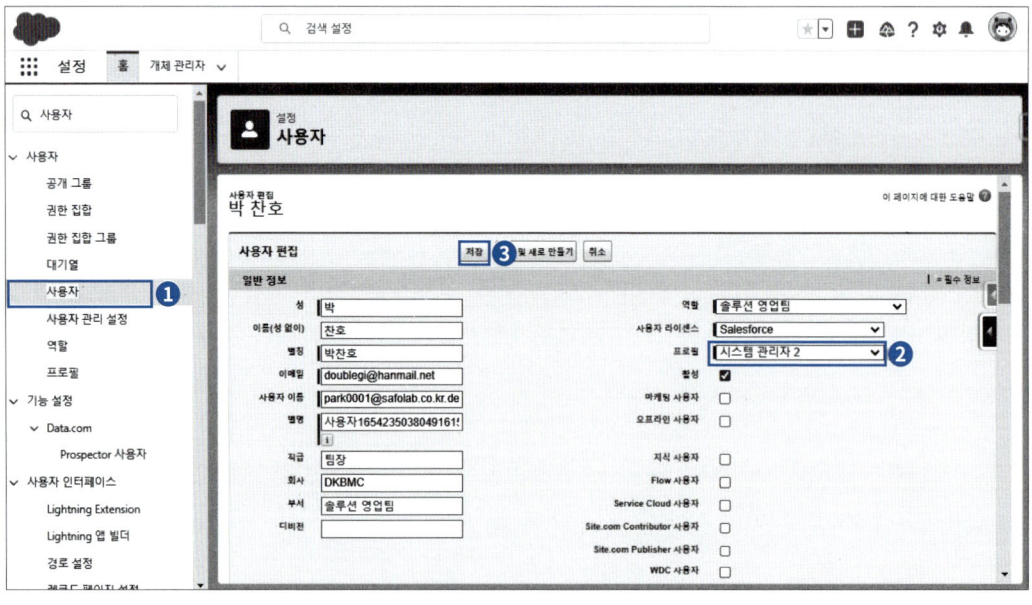

이제 사용자로 이동해서 "박찬호" 사용자를 선택한 다음 "프로필"을 방금 전에 만든 "시스템 관리자 2"로 선택(2번)한 후 "저장" 버튼(3번)을 눌러서 "박찬호" 사용자의 프로필을 변경하도록 하자.

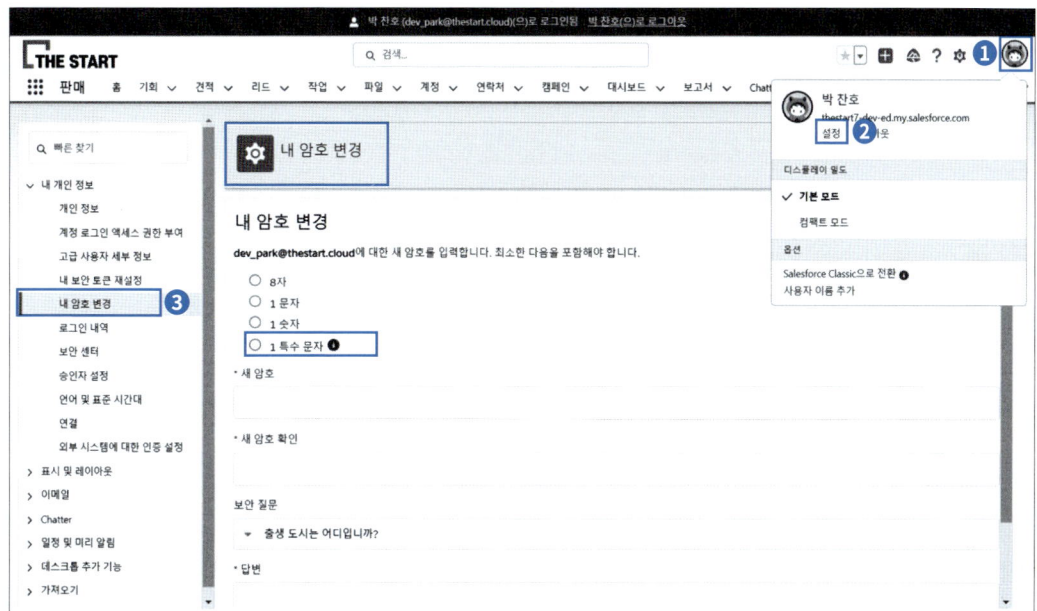

그러면 이제 방금 전 학습했던 것처럼 "사용자"로 이동해서 "박찬호" 사용자로 로그인을 한 후 오른쪽 상단에 있는 "프로필 보기"를 선택(1번)한 후 "설정" 링크(2번)를 눌러서 개인 설정으로 이동한 후 이전에 봤었던 "내 암호 변경" 페이지(3번)로 이동해보자. 그러면 1장의 "개인 설정"에서 봤던 것과 다르게 "1 특수 문자" 항목이 조건으로 추가된 것을 확인할 수 있다.

참고로 기본적으로 만들어진 프로필은 삭제할 수 없는데, 이렇게 사용자가 만든 "사용자 정의 프로필"은 삭제할 수 있다. 그러나 사용자에게 적용중인 프로필은 삭제할 수 없다. 그러므로 프로필을 삭제하고자 한다면, 사용자에게 적용중인 프로필을 제거하고 삭제해주어야 한다.

이제 기본적인 오그(Org) 설정 관련 실습들은 마무리되었으며, 이제부터 세일즈포스의 판매 클라우드(Sales Cloud)가 제공하는 기능들에 대해서 살펴보기로 하자.

chapter 02
세일즈포스 환경 및 권한 설정

01 사용자 암호 설정 관련해서 기본적으로 적용되지 않는 옵션은 무엇인가?

① 8자 이상　　　　　　　　② 문자 포함
③ 숫자 포함　　　　　　　　④ 특수기호 포함

02 세일즈포스 개발자 오그(Salesforce Developer Org)에 적용되어 있는 Salesforce 라이선스는 몇개인가?

① 1개　　　　　　　　　　② 2개
③ 3개　　　　　　　　　　④ 4개

03 다음 중 오그 내에 각 개체들에 대한 기본 권한 설정을 무엇이라고 하는가?

① 오그(조직) 전체 기본값(OWD)　　② 역할 계층(Role Hierarchy)
③ 공개 그룹(Public Group)　　　　④ 공유 규칙(Sharing Rule)

04 다음 중 조직에 대한 권한 구조를 정의하는 것은 무엇인가?

① 오그(조직) 전체 기본값(OWD)　　② 역할 계층(Role Hierarchy)
③ 공개 그룹(Public Group)　　　　④ 공유 규칙(Sharing Rule)

05 다음 중 오그(조직) 전체 기본값의 권한 중 다음 설명에 해당하는 권한은 무엇인가?

> 개체 내의 레코드는 레코드 소유자와 역할 계층의 상위에 있는 사용자들만 조회하고, 수정할 수 있는 권한을 갖는다.

① 비공개　　　　　　　　　② 공용 읽기 전용
③ 공용 읽기/쓰기　　　　　　④ 상위에 제어됨

06 사용자들의 작업 환경을 제어하는 가장 기본이며, 권한과 설정 그리고 정책의 집합을 무엇이라고 하는가?

① 라이선스(License)   ② 프로필(Profile)
③ 역할(Role)   ④ 권한 집합(Permission Set)

07 사용자 별로 권한 및 설정을 추가하기 위해서 사용하는 것을 무엇이라고 하는가?

① 사용자 라이선스(User License)   ② 프로필(Profile)
③ 역할(Role)   ④ 권한 집합(Permission Set)

08 표준 프로필 중 오그(Org) 환경을 구성하고, 라이선스 범주 내에서 오그 내 모든 기능에 액세스할 수 있는 프로필은 무엇인가?

① 솔루션 관리자   ② 시스템 사용자
③ 솔루션 사용자   ④ 시스템 관리자

09 다음 중 사용자를 생성하면서 등록해야 할 필수 요소가 아닌 것은 무엇인가?

① 이메일(Email)   ② 역할(Role)
③ 프로필(Profile)   ④ 사용자 라이선스(User License)

10 다음 중 관리자가 다른 사용자 계정으로 로그인할 수 있도록 설정하는 기능은 무엇인가?

① 로그인 엑세스 정책   ② 관리자 로그인 정책
③ 임의의 사용자 로그인   ④ 게스트(Guest) 사용자 로그인

1	2	3	4	5	6	7	8	9	10
④	②	①	②	①	②	④	④	②	③

chapter 03
세일즈포스 사용기본

1 세일즈포스 인터페이스(Interface)

2 판매 프로세스 소개

3 활동(Activity) 소개

4 체터(Chatter) 소개

1 세일즈포스 인터페이스(Interface)

 앱 시작 관리자(App Launcher)

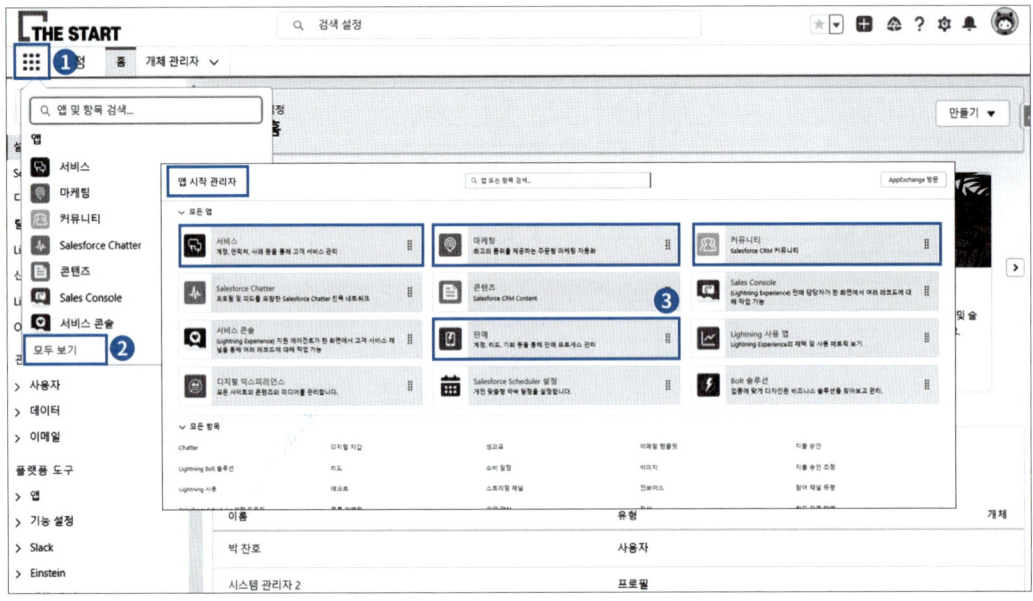

로그인 후 도착하게 되는 랜딩 페이지는 바로 "설정"의 홈 화면이다. 이 설정은 현재 개발자 오그(Org)의 모든 환경을 제어할 수 있는 곳으로 관리자가 주로 사용하게 되는 페이지이다. 그러므로 전문 세일즈포스 관리자라면 자세히 기능적으로 학습을 해야 하지만, 일반 세일즈포스 사용자라면, 개인 프로필 설정 외에는 크게 신경 쓰지 않아도 된다. 이 책은 일반인들을 대상으로 하지만 그래도 관리 영역을 다루지 않을 수 없기 때문에 이전 장에서 핵심 개념들에 대해서 정리했으며, 이후로도 필요한 설정들은 그때 그때 확인하면서 설명하기로 할 것이다.

그러면 이제 다음 단계로 세일즈포스 인터페이스에 대해서 하나씩 살펴보기로 하자.

앱 시작 관리자는 모든 세일즈포스 개체들과 앱에 바로 접근할 수 있는 경로를 제공한다. 위 그림처럼 왼쪽 상단에 있는 타일 아이콘(1번) 즉 "앱 시작 관리자(App Launcher)"를 선택하면 다양한 앱으로 바로 이동할 수 있으며, 아래에 있는 "모두 보기"를 선택(2번)하면 다음 화면처럼 전체 "앱 시작 관리자" 화면이 나오게 된다.

이 앱 시작 관리자에서는 현재 인스턴스 즉, 개발자 오그에 있는 다양한 앱(서비스 또는 개체)들이 보이게 되며, 이들을 선택하면 관련 서비스 또는 개체로 바로 이동할 수 있다. 개발자 오그는 앞서 언급했던 판매 클라우드, 서비스 클라우드, 마케팅 클라우드, 커뮤니티 클라우드 등을 비롯해 많은 제품들이 포함되어 있으며, 이를 테스트해 볼 수 있는 좋은 환경을 제공한다. 위 단계에서 "판매" 앱(판매 클라우드)을 선택(3번)해보기로 하자.

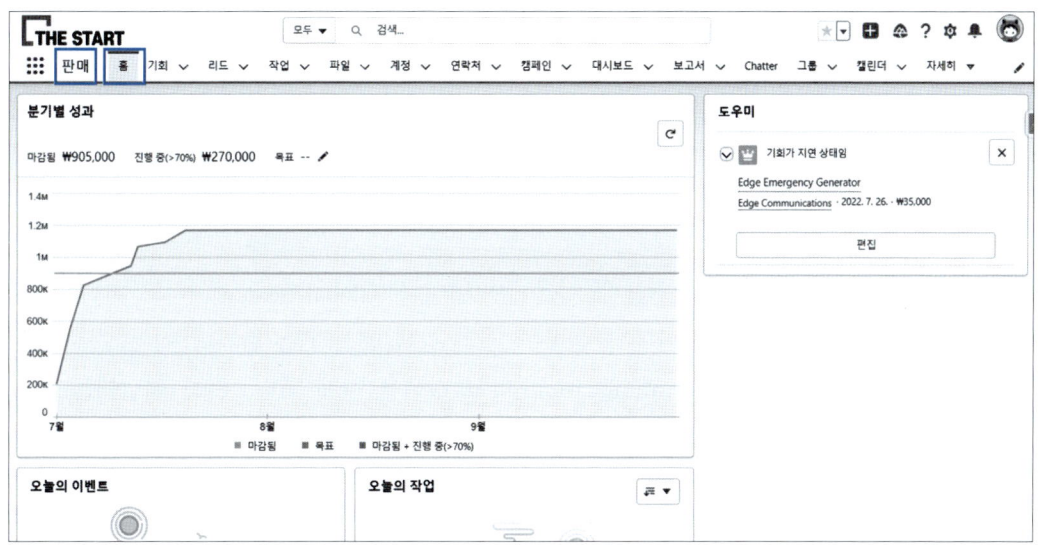

판매 앱을 선택하면 새로운 페이지로 이동하게 되는데, 이곳이 바로 세일즈포스의 판매(Sales) 클라우드 홈(Home) 화면이다. 화면 상단에 많은 탭들이 있으며, 중간에 다양한 차트 및 정보 등이 보인다. 이러한 탭의 기능과 화면을 확인하는 것이 세일즈포스 학습의 시작 단계라고 할 수 있다.

1-2 글로벌 검색(Global Search)

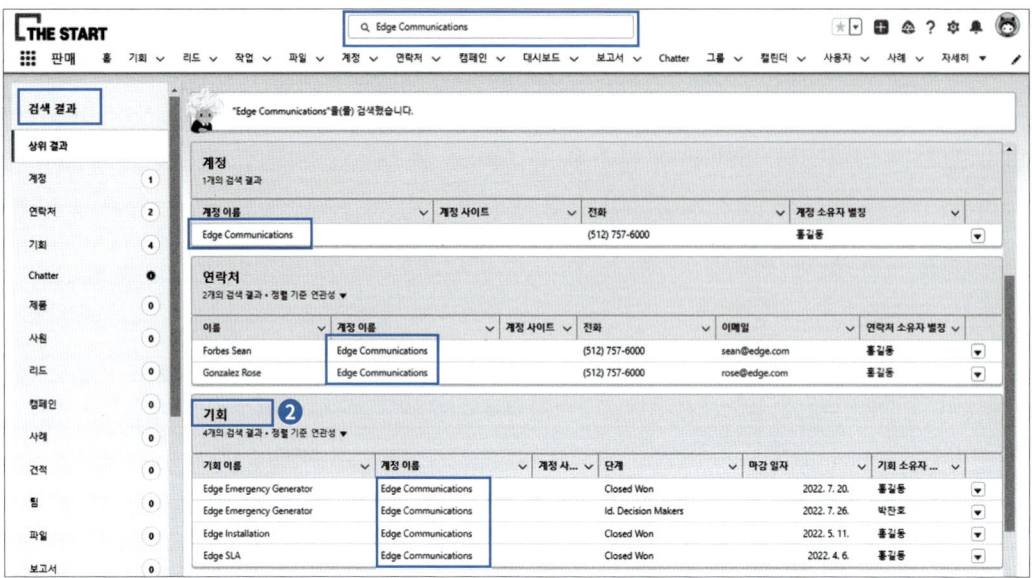

화면 상단 중앙에는 검색 란이 있는데 이를 글로벌 검색(Global Search)이라고 한다. 글로벌 검색은 현재 위치하고 있는 판매 클라우드 내의 검색 엔진이다. 위와 같이 글로벌 검색 란에 문자를 입력(예, Edge Communications)하고 검색을 하게 되면, 왼쪽 패널에는 해당 내용(데이터, Data)이 포함된 개체들과 검색된 숫자가 표시되며, 화면 중앙에는 각 개체들에 저장되어 있는 항목들이 목록으로 보이게 된다.

위 화면에서는 "Edge Communications"라는 회사 이름을 검색(1번)한 것이며, 그 결과 해당 회사 이름으로 등록된 계정(Account)과 연락처(Contact) 그리고 기회(Opportunity) 등이 출력된 모습이다. 쉽게 얘기해서 내가 "홍길동"이란 고객을 글로벌 검색 란에서 검색하게 되면, "홍길동" 고객과 연관된 다양한 정보들이 보이게 된다는 것이다. 이러한 글로벌 검색은 한 곳에서 다양한 개체들에 포함된 데이터들을 검색할 수 있기 때문에 사용자의 입장에서 매우 편리하다.

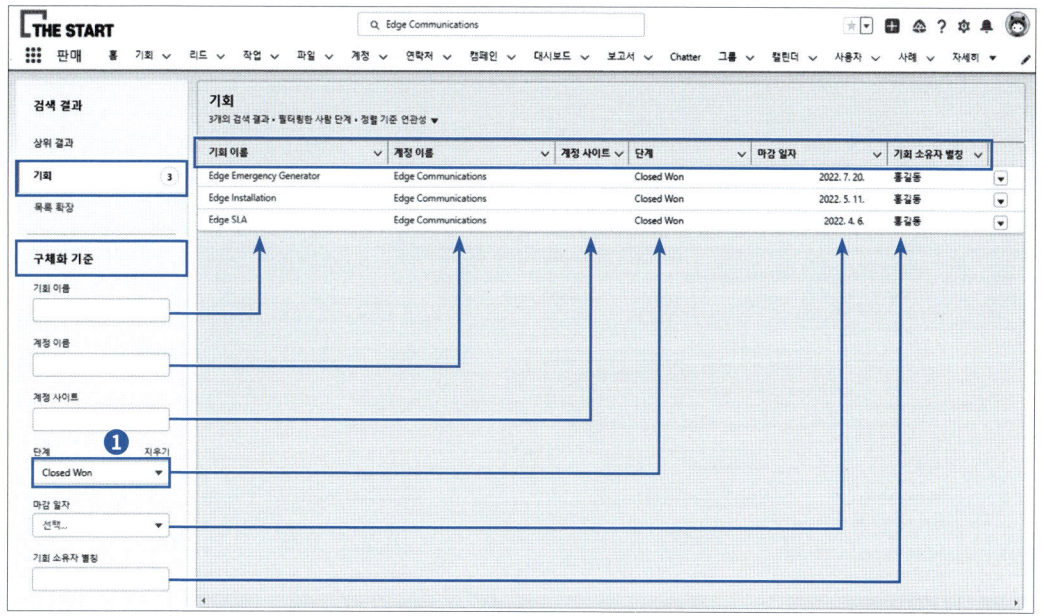

앞선 화면에서 "기회"를 클릭(2번)하게 되면, 위와 같이 기회 개체에 저장된 데이터들만 보여지며, 왼쪽에 새롭게 "구체화 기준" 영역이 생긴다. 여기에서는 각 필드의 검색 조건을 입력 내지 선택하면 된다. 구체화 기준 영역의 항목들은 오른쪽 리스트에 있는 컬럼(필드)들이며, 이를 통해 검색 조건을 추가로 지정할 수 있다.

예를 들어 위의 화면에서 구체화 기준 항목 중 "단계" 필드가 있는데, "단계" 필드의 콤보 상자에서 "Closed Won"을 선택하면 오른쪽 표에서도 단계가 "Closed Won"으로 되어 있는 레코드만 출력된다.

1-3 목록 보기(List View)

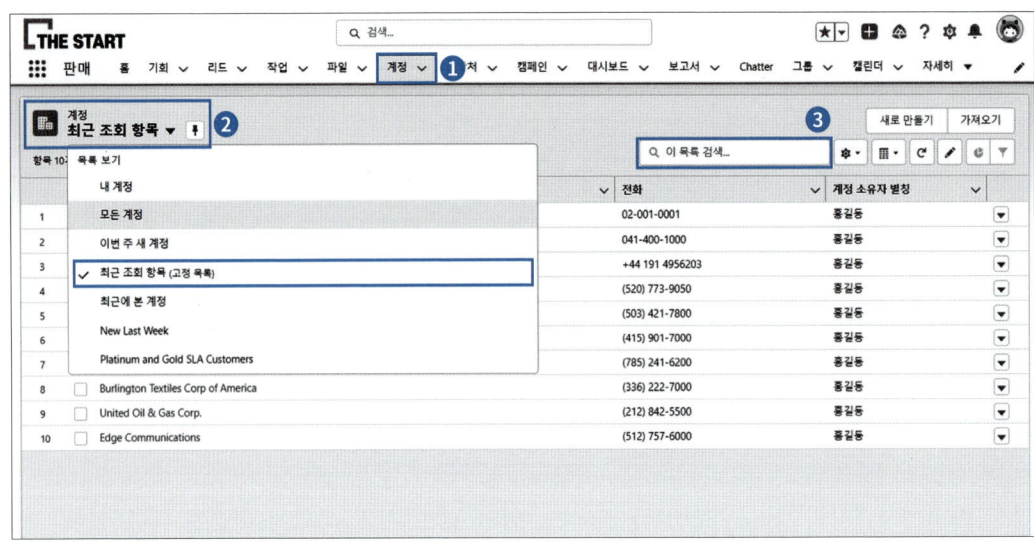

목록 보기(List View)는 각 개체들에 저장된 데이터(레코드)를 보여주기 위해 매우 자주 사용하게 되는 도구이다. 위 화면처럼 계정 탭을 선택(1번)하면 "최근 조회 항목"이 기본 보기 옵션으로 적용돼서 목록이 출력되는 것을 확인할 수 있다. 최근 조회 항목은 말 그대로 최근에 확인 및 검색했던 리스트를 보여주기 위한 옵션이며, 아래 버튼을 누르면 그 외에도 다양한 조회 옵션이 있는 것을 확인할 수 있다.

조회 옵션을 살펴보면(2번), "최근 조회 항목"이 "(고정 목록)"으로 되어 있는 것을 알 수 있다. 고정 목록이란 해당 옵션이 기본 보기 옵션으로 고정(지정)된 상태라는 것이다. 그러므로 우리가 위에서 계정 탭을 선택했을 때 기본적으로 "최근 조회 항목"이 보기 옵션으로 적용된 것이다. 이 옵션은 대부분의 작업자들에게 작업의 연속성을 위한 편리한 보기 옵션이지만, 원한다면 "고정 목록"을 다른 보기 옵션으로 변경할 수 있다.

예를 들어서 "모든 계정"을 선택한 후 모든 계정 바로 오른쪽에 있는 핀 버튼을 눌러 "모든 계정" 보기 옵션을 "고정 목록"으로 변경할 수도 있다. 그렇게 "고정 목록"을 변경한 후 "계정" 탭에 들어오게 되면, "모든 계정" 보기 옵션이 기본 적용되며, 기존에 "최근 조회 항목"에 적용되어 있던 "고정 목록" 옵션은 자동으로 해제된다.

목록 보기 옵션을 선택해서 원하는 항목을 출력한 다음 추가로 검색 조건을 지정하고자 한다면, 검색 란(3번)에 원하는 검색 문자를 입력한 후 검색할 수 있다. 이곳에서도 "글로벌 검색"과 같이 검색 필드를 선택할 필요가 없으며, 데이터를 입력하면 자동으로 모든 열에서 해당 데이터가 존재하는 레코드들을 출력하게 된다.

1-4 목록 보기(List View) 필터링

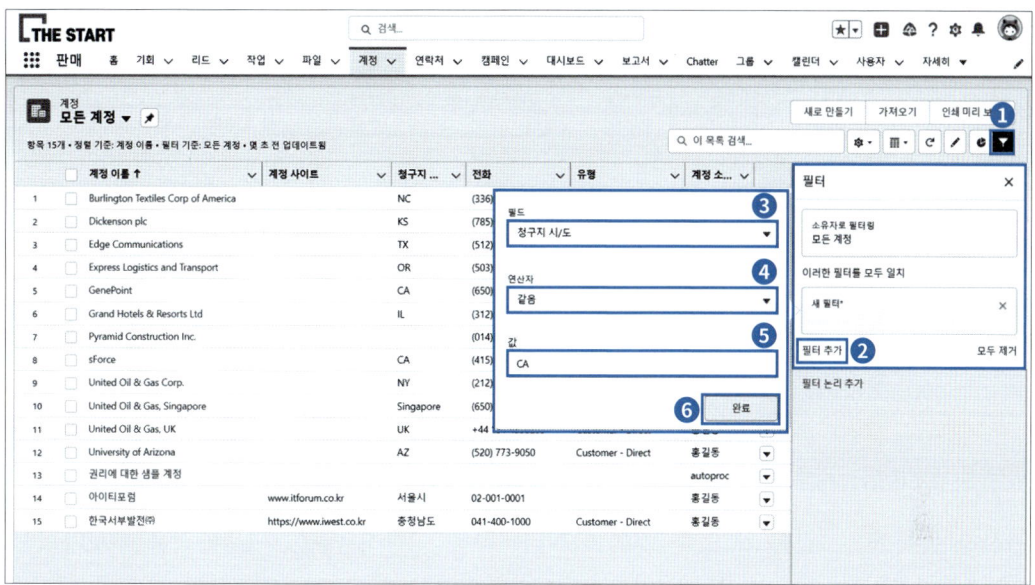

목록 보기에서 원하는 보기 옵션을 선택할 수 있지만, 많은 양의 데이터가 출력되는 경우 원하는 결과만 보고 싶을 수가 있다. 이 경우 사용하는 것이 필터이다. 필터를 적용하기 위해서는 오른쪽 상단에 있는 깔때기 모양의 필터 버튼(1번)을 누르면 필터 영역이 나타나게 되고, 이곳에서 현재 적용된 필터 항목들을 볼 수 있다. 기본적으로는 "소유자로 필터링", "모든 계정"이 선택되어 있으며, 이 내용은 해당 사용자가 소유하고 있는 계정(Account)들만 출력하고 있다는 것이다. 지금은 모든 레코드(데이터)의 소유자는 현재 여러분들 계정(사용자)으로 되어 있으므로 모든 레코드를 출력하겠다는 것과 같은 의미이다.

여기에서 원하는 조건을 추가해서 검색하고자 한다면, 필터 영역에서 "필터 추가" 링크(2번)를 클릭해야 한다. 그러면 필터 영역 왼쪽에 필드, 연산자, 값을 선택할 수 있는 팝업이 나타난다. 지금은 "청구지 시/도"가 CA(캘리포니아)인 데이터들만 검색할 수 있도록 해보기로 하자. 이를 위해서 "필드"는 "청구지 시/도"(3번)를 선택하고, "연산자"는 "같음"(4번) 그리고 "값"은 "CA"(5번)를 입력하고, "완료" 버튼(6번)을 누른 후 마지막으로 "저장" 버튼(7번)을 누르면, 원하는 대로 "청구지 시/도"가 "CA"인 데이터들만 출력된다.

다음 화면에서 검색 결과를 확인할 수 있다.

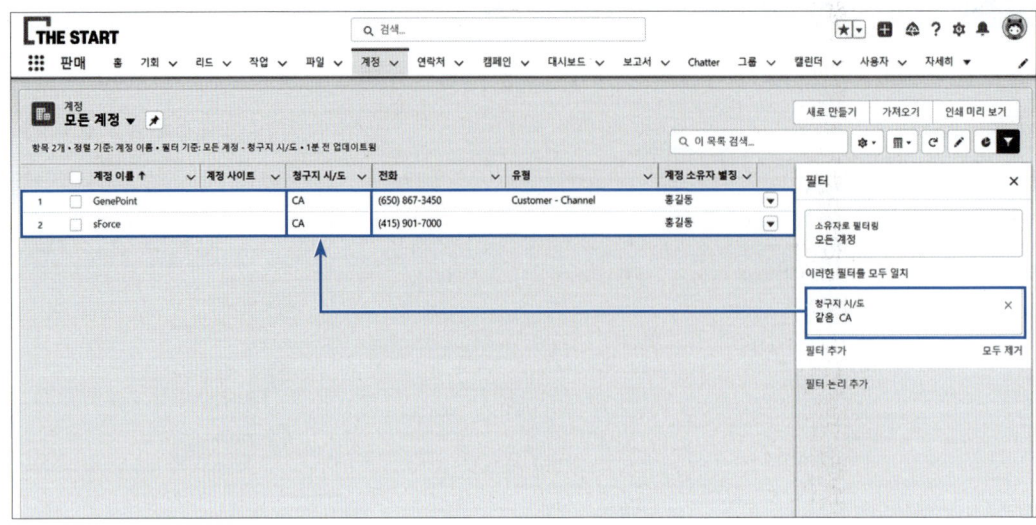

필터를 정의하는 과정에서 한 가지 여기서 눈 여겨 봐야하는 지점은 연산자 목록이다.

연산자 목록에는 "같음"만 있는 것이 아니라 "같음", "같지 않음", "보다 적음", "보다 큼", "작거나 같음", "크거나 같음", "포함", "포함하지 않음", "다음으로 시작" 등 다양한 연산자들이 있다. 이러한 연산자 목록은 필드의 데이터 형식에 따라서 적용될 수 있는 연산자 목록이 다르다.

예를 들어 위 단계에서 "필터 추가"를 클릭한 후 "필드"를 "연매출액"으로 선택한 후 "연산자" 옵션을 살펴보면, "같음", "같지 않음", "보다 적음", "보다 큼", "작거나 같음", "크거나 같음" 등이 있으며, 앞서 문자열 연산자 목록과 다름을 알 수 있다.

이러한 연산자 목록은 다양한 조회 조건을 정의할 때 자주 사용하게 되므로 잘 알아 두어야 한다.

1-5 목록 보기(List View) 새로 만들기

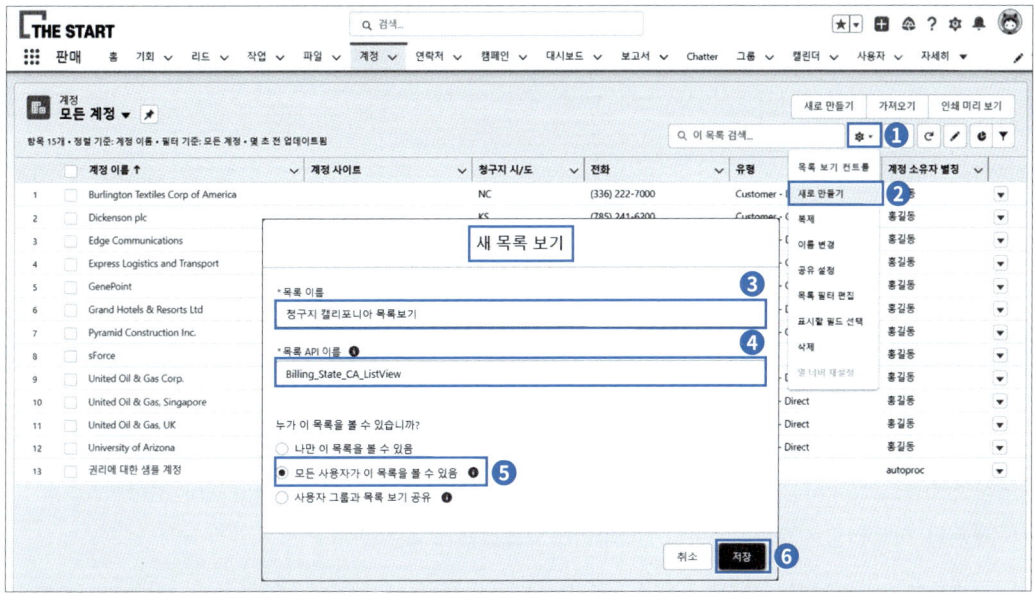

이전 단계에서는 필터를 적용하는 과정을 살펴보았다. 그런데 이러한 필터를 적용하게 되면, 다음에 다시 들어오게 되더라도 기존에 적용된 필터가 유지되기 때문에 다시 전체 보기로 돌아가기 위해서는 적용된 필터를 제거해 주어야 한다. 그런 다음 다시 "청구지 시/도"가 "CA"(캘리포니아)인 계정을 보기 위해서는 다시 또 필터를 추가해주야 한다. 이렇듯 전체 보기를 기본으로 하지만, 자주 사용하는 필터 조건이 있다면 매번 번거롭게 필터를 적용하고 또 제거하는 과정을 반복하기 보다는 필터가 적용된 상태의 새로운 목록 보기를 만드는 것이 훨씬 더 편리한 방법이다.

위 화면에서 목록 보기 컨트롤 버튼(1번, 기어버튼)을 누르면, 다양한 옵션들을 확인할 수 있으며, 새로운 목록 보기를 만들기 위해 "새로 만들기" 메뉴(2번)를 선택하면 다음과 같이 "새 목록 보기" 대화상자가 나타난다.

"새 목록 보기" 대화상자 에서는 "목록 이름"과 "목록 API 이름", 그리고 이 목록을 사용할 대상을 지정한다. "목록 이름"은 "청구지 캘리포니아 목록보기"로 입력(3번)하고, 그 다음으로 목록 "API 이름"을 입력해야 하는데, 프로그램 또는 IT 전문가들은 API란 용어에 익숙해져 있겠지만, 그렇지 않은 분들은 생소한 용어일 것이다. 이 책은 일반인들도 대상인 만큼 여기서는 세일즈포스 내부적으로 지금 만들려고 하는 목록 보기 즉 "청구지 캘리포니아 목록보기"를 지칭하기 위해 내부적으로 사용되는 이름 정도로 생각하면 좋을 듯하다.

여기서는 "Billing_State_CA_ListView"란 이름을 입력(4번)했다. 참고로 API 이름은 빈 공백이 들어가면 안 되며, 영문과 숫자 그리고 언더스코어로 구성되어야 한다.

마지막으로 해당 목록을 보여주기 위한 대상을 선택할 수 있는데, 첫 번째 옵션은 지금 만드는 목록 보기를 나만 볼 수 있도록 하는 옵션이고, 두 번째는 모든 사용자들에게 이 목록을 볼 수 있도록 하기 위한 옵션이며, 세 번째는 특정 사용자 그룹에게 목록을 볼 수 있도록 하기 위한 옵션이다.

여기서는 모든 사용자에게 지금 만들고 있는 목록을 사용할 수 있도록 할 예정이기 때문에 두 번째 옵션(5번)을 선택한 후 "저장" 버튼(6번)을 누른다.

> **용어 설명**
>
> API는 Application Programing Interface의 약자이며, 프로그램 간에 서로 데이터, 정보, 신호등을 주고 받을 수 있도록 만든 인터페이스이다. 예를 들어서 우리가 식당에서 주문을 할 때 주방에 가서 직접 주문하는 것이 아니라 홀에 있는 점원에게 요리를 주문하면 그 주문 내역을 점원이 주방에 전달하게 된다. 이때 점원은 고객과 주방의 인터페이스 역할을 하게 되는 것이다.

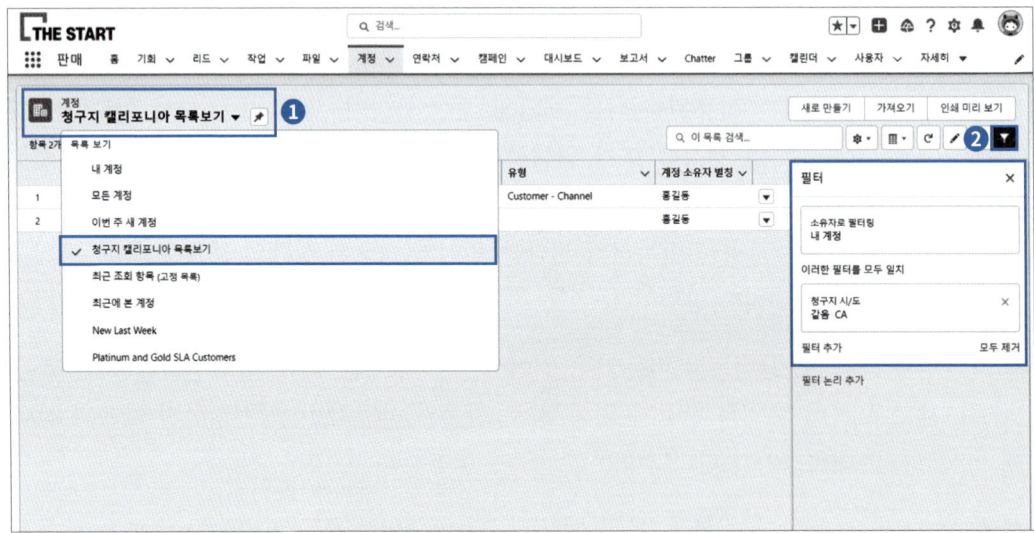

그러면 목록 보기 리스트에서 방금 전 새로 만든 "청구지 캘리포니아 목록보기"가 기본 선택된 상태로 목록 보기 콤보 상자(1번)을 선택하면, 정식으로 목록 보기 항목에 포함된 것을 확인할 수 있다. 그런 다음 오른쪽에 필터 버튼(2번)을 선택하면 필터 영역이 이 보이게 되는데, 여기에서 앞선 단계에서 설정했던 것처럼 "필드"는 "청구지 시/도", "연산자"는 "같음", "값"은 "CA"를 입력한 후 "완료"버튼을 누른 후 "저장" 버튼을 누르면, 필터가 적용된 목록 보기가 완성되는 것이다.

이제 매번 번거롭게 전체보기로 가서 필터를 추가하고, 제거하는 과정 없이 원하는 보기 옵션이 적용된 목록 보기를 바로 목록에서 선택함으로써 검색을 보다 편리하게 할 수 있게 되었다. 목록 보기에는 이 외에도 다양한 보기 옵션을 적용할 수 있지만, 해당 기능들은 다른 내용들과 함께 소개하도록 하겠다.

1-6 목록 보기(List View) 형식

특정 탭을 선택해서 데이터를 보는 방식은 기본적으로 테이블(Table) 형식이다. 테이블 형식은 엑셀과 같이 행(레코드)과 열(컬럼)로 구성된 2차원 배열구조를 의미한다. 원래 세일즈포스의 개체는 기본적으로 관계형 데이터베이스의 테이블 구조이기 때문에 데이터를 보기위해 "탭"을 선택해서 들어오면, 목록 보기는 기본적으로 "테이블"형식으로 보여진다.

위의 화면에서도 "기회" 탭(1번)을 선택한 후 오른쪽 상단에 있는 "다음으로 표시" 콤보 상자(2번)을 누르면, 목록으로 테이블, 간판, 분할 보기 세 가지 보기 형식이 나타난다. 그리고 그 목록 중 현재 "테이블" 앞에 체크가 표시가 되어 있는데, 이는 지금 보기 형식이 "테이블" 형식이란 의미이다.

그렇다면 이를 "간판"(3번)으로 변경해보자.

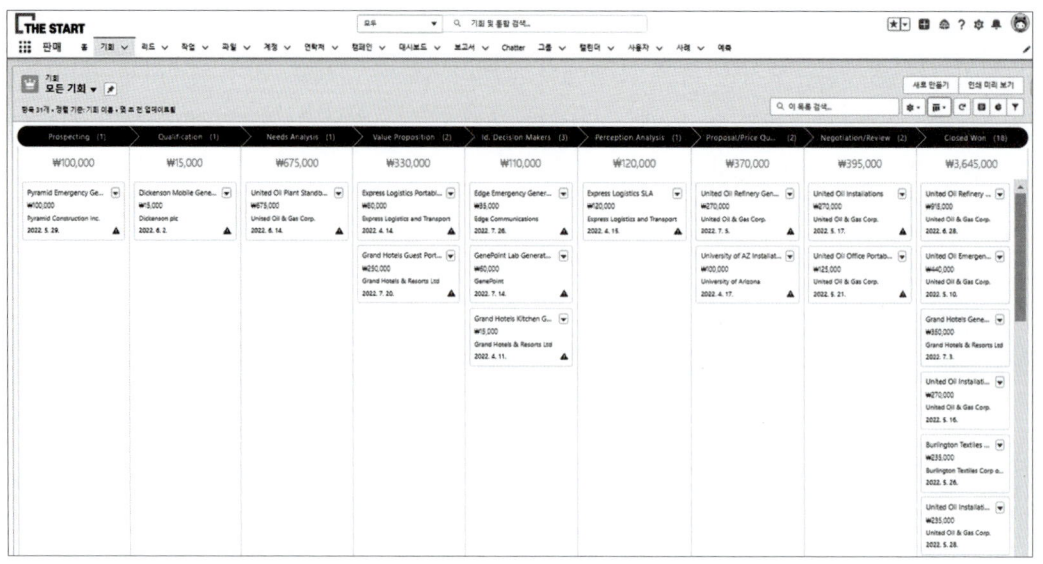

위 화면과 같이 간판(Kanban) 보기는 경로별 요약된 집계 결과를 출력해 줌으로써 시각적으로 훨씬 더 정제된 결과를 보여준다.

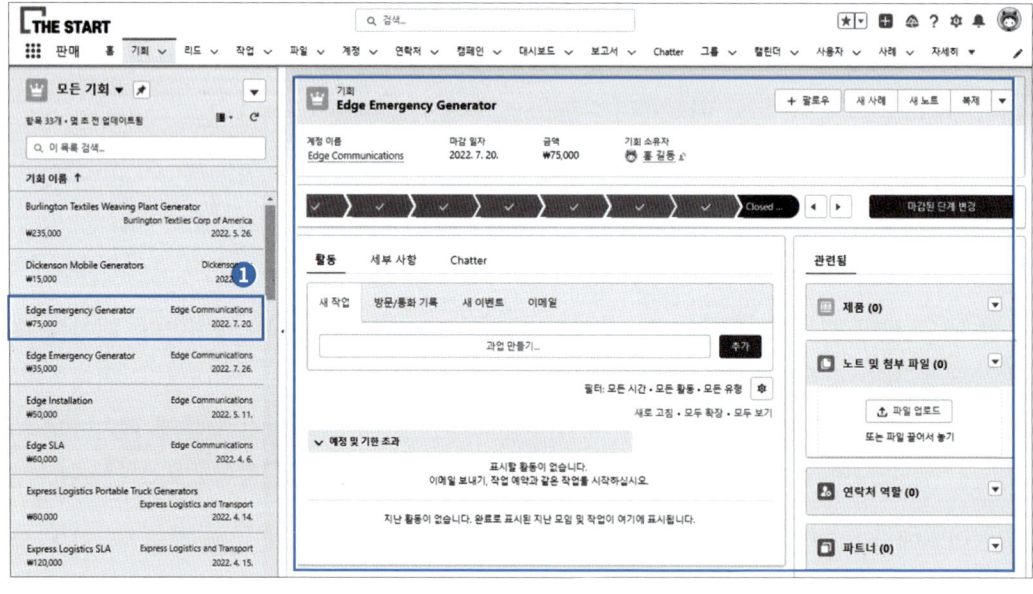

마지막으로 분할 보기 화면은 왼쪽에 목록과 이를 선택(1번)했을 때 오른쪽에 상세 페이지를 보여주는 형식이다. 테이블 보기 형식에서는 목록들이 우선 보여지며 이 중 하나를 선택하면 "상세 페이지"가 보여지는데, "분할 보기" 화면은 "목록"과 "상세 페이지"를 모두 한 화면에서 보여주는 방식인 것이다.

1-7 Lightning UI와 Classic UI

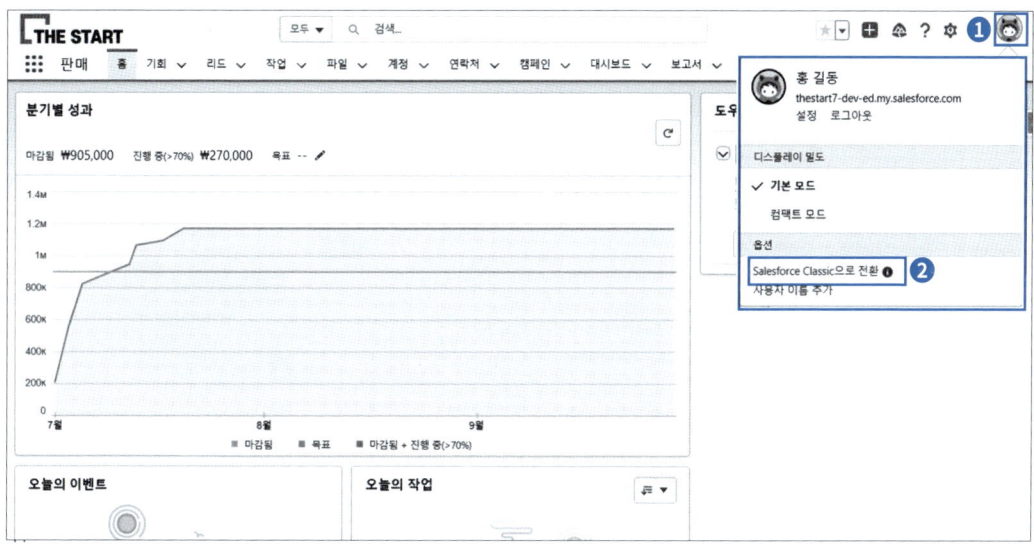

세일즈 포스의 사용자 인터페이스(UI, User interface)는 크게 두 가지 버전이 존재한다. 그 하나는 Lightning UI이고, 다른 하나는 Classic UI이다. Lightning UI는 2015년 새롭게 도입된 세일즈포스의 사용자 인터페이스이다. 기존에 사용하던 사용자 인터페이스와 새롭게 도입된 사용자 인터페이스를 구분하기 위해서 기존에 사용되던 사용자 인터페이스를 Classic으로, 새롭게 도입된 사용자 인터페이스를 Lightning으로 명명한 것이다.

Lightning 사용자 인터페이스가 새롭게 적용된 것인 만큼 현대적인 UI와 더불어 많은 더 많은 기능과 옵션을 제공하는 것이 사실이며, 현재 우리가 사용하는 기본 UI도 당연히 Lightning이다. 세일즈포스의 국내 도입은 2015년 이전에도 도입이 됐었지만, 필자가 판단하기에 도입이 본격화된 시점이 불과 수년 전이라는 것을 생각한다면, 현재 국내에서 Classic UI를 주요 인터페이스로 사용하고 있는 기업은 많지 않을 것이다.

그러나 세일즈포스가 탄생한 북미 시장이나, 일찍부터 보급됐던 유럽 시장에서는 Classic UI가 상대적으로 적지 않게 사용되고 있기 때문에 관리자 및 엔지니어들은 이러한 Classic UI에 어느 정도 익숙해질 필요가 있다. 그러나 국내에서 특히 근래에 세일즈포스를 도입했거나 앞으로 세일즈포스를 도입할 예정이라면, 굳이 Classic UI를 따로 확인해 둘 필요는 없다. 그러므로 여기서는 Lightning UI와 Classic UI를 전환하는 방법 정도만 안내하도록 하겠다.

위 화면에서 보듯이 프로필 보기(1번)를 누른 후 하단에 "Salesforce Classic으로 전환" 링크(2번)을 누르면, Lightning UI에서 Classic UI로 바로 전환된다.

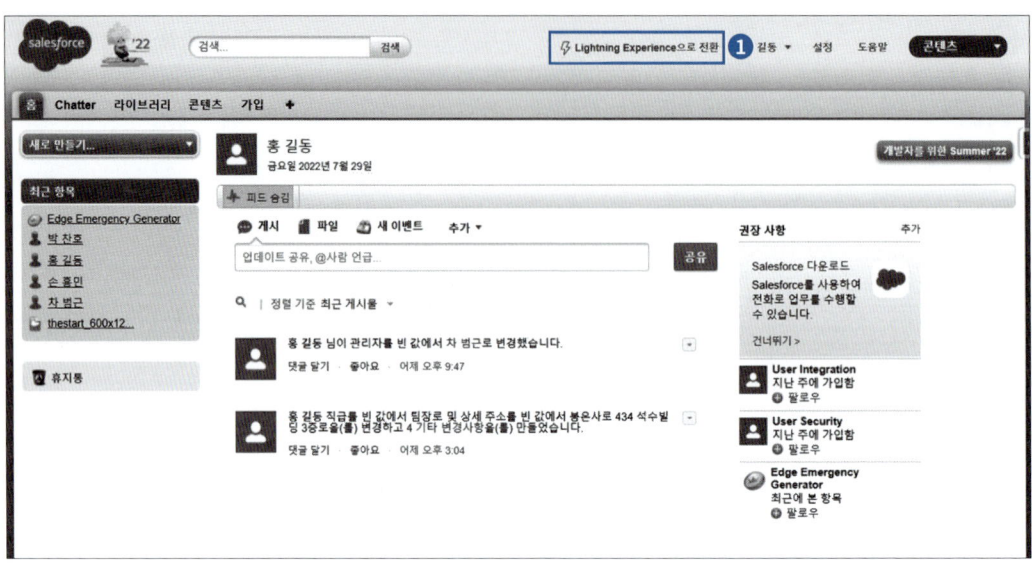

위 화면이 세일즈포스 "Classic UI"이다. 그런데 이름과는 다르게 클래식 하다 못해 올드한 느낌이 물씬 풍기는 인터페이스를 제공하고 있다. 이를 다시 "Lightning UI"로 전환하기 위해서는 위 화면에서 "Lightning Experience으로 전환" 버튼(1번)을 누르면, 다시 원래 Lightning UI로 되돌아온다.

일반적으로 세일즈포스를 처음 접하시는 분들은 무언가 부푼 기대와는 다르게 UI가 별로라는 느낌(?)과 더불어 어딘가 만들다가 만 그런 느낌(?)을 강하게 받는다. 그러나 Classic UI를 보고 나니 지금 Lightning UI가 그나마 얼마나 개선된 UI인지를 알게 됐을 것이다.

이러한 Lightning UI는 UI측면에서만 개선이 이뤄진 것이 아니다. 많은 기능과 옵션 및 개발에 대한 상당한 개선이 있었으며, 이러한 개선은 지금도 계속되고 있다. 세일즈포스는 정식으로 1년에 3번씩 업데이트가 이루어진다. 그만큼 기능과 UI도 계속해서 변하게 되는데, 아마도 이 책이 출간된 지 6개월 내지 1년 후에 책을 구입하신 경우라면 책에서 설명하고 있는 메뉴 및 작업의 단계가 맞지 않는 경우도 있을 것이다. 이를 위해 관련 수정 내용은 지속적으로 THE START 홈페이지(https://www.thestart.cloud)에 업데이트를 할 예정이다.

1-8 앱(App)과 콘솔(Console)의 차이

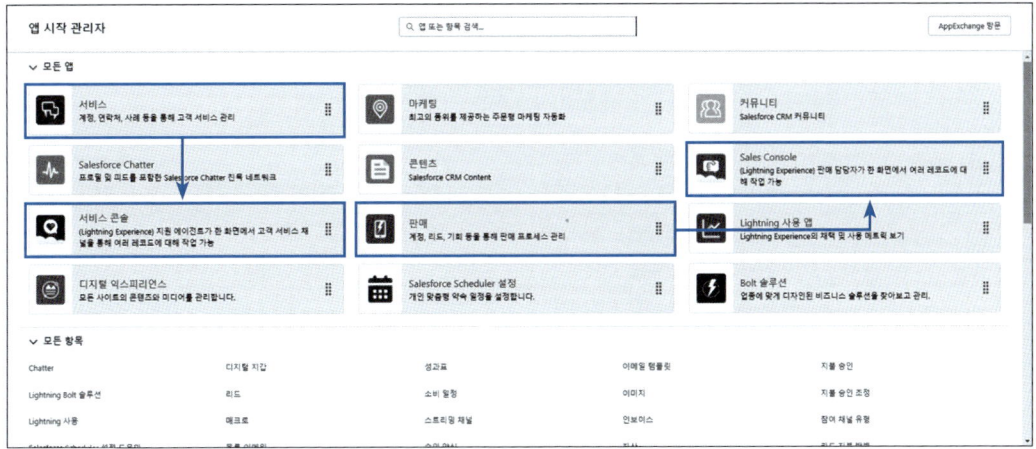

위 화면은 앞에서 살펴봤던 앱 시작 관리자(App Launcher)의 모습이다. 그런데 여기서 한 가지 확인해야 하는 점이 판매 앱(Sales App)과 Sales Console(판매 콘솔)이 있고, 서비스 앱(Service App)과 서비스 콘솔(Service Console)이 이렇게 쌍으로 존재한다는 점이다.

이 둘은 같은 내용이지만 서로 다른 UI를 제공하는데, 이에 관해서 살펴보기로 하겠다.

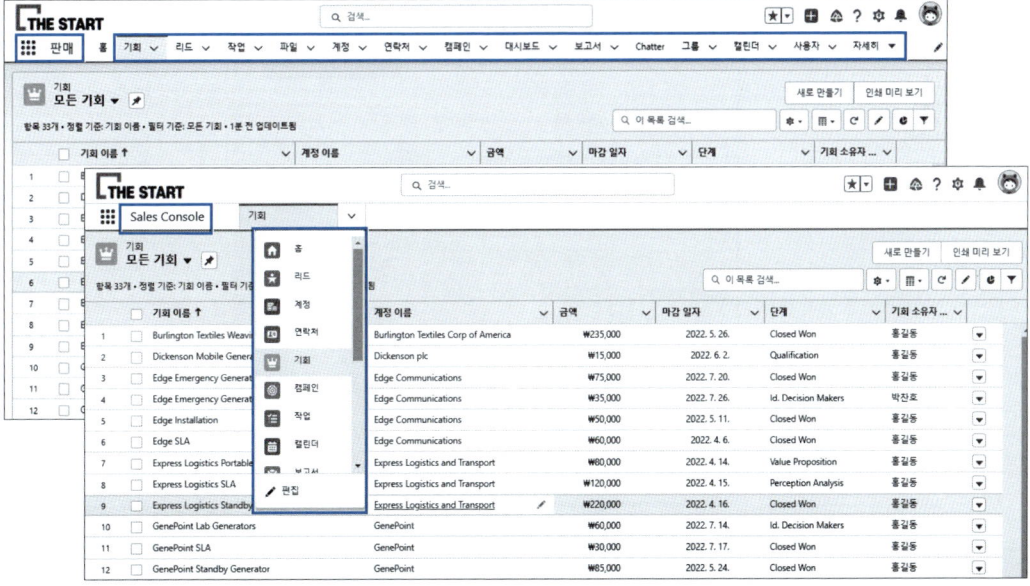

위 화면은 지금 두 개가 겹쳐 있는데 뒤에 있는 브라우저는 판매 앱을 실행한 화면이고, 앞에 있는 브라우저는 Sales Console(즉, 판매 콘솔)을 실행한 화면이다. 이 둘의 첫 번째 차이점은 판매 앱의 경우 주요 개체들이 상단에 탭으로 나열돼서 즉시 선택할 수 있지만, Sales Console의 경우 상단에 있는 드롭다운 콤보 상자를 통해서 개체들의 목록이 노출되며, 여기에서 원하는 개체를 선택해야 해당 개체로 이동된다는 점이다.

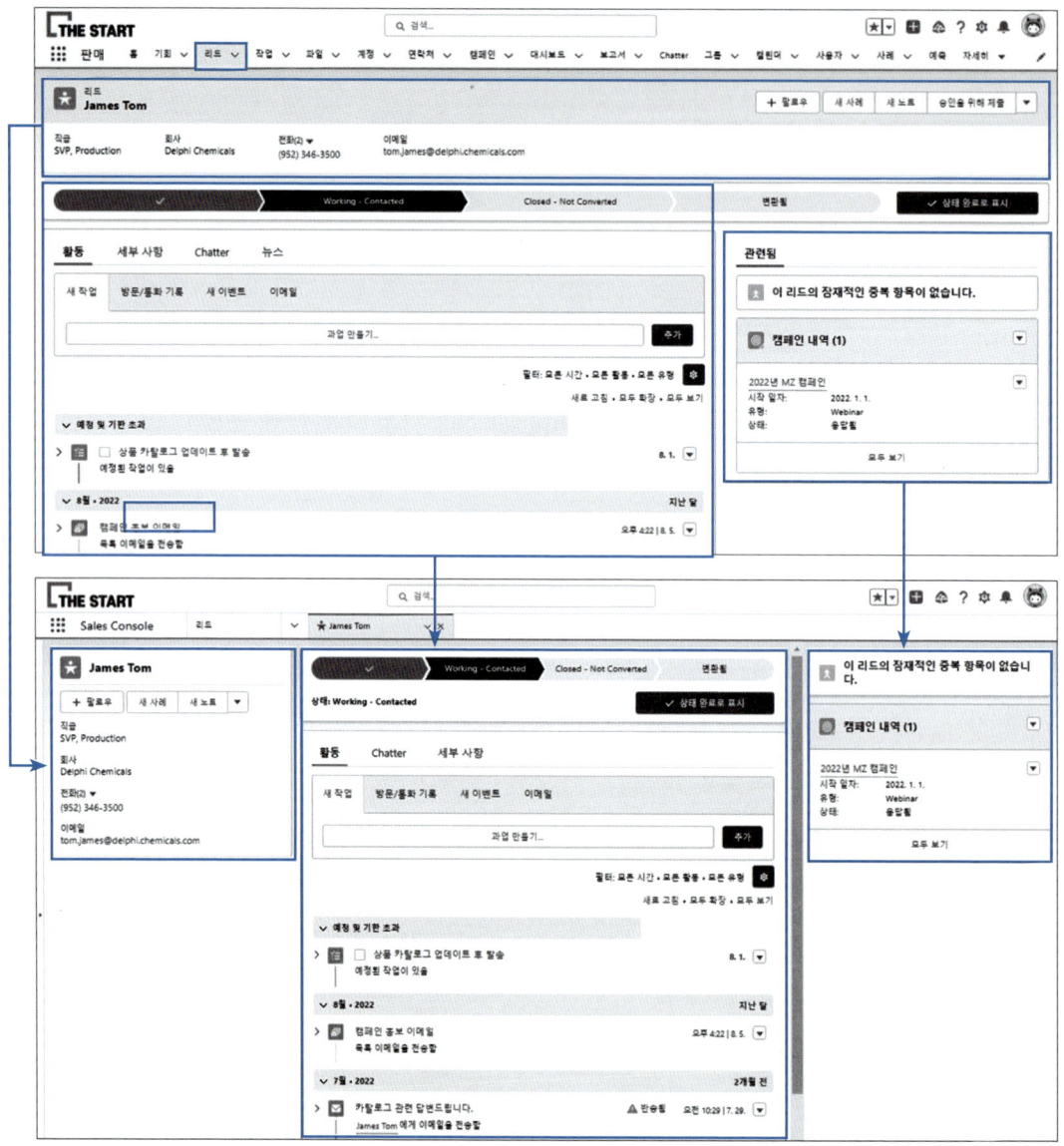

위의 화면에서 위는 판매 앱(Sales App) 화면이고, 아래는 Sales Console 화면이다. 둘 다 리드(Lead)의 목록 보기(List View)에서 이 "James Tom" 리드를 선택한 화면이다. 두 화면 모두 James Tom 리드와 관련한 정보를 모두 위치와 배열만 다를 뿐 잘 보여주고 있다. (아직 우리는 리드(Lead)에 대해서 학습하지 않았기 때문에 이 책을 보시는 독자분들은 현 단계에서 아직 홍길동 리드가 존재하지 않을 것이다. 홍길동 리드는 설명을 위해서 만들어 놓은 것이므로 독자분들은 이후 실습을 통해서 만들어 나가게 될 것이다. 그러므로 이번 설명은 책으로만 살펴보기로 하자.)

그러나 여기서 한 가지 가장 중요한 차이점이 있다. 그건 바로 판매 앱의 경우 상단의 탭 레벨 하위에 "James Tom" 리드의 정보가 표시되고 있지만, Sales Console의 경우 탭 레벨에서 홍길동 탭이 생성된 후 관련 내용이 하단에 보여진다는 점이다.

이번에는 개별 화면 단위로 이후 변화에 대해서 살펴보기로 하겠다.

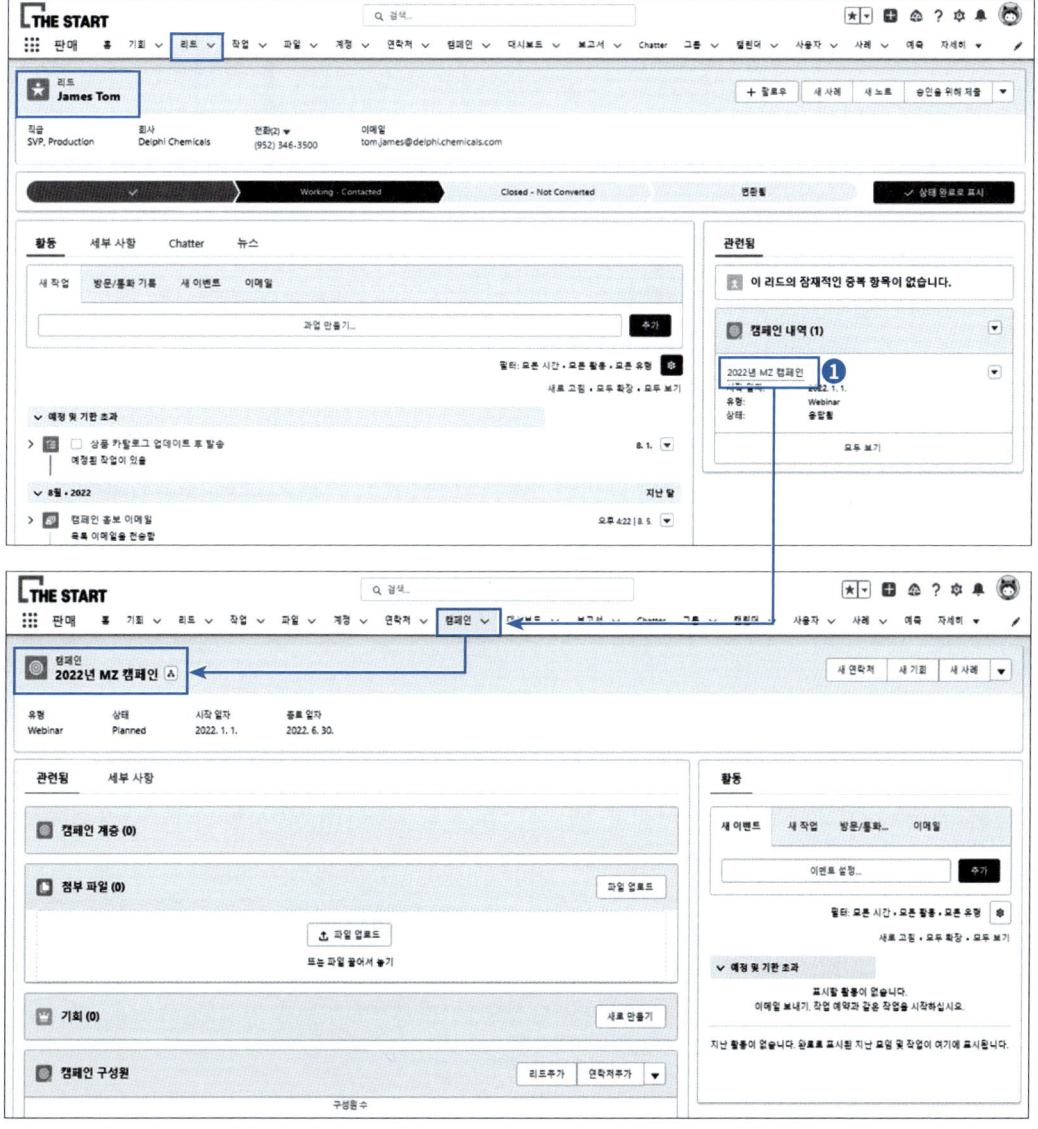

위 화면은 "James Tom" 리드에서 캠페인 항목을 선택(1번)했을 때 탭 자체가 "캠페인" 탭으로 이동하고, 해당 캠페인 레코드 페이지로 보여지고 있는 모습이다. 그러면 같은 상황에서 Sales Console은 어떻게 UI가 구성되는지 확인해보기로 하자.

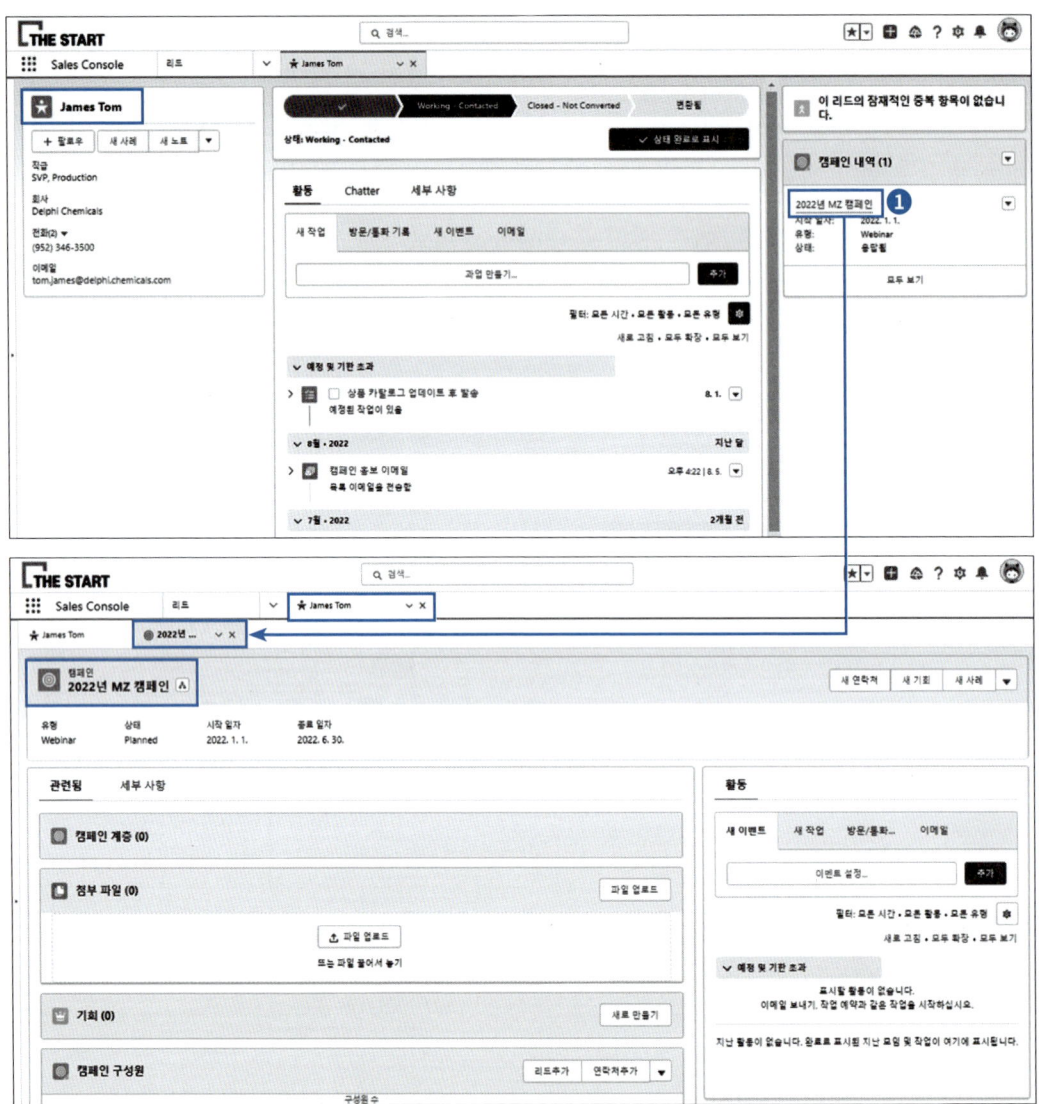

위 화면 역시 "James Tom" 리드에서 캠페인 항목을 선택(1번)한 상황인데, 상단에 있는 탭이 캠페인으로 변경되는 것이 아니라 "James Tom" 탭 하위에 관련 캠페인 레코드 페이지가 하위 탭 레벨에서 보이게 된다는 점이다. 이를 다른 말로 설명하자면 결론적으로 Console 인터페이스는 특정 레코드를 중심으로 관련 요소들 모두를 하위 탭에서 보여준다는 것이다. 이러한 방식은 특정 레코드를 중심으로 많은 업무들이 연관되어 있을 때 화면 전환 없이 하나의 탭에 다수의 하위 탭들이 노출됨으로써 보다 효율적인 화면 전환이 가능 해진다는 점이다.

위 화면은 Sales Console에서 홍길동 리드를 선택한 이후 다양한 관련 항목들을 선택한 모습이다. 방금 전에 캠페인을 선택한 이후 추가로 3개 항목을 선택하니 관련 레코드 항목들이 홍길동 리드 하단에 추가 탭으로 계속 나열되고 있기 때문에 훨씬 더 직관적인 모습을 볼 수 있다.

결론적으로 앱 인터페이스는 개체 중심의 일반적인 업무용 인터페이스라고 할 수 있으며, 콘솔(Console) 인터페이스는 특정 레코드를 기준으로 이와 연관된 많은 요소들을 관리해야 하는 담당자들에게 보다 유리한 인터페이스라고 할 수 있다. 이 책에서는 콘솔이 아닌 기본 앱 인터페이스를 통해서 설명할 것이다.

2. 판매 프로세스(Sales Process) 소개

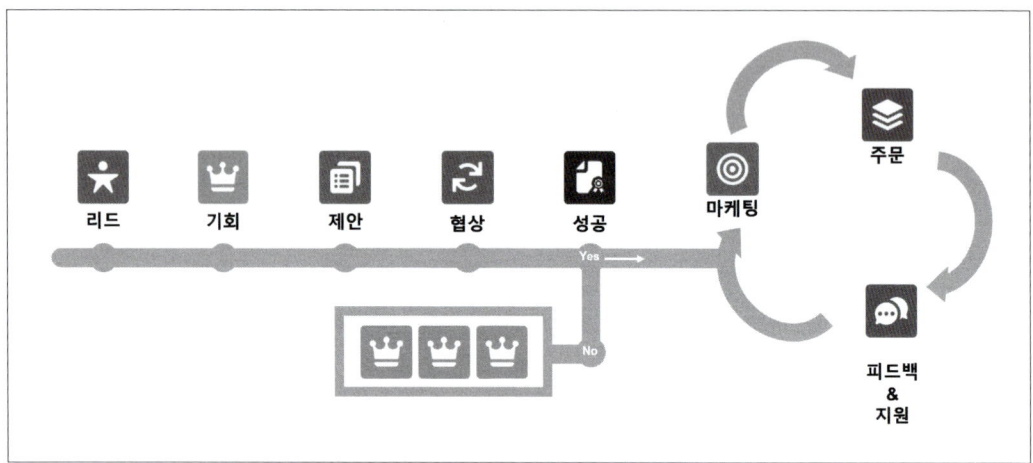

위의 이미지는 세일즈포스의 핵심 서비스인 판매 클라우드(Sales Cloud)의 업무 단계 및 흐름을 간략하게 정리한 것이다. 위의 단계는 판매 클라우드를 학습하고 이해하는데 매우 중요한 단계 및 절차이므로 잘 확인해 둘 필요가 있다.

2-1 리드(Lead) 소개

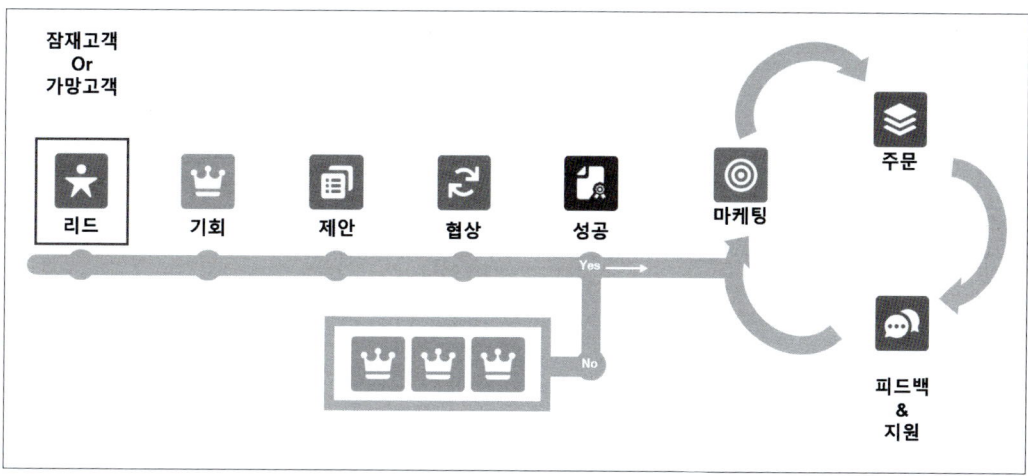

리드(Lead)는 마케팅 또는 영업 분야에서 자주 사용되는 용어로서 미래에 고객이 될 수 있는 잠재고객 또는 가망고객을 리드(Lead)라고 한다. 여기서 잠깐 잠재고객과 가망고객의 차이점에 대해서 소개하자면, 잠재고객은 우리 회사의 제품이나 서비스의 영업 대상이 되는 고객을 말하며, 우리 회사의 제품이나 서비스를 모르고 있더라도 우리 회사가 타겟팅하고 있는 고객을 의미한다. 예를 들어서 우리 회사가 보습학원에서 사용되는 교보재를 만드는 회사라고 한다면, 전국에 있는 모든 학원이 우리 회사의 잠재고객인 것이다. 그러나 가망고객은 차이가 있다. 가망고객은 우리 회사의 제품과 서비스에 대해서 인지하고 있는 고객이다. 예를 들어서 우리 회사의 홈페이지에 회원 가입을 하거나, 아니면 제품 관련 문의를 하는 경우를 생각해볼 수 있다. 해당 고객은 우리 회사의 제품이나 서비스를 구매하지 않았더라도 우리 회사의 제품과 서비스를 인지하고 있는 고객이다. 바로 이러한 고객을 가망고객이라고 한다.

예를 들어서 전국의 보습학원을 대상으로 우리 회사의 솔루션을 홍보하기 위한 DM을 발송해야 한다고 생각해보자. 그 명단을 확보하기 위해서 XX학원연합회의 협조를 얻어 데이터를 확보했다고 한다면, 그 데이터들은 모두 잠재고객이다. 그리고 해당 잠재고객에게 DM을 발송한 결과 제품에 관심있는 학원 원장님 또는 학원 담당자분들의 문의전화 또는 메일을 보내온 고객들은 가망고객인 것이다.

바로 이러한 모든 경로를 통해서 접수된 고객 정보가 바로 리드(Lead)이며, 이러한 리드(Lead)를 확보하고 관리하는 것은 세일즈(판매) 클라우드 서비스(Sales Cloud Service)의 시작으로 매우 중요한 의미를 갖는다. 이러한 리드(Lead, 잠재고객 또는 가망고객) 정보를 지속적으로 확보하기 위해 진행하는 활동을 총괄해서 마케팅(Marketing) 활동이라고 한다.

2-2 기회(Opportunity) 소개

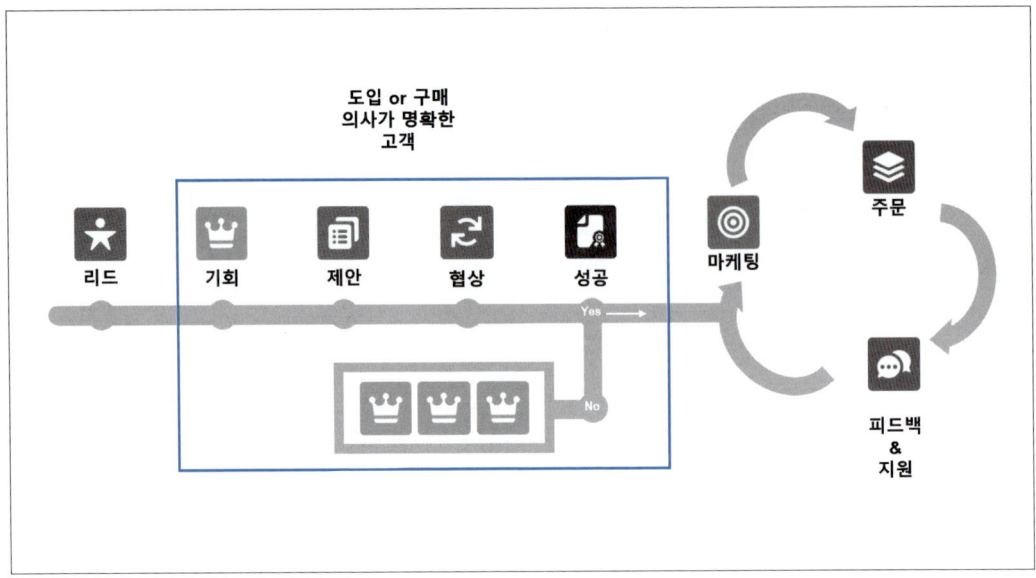

기회(Opportunity)는 리드(Lead)를 통해 확보된 잠재고객 또는 가망고객이 우리 회사 제품이나 서비스에 관심을 갖고 구체적으로 구매를 고려하는 것이 확인된 고객을 말한다. 이는 "잠재고객 또는 가망고객"보다 훨씬 진일보한 단계이며, 이러한 구매 의지 또는 계획을 가지고 있는 고객을 잘 관리해서 궁극적으로 구매고객으로 연결하기 위한 모든 과정이 바로 기회(Opportunity) 단계에 포함된다. 그러므로 기회의 단계에는 입찰 및 견적 제안 과정 그리고 고객과의 전화 통화 및 만남, 메일교환 등 실제 구매의사를 가지고 있는 고객을 관리하기 위한 모든 행동들이 기회 활동 안에 포함된다.

예를 들어 특정 회사에서 입찰 공고가 나오면 그것은 기회(Opportunity)인 것이다. 구매 의사가 명확하기 때문이다. 그리고 그 기회를 성공적으로 이끌기 위해서는 회사마다 입찰 제안을 준비하기 위한 다양한 과정들(고객의 니즈 분석, 시장조사, 프레젠테이션, 서비스 및 상품 제안, 입찰가격, 시공기간 등)이 포함된다.

참고로 리드(Lead)와 기회(Opportunity)를 체계적으로 관리했을 경우 그렇지 않은 경우보다 매출이 30%가까이 늘었다는 통계는 여러 자료를 통해서 확인해 볼 수 있을 만큼 이들을 적극적으로 관리하는 것이 판매 클라우드(Sales Cloud)에서 가장 중요한 과정이라고 할 수 있다.

2-3 기회(Opportunity)의 성공 및 관리

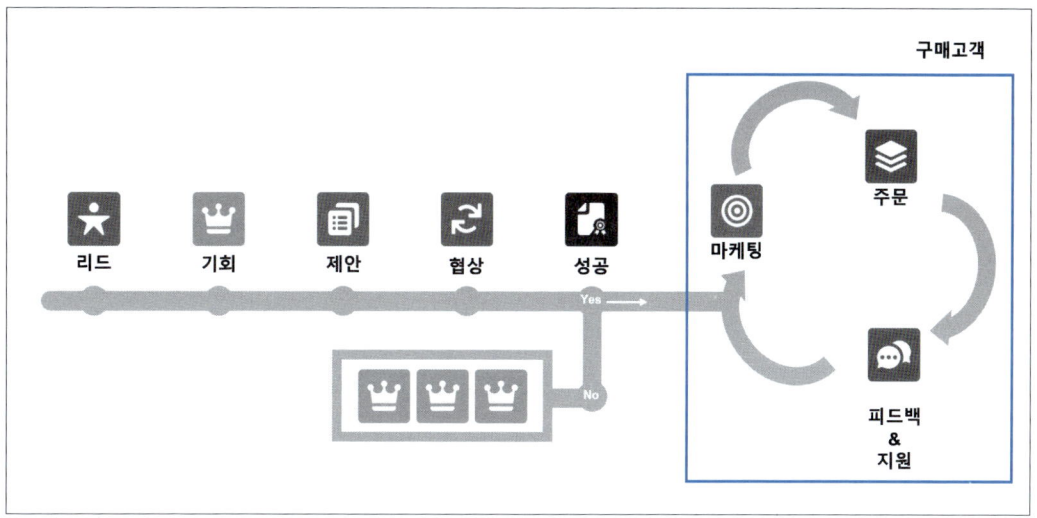

만일 기회(Opportunity)가 "성공"으로 마무리 된다는 것은 매출이 발생하는 것을 의미하며, "잠재고객"과 "관심고객"이 "구매고객"으로 확정되는 것이라고 할 수 있다. 이 "구매고객"은 기존 고객일 수도 있고, 또는 새로운 고객(New Customer)일 수도 있다. 그러므로 구매고객으로 전환된 이후에도 지속적인 마케팅과 주문관리, 그리고 고객지원을 통해 고객서비스를 강화되어야 한다.

이상으로 매우 간략하게 세일즈포스 판매 클라우드(Sales Cloud)의 판매 프로세스에 대해서 소개했다. 각기 내용들에 대해서는 이후 보다 심층적으로 다뤄지게 될 것이며, 여기서는 해당 개체들의 존재와 판매 프로세스가 어떠한 단계를 포함하고 있는지를 확인하는 정도로 가볍게 살펴보기로 하자.

3 활동(Activity) 소개

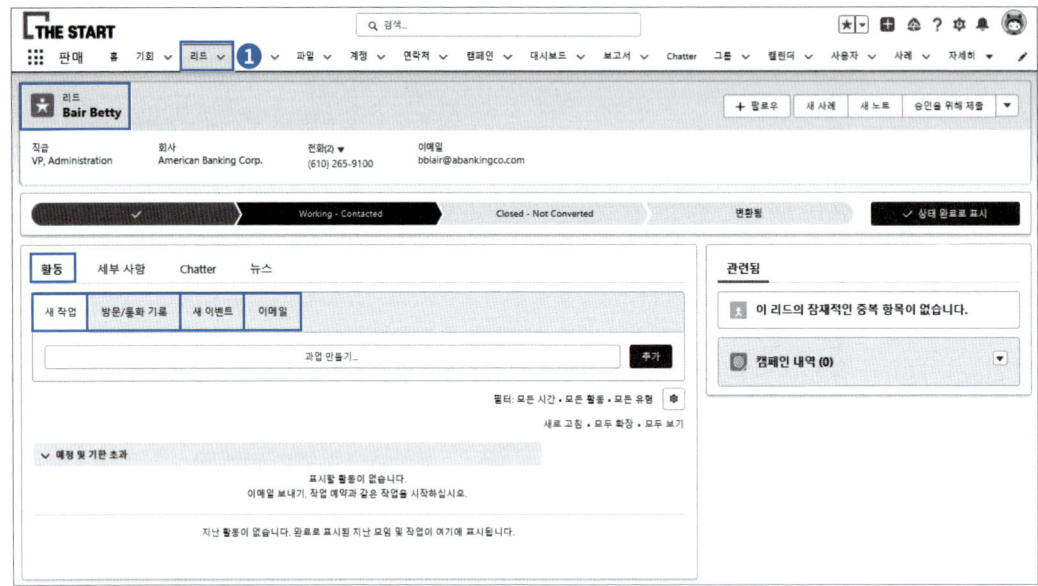

세일즈포스에서 활동(Activity)은 해당 업무와 관련한 모든 내역(히스토리)을 기록하고, 관리하기 위한 영역이다. 우리는 바로 이전 단계에서 리드(Lead)에 대해서 설명했다. 그러면 담당자는 해당 리드(Lead, 잠재고객)에게 전화 또는 메일을 주고받을 수 있으며, 해당 고객과 온라인 또는 오프라인 미팅을 할 수도 있을 것이다. 이렇듯 활동(Activity)은 영업의 진행 단계에서 발생하는 고객과의 커뮤니케이션 및 업무 진행에 필요한 모든 활동들을 기록해두는 곳이다.

우선 위 화면처럼 활동(Activity)에 관한 탭들을 확인하기 위해서는 리드 탭(1번)을 선택한 다음, 목록 보기에서 "모든 진행 중인 리드"를 선택한 후 해당 리스트 중에서 원하는 레코드를 선택하면 된다. 이러한 활동(Activity)에서 관련 내용을 기록하기 위한 수단으로는 위 화면에서 보는 바와 같이 작업(Task), 방문/통화 기록(Log a Call), 이벤트(Event), 이메일(Email)이 있다.

이러한 활동(Activity)은 마치 특정 고객을 위한 다이어리(Diary)라고 생각하면 좋을 듯하다. 그러나 우리가 사용하는 다이어리는 담당자별로 기록하고 해당 담당자만 확인할 수 있다는 한계 때문에 해당 고객의 업무 담당자가 바뀌면 새로운 담당자는 그 동안의 해당 고객의 히스토리를 파악하기가 쉽지 않다.

그러나 세일즈포스의 강력한 장점 중에 하나는 이러한 활동(Activity)을 통해 기록된 모든 내용(작업, 방문/통화 기록, 이벤트, 이메일)들이 관련 업무를 담당하는 사용자들에게 공유된다는 것이며, 새로운 담당자가 배정되더라도 이전 활동(Activity) 내역을 확인함으로써 그 동안의 진행 과정을 고객 중심으로 쉽게 파악할 수 있게 된다는 점이다.

이러한 활동(Activity)이 포함되는 주요 개체들은 리드(Lead), 계정(Account), 연락처(Contact), 기회(Opportunity), 캠페인(Campaign) 등이며, 사용자가 만든 개체 즉 사용자 정의 개체에도 활동을 추가할 수 있다. 사용자 정의 개체에 활동을 추가하는 내용은 "6장. 사용자 정의 개체 만들기"에서 다뤄질 것이다.

3-1 작업(Task) 만들기

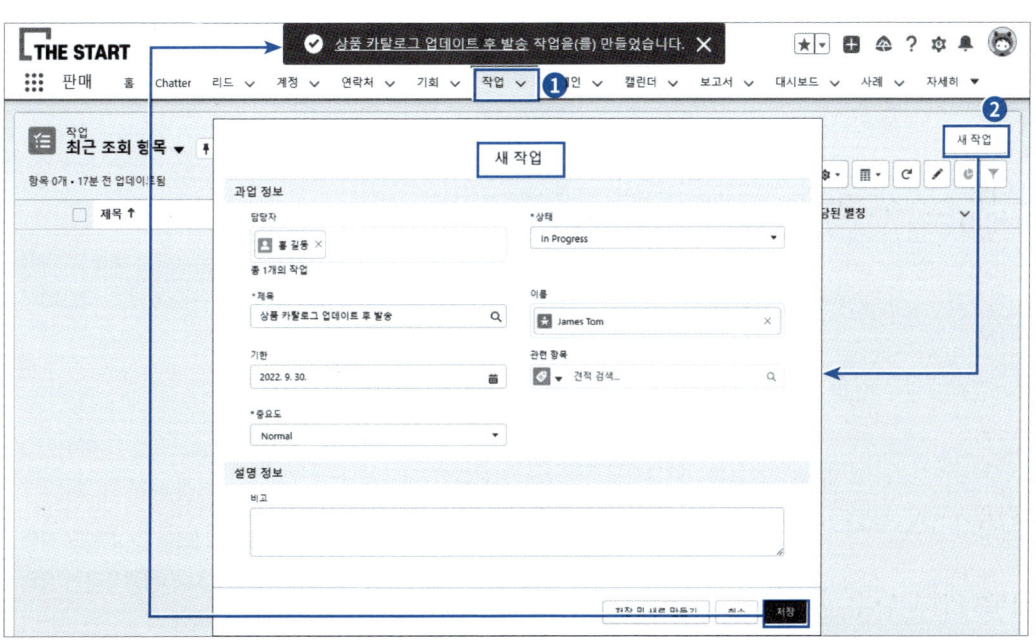

작업(Task)은 사용자(업무 담당자)가 해야 할 일들을 저장하고, 관리하기 위한 개체이다. 이러한 작업은 사용자가 관리해야 하는 리드(Lead)와 관련된 작업일 수도 있고, 마케팅 캠페인을 위한 작업일 수도 있으며, 기회(Opportunity)와 관련된 작업(Task)일 수 있다. 그러므로 업무를 진행함에 있어서 사용자가 해야 할 일들을 작업(Task)으로 등록해서 관리한다.

이러한 작업(Task)을 만들기 위한 가장 일반적인 방법은 리드(Lead), 계정(Account), 연락처(Contact), 기회(Opportunity), 캠페인(Campaign) 등에서 직접 활동(Activity)탭 하단에 있는 "새 작업" 탭에서 "과업 만들기…"를 선택해서 생성하는 방법이다. 그리고 다른 하나는 위 화면처럼 상단에서 "작업" 탭(1번)을 선택한 후 오른쪽 상단에 있는 "새 작업" 버튼(2번)을 눌러서 생성하는 방법이 있다. 둘 다 새로운 작업(Task)을 만들기 위한 접근 방법의 차이일 뿐 다른 것은 없다.

위에서는 다음과 같은 내용으로 새로운 작업을 만들었다.

항목	선택 값	설명
담당자	홍 길동	담당자는 기본적으로 현재 로그인 된 사용자가 등록되며, 관련 작업에 대한 여러 담당자가 있는 경우 담당자를 추가할 수 있다.
상태	- In Progress	작업의 진행 상태를 표현하고 있으며, 상황에 따라서 담당자가 값을 변경해주면 된다. - Not Started - In Progress - Completed - Waiting on Someone else - Deferred
제목	상품 카탈로그 업데이트 후 발송	작업의 제목을 입력한다.
이름	James Tom	이름은 해당 작업의 담당 고객으로 리드(Lead) 또는 연락처(Contact)에 등록된 고객을 선택한다. 예제에서는 리드에서 "James Tom"을 선택했다.
기한	2022. 9. 30.	작업의 완료 일자를 달력에서 선택한다.
중요도	Normal	중요도는 말 그대로 해당 작업의 업무적 중요도를 표시하는 것으로 "High", "Normal", "Low" 이렇게 3가지가 있다.
관련항목	선택 안함	앞서 이름 항목에서 리드 또는 연락처를 선택한 것이 해당 작업의 고객을 선택한 것이라면, 관련 항목은 지금 생성하려는 작업이 무엇과 연관된 작업인지를 선택하는 것이다.

위와 같이 입력 후 저장 버튼(3번)을 누르면 화면 상단에 "상품 카탈로그 업데이트 후 발송 작업을 만들었습니다." 라는 메시지가 출력된다.

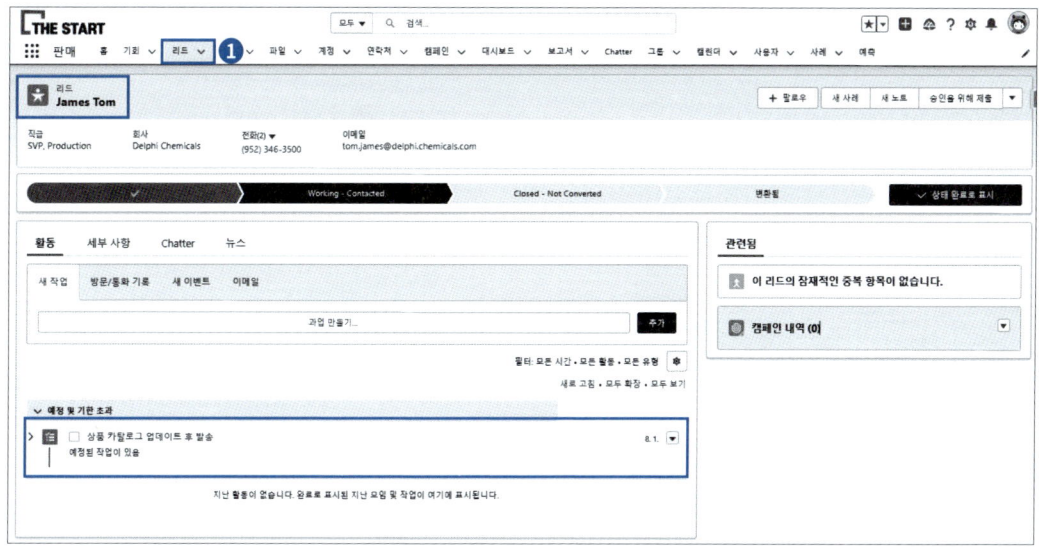

등록된 작업을 확인하기 위해 "리드" 탭(1번)으로 이동해서 "James Tom"을 선택하면, 위 화면과 같이 "James Tom" 리드에 등록된 작업이 예정되어 있음을 알 수 있다.

지금의 업무적인 상황을 설명하자면, "James Tom"이란 잠재고객 즉, 리드(Lead)에게 전달할 상품 카탈로그를 9월 30일까지 업데이트해서 전달하기 위한 작업을 생성한 것이다. 기한이 남아있더라도 작업의 상태가 완료되므로 변경되면 지난 작업으로 표시된다.

3-2 방문/통화 기록(Log a Call)

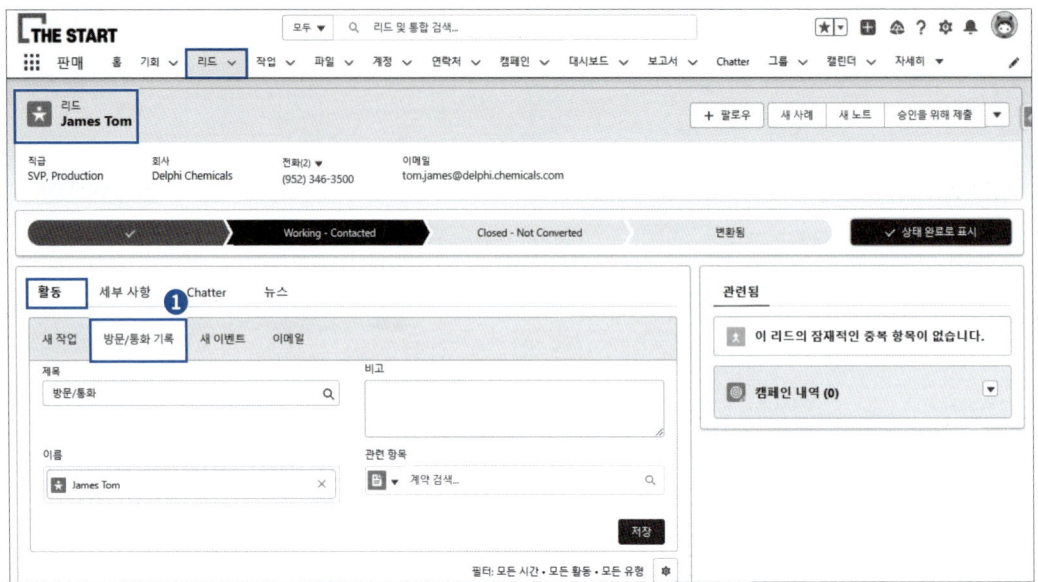

방문/통화 기록(Log a Call)은 작업 탭 옆에 위치하며, 고객과의 통화 내역을 주로 기록하기 위한 개체이다. 방문/통화 기록이 작업(Task)과 다른 점은 기한과 상태가 없다. 단순히 제목을 입력하고, 관련 내용을 기록하는 것으로 고객과 커뮤니케이션 했던 내용을 기록하면 되는 것이다. 예를 들어서 전화를 걸어서 고객과 통화를 했다면 해당 내용을 기록하면 되는 것이다. 이를 위해 "활동" 탭에서 "방문/통화 기록"을 선택(1번)한 후 아래 내용을 입력해보기로 하자.

항목	선택 값	설명
제목	James Tom 고객님과 통화	관련 내용에 대한 타이틀이며, 단순하게 Call(전화), Email(이메일), Send Letter(편지 보내기), Send Quote(견적 보내기), Other(기타) 등을 선택해서 제목을 대신할 수도 있다.
비고	James Tom 고객님과 제품 카탈로그 및 제품관련 상담 통화함.	통화와 관련한 주요 내용을 기술하면 된다.
이름	James Tom	"James Tom" 리드(Lead)의 활동 내역에 입력하는 것이므로 기본적으로 홍 길동 리드가 선택된다.
관련 항목	선택 안함	이 부분도 역시 관련 항목 즉, 다른 내용들과 연결되어 있다면 해당 내용을 선택할 수 있다.

위와 같이 입력한 후 저장 버튼을 누르면 다음 이미지와 같이 관련 내용이 바로 등록되며, 일자는 "오늘"이며, 진행상태는 "완료"된 상태가 기본이 된다.

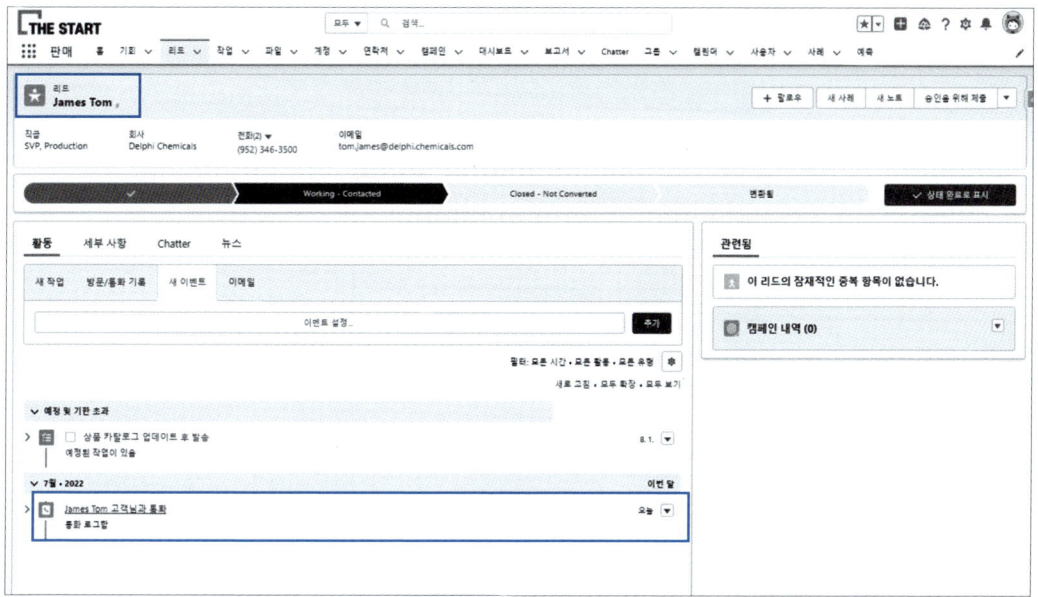

참고로 세일즈포스에서 추가로 사용할 수 있는 상용 CTI(Computer Telephony Integration, 컴퓨터 기반 통신 통합 시스템) 솔루션들이 있다. 이를 사용하면 고객과의 통화 기록 및 인바운드, 아웃바운드 콜 등의 모든 통신 이력을 자동으로 남길 수 있다.

3-3 이벤트(Event) 만들기

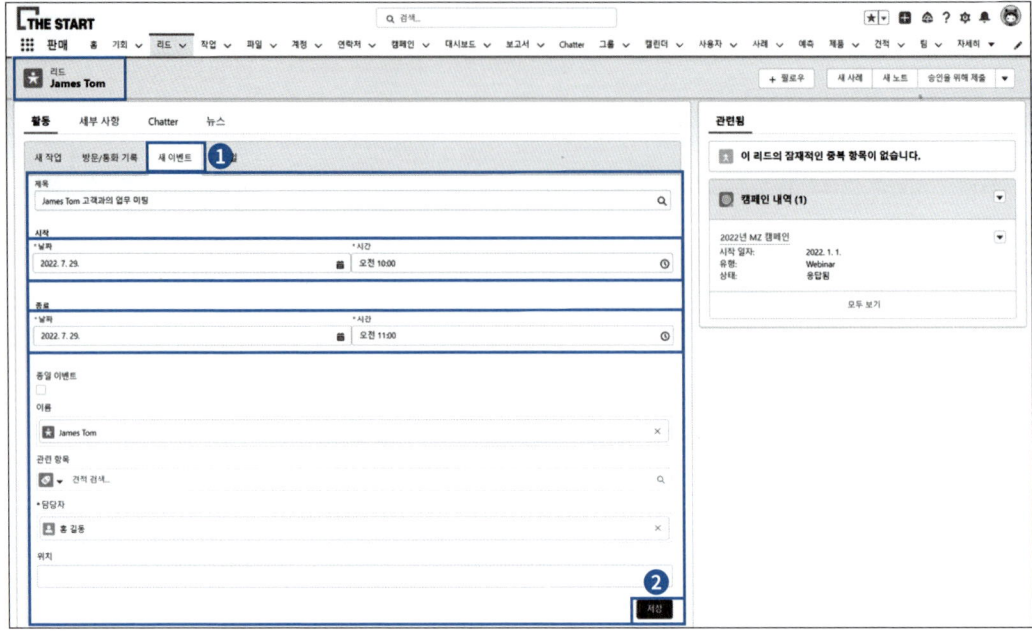

이벤트(Event)는 회의나 미팅과 같이 "시작 일시"와 "종료 일시"가 필요한 작업 내지 활동이다. 예를 들어 오늘 오전 10시에 고객과 1시간 동안 미팅을 진행한다고 가정해 보자. 그러면 시작 날짜와 시간 그리고 종료 날짜와 시간을 입력해야 하는데, 이들은 모두 이벤트에서 필수 입력 항목이다.

앞에서 살펴봤던 작업(Task)은 작업은 기한 즉 완료 날짜만 기록하고, 작업 완료 시 작업의 상태를 직접 업데이트 해주어야 한다. 하지만 이벤트는 시간이 지나면 자동으로 이전 활동으로 기록된다. 이렇게 이벤트가 이전 활동으로 기록되는 시점은 현재 시간이 "종료 일시"를 지나는 것이 아니라 "시작 일시"를 지나는 시점이다.

그러면 새로운 이벤트를 등록하기 위해 "새 이벤트" 탭(1번)으로 이동한 후 하기 항목들을 입력해보기로 하자.

항목	선택 값	설명
제목	James Tom 고객과의 업무 미팅	관련 내용에 대한 타이틀이다.
시작	특정 날짜와 시간 입력	미팅의 시작날짜 및 시간을 선택 입력한다.

항목	선택 값	설명
종료	특정 날짜와 시간 입력	미팅의 종료날짜 및 시간을 선택 입력한다.
종일 이벤트	선택 안함	만일 해당 이벤트가 종일 작업이라면 종일 이벤트 옵션 상자를 클릭한다. 그러면 시간은 없어지고, 날짜만 남게 된다.
이름	James Tom	"James Tom" 리드(Lead)와의 미팅 일정을 입력하는 것이므로 기본적으로 "James Tom" 리드가 선택된다.
관련 항목	선택 안함	이 부분도 역시 관련 항목 즉, 다른 내용들과 연결되어 있다면 해당 내용을 선택할 수 있다.
담당자	홍 길동	담당자는 기본적으로 현재 로그인 된 사용자가 등록되며, 변경할 수 있다.
위치	본사 1층 회의실	미팅 장소를 입력한다.

위와 같이 모두 입력이 완료되었다면, "저장" 버튼(2번)을 눌러서 이벤트를 등록해보기로 하자. 그러면 다음 이미지와 같이 "예정 및 기한 초과" 목록에 미팅일정이 등록된 것을 확인할 수 있다. 왜냐하면 해당 이벤트는 미래에 있을 예정된 일정이기 때문이다.

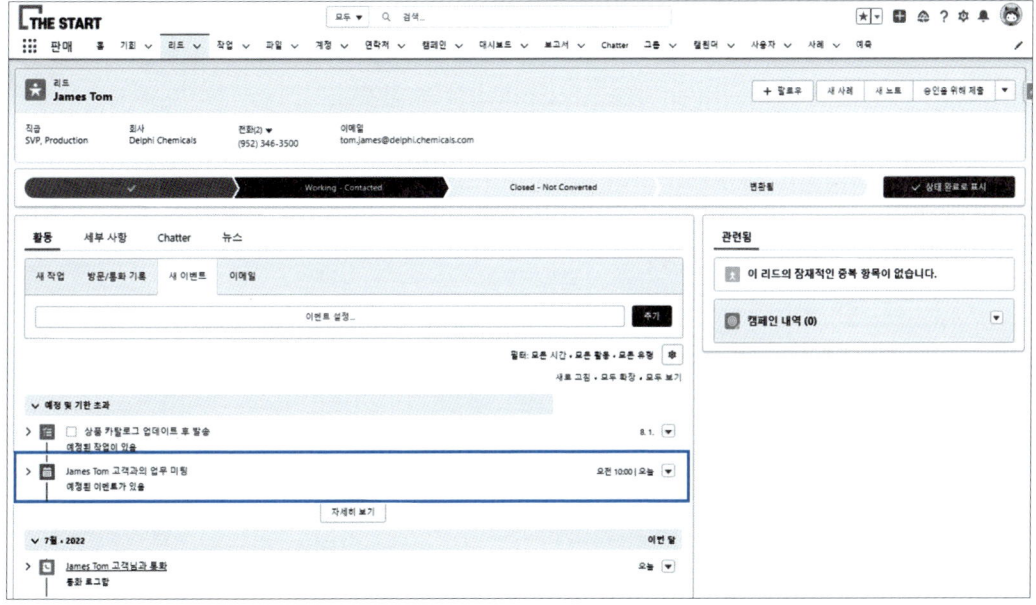

그리고 등록된 "시작 날짜 및 시간"이 지나게 되면 해당 이벤트는 자동으로 아래 이미지와 같이 완료된 항목으로 이동하게 된다.

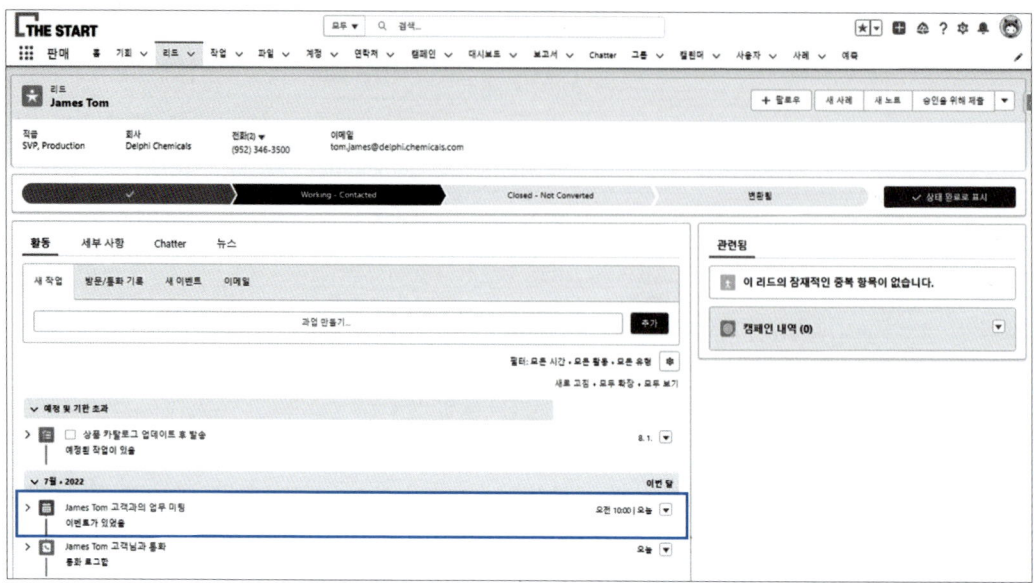

앞에서도 잠시 언급했지만 이벤트가 완료항목으로 이동하는 시점은 이벤트의 "종료 날짜 및 시간"이 지나면 이동하는 것이 아니라 "시작 날짜 및 시간"이 지나면 완료된 항목으로 이동한다는 점이다. 그리고 또 한 가지 중요하게 알아 두어야 하는 점은 이렇게 이벤트가 등록되면, 해당 일정이 캘린더에 자동으로 등록된다는 점이다.

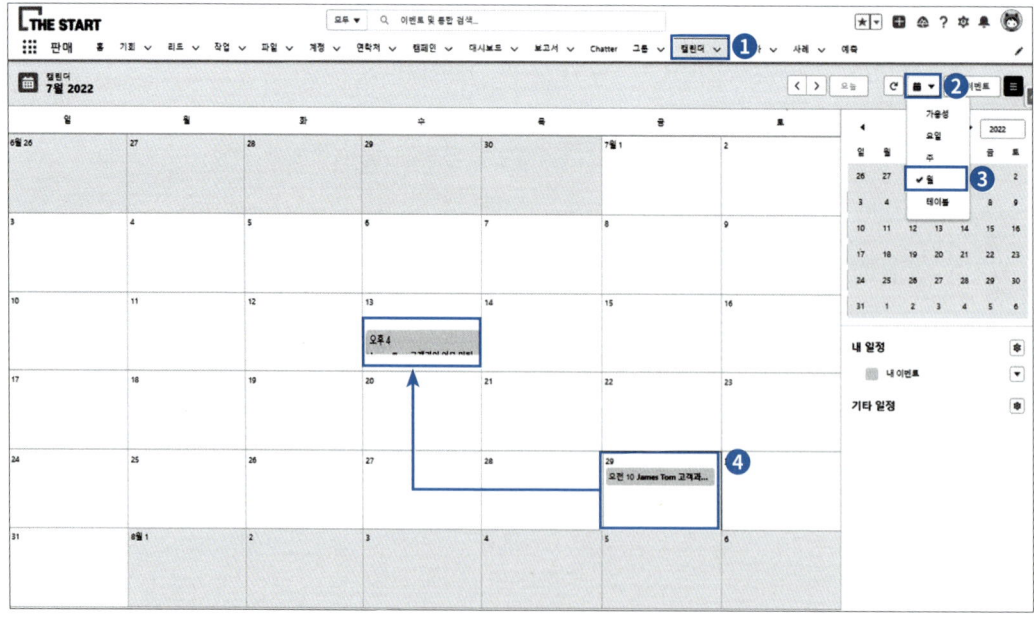

이를 확인해 보기 위해 캘린더(Calendar) 탭(1번)으로 이동한 후 오른쪽 상단의 "보기 드롭다운 상자"(2번)를 선택한 후 "월" 메뉴(3번)를 선택하면 위처럼 화면이 보여지며, 방금 전 생성한 이벤트가 등록된 모습을 확인할 수 있다. 그리고 위 화면에서 보는 바와 같이 일정을 드래그 해서 다른 날짜로 옮기면 쉽게 일정을 변경(4번)할 수도 있다. 세일즈포스 캘린더는 Gmail과 Outlook 등 우리가 업무적으로 사용하는 캘린더 서비스와 동기화 할 수 있으며, 동기화 하는 방법은 이후 설명하도록 하겠다.

3-4 캘린더(Calendar)에서 이벤트(Event) 만들기

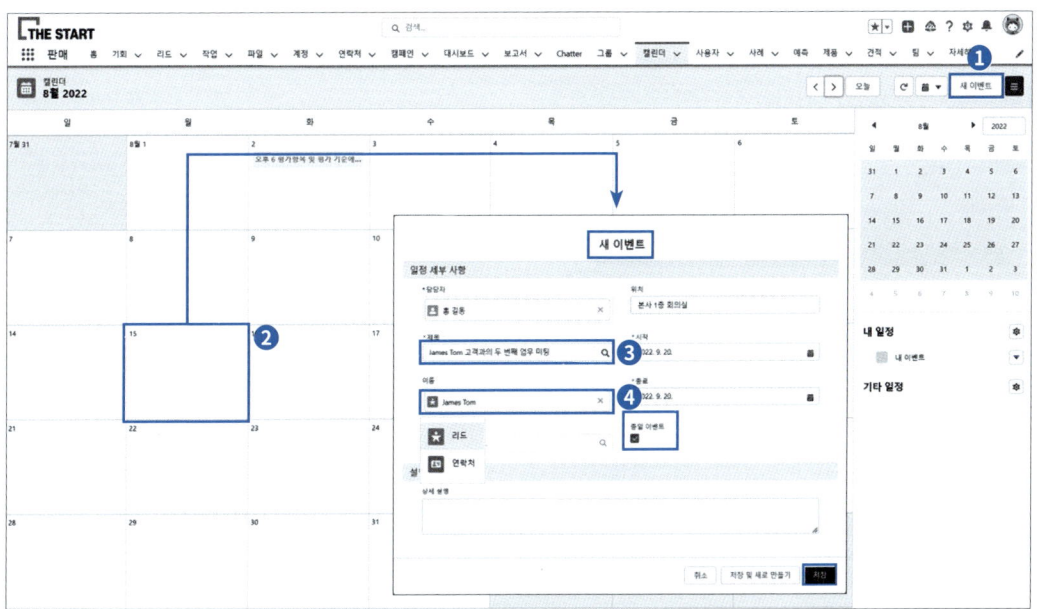

이벤트(Event)가 만들어지면 자동으로 캘린더(Calendar)에 노출되는데, 반대로 캘린더에서도 이벤트를 만들 수 있다. 캘린더에서 이벤트를 만들기 위해서는 캘린더 화면 오른쪽 위에 있는 "새 이벤트" 버튼(1번)을 누르거나 아니면 캘린더에서 특정 날짜를 선택(2번)하면 새 이벤트 대화상자가 나타나게 된다. 이 둘의 근본적인 차이점은 없지만, "새 이벤트" 버튼(1번)을 누르면 기본적으로 "종일 이벤트" 옵션이 해제된 상태로 새 이벤트 대화상자가 나타나고, "월" 단위 보기 캘린더에서 특정 날짜를 선택(2번)하면 기본적으로 "종일 이벤트" 옵션이 선택된 상태로 새 이벤트 대화상자가 나타난다는 점이다. 물론 "종일 이벤트"는 옵션이기 때문에 선택과 해제를 자유롭게 할 수 있다.

새 이벤트 대화상자에서 "James Tom고객과 두 번째 업무 미팅"이라고 입력(3번)한 후 "이름" 항목에서 이벤트 할 대상을 선택해야 하는데, 대상은 "리드" 또는 "연락처" 둘 중에 하나를 선택해서 이벤트를 등록할 수 있다.

리드가 기본 선택이며, 업무 대상 중 "James Tom"을 검색해서 선택(4번)한다. 그런 다음 "날짜"와 "위치" 등을 입력한 후 "저장" 버튼(5번)을 누르면 된다. 여기에서 만일 종일 일정이 아닌 경우에는 화면 중간에 "종일 이벤트" 체크 상자를 해제하면, 시간을 등록할 수 있도록 화면이 변경된다.

이메일(Email) 전송하기

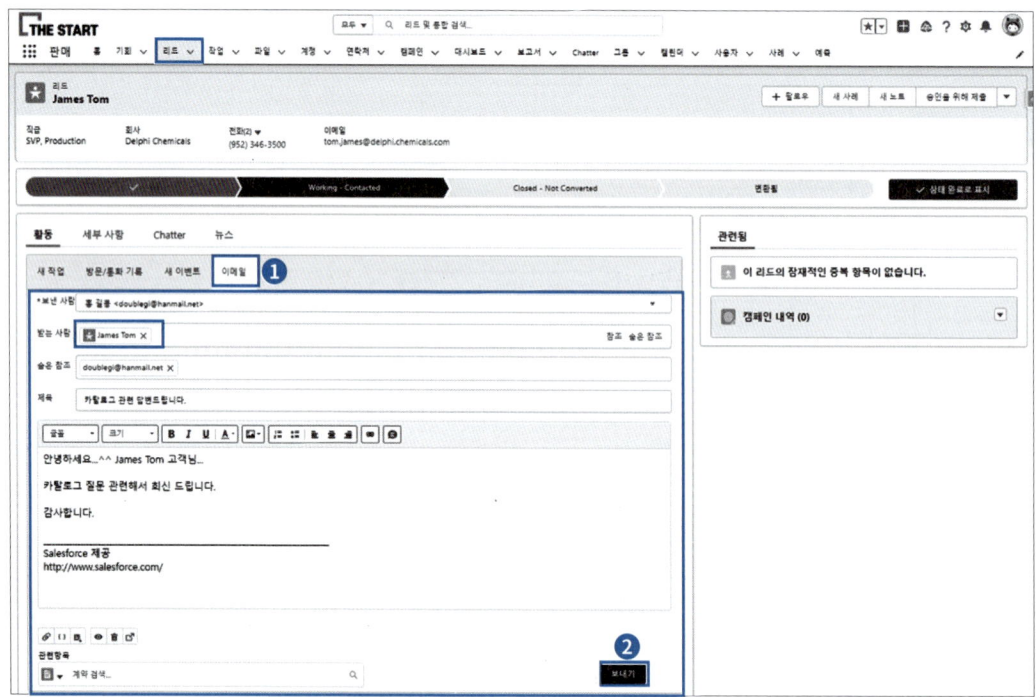

일반적으로 회사의 업무 시스템을 구축하면서 업무용 프로그램과 메일 기능을 통합하기 위해서는 많은 상황들을 고려해서 구축을 해야만 한다. 그러나 세일즈포스는 솔루션이며, 사용자들이 메일을 전송할 수 있는 기능이 기본적으로 포함되어 있기 때문에 세일즈포스를 사용하는 사용자들은 리드(Lead), 계정(Account), 연락처(Contact), 기회(Opportunity), 캠페인(Campaign) 등에 등록되어 있는 관련 고객들에게 바로 메일을 보낼 수 있다.

"James Tom" 리드(Lead)의 활동 탭에서 이메일을 선택(1번)하면, 이메일을 전송할 수 있는 인터페이스가 나타나게 된다. 여기에서 "보낸 사람"은 현재 사용자이며, 받는 사람은 "James Tom" 리드가 기본 선택된 상태이다. 그런데 여기서 "James Tom" 리드에 등록된 메일 계정이 우리가 받아볼 수 있는 메일 계정이 아니지만, 이를 변경하면 "James Tom" 리드의 메일 내역으로 기록이 남지 않기 때문에 그대로 두기로 한다.

마지막으로 메일 제목과 본문 내용을 임의로 기입한 후 "보내기" 버튼(2번)을 눌러서 메일을 전송해보기로 하자.

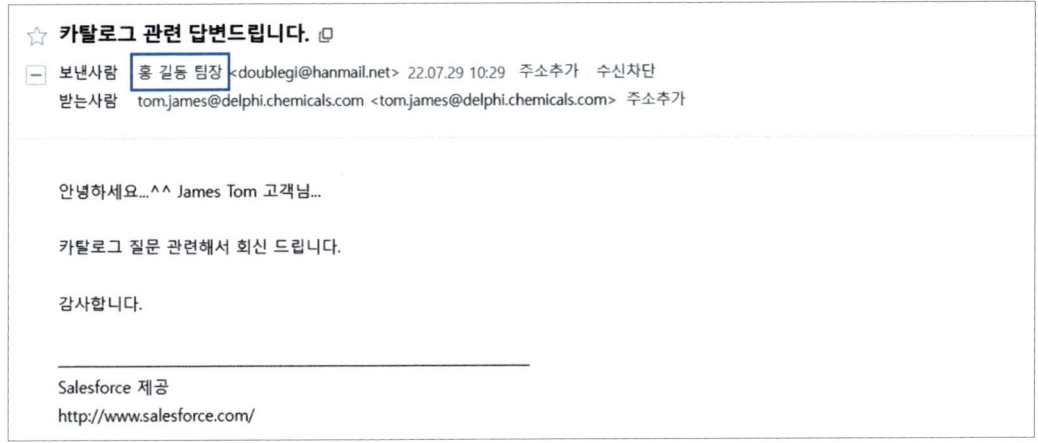

그러면 위 화면처럼 본인 계정으로 실제 메일이 발송된 것을 확인할 수 있다. 더불어 아래 화면을 보면 이메일 발송 이력도 완료된 영역에서 확인할 수 있다.

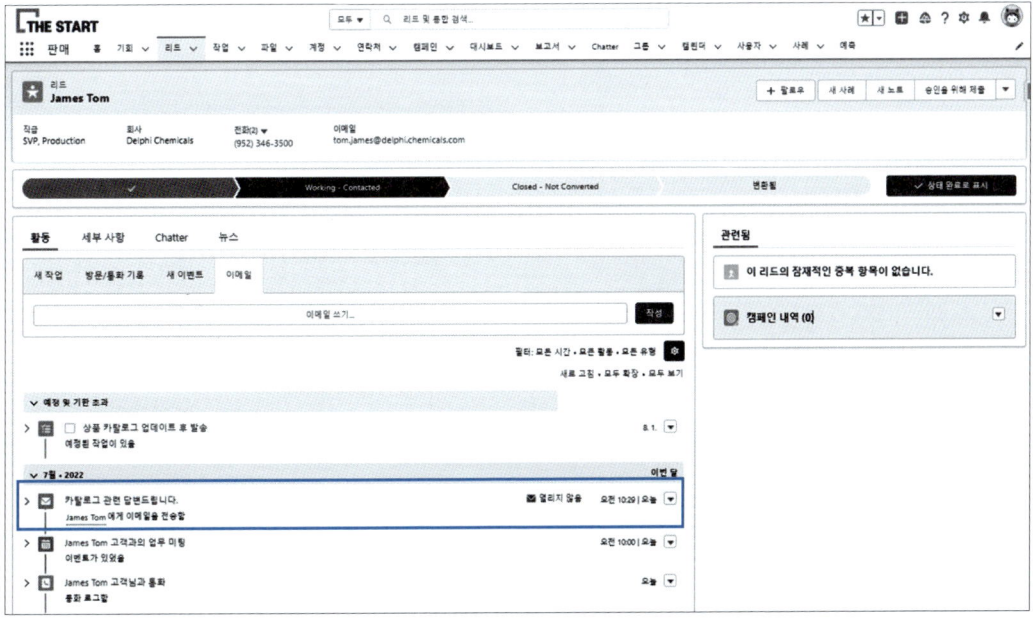

지금까지 활동(Activity) 영역에서 작업과 방문/통화 기록, 이벤트, 이메일을 활용하는 방법에 대해서 살펴보았다. 이와 같은 모든 활동 내역들은 발생 시점을 기준으로 정렬된 상태를 보여줌으로써 그 동안 해당 리드(Lead)와 관련해서 어떠한 일들이 진행됐었는지, 또는 예정되어 있는지를 쉽게 파악할 수 있게 된다.

4 체터(Chatter) 소개

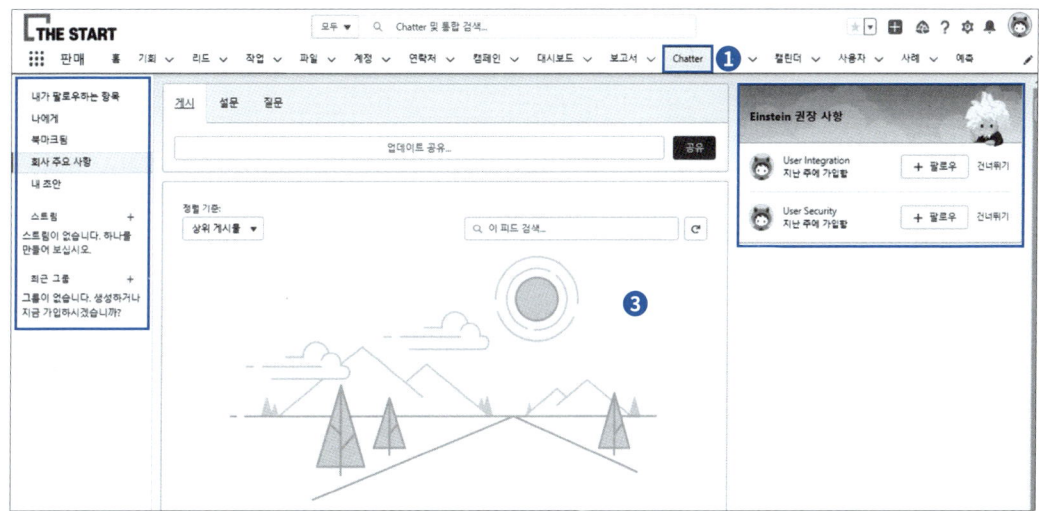

체터(Chatter)는 세일즈포스에 기능적으로 추가되어 있는 기업의 사내 메신저이다. 이는 마치 SNS를 사용하는 것과 같은 방법으로 쉽게 직원들 과의 커뮤니케이션을 위한 용도로 사용할 수 있으며, 특정 리드(Lead), 계정(Account), 연락처(Contact), 기회(Opportunity) 등의 관련 개체들에서 업무와 관련한 커뮤니케이션 용도로 체터를 이용할 수 있다.

이러한 체터(Chatter)는 상단에 "Chatter 탭"(1번)을 선택하면 바로 확인해 볼 수 있다. 위 화면의 왼쪽 목록에서 보면 "내가 팔로우 하는 항목"을 선택하면 내가 팔로우하고 있는 사용자들의 게시물을 확인할 수 있으며, 나에게 전달된 메시지와 회사의 주요사항 관련 메시지 등도 확인할 수 있다. 체터의 대상은 현재 사용하고 있는 세일즈포스 오그(Org)에 등록되어 있는 사용자들이다. 이는 제한사항이라기 보다는 성격 자체가 사내 메신저이기 때문에 그렇다.

체터(Chatter)를 사내 메신저라고 소개했지만, 그렇다고 페이스북과 카톡, 라인 등이라고 생각하면, 이는 또 체터에 대한 정확한 표현이 아니다. 체터는 업무를 중심으로 원활한 소통을 가능하게 해주는 커뮤니케이션 수단이며, 이를 잘 활용할 경우 업무 생산성 향상에도 많은 기여를 할 수 있다.

그리고 오른쪽 화면을 보면 Einstein 권장 사항이 있는데 이는 사용자 추천 기능이다. 페이스북에 로그인 하면 "알 수도 있는 사람" 항목이 있는데, 이와 마찬가지 기능이라고 보면 된다. 추천 내역을 보고 필요하면 "팔로우" 버튼을 눌러 팔로우하거나 "건너뛰기"를 누르면 추천 목록에서 사라진다.

4-1 게시(Post) 하기

게시 탭에서 작성해서 올리는 글을 피드(Feed)라고 한다. 이러한 피드(Feed)를 작성해서 올리게 되면 나를 팔로워하는 사용자들에게 노출되며, "@"를 입력하거나 하단의 가장 오른쪽 버튼을 누르면 자동으로 "@"엣 기호가 입력되는데(1번) 여기서는 사용자 이름 또는 그룹명을 입력할 수 있다. 그런 다음 적절한 메시지를 입력한 후 "공유" 버튼(2번)을 누르면 선택된 사용자나 그룹 구성원들에게 알림이 전달된다.

더불어 위 이미지에서 하단에 오른쪽을 보면 "/" 사용에 대한 설명이 있는데, "/"를 사용하면 원하는 특정 업무 레코드를 메시지와 연결할 수 있다. 이는 앞서 작업 등록할 때 간략히 설명한 "관련항목"과 동일한 개념으로서 "관련항목"은 이후 예제를 통해서 설명할 것이다.

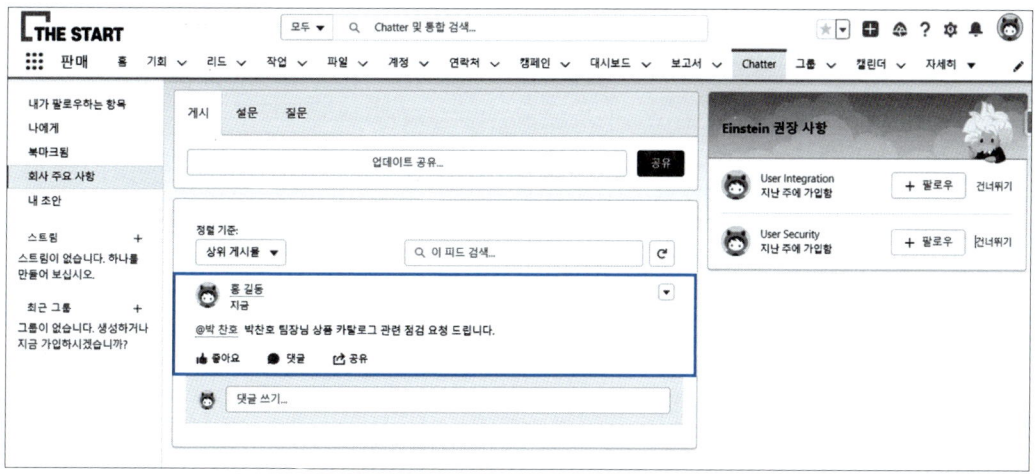

작성된 피드(Feed)는 즉시 하단에 있는 체터 리스트에 등록되며, 선택된 사용자 즉 박찬호 팀장에게 관련 체터에 대한 메일이 전송된다.

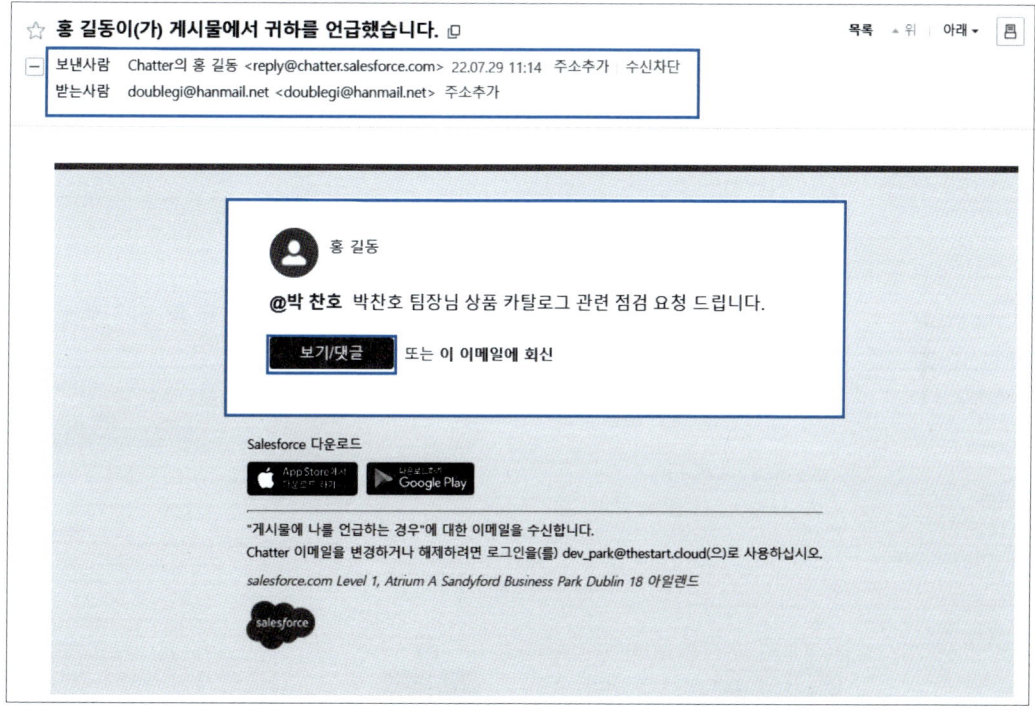

메일을 받은 "박 찬호" 팀장의 경우 "보기/댓글" 버튼을 누르면, 바로 해당 체터 항목으로 이동해서 메시지 및 관련 내용을 바로 확인할 수 있다.

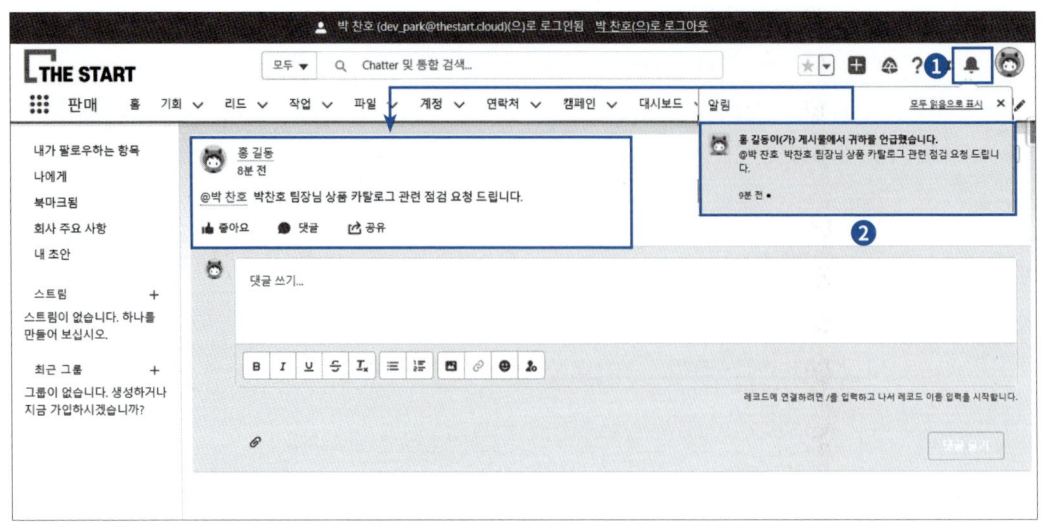

더불어 박찬호 팀장이 세일즈포스 오그(Org)에 로그인하게 되면, 오른쪽 상단에 "알림" 버튼 (1번)에 알림이 있다는 표시가 숫자로 보이게 된다. 이를 클릭(1번)하면 팝업으로 관련 내용에 대한 메시지가 출력되고, 다시 메시지를 클릭(2번)하면 해당 체터 내용으로 이동하게 된다.

4-2 설문(Poll) 등록하기

체터의 기능 중에는 설문(Poll, 투표) 기능도 포함된다. 설문을 작성하기 위해서는 우선 설문 탭(1번)으로 이동한 후 질문 내용을 입력한 후 선택 항목을 입력하면 된다. 선택 항목이 더 필요한 경우에는 하단에 "새 선택 항목 추가" 버튼을 클릭하면 되며, 기본 설문 대상은 "내 팔로어" 들이다. 입력을 모두 완료한 후에는 "질문" 버튼(2번)을 누르면, 해당 설문 내용이 바로 등록된다.

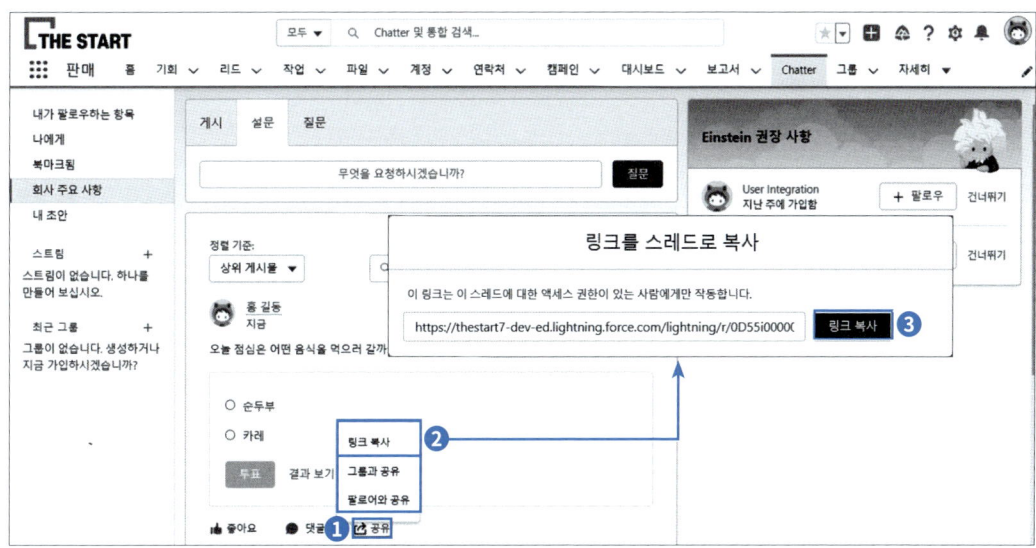

이렇게 등록된 설문을 사용자들에게 공유하기 위해서는 하단에 공유 버튼(1번)을 클릭한다. 그러면 추가로 메뉴가 나타나는데 여기에는 "링크 복사", "그룹과 공유", "팔로어와 공유" 등이 있다. 대략 메뉴들의 제목만 보더라도 이해할 수 있는 내용이므로 설명은 하지 않겠다. 여기서는 "링크 복사"(2번)를 선택하기로 하자.

그런 다음 해당 링크를 원하는 사용자들에게 전달해서 설문에 참여할 수 있도록 하면 된다.

위 화면은 차 범근 계정으로 로그인한 화면이고, 역시 마찬가지로 알림 버튼(1번)에 숫자가 표시되며, 이를 클릭해서 해당 항목(2번)을 선택하면 해당 설문 내용으로 이동하게 된다.

다른 사용자들이 투표에 참여하게 되면, 위 그림과 같이 설문 참여 결과를 직접 확인할 수 있다.

4-3 질문(Question) 등록하기

"질문" 역시 같은 방법으로 등록해서 활용할 수 있다. 질문 내용과 세부 사항을 입력하면 되는데, 세부 사항에서도 피드를 게시할 때처럼 "@" 기호를 이용해서 질문 받을 대상(사용자나 그룹)을 선택할 수 있고, "/"를 입력하고 검색어를 함께 입력하면 원하는 리드, 계정, 연락처, 기회, 캠페인, 사례 등 다양한 개체에 등록된 레코드(데이터)에 대한 질문을 남길 수 있다.

질문에 대한 기본 공유대상도 역시 "내 팔로어"이며, "날클립" 기호를 보면 알 수 있는 것처럼 파일을 첨부할 수도 있으며, 이 역시 지정된 사용자에게 메일로 관련 질문내용이 전송된다.

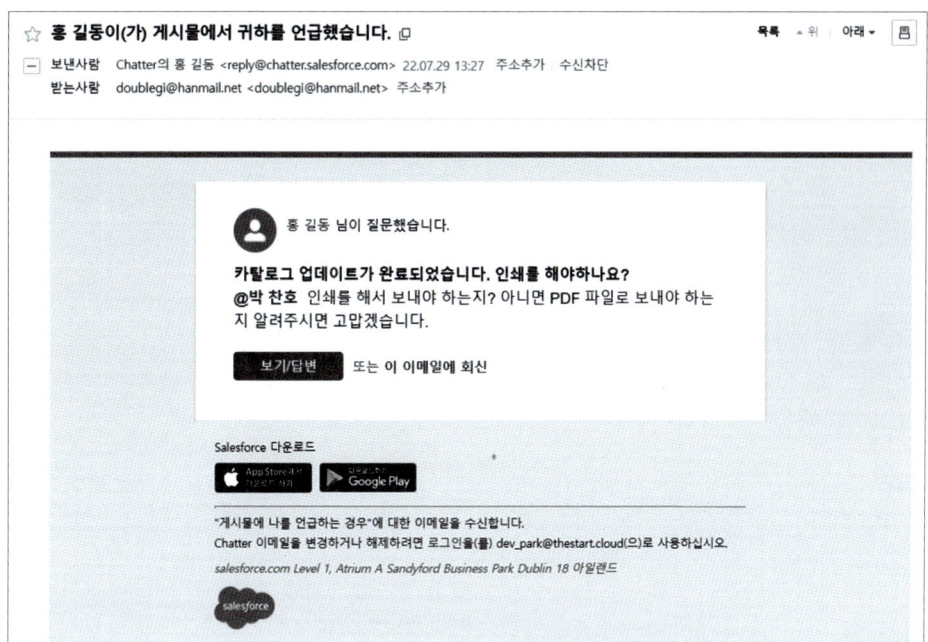

앞서도 언급했던 것처럼 체터를 통한 이러한 다양한 커뮤니케이션 내역은 등록된 메일과 세일즈포스의 알림을 통해서 확인할 수 있기 때문에 업무적으로 활용도와 편의성 그리고 접근성이 대단히 좋다.

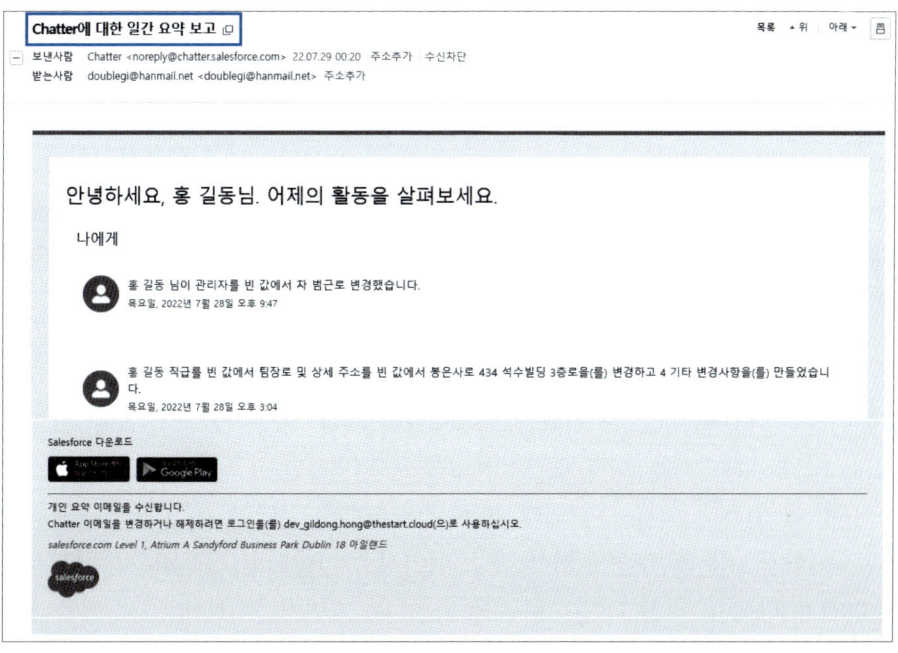

더불어 위의 화면과 같이 세일즈포스 오그에서는 자동적으로 해당 일자에 발생한 채터 관련 내용들을 "Chatter에 대한 일간 요약 보고"란 제목으로 사용자들에게 메일로 정리해서 발송해준다. 그러므로 최대한 사용자가 업무나 메시지를 놓치지 않도록 촘촘히 기능적으로 구현되어 있다.

4-4 그룹(Group) 등록하기

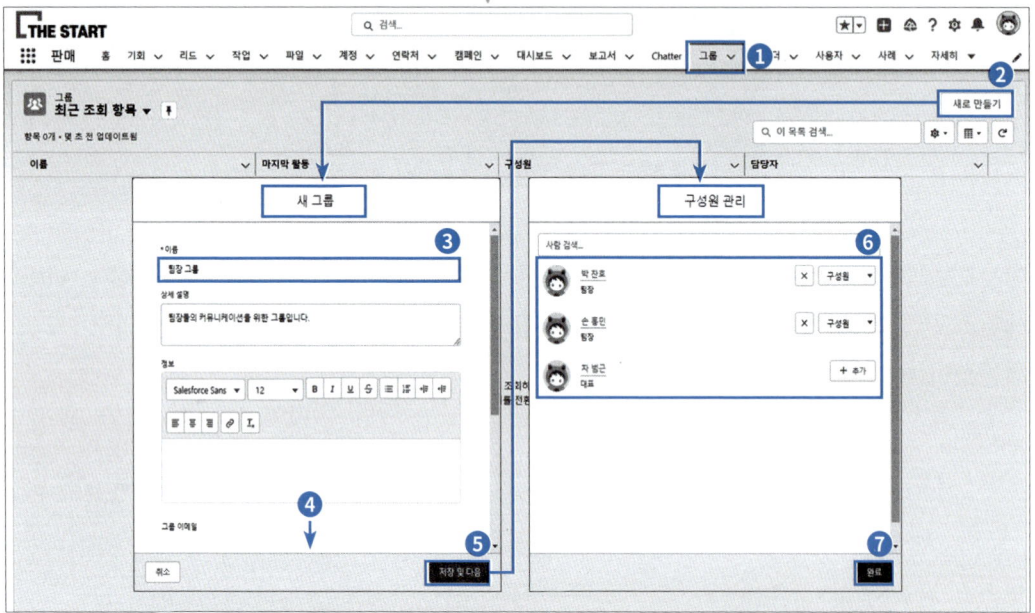

그룹(Group)이란 공통의 주제를 갖는 커뮤니케이션 단위이다. 특정 사용자들을 그룹으로 묶으면 보다 효율적인 커뮤니케이션이 가능해지기 때문에 이를 활용하면 훨씬 더 원활하고, 편리한 커뮤니케이션 환경을 제공할 수 있다.

그룹을 만들기 위해서는 "그룹" 탭(1번)을 선택한 후 "새로 만들기" 버튼(2번)을 누르면 "새 그룹" 대화상자가 나타난다. 여기서는 예제로 "팀장 그룹"이란 이름의 그룹을 만들어 보기로 하겠다. 이를 위해 "이름" 항목에 "팀장 그룹"을 입력(3번)하고 하단으로 이동(4번)하면, "액세스 유형"이 있는데 여기서는 "공개" 또는 "비공개"를 선택할 수 있다. "공개"를 선택한 후 "저장 및 다음" 버튼(5번)을 눌러서 다음 페이지로 이동하면, 그룹의 프로필 사진을 등록하는 단계가 나오며, 다음 화면으로 이동하면 위 화면처럼 그룹의 구성원을 등록하는 단계로 이동한다. 현재 만들고자 하는 그룹의 성격이 "팀장 그룹"인 만큼 직책이 "팀장"인

"박 찬호"와 "손 흥민" 팀장을 등록한다. 참고로 그룹을 만들고 있는 나(홍 길동)는 자동으로 포함된다.

마지막으로 "완료"를 누르면 정상적으로 그룹이 만들어진다.

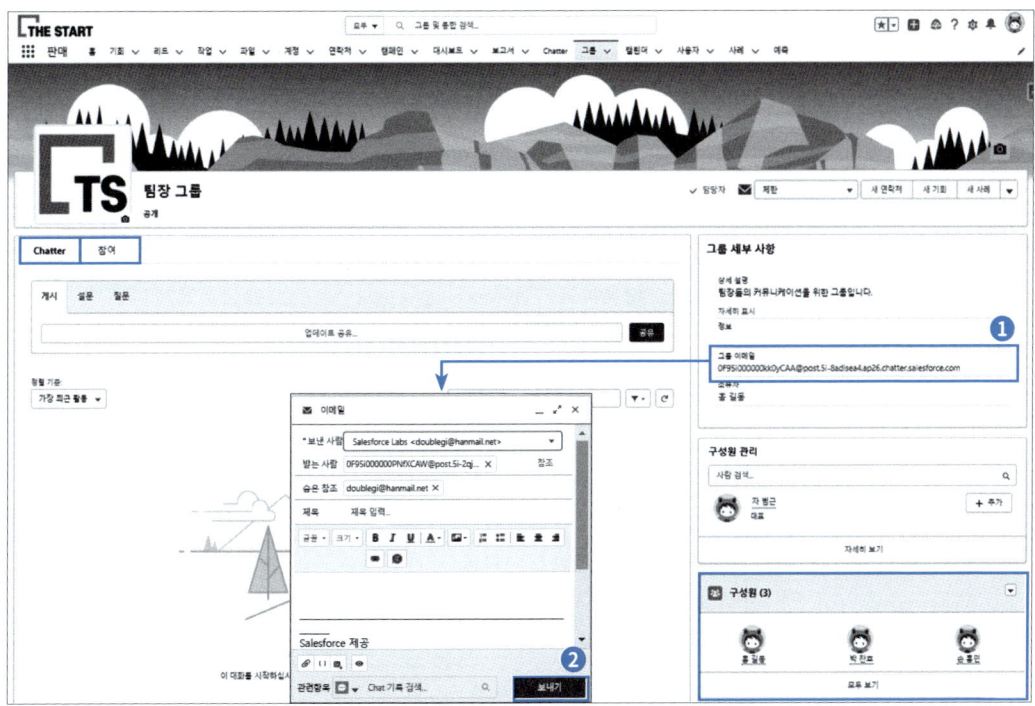

그러면 위와 같이 "팀장 그룹"을 페이지로 이동하며, 해당 페이지에서 커뮤니케이션 및 구성원 관리 등을 확인할 수 있게 된다. 그런데 여기서 확인해 볼 내용은 오른쪽에 보면 "그룹 이메일"이란 항목(1번)이 있는데 이를 선택하면, 팝업으로 메일을 보낼 수 있는 "이메일" 대화상자가 나타난다. 제목과 본문 내용을 입력하고, "보내기" 버튼(2번)을 누르면 그룹 구성원 전체에게 메일이 전달된다.

이제 그룹이 만들어졌으면 체터에서 메시지 대상을 선택할 때 "팀장 그룹"을 선택하면, 모두에게 체터 내용이 한 번에 공유되므로 훨씬 더 편리하게 메시지를 전달할 수 있게 된다.

4-5 스트림(Stream) 등록하기

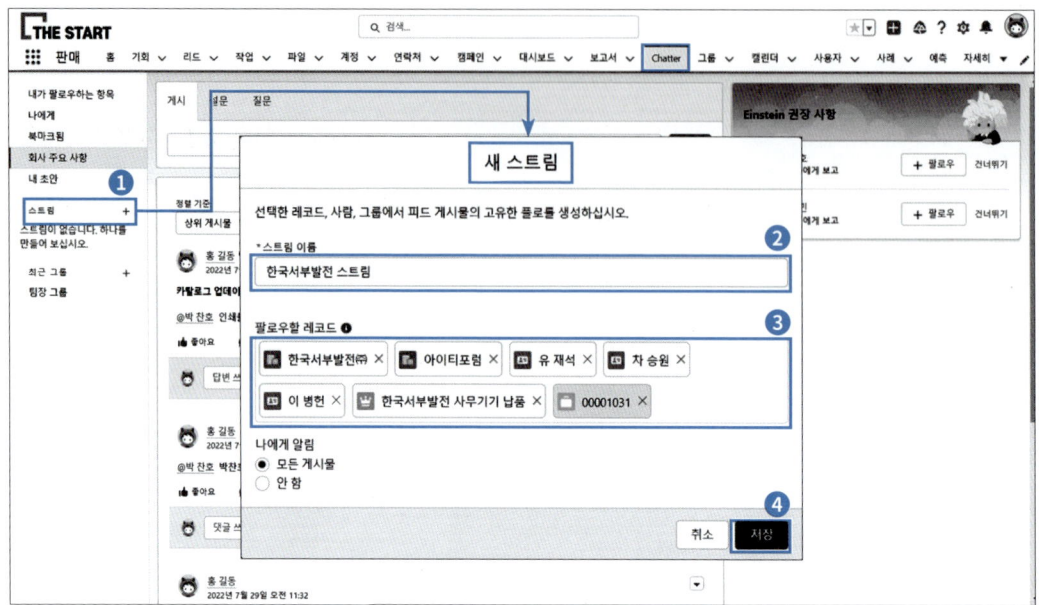

스트림(Stream)은 특정 업무 레코드를 대상으로 한 체터들의 묶음이라고 할 수 있다. 예를 들어서 특정 고객사에서 발생하는 다양한 체터 내용들을 모두 한 곳에서 확인하고 싶다면, 이를 스트림으로 만들어서 관련된 레코드들을 포함시키면 된다. 아직 우리는 세일즈포스 주요 개체들에 대해서 배우지는 않았기 때문에 지금 시점에 다소 공감대가 적을 수는 있지만, 이 책을 모두 읽고 나면 스트림이 꽤나 유용한 기능이란 것을 알 수 있게 될 것이다.

스트림을 생성하기 위해서는 Chatter 탭에서 왼쪽을 보면 "스트림   +" 메뉴가 있는 것을 확인할 수 있다. 여기에서 "+" 버튼(1번)을 누르면 위 화면과 같이 "새 스트림" 대화상자가 나타난다. 예를 들어서 고객사 중에 "한국서부발전"이 있다고 하자. 그리고 한국서부발전에서 발생하는 모든 체터 내용들을 확인하고자 한다면, 서부발전과 관련된 계정, 관계사, 연락처, 케이스, 기회 등을 추가해 주면 된다.

해서 "스트림 이름"은 "한국서부발전 스트림"이라고 입력(2번)한 후 서부발전과 관련한 모든 개체들을 "팔로우 할 레코드" 항목에 추가(3번)했다. 그리고 마지막으로 "저장" 버튼(4번)을 누르면 다음 화면과 같이 "한국 서부발전 스트림"이 만들어진 것을 확인할 수 있다.

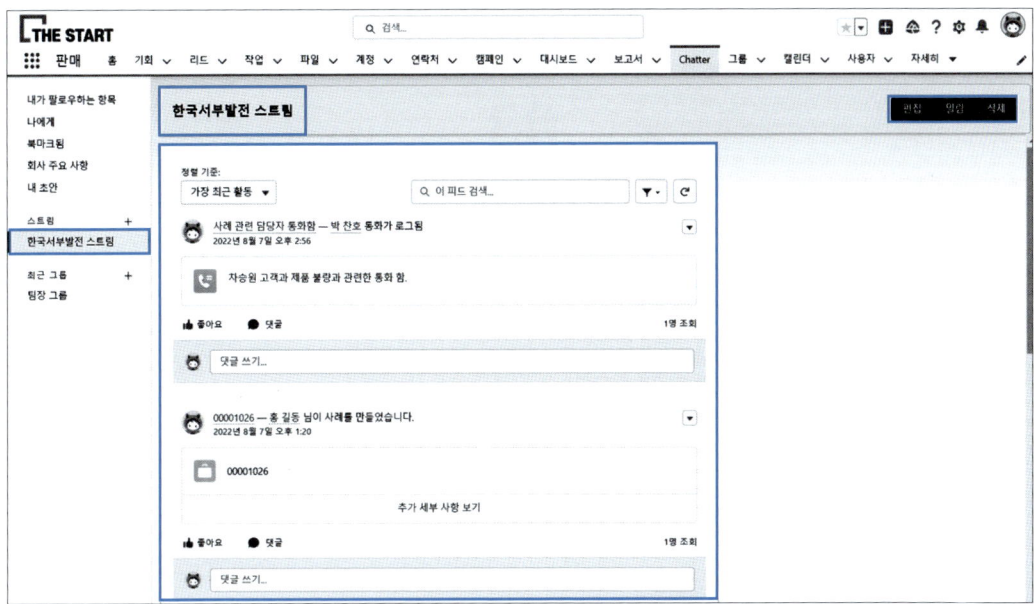

위 내용을 잠시 살펴보면 화면 중간에 우리가 추가한 개체들과 관련한 모든 피드 및 활동, 작업 내역들을 확인할 수 있다. 특정 고객 또는 업무와 관련된 모든 개체들을 등록했기 때문에 개별적으로 확인할 필요가 없는 것이다. 그리고 오른쪽 상단에는 편집, 알림, 그리고 삭제 버튼이 있기 때문에 언제든 원하는 형태로 관리할 수 있다.

이러한 스트림은 최대 100개까지 만들 수 있으니, 업무별, 고객별 다양한 형태로 스트림을 만들어서 관리하면, 보다 편리하게 업무 진행 내용들을 공유할 수 있게 될 것이다.

chapter 03
세일즈포스 사용 기본

01 세일즈포스에서 특정 검색어로 검색했을 때 다양한 개체들에 저장되어 있는 관련된 정보를 모두 보여주기 위한 검색 기능을 무엇이라고 하는가?

① 검색 엔진(Search Engine)　　② 글로벌 검색(Global Search)
③ 통합 검색(Total Search)　　④ 인덱스 검색(Index Search)

02 다음 목록 보기(List View) 형식 중에 경로의 단계별로 요약된 결과를 보여주는 보기 방식은 무엇인가?

① 경로 보기(Path View)　　② 분할 보기(Split View)
③ 테이블 보기(Table View)　　④ 간판 보기(Kanban View)

03 다음 중 고객과 미팅 계획을 등록하고자 했을 때 어떤 유형의 액티비티를 사용해서 이를 등록해야 하는가?

① 작업(Task)　　② 방문/통화 기록(Log a Call)
③ 이벤트(Event)　　④ 이메일(Email)

04 다음 중 고객에게 수요일까지 상품 카탈로그를 전달해야 하는 내용을 기록하기 위해서는 어떤 유형의 액티비티를 사용해서 이를 등록해야 하는가?

① 작업(Task)　　② 방문/통화 기록(Log a Call)
③ 이벤트(Event)　　④ 이메일(Email)

05 다음 중 새 작업을 등록하는 경우 필수입력 항목이 아닌 것은 무엇인가?

① 제목　　② 기한
③ 중요도　　④ 상태

06 다음 중 어떠한 일이나 작업 또는 미팅을 등록할 때 시작일시와 종료일시를 지정해야 한다면 어떤 유형의 액티비티를 사용해서 이를 등록해야 하는가?

① 작업(Task) ② 방문/통화 기록(Log a Call)
③ 이벤트(Event) ④ 이메일(Email)

07 다음 중 캘린더에서 생성할 수 있는 액티비티의 유형은 무엇인가?

① 작업(Task) ② 방문/통화 기록(Log a Call)
③ 이벤트(Event) ④ 이메일(Email)

08 다음 중 Chatter에서 지원하는 기능이 아닌 것은 무엇인가?

① 게시(Post) ② 설문(Pool)
③ 질문(Question) ④ 캘린더(Calendar)

09 다음 중 Chatter에서 사용자나 그룹을 지정하기 위해 사용하는 기호는 무엇인가?

① @(골뱅이 기호) ② | (Vertical Bar, Pipe)
③ ₩(역슬래시) ④ /(슬래시)

10 다음 중 Chatter에서 특정 레코드를 지정하기 위해 사용하는 기호는 무엇인가?

① @(골뱅이 기호) ② | (Vertical Bar, Pipe)
③ ₩(역슬래시) ④ /(슬래시)

11 다음 중 팔로우 할 레코드들을 지정해서 체터 관련 내용들을 한곳에서 확인하고자 했을 때 사용하는 Chatter의 기능을 무엇이라고 하는가?

① 스트림(Stream) ② 체터 그룹(Chatter Group)
③ 사용자 그룹(User Group) ④ 활동 그룹(Activity Group)

Quiz

1	2	3	4	5	6	7	8	9	10	11
②	④	③	①	②	③	③	④	①	④	①

THE START

PART II
표준 개체
(Standard Object)
이해하기

THE START

chapter 04
표준 개체(Standard Object) 이해하기

1 리드(Lead) 생성 및 관리

2 계정(Account)과 연락처(Contact) 생성 및 관리

1. 리드(Lead) 생성 및 관리

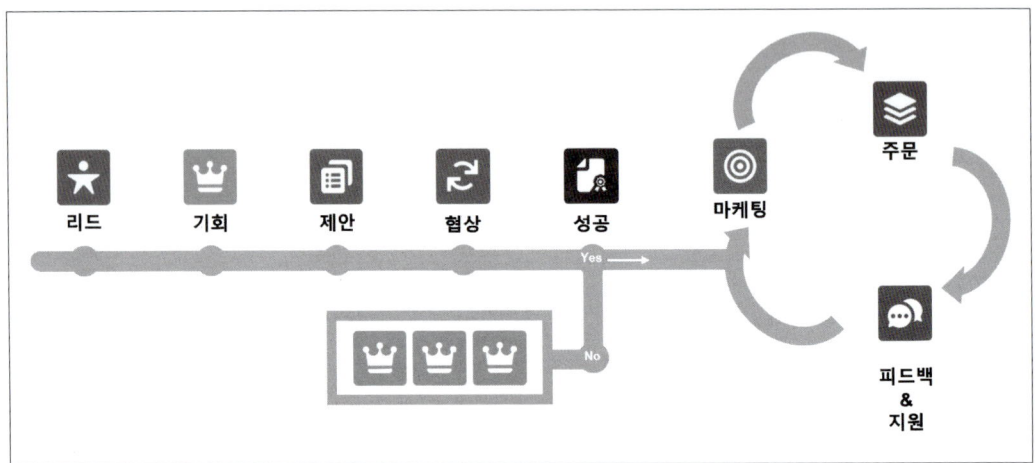

위의 이미지는 3장에서 사용했던 이미지로, 세일즈포스의 핵심 서비스인 판매 클라우드(Sales Cloud)의 업무 단계 및 흐름을 간략하게 정리한 것이다. 위의 단계에서 가장 첫 번째 단계는 리드(Lead)를 등록하고 비즈니스를 발굴하는 일이다. 이전 장에서도 리드(Lead)에 대해 간략히 설명했지만, 이제 본격적으로 리드가 무엇인지, 그리고 리드 생성 및 관리 방법에 대해서 살펴보기로 하자.

1-1 리드(Lead) 선별 및 발굴 과정

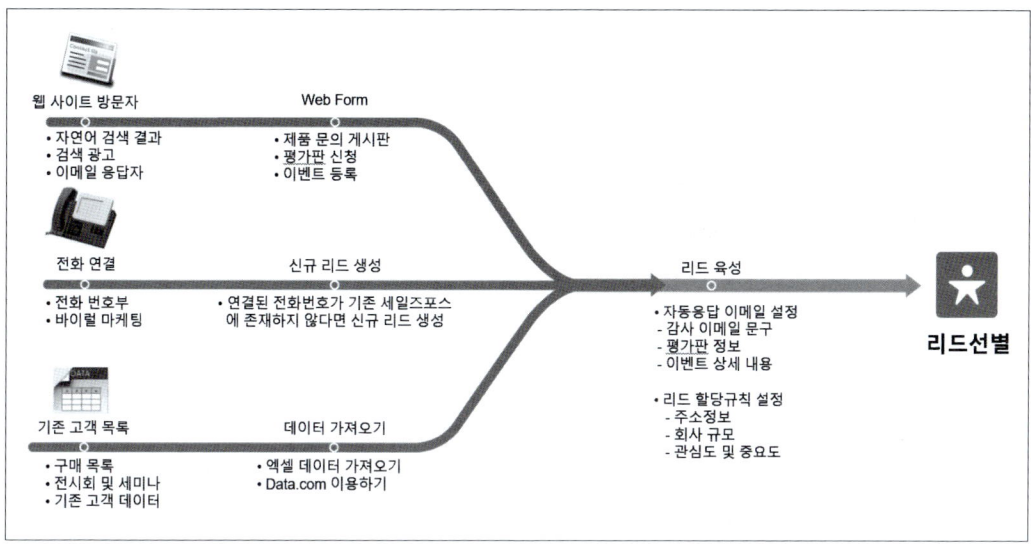

리드(Lead)가 세일즈포스 판매(Sales) 프로세스의 시작인 건 맞지만, 리드가 만들어지기 까지의 과정은 그리 간단치 않으며, 리드를 확보하기 위해서는 위 화면에서 보는 바와 같이 리드 이전에 다양한 마케팅 및 고객 데이터 확보를 위한 작업을 필요로 한다. 그러한 면에서 보면 비즈니스의 시작은 리드를 만드는 것이 아니라 리드 이전에 리드를 확보하기 위한 다양한 마케팅 활동이라고 할 수 있을 것이다.

더불어 기존에 서비스나 상품을 판매하고 있는 회사라면 기존에 보유하고 있던 고객 리스트 그리고 웹사이트 방문자들에 대한 정보를 가지고 있을 것이다. 이러한 기존 데이터는 리드로 등록하기 위한 가장 좋은 후보들일 것이며, 각종 세미나 및 전시회 등에서 확보된 고객 명단 역시 좋은 리드의 후보들이 될 것이다. 이렇게 다양한 과정 및 경로를 통해서 확보된 명단을 리드에 등록시켜 리드를 생성한다.

그러나 리드의 생성과 리드의 육성은 분리되어 있다는 점을 주의해야 한다.

리드 육성은 확보된 리드의 구매 의욕 및 관심도를 증가시키기 위한 활동을 전제로 하며, 상담(대면 상담, 전화 상담, 이메일 또는 문자 전송 등) 활동을 통해 정확한 고객의 관심도를 확인하는 일이 중요하다. 이러한 일들은 리드의 상태를 관리하는 차원에서 중요한 일이 된다.

이러한 리드를 생성한 후 리드를 육성하는데 있어서 거쳐야 하는 작업 중의 하나가 바로 페르소나 기법(Persona Method)이다. 페르소나 기법은 발굴된 또는 확보된 잠재고객 리스트를 목적별로 분류해서 가망성이 높은 고객을 파악하는 일이다. 다시 말하자면 리드의 양이 많으면 좋겠지만, 리드를 잘 선별 및 관리하는 것이 보다 효율적인 업무 진행을 위해 중요한 일이다.

1-2 리드(Lead) 생성

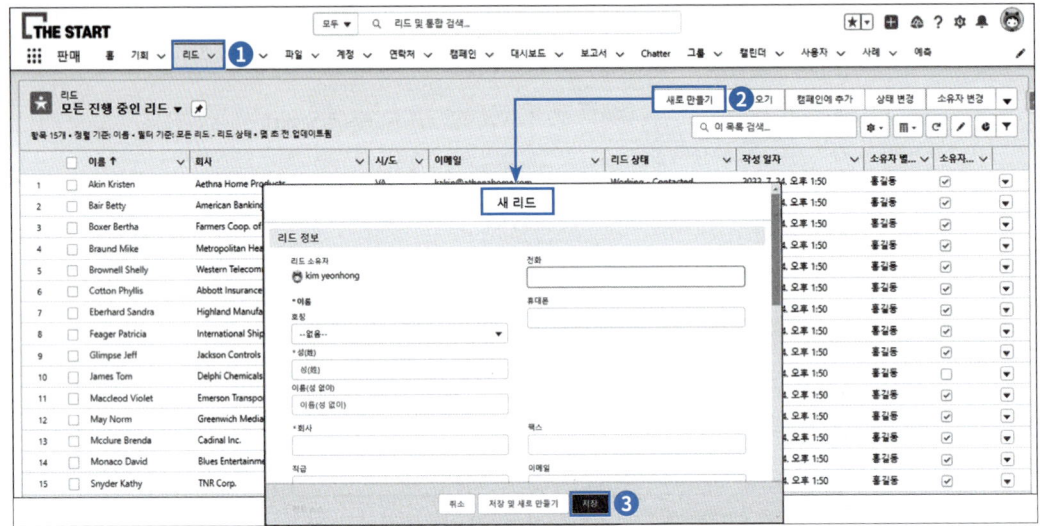

이제 새로운 리드를 만들어 보기로 하자. 위 시나리오는 영업 사원이 세미나에서 만난 잠재 고객과 명함을 주고 받고, 우리 회사의 서비스에 관심을 보이는 경우이다. 영업 사원은 회사로 복귀해서 해당 고객으로부터 받은 명함을 리드로 입력한다. 리드의 입력 항목은 다음 내용을 참고해서 입력하기로 한다.

항목	선택 값	설명
리드 소유자	홍 길동	리드 소유자는 기본적으로 현재 로그인된 사용자가 등록된다. 최초 리드를 만들 때는 리드 소유자를 변경할 수 없지만, 만들어진 후에는 리드 소유자를 변경할 수 있다.
호칭	- Mr	대상에 따라 적합한 호칭을 선택한다.

항목	선택 값	설명
이름	유 재석	명함을 확인하고 입력한다.
회사	아이티포럼	
직급	팀장	
전화	02-001-0001	
휴대폰	010-0001-0001	
팩스	02-001-0002	
이메일	doublegi@hanmail.net	명함에 있는 이메일을 입력한다. 다만 테스트를 위해서 내가 확인할 수 있는 독자분들의 메일 계정을 입력한다.
웹사이트	www.itforum.co.kr	명함에 있는 회사 웹사이트를 입력한다.
리드 소스	Other	어떠한 경로를 통해서 확보된 리드인지를 선택한다.
업종	Education	해당 회사의 업종을 선택한다.
연매출액	1,000,000,000	대략적인 회사의 매출을 입력한다.
리드 상태	Open – Not Contacted	리드의 상태를 기본 상태를 선택한다.
등급	Warm	등급은 고객의 의지 및 성사 가능성을 고려하여 Hot, Warm, Cold 중에 하나를 선택한다. 여기서는 적극적이라고 가정하고 Warm을 선택했다.
직원 수	10	파악된 회사의 직원 수를 입력한다. 모르면 입력하지 않아도 된다.
주소정보	08285) 서울시 구로구 가마산로 15길 17-5, 1001호 대한민국	명함에 있는 주소 정보를 입력한다.
추가정보 영역	입력안함	추가정보는 관심 상품과 신청업체 제품의 산업 분류 체계(SIC Code)를 입력하고, 이 코드가 미국조달시스템에 부여받은 코드이면 Primary에서 Yes를, 아니면 No를 선택한다. 현재 작성자(Current Generator(s), Numbaer of Locations는 사무소 숫자 또는 점포 숫자를 입력한다.
설명정보	8월 정기 세미나에서 만남	고객과의 미팅 장소 및 시간 등 부가 정보를 입력한다.

리드를 생성할 때 입력하는 항목이 적지는 않다. 그러나 데이터는 최대한 성실히 입력해야 한다. 왜냐하면 리드는 비즈니스의 핵심 소스이기 때문이다. 우선 위 항목들을 입력한 후 저장 버튼(3번)을 눌러서 리드를 생성하자.

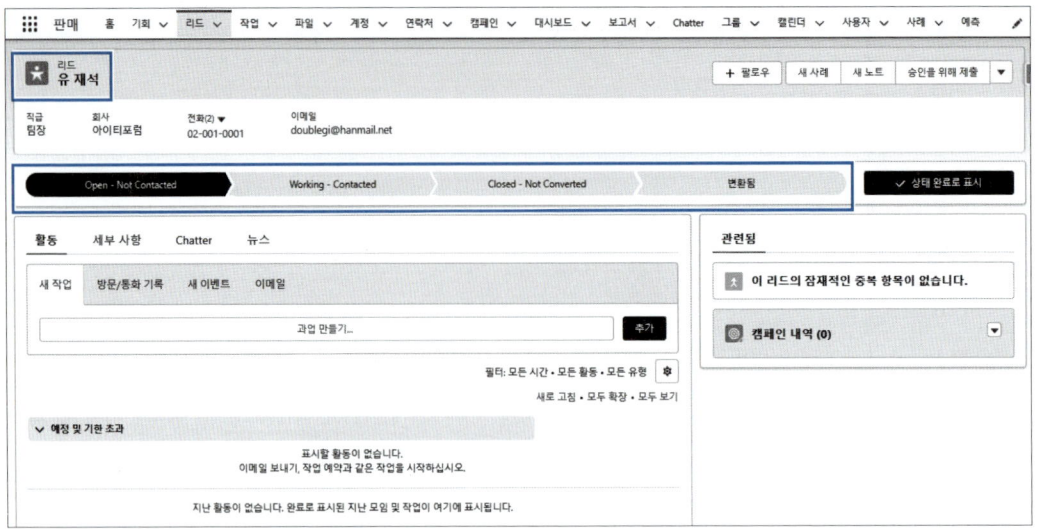

그러면 위 화면과 같이 "유 재석" 리드 페이지로 이동하게 된다. 리드의 입력 항목 중 가장 중요하게 관리되어야 하는 것은 바로 리드의 상태이다. 리드 상태는 말 그대로 리드가 현재 어떠한 단계 또는 상태에 있는지를 나타내는 것으로 위 화면에서 경로(프로그레스 바)로 표시된다. 그러므로 사용자는 고객과의 커뮤니케이션 또는 관련된 정보를 확인하는 과정에서 리드의 상태를 파악하고, 적극적으로 대응해주는 것이 리드 관리의 핵심이라고 할 수 있다.

리드의 상태는 다음과 같이 4가지가 있다

리드 상태	설명
Open – Not Contacted	리드 생성의 기본 상태이며, 아직 어떠한 활동도 진행하지 않은 상태이다.
Working – Contacted	고객과 커뮤니케이션 하면서 업무를 진행하고 있는 상태이다. 리드 육성 단계에 해당하며, 아직 서비스 이용 및 제품 구매에 대한 고객의 확답을 받지 못한 상태이다.
Closed – Converted	고객의 구매 의사 또는 구매 일정이 분명한 경우로서 기회(Opportunity)로 전환되어 보다 적극적으로 관리되어야 하는 상태이다.
Closed – Not Converted	고객이 더 이상 해당 제품 및 서비스에 관심이 없음을 확인한 상태이다. 이는 기본 검색 시 제외된다. 물론 필터 옵션을 통해 볼 수도 있다.

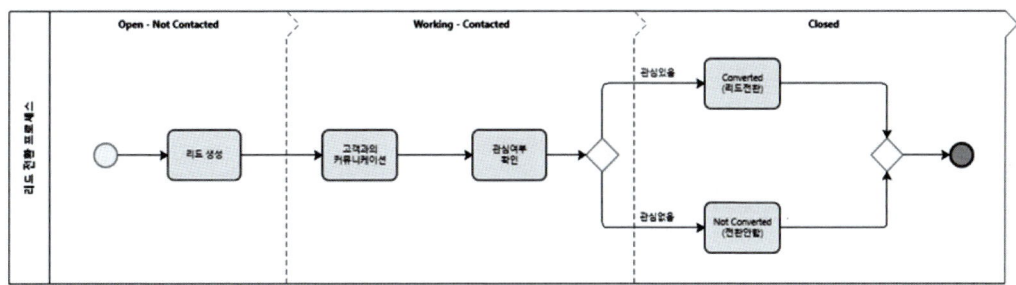

위 리드 상태 중 가장 우리가 원하는 리드 상태는 "Closed – Converted"이다. 이는 리드 육성(Working – Contacted)과정을 통해 본격적인 비즈니스 단계로 넘어가는 것을 의미하며, 이를 리드 변환(Lead Conversion)이라고 한다. 만일 리드 육성(Working – Contacted) 과정을 진행했음에도 고객이 제품 및 서비스에 관심이 없거나 도입 의사가 없는 것이 확인됐다면, 리드의 상태를 "Closed – Not Converted" 즉 전환되지 않은 상태로 완료 처리를 해주어야 한다.

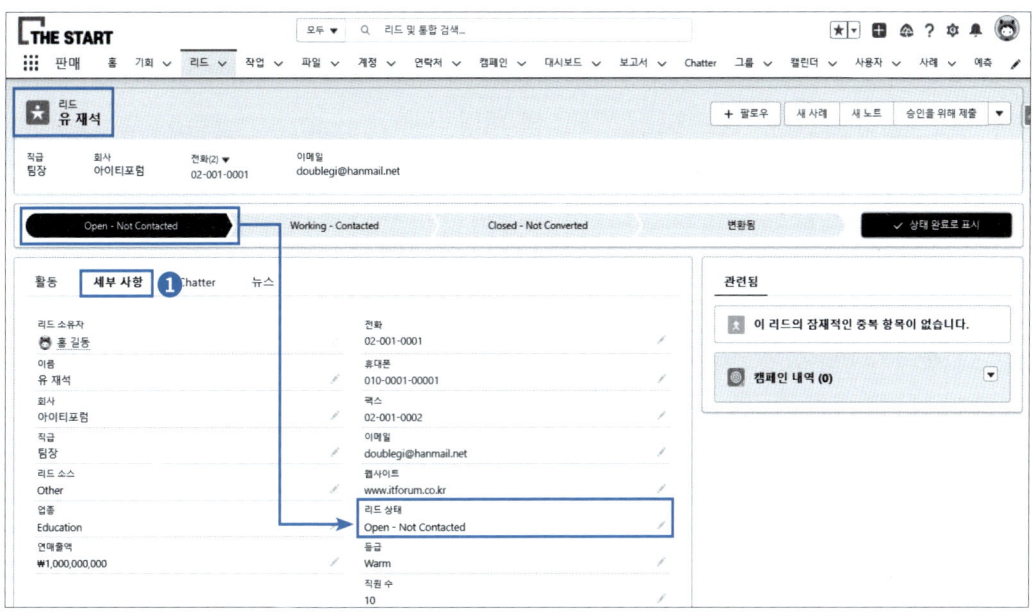

입력이 완료되면 자동으로 방금 생성된 "유 재석"리드 페이지로 이동하며, 경로(Progress Bar)를 보면 "Open – Not Contacted" 즉 첫 번째 단계에 있는 것을 확인할 수 있다. 그리고 그 아래 세부사항 탭을 선택(1번)하면 방금 전 입력된 내용을 확인할 수 있고, 또 수정할 수도 있다. "리드 상태" 필드 값을 보면 'Open – Not Contacted"인 것을 확인할 수 있다.

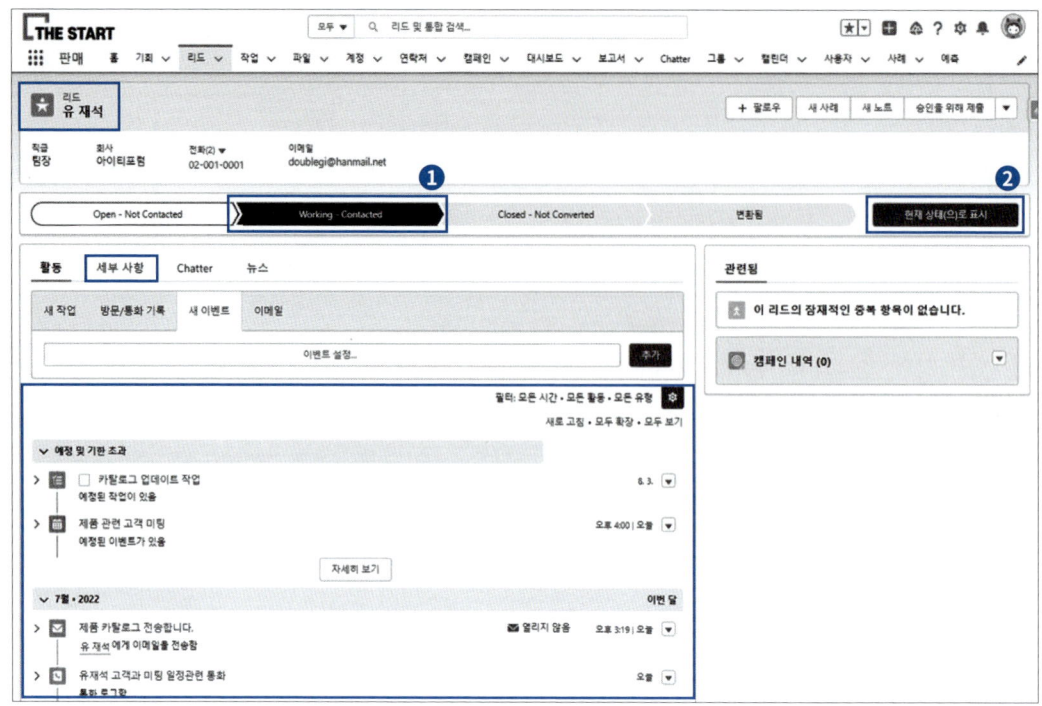

이제 업무 담당자들은 활동(Activity)탭을 이용하여 리드 육성 단계에서 발생한 고객과의 커뮤니케이션(방문/통화 기록, Log a Call) 및 미팅(이벤트(Event)), 작업(Task) 그리고 이메일(Email) 전송 등의 활동 내역들을 이전 장에서 학습했던 것처럼 기록하면 된다. 그러면 리드의 상태는 "Working – Contacted"가 되어야 한다. 이렇게 리드의 진행 상태를 변경하기 위해서는 경로(프로그레스 바)에서 두 번째 단계인 "Working – Contacted" 단계(1번)를 선택하면 오른쪽 버튼의 레이블이 "현재 상태(으)로 표시"로 변경되는데, 이를 누르면(2번) 리드의 상태가 변경되고, 변경이 완료되면 버튼의 레이블은 다시 "v 상태 완료로 표시"로 변경된다.

그러므로 리드에서의 활동(Activity) 탭에서는 이러한 리드 육성과 관련한 내용이 기록되는 것이다.

위 화면은 "유 재석" 리드(잠재고객)과의 통화를 통해 관심이 있는 것을 확인하고, 제품의 카탈로그를 요청했을 때의 활동(Activity) 내역을 기록한 것이다. 이러한 과정을 통해 "유 재석"리드의 구매 의사가 확실하다고 판단이 된다면, 이제 "유 재석" 리드를 변환해야 한다.

1-3 리드 변환(Lead Conversion)

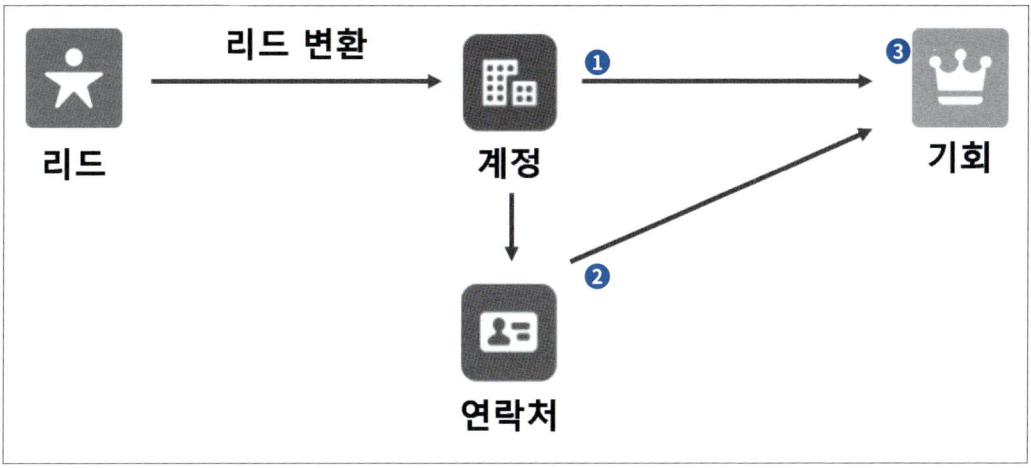

고객과의 커뮤니케이션을 통해 고객이 제품 구매 및 서비스 계약 의지를 확인한 경우에는 리드 변환(Lead Conversion)을 해야 한다.

위 화면에서 보듯이 리드가 변환되면서 최초 계정(Account)이 생성(1번)되는데, 계정(Account)은 바로 담당자가 소속되어 있는 회사 및 단체의 정보이다. 그리고 연락처(Contact)가 등록(2번)되는데 이는 해당 계정(회사 및 단체)에 소속된 담당자(직원, 구성원)이다. 이렇듯 계정(Account)과 연락처(Contact)는 비즈니스를 하기 위한 기본 정보에 해당한다. 그 이후 마지막으로 기회(Opportunity)가 생성(3번)되는데, 이는 말 그대로 "비즈니스의 기회"인 것이다. 다시 정리하자면, 다양한 마케팅을 진행하는 목적은 리드(Lead)를 생성하기 위함이고, 이러한 리드를 관리하는 이유는 바로 기회(Opportunity)를 발굴하기 위함이다.

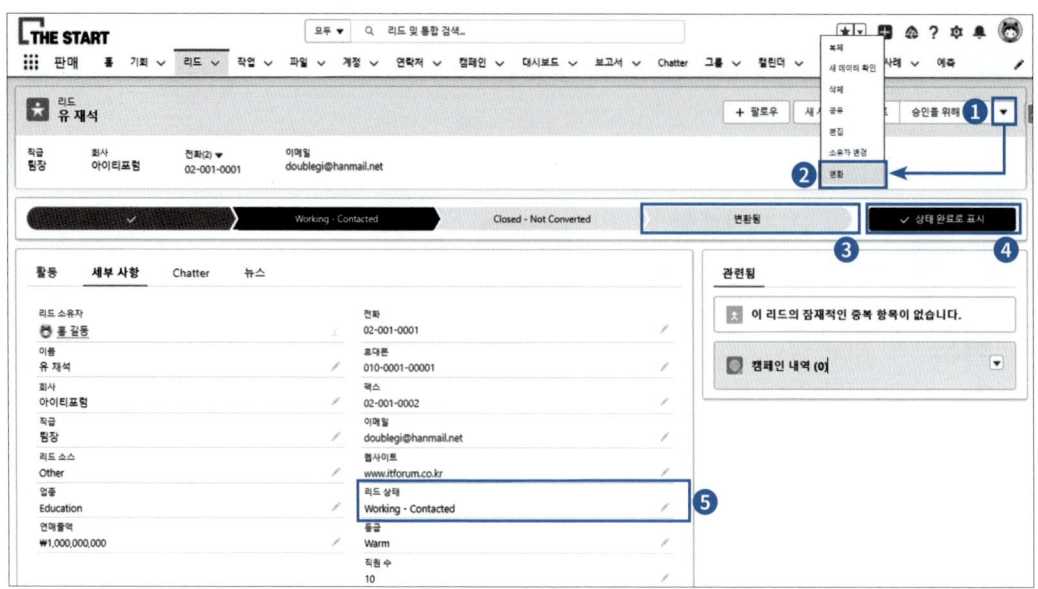

리드를 변환하기 위한 방법으로는 첫 번째로 오른쪽 상단의 드롭다운 버튼(1번)을 선택하면 목록이 보이는데, 여기서 "변환" 메뉴를 선택(2번)하는 방법이 있고, 두 번째로 경로(Progress Bar)에서 변환됨 단계를 선택(3번)하고, "상태 완료로 표시" 버튼을 선택(4번)하는 방법이 있으며, 마지막으로는 세부사항에서 리드 상태 필드 오른쪽 끝 부분에 있는 수정 아이콘을 선택한 후 "Closed – Converted"로 단계를 선택(5번)한 후 저장 버튼을 눌러서 변경시키는 방법이 있다. 각기 방법 모두 수행했을 경우 아래와 같은 리드 변환(Lead Conversion) 대화상자 나타나게 된다.

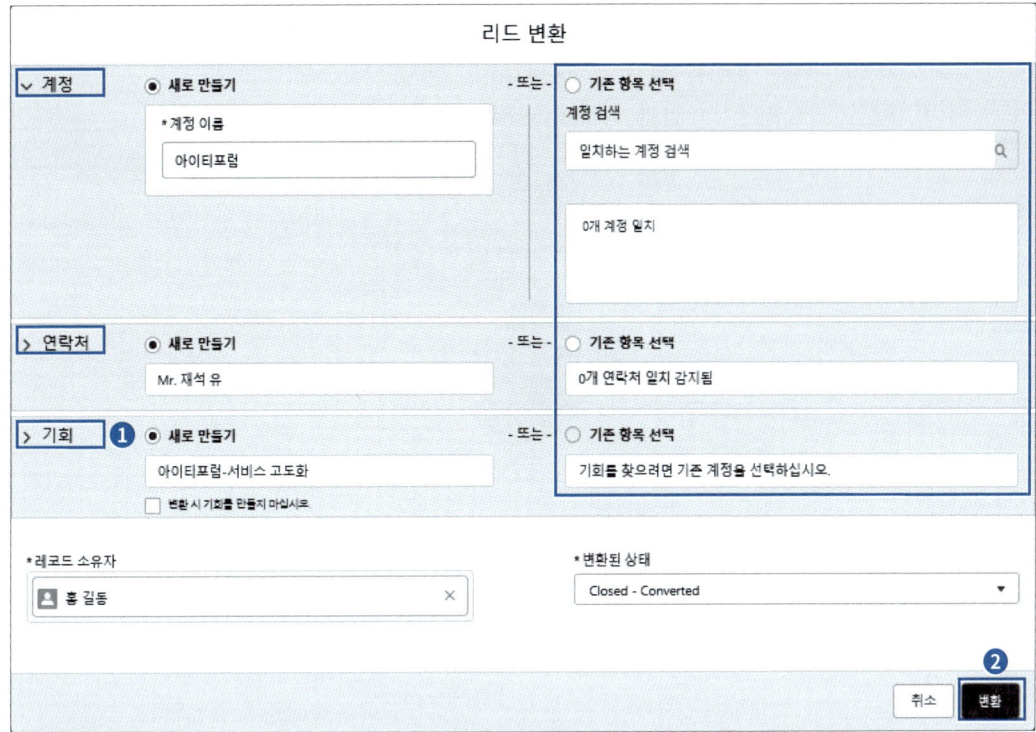

미리 말씀드리자면 위의 리드 변환 과정을 이해하는 건 리드를 이해하는데 있어서 매우 중요한 핵심 과정이다. 우선 리드 위의 변환 대화상자를 보면 계정(Account), 연락처(Contact), 기회(Opportunity)가 있는데 각기 영역을 차례로 선택하면, 각기 선택한 영역이 확장되고 다른 영역들은 축소된다.

우선 계정은 리드(Lead)에 있는 회사 정보가 계정(Account)으로 전환된다. 만일 기존에 동일한 회사가 있다면, 오른쪽 기존 항목에 노출되어 기존 회사를 선택할 수 있다. 리드에서 계정으로 전환될 때는 회사명, 전화, 팩스, 웹사이트, 등급, 업종, 직원 수 등이 계정(Account) 필드로 이동한다.

연락처(Contact) 역시 새로 만들거나 기존에 등록된 연락처를 선택할 수 있으며, 리드에서 연락처로 전환될 때 이름, 전화, 휴대폰, 팩스, 직급, 주소, 앞 단계에서 만들어진 계정인 아이티포럼이 링크로 들어와지게 된다.

마지막으로 기회(Opportunity) 역시 새로 만들거나 기존에 있는 기회를 선택할 수 있다. 기존에 있는 기회를 선택한다는 것은 기존에 있는 기회에 연락처(Contact)를 추가한다는 의미가 된다. 이 부분은 5장에서 자세히 설명하기로 하겠다. 다만 기회는 새로운 영업 및 판매의 기회이므로 좀더 구체적으로 기술을 해야 한다. 기회의 이름은 기본적으로 "계정 이름"에 "-"가 붙은 상태로 제공된다. 그러므로 해당 회사이름에 구체적인 판매 및 영업 기회

명을 붙여주는 것이 좋다. 위의 예에서는 "아이티포럼-"에 "서비스 고도화"를 기회 이름으로 추가(1번)했다. 모든 내용을 입력 및 확인한 후 "변환" 버튼(2번)을 누르면 실제 변환이 이루어지며, 다음과 같이 리드 변환 결과 화면이 나오게 된다.

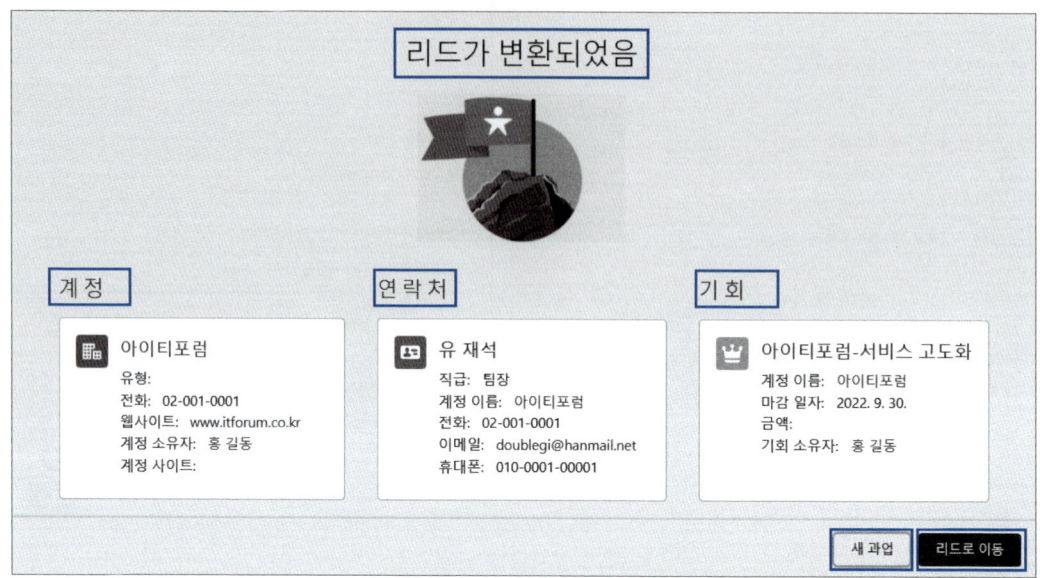

위 화면을 보면 하나의 리드가 변환되면서 계정(Account), 연락처(Contact), 기회(Opportunity)가 각각 어떻게 생성됐는지를 확인할 수 있으며, 별도의 페이지를 만들어서 리드 변환을 축하해주고 있는 모습이다. 엔지니어분들 입장에서는 이게 무슨 대단한 일인가 싶기도 하겠지만, 비즈니스 관점에서는 매우 중요한 전환점이 바로 리드 변환이다.

변환이 완료되었다면, 이제 각기 탭으로 이동해 다음과 같은 실제 변환 결과를 확인할 수 있다.

위의 화면은 리드 변환을 마친 후에 생성된 계정(1번)과 연락처(2번) 그리고 기회(3번)에 등록된 내용을 보여주고 있다. 변환한 의도대로 각 개체에 레코드가 잘 생성된 것을 확인할 수 있다.

그리고 이전 화면에서 "리드로 이동" 버튼을 누르거나, 아니면 리드 탭으로 직접 이동해서 리드의 목록 보기(List View)로 이동하면, 방금 전 변환됐던 "유 재석" 리드는 이제 더 이상 존재하지 않는 것을 확인할 수 있다. 이렇게 리드가 변환되면 해당 리드는 계정, 연락처, 기회로 변환되며, 그 즉시 해당 리드는 리드 목록에서 사라진다. 한마디로 번데기에서 나비로 완전변태했다고 보면 된다.

이번 리드 변환(Lead Conversation)의 예는 기존에 세일즈포스에 등록되지 않은 계정과 연락처를 생성하면서 리드가 변환된 예이다. 그러나 리드를 변환하는 과정에서 기존에 등록된 계정과 연락처가 있는 경우를 생각해볼 수 있다.

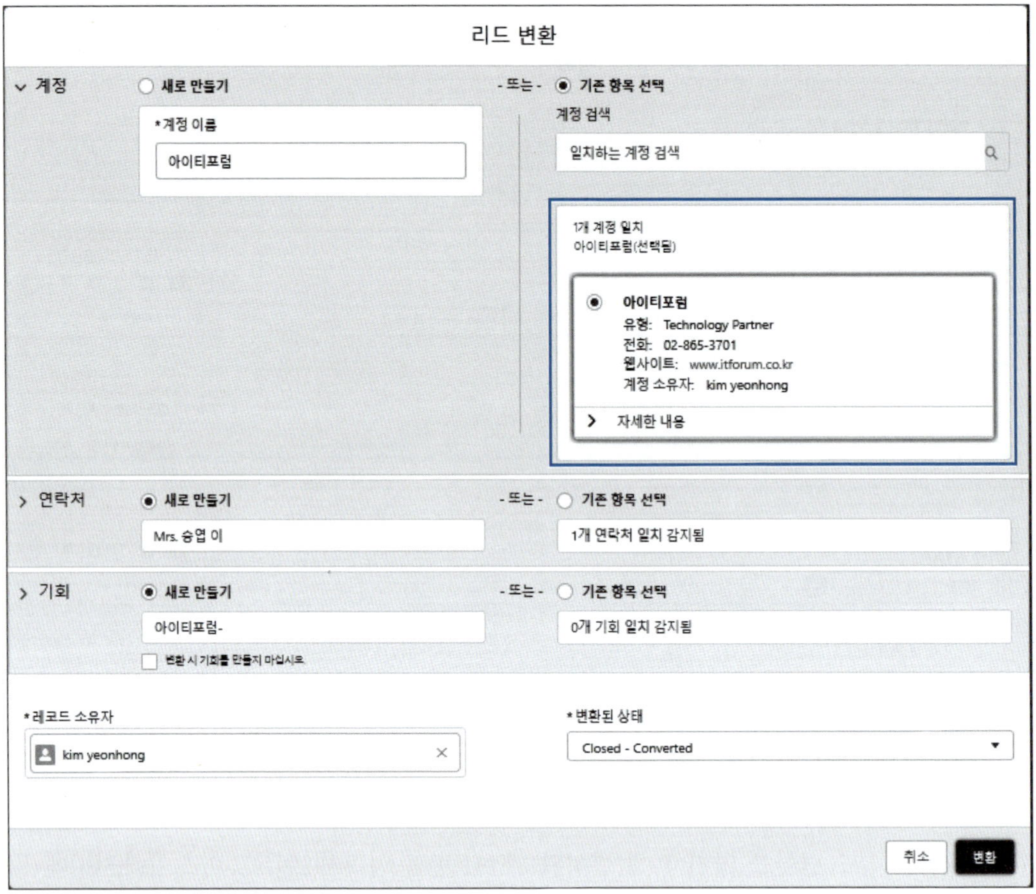

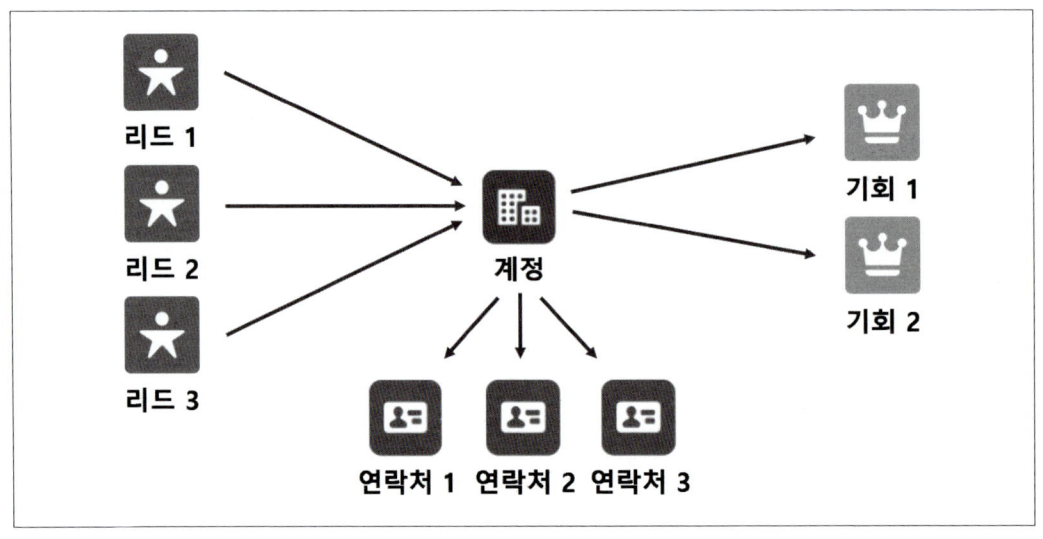

이러한 경우에는 리드 변환 단계에서 계정과 연락처를 "기존 항목에서 선택" 옵션을 선택한 후 기존 등록된 계정과 연락처를 지정하면서 리드 변환을 할 수 있다.

위의 화면을 살펴보기로 하자. 최초 "리드 1"이 변환되면서 "계정"과 그 안에 "연락처 1" 그리고 "기회 1"이 만들어진다. 그 이후 해당 계정(회사)에서 추가로 다른 건에 대한 "리드 2"가 발생했다고 하자. 그러면 동일한 계정에 "연락처 2"와 "기회 2"가 추가될 것이다. 그리고 "리드 3"이 또 생성됐다고 가정하자. 그런데 알고 보니 "리드 3"은 "기회 2"와 같은 건이며, 담당자만 달랐다고 가정해 보자. 그러면 계정은 "기존 항목 검색"을 통해서 기존 계정을 선택하고, 연락처는 "새로 만들기"를 통해서 "연락처 3"을 만들고, 기회는 "기존 항목 검색"을 통해서 "기회 2"를 선택하면 된다.

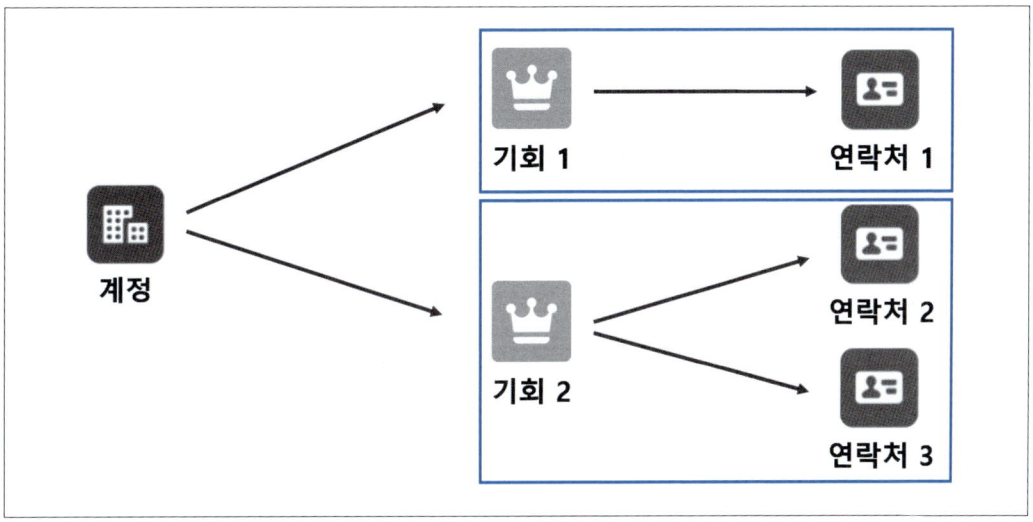

이 내용을 계정 중심으로 풀어보면 위 그림과 같다. 그런데 위 그림에서 오해하면 안 되는 점이 연락처가 하나의 기회에만 종속되는 것이 아니라는 점이다.

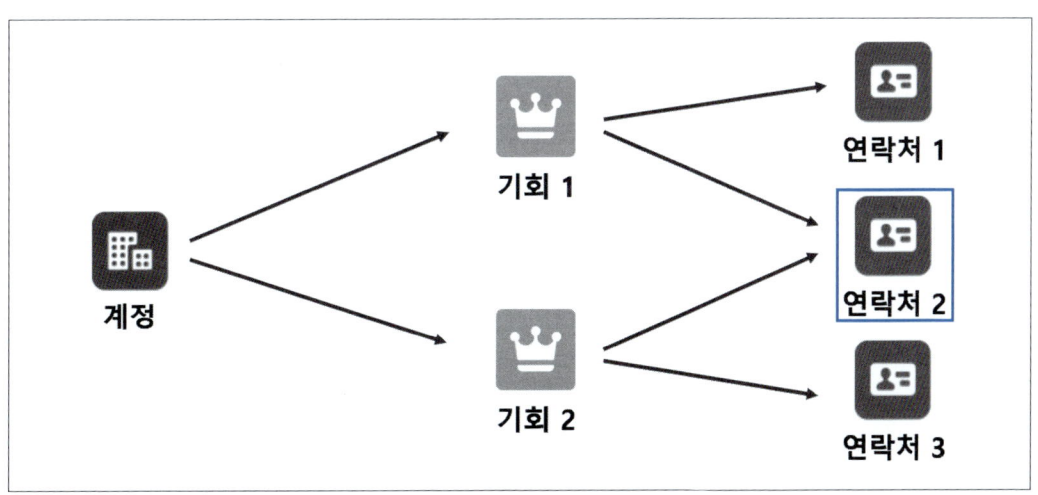

하나의 연락처는 다양한 기회에 참여할 수 있다. 위의 그림에서 보면 "연락처 2"는 "기회 1"과 "기회 2"에 동시에 참여하고 있는 것을 표현한 것이다.

1-4 중복 레코드 병합

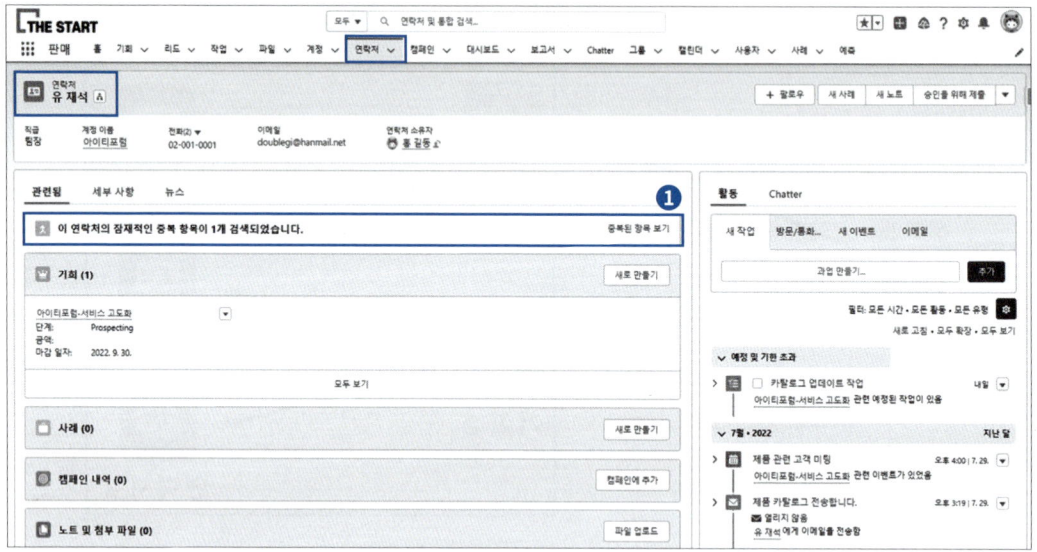

앞서 살펴본 바와 같이 리드 변환(Lead Conversation) 과정에서 계정과 연락처 그리고 기회에서 중복이 발생하거나 예상되면, 해당 중복 항목을 보여주고 기존 항목을 선택하도록 경고 및 안내를 해준다. 그러나 그 경고를 무시하고, 또는 모르고 변환을 강행했을 경우 위와 같이 "관련됨" 탭 상단에 중복에 대한 알림이 발생하게 된다. 이를 위해 "연락처" 탭에서 "유 재석" 연락처를 비슷하게 등록해 보기로 하자.

그러면 위 화면과 같이 중복에 대한 알림이 발생하면 "중복된 항목 보기"링크(1번)를 누른다.

그러면 위와 같이 연락처에서 현재 중복되고 있는 연락처와 중복이 예상되는 연락처를 함께 보여준다. 그러면 관련 내용을 살펴보고 이 두 개의 연락처가 동일한 연락처라고 판단되면, 중복이 예상되는 연락처를 선택(1번)하고, 아래에 있는 "다음" 버튼(2번)을 눌러 다음 페이지로 이동한다.

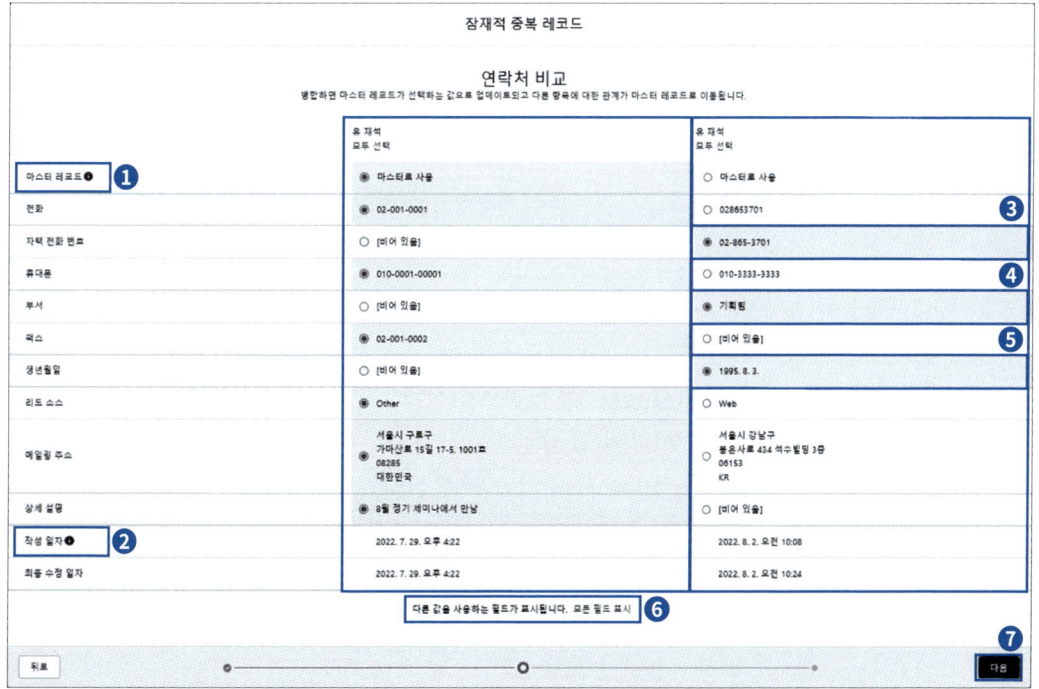

Chapter 04 표준 개체(Standard Object) 이해하기 | 159

위 단계는 중복이 예상되는 두 개의 레코드 중 어떠한 레코드를 기준으로 통합할 지를 결정해야 하는데, 통합의 기준이 되는 레코드를 "마스터 레코드"(1번)라고 한다. 마스터 레코드를 확인하기 위해서는 우선 두 개의 레코드 중 "작성 일자"(2번)를 확인하면 판단에 도움이 된다. 아무래도 먼저 작성된 레코드가 마스터 레코드가 되는 것이 일반적일 것이다. 그리고 양쪽 레코드가 출력되는데, 기본적으로 여러 레코드 중 차이가 있는 레코드를 우선 출력해서 보여준다. 여기서는 "자택 전화 번호"와 "부서" 그리고 "생년월일"에서 두 번째 레코드를 선택(3번, 4번, 5번)했다. 이 얘기는 왼쪽에 있는 레코드를 중심으로 하되, 오른쪽 레코드에서 "자택 전화 번호"와 "부서" 그리고 "생년월일" 필드를 왼쪽 레코드에 업데이트 하겠다는 의미이다. 만일 모든 필드를 표시하고 싶다면, 아래에 있는 "모든 필드 표시" 링크(6번)를 클릭하면 화면이 하단으로 확장되면서 모든 비교 대상 필드들을 보여준다.

어느 정도 정리가 되었다면, "다음" 버튼(7번)을 눌러서 다음 페이지로 이동한다.

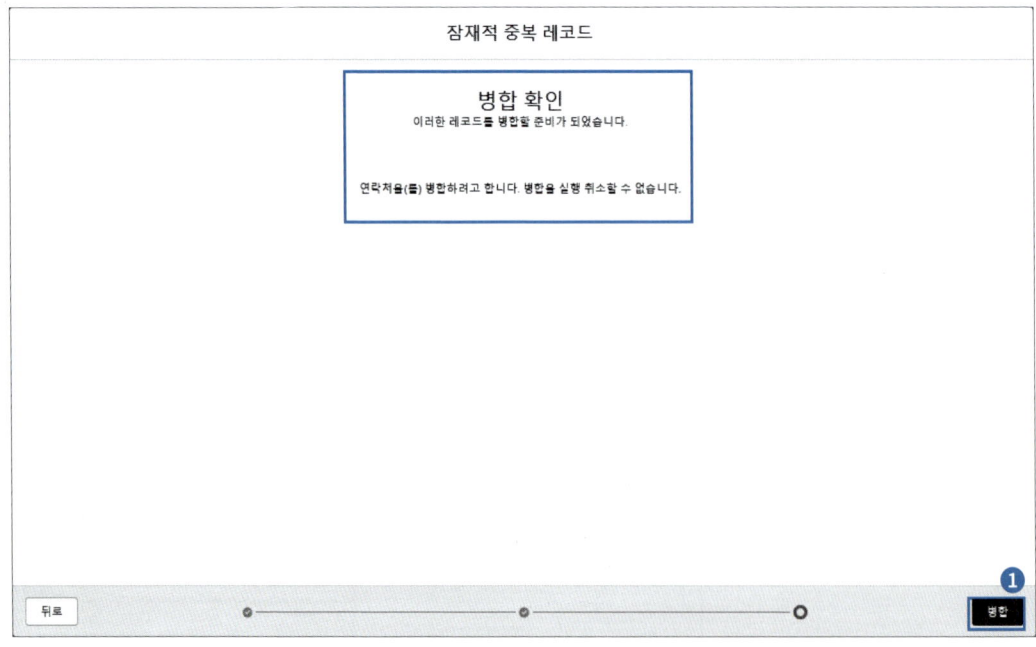

마지막 페이지에서는 병합 준비가 완료됐다는 메시지와 함께 병합을 진행했을 경우 이를 취소할 수 없다는 경고 메시지가 같이 표시된다. 그러므로 중복 레코드를 병합할 때는 비교적 신중하게 검토해봐야 하는 것이다. 메시지를 확인한 후 마지막으로 "병합" 버튼(1번)을 누르면 병합이 완료된다.

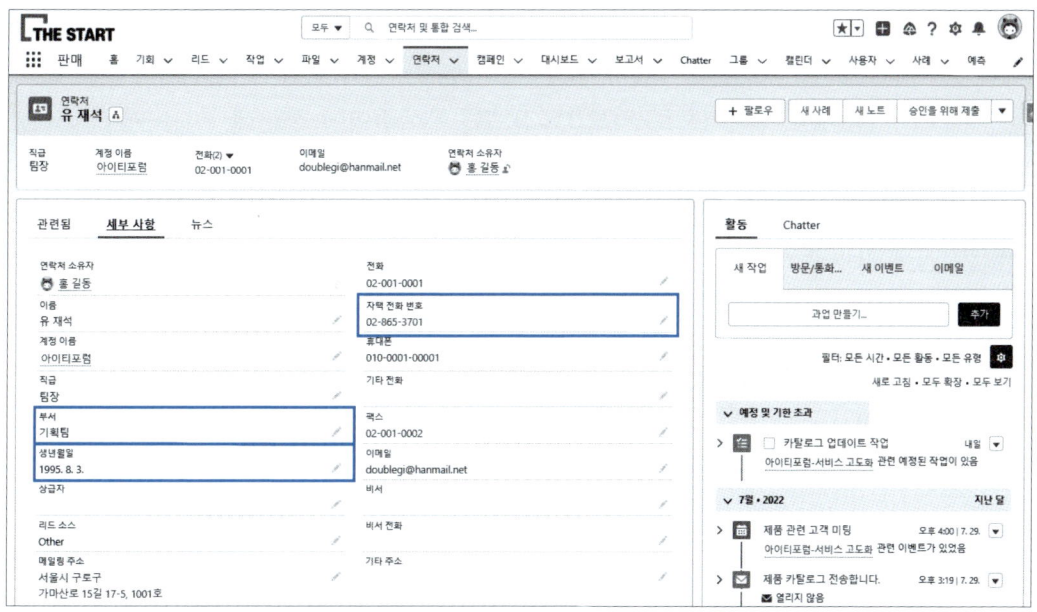

중복 레코드에 대해 병합을 완료하면, 위와 같이 해당 레코드로 다시 들어가서 데이터 병합 작업이 잘 되었는지 확인해 봐야한다. 위 그림에서 보면 "자택 전화 번호"와 "부서" 그리고 "생년월일" 필드들이 잘 업데이트 된 것을 확인할 수 있다.

1-5 Web to Lead(웹을 통한 리드 생성)

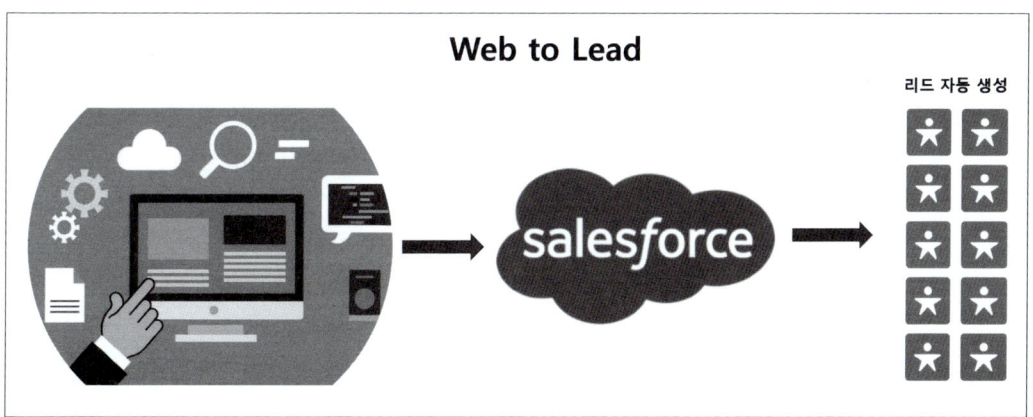

웹사이트에 방문한 고객의 정보와 고객의 문의 사항 등을 세일즈포스에 리드(Lead)로 등록하기 위해서는 매번 담당자가 웹사이트에서 회원 가입 또는 접수 내역을 확인한 후 세일즈포스로 이동해서 개별적으로 리드(Lead)로 등록해주어야 하는데, 이는 매우 불편한 방법이다. 세일즈포스에서는 이러한 고객 정보를 실시간으로 리드로 등록해주는 기능이 있는데, 이를 바로 "Web to Lead"라고 한다. 물론 세일즈포스에서는 엑셀 등의 파일로 정리된 고객 정보를 한 번에 리드로 등록시키는 빠른 방법이 있지만, 이는 실시간 작업이 될 수 없다.

그러므로 "Web to Lead"는 세일즈포스 운영 환경을 웹으로 확장시킬 수 있는 좋은 기능이라고 할 수 있다.

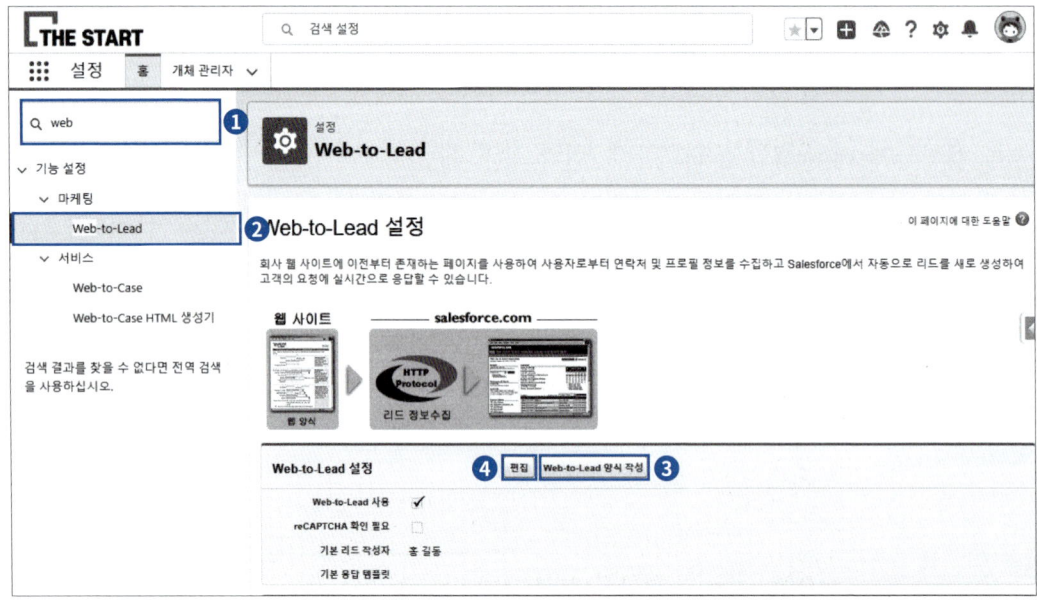

이를 위해서 우선 다음과 같이 설정을 해주어야 한다. 위처럼 "설정"으로 이동한 다음 검색 창에서 "Web"을 입력(1번)하면, 하단에 "Web-to-Lead"가 검색되는 것을 확인할 수 있다. "Web-to-Lead"를 선택(2번)하면, 위와 같이 Web-to-Load 설정 화면이 나타난다.

여기에서 "Web-to-Lead 양식 작성" 버튼(3번)을 클릭해보기로 하자. "편집" 버튼(4번)은 양식을 작성하고 난 후에 설정을 변경하기 위해서 사용된다.

그러면 우선 "사용 가능한 필드"와 "선택된 필드"가 나타난다. 여기에서는 웹에서 전달받고자 하는 고객 정보를 "사용 가능한 필드"에서 "선택된 필드"로 옮겨주어야 한다. 본 예에서는 다음 필드들을 선택된 필드로 이동(1번)했으며, 오른쪽에 있는 "위로", "아래로" 버튼을 눌러서 순서도 다음과 같이 정의했다. (회사, 성, 이름, 직급, 이메일, 휴대폰, 우편번호, 시/도, 시, 상세주소, 리드소스)

다음으로 반환 URL은 웹을 개발해보신 분들은 잘 아시겠지만, 만일 웹 개발을 모르시는 분들을 위해서 설명하자면, 이는 고객이 위와 관련한 필드 값을 웹에서 입력하면, "등록이 완료되었습니다. 감사합니다."와 같은 메시지를 보여주기 위한 페이지 URL을 말하는 것이다. 아니면 회사의 메인 페이지 URL을 입력해서 등록 후 회사 메인 페이지로 이동하도록 할 수도 있다. 우리는 지금 실제 홈페이지 환경에서 작업하는 것이 아닌 만큼 반환 URL은 이 책의 사이트 주소(https://www.thestart.cloud/)를 등록(2번)하도록 하겠다. 설정이 마무리되었으면, "생성" 버튼(3번)을 눌러보자.

마지막에 있는 reCAPTCHA는 로봇이 아닌 사람이 입력한 것을 확인하기 위해 이미지를 보여주고, 거기에 질문에 맞는 이미지를 선택하도록 하는 것이다. 여기서는 그럴 필요는 없어서 선택하지 않았다.

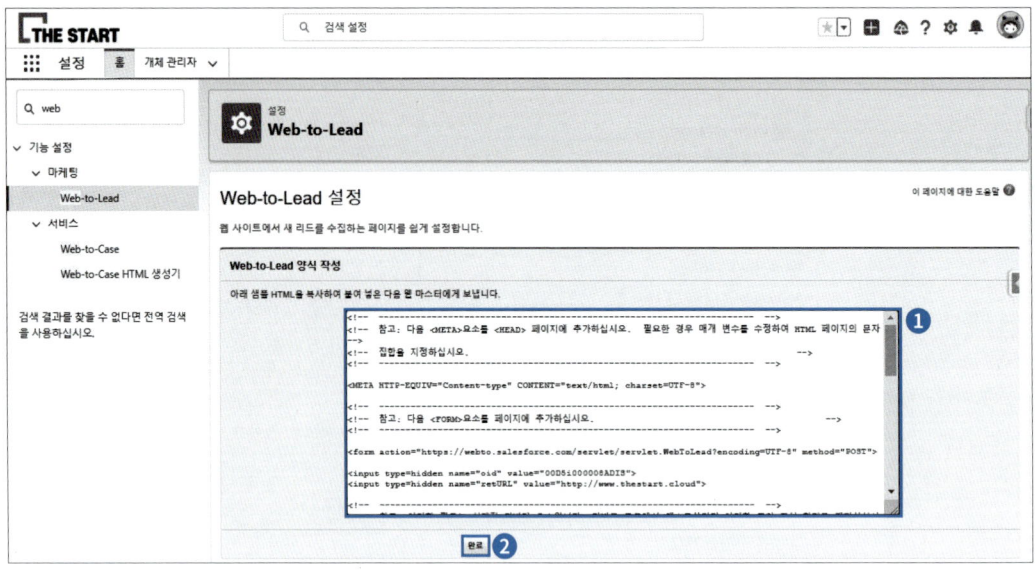

그러면 위 화면과 같이 HTML 생성 코드가 자동으로 생성되는데, 여기에서 해당 내용을 모두 선택해서 복사(1번)를 한 후 메모장에 붙여 넣도록 하자. 그러면 메모장을 저장하면서 파일 형식은 "모든 파일"로, 그리고 파일명은 "Web_to_Lead.html"로 입력한 다음 저장 버튼을 눌러서 저장하도록 하자. 그런 다음 "완료" 버튼(2번)을 누르면 다시 첫 번째 화면으로 이동하게 된다. 다시 첫 번째 화면에서 "편집" 버튼(4번)을 눌러서 다음 화면으로 이동하도록 하자.

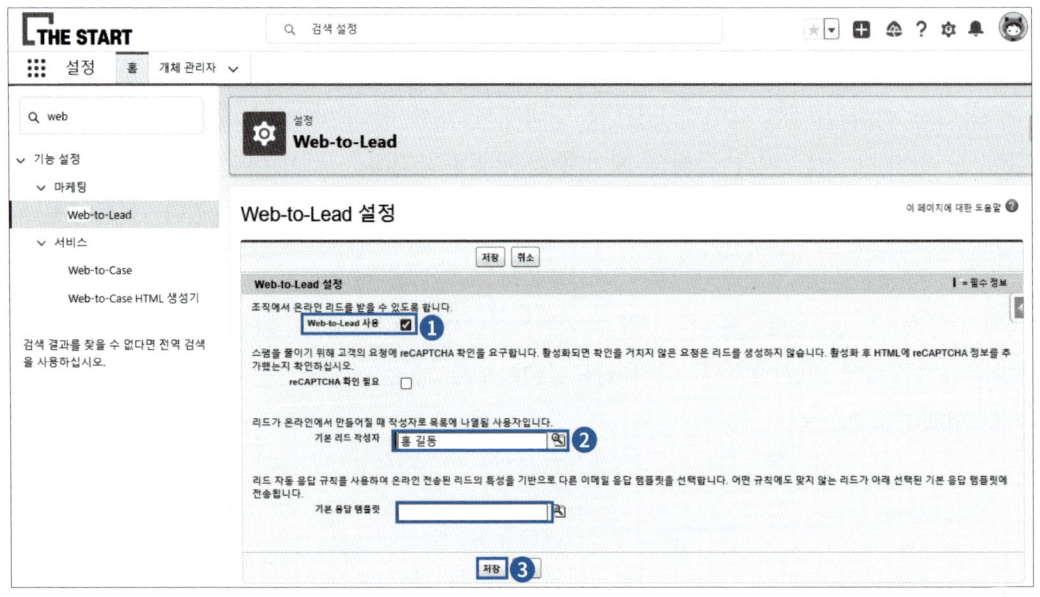

이제 Web-to-Lead를 설정했기 때문에 활성화를 해주어야 한다. 그러므로 "Web-to-Lead 사용" 옵션을 반드시 선택(1번)해 주어야 한다. 그리고 앞에서 언급했던 것처럼 "reCAPTCHA"는 무분별한 등록을 방지하기 위한 기능으로 주제별 이미지 선택을 통해 자동입력을 방지하기 위한 기능이다. 궁금하다면 웹에서 "reCAPTCHA"를 검색해보기로 하자. 다음으로 "기본 리드 작성자"가 있는데, 세일즈포스에서는 사용자가 리드를 생성하면 기본적으로 해당 리드는 생성한 사용자가 작성자(소유자)가 된다. 그러나 이렇게 웹을 통해서 자동으로 리드가 만들어지는 경우 해당 리드의 작성자를 누구로 할 지를 선택해주어야 한다. 여기서는 관리자 계정인 "홍 길동" 사용자를 검색해서 선택(2번)하기로 하자. 그리고 기본 응답 템플릿은 리드 생성 이후 사용자에게 회신을 보낼 메일 템플릿을 선택하는 곳으로 뒤에서 설명할 예정이므로 여기서는 넘어가도록 하자. 이제 마지막으로 "저장" 버튼(3번)을 눌러서 설정을 마무리하도록 하자.

모든 설정이 완료되었다면, 이제 테스트를 진행하도록 할 것이다. 이전 단계에서 생성한 "Web_to_Lead.html" 파일을 더블클릭 해서 파일을 열어보자.

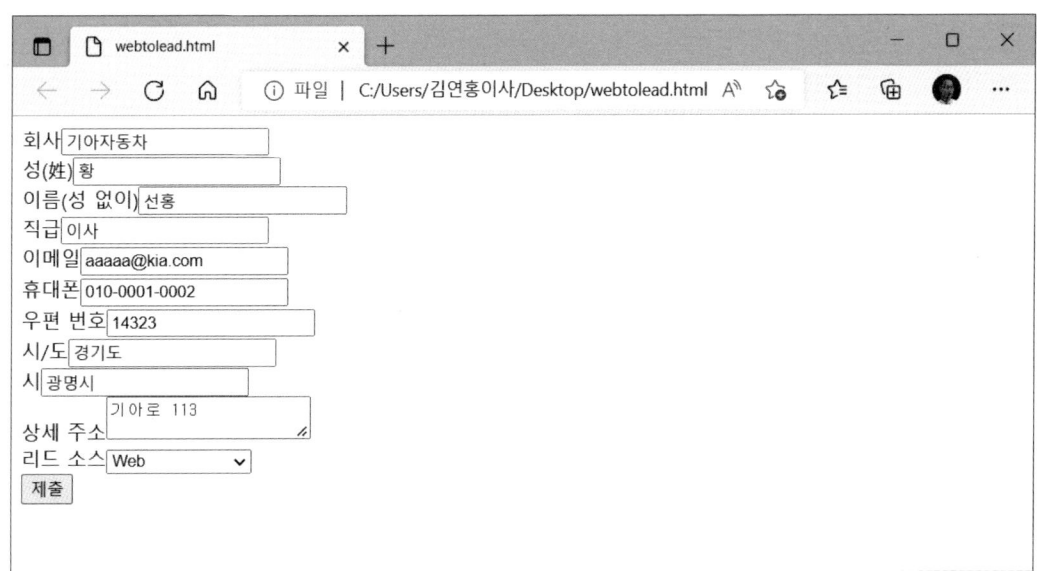

그러면 디자인이 안된 상태이긴 하지만, 관련 필드를 입력할 수 있는 웹 페이지가 보이게 된다. 여기에서 필요한 정보들을 모두 입력하고, "제출" 버튼을 누르면 앞서 정의했던 반환 URL(더 스타트 홈페이지, https://www.thestart.cloud)로 화면이 이동하게 된다.

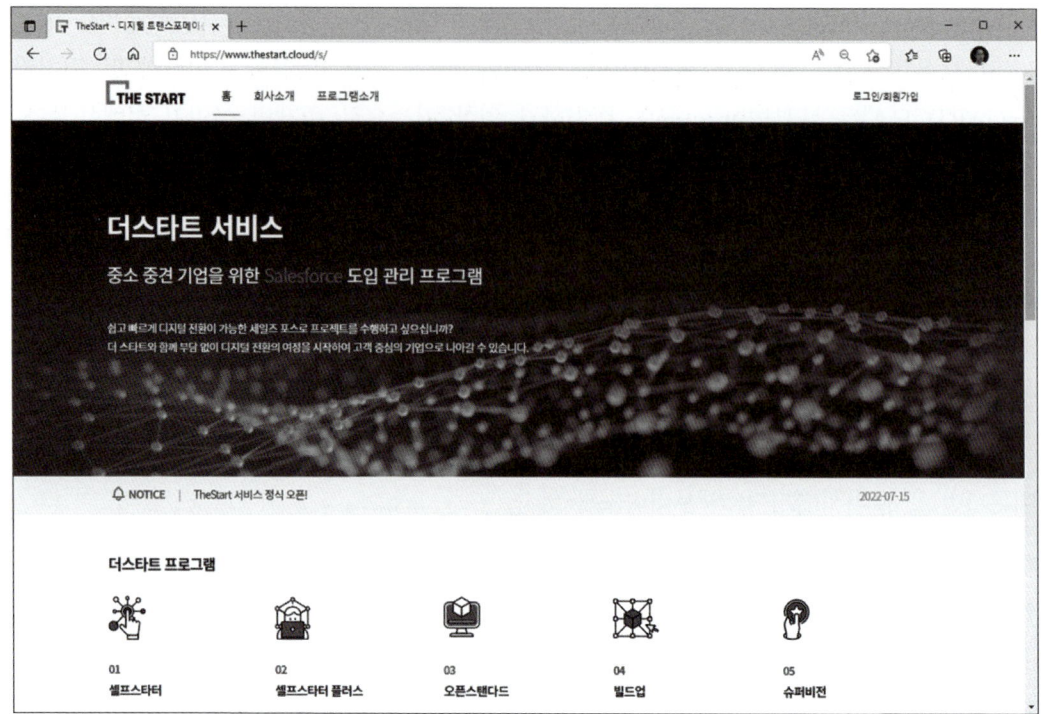

정상적으로 반환 URL로 이동했다면, 이제 세일즈포스의 리드로 이동해서 해당 정보가 리드에 잘 등록되었는지 확인해보기로 하자.

판매 앱의 "리드" 탭에서 목록 보기 중 "오늘의 리드"를 선택(1번)해 보면, 방금 전 웹 페이지에서 등록한 데이터가 "황 선홍" 리드로 등록되어 있는 것을 확인할 수 있다. 더불어 "소유자 별칭"이 "홍길동"으로 되어 있는 것을 확인할 수 있는데, 이는 "Web-to-Lead" 설정에서 "기본 리드 작성자"를 "홍길동"으로 등록했기 때문이다.

앞에서 자동으로 생성된 "Web_to_Lead.html" 페이지를 보면 디자인되지 않은 상태의 것으로 그대로 웹사이트에 올리기가 민망한 수준이다. 그러므로 HTML을 작성할 줄 안다면 직접 편집하거나 회사 내 IT 담당부서에 편집을 의뢰를 하면 된다. 그러나 그럴 수 없는 일반 사용자 분들이라면, "세일즈포스 랩" 카페에 "Web to Lead" 샘플 HTML 파일을 올려놓을 것이므로 이를 참조하면 좋을 듯하다.

THE START

2 계정(Account)과 연락처(Contact) 생성 및 관리

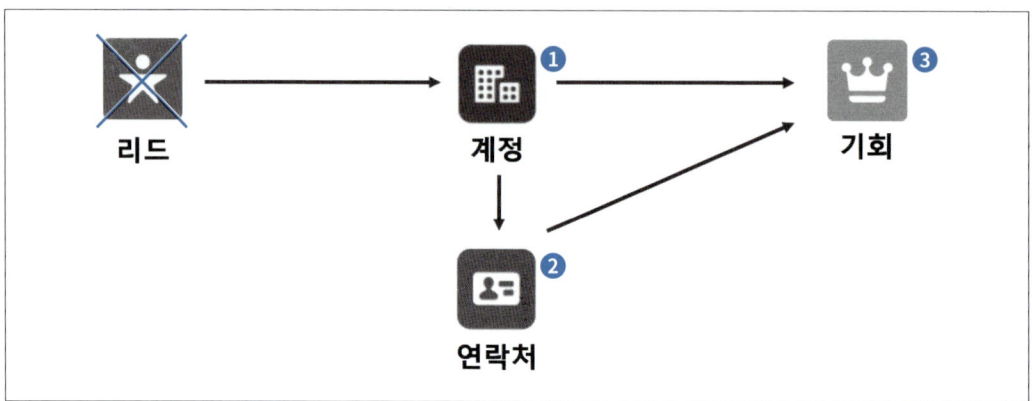

모 기업에서 프로젝트 공고가 났다고 가정해보자. 그러면 해당 기업은 분명한 기회(Opportunity)가 있는 것이므로 굳이 리드를 등록한 후 리드 전환을 할 필요는 없다. 그냥 바로 계정(Account)과 연락처(Contact)를 만든 후 바로 기회(Opportunity)를 등록해도 되기 때문이다. 그러므로 리드 전환을 통해서 계정과 연락처를 생성할 수 있지만, 계정과 연락처를 직접 사용자가 생성할 수도 있는 것이다.

2-1 계정(Account) 만들기

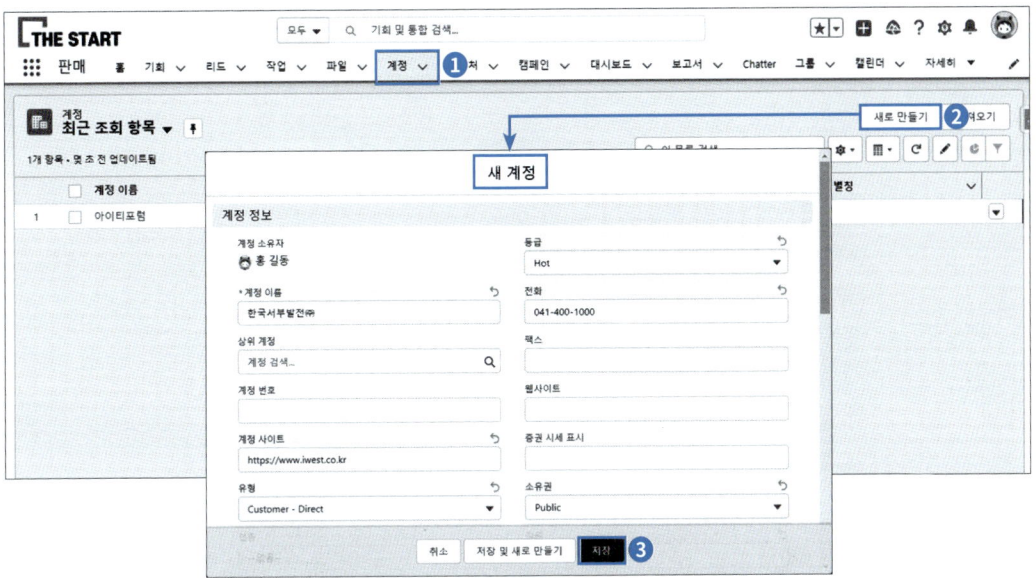

계정을 생성하기 위해서는 상단 계정 탭(1번)을 선택한 후 오른쪽에 있는 "새로 만들기" 버튼(2번)을 클릭하면, 위와 같이 새로운 계정을 만들 수 있는 "새 계정" 대화상자가 나타나게 된다. 여기에서 예제 계정으로 "한국한국서부발전㈜"을 등록해볼 것이다. 인터넷에서 서부발전을 검색한 후 사이트(https://www.iwest.co.kr)로 이동해서 보면, 협력기업지원 〉 입찰정보 〉 계약일반 〉 기자재구매 항목이 있다.

항목	선택 값	설명
계정 소유자	홍 길동	계정 소유자는 기본적으로 현재 로그인된 사용자가 등록된다.
계정 이름	한국서부발전㈜	회사 이름을 입력한다.
상위 계정	선택 안함	규모가 큰 회사의 경우 상위 계정 밑에 하위 계정이 있을 수 있다.
등급	Hot	고객의 의사에 따른 등급이다. "Hot", "Warm", "Cold"로 나눌 수 있다.
유형	Customer - Direct	고객이 직접 구매하는 형태이므로 선택한다.
업종	Energy	발전소이므로 "Energy"로 선택한다.
소유권	Public	

항목	선택 값	설명
전화	041-400-1000	
웹사이트	https://www.iwest.co.kr	
직원	2,630	
청구지	충청남도 태안군 태안읍 중앙로 285 32140 대한민국	큰 회사의 경우 청구지와 배송지가 다를 수 있다.
배송지	충청남도 태안군 태안읍 중앙로 285 시스템 운영 본부 301호 32140 대한민국	

위의 내용은 가상의 시나리오인 만큼 사이트로 이동해서 홈페이지에 있는 내용들을 근거로 계정 정보를 입력해보기로 하자. 최대한 입력할 수 있는 만큼 알아보고 입력하자.

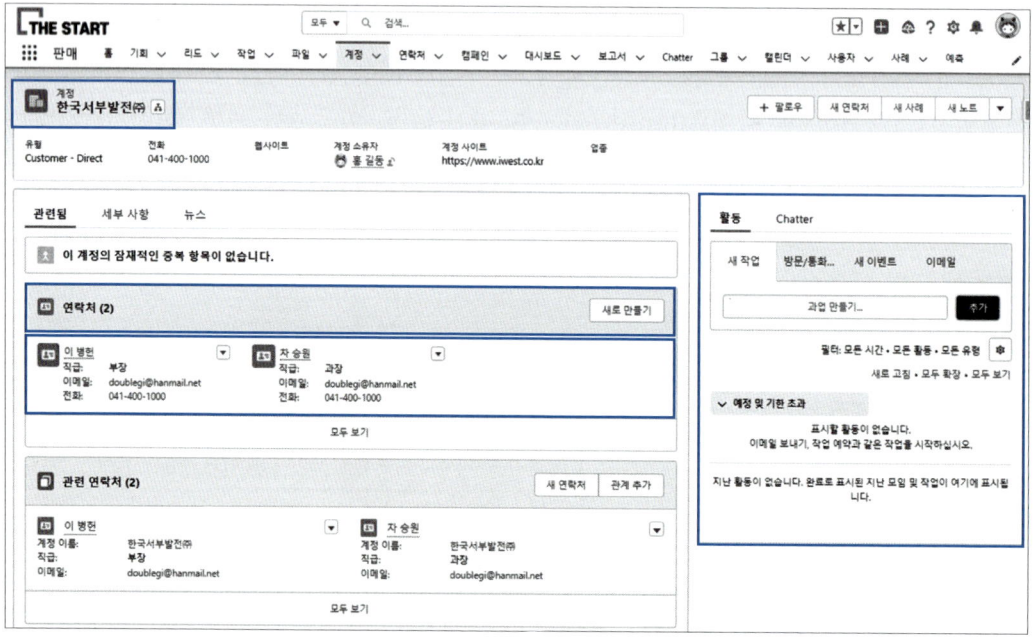

계정을 생성한 후 계정 탭의 목록 보기에서 "한국서부발전㈜" 계정을 선택하면, 위와 같이 잘 만들어진 것을 확인할 수 있다. 우선 위에서 보면 현재 우리가 알고 있는 연락처(Contact), 기회(Opportunity) 그리고 오른쪽에 활동(Activity)과 Chatter 탭이 있는 것을 확인할 수 있다.

2-2 연락처(Contact) 만들기

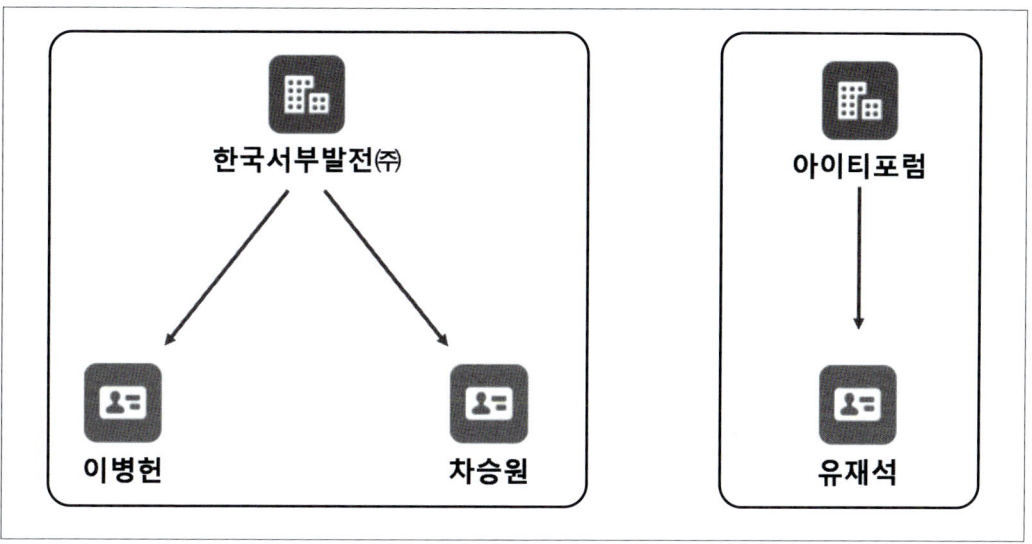

연락처(Contact)는 계정(Account)에 소속된 사람들을 의미한다. 그러므로 하나의 연락처는 기본이 하나의 계정에 소속되는 것이지만, 경우에 따라서 계정이 없는 상태에서 연락처만 생성하는 것도 가능하며, 경우에 따라서 다른 계정(다른 회사)과 관련된 계정으로 등록될 수도 있다. 그리고 앞서 언급했듯이 하나의 연락처(Contact)는 여러 기회(Opportunity)에 참여할 수 있다.

위 그림에서 보면 "유재석" 연락처는 "아이티포럼"에 소속된 연락처이지만, "한국서부발전㈜" 계정에도 참여할 수 있다. 예를 들어서 외부 자문으로 위촉된다던지, 아니면 사외 이사로 등기된다던지 하는 경우가 쉽게 생각해 볼 수 있는 경우이다. 이를 "관련 연락처"라고 한다. 그러나 이렇게 하나의 연락처가 여러 계정에 소속될 수 있으려면 이는 세일즈포스에서 추가적인 설정을 해주어야 한다. 이는 잠시 후 살펴보기로 하자.

우선 여기서는 앞서 생성한 "한국서부발전㈜" 계정에 "이 병헌"과 "차 승원" 연락처를 생성할 것이다. 편의상 "이 병헌" 직함은 "부장", "차 승원" 직함은 "과장"을 사용하도록 하겠다. 이메일은 모두 독자 분들의 이메일 계정을 동일하게 입력하도록 하면 된다. 그리고 부서는 모두 "시스템 운영 본부"로 하겠다. 추가로 연락처 필드에는 상급자 필드가 있는데, "차 승원"의 상급자를 "이 병헌"으로 선택하도록 하고, Level 컬럼은 해당 업무의 직접 담당자이므로 "Primary"로 정의한다. 위에서 연락처 영역의 "새로 만들기" 버튼(1번)을 눌러서 연락처를 만들어 보자. 다른 입력항목은 최대한 입력해보기로 하자.

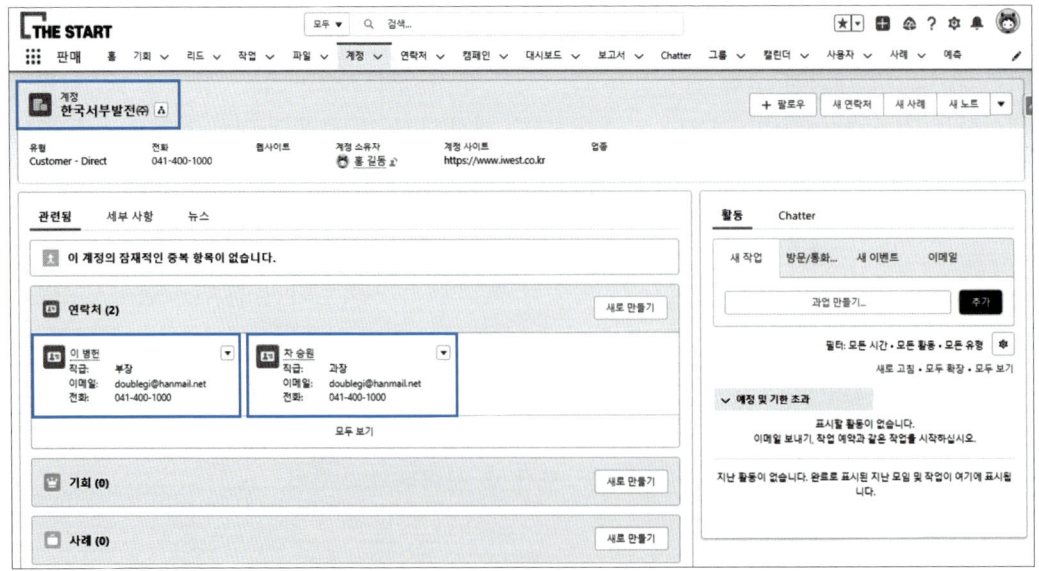

그러면 위와 같이 "한국서부발전㈜" 계정에 "이 병헌 부장"과 "차 승원 과장"이 등록된 것을 확인할 수 있다.

2-3 관련 연락처(Related Contact) 만들기

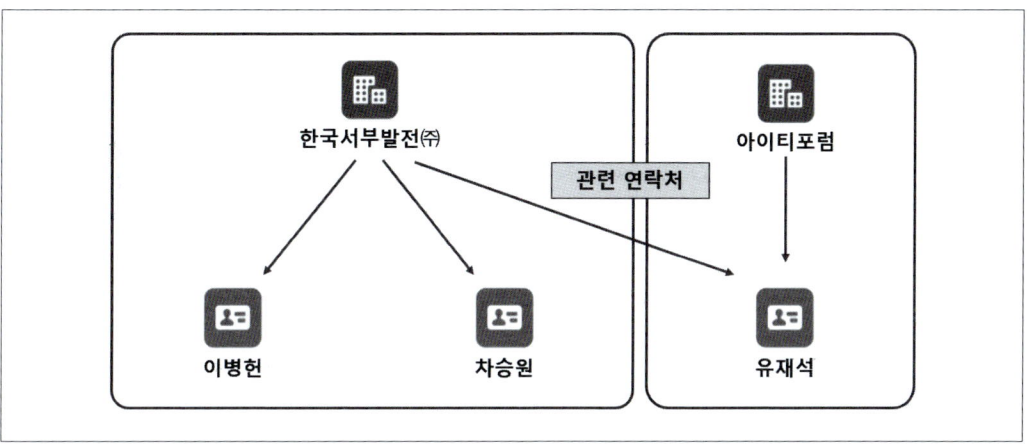

관련 연락처(Related Contact)는 다른 계정에 소속되어 있는 연락처가 특정 계정에 일정 역할을 하게 되는 경우 이를 정식으로 계정 소속으로 사용자를 등록하는 것을 말한다. 이를 위해서는 "설정"에서 관련 연락처를 이용할 수 있도록 설정해주어야 한다.

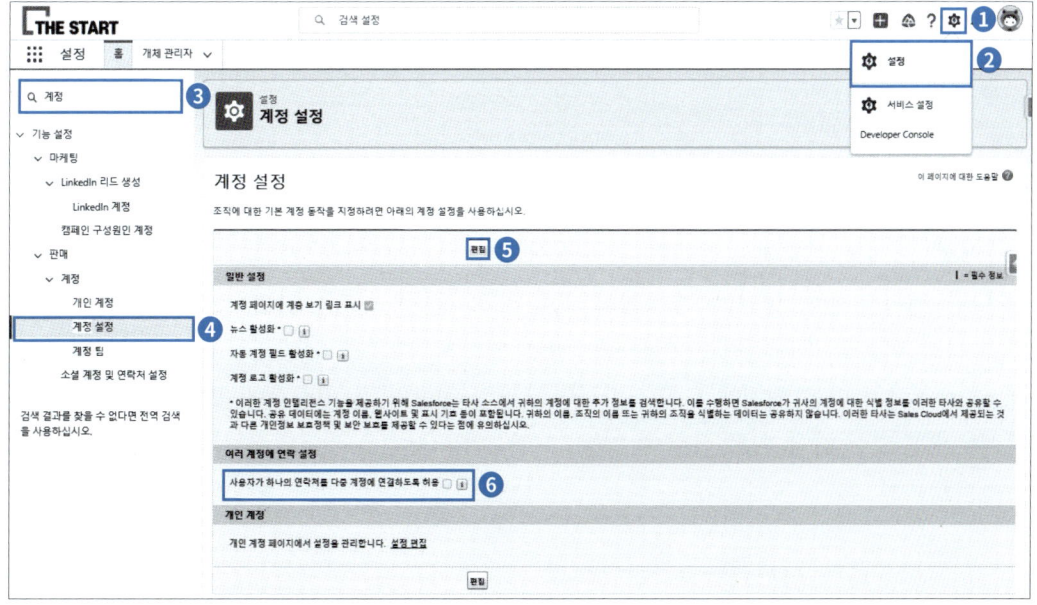

"관련 연락처"를 생성할 수 있도록 세일즈포스 설정을 변경하기 위해서는 우선 오른쪽 위에 있는 "설정(기어 버튼)"(1번)을 클릭한 후 보여지는 설정 메뉴(2번)를 클릭하면, 위 화면과 같은 설정 홈으로 이동한다. 여기에서 검색 창에 "계정"을 입력해서 검색(3번)하면, 왼쪽 리스트에 "계정 설정" 항목이 보이는데, 이를 선택(4번)하면 오른쪽의 화면이 나타난다.

해당 화면에서 우선 "편집" 버튼(5번)을 누른 후 중간에 있는 "사용자가 하나의 연락처를 다중 계정에 연결하도록 허용" 체크 상자(6번)를 체크한 후 "저장" 버튼을 눌러 저장한다. 그런 다음에는 해당 화면에 "관련 연락처"를 노출시켜야 하는데, 이를 조정하는 곳은 바로 해당 개체의 "페이지 레이아웃"이다.

다소 화면이 복잡해 보일 수 있지만, 좀 더 전문적으로 세일즈포스를 개발, 운영, 관리하기 위해서는 반드시 익혀야 하는 내용이며, 여기서는 관련 연락처만 페이지에 노출하는 설정만 간단히 구현할 것이므로 같이 따라하기로 하자.

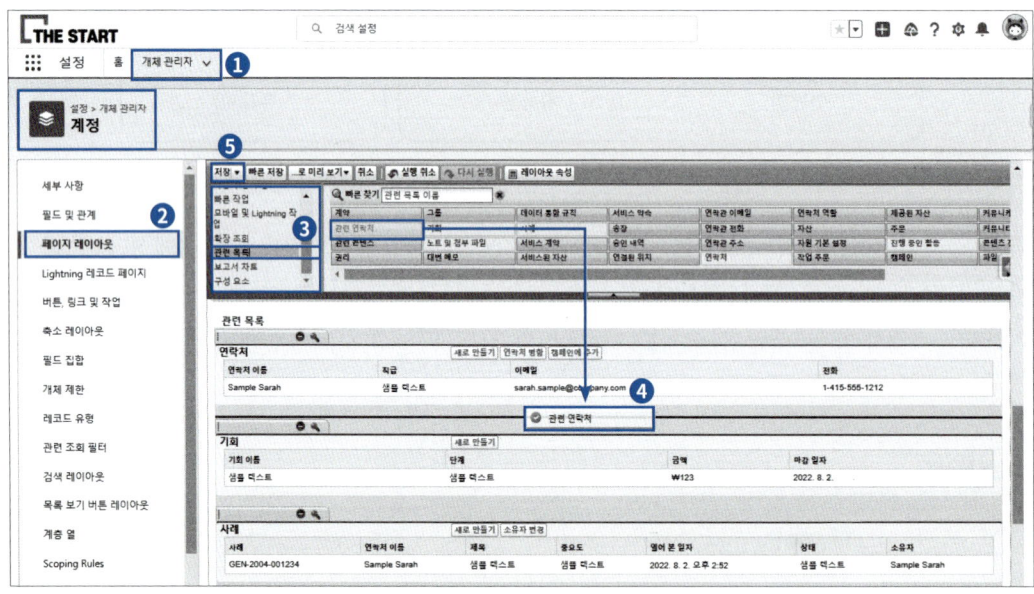

이전에 있었던 "설정" "홈" 화면에서 이번에는 그 옆에 있는 "개체 관리자" 탭(1번)을 선택하고 "계정" 개체를 검색해서 선택한 후 왼쪽에 "페이지 레이아웃" 항목(2번)을 선택한다. 그런 다음 페이지 왼쪽 상단에 목록을 스크롤 해서 "관련 목록"(3번)을 선택하면, 오른쪽에 관련 목록 버튼들이 나열된다. 이들 중 "관련 연락처" 버튼을 선택해서 드래그 한 후 하단에 있는 연락처 다음 위치에 드롭(4번)하면, "관련 연락처"가 리스트에 포함되는 것을 확인할 수 있다. 그런 다음 왼쪽 상단에 있는 "저장" 버튼(5번)을 누르면 설정은 완료된다.

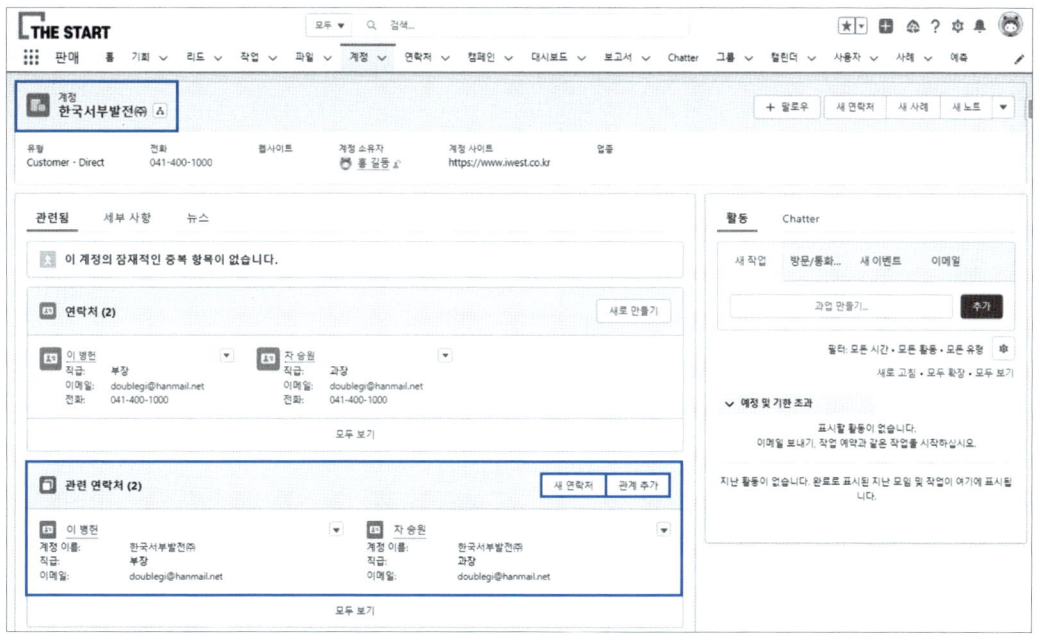

그런 다음 다시 "한국서부발전㈜" 계정을 들어오면, 이전과는 다르게 "관련 연락처" 항목이 추가된 것을 확인할 수 있다. 만일 현재 화면에서 "관련 연락처" 항목이 노출되지 않았다면, Ctrl + Shift + R 버튼을 눌러서 캐시를 제거한 상태로 화면을 다시 로딩 해보기로 하자. 그러면 위처럼 "관련 연락처" 항목이 노출될 것이다. 관련 연락처를 살펴 보면 해당 계정(Account)에 소속된 연락처가 기본적으로 포함되어 있음을 알 수 있다. 그리고 버튼에는 "새 연락처"와 "관계 추가" 버튼이 있는데, "새 연락처" 버튼은 위에 있는 "연락처" 영역에서 "새로 만들기" 버튼을 누르는 것과 같다. 여기서 중요한 버튼은 "관계 추가" 버튼인데, "관계 추가"버튼을 누르면 기존 계정에 소속된 연락처를 선택하고, 해당 연락처가 현재 계정에서 어떠한 역할로 참여하는지에 관한 "역할"을 선택할 수 있다.

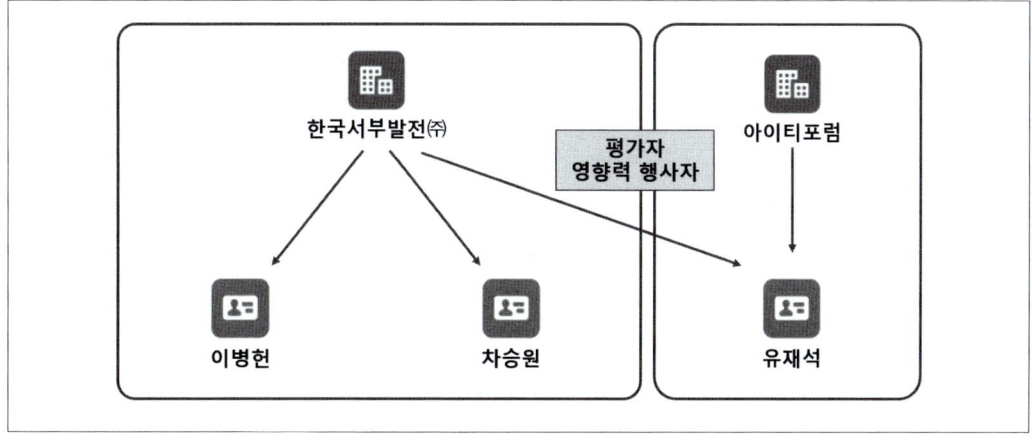

이번 실습에서 우리가 설정하려고 하는 "관련 연락처"는 위 화면과 같다. "아이티포럼" 소속의 "유재석" 팀장이 해당 프로젝트의 컨설턴트로 참여할 수 있는 상황을 가정했으며, 이를 위해 "한국서부발전㈜" 계정에서 유재석 연락처를 "관련 연락처"로 추가할 것이다.

그러면 위 화면에서 "관계 추가" 버튼(1번)을 클릭하면, "새 계정 연락처 관계" 대화상자가 나타난다. 화면에서 보면 "계정"은 "한국서부발전㈜" 계정이 기본으로 선택되어 있는 상태이다. 그리고 하단에 "연락처"가 있는데, 연락처는 이전에 생성했던 "아이티포럼"의 "유재석" 연락처를 선택(2번)하기로 하자. 만일 다른 이름으로 계정을 만들었다면 다른 계정을 선택해도 상관없다. 그리고 해당 연락처가 본 계정에서 어떠한 역할을 하는 것인지를 정의하기 위해서 사용가능 역할 목록에서 "평가자"와 "영향력 행사자"(3번) 이렇게 두 항목을 선택해서 오른쪽 화살표를 눌러 선택됨 항목에 추가(4번)하자. 그리고 마지막으로 저장 버튼(5번)을 누르면 다음과 같이 화면에 보이게 된다.

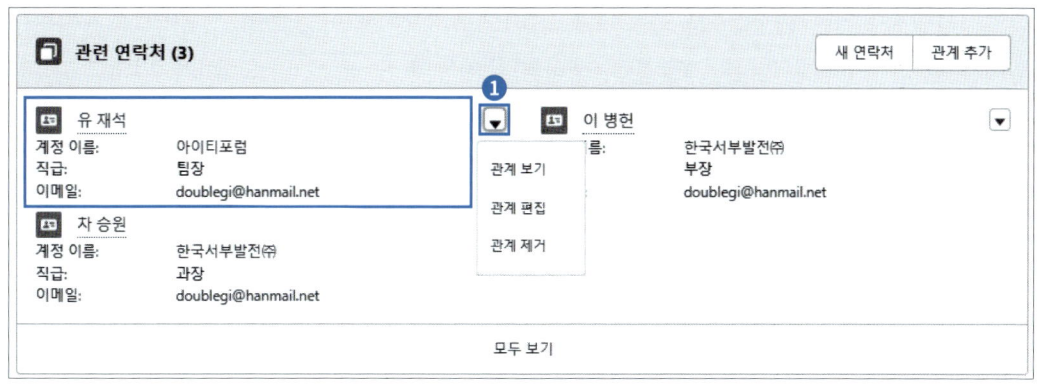

위 화면에서 보면 "유 재석" 연락처가 "관련 연락처"에 추가된 모습이다. 이렇게 관련 연락처에 추가된 연락처는 오른쪽 상단 목록 버튼(1번)을 눌러서 관계를 확인하거나, 편집할 수도 있으며, 해당 계정에서 제거할 수도 있다.

이렇듯 세일즈포스는 계정(Account)과 연락처(Contact) 그리고 기회(Opportunity)는 다양한 상황에서 서로 연결될 수 있는 융통성을 제공해준다.

2-4 파트너(Partner) 등록하기

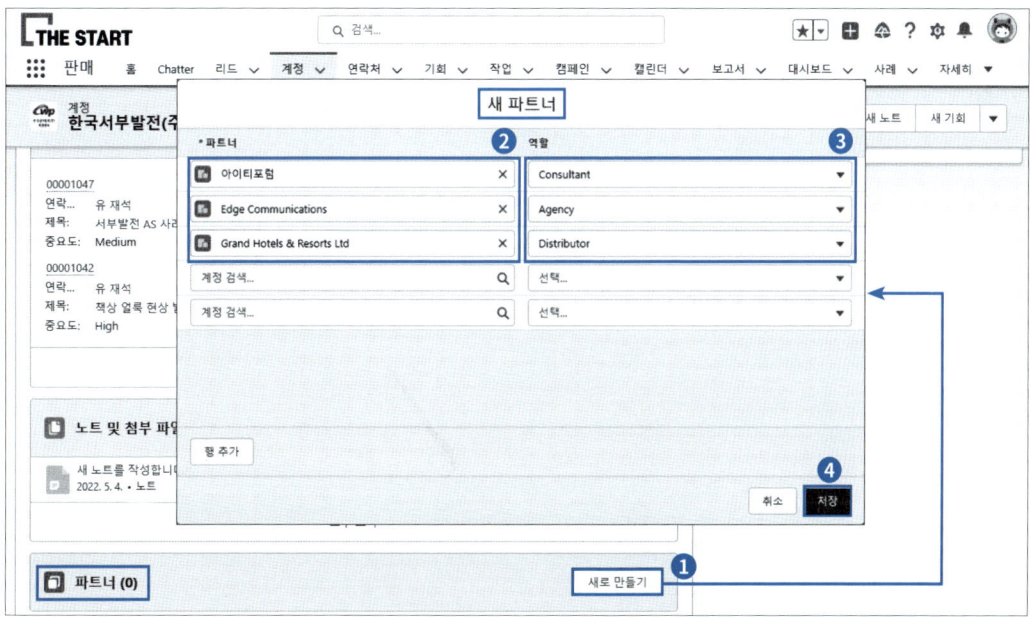

한국서부발전㈜이란 회사는 큰 회사이다. 그러므로 입찰 제품 및 서비스 구매와 관련해서 우리가 담당하지 않는 다른 역할을 수행하거나 지원할 수 있는 파트너사가 존재할 수 있다. 세일즈포스의 주요 비즈니스 개체는 아니지만, 세일즈포스에서는 기본적으로 이러한 파트너사들을 등록해서 관리할 수 있는 기능을 제공한다.

파트너를 등록하기 위해서도 역시 해당 파트너는 계정(Account)으로 미리 등록되어 있어야 한다. 이를 위해 파트너 영역에서 "새로 만들기" 버튼(1번)을 선택하면 "새 파트너" 대화상자가 나타나는데, 왼쪽 영역에서 파트너들을 선택(2번)한 다음 오른쪽 역할에서 관련 역할을 선택(3번)한 후 "저장" 버튼(4번)을 누르면 된다.

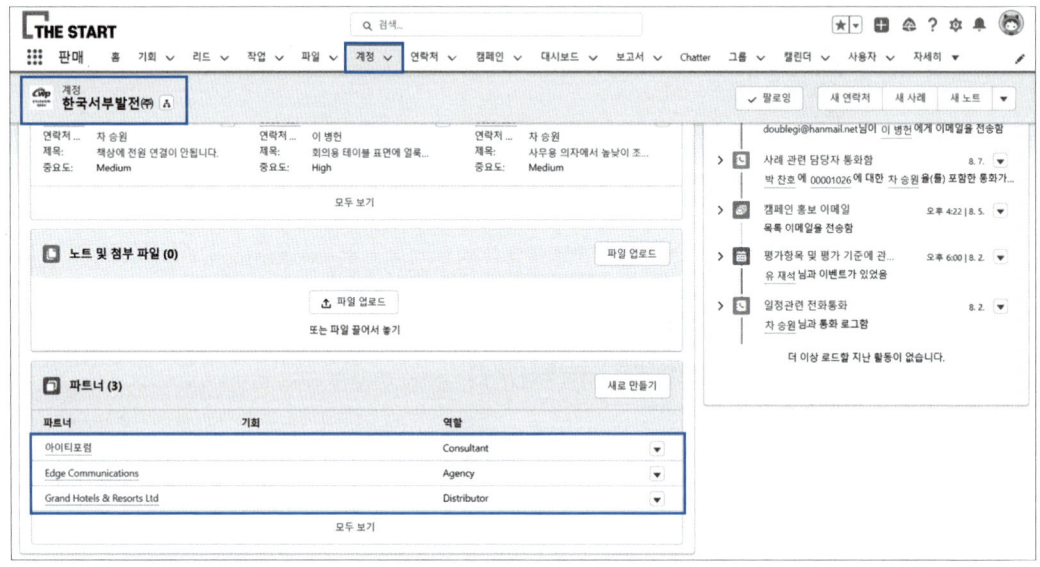

그러면 위처럼 각기 계정들이 "한국서부발전㈜" 계정의 파트너로 등록된 것을 확인할 수 있다.

2-5 뉴스(News) 연결

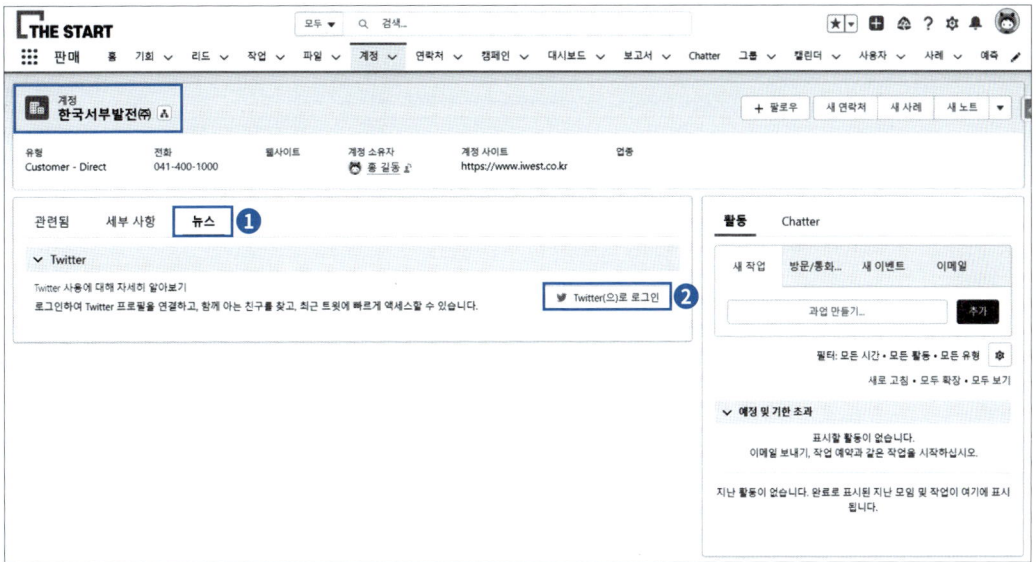

리드(Lead)와 계정(Account) 그리고 연락처(Contact)등은 모두 뉴스 탭을 가지고 있다. 위의 화면처럼 "한국서부발전㈜" 계정의 "뉴스" 탭을 선택(1번)하면 "Twitter(으)로 로그인" 버튼(2번)이 있다. 이를 클릭하면 우선 팝업으로 트위터 계정을 통해 현재 계정에 액세스하도록 승인할지 여부를 묻는 대화상자가 나타난다. 여기에서 "앱 승인" 버튼을 누르면, 이제 2번 버튼은 "Twitter 계정 연결"로 레이블이 변경된다. 이 버튼(2번)을 다시 클릭하면 다음과 같이 트위터 계정을 검색할 수 있는 대화상자가 나타난다.

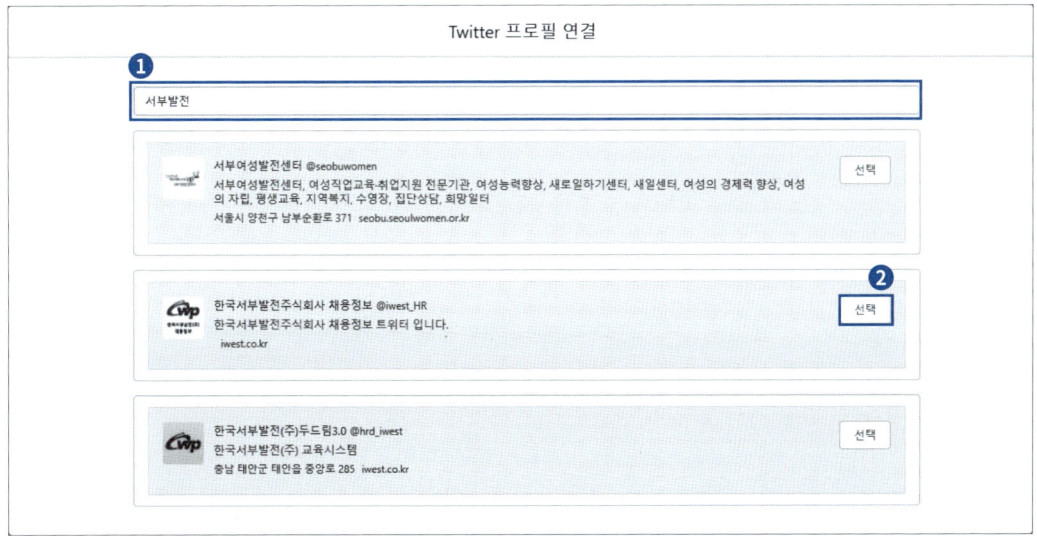

그러면 기본적으로 해당 계정 이름으로 검색 결과를 보여주게 되며, 검색란에서 검색어를 "서부발전"으로 수정해서 검색(1번)하면 보다 많은 결과가 보여진다. 그러면 여기에서 연결하고자 하는 항목을 선택(2번)하면 된다.

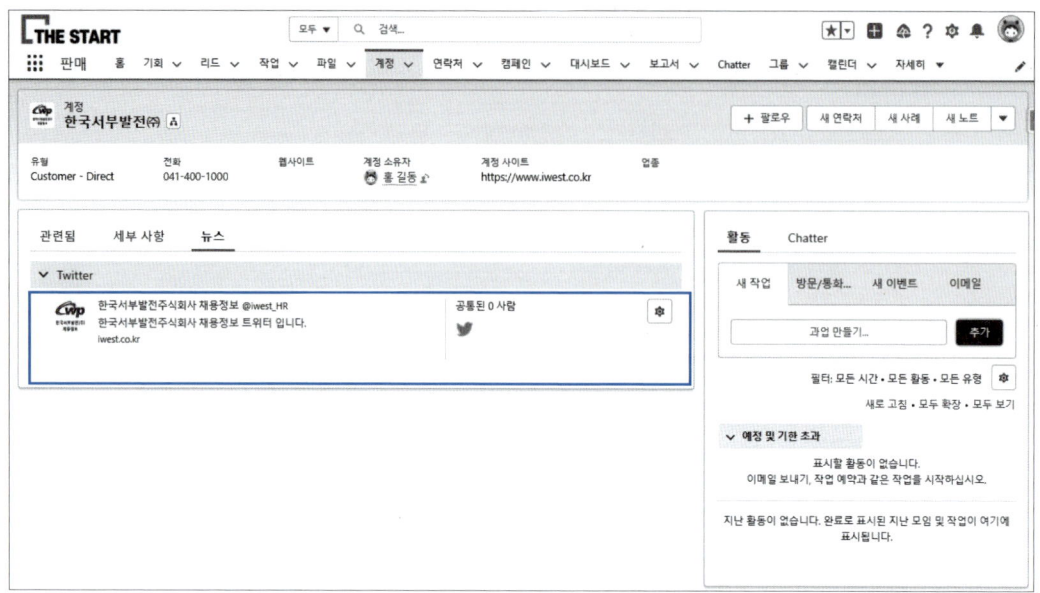

그러면 해당 계정의 뉴스 탭에 트위터 계정이 등록된다. 이는 팔로우를 하는 것은 아니고, 해당 계정의 트위터 정보를 등록해 놓은 정도라고 생각하면 된다. 이것의 의미는 업무 담당자들이 보다 편리하게 해당 회사의 새로운 소식에 접근할 수 있도록 링크를 걸어 둔 정도의 의미라고 생각하면 된다.

Classic의 경우에는 Twitter 뿐만 아니라 YouTube도 연결할 수 있지만, Lightning UI는 현재 Twitter 계정만 연결할 수 있도록 되어있다.

2-6 활동(Activity) 등록하기

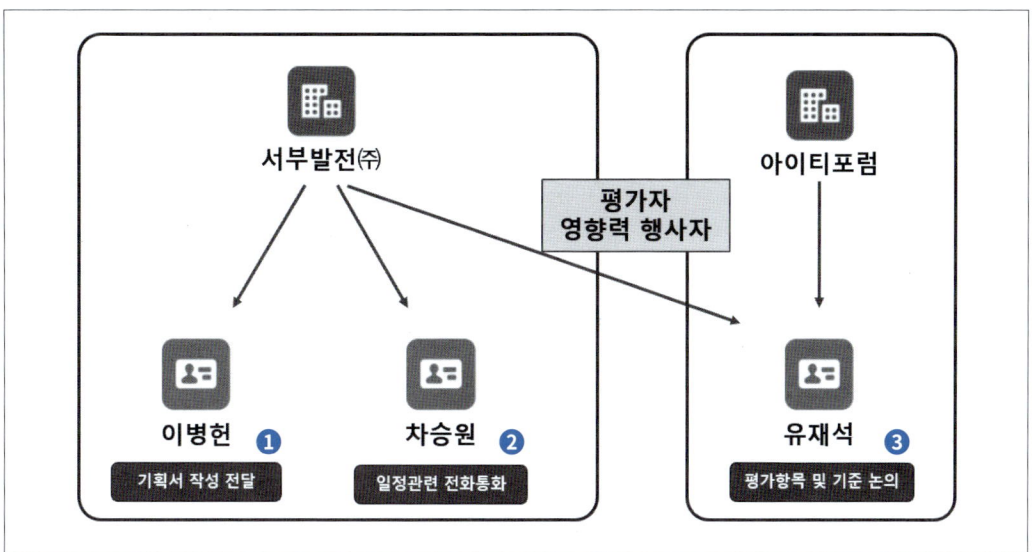

위의 관계는 앞에서 계정(Account)과 연락처(Contact) 관계를 설명하면서 살펴본 화면이다. 연락처(Contact) 하단에 각기 담당자들이 진행해야 하는 일들이 정의되어 있으며, 이를 활동(Activity) 영역에 기록하면 관련 내용들이 어떻게 상호 공유되는지를 확인해 보기로 하자.

우선 첫 번째로 "한국서부발전㈜" 계정의 "이병헌 부장"에게 기획서를 작성해서 다음 주 월요일까지 전달해야 한다고 하자. 그러면 "이병헌" 연락처로 이동해서 "기획서 작성 후 전달"이라는 이름의 작업(Task)를 등록한다.

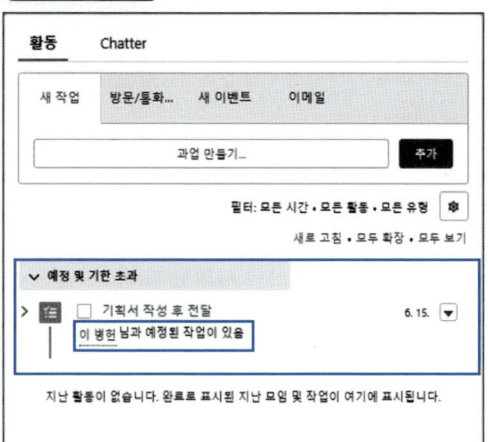

그러면 위 화면과 같이 "이병헌" 연락처에 등록한 내용이 "한국서부발전㈜" 계정의 활동 탭에 자동으로 노출된다. 더불어 "한국서부발전㈜" 활동 탭에서는 해당 작업이 누구의 작업인지가 추가로 보이게 된다.

두 번째로 "차승원 과장"에게 향후 일정관련해서 전화통화를 했다고 하자. 그리고 담당자는 그 기록을 자신의 작업에 기록한다. 이를 위해 "차승원" 연락처로 이동해서 "방문/통화기록" 탭에서 제목에 "일정관련 전화통화"를 입력한 후 저장하도록 하자.

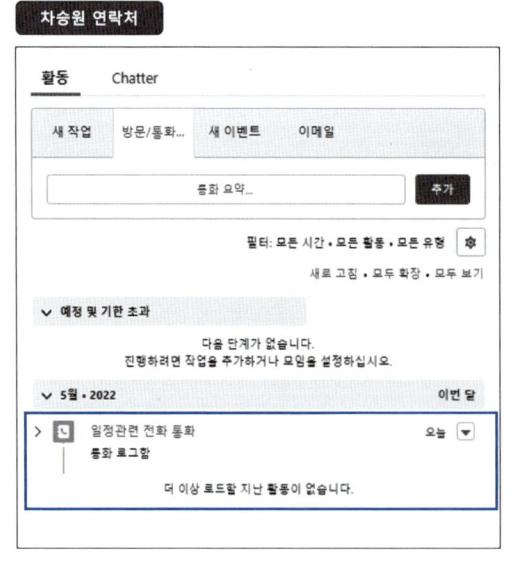
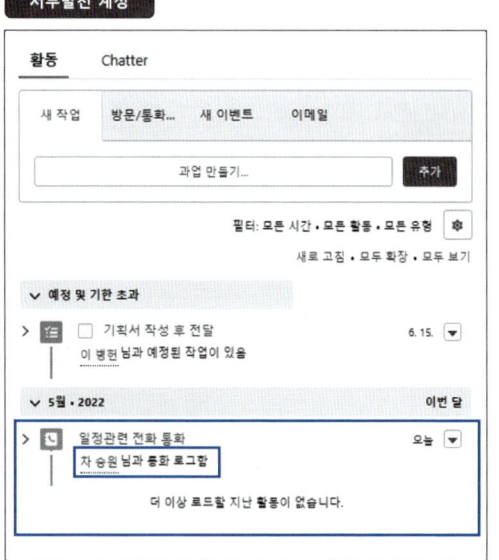

그러면 "차승원" 연락처에는 본인의 통화 기록이 등록되며, 이 내용은 서부발전 계정에도 등록돼서 방금 전 "이병헌" 연락처에 등록한 내용과 함께 보이게 된다.

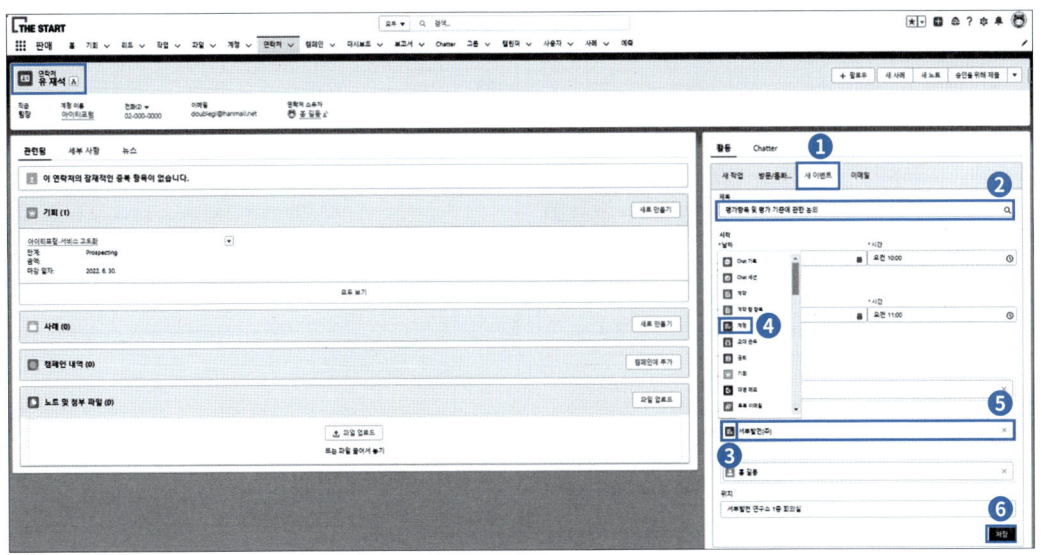

이제 마지막으로 아이티포럼 계정에 소속되어 있는 "유재석" 과장과 "평가항목 및 평가 기준에 관한 논의"를 위한 미팅 일정을 잡는다고 하자. 그러면 "유재석" 연락처로 이동한 후 오른쪽 상단에 있는 "새 이벤트" 탭(1번)을 선택한 다음 "제목"에 "평가항목 및 평가 기준에 관한 논의"를 입력(2번)한 다음 날짜는 임의로 입력하도록 하자.

그리고 여기서 주의해야 하는 점은 "관련 항목"인데, 현재 "유재석" 과장의 소속은 "아이티포럼"이다. 그러므로 해당 이벤트를 등록하면 "아이티포럼"의 일정에 기록된다. 하지만 지금 이벤트는 "아이티포럼"이 아닌 "한국서부발전㈜" 계정으로 이벤트를 등록해야 하기 때문에 "관련 항목" 앞에 버튼(3번)을 누른 다음 목록 중에서 "계정"(4번)을 선택한다. 그리고 검색 리스트 중 "한국서부발전㈜" 계정(5번)을 선택하고, 마지막으로 "저장" 버튼(6번)을 눌러서 이벤트를 저장한다.

다소 복잡하게 보일 수 있지만, 업무적인 내용을 이해한 후 접근하면 그리 어렵지 않게 등록할 수 있을 것이다.

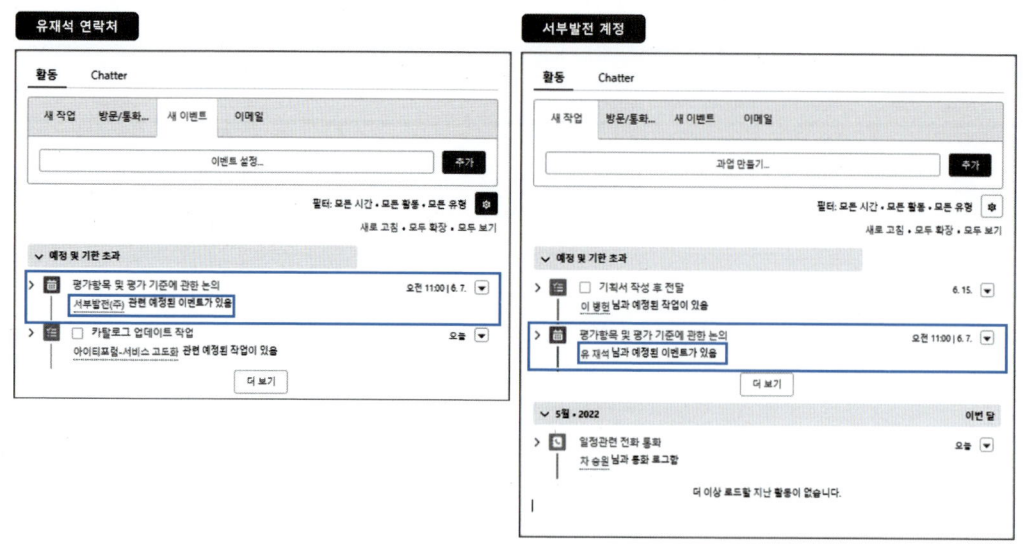

그러면 위 화면처럼 "유재석" 연락처에 등록한 이벤트가 "한국서부발전㈜" 계정에도 등록되어 있는 것을 확인할 수 있다.

chapter 04
표준 개체(Standard Object) 이해하기

01 발굴된 또는 확보된 잠재고객 리스트를 목적별로 분류해서 가망성이 높은 고객을 파악하는 작업을 무엇이라고 하는가?

① 페르소나 기법(Persona Method)
② 고객 관리(Customer Management)
③ 고객 행동 분석(Customer Behavior Analysis)
④ 고객생애가치(Life Time Value)

02 다음 리드의 상태 중 고객과 커뮤니케이션 하면서 업무를 진행하고 있는 상태는 무엇인가?

① Open – Not Contacted
② Working – Contacted
③ Closed – Converted
④ Closed – Not Converted

03 다음 리드의 상태 중 고객의 구매 의사 또는 구매 일정이 분명한 경우에 리드의 상태는 무엇으로 설정해야 하는가?

① Open – Not Contacted
② Working – Contacted
③ Closed – Converted
④ Closed – Not Converted

04 다음 중 리드 변환을 통해서 레코드가 생성되는 개체가 아닌 것은 무엇인가?

① 계정(Account)
② 연락처(Contact)
③ 기회(Opportunity)
④ 계약(Contract)

05 다음 중 리드 변환을 통해 회사명, 전화, 팩스, 웹사이트, 등급, 업종, 직원 수 등이 등록되는 개체는 무엇인가?

① 계정(Account)
② 연락처(Contact)
③ 기회(Opportunity)
④ 계약(Contract)

06 다음 중 리드 변환을 통해 이름, 전화, 휴대폰, 팩스, 직급, 주소 등이 등록되는 개체는 무엇인가?

① 계정(Account) ② 연락처(Contact)
③ 기회(Opportunity) ④ 계약(Contract)

07 다음 중 설명으로 잘못된 것은 무엇인가?

① 하나의 계정(Account)에 여러 연락처(Contact)가 등록될 수 있다.
② 하나의 계정(Account)에 여러 관련 연락처(Related Contact)가 등록될 수 있다.
③ 하나의 계정(Account)에 여러 기회(Opportunity)가 등록될 수 있다.
④ 하나의 계정(Account)에 여러 리드(Lead)가 등록될 수 있다.

08 계정(Account)의 레코드 페이지 레이아웃(Page Layout)에 "관련됨" 항목에는 "관련 연락처"가 기본적으로 노출되어 있지 않다. 이를 노출시키기 위해 계정(Account) 개체의 개체 관리자로 들어가서 페이지 레이아웃으로 이동했다. 다음 중 이를 등록하기 위한 올바른 방법은 무엇인가?

① 필드에서 "관련 연락처" 필드를 추가한 후 저장한다.
② 버튼에서 "관련 연락처" 버튼을 추가한 후 저장한다.
③ 구성 요소에서 "관련 연락처"를 추가한 후 저장한다.
④ 관련 목록에서 "관련 연락처"를 추가한 후 저장한다.

09 "유재석 과장"은 "아이티포럼" 소속이지만, "한국서부발전㈜"에 "평가자"로 등록되어 있다. "유재석 과장"이 "한국서부발전㈜"과 관련된 업무로 미팅을 등록해야 한다면 이벤트를 등록할 때 다음 중 반드시 선택해야하는 것은 무엇인가?

① "유재석" 연락처에서 이벤트를 등록할 때 "관련 항목"에서 "한국서부발전㈜"을 선택한다.
② "유재석" 연락처에서 이벤트를 등록할 때 "제목"을 "한국서부발전㈜"으로 입력한다.
③ "유재석" 연락처에서 이벤트를 등록할 때 "담당자"를 "한국서부발전㈜" 담당자로 선택한다.
④ "유재석" 연락처에서 이벤트를 등록할 때 "이름"을 "한국서부발전㈜"으로 입력한다.

10 다음 중 회사의 웹사이트를 통해서 잠재고객을 확보할 수 있도록 하는 기능을 무엇이라고 하는가?

① Web to Read　　② Web to Account

③ Web to Contact　　④ Web to Opportunity

1	2	3	4	5	6	7	8	9	10
①	②	③	④	①	②	④	④	①	①

chapter 05
기회(Opportunity) 사용하기

1 기회(Opportunity)소개

2 기회 관련 개체(Opportunity Related Object)

1 기회(Opportunity) 소개

 기회(Opportunity)의 단계

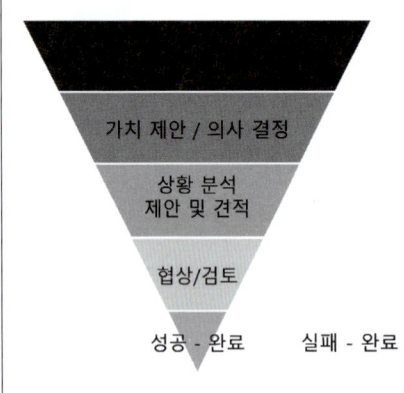

단계	성공 확률	예측 범주
전망	10%	파이프라인
검증	10%	파이프라인
수요 분석	20%	파이프라인
가치 제안	50%	파이프라인
의사 결정	60%	파이프라인
상황 분석	70%	최고 사례
제안 및 견적	75%	최고 사례
협상/검토	90%	확약
성공 – 마감됨	100%	마감됨
실패 – 마감됨	0%	제외

기회(Opportunity)는 기본적으로 리드 변환을 통해서 얻어지며, 기회를 관리한다는 것은 판매 또는 계약 체결을 위한 과정을 관리한다는 것을 의미하는 매우 중요한 단계이다. 이러한 기회의 과정은 위와 같이 여러 단계를 포함하고 있다.

기회(Opportunity)를 관리해서 성공 또는 실패에 이르는 과정을 편의상 깔때기(funnel)라고 한다. "깔때기"라는 용어는 세일즈포스에서만 사용되는 용어가 아니라 비즈니스에서 일반적으로 사용되는 용어이다. 이는 최초 많은 기회들이 있지만, 진행 과정을 통해서 점점 걸러지고, 최종적으로 계약에 성공하는 비율이 적어지기 때문에 위 화면과 같이 "깔때기" 모양과 같다고 해서 사용하는 용어이다. 이는 리드(Lead)도 마찬가지다. 최초 많은 리드를 확보해서 리드를 관리하는 과정에서 리드 변환(Lead Conversion)이 이뤄지는 리드의 수는 당연히 적을 수밖에 없다.

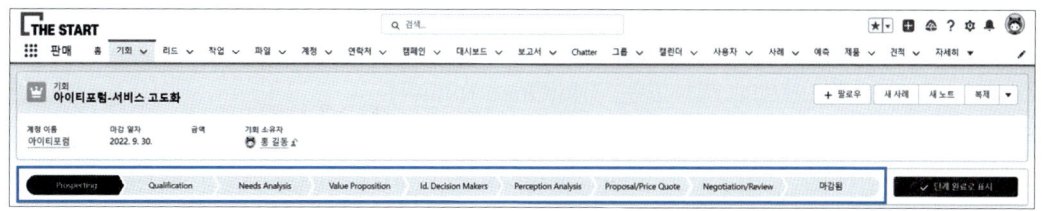

기회(Opportunity)의 단계는 위 화면과 같이 총 9단계로 구성되는데, 마지막 "마감됨" 단계는 "성공 – 완료"와 "실패 – 완료" 둘 중의 하나이다. 때문에 목록은 10개이지만 단계는 모두 9단계로 구성되며, 이 각 단계들은 "성공 확률"과 "예측 범주"라는 연관된 필드를 가지고 있다.

여기에서 "성공 확률"은 각 단계별 %(퍼센트) 비율이 할당된 컬럼이다. 이 필드는 기회의 매출을 예측할 수 있는 예상 매출을 산출하기 위한 근거로 사용된다. 예를 들어서 기회의 "마감 일자"가 10월인 기회의 "예상 매출액"이 100만원인데, 현재 해당 기회의 단계가 "전망" 단계라면, 10월달 해당 기회에 의한 예상 매출은 10만원(예상 매출액의 10%)으로 집계된다는 의미이다.

그러므로 각기 영업 담당자(각 기회의 소유자)들의 예상매출 뿐만 아니라 회사의 전체 예상 매출을 산출하는 용도로 "성공 확률" 필드는 중요하게 사용된다.

그리고 "예측 범주"의 경우에는 기회의 진행 단계가 현재 어떠한 범주에 해당하는 지를 나타낸다. 물론 기회의 "단계" 필드가 이미 기회의 진행 상태를 구분하기 위한 필드로 존재하기 때문에 "예측 범주"의 구분이 중복된다고 볼 수도 있지만, 기회의 단계는 세분화 되어 있고 "예측 범주"는 그 기회 단계들의 상위 레벨의 단계라고 보면 된다.

예를 들어 다음 표를 보도록 하자.

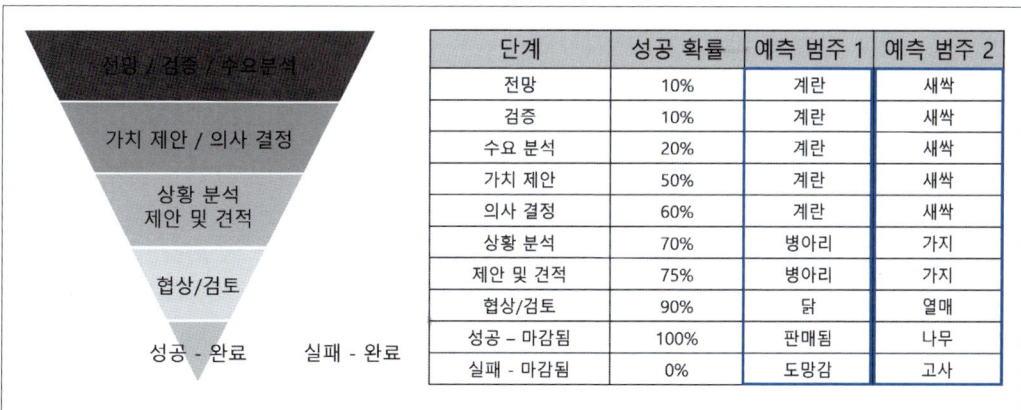

예측 범주 1의 예는 기회의 진행 단계를 좀더 큰 범주에서 "계란" 단계인지, 아니면 "병아리" 단계인지, 아니면 "닭"의 단계인지 등으로 구분했으며, 예측 범주 2의 예는 "새싹", "가지", "열매", "나무" 등의 단계로 구분했다.

이러한 "예측 범주" 목적은 바로 단계의 그룹화이다.

예를 들어서 "계란" 단계에 해당하는 기회(Opportunity)들을 보고자 하는데 만일 예측 범주가 없다면, 기회의 단계에서 "전망" 부터 "의사 결정" 단계까지 모든 단계들을 검색해야 한다. 그러나 위의 예측 범주가 있다면, "계란" 단계만 검색하면 보다 간단해지는 것이다.

그리고 이러한 단계와 성공 확률 예측 범주는 얼마든지 상품 및 서비스의 특성을 고려하여 우리 회사의 입장 및 특성에 맞게 재 정의할 수 있다.

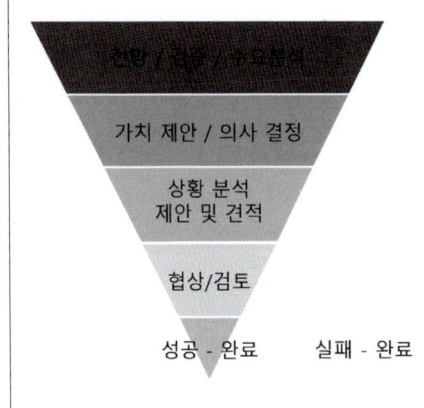

단계	성공 확률	예측 범주 1	예측 범주 2
전망	10%	계란	새싹
검증	10%	계란	새싹
수요 분석	20%	계란	새싹
가치 제안	30%	병아리	가지
의사 결정	40%	병아리	가지
상황 분석	50%	병아리	가지
제안 및 견적	70%	닭	열매
협상/검토	80%	닭	열매
성공 - 마감됨	100%	판매됨	나무
실패 - 마감됨	0%	도망감	고사

위의 화면이 이전 단계와 다른 점은 "계란" 또는 "새싹" 단계가 축소되고, "병아리" 또는 "가지" 단계 그리고 "닭"과 "열매" 단계가 조정됐다. 그리고 "성공 확률"도 처음 기본 설정과는 다르게 우리 회사의 입장에 맞게 단계별 비율이 조정됐다.

이렇게 되면 앞서 설명한 예처럼 기회의 "마감 일자"가 10월인 기회의 "예상 매출액"이 100만원인데, 현재 해당 기회의 진행 단계가 "상황 분석" 단계라면 10월달 해당 기회에 의한 기존의 예상 매출은 70만원(예상 매출액의 70%)으로 집계가 됐겠지만, 마지막으로 수정된 "상황 분석" 단계의 "성공 확률"의 값은 "50%"이기 때문에 변경된 10월달 예상 매출은 50만원으로 집계가 될 것이다.

이렇듯 예측 범주의 구분과 성공 확률의 정의는 누가 정의해주는 것이 아니라 우리회사의 입장에 맞게 직접 조절해주는 것이다.

그리고 특히 기회(Opportunity)의 단계도 지금 9단계로 구성되어 있지만, 이를 7단계 또는 5단계로 얼마든지 우리 회사의 상황에 맞게 변경할 수 있으며, 업무에 따라서 12단계 15단계 등 얼마든지 더 늘어날 수도 있다.

단순한 물건 및 서비스를 공급하는 경우일수록 기회의 단계가 적어지겠지만, 규모가 큰 서비스 및 상품을 공급하는 경우는 기회의 단계 또한 늘어날 것이다. 예를 들어 발전소 건설을 수주하기 위한 거대한 수 조원 단위의 기회를 관리한다고 생각해보자.

필자가 해본 적이 없어 잘 모르기는 하지만, 아마도 기회의 단계가 30단계 이상은 족히 될 것이다. 그도 그럴 것이 그러한 사업들은 입찰부터 최종 계약하기까지 몇 년 이상 걸리기도 한다.

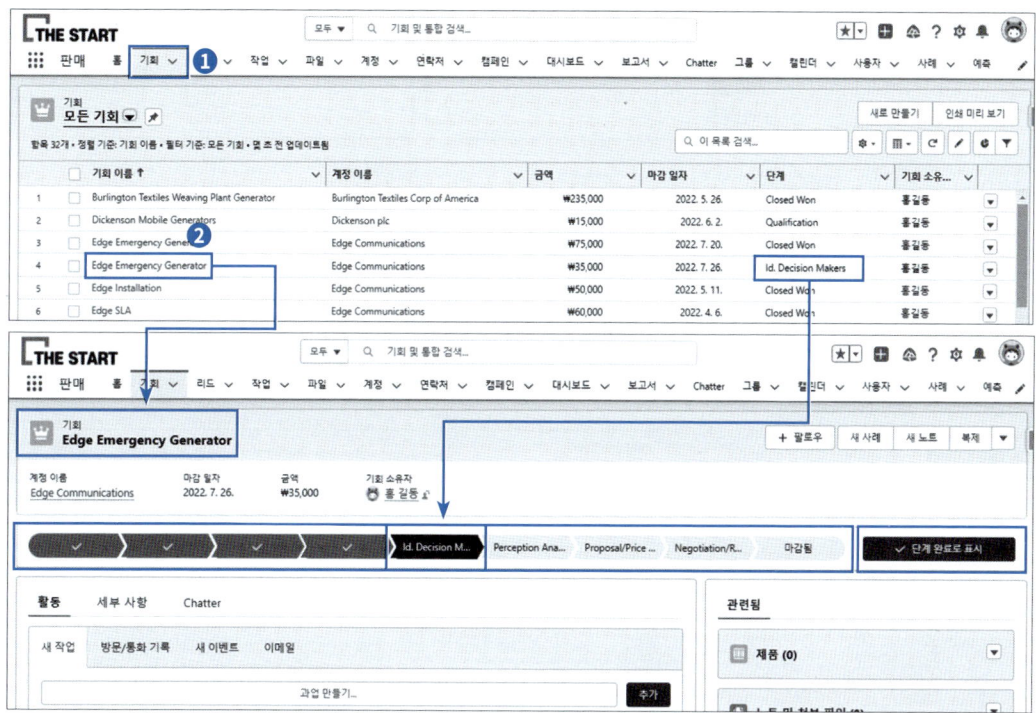

이러한 기회의 단계별 진행상황은 위 화면에서 보듯이 프로그레스 바(Progress Bar)를 통해 시각적으로 보여지며, 이를 기회의 경로(Path)라고 한다. 위 화면에서 상단 페이지는 "기회" 탭(1번)을 선택한 후 여러 기회 중에 "Edge Emergency Generator" 기회를 선택(2번)한 모습이며, 아래 페이지는 "Edge Emergency Generator"의 레코드 페이지를 보여주고 있는 모습으로 위 화면에서의 단계가 아래 화면에서 경로를 통해 잘 표현되고 있는 것을 확인할 수 있다.

이상으로 기회의 단계에 대해서 설명했으며, 이를 조정하고 수정하기 위한 방법은 이후 7장에서 설명할 것이다. 그러므로 지금 이 단계에서는 세일즈포스의 기본 설정 값을 이용해서 설명을 진행할 것이다.

1-2 기회(Opportunity) 만들기

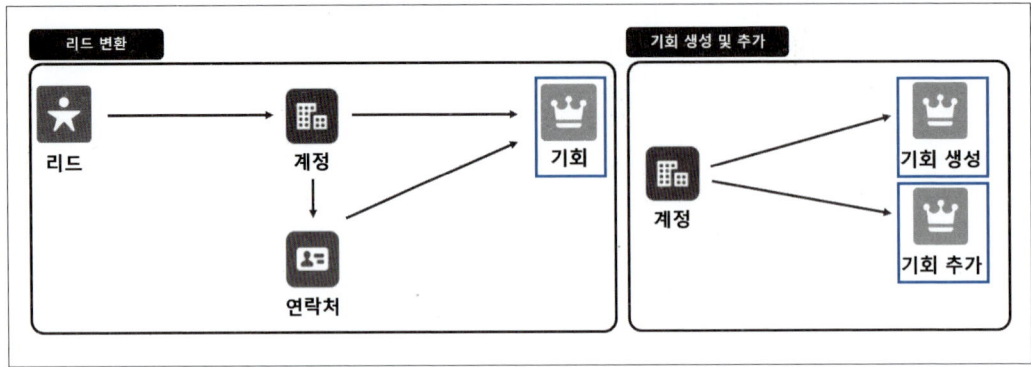

기회(Opportunity)는 리드 변환(Lead Conversation)을 할 때 자동으로 생성되며, 위 화면의 오른쪽 경우처럼 기존 계정(Account)에서 기회를 새로 만들거나 추가할 수도 있다. 리드 변환 과정에 대해서는 이전 장에서 살펴보았기 때문에 이번에는 직접 기회를 만들어 보기로 하자.

기회를 만들기 위해서 이전에 생성했던 "한국서부발전㈜" 계정으로 들어온 다음, 하단에 보면 기회 영역이 있다. 이 기회영역 오른쪽 끝부분을 보면, "새로 만들기" 버튼(2번)이 있는데, 이 버튼을 클릭하면 위처럼 "새 기회" 대화상자가 나타나게 된다.

항목	선택 값	설명
기회 소유자	홍 길동	소유자는 기본적으로 현재 로그인 된 사용자가 등록된다.
비공개	선택 안함	비공개 옵션을 선택하게 되면, 해당 기회는 기회 소유자만 볼 수 있다.
기회 이름	한국서부발전 사무기기 납품	
금액	12,000,000	매출 예상 금액을 입력한다.
마감일자	2022-07-29	거래 성사 예정 및 예상 일자를 입력한다.
Next Step	입력 안함	다음 단계를 의미하는 내용을 기록하는 영역이며, 큰 의미는 없다.
계정 이름	한국서부발전㈜	기본적으로 해당 계정이 선택된다.
단계	Prospecting	기회 단계를 선택하며, 여기서는 최초 시작단계인 "Prospecting"을 선택한다.
성공 확률	10 (자동 입력)	"단계"에서 어떠한 단계를 선택하는지에 따라서 자동으로 값이 입력된다.
유형	New Customer	고객을 구분하기 위한 필드로써 신규고객인지 아니면 기존 고객인지 구분하며 기존 고객일 경우 어떠한 의도를 갖는지를 선택한다.
리드 소스	Other	해당 기회를 발굴하게 된 경로를 선택한다. 특정 리드를 선택하는 것이 아니다.
기존 캠페인 소스	선택 안함	해당 기회를 만들기위한 캠페인을 선택하는 곳으로 캠페인을 등록하면 이후에 캠페인의 효과를 분석해볼 수 있겠지만, 현재는 캠페인을 배우지 않았음으로 입력하지 않는다.
추가 정보 영역	입력 안함	주문 번호와 주요 경쟁자(Main Competitor) 그리고 배송 및 설치현황 추적 번호는 송장 번호와 같이 배송 관련 추적할 수 있는 번호를 입력한다. 현실에 맞지 않으면 사용하지 않으면 된다.
설명 정보	입력 안함	필요시 해당 기회에 대한 설명 등을 입력한다.

"새 기회" 대화상자에는 위의 내용을 참조해서 각 항목을 입력하고, 마지막으로 "저장" 버튼(3번)을 눌러서 기회를 만들어 보기로 하자. 위의 여러 필드 중 내용 중 눈 여겨 봐야할 곳은 바로 "단계"이다. 단계는 기회(Opportunity)의 여러 단계 중 현재 등록하고자 하는 기회의 진행 정도를 선택하는 것으로 단계에 따라서 "성공 확률"은 자동으로 기입되며, 화면에 표시되지는 않지만 기회의 단계가 등록되면 해당 단계에 해당하는 "예측 범주"도 자동으로 입력된다.

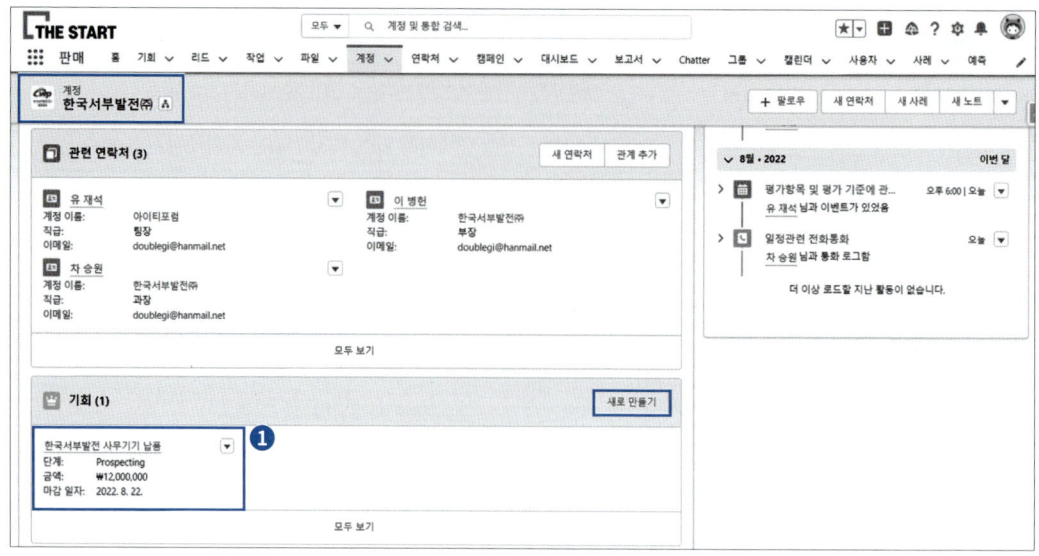

그러면 위와 같이 "한국서부발전 사무기기 납품"이란 제목의 기회가 등록된 것을 확인할 수 있다. 화면을 보면 알 수 있는 것처럼 이후 기회를 추가로 생성할 수도 있다. 즉, 하나의 계정에 다양한 기회가 생성될 수 있는 것이다.

그러면 이제 기회 내용을 살펴보기로 하자. 위 화면에서 "한국서부발전 사무기기 납품"이란 제목(1번)을 클릭하면, 해당 기회 페이지로 이동하게 된다.

> **참고**
>
> 최초 "THE START"가 IT회사라고 소개했지만, IT 관련 솔루션 및 제품들의 기능별 가격정책이 일반 사용자분들이 이해하기 복잡해서 예제는 사무기기(책상과 의자)를 납품하는 것으로 예제를 구성했습니다.

 # 기회(Opportunity) 소유자 변경하기

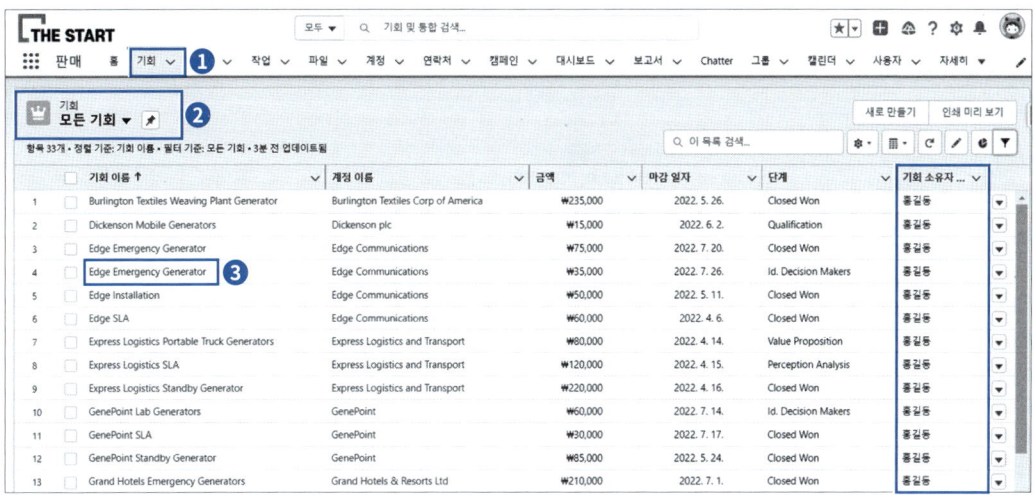

앞서 기회를 등록할 때 설명했던 것처럼 기회의 소유자는 해당 기회(Opportunity)를 등록한 사용자가 기본적으로 해당 기회의 소유자가 된다. 이는 비단 기회(Opportunity) 뿐만 아니라 앞서 살펴봤던 리드(Lead), 계정(Account), 연락처(Contact) 모두 마찬가지이며, 이후에 배울 개체들도 모두 마찬가지이다.

이러한 소유자(Owner)를 위에서는 "기회 소유자"라고 표현했지만, 이를 일반적으로는 레코드 소유자(Record Owner)라고 한다. 이러한 레코드의 소유자들은 해당 업무를 담당하는 담당자라는 의미를 갖는다. 예를 들어서 이전 단계에서 생성한 "한국서부발전 사무기기 납품" 기회(Opportunity)의 소유자는 현재 "홍길동"이다. 이것의 의미는 "홍길동" 사원이 "한국서부발전 사무기기 납품" 기회(Opportunity) 업무를 담당한다는 것이다.

이러한 소유자가 중요한 이유는 이를 근거로 사원들의 관리 평가가 이뤄질 수 있다는 점이다. 예를 들어서 "한국서부발전 사무기기 납품" 기회(Opportunity)를 잘 관리해서 납품에 성공했을 경우 해당 업무에 대한 매출 및 평가는 "홍길동" 사원이 받게 된다는 것이다.

그러므로 레코드가 생성되면, 해당 레코드의 소유자를 지정하는 것은 관리자의 중요한 업무 중에 하나이며, 입력되는 레코드의 특성에 따라 담당자를 자동으로 배정할 수도 있는데, 이는 뒤에서 다루기로 하겠다.

이러한 레코드 소유자는 필요에 따라서 얼마든지 변경할 수 있는데, 특정 기회의 소유자를 변경하는 실습을 해보기 위해서 "기회" 탭(1번)으로 이동한 다음 목록 보기에서 "모든 개체"(2번)를 선택하고, 목록 레코드 중에 이전에 선택했던 "Edge Emergency Generator"를 선택(3번)해서 레코드 페이지로 이동해 보기로 하자.

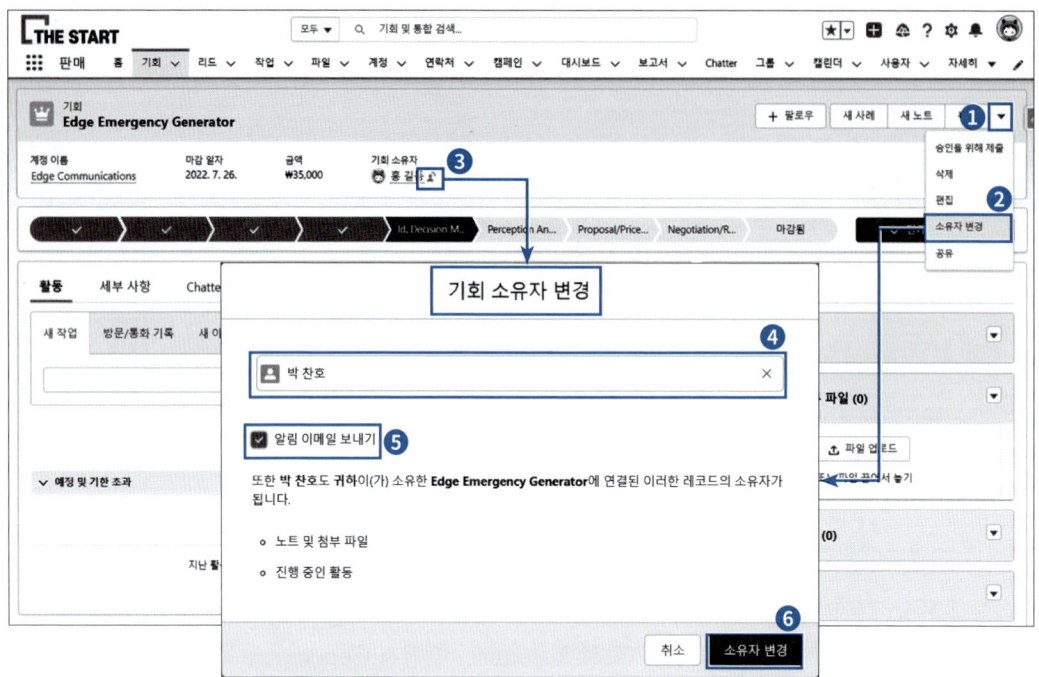

소유자를 변경하기 위해서는 레코드 페이지로 이동한 다음 오른쪽 상단 드롭다운 버튼(1번)을 눌러서 나오는 메뉴 중에 "소유자 변경" 메뉴(2번)를 선택하거나, 소유자 이름 옆에 조그만 사람 아이콘(3번)이 있는데, 이를 누르면 위와 같이 "기회 소유자 변경" 대화상자가 나타나게 된다.

그러면 관리자는 등록된 사용자들 중 한 명을 지정(4번)한 후 "소유자 변경" 버튼(6번)을 누르면 되는데, 여기서는 "박 찬호" 대표를 선택했다. 그 이유는 현재 개발자 오그의 라이선스가 두 개가 있는데, 하나는 현재 관리자인 "홍 길동"이 가지고 있고, 다른 하나는 "박 찬호" 팀장이 가지고 있기 때문이다. 그리고 "알림 이메일 보내기" 체크 항목(5번)은 변경된 소유자에게 관련 내용을 이메일로 알림을 보낸다는 내용이다.

참고로 라이선스뿐만 아니라 해당 레코드에 접근 권한이 없는 경우 소유자가 될 수 없다.

> ☆ **기회이(가) 사용자에게 전송되었습니다.**
>
> 보낸사람 홍 길동 팀장 <doublegi@hanmail.net> 22.08.02 19:09 주소추가 | 수신차단
> 받는사람 doublegi@hanmail.net <doublegi@hanmail.net> 주소추가
>
> 기회 Edge Emergency Generator이(가) 사용자에게 할당되었습니다. 레코드를 보려면 아래 링크를 클릭하십시오.
>
> https://thestart7-dev-ed.my.salesforce.com/0065i000007YStu

소유자가 변경되면, 새로운 소유자(박 찬호)에게 메일이 전달되며, 메일 안에 있는 링크를 누르면, 세일즈포스 오그(Org)의 해당 레코드 페이지로 이동한다.

이상으로 소유자 변경 관련해서 설명을 했다. 현재 기회(Opportunity)를 설명하면서 소유자를 언급했기 때문에 소유자는 기회에만 적용된다고 생각하면 안된다. 세일즈포스의 레코드는 한 명의 고객 또는 매출의 기회이기 때문에 세일즈포스 내의 모든 개체들에서 매우 중요하게 사용되는 개념이다.

2 기회 관련 개체(Opportunity Related Object)

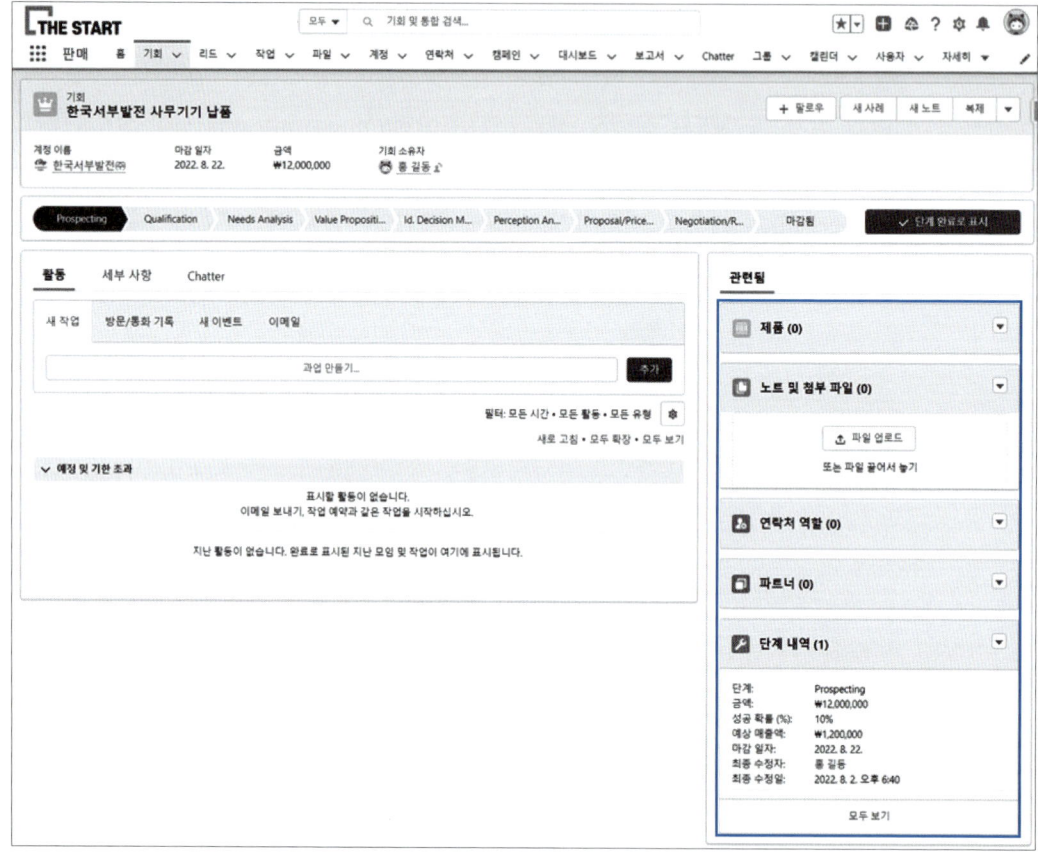

기회(Opportunity)를 관리한다는 것은 기회의 단계를 이동하면서 마지막 "성공 – 완료됨" ("마감됨"에서 선택) 단계로 이동하는 것을 목적으로 하며, 기회의 각 단계에서 진행해야 할 다양한 업무적인 요소들을 정리하는 것을 의미한다. 그러므로 기회를 진행하기 위해서는 기회 개체 외에도 다양한 개체들이 함께 사용되는데, 이렇게 특정 개체와 관련한 업무적인 요소들을 정의하기 위해 사용되는 개체들을 관련 개체(Related Object)라고 한다. 이들은 기본적으로 위 화면에서 보는 바와 같이 "제품", "노트 및 첨부 파일", "연락처 역할", "파트너", "단계 내역" 등이 있으며, 필요하다면 "견적"이나 새로운 관련 개체들을 추가할 수 있다.

이러한 기회 관련 개체들의 기능 및 사용법을 익히는 것은 기회(Opportunity)를 학습하는 과정에서 매우 중요한 비중을 차지한다. 그러므로 이제 기회 관련 개체들에 대해서 살펴보기로 하겠다.

2-1 제품(Product) 및 가격 목록(Price Book) 소개

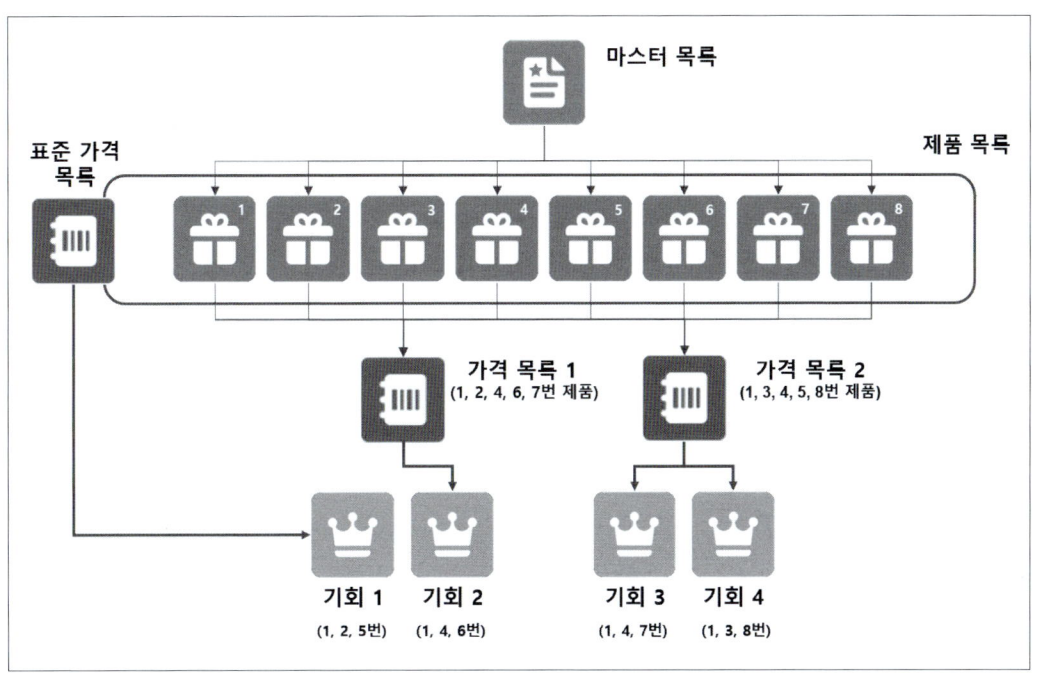

기회(Opportunity)가 존재한다는 것은 우리 회사의 제품이나 서비스에 대해 구매 계획을 가지고 있는 고객이 존재한다는 것이다. 그러므로 기회가 생성되기 전에 우리 회사에서 제공하고 있는 서비스나 또는 판매하고 있는 제품(Product)들이 있을 것이며, 이들 모두는 미리 제품 목록(Product List)에 등록되어야 한다. 위의 화면을 보면 제품이 1번부터 8번까지 등록되어 있다. 그리고 이렇게 등록된 서비스나 제품들은 모두 마스터 목록(Master List)에 기본적으로 포함된다.

그리고 등록된 제품들은 기본적으로 "표준 가격 목록"(Standard Price Book)으로 묶여지며, 그 외에도 사용자가 새로운 가격 목록(Price Book)을 필요에 따라 수시로 생성할 수 있으며, "표준 가격 목록"과 사용자가 생성한 "가격 목록"이 바로 기회(Opportunity)에 적용될 수 있다.

서비스 및 제품 목록이 몇 가지 되지 않는다면, "표준 가격 목록" 하나만으로 여러 기회에 적용해서 사용할 수도 있겠지만, 그렇다고 하더라도 시기별 제품 가격에 차이가 발생할 수 있기 때문에 기본적으로 모든 제품들은 표준 가격 목록으로 묶고, 그리고 필요에 따라 "가격 목록"을 생성하여 이를 기회에 적용하는 것이 기본이다. 특히 제품이나 서비스 등이 다양하다면 더더욱 가격 목록을 만들어서 이를 적용하는 것이 보다 체계적이고 편리한 방법이 될 것이다.

하나의 기회(Opportunity)는 단 하나의 가격 목록만 적용받을 수 있다. 예를 들어서 위의 그림에서 "기회 1"이 "표준 가격 목록"을 적용 받고 있는 상황이므로 추가로 "가격 목록 1"을 적용 받을 수는 없다.

2-2 제품(Product) 등록하기

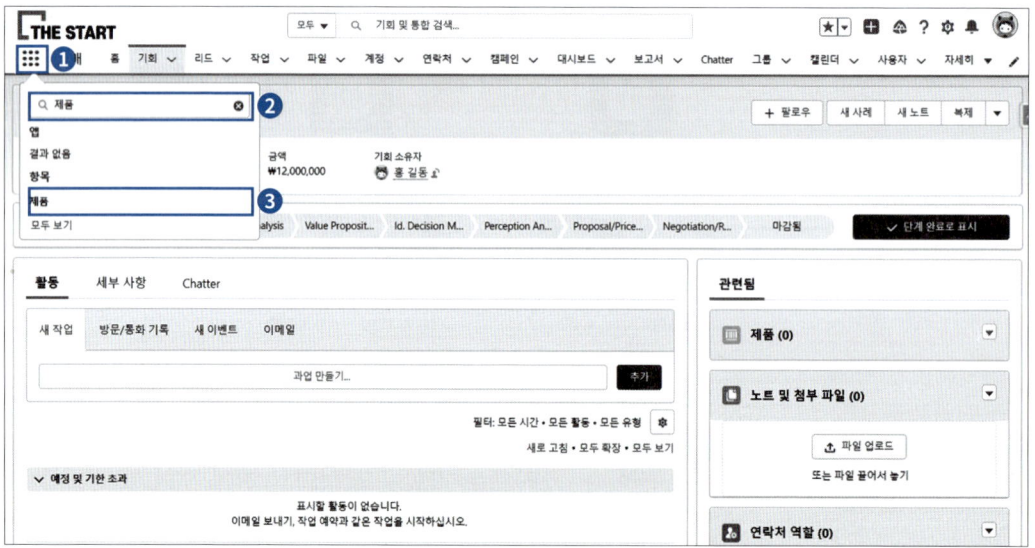

이제 실습을 위해 제품을 등록할 것인데, 제품을 등록하기 위해서는 우선 "제품" 개체로 이동해야 한다. 하지만 "제품" 개체는 기본적으로 판매 앱의 상단 탭에 노출되지 않는다.

그러므로 "제품" 개체 화면으로 이동하기 위해서는 위 화면 상단에 있는 앱 시작관리자 아이콘(1번)을 클릭한 다음 검색 창에서 "제품"을 입력(2번)하면 조회 결과가 나타나는데, "항목" 하단에 보면 "제품" 개체가 검색된 것을 확인할 수 있다. 검색 결과인 "제품"(3번) 개체를 선택하면 제품 탭으로 이동한다.

만일 항상 상단에 "제품" 개체 탭을 노출시키고자 한다면, 다음과 같은 과정을 통해 판매 앱 상단에 "제품" 개체 탭을 추가할 수 있다.

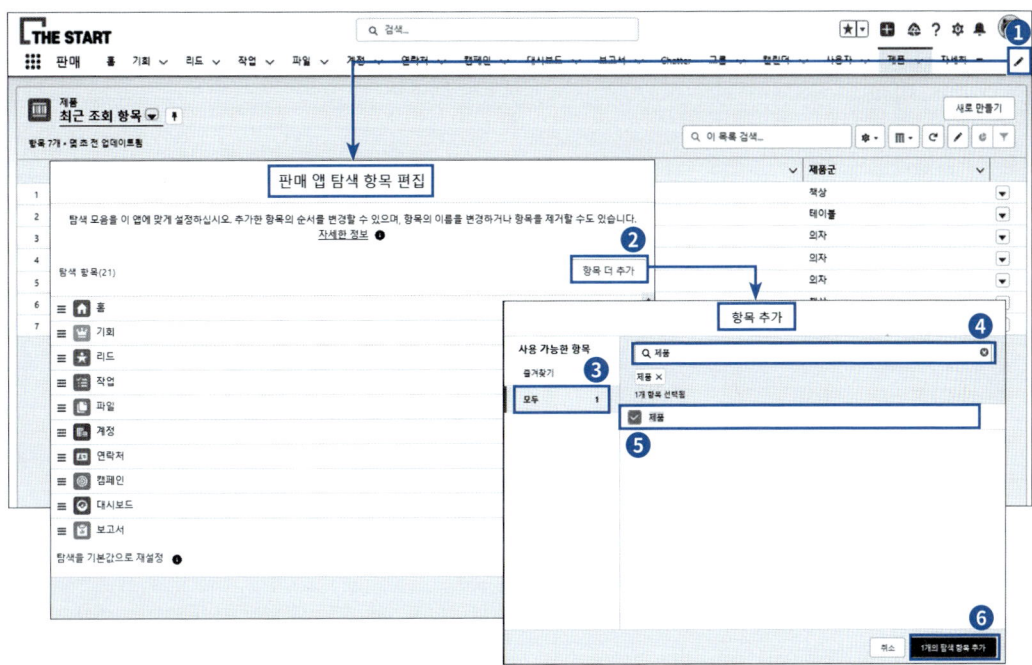

지금 작업은 특정 탭에만 적용되는 것이 아니며, 필요에 따라서 다양한 개체들의 탭을 상단에 추가/제거할 수 있기 때문에 잘 알아 두면 좀더 편리하게 사용하는데 도움이 될 것이다. 위 화면에서 보면 탭 리스트 마지막에 조그만 연필 버튼(1번)이 있다. 이 버튼의 정식 이름은 "탐색 모음 개인 설정"이다. 이 버튼을 누르게 되면 "판매 앱 탐색 항목 편집"이란 대화상자가 나타나며, 대화상자의 가운데 리스트 들이 지금 현재 노출되고 있는 판매 앱의 탭 목록들이다. 오른쪽 스크롤을 내리면 현재 노출되어 있는 더 많은 목록들을 확인할 수 있다.

새로운 탭을 추가하기 위해서는 대화상자 오른쪽 상단에 있는 "항목 더 추가" 버튼(2번)을 클릭하면 "항목 추가" 대화상자가 나타난다.

그러면 대화 상자 왼쪽에서 "모두" 항목(3번)을 선택하면, 현재 추가할 수 있는 등록된 많은 개체들의 리스트가 보이게 되는데, 기본적으로 이름 순으로 정렬되어 있기 때문에 스크롤을 내려서 "제품"을 선택해도 되고, 아니면 위의 화면처럼 검색 창에서 "제품"을 입력(4번)하면 검색 결과에 "제품" 개체만 보이게 되고, 목록 앞에 있는 체크 버튼(5번)을 선택하면, 오른쪽 하단에 "1개의 탐색 항목 추가" 버튼이 활성화된다. 필요하다면 하나 이상 여러 개체를 선택할 수도 있다. 마지막으로 "1개의 탐색 항목 추가" 버튼(6번)을 누르면, 다시 제품이 추가된 상태로 이전 화면이 보이게 되고, 해당 화면에서 "저장" 버튼을 누르면, 아래와 같이 판매 앱의 탭 목록에 "제품" 탭이 추가된 것을 확인할 수 있다.

추가된 "제품" 탭(1번)을 선택한 후 목록 보기에서 "모든 제품"(2번)을 선택하면, 샘플로 등록된 여러 제품들을 확인할 수 있으며, 이 제품들을 사용할 수도 있지만 우리는 새로운 제품을 등록해서 사용할 것이다. 이를 위해 "새로 만들기" 버튼(3번)을 선택하면, "새 제품" 대화상자가 나타난다.

다음 내용은 위 화면에 있는 필드들을 설명한 표이다.

항목	설명
제품 이름	등록하고자 하는 제품명을 입력한다.
활성	상품은 존재하지만, 노출을 원하지 않는다면 활성 옵션을 선택하지 않으면 된다. 반대로 노출을 원한다면 반드시 활성 옵션을 선택해 주어야 한다.
제품 코드	회사에서 관리하고 있는 제품 및 서비스에 대한 코드를 입력한다. 코드관리가 되고 있지 않다면 입력하지 않아도 된다.
제품군	제품군은 상품의 카테고리를 의미한다. 회사에서 다양한 상품이 존재한다면 우선 제품군 필드에 추가로 카테고리를 등록하면 된다.
제품 설명	제품과 관련한 설명을 입력한다.

위에서 제품을 등록하는 화면을 살펴보니 한 가지 의아한 점이 있는데, 그것은 바로 제품 또는 서비스의 가격이나 단가를 입력할 수 있는 필드가 없다는 것이다. "제품" 개체는 기본적으로 가격 또는 단가를 포함하고 있지 않다. 제품의 가격이나 단가는 해당 제품을 기회(Opportunity)에 적용하면서 등록하게 되는 것이다.

물론 "제품" 개체에 가격 또는 단가를 등록할 수 있는 필드를 추가해서 사용할 수 있다. 이러한 작업을 스키마 변경이라고 하는데, 이는 관리자 또는 개발자가 수행하는 작업의 영역이며, 관련 내용은 6장에서 다룰 예정이다.

제품이름	활성	제품코드	제품군	제품설명
사무용 책상 – 일자형	체크	DESK-001	책상	W1200 * D800 * H720
사무용 책상 – 좌우형	체크	DESK-002	책상	W1200 * D800 * H720
사무용 책상 – 임원용	체크	DESK-003	책상	W1400 * D800 * H720
사무용 의자 – 회의용	체크	CHAIR-001	의자	팔걸이 있는 회의용 의자
사무용 의자 – 업무용	체크	CHAIR-002	의자	매쉬 소재, 목 받침 지원
사무용 의자 – 임원용	체크	CHAIR-003	의자	인조가죽, 목 받침 지원
회의 테이블 – 6인용	체크	TABLE-001	테이블	W2400 * D1200 * H730

위에 제품을 등록할 수 있는 필드 내용들을 확인했다면, 위 표를 보고 제품을 등록하기로 하자. 다만 위의 표를 보면 "제품군" 필드가 있는데, 이전 화면에서 "제품군" 필드를 선택하면, 아무것도 등록되지 않은 상태라는 것을 알 수 있다. 그러므로 제품을 등록하기 전에 우리가 필요로 하는 제품군을 미리 등록해서 제품을 등록할 때 사용할 수 있도록 위의 표에 있는 제품군 즉, "책상", "의자", "테이블"이란 이름의 제품군 3개를 추가해보기로 하자.

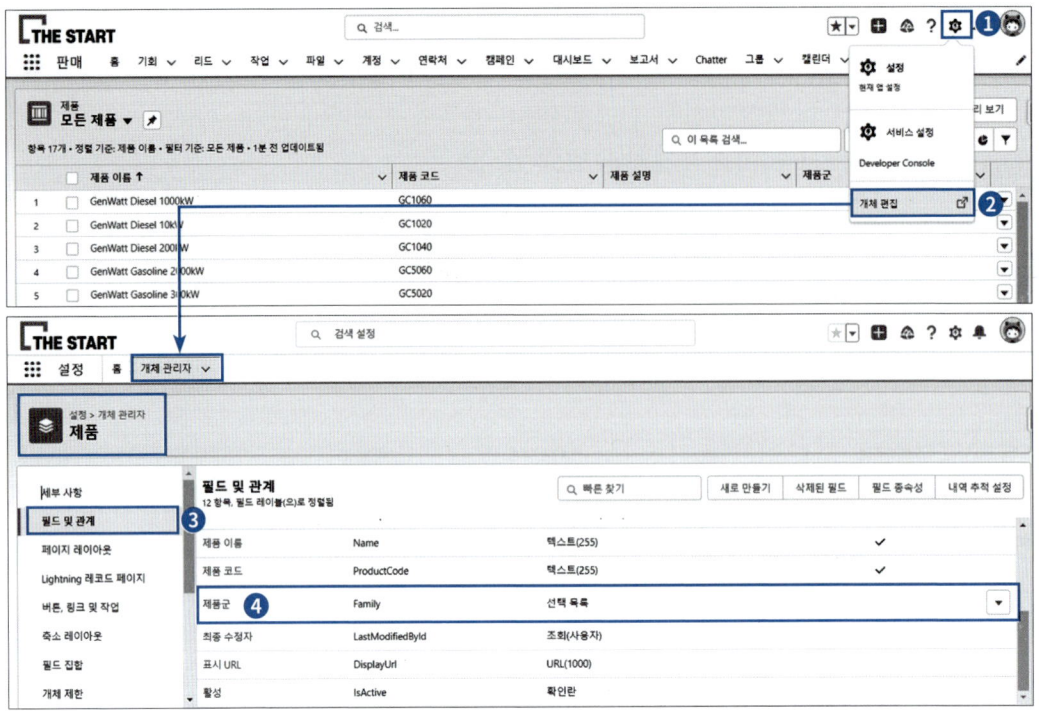

이를 위해서는 "제품" 개체의 "제품군" 필드에서 선택 가능한 필요한 목록을 등록해야 하는데, 이를 "선택 목록(Pick List)"이라고 한다. 이를 위해 "제품" 탭을 선택한 상태에서 "설정" 버튼(1번)을 선택하면, 아래로 메뉴가 나타나는데 여기에서 "개체 편집"(2번) 메뉴를 선택하면, 위와 같이 새로운 창에 "개체 관리자" 화면이 보이게 된다. 우리는 지금 "제품군" 필드에 목록을 추가할 것이므로 두 번째 화면 왼쪽에 있는 많은 메뉴들 중 "필드 및 관계"(3번)를 선택한 후 "제품군" 필드를 선택하면 된다.

그전에 "제품군" 필드를 살펴보면 데이터 유형이 "선택 목록(Pick List)"으로 되어 있는 것을 확인할 수 있다. "선택 목록"은 화면에서 사용자가 값을 직접 입력하는 필드가 아니라 정해진 값 목록 중에서 선택해서 데이터를 입력하는 필드라는 것이다. 예를 들어서 "등급" 컬럼에 입력될 수 있는 값이 "수", "우", "미", "양", "가" 이렇게 5개의 값만 입력되어야 한다면, 등급 컬럼의 데이터 유형을 "선택 목록"으로 선택한 후 "목록 값"으로 "수", "우", "미", "양", "가"를 등록하면 된다.

그럼 이제 마지막 단계로 앞에서 정의했던 "책상", "의자", "테이블"을 "제품군" 필드의 선택 목록으로 추가해보기로 하자. 위의 화면에서 "제품군" 필드를 선택(4번)하면, 아래와 같이 "제품군" 필드의 상세 화면이 보이게 된다.

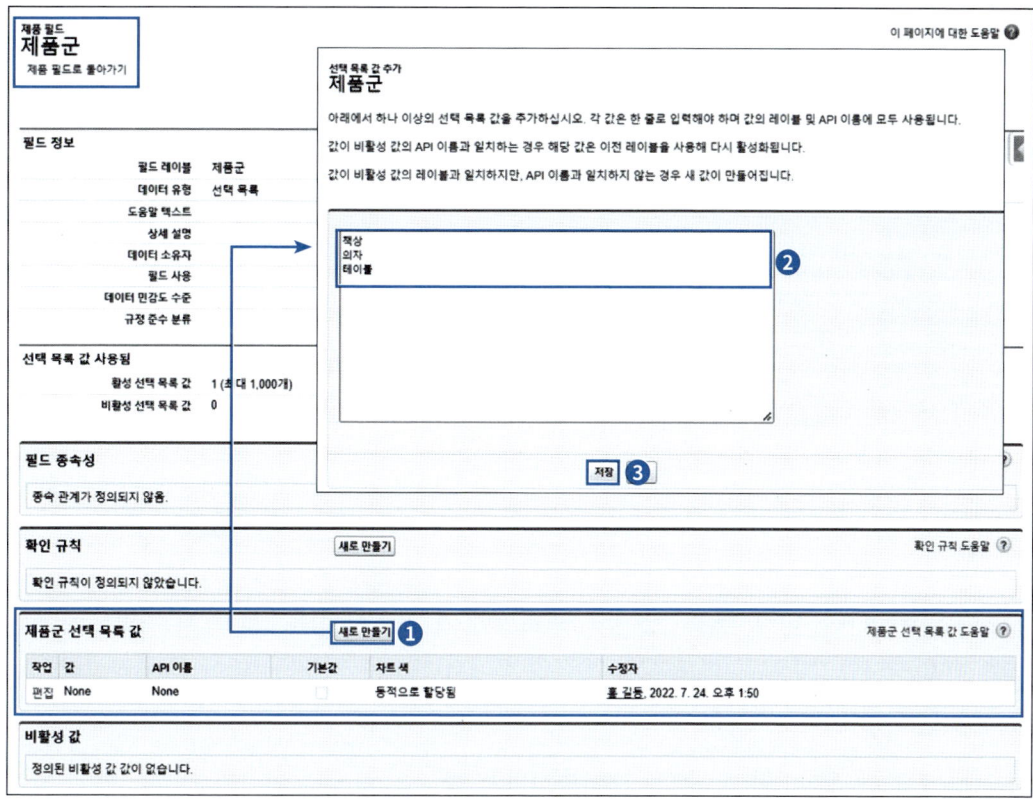

"제품군" 필드의 상세 항목들 중에서 하단에 보면 "제품군 선택 목록 값" 영역이 있는데, 지금 "None"이라는 항목 하나가 존재하는 것을 확인할 수 있다. 우리는 새롭게 항목을 추가할 것이므로 위 화면에서 "새로 만들기" 버튼(1번)을 선택한다.

그러면 위와 같이 중간에 여러 줄의 데이터를 입력할 수 있는 텍스트 상자가 나오는데, 어기에서 "책상", "의자", "테이블"을 입력(2번)한 후 "저장" 버튼(3번)을 누르면, "제품군 선택 목록 값" 등록이 완료된다.

그러면 이제 원래의 "제품" 탭으로 돌아와서 변경된 내용이 반영됐는 지를 확인해보기로 하자. 만일 위에서 "None"이 필요 없다면, 즉, 제품을 등록하 때 제품군에 포함되지 않은 상품이 없다고 가정한다면, "None" 앞에 "삭제"링크를 눌러서 목록을 제거할 수도 있다.

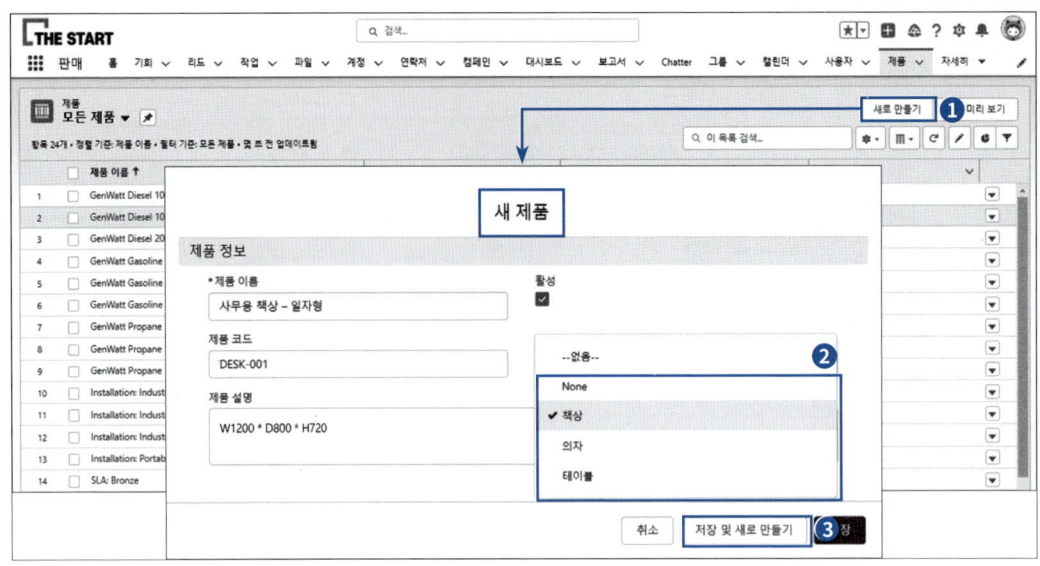

등록이 완료됐다면, 다시 "제품" 탭에서 "새로 만들기" 버튼(1번)을 클릭해서 위와 같이 "새 제품" 대화장자의 "제품군" 콤보 상자 목록(2번)에서 "책상", "의자", "테이블"이 정상적으로 등록된 것을 확인할 수 있다.

이제 앞에서 소개했던 책상, 의자, 테이블 7가지 상품을 차례로 입력해보기로 하자. 이렇게 여러 제품을 입력하기 위해서는 "저장 및 새로 만들기" 버튼(3번)을 이용하면 편리하게 연속으로 제품을 등록할 수 있다.

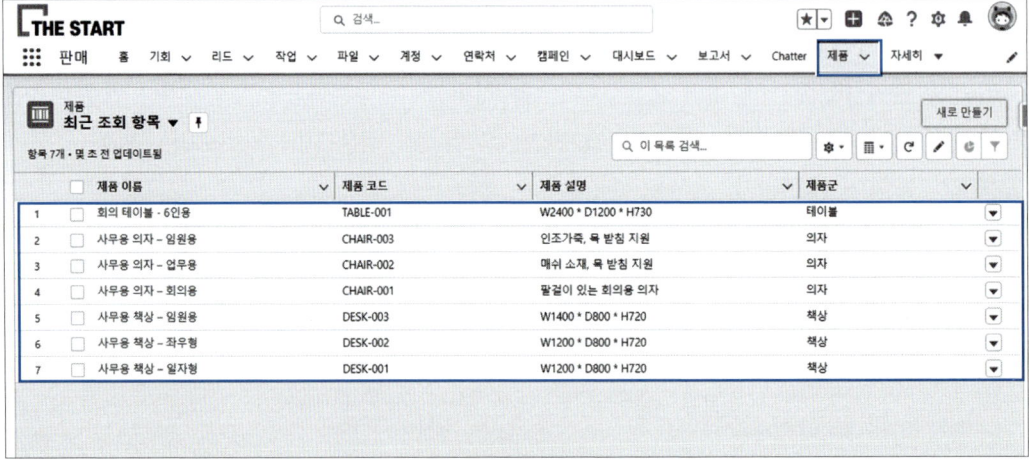

2-3 표준 가격 목록(Standard Price Book)에 제품 등록하기

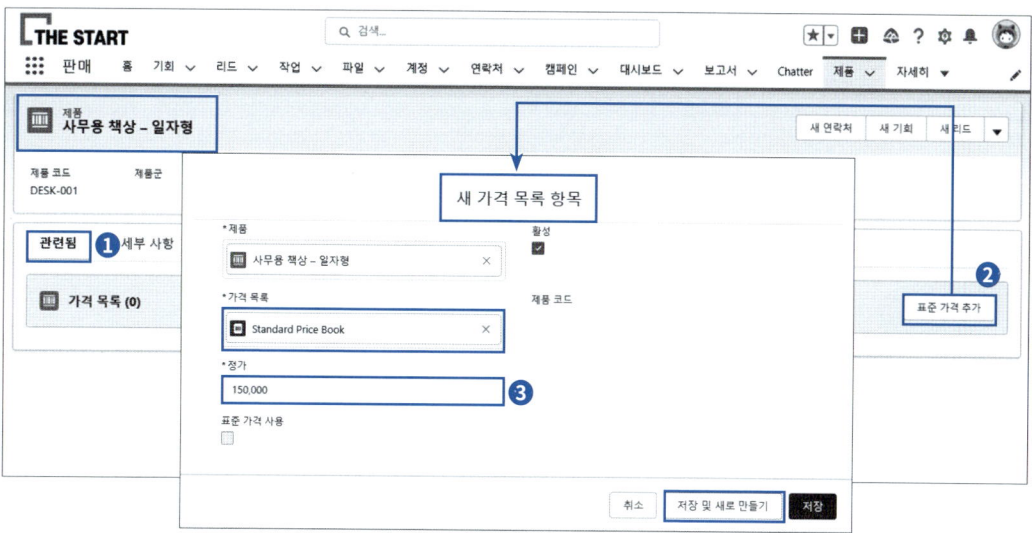

제품을 등록한 후 이를 사용하기 위해서는 각 제품들을 표준 가격 목록(Standard Price Book)에 등록해야 한다. 이 과정은 해당 제품이나 서비스의 정가를 등록하는 과정이다. 물론 제품이나 서비스의 가격은 실제 비즈니스 과정에서 변경될 수 있지만, 그렇더라도 정가 개념의 표준 가격은 반드시 등록되어야만 이후에 다양한 가격 목록에 포함될 수 있다.

위의 제품 목록 보기에서 등록된 제품 중 우선 "사무용 책상 – 일자형" 제품을 선택한 후에 "관련됨" 탭을 선택(1번)한 후 오른쪽에 있는 "표준 가격 추가" 버튼(2번)을 클릭하면, 위와 같이 "새 가격 목록 항목" 대화상자가 나타나게 된다. 지금은 표준 가격 목록(Standard Price Book)에 해당 제품의 가격을 등록하는 것이므로 "정가" 필드에 "150,000"원을 입력한 후 "저장" 버튼(4번)을 누른다.

제품이름	표준 가격
사무용 책상 – 일자형	150,000
사무용 책상 – 좌우형	210,000
사무용 책상 – 임원용	320,000
사무용 의자 – 회의용	70,000
사무용 의자 – 업무용	150,000

제품이름	표준 가격
사무용 의자 – 임원용	230,000
회의 테이블 – 6인용	180,000

그 외의 제품들은 위의 표를 참고해서 상품별로 표준 가격 목록(Standard Price Book)에 정가를 등록하도록 하자.

2-4 가격 목록(Price Book) 생성하기

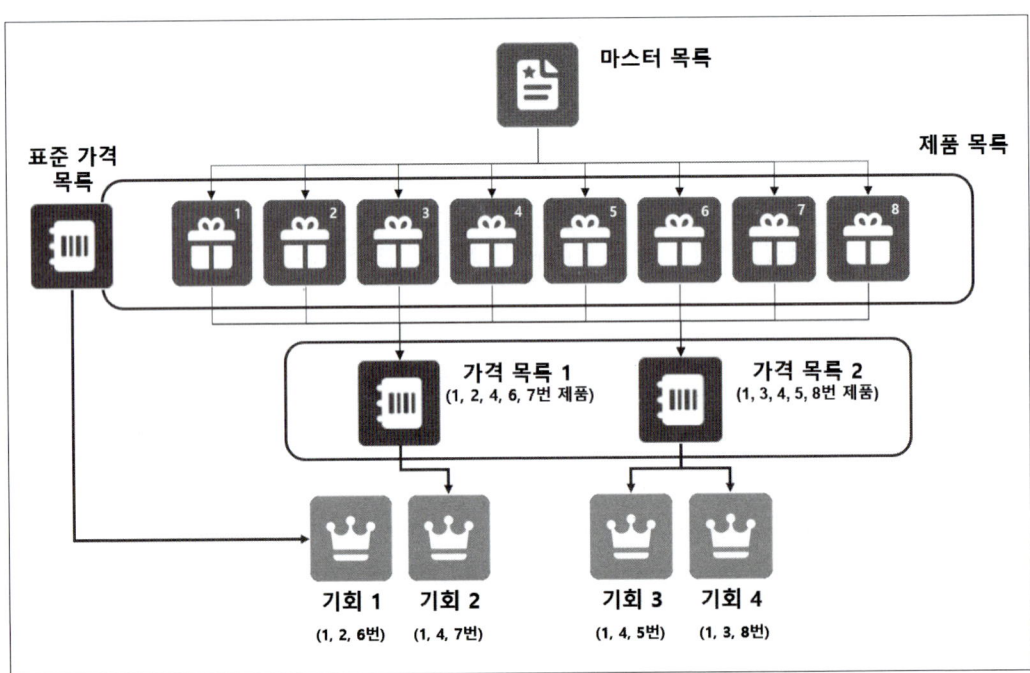

표준 가격을 등록한 이후 이제 실제 기회(Opportunity)에 적용하기 위한 가격 목록을 만들어 보기로 하겠다. 이를 위해서는 "가격 목록" 개체로 이동해야 한다.

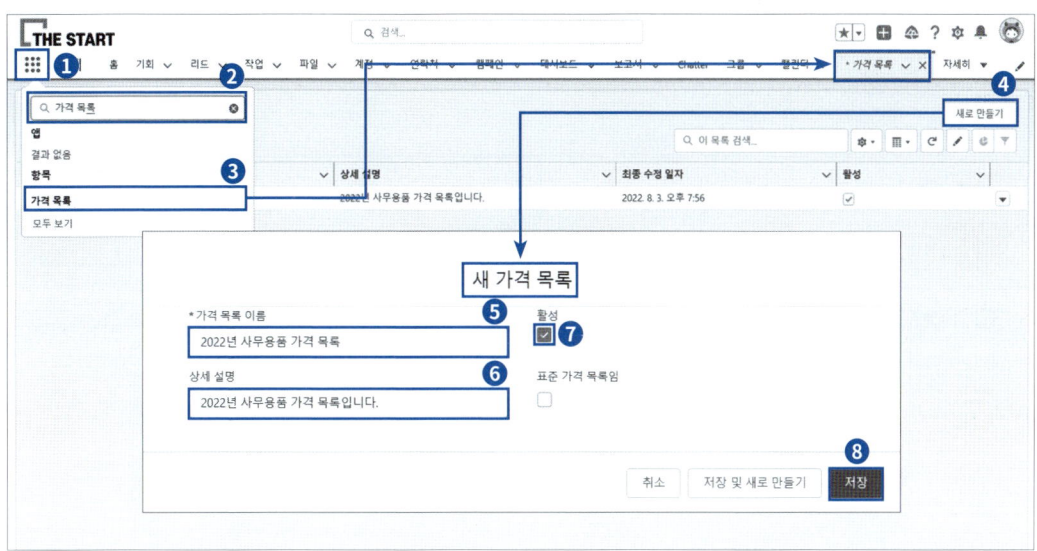

가격 목록으로 이동하기 위해서는 앱 시작관리자 아이콘(1번)을 클릭한 다음 검색 창에서 "가격 목록"을 입력(2번)하면, 조회 결과가 나타나는데 "항목" 하단에 "가격 목록" 개체가 검색된 것을 확인할 수 있다. 검색 결과인 "가격 목록"을 선택(3번)하면, "가격 목록" 개체로 탭이 이동한다. 그런 다음 "새로 만들기" 버튼(4번)을 클릭하면 "새 가격 목록" 대화상자가 나타나는데, 여기에서 가격 목록을 등록하면 된다.

가격 목록을 만드는 순서는 우선 가격 목록을 생성한 후 해당 가격 목록에 제품을 추가하는 과정을 거친다. 그러므로 위 화면에서 "가격 목록 이름"으로 "2022년 사무용품 가격 목록"을 입력(5번)하고, "상세 설명"을 입력(6번)한 후에 활성 옵션(7번) 선택한 후 저장 버튼(8번)을 눌러서 새로운 가격 목록을 우선 만들어야 한다. 그러면 방금 만든 "2022년 사무용품 가격 목록"을 구성할 수 있는 화면으로 들어오게 된다.

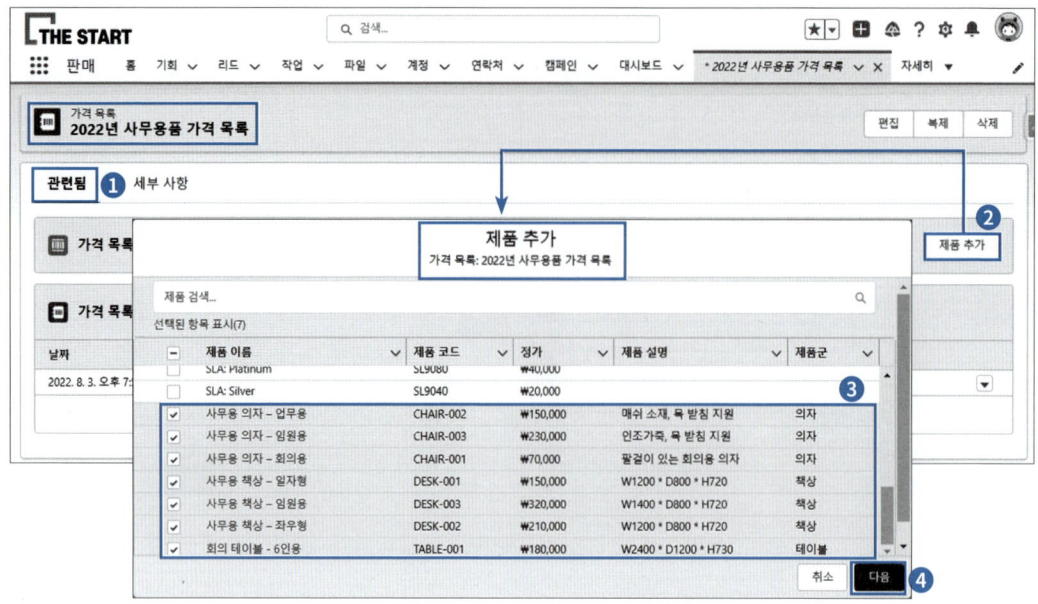

가격 목록도 제품과 같이 "관련됨"과 "세부 사항" 탭으로 구성되어 있으며, 해당 가격 목록에 제품을 추가하기 위해서는 "관련됨" 탭(1번)을 선택한 후 오른쪽에 있는 "제품 추가" 버튼(2번)을 선택하면, 다음과 같이 "제품 추가" 대화상자가 나타나게 된다.

지금 이 작업은 "2022년 사무용품 가격 목록"에 제품을 추가하는 것인만큼 스크롤을 하단으로 이동한 다음 방금 전 등록된 제품 7가지를 모두 선택(3번)한 후 "다음" 버튼(4번)을 눌러서 다음 단계로 이동한다.

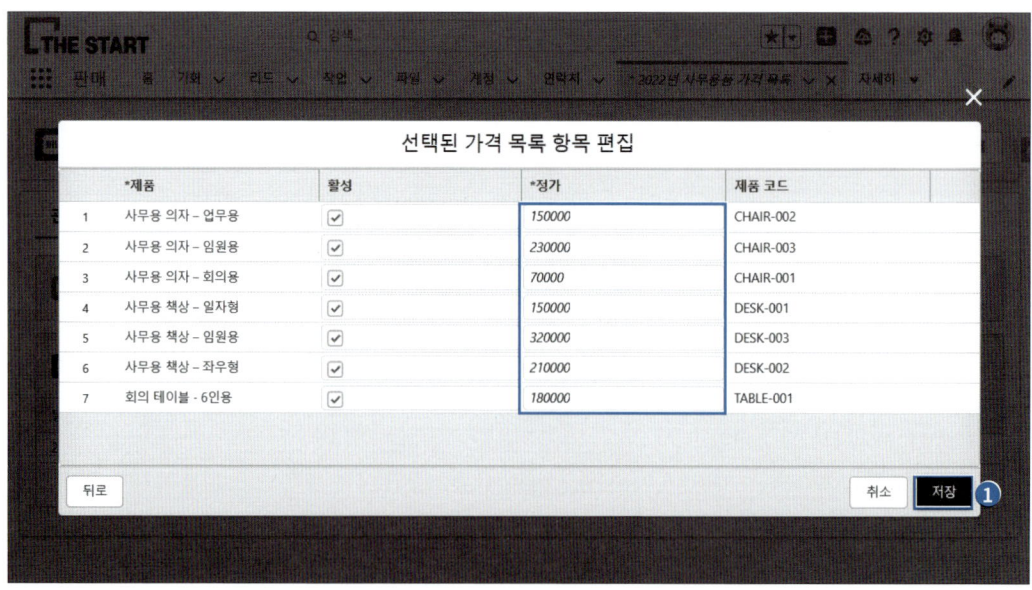

다음 화면에서는 이전 단계에서 선택된 제품들 리스트가 보여지는데, 여기서 눈 여겨 봐줘야 할 부분은 바로 "정가"를 편집할 수 있다는 것이다. 이는 이전에 등록한 표준 가격 목록의 정가 개념이 아니다. 지금 우리가 "가격 목록"을 만드는 이유는 2022년에 사용할 사무용품의 가격 목록을 만들기 위함이다. 그러므로 해당 시점에 사용될 가격표가 시세에 맞게 조정될 수 있는 것이다. 물론 이렇게 사용자가 생성한 가격 목록에서 가격을 수정하더라도 "표준 가격 목록"의 정가는 수정되지 않는다.

우선 여기서는 "가격 목록"에 제품을 등록할 때 제품 가격을 수해서 등록할 수 있다는 정도만 정리해두기로 하고, 저장 버튼(1번)을 눌러서 저장하도록 하자. 그러면 "2022년 사무용품 가격 목록"에 "정가"를 포함한 제품이 등록된 것을 확인할 수 있다.

2-5 기회(Opportunity)에 가격 목록(Price Book) 적용하기

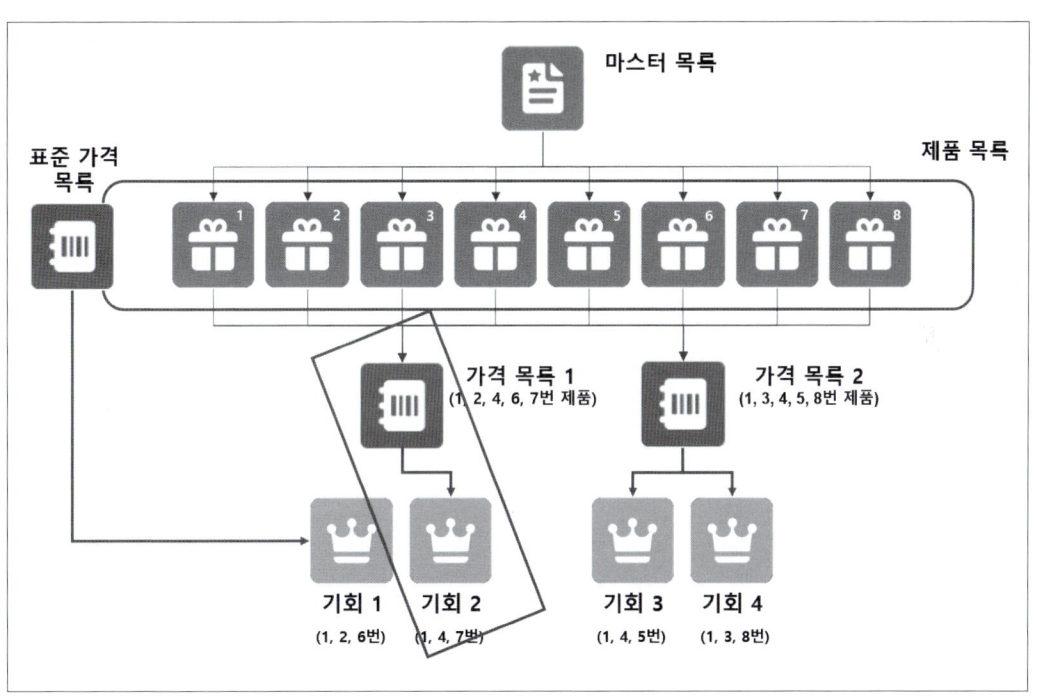

이제 앞에서 생성한 "2022년 사무용품 가격 목록"을 "한국서부발전 사무기기 납품" 기회(Opportunity)에 등록할 것이다. 이렇게 가격 목록을 기회에 적용할 때 가격 목록에 있는 모든 제품이 기회에 등록될 수도 있고, 아니면 가격 목록 중 필요한 제품만 기회에 등록할 수도 있다.

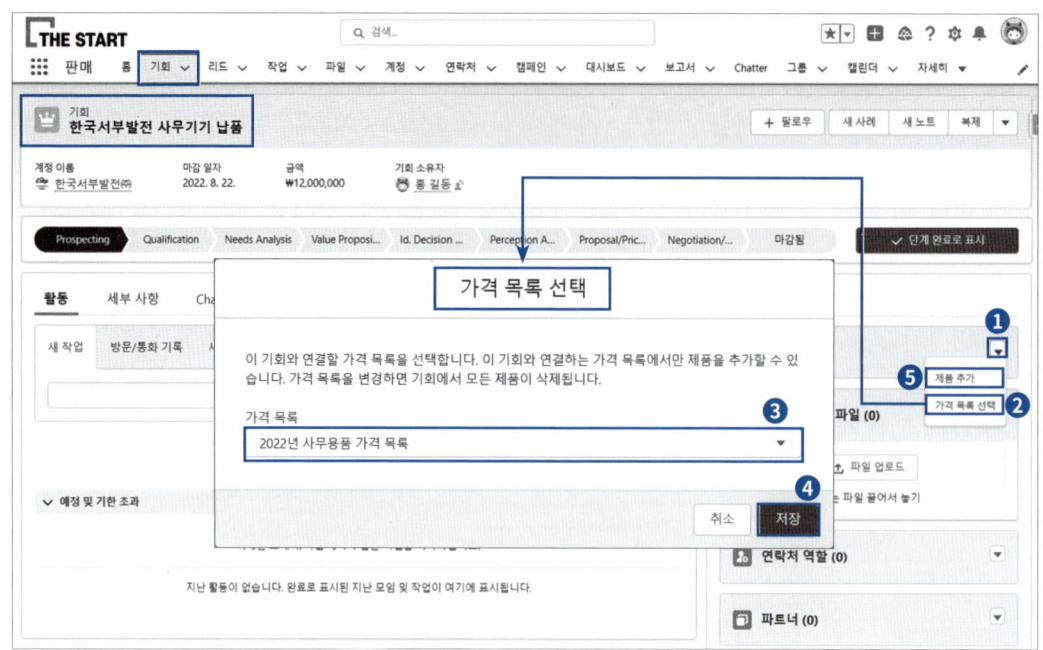

기회(Opportunity)에 "제품"을 등록하기 위해서는 우선 "가격 목록"을 선택해야 한다. 현재 가격 목록은 "표준 가격 목록"과 "2022년 사무용품 가격 목록" 2가지이다. 우리는 "2022년 사무용품 가격 목록"을 사용할 것이다.

이에 관한 실습을 진행하기 위해 "기회" 탭에서 "한국서부발전 사무기기 납품" 기회를 선택해서 "한국서부발전 사무기기 납품" 레코드 페이지로 이동한다. 그리고 화면 오른쪽에 "관련됨" 항목 중에 "제품" 개체가 있는데, 오른쪽 작은 콤보 상자(1번)를 선택해서 "가격 목록 선택" 메뉴(2번)를 선택하면, "가격 목록 선택" 대화상자가 나타난다. 여기에서 등록된 가격 목록 중에 "2022년 사무용품 가격 목록"을 선택(3번)한 후 "저장" 버튼(4번)을 눌러서 우선 기회에 가격목록을 적용한다.

그 다음 이제 "2022년 사무용품 가격 목록"에 포함된 제품을 해당 기회에 추가해 보자. 이를 위해 다시 "제품" 개체에 있는 작은 콤보 상자(1번)를 선택한 후 이번에는 "제품 추가" 메뉴(5번)를 선택한다.

그러면 다음과 같이 제품 추가 대화상자가 나타난다.

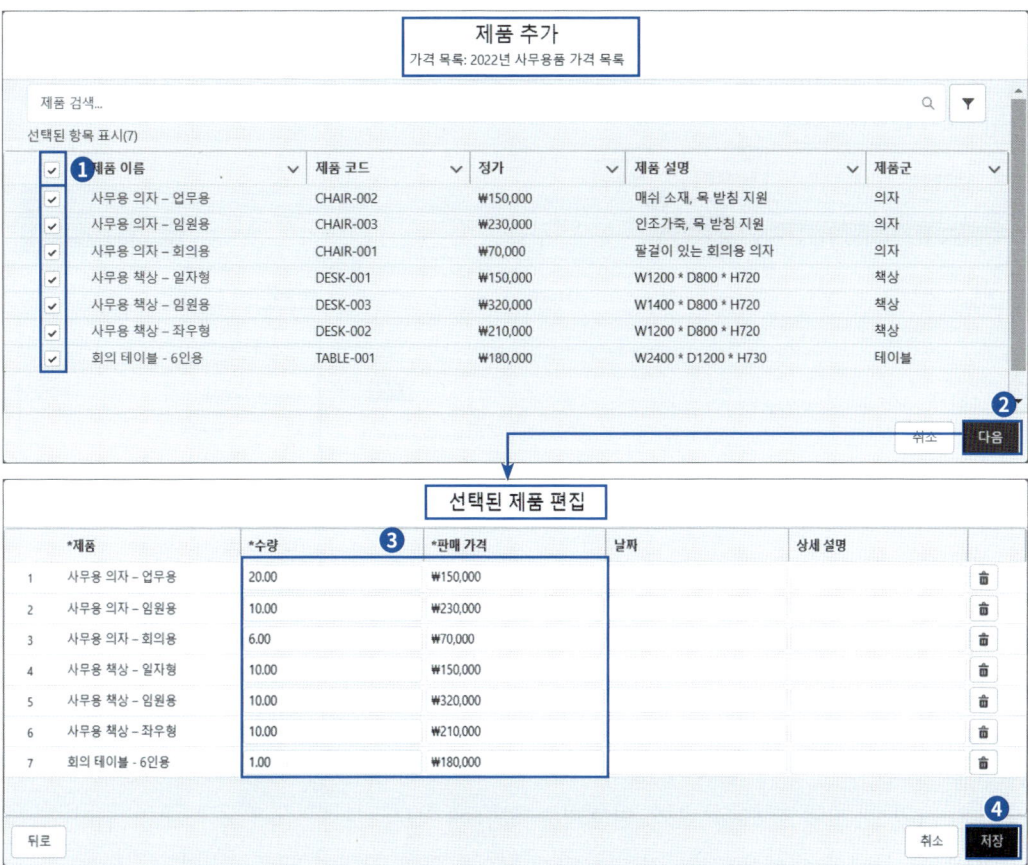

위 제품 추가 대화상자에서는 "제품 이름" 옆에 있는 체크 옵션(1번)을 눌러 모든 제품을 일괄적으로 선택한 후 "다음" 버튼(2번)을 누르면, "선택된 제품 편집" 단계로 이동한다. (해당 기회에 판매된 상품 목록을 정의하는 것이므로 원하는 제품만 선별적으로 선택할 수도 있다.)

"선택된 제품 편집"에서는 수량(3번)과 판매 가격 즉 단가를 입력하게 된다. 수량은 해당 기회 즉, 한국서부발전㈜에서 웹사이트를 통해 공지한 사무기기 구매 수량을 기입하면 된다. 정확하지 않아도 괜찮으니 위 화면을 참조해서 모든 제품에 수량을 입력한다. 그리고 "판매 가격" 즉 "단가"도 수정할 수 있는데, "한국서부발전㈜"이 예를 들어서 많은 물량을 고정적으로 구매해주는 우수 고객인 경우 다른 고객사와 차별화된 "판매 가격" 즉 "단가"를 구성할 수 있는 것이다.

여기서는 수정하지 않고, "저장" 버튼(4번)을 눌러서 저장하도록 한다.

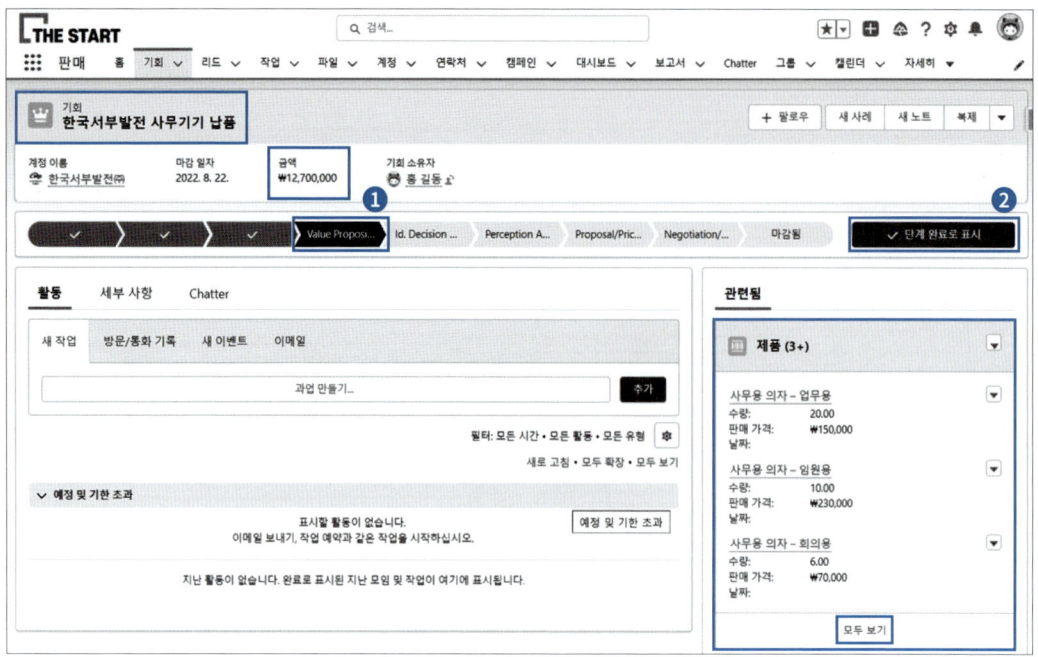

그러면 위 화면 오른쪽에 "제품" 개체에 제품이 등록된 것을 확인할 수 있으며, 강조 패널에서 보면 "금액"이 현재 제품 구성에 따른 금액으로 수정된 것을 확인할 수 있다. 다시금 등록된 제품의 전체 목록을 보기 위해서는 하단에 "모두 보기" 버튼을 누르면 된다. 그리고 한 가지 살펴볼 내용은 지금 기회의 단계가 어디까지 진행이 됐을까? 하는 점이다.

우리 제품을 등록하는 과정에서 각 제품별 "수량"을 입력했다는 것은 "수요 분석, Needs Analysis"을 마쳤다고 볼 수 있다. 그러므로 현 단계를 "가치 제안, Value Proposition" 단계로 수정해보기로 하겠다. 이를 위하여 화면 상단에 있는 경로 중 "Value Proposition"(1번)을 선택한 후 오른쪽에 있는 "현 단계로 표시" 버튼(2번)을 누르면, 경로가 "Value Proposition" 단계로 변경된다.

이렇게 기회가 관리되고 관련 작업들이 진행되면, 이것이 예상 매출도 변경됐을 것이므로 이를 확인해보기로 하자.

단계	성공 확률	예측 범주
전망	10%	파이프라인
검증	10%	파이프라인
수요 분석	20%	파이프라인
가치 제안	50%	파이프라인
의사 결정	60%	파이프라인
상황 분석	70%	최고 사례
제안 및 견적	75%	최고 사례
협상/검토	90%	확약
성공 – 마감됨	100%	마감됨
실패 - 마감됨	0%	제외

위 화면은 기회(Opportunity)를 소개하면서 가장 처음으로 사용했던 화면이다. 이 중에서 "가치 제안, Value Proposition" 단계의 성공 확률을 50%로 보고 있기 때문에 예상 매출을 산정할 때 현재 납품 예정금액의 50%가 마감 일자가 포함된 월의 예상 매출로 잡히게 된다.

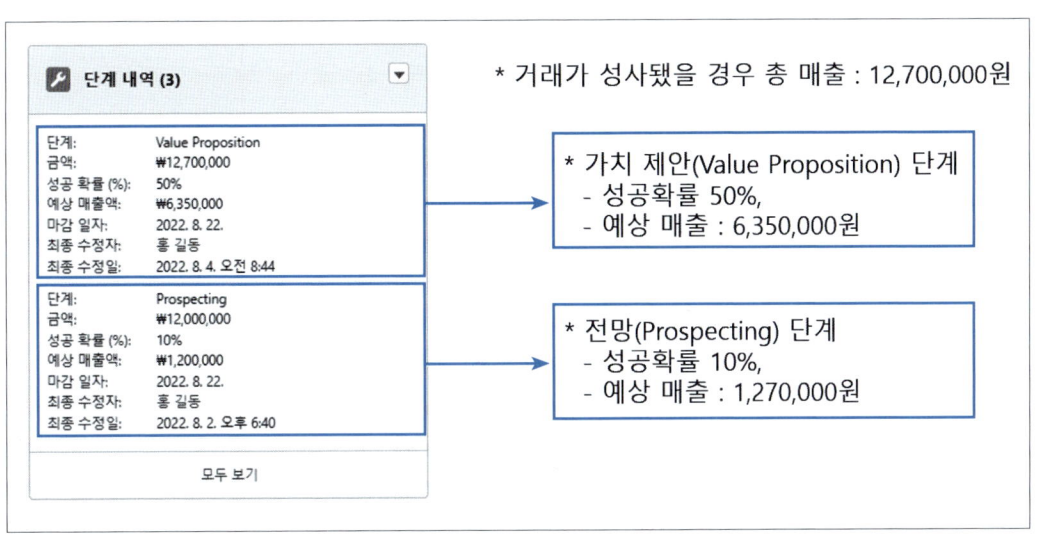

이를 확인하기 위해서 오른쪽 하단에 있는 "단계 내역" 개체에 있는 데이터를 확인해보기로 하자. 우선 제품을 추가할 때 해당 제품의 "수량"과 "판매 가격"을 모두 곱해서 더하면, 총 매출액은 12,700,000원이 된다. 그러나 "전망" 단계에서는 성공 확률을 10%로 보기 때문에 "전망" 단계의 예상 매출은 매출의 10% 즉, 1,270,000원이 된다. 그러나 "가치 제안" 단계에서의 성공 확률은 50%로 보기 때문에 "가치 제안" 단계에서의 예상 매출은 6,350,000원이 되는 것이다. 그러므로 단계가 진행될수록 해당 기회의 예상 매출은 점점 높아지게 된다.

2-6 연락처 역할(Contact Role)과 파트너(Partner) 등록

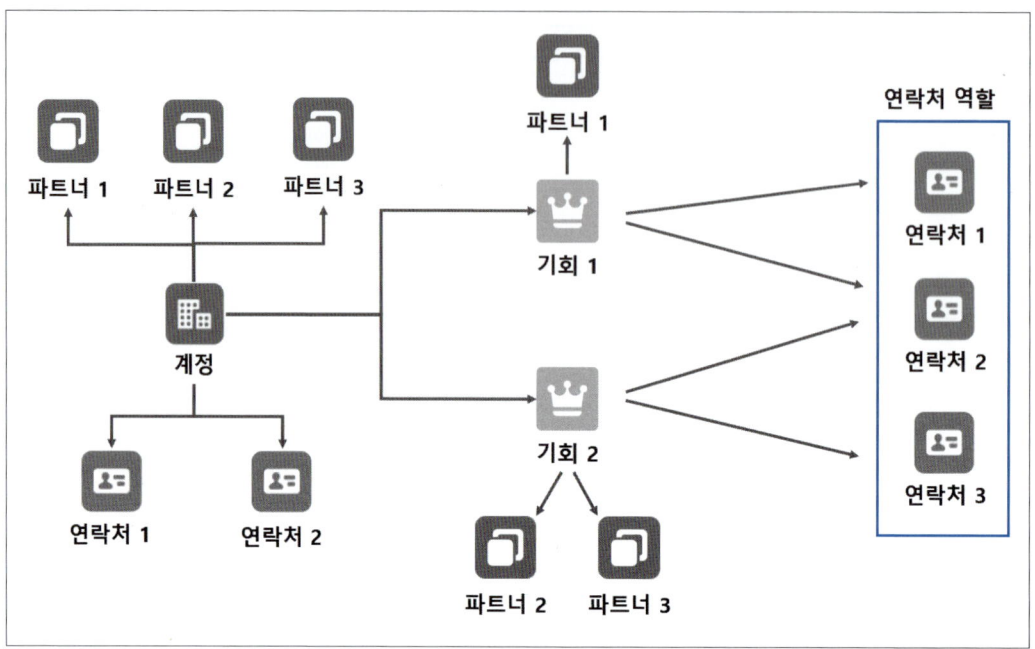

위 그림은 지난 번 계정(Account)과 기회(Opportunity), 그리고 연락처(Contact)와의 관계를 설명하기 위해서 사용했던 그림이다. 하나의 계정에는 다양한 기회가 만들어질 수 있고, 해당 기회에 여러 연락처가 등록될 수 있다. 위 그림에서 보면 "계정"에는 "연락처 1"과 "연락처 2"가 등록되어 있지만, "기회 2"에는 계정에는 등록되어 있지 않은 즉, 다른 계정에 등록된 "연락처 3"이 포함된 모습이다. 이처럼 계정에 소속 여부와 상관없이 기회(opportunity)에 등록된 연락처(Contact)들의 묶음을 "연락처 역할(Contact Role)"이라고 한다.

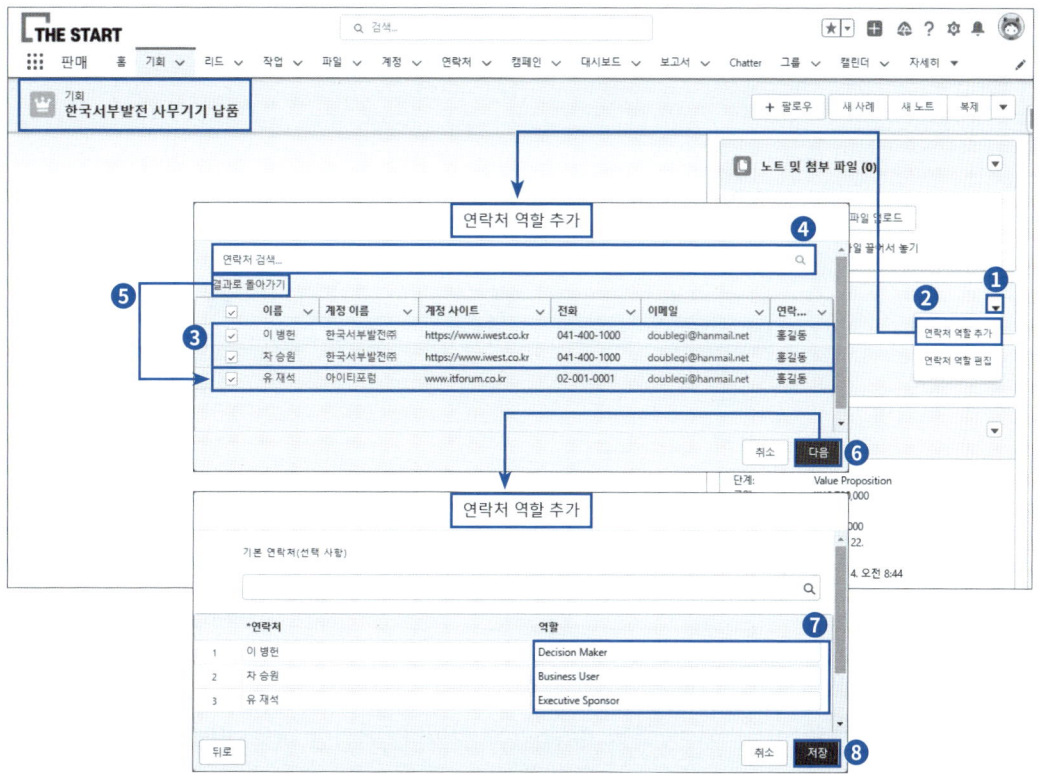

우선 특정 기회(Opportunity)와 관련 있는 연락처(Contact)들을 추가하기 위해서 오른쪽에 있는 "연락처 역할" 개체에서 조그만 드롭다운 버튼(1번)을 선택한 다음 "연락처 역할 추가"메뉴(2번)를 선택하면, "연락처 역할 추가" 대화상자가 나타난다. 그러면 해당 목록에는 기본적으로 계정(Account)에 소속되어 있는 "이 병헌"과 "차 승원" 연락처들이 표시된다. 이번 예제를 위해 모두 추가할 것이므로 이름 앞에 있는 체크 상자를 모두 체크(3번)한다.

그런 다음 추가로 "아이티포럼" 계정에 등록된 "유 재석" 연락처를 해당 기회의 연락처 역할로 추가할 것이므로 상단에 있는 연락처 검색 상자에서 "유 재석"을 검색(4번)해서 선택하면, 검색 상자 바로 하단에 "선택된 항목 표시(3)"이란 글자(5번)가 표시된다. 이를 선택하면, "유 재석" 연락처가 리스트에 추가된다. 그런 다음 "다음" 버튼(6번)을 누르면, 선택된 연락처들이 이번 기회에서 어떠한 포지션으로 해당 기회에 참여하는지를 선택할 수 있는 화면이 나타난다.

그러면 위 단계에서 각기 연락처(Contact)들에 대한 기회(Opportunity)에 참여하는 역할을 선택(7번)하고, 저장 버튼(8번)을 눌러 저장하면 연락처 역할(Contact Role)에 연락처(Contact)들의 등록이 완료된다.

해당 기회에 연락처들을 등록했기 때문에 이제 파트너를 등록해보기로 하자.

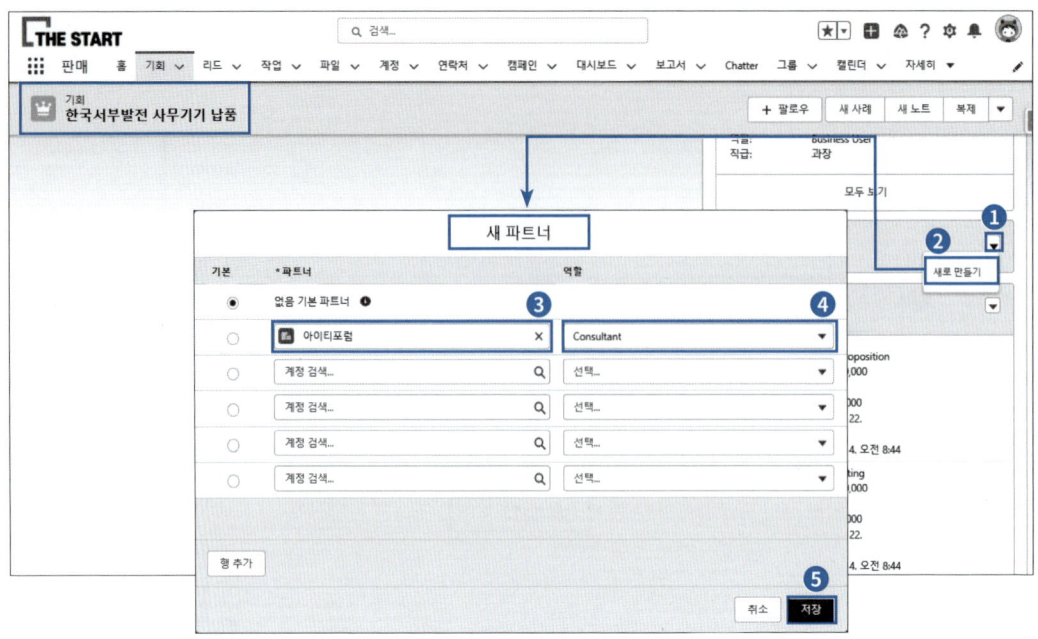

그리고 하나의 기회(Opportunity)에 등록되는 파트너가 없을 수도 있지만, 규모가 큰 기회의 경우 하나 이상의 파트너가 등록될 수도 있을 것이다. 이러한 파트너(Partner) 등록 역시 파트너 항목 오른쪽에 있는 드롭다운 버튼(1번)을 선택해서 "새로 만들기" 버튼(2번)을 선택하면 "새 파트너" 대화상자가 나타나는데, 여기에서 "아이티포럼" 계정(3번)을 선택하고, 오른쪽 역할에서는 "Consultant"를 선택(4번)한 후 저장 버튼(5번)을 눌러서 저장하면 파트너 등록이 완료된다.

2-7 노트 및 첨부 파일

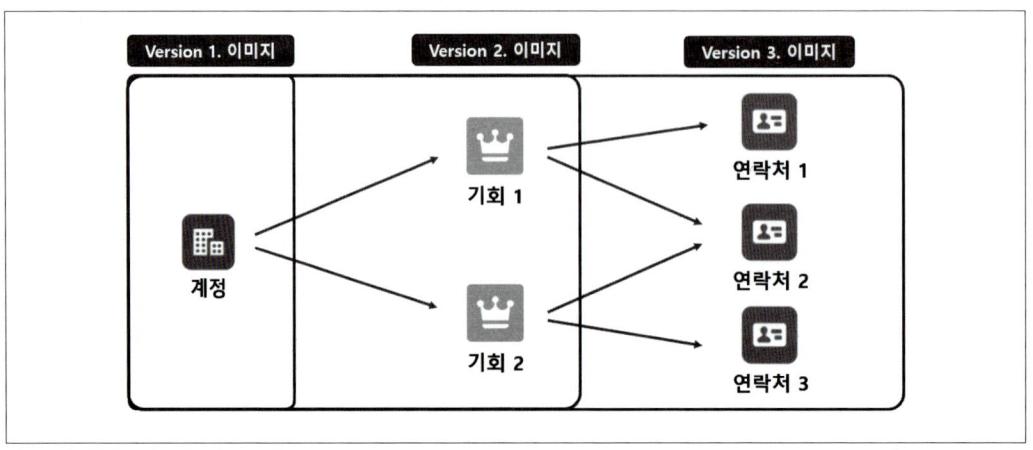

노트 및 첨부 파일은 단순히 관련 파일들을 등록하는 기능이라 생각하기 쉽지만, 버전관리와 공유, 공개 링크 생성 등 기본적인 파일 서비스의 기능을 가지고 있는 매우 유용한 기능이다. 이와 관련해서 테스트를 하기 위해서 위 그림에서 보는 것처럼 이미지 3개를 가지고 테스트를 진행할 것이다. 위 시나리오는 "Version 1. 이미지"를 최초 등록한 후 새로운 버전인 "Version 2. 이미지"로 업로드하고, 마지막으로 "Vession 3. 이미지"로 업로드 하는 순서로 진행할 것이다.

이를 위해 미리 이미지 3개를 만들었고, 같은 파일이 아니더라도 비슷하게 테스트해 볼 수 있을 것이다. 우선 첫 번째 파일을 업로드 해보기로 하자.

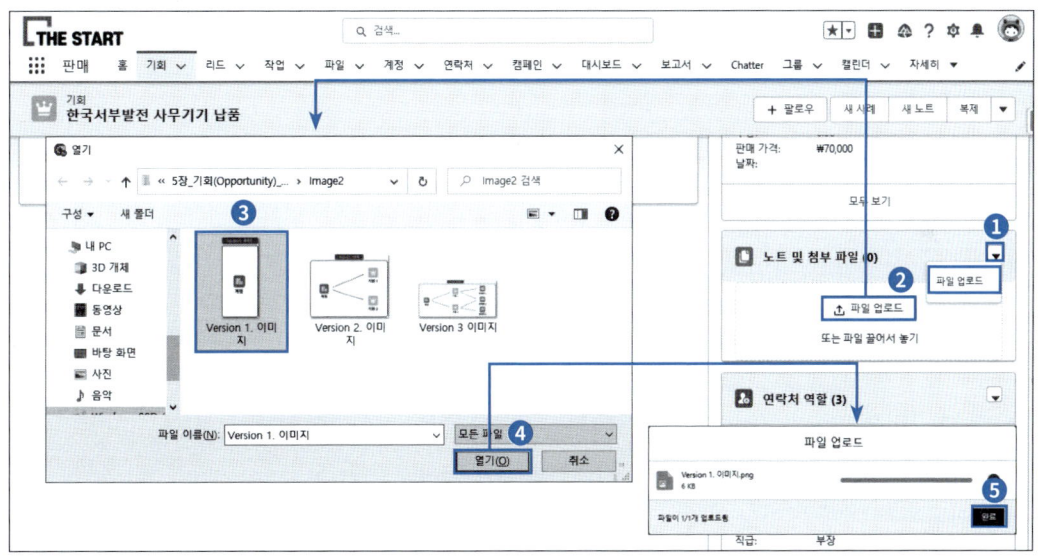

파일을 추가하기 위해서는 "노트 및 첨부 파일" 개체에서 오른쪽에 있는 드롭다운 버튼(1번)을 누르면, 나타나는 "파일 업로드" 메뉴(2번)을 누르거나, 아니면 중앙에 있는 "파일 업로드" 버튼(2번)을 누른 후 파일 열기 대화상자에서 "Version 1. 이미지.PNG" 파일을 선택(3번)한 다음 "열기" 버튼(4번)을 누르면, "파일 업로드" 대화상자가 나타나면서 파일 업로드 진행 상황이 보여진다. 파일이 정상적으로 업로드 된 후에 "완료" 버튼(5번)을 누르면, 파일이 업로드 된 모습을 확인할 수 있다.

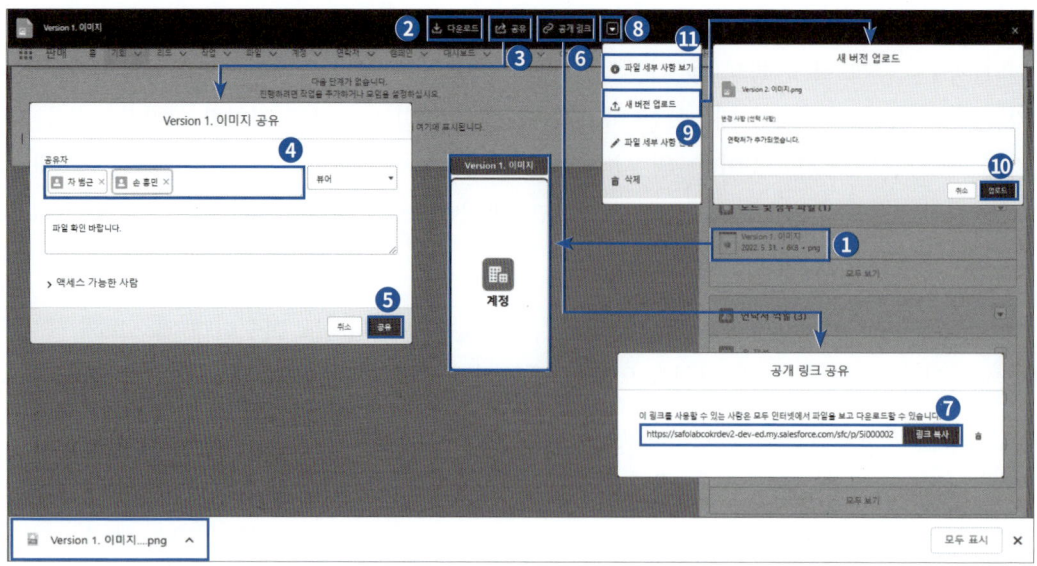

파일이 등록되면 "노트 및 첨부 파일" 항목에 해당 리스트가 보여지고, 이를 선택(1번)하면 해당 파일이 이미지인 경우 바로 보이게 된다. 보여지는 부분은 뷰어 형태로 보이게 되는데, 여기에서 상단을 살펴보면 "다운로드", "공유", "공개링크", "드롭다운 버튼"이 있는 것을 확인할 수 있다.

"다운로드" 버튼(2번)을 누르면 다운로드가 실행되고, 화면 왼쪽 하단에서 확인할 수 있다. "공유" 버튼(3번)을 누르면 공유 대화상자가 나타나는데, 화면에서 보는 것처럼 "공유자"에 공유를 원하는 사용자들을 추가(4번)한 후 "공유" 버튼(5번)을 누르면, 다음과 같이 해당 사용자들에게 메일로 관련 공유 내용이 전달된다.

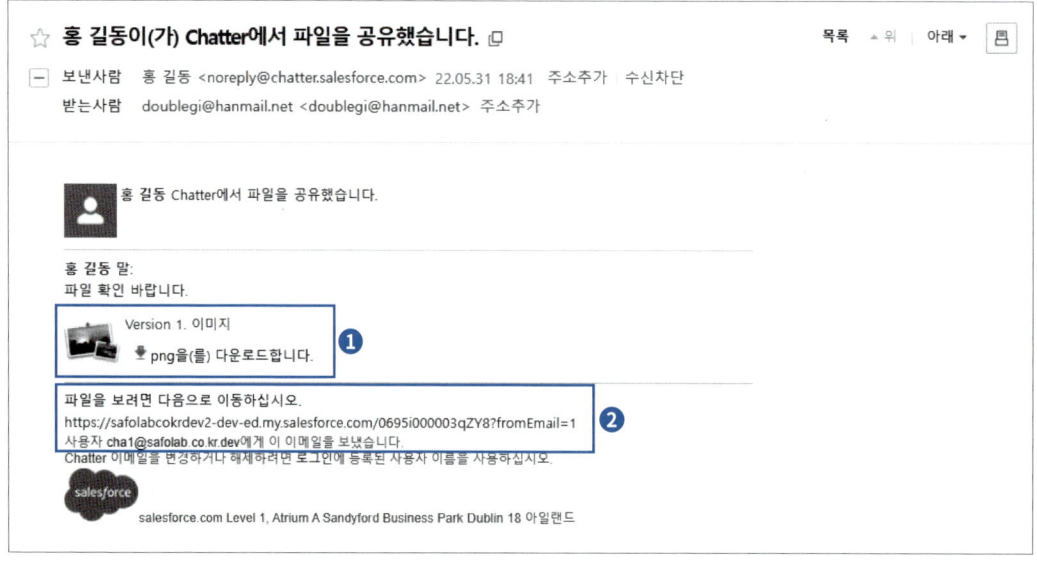

위 메일 내용에서 다운로드 이미지(1번)을 선택하면 다운로드 URL로 연결되며, 링크 URL(2번)을 누르면, 세일즈포스 개발자 오그(Org)에 해당 파일이 있는 곳으로 이동하게 된다.

그리고 이전 화면에서 "공개링크" 버튼(6번)을 선택하면, "공개 링크 공유" 대화상자가 나타나서 공개 링크 URL을 생성할 수 있다.

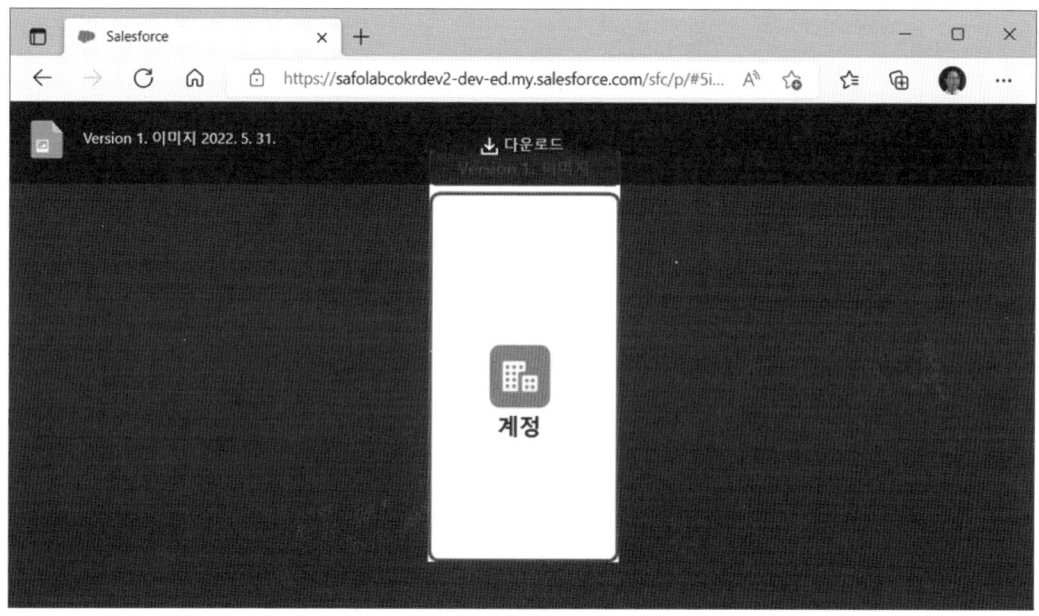

공개 링크를 복사하여 전달하면, 전달받은 사용자는 웹 브라우저에서 바로 해당 이미지를 확인할 수 있고, 다운로드도 받을 수 있다.

마지막으로 이전 화면으로 돌아가서 조그만 드롭다운 버튼(8번)을 누르면, 등록된 파일을 관리하기 위한 메뉴가 보여지는데, 여기에서 "새 버전 업로드" 메뉴(9번)를 선택하기로 하자. 그러면 다시 파일 열기 대화상자가 나타나며, "Version 2.이미지.PNG" 파일을 선택하면, "새 버전 업로드" 대화상자가 나타나고, 여기에서 파일에 대한 변경 사항을 입력할 수 있다. 대략적인 설명을 입력하고 업로드 버튼(10번)을 눌러서 업로드한다.

그런 다음 다시 "Version 3.이미지.PNG" 파일을 선택해서 순차적으로 업로드 하도록 하자.

3개의 파일을 차례로 새 버전으로 업로드 된 후에 다시 드롭다운 버튼(8번)을 클릭한 후에 이번에는 "파일 세부 사항 보기" 메뉴(11번)를 선택하면, 다음과 같이 화면이 보이게 된다.

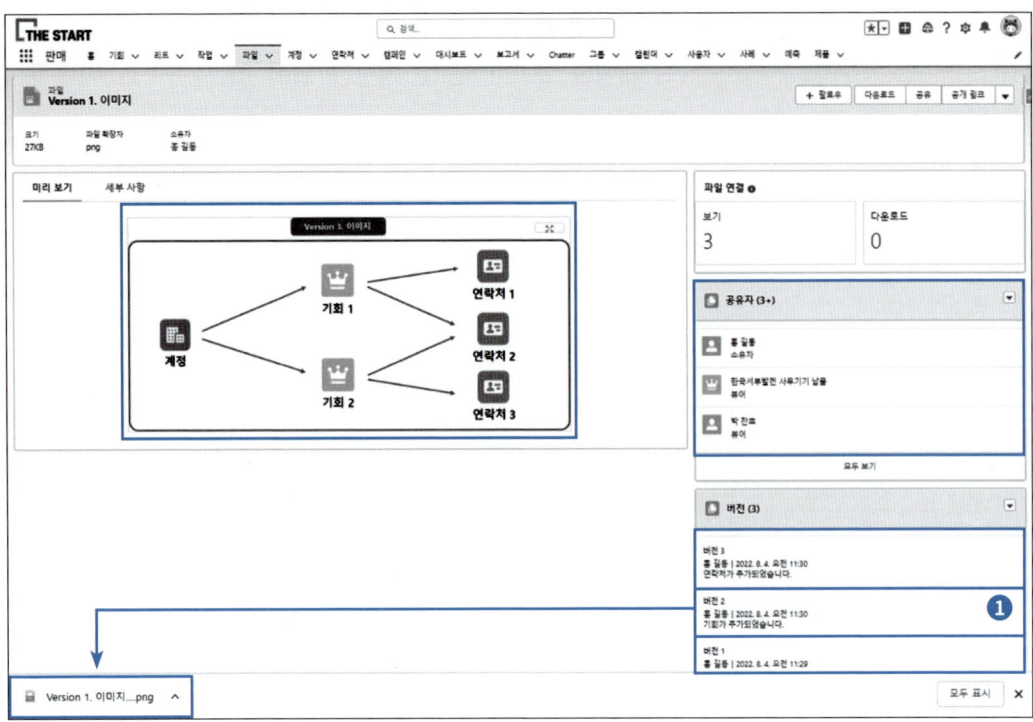

화면 중앙에는 최신 버전의 이미지가 보이게 되며, 오른쪽을 보면 "공유자" 항목에 현재 공유중인 사용자들과 기회가 보여진다. 그리고 "버전" 항목에는 각기 3개의 버전이 등록되어 있는 것을 확인할 수 있다. 여기에서 각기 버전을 클릭(1번)하면 파일이 다운로드되며, 다운로드 된 파일을 확인하면, 각각의 버전이 등록되었을 때의 상태를 확인할 수 있다.

이렇듯 세일즈포스의 "노트 및 첨부 파일"을 잘 이용하면, 공유 및 공동작업 그리고 버전 관리까지 온전한 파일 솔루션을 이용하는 것과 같은 효과를 얻을 수 있다.

2-8 견적(Quote) 활성화

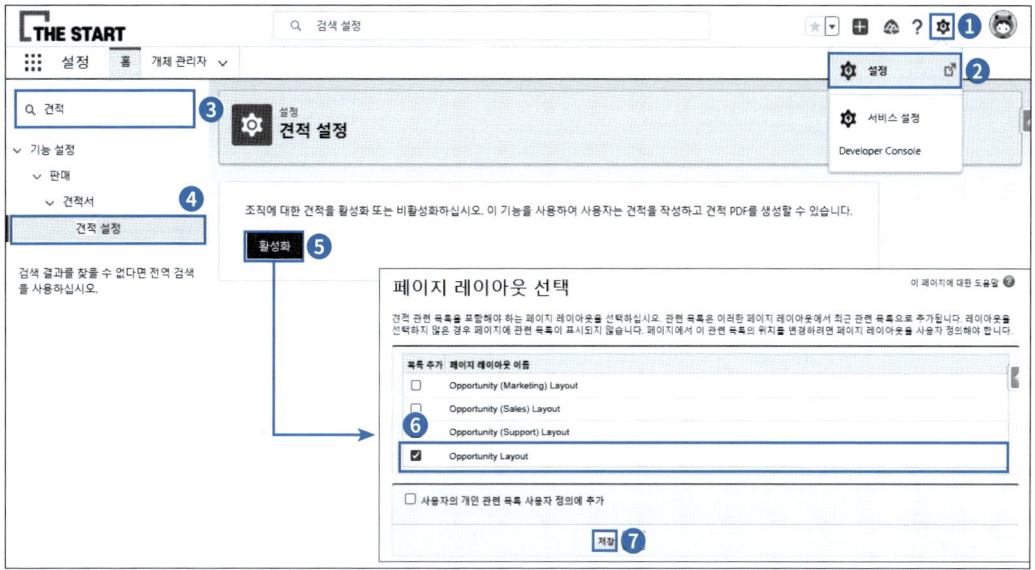

견적 기능을 활성화하기 위해서는 세일즈포스 오그 설정에서 견적 설정을 활성화해주어야 한다. 이를 위해서 오른쪽 상단의 설정 버튼(1번, 기어 아이콘)을 클릭한 후 "설정" 메뉴(2번)을 클릭해서 설정 홈으로 이동한다. 그리고 검색 상자에서 "견적"을 입력한 후 검색(3번)하면 하단에 "견적 설정" 항목이 검색되며, 이후 "검색 설정" 메뉴를 선택(4번)하게 되면, 견적 설정 페이지로 이동한다. 여기서 "활성화" 버튼(5번)을 누르면, 견적 기능이 활성화되면서 "견적" 기능을 적용할 페이지 레이아웃(Page Layout, 화면 구성)을 지정하는 화면으로 이동하게 된다.

아직 페이지 레이아웃에 대해서 배우지는 않았지만, 위에서는 Opportunity Layout (기회 레이아웃, 즉 기회 개체의 화면 레이아웃)을 선택(6번)한 후 "저장" 버튼(7번)을 눌러서 설정을 저장하도록 하자.

이렇게 견적 기능을 활성화하면, 기회(Opportunity) 화면에서 견적을 작성할 수 있는 "견적" 항목이 관련 목록에 노출되고, 더불어 견적서 PDF 파일을 생성할 수 있는 기능이 추가된다.

2-9 견적(Quote) 내기

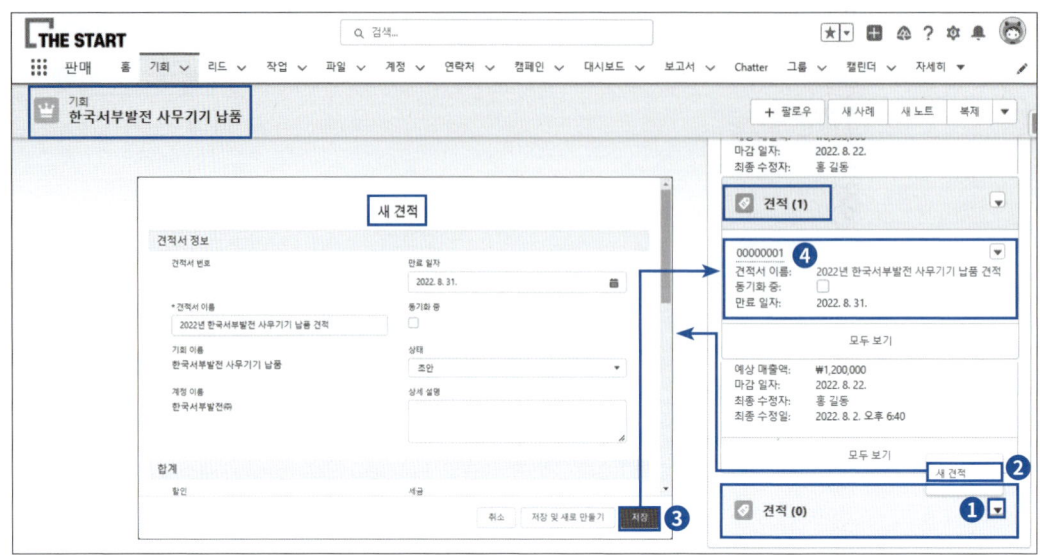

견적 기능을 활성화하면, 기회의 오른쪽 관련됨 항목에 "견적" 항목이 보이게 된다. 그러면 이제 견적(Quote)을 내기 위한 방법을 살펴보도록 하자. 오른쪽 관련됨 항목의 가장 하단에 보면 견적 항목이 있으며, 여기에서 조그만 드롭다운 버튼(1번)을 눌러 "새 견적" 메뉴(2번)을 선택하면, "새 견적" 대화상자가 나타난다.

항목	선택 값	설명
견적서 이름	2022년 한국서부발전 사무기기 납품 견적	정상적인 견적서 제목을 입력한다.
만료일자	견적 작성일 1달 이후	보통 견적서 제공 후 1달 정도를 생각한다면 이를 감안해서 날짜를 지정하면 된다. 이후에 설정할 수도 있다.
상태	초안	상태는 초안부터 다양한 진행 경로를 가지고 있다.
연락처 이름	이 병헌	한국서부발전㈜에 등록되어 있는 연락처를 선택한다.
전화	041-400-1000	이 병헌 연락처에 있는 전화번호를 입력한다.
이메일	담당자 이메일	이 병헌 연락처에 있는 이메일을 입력한다.

위 내용은 견적에 필요한 입력 항목을 표로 정리한 것이니 화면을 보면서 위 내용을 상황에 맞게 입력하도록 하자. 그리고 마지막으로 "저장" 버튼(3번)을 누르면, 견적 항목에서 견적이 생성된 것을 확인할 수 있다.

견적이 만들어졌기 때문에 이를 일련번호로 되어 있는 "견적 번호" 및 "견적서 이름"을 선택(4번)하면, 다음과 같이 해당 견적 화면으로 이동한다.

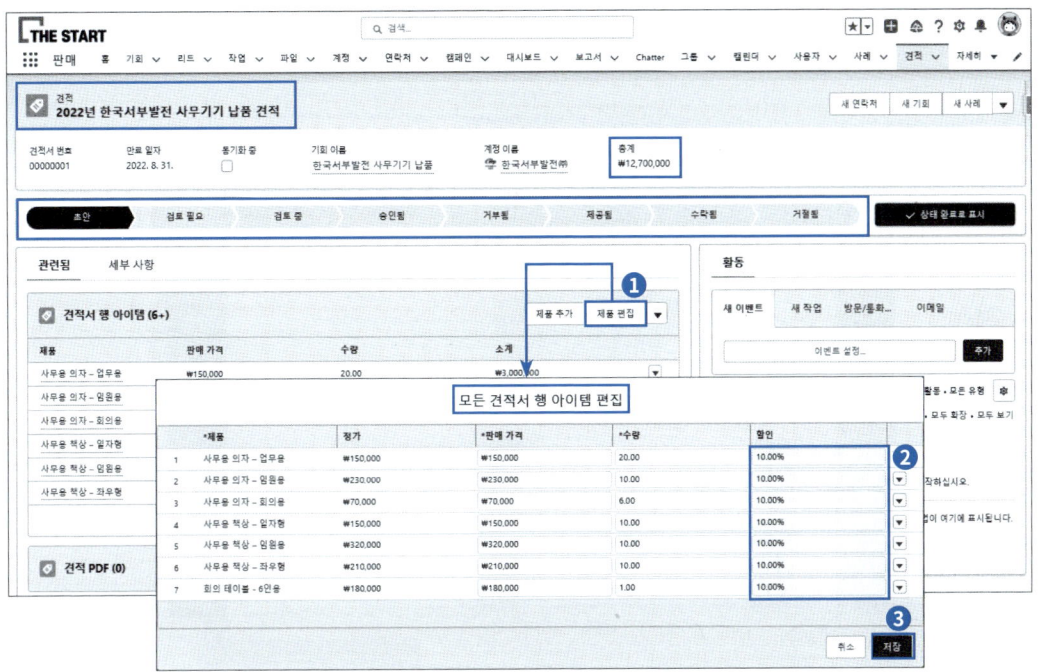

견적 역시 다양한 상태 즉, 단계를 포함하고 있는 것을 확인할 수 있다. 관련해서 잠시 살펴본다면 위 단계 중 "승인됨"과 "거부됨"은 우리회사 내부적인 과정이고, "제공됨"은 고객에게 견적서가 제공된 상태이며, 이후 고객의 판단에 따라서 "수락됨" 또는 "거절됨"이 될 수 있을 것이다.

견적을 생성하게 되면 우선 해당 기회(Opportunity)에 적용된 "가격 목록"에 포함된 제품들이 기본적으로 견적에 포함되며, 현재 견적 금액의 총계는 화면 위에 있는 것 같이 "₩12,700,000"원이다. 견적에서 가장 중요한 것은 견적 가격이 될 것이기 때문에 이를 조정하기 위해서는 위 화면에서 "제품 편집" 버튼(1번)을 누르면, 견적 내용을 수정할 수 있는 "모든 견적서 행 아이템 편집" 대화상자가 나타난다.

우리가 "한국서부발전 사무기기 납품"이라는 기회(Opportunity)에 적용한 "가격 목록"은 "2022년 사무용품 가격 목록"이므로 위 제품 리스트에는 "2022년 사무용품 가격 목록"에 포함된 모든 제품들과 "정가", "판매 가격", "수량" 등을 확인하고 수정할 수 있는데, 마지막에서 보면 할인율을 정의할 수 있는 필드가 있다. 그러므로 상황에 따라 할인율을 적용할 수 있는데, 여기서는 일괄적으로 할인 비율을 10%로 변경(2번)한 다음 "저장" 버튼(3번)을 눌러서 할인율을 적용해보기로 하자.

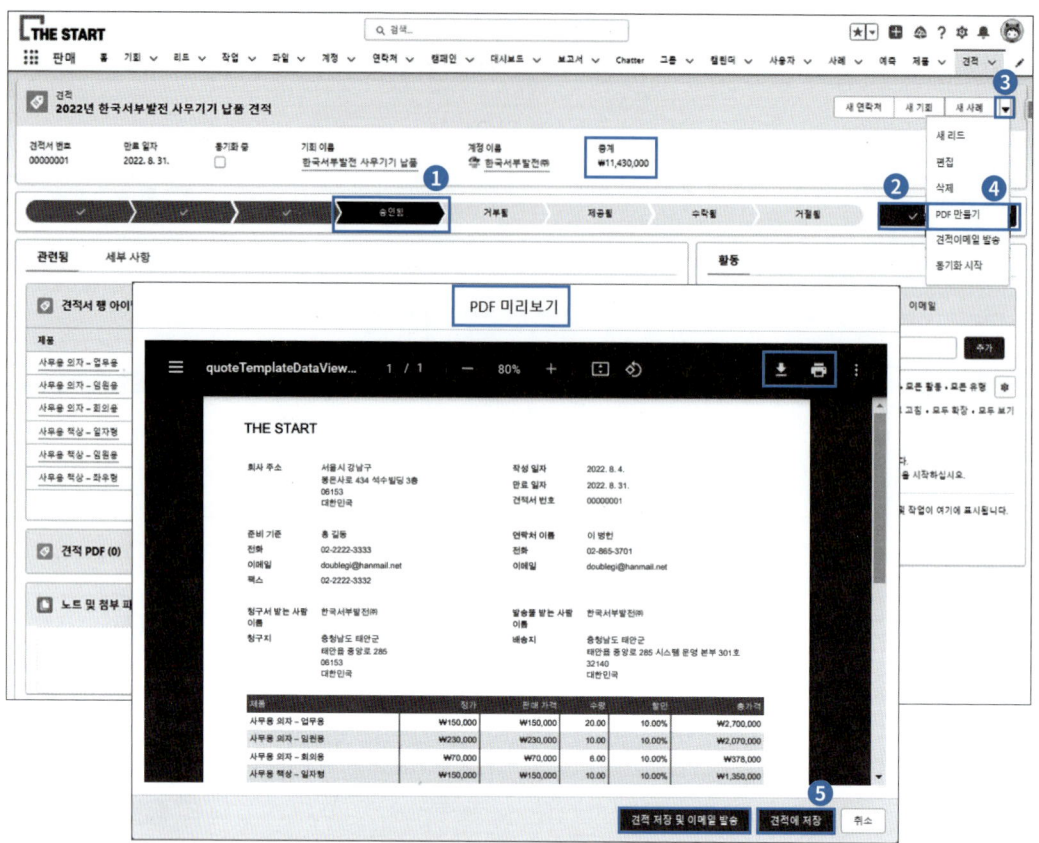

할인율이 적용되면, 기본적으로 견적가 총액이 변경된다. 위 화면에서 상단 중앙을 보면, 총계가 기존 12,700,000원에서 11,430,000원으로 10% 할인된 금액으로 변경된 것을 확인할 수 있다.

그러면 이제 내부적으로 해당 견적이 승인이 났다고 가정하고, 경로(Progress Bar) 상태를 "승인됨"으로 선택(1번)한 후 오른쪽에 있는 "상태 완료로 표시" 버튼(2번)을 눌러서 경로를 이동시킨다. 그리고 이제 PDF 견적서를 생성하기 위해 오른쪽 상단에 있는 콤보 버튼(3번)을 눌러 "PDF 만들기" 메뉴(4번)을 선택해보기로 하자.

그러면 견적서 PDF 파일이 미리보기 형태로 출력된다. 오른쪽 상단에서 보면 이 견적을 다운로드 받거나 바로 출력할 수 있는 버튼이 있으며, "견적 저장 및 이메일 발송" 버튼을 누르게 되면 견적 파일이 세일즈포스에 등록되면서, 관련 연락처인 "이 병헌" 연락처로 이메일로 발송될 수 있도록 이메일 전송 화면이 보이게 된다. 만일 이메일 발송과 상관없이 우선 견적 PDF 파일을 저장하고 싶다면, "견적에 저장" 버튼(1번)을 누르면 된다.

여기서는 "견적에 저장" 버튼을 눌러서 견적서 PDF 파일을 저장하도록 하자.

그러면 "견적 PDF" 항목에 견적서가 등록된 모습을 확인할 수 있으며, "노트 및 첨부 파일" 항목에도 파일이 추가된 것을 확인할 수 있다. 위에서 "견적 PDF" 항목에서 해당 견적서를 클릭하면 이전 화면에서 보았던 견적서 PDF 미리보기 화면으로 이동하며, "노트 및 첨부 파일"에서 파일을 선택하면, 앞에서 확인해본 바와 같이 공유 및 버전 관리가 가능한 화면이 보이게 된다.

2-10 견적(Quote) 수정하기

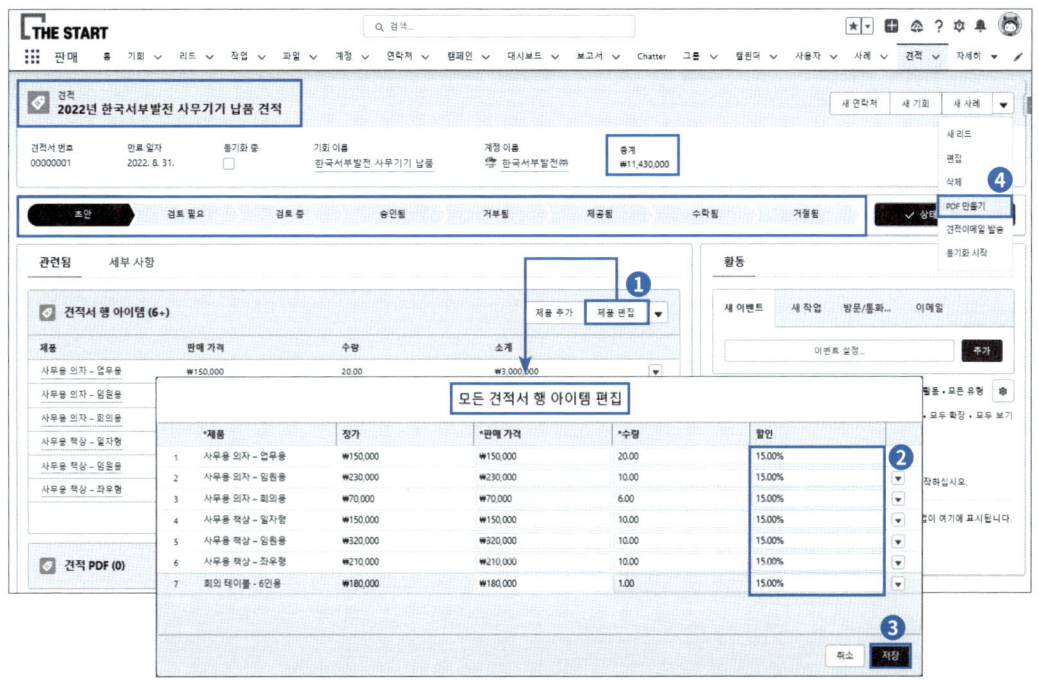

하나의 견적에 대해 여러 개의 견적서가 만들어질 수 있다. 예를 들어 휴대폰 매장에 방문하게 되면, 적합한 요금제 및 기기를 추천하기 위해 여러 견적서가 만들어진다. 이와 같이 세일즈포스에서도 하나의 견적에 대해 여러 견적서를 만들 수 있다.

새로운 견적을 내기 위해서는 이전에 확인했던 것과 같이 "2022년 한국서부발전 사무기기 납품 견적" 화면에서 "제품 편집" 버튼(1번)을 눌러서 "판매가격", "수량", "할인" 등을 수정(2번)한 다음 "저장" 버튼(3번)을 눌러서 수정된 견적을 저장한다. 이번 예제에서는 "할인"을 15%로 정의했다. 그리고 오른쪽 상단에 콤보 상자에서 "PDF 만들기" 메뉴(4번)를 선택해서 견적서 파일을 다시 저장하면 된다.

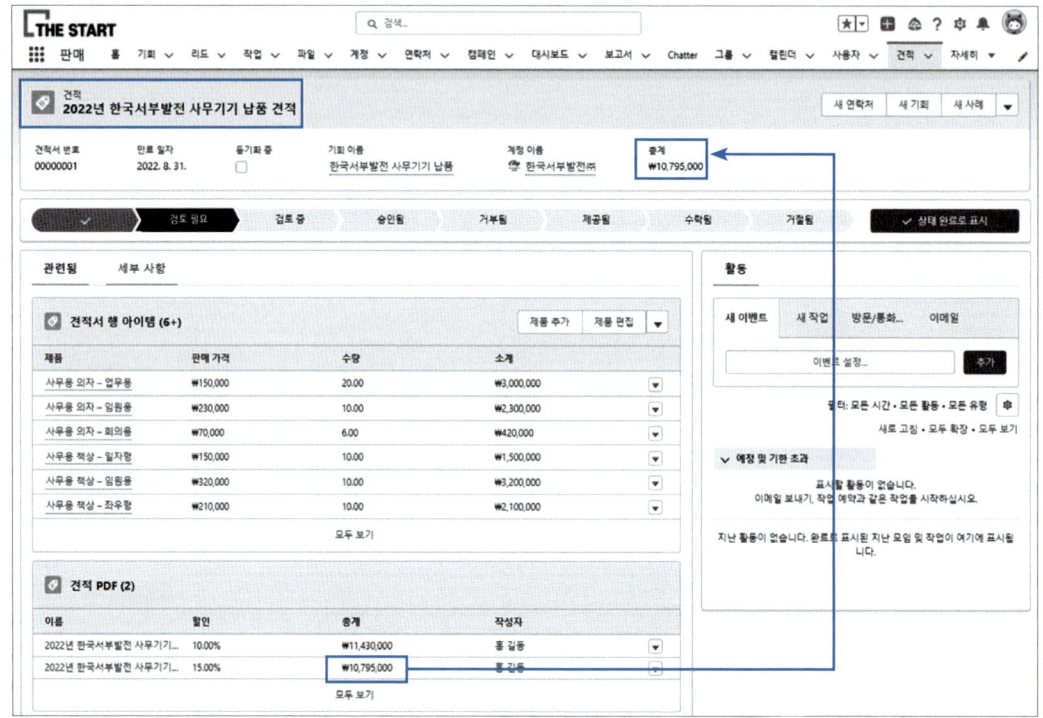

그러면 마지막 견적 내용으로 해당 견적 금액이 수정된 것을 확인할 수 있다.

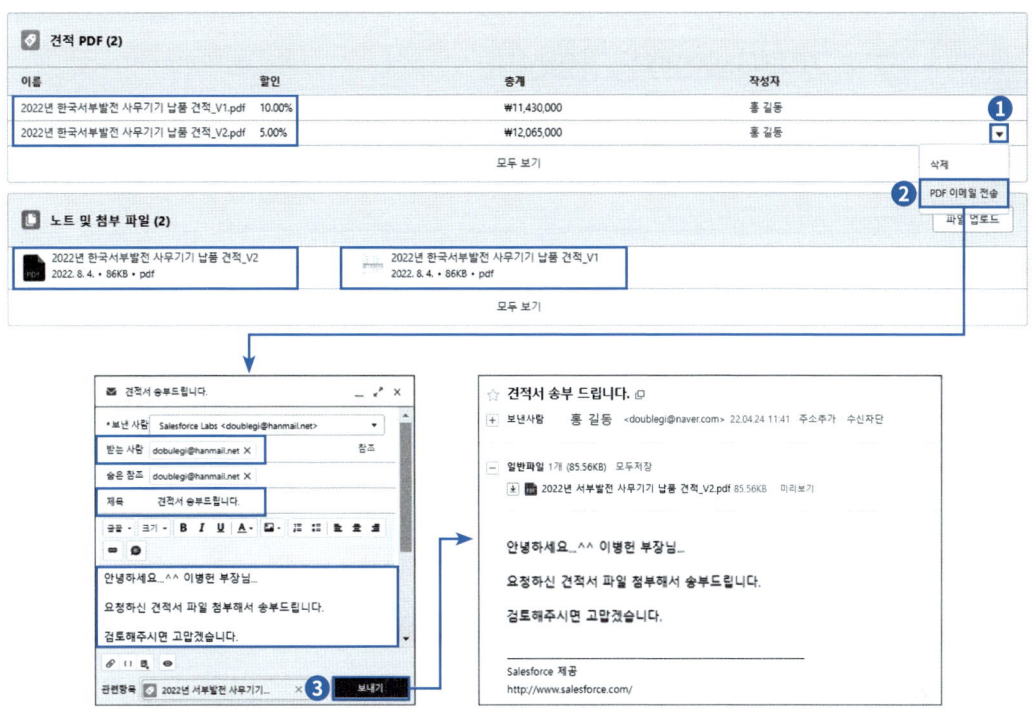

더불어 견적서 또한 하나의 견적에 여러 견적서가 생성된 것을 확인할 수 있다. "견적 PDF" 항목에서는 최신 버전이 아래에 있지만, "노트 및 첨부 파일" 항목에서는 최신 파일이 첫 번째 보이게 된다. 더불어 파일명 끝에 "_V1", "_V2" 이렇게 새로운 버전의 견적서에 대한 버전 번호가 붙어 있는 것을 확인할 수 있다.

견적서 PDF 파일을 고객에게 메일로 전송하고 싶다면, "견적 PDF" 항목에서 원하는 견적서 끝으로 이동해서 드롭 다운 버튼(1번)을 선택한 후 "PDF 이메일 전송" 메뉴(2번)를 선택하면, 다음과 같이 화면 오른쪽 하단에 메일을 발송할 수 있는 조그만 창이 나타난다.

여기에서 받는 사람과 제목 그리고 본문 내용을 입력한 후에 "보내기" 버튼(3번)을 누르면, 메일을 통해 견적서를 발송하는 것에 관한 주의 문구가 보여지며, 해당 화면에서 "첨부 및 전송" 버튼을 누르면, 정상적으로 메일이 발송된다. 물론 해당 견적서 파일은 자동으로 첨부된 상태로 메일이 전송된다.

이후 메일을 확인해보면 첨부 파일이 포함된 전송된 메일을 확인할 수 있다. 이렇게 고객에게 해당 견적을 보냈다면, "2022년 한국서부발전 사무기기 납품 견적"의 경로를 "제공됨" 상태로 변경하기로 하자.

2-11 견적(Quote) 동기화하기

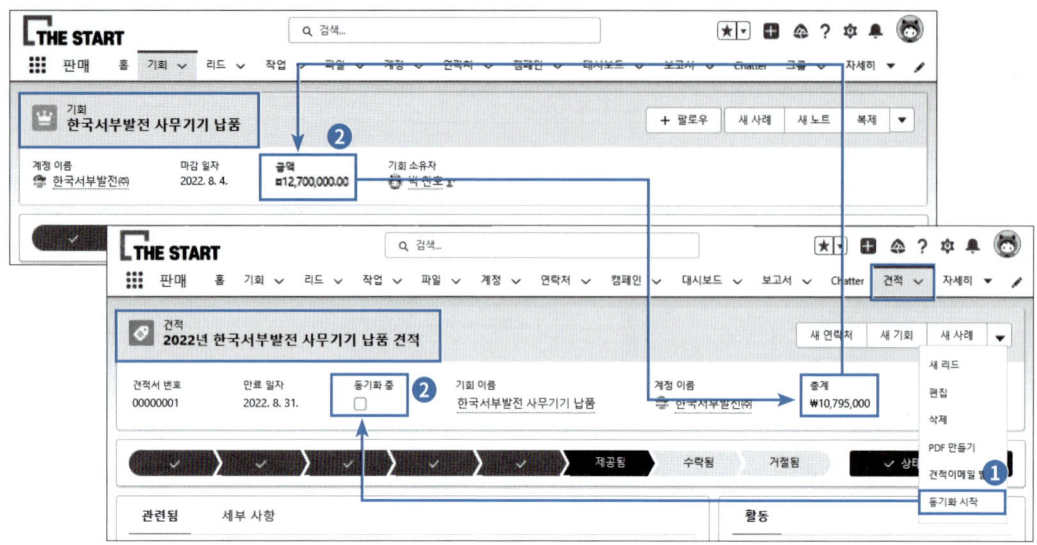

위 화면에서 첫 번째 화면은 "한국서부발전 사무기기 납품"의 기회 화면이고, 아래에 있는 화면은 "2022년 한국서부발전 사무기기 납품 견적"의 견적 화면이다. 최초 기회를 구성할 때 해당 기회에 적용되는 제품을 등록하면서 설정된 기회의 금액은 "12,700,000"원이며, 아래 화면과 같이 견적을 작성해서 수정된 견적 금액은 "10,795,000"원이다. 그렇다면 확정된 견적이 기회의 매출로 변경되어야 하는데, 이 작업이 바로 "동기화"이다.

그러므로 견적이 확정되었다면, 견적 페이지에서 "동기화 시작" 메뉴(1번)를 누르면, 해당 견적의 동기화 상태는 "동기화 중"에 체크(2번)가 되며, 해당 견적 비용 역시 "한국서부발전 사무기기 납품" 기회의 금액에 반영(2번)된다.

이 내용이 중요한 이유는 하나의 기회에 여러 견적이 만들어질 수 있고, 하나의 견적에는 여러 견적서가 만들어질 수 있다. 견적서의 최종 버전이 해당 견적의 마지막 금액이 되고, 여러 견적 중 "동기화"된 견적이 최종 기회의 견적에 반영되는 것이다.

예측(Forecast) 활성화 및 확인하기

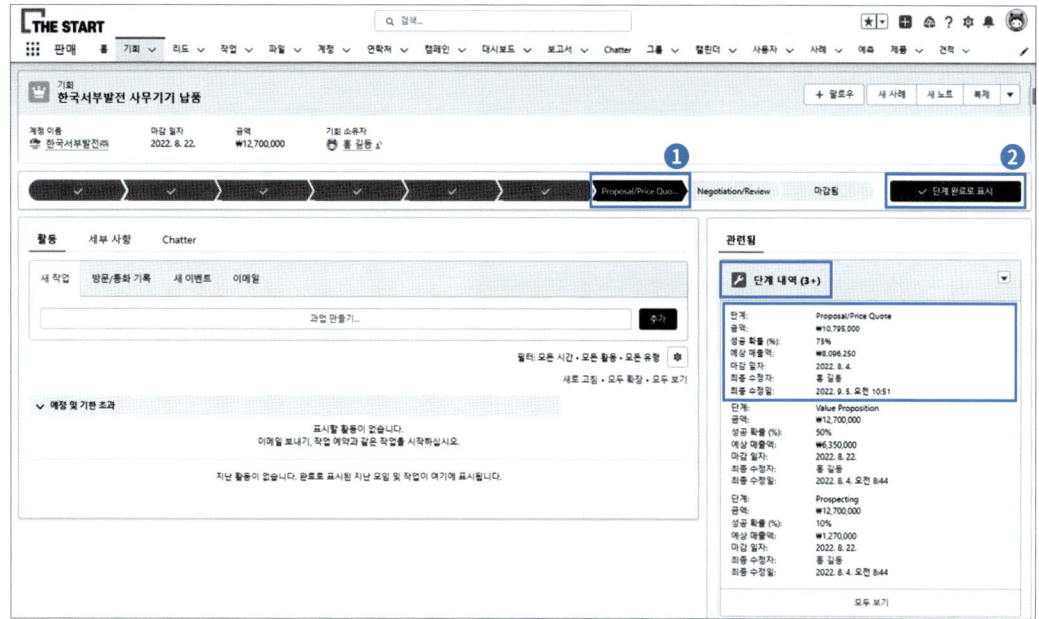

앞선 단계에서 고객에게 견적서를 메일로 발송했기 때문에 현재 기회의 단계를 제안 및 견적 단계인 "Proposal/Price Queue" 단계로 선택(1번)하고, 오른쪽 "단계 완료로 표시" 버튼(2번)을 눌러 경로를 이동했다.

그러면 오른쪽 하단에 있는 것처럼 "단계 내역" 항목으로 이동하면, 위 그림과 같이 각각의 단계 진행 내역이 보이게 된다. 해당 리스트 중 가장 상단 레코드가 방금 전 경로를 변경하면서 추가된 레코드이며, 내용을 자세히 살펴보면 현재 성공 확률은 75%이며, 총 매출 중 75%를 적용한 매출은 "8,096,000"원으로 나와있다.

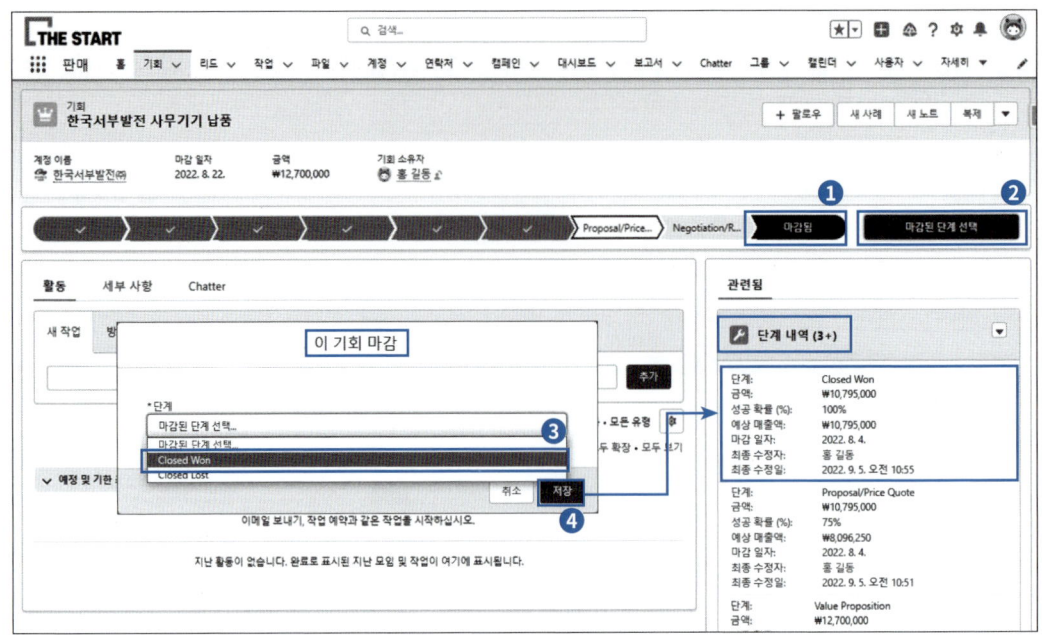

이제 이 시점에서 수주에 성공했다고 한다면 "마감됨" 단계(1번)를 선택하고, "단계 완료로 표시" 버튼(2번)을 누르면, "이 기회 마감" 대화상자가 나타난다. 기회의 마감 상태는 "성공 – 완료"와 "실패 – 완료" 두 가지가 있으며, 바로 여기서 둘 중의 하나를 선택하면서 기회를 마감해야 하는 것이다.

여기서는 "성공 – 완료" 상태인 "Closed Won"을 선택(3번)하고, 저장 버튼(4번)을 누른 다음 다시 진행상태를 완료해보기로 하자.

그러면 이제 단계 내역에 "Closed – Won" 단계로 변경되었으며, 매출이 확정된 상태로 성공 확률은 100%가 된 것을 확인할 수 있다. 그러면 이제 기회 관리는 마무리가 된 것이며, 이제 마지막으로 예측 매출 내역을 확인해보기로 하자.

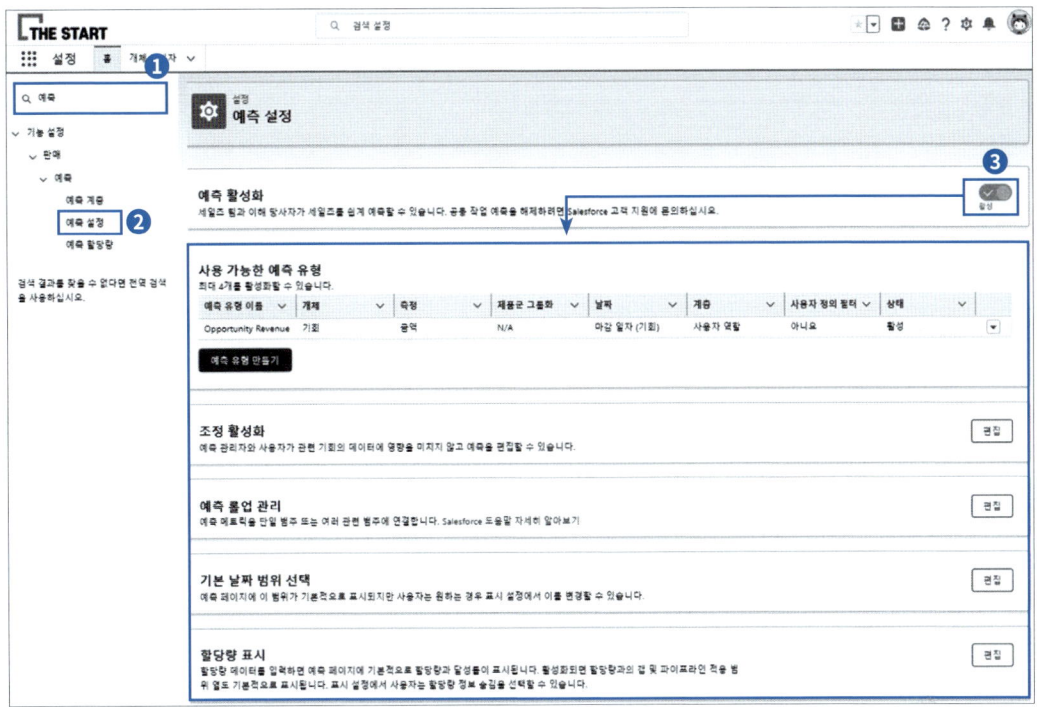

견적을 내기 위해서 "설정"에서 견적을 활성화한 것과 같이 기회(Opportunity)의 매출에 대한 예측을 하기 위해서도 역시 "예측" 기능을 활성화해주어야 한다. 이를 위해 "설정"의 "홈"으로 이동한 후 검색상자에서 "예측"을 입력(1번)한 후 "예측 설정" 항목(2번)을 선택하면, 예측 설정 페이지로 이동한다.

그러면 우측에 토글 버튼(3번)을 이용해서 예측 기능을 활성화하면, 아래와 같이 예측 관련 다양한 항목들이 확장돼서 보이게 된다. 여기서는 다른 내용은 수정할 것 없이 토글 버튼(3번)을 눌러서 활성화만 시키면 된다.

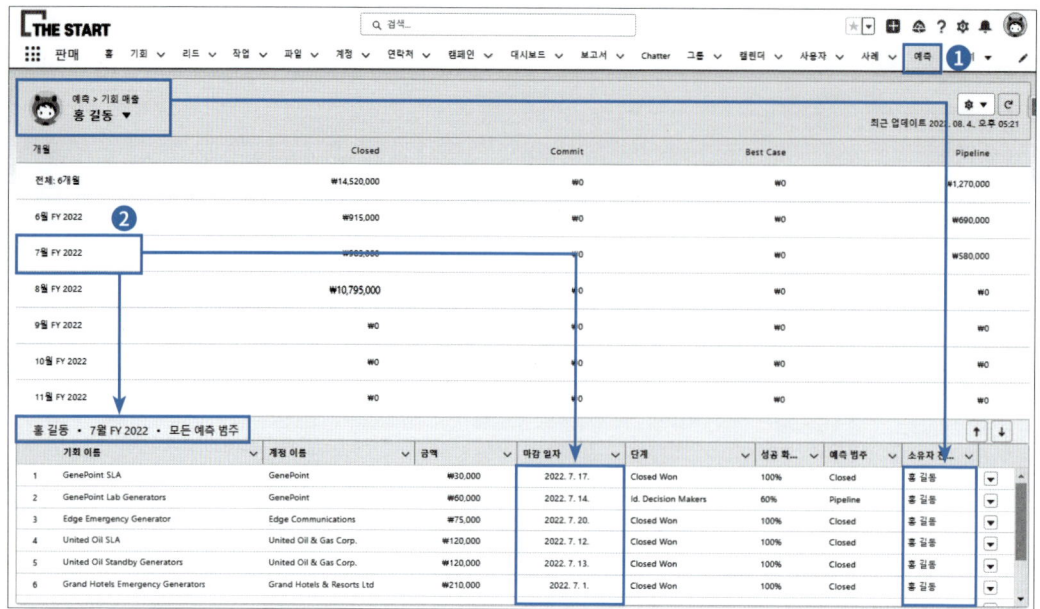

화면 상단에 있는 탭들 중에서 "예측" 탭(1번)을 선택하면 위 화면이 보여지는데, 기본적으로 현재 사용자인 "홍 길동"이 소유하고 있는 기회(Opportunity) 레코드들에 대한 내용으로 예측 내용이 구성되어 있다. 화면 왼쪽에서 특정 월을 선택(2번)하면, 하단에 해당월에 마감일자가 포함된 기회 내역의 레코드들이 출력된다.

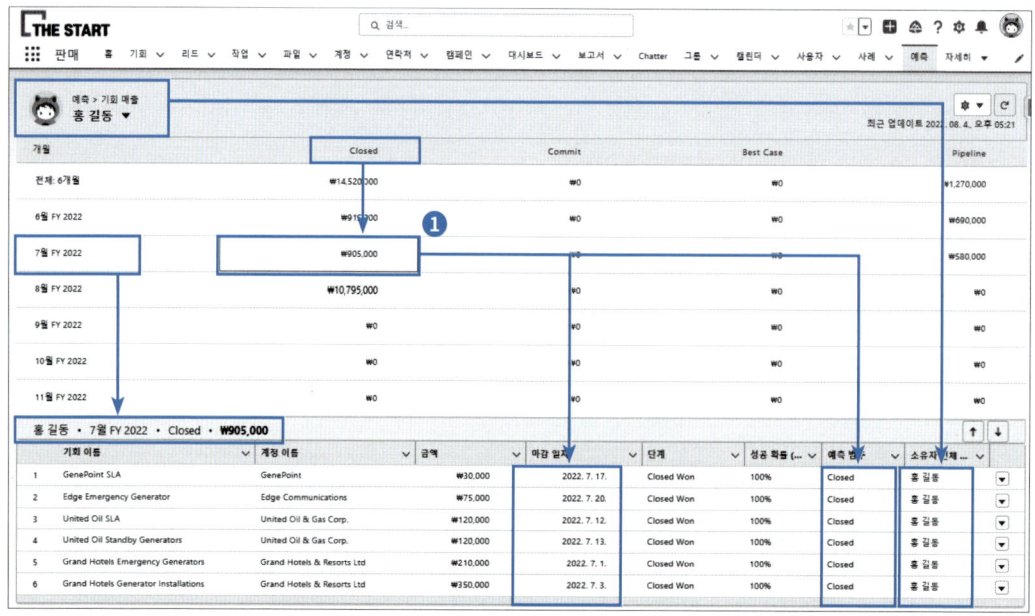

위 화면에서 이번에는 상단 예측 범주에서 "Closed" 영역과 왼쪽에서 7월 영역에 해당하는 셀(1번)을 선택했다. 이 셀은 성공 마감한 기회 중 마감 일자가 7월에 해당하는 기회 내역을 의미하는 것이다. 그러므로 해당 셀 내역에 해당하는 기회 내역들을 보면, 마감 일자가 모두 7월이며, 예측 범주 역시 모두 "Closed"된 상태의 레코드들을 확인할 수 있다.

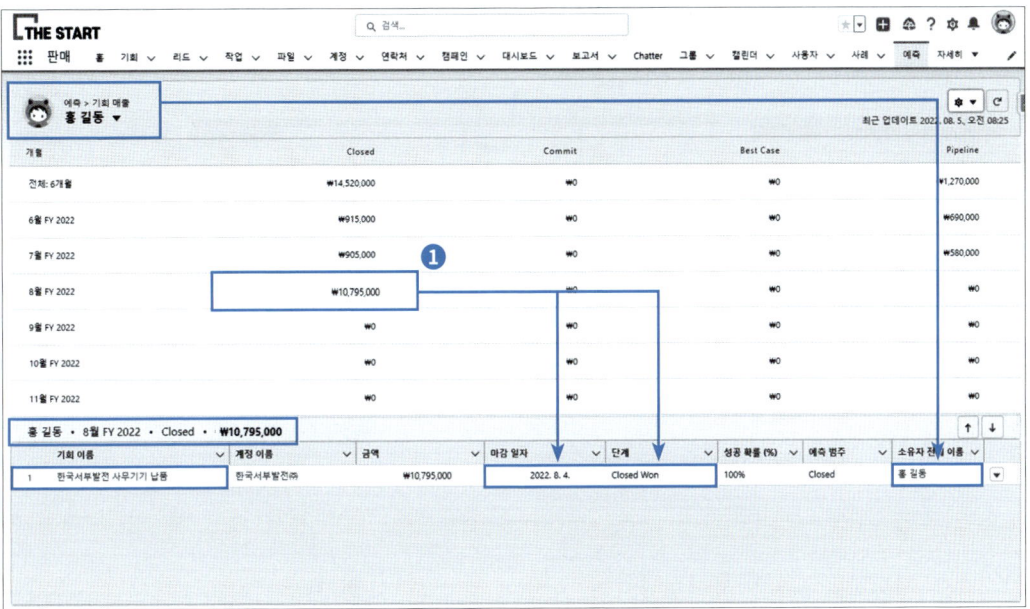

위 화면은 예측 범주에서 "Closed" 그리고 마감일자가 8월인 셀을 선택(1번)한 것이다. 그리고 화면 하단을 살펴보니 해당 매출 건은 바로 우리가 여태까지 실습했던 "서부발전 사무기기 납품" 기회에 의한 매출 내역이다.

이와 같이 예측 화면은 보기에는 단순해 보이지만, 많은 요약된 결과를 집계 형태로 리스트(레코드)와 연계해서 보여주기 때문에 관리자 입장에서 다양한 매출 관련 정보를 확인하는데 도움이 될 수 있다.

2-13 소유권 변경 시 예측 확인

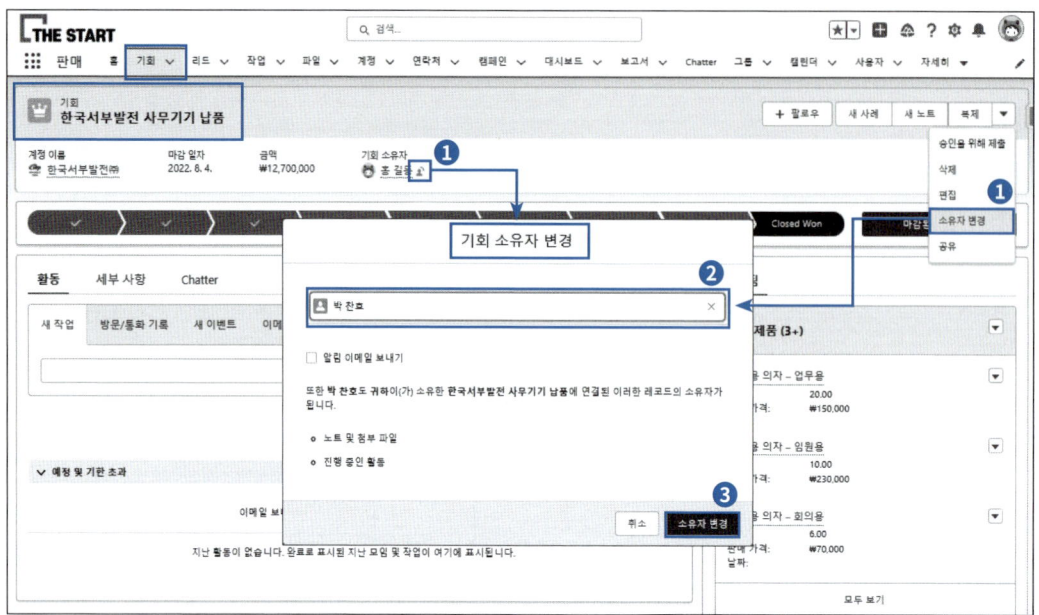

앞서 "홍 길동"의 예측을 살펴보았으며, 이번에는 다른 사용자로 기회의 레코드 소유자가 변경되었을 때 해당 사용자의 예측을 확인하는 방법에 대해서 살펴보기로 하겠다. 이를 위해 위 화면처럼 "홍 길동" 옆에 있는 조그만 버튼인 "소유자 변경" 버튼(1번)을 누르던가, 아니면 화면 오른쪽 상단에 콤보 버튼을 눌러서 "사용자 변경" 메뉴(1번)을 선택하면, 동일하게 "기회 소유자 변경" 대화상자가 나타난다.

그러면 사용자를 "홍 길동"에서 "박 찬호"로 변경(2번)하고, "소유자 변경" 버튼(3번)을 눌러서 변경을 완료한다. 이렇게 기회 레코드의 소유자가 변경되면, 기존 매출에 대한 예측도 역시 "박 찬호" 사용자의 매출 예측으로 집계되어야 한다.

이를 확인하기 위해서 이전에 확인했었던 예측 탭으로 다시 이동해보기로 하자.

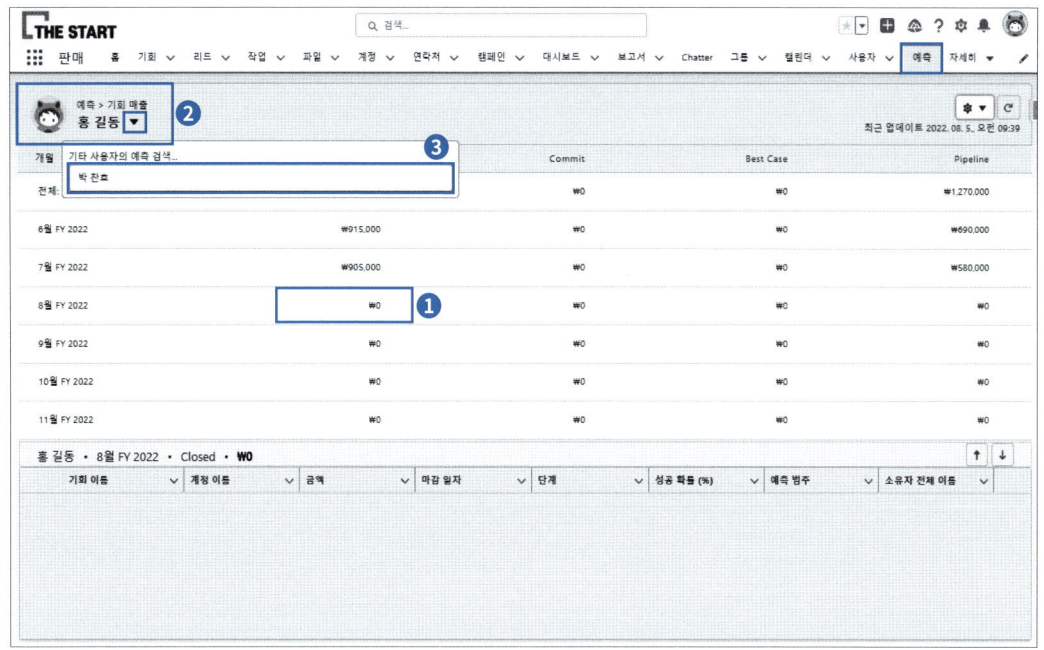

그러면 홍길동의 경우 이전 화면과 다르게 8월 매출(1번)이 0원인 것을 확인할 수 있다. 그 이유는 소유자를 "홍 길동"에서 "박 찬호"로 변경했기 때문이며, 이제 해당 매출은 "박 찬호" 사용자에게 이전됐을 것이다. 그렇다면 "박 찬호" 사용자의 예측을 확인하기 위해 "홍 길동" 이름 옆에 있는 작은 버튼(2번)을 누른 다음 "기타 사용자의 예측 검색" 입력란(3번)에 "박 찬호"를 입력한 후 검색을 해보기로 하자.

그러나 "박 찬호" 사용자는 검색되지 않는다. 그러면 "박 찬호" 계정으로 로그인하면, "박 찬호" 사용자 본인의 매출 예측을 확인해볼수 있지 않을까? 이를 확인해보기 위해서 "설정" > "사용자" 로 이동해서 "박 찬호" 사용자로 로그인 해서 "예측" 탭을 확인해보기로 하자.

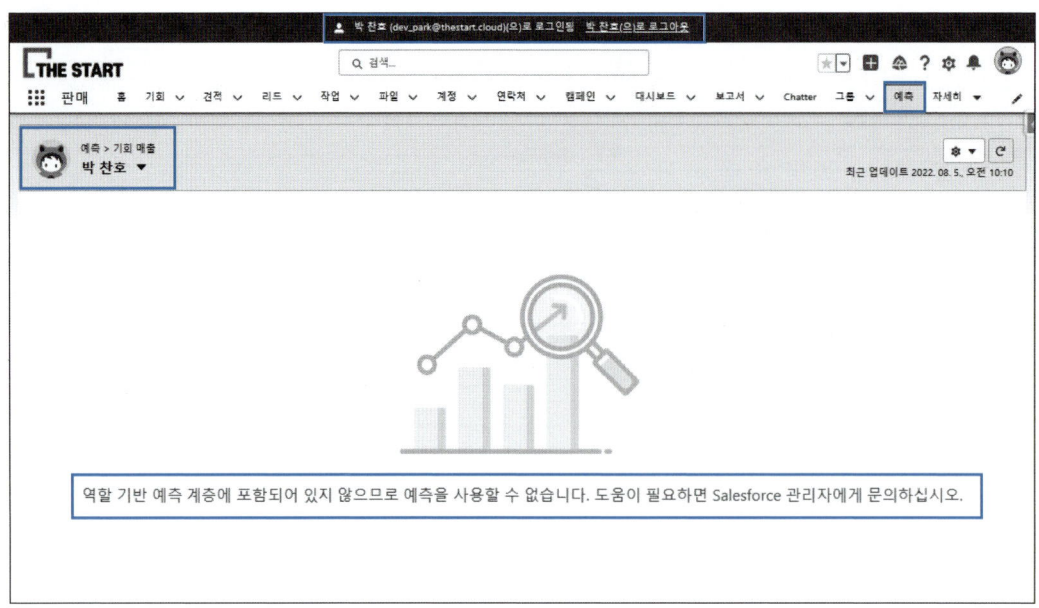

그러나 위 화면 처럼 "박 찬호" 사용자로 로그인 하더라도 역시 "예측" 데이터를 확인해볼 수가 없다. 그러므로 이 문제는 로그인 계정의 문제가 아닌 것이다. 이를 해결하기 위해서는 위 화면에 메시지를 보면 알 수 있다.

위 메시지에는 "박 찬호" 사용자가 역할 기반 예측 계층에 포함되어 있지 않은 상태라는 내용이다. 이를 해결하기 위해서는 "예측 계층"에서 "박 찬호" 사용자를 추가해 주어야 한다.

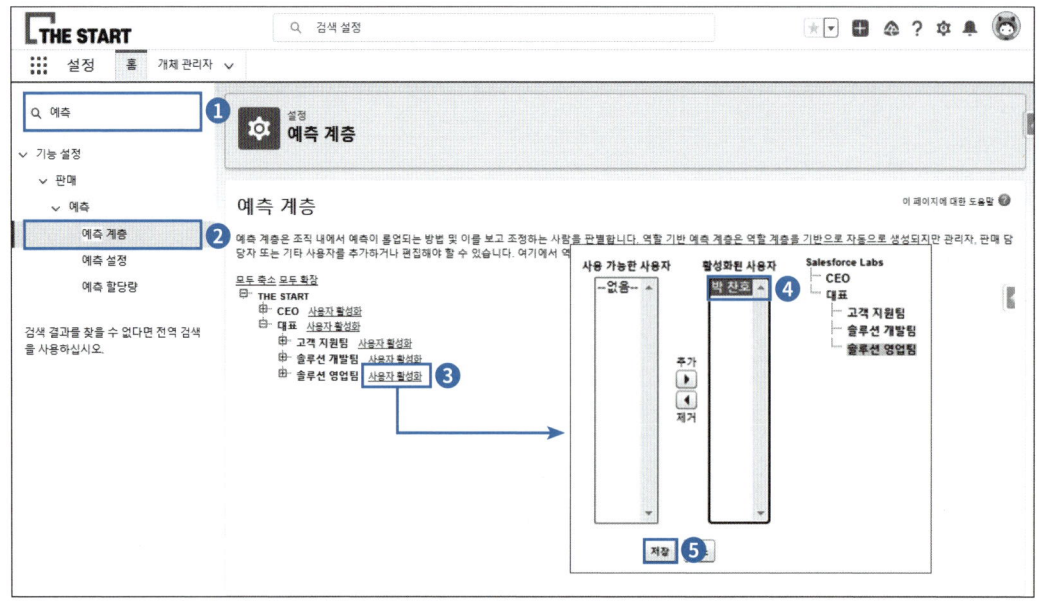

그러므로 이를 해소하기 위해서 다시 "설정"으로 이동해서 검색란에 "예측"을 입력(1번)한 후 검색된 항목 중에 "예측 계층"을 선택(2번)해서 "예측 계층" 페이지로 이동해보기로 하자. 그러면 위와 같이 조직 구조를 정의해 놓은 역할 구조가 보이게 된다. 현재 "박 찬호" 사용자는 솔루션 영업팀 소속이므로 "솔루션 영업팀"의 "사용자 활성화"를 선택(3번)하면, 오른쪽 화면을 포함한 새로운 페이지로 이동한다. 여기서는 "솔루션 영업팀"에 소속된 사용자 중 예측 활성화가 필요한 사용자를 왼쪽 목록에서 선택해서 오른쪽 "활성화된 사용자"로 옮겨주어야 한다.

지금은 "박 찬호" 사용자의 예측을 활성화하기 위함이므로 "박찬호" 사용자를 선택해서 오른쪽 "활성화된 사용자" 영역에 추가(4번)한 다음 "저장" 버튼(5번)을 눌러서 변경 내용을 저장하도록 하자.

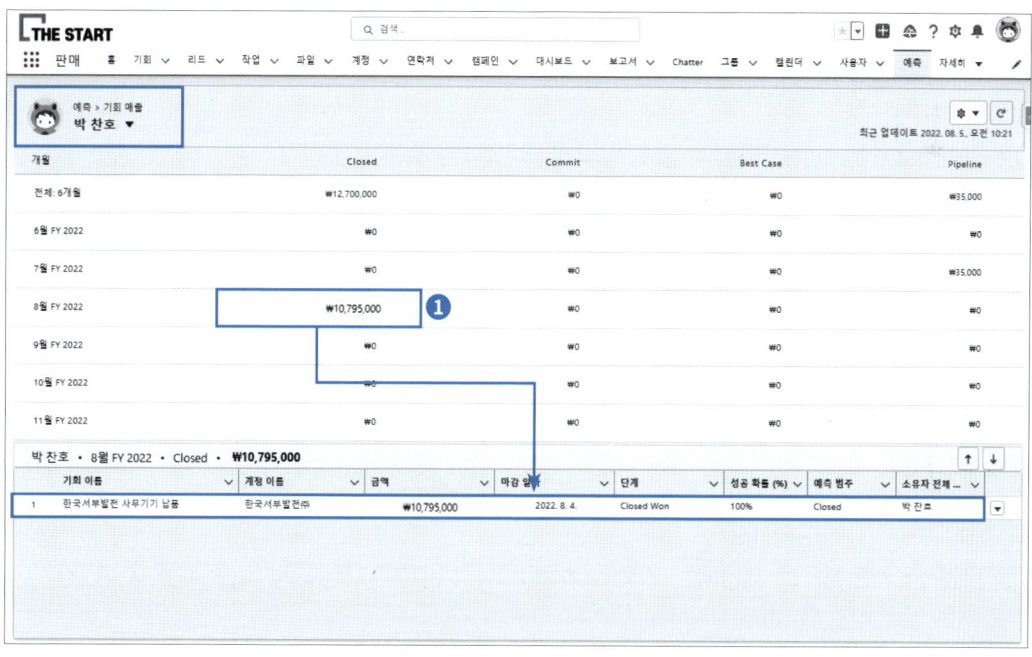

그러면 이제 "홍 길동" 관리자로 접근해서 박찬호 사용자를 검색해서 "박 찬호" 사용자의 예측 내역을 확인해볼 수 있으며, "박 찬호" 사용자 계정으로 로그인 하더라도 위 화면 처럼 "박 찬호" 본인의 예측 내역을 확인해 볼 수 있다.

이제 "서부발전 사무기기 납품" 기회의 매출이 "박 찬호" 사용자의 매출 내역으로 보이게 되며, 해당 셀을 선택하면, "서부발전 사무기기 납품" 기회 레코드가 하단에 출력되는 것을 확인할 수 있다.

chapter 05
기회(Opportunity) 사용하기

01 기회(Opportunity)의 설명으로 잘못된 것은 무엇인가?

① 기회는 계정 없이 만들어질 수 있다.
② 기회는 연락처 없이 만들어질 수 있다.
③ 기회는 리드 변환 없이 만들어질 수 있다.
④ 기회는 소유자 없이 만들어질 수 있다.

02 기회(Opportunity)를 만들 때 필수 입력 필드가 아닌 것은 무엇인가?

① 기회 이름(Opportunity Name) ② 단계(Stage)
③ 계정 이름(Account Name) ④ 마감일자(Close Date)

03 다음 중 기본적으로 제공되는 기회(Opportunity)의 등급에 해당하지 않는 것은 무엇인가?

① Hot ② Warm
③ Cold ④ Close

04 다음 중 기본적으로 제공되는 기회(Opportunity)의 단계에 해당하지 않는 것은 무엇인가?

① 전망 ② 가치 제안
③ 제안 및 견적 ④ 견적 승인

05 다음 중 기본적으로 제공되는 기회(Opportunity)의 예측 범주에 해당하지 않는 것은 무엇인가?

① 파이프 라인 ② 최고 사례
③ 분석 단계 ④ 마감됨

06 기회의 단계가 가치 제안(Value Proposition) 단계이고, 가치 제안 단계의 성공 확률이 50% 였을때 기회의 금액이 100만원이라면 해당 기회에 적용되는 예상 매출은 얼마인가?

① 25만원 ② 50만원
③ 75만원 ④ 100만원

07 다음 중 제품(Product)과 가격목록(Price Book)관련 설명으로 잘못된 것은 무엇인가?

① 제품을 등록할 때 제품 가격은 등록하지 않는다.
② 하나의 제품은 여러 가격 목록에 포함될 수 있다.
③ 하나의 가격 목록은 여러 기회에 적용될 수 있다.
④ 하나의 기회에 여러 가격 목록이 적용될 수 있다.

08 다음 중 노트 및 첨부파일 관련 설명으로 잘못된 것은 무엇인가?

① 등록된 파일(문서, 이미지 등)은 버전 관리가 가능하다.
② 등록된 파일(문서, 이미지 등)은 외부에서 액세스할 수 있도록 링크를 생성할 수 있다.
③ 등록된 파일(문서, 이미지 등)은 공유가 가능하다.
④ 등록된 파일(문서, 이미지 등)은 암호화가 가능하다.

09 다음 중 견적 관련 설명으로 잘못된 것은 무엇인가?

① 하나의 기회는 여러 견적을 만들 수 있다.
② 하나의 견적은 여러 견적서를 만들 수 있다.
③ 견적의 총계는 기회의 총액에 자동으로 반영된다.
④ 견적에서 판매가격, 수량, 할인을 수정할 수 있다.

10 다음 중 예측 관련 설명으로 잘못된 것은 무엇인가?

① 기회가 생성되면 예측은 자동으로 활성화된다.
② 예측은 기회의 단계와 기회 총액을 집계한 정보를 보여준다.
③ 기회의 소유자별로 매출에 대한 예측이 이루어진다.
④ 예측은 기회의 소유자별로 월 단위로 집계된다.

Quiz

1	2	3	4	5	6	7	8	9	10
④	⑤	④	④	③	⑤	④	④	③	①

THE START

PART III
세일즈포스 활용하기

THE START

chapter 06
캠페인(Campaign) 및 사례(Case) 관리

1 캠페인(campaign) 활용하기

2 사례(Case) 활용하기

3 대기열(Queue) 활용하기

1 캠페인(Campaign) 활용하기

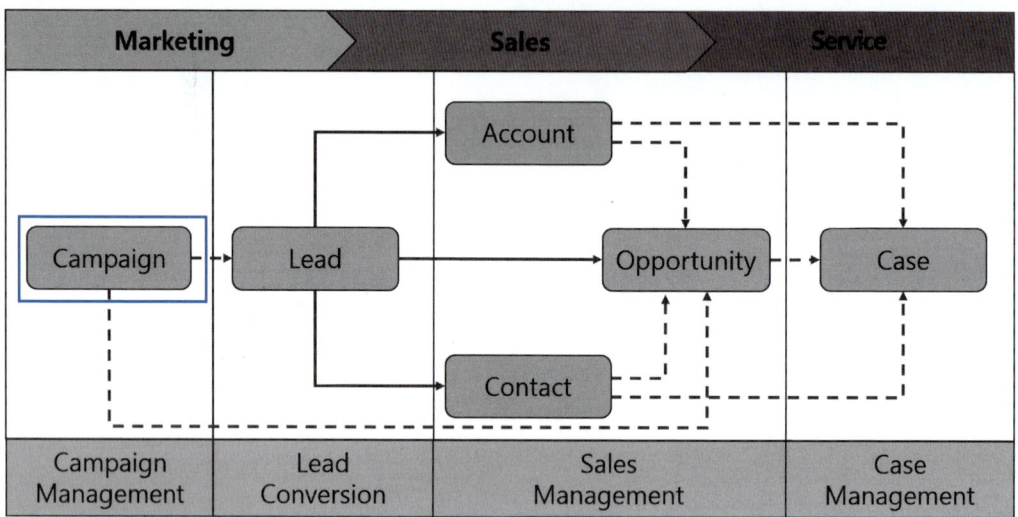

위 화면은 마케팅(Marketing)부터 서비스(Service)에 이르기까지 진행되는 일련의 과정에 대한 주요 개체들의 관계를 표시한 것이다. 이 중 캠페인(Campaign)이 마케팅 영역에 있기 때문에 가장 선두에 있으며, 우리가 지난 4장과 5장을 통해서 학습한 내용은 세일즈(Sales) 영역에 해당한다.

그러므로 이번 장에서는 세일즈(Sales) 영역 이전인 캠페인(Campaign)과 세일즈(Sales) 영역 이후인 사례(Case)에 대해서 살펴볼 것이다.

1-1 캠페인(Campaign) 만들기

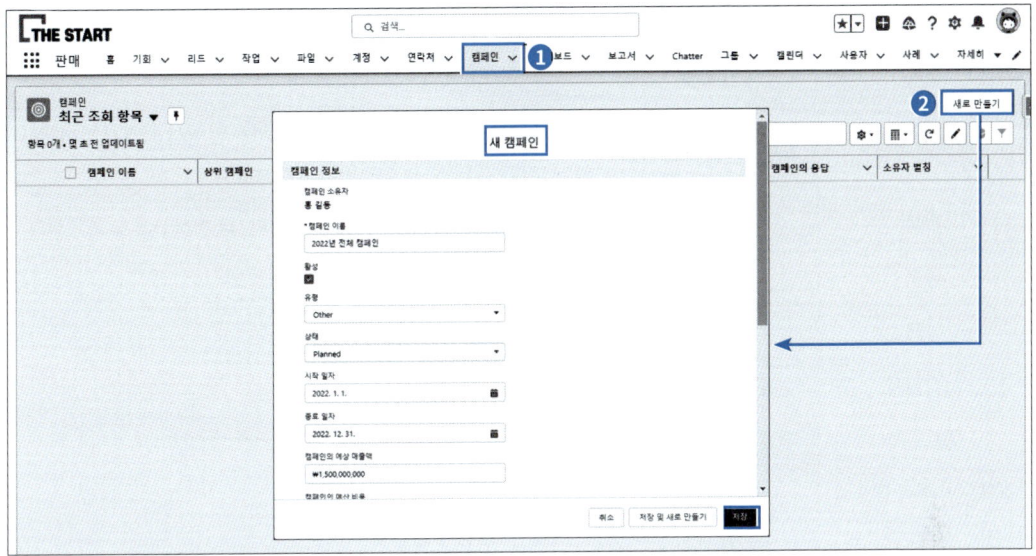

다양한 홍보 활동을 통해 매출 증대 및 이미지 개선을 목적으로 수행하는 일련의 홍보 활동을 마케팅(Marketing)이라고 한다. 이러한 마케팅은 장기적이고, 지속적으로 수행되는 성격을 갖는다. 그러나 캠페인은 일반적으로 특정 목표를 달성하기 위한 계획이며, 여기에는 예산과 일정이 포함된다. 그러므로 캠페인을 만들기 위해서는 정량화된 목표 또는 수치가 필요하며, 이러한 목표와 수치는 캠페인을 평가하는 기본 자료가 된다.

세일즈포스는 마케팅 클라우드(Marketing Cloud)를 통해 전체 마케팅에 포함된 모든 요소들을 관리할 수 있는 서비스를 제공하고 있으며, 우리가 사용하고 있는 개발자 오그(Org)에도 마케팅 클라우드에서 사용할 수 있는 캠페인(Campaign)이 포함되어 있다. 그러므로 이제 회사의 마케팅 계획에 따른 캠페인을 등록하고 관리하는 방법에 대해서 살펴보도록 할 것이다.

캠페인(Campaign)은 리드(Lead)와 연락처(Contact)를 대상으로 하는 구체적인 마케팅 계획을 말하며, 이러한 캠페인은 이벤트나 광고, 이메일 홍보 등 다양한 수단을 포함할 수 있다. 이러한 캠페인의 목적은 마케팅과 판매를 함께 연결하기 위한 노력이다. 이러한 활동을 통해 보다 많은 리드(Lead)와 기회(Opportunity)가 만들어지도록 관리하는 것은 기업의 생존을 위한 필수 요건이라고 할 수 있다.

이제 캠페인(Campaign)을 만들어 보기로 하자.

캠페인을 생성하기 위해서는 위 화면 상단에 있는 "캠페인" 탭(1번)을 선택한 다음 오른쪽에 "새로 만들기" 버튼(2번)을 클릭하면, 새로운 캠페인을 등록할 수 있는 "새 캠페인" 대화 상자가 나타난다.

항목	선택 값	설명
캠페인 이름	2022년 전체 캠페인	적당한 캠페인 이름을 입력한다. 여기서는 앞에서 화면처럼 캠페인을 구성할 것이므로 동일한 이름을 사용했다.
활성	활성 체크	캠페인을 생성한 후 바로 테스트할 것이므로 활성 버튼을 체크한다.
유형	Other	캠페인 활동 방법을 선택한다.
상태	Planned	현재 캠페인 진행 단계를 선택한다.
시작일자	2022년 01월 01일	
종료일자	2022년 12월 31일	
캠페인의 예상 매출액	1,500,000,000	
캠페인의 예산 비용	120,000,000	
캠페인의 실제 비용		캠페인의 실제 비용은 나중에 등록한다.
예상 응답률	3.5%	캠페인을 통해 수신될 것으로 예상되는 응답 비율이다.
캠페인의 보낸 수	20,000	전체 캠페인 대상을 카운트 한 숫자이다.
상위 캠페인	없음	지금 최상위 캠페인이므로 상위 캠페인은 없다.
상세 설명	입력 안함	캠페인에 필요한 설명을 입력한다.

위와 같이 입력한 후 저장 버튼(3번)을 클릭하면, 작성된 캠페인 화면으로 바로 이동하게 된다.

1-2 캠페인(Campaign) 계층 만들기

위 그림에서 보는 바와 같이 캠페인은 계층 구조로 구성될 수 있다. 즉, 하위 요소를 포함할 수 있다는 것이다. 이렇게 되면 같은 목적의 캠페인들을 보다 구체화할 수 있을 것이며, 이러한 계층 구조의 예는 위에서 보는 바와 같이 "세대"를 기준으로 나눌 수도 있으며, "지역별" 그리고 "산업군 별"로 캠페인을 나눌 수 있을 것이다.

이미 좀 전에 "2022년 전체 캠페인"을 등록했기 때문에 이제 그 하위의 캠페인들을 등록해 보기로 하자. 아래 항목들은 전체 항목에서 차이가 있는 항목들만 정리한 내용이다. 관련 내용을 참조해서 3건의 하위 캠페인을 등록하기로 하자.

2022년 MZ 캠페인

항목	선택 값	설명
캠페인 이름	2022년 MZ 캠페인	위의 이미지를 참조해서 입력한다.
유형	Webinar	캠페인 활동 방법을 선택한다.
시작일자	2022년 01월 01일	
종료일자	2022년 06월 30일	
캠페인의 예상 매출액	700,000,000	
캠페인의 예산 비용	70,000,000	
예상 응답률	3%	캠페인을 통해 수신될 것으로 예상되는 응답 비율이다.
캠페인의 보낸 수	10,000	전체 캠페인 대상을 카운트 한 숫자이다.
상위 캠페인	2022년 전체 캠페인	상위 캠페인을 검색해서 선택한다.

☑ 2022년 7080 캠페인

항목	선택 값	설명
캠페인 이름	2022년 7080 캠페인	위의 이미지를 참조해서 입력한다.
유형	Email	캠페인 활동 방법을 선택한다.
시작일자	2022년 07월 01일	
종료일자	2022년 10월 31일	
캠페인의 예상 매출액	500,000,000	
캠페인의 예산 비용	30,000,000	
예상 응답률	4.5%	캠페인을 통해 수신될 것으로 예상되는 응답 비율이다.
캠페인의 보낸 수	7,000	전체 캠페인 대상을 카운트 한 숫자이다.
상위 캠페인	2022년 전체 캠페인	상위 캠페인을 검색해서 선택한다.

☑ 2022년 Silver 캠페인

항목	선택 값	설명
캠페인 이름	2022년 Silver 캠페인	위의 이미지를 참조해서 입력한다.
유형	Direct Mail	캠페인 활동 방법을 선택한다.
시작일자	2022년 11월 01일	
종료일자	2022년 12월 31일	
캠페인의 예상 매출액	300,000,000	
캠페인의 예산 비용	20,000,000	
예상 응답률	5%	캠페인을 통해 수신될 것으로 예상되는 응답 비율이다.
캠페인의 보낸 수	3,000	전체 캠페인 대상을 카운트 한 숫자이다.
상위 캠페인	2022년 전체 캠페인	상위 캠페인을 검색해서 선택한다.

모두 입력을 완료한 상태에서 캠페인 탭에서 목록 보기를 보면, 다음과 같이 잘 등록된 것을 확인할 수 있다.

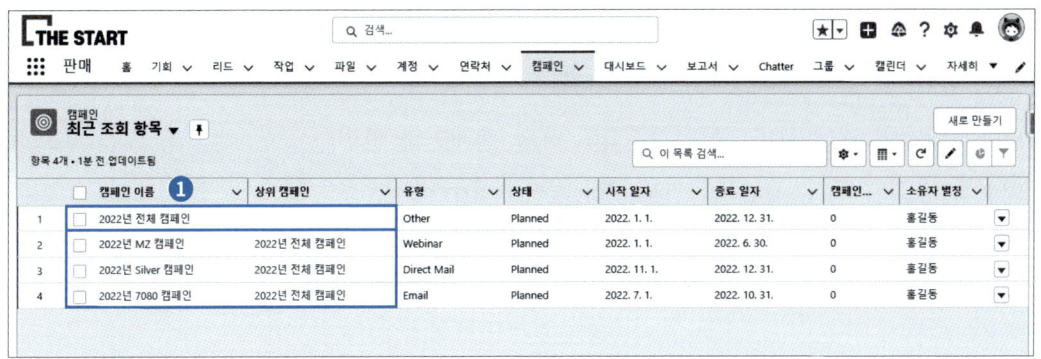

위에서 보면 "2022년 전체 캠페인"에는 상위 캠페인이 없으며, 그 외의 하위 캠페인 들에는 상위 캠페인 필드에 "2022년 전체 캠페인"이 등록되어 있는 것을 확인할 수 있다. 캠페인의 계층 관계는 위와 같이 확인해볼 수 있지만, 위 화면은 목록 보기이므로 다른 항목들이 섞여 있는 경우 쉽게 파악이 어려울 수도 있다. 따라서 명확히 캠페인의 계층 관계를 확인하기 위해 가장 상위 캠페인인 "2022년 전체 캠페인"(1번)을 클릭한다.

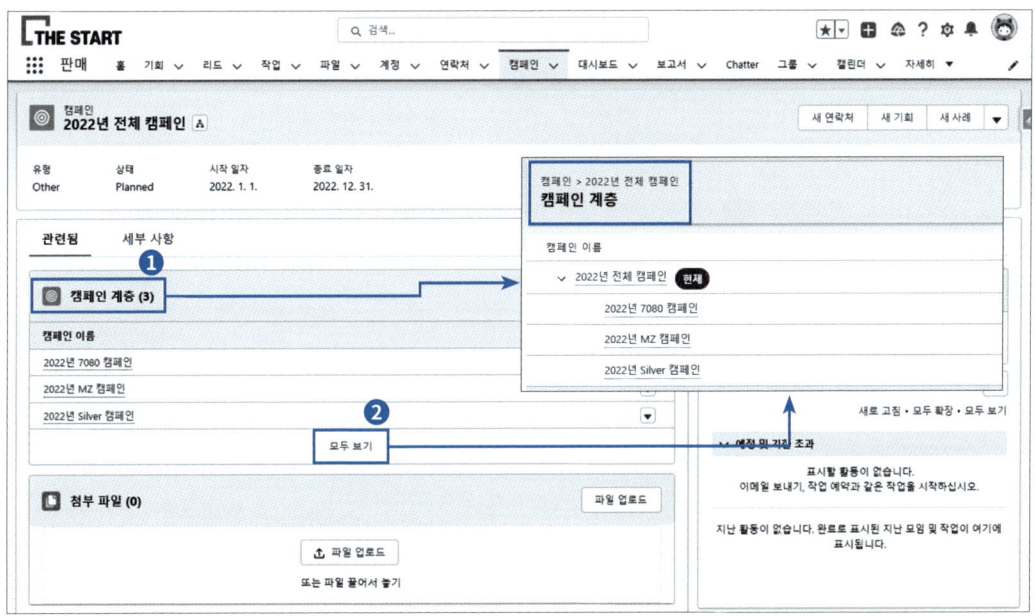

이렇게 "2022년 전체 캠페인"의 레코드 페이지로 이동하면 우선 관련됨 탭에 "캠페인 계층" 항목에서 해당 캠페인의 하위 캠페인들을 확인할 수 있다. 즉, 캠페인 계층 구조를 보기 위해서는 가장 상위에 있는 "캠페인 계층"(1번)과 "모두 보기"(2번)을 선택하면, 계층 구조로 구성된 캠페인들의 관계를 확인해 볼 수 있다.

참고로 상위 캠페인에서 보면 위와 같이 "현재" 표시와 함께 하위 캠페인들이 보이지만, 하위 캠페인에서 같은 방법으로 들어가면 해당 캠페인 목록만 보이게 된다.

어떠한 단계의 캠페인으로 들어가더라도 해당 캠페인과 관련한 모든 계층 구조를 보고자 한다면, 위에서 보는 것처럼 캠페인 이름 옆, 계층 구조 모양의 작은 아이콘(1번)을 누르거나 아니면 오른쪽 상단에 있는 드롭 다운 버튼을 클릭한 후 "캠페인 계층 보기" 메뉴(2번)을 클릭하면, 다음과 같이 전체 캠페인의 계층 구조를 확인할 수 있다.

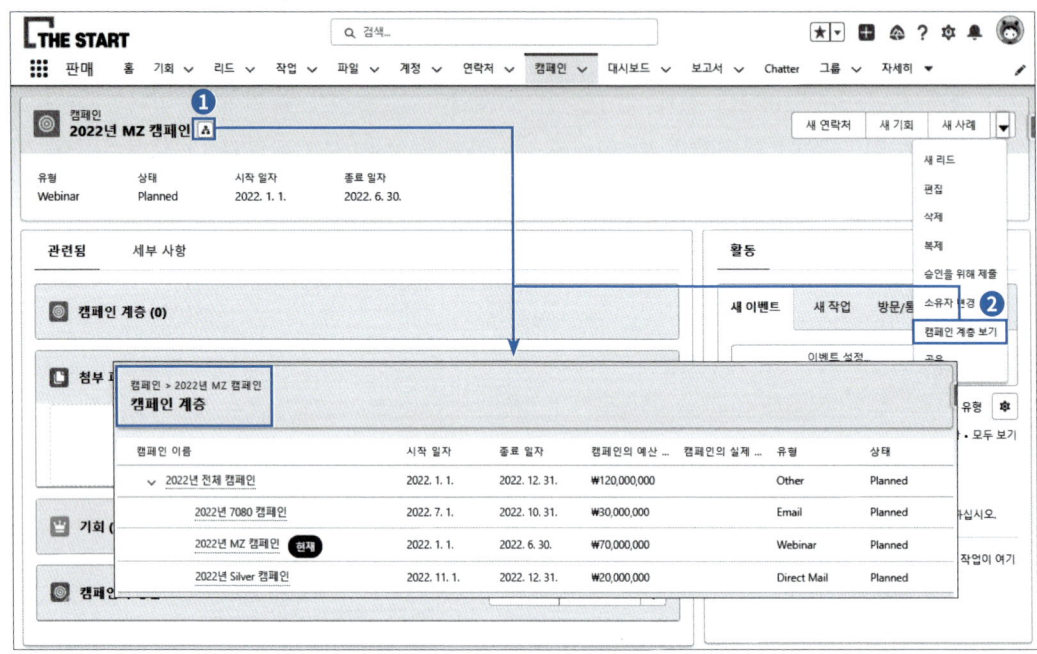

위에서 보면 현재 해당 화면으로 이동하기 위해서 접근한 캠페인을 "현재"라고 표현하고 있다.

1-3 캠페인 구성원(Campaign Member) 등록

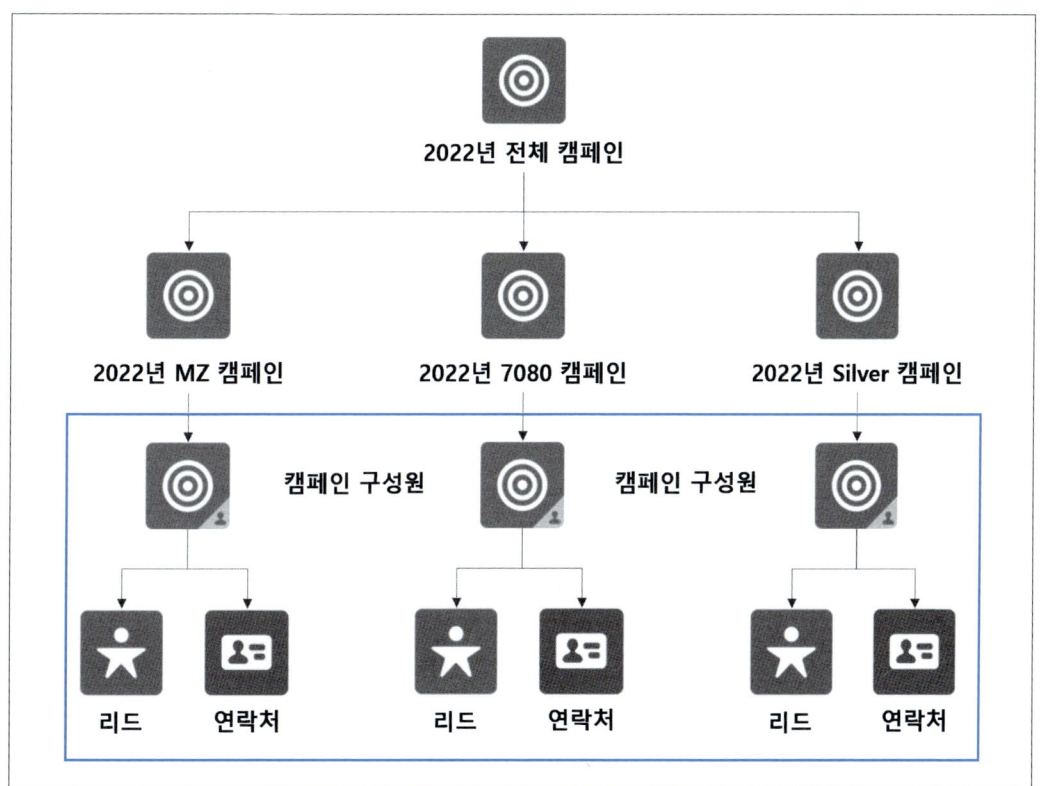

각기 모든 캠페인이 만들어졌다면, 이제 캠페인 적용 대상을 등록하고 관리하게 되는데, 여기에서 등록 대상은 기본적으로 리드(Lead)와 연락처(Contact)가 된다. 이는 매우 중요한 개념이다. 자칫 캠페인을 통해서 리드를 발굴한다고 생각할 수도 있는데, 그렇지 않다. 캠페인은 리드(Lead)와 연락처(Contact), 그러니까 이미 세일즈포스에 등록되어 있는 사람(리드, 연락처)들을 대상으로 한다는 점이다. 그리고 특정 캠페인에 등록된 리드와 연락처를 캠페인 구성원(Campaign Member)이라고 한다.

이러한 캠페인 구성원은 가장 상위에 있는 캠페인도 마찬가지로 독립적으로 캠페인 구성원을 등록할 수 있다. 이러한 캠페인 구성원은 상위 캠페인에 추가하면 상위 캠페인에만 등록되고, 상위 캠페인에 등록된 구성원이 하위 캠페인에 자동으로 등록되는 것은 아니며, 이는 반대의 경우에도 마찬가지이다. 즉, 캠페인 구성원은 상위 또는 하위 캠페인 여부와 상관없이 독립적으로 구성, 관리된다.

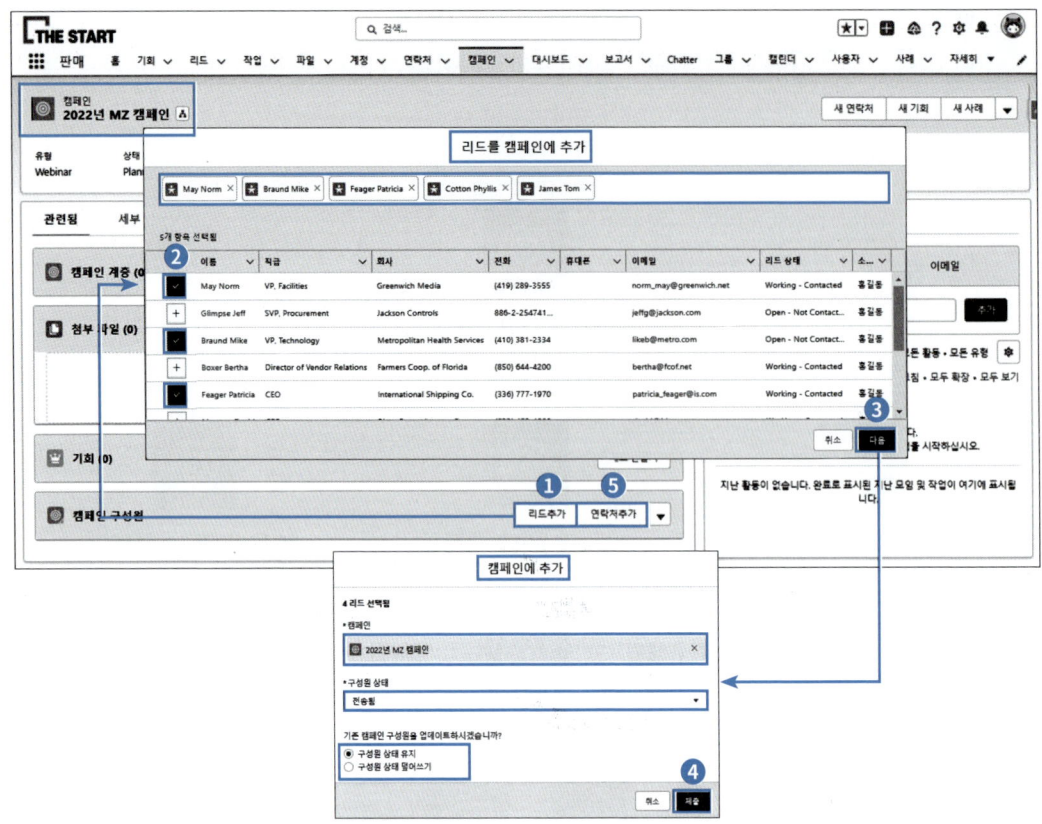

이제 캠페인 구성원을 등록해보기로 하자. 캠페인 구성원을 등록은 하위 캠페인인 "2022년 MZ 캠페인", "2022년 7080 캠페인", "2022년 Silver 캠페인"에만 등록하기로 하겠다. 이를 위해 "2022년 MZ 캠페인"으로 이동한 후 우선 "리드추가" 버튼(1번)을 누르면, 화면에서 보는 바와 같이 "리드를 캠페인에 추가" 대화상자가 나타난다. 기본적으로 현재 세일즈포스 오그(Org)에 등록된 리드(Lead)들 중 "최근 조회 항목" 목록에 보여지는 리드들이 보여지며, 이를 선택(2번)할 수도 있고, 목록에 원하는 리드가 보이질 않는다면 화면 위 영역에서 검색을 통해 추가할 수도 있다.

원하는 리드들을 선택했다면, "다음" 버튼(3번)을 누르면, "캠페인에 추가" 대화상자가 나타난다.

"캠페인에 추가" 대화상자에서는 이전 단계에서 선택한 리드(Lead)들을 어떠한 상태로 등록할 것인 지에 대한 옵션을 선택하는 단계이다. 우선 캠페인은 현재 내가 구성원들을 추가하고자 작업하고 있는 현재 캠페인이 기본으로 선택된다. 그리고 구성원 상태는 "전송됨"과 "응답됨" 두 가지가 있는데, 지금은 등록하는 시점이기 때문에 기본 상태인 "전송됨" 상태로 하고 등록할 것이다. 이후 해당 리드에서 여러 방면으로 회신이 오면, 그 때 "응답됨"으로 변경해주어야 한다. 마지막으로 "구성원 상태 유지"는 기존 구성원들은 건들지 않고 추가하겠다는 의미이며, "구성원 상태 덮어쓰기"는 기존에 동일한 구성원이 있을 때는 현재 목록으로 덮어쓰겠다는 것이다. 그러면 이제 마지막으로 "제출" 버튼(4번)을 클릭하면, 캠페인 구성원으로 등록이 완료된다.

연락처도 같은 방법으로 등록하면 된다. 이전 화면에 하단에 있는 "연락처 추가" 버튼(5번)을 클릭하면, 동일한 화면이지만 제목만 "연락처를 캠페인에 추가"로 바뀌고, 연락처들만 검색된다는 것이 다르다. 여기서도 동일하게 원하는 연락처를 추가해 보기로 하자.

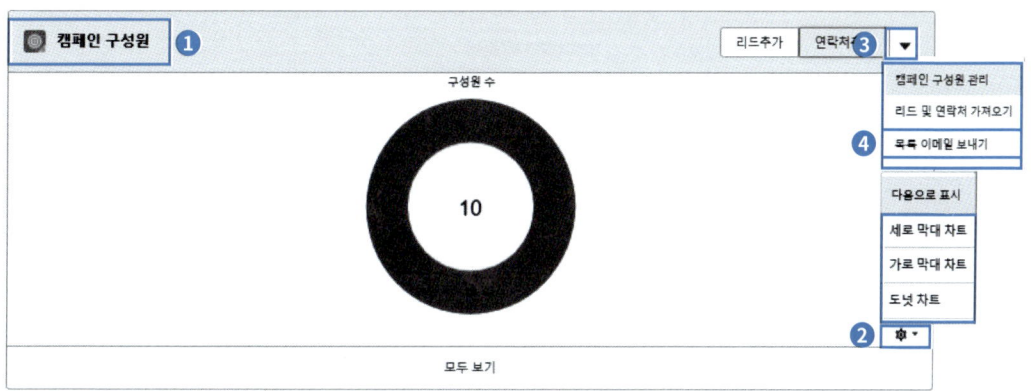

앞의 과정을 통해 리드(Lead) 5개, 연락처(Contact) 5개를 선택해서 총 10개의 레코드가 캠페인 구성원으로 등록된 것을 확인할 수 있다. 이들을 그래프로 보는 것이 아니라 목록으로 보고자 한다면, 왼쪽 상단에 있는 "캠페인 구성원"(1번)을 선택하고, 목록 페이지로 이동해서 구성원들을 테이블 형식으로 확인할 수 있다.

그리고 오른쪽 하단에 있는 기어 아이콘(2번)을 선택하면 메뉴가 나타나는데, 이는 차트를 보여주는 형식을 선택하는 것이다. 기본은 "도넛 차트" 형태이며, "세로 막대 차트"나 "가로 막대 차트"를 선택할 수 있다. 지금은 모두 "전송됨" 상태라서 하나의 카테고리로 보여지지만, 이후 "응답됨" 상태로 변경된 구성원들은 "전송됨"과 구분돼서 그래프로 보이게 된다.

마지막으로 연락처 추가 오른쪽에 있는 드롭다운 버튼(3번)을 선택하면, 3개의 메뉴가 나오는데, "캠페인 구성원 관리"와 "리드 및 연락처 가져오기" 메뉴는 외부에 있는 많은 양의 데이터를 구성원으로 등록하기 위한 데이터 업로드 메뉴이다. 이렇게 많은 양의 데이터를 가져오거나 내보내는 작업에 관해서는 9장에서 다뤄질 것이다.

그리고 추가로 가장 마지막에 있는 "목록 이메일 보내기"를 선택(4번)하면, 캠페인 구성원들에게 단체 메일을 발송할 수가 있다.

1-4 캠페인 구성원(Campaign Member)에게 단체 메일 발송

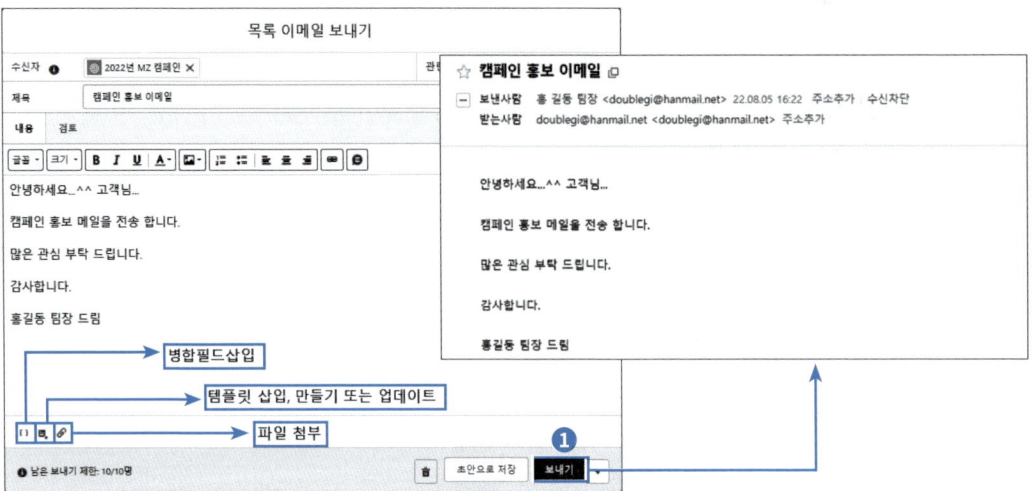

이전 화면에서 "목록 이메일 보내기" 메뉴(4번)을 클릭하면, 위와 같이 메일을 발송할 수 있는 화면이 나오게 된다. 제목과 내용 등을 입력한 후 메일을 전송하면, 구성원 모두에게 일괄적으로 메일이 전송된다.

여기서 한 가지 확인해야 할 내용이 있는데, 바로 화면 왼쪽 하단에 있는 조그만 버튼들이다. 첫 번째 버튼은 "병합 필드 삽입"이고, 두 번째 버튼은 "템플릿 삽입, 만들기 또는 업데이트"이며, 세 번째 버튼은 "파일 첨부"이다. 여기에서 파일 첨부는 모두 아시는 내용일 듯 하고, 주요하게 확인해야 하는 내용은 첫 번째 병합 필드를 포함할 수 있다는 내용과 이메일 템플릿을 만들고 재사용할 수 있다는 점이다.

병합 필드는 일종의 변수와 같은 것으로, 각각의 사용자 마다 각기 고객의 이름을 넣어서 메일을 보내고 싶다면 병합 필드를 사용해야 한다. 병합 필드와 관련한 내용은 이후에 좀 더 자세히 다룰 예정이므로 여기서는 이메일을 보낼 때 병합 필드를 사용할 수 있다는 정도만 확인해두기로 하자.

그리고 위 화면에서 오른쪽 하단을 보면 작성중인 메일을 초안으로 저장해 놓거나, 바로 보낼 수도 있으며, 시점을 지정해서 보낼 수 있는 것을 확인할 수 있다. 여기서는 "보내기" 버튼(1번)을 눌러서 해당 캠페인 구성원들에게 바로 메일을 보내도록 하자.

그러면 화면 오른쪽과 같이 캠페인 홍보 메일이 리드(Lead)와 연락처(Contact)들에게 전달된다.

> **참고**
>
> **메일발송 제한**
>
> 메일을 보낼 수 있는 대상으로 개발자 에디션(Developer Edition)의 경우 하루에 보낼 수 있는 한도는 10명으로 제한되어 있다. 하지만, 상용 에디션(Professional, Enterprise, Unlimited)의 경우에는 사용자 라이선스 당 하루 1,000명이다. 그러므로 거의 제한이 없다고 볼 수 있다. 그러나 Personal 에디션의 경우에는 메일 발송 기능을 지원하지 않는다. (참고, 이러한 제한 사항은 세일즈포스의 정책 변경에 따라 달라질 수 있다.)

개별적으로 메일을 전송한 후에는 전송에 대한 결과 메일이 관리자에게 전달되는데, 여기에는 전송 결과를 개별적으로 확인해볼 수 있는 링크가 포함된다. 그리고 위 메일의 본문 내용을 보면 10명 중 9명에게 메일이 전송됐으며, 오류가 발생한 내역은 첨부 파일을 참조하라고 되어 있다. 해서 첨부 파일을 보면 오류가 발생한 메일 계정에 대한 내용을 확인할 수 있다.

더불어 본문에 있는 링크(1번)를 클릭하면, 세일즈포스로 연결된다.

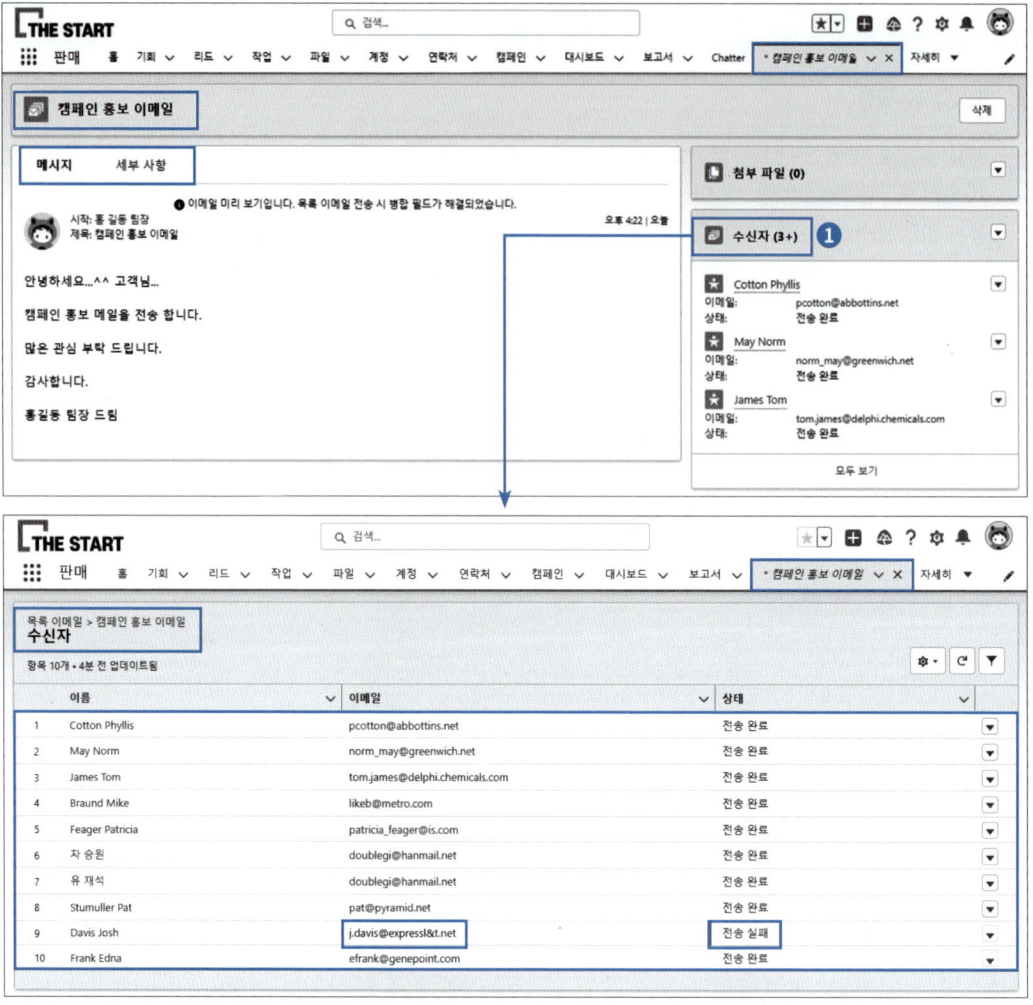

링크를 통해 세일즈포스에 연결된 화면은 위와 같이 보여지는데, "메시지"와 "세부 사항" 탭을 보면 메시지 전송과 관련한 내용들을 확인할 수 있으며, 오른쪽 수신자를 클릭(1번)하면 아래 화면과 같이 개별 전송내역도 확인할 수 있다.

특히 아래 화면에서는 이메일 전송 상태도 확인할 수 있는데, 자세히 살펴보면 모두 "전송 완료"이지만 하단에 "전송 실패" 상태로 되어 있는 레코드도 확인할 수 있다. 그렇다면 왜 전송 실패했는지 원인을 확인해야 하는데, 왼쪽 이메일을 보니 이메일에 특수 기호가 포함되어 있는 것을 확인할 수 있다. 그러면 해당 리드 또는 연락처로 이동해서 메일을 수정하면 된다.

1-5 캠페인 구성원(Campaign Member) 상태 업데이트

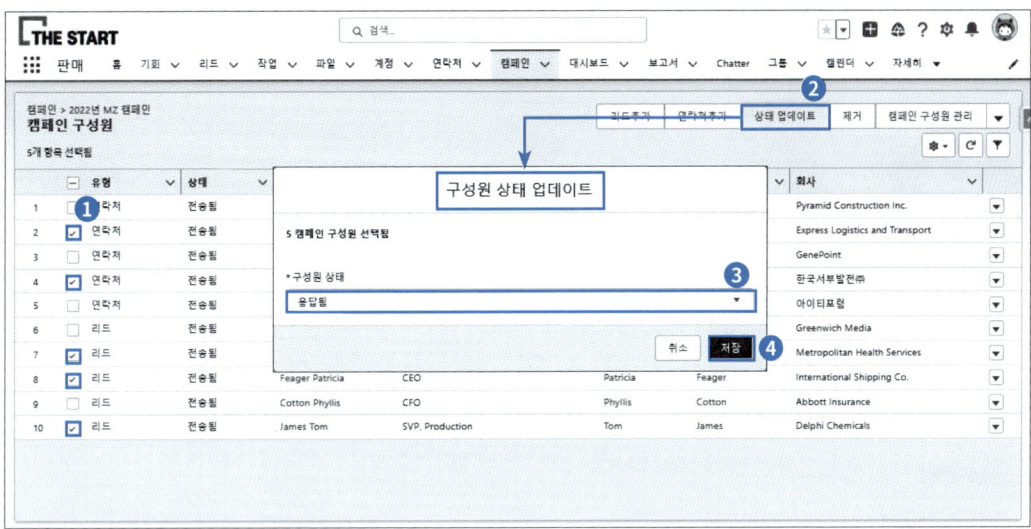

이전 단계에서 단체로 메일을 보냈었다. 그러면 이와 관련해서 회신 메일을 보내거나 아니면 연락을 준 고객들이 있을 것이다. 그렇다면 이러한 고객들의 상태 정보를 기존에 "전송됨"에서 "응답됨"으로 업데이트를 해주어야 한다. 이를 위해 "2022년 MZ 캠페인" 화면에서 "캠페인 구성원"을 선택하면, 위 화면으로 이동하게 된다. 위 목록은 캠페인 구성원들의 목록이고, 회신이나 연락이 온 구성원들을 선택(1번)한 다음 오른쪽 상단에 "상태 업데이트" 버튼(2번)을 클릭하면, "구성원 상태 업데이트" 대화상자가 나온다. 여기에서 "구성원 상태" 콤보 상자를 선택해서 상태를 "전송됨"에서 "응답됨"으로 변경(3번)한 후 "저장" 버튼(4번)을 눌러 상태를 변경한다.

그런 다음 다시 "2022년 MZ 캠페인"으로 돌아오면, 캠페인 구성원 화면이 위와 같이 변경된 것을 확인할 수 있다. 위 화면에서 그래프 위에 마우스를 올려 놓으면 해당 영역의 설명이 팝업으로 보이게 되며, 오른쪽 하단에 있는 설정 버튼을 클릭하여 차트 형태를 막대 형태로 변경하면, 이제 "전송됨"과 "응답됨" 두 개의 막대가 있는 그래프를 확인할 수 있다.

캠페인 기반 기회(Opportunity) 만들기

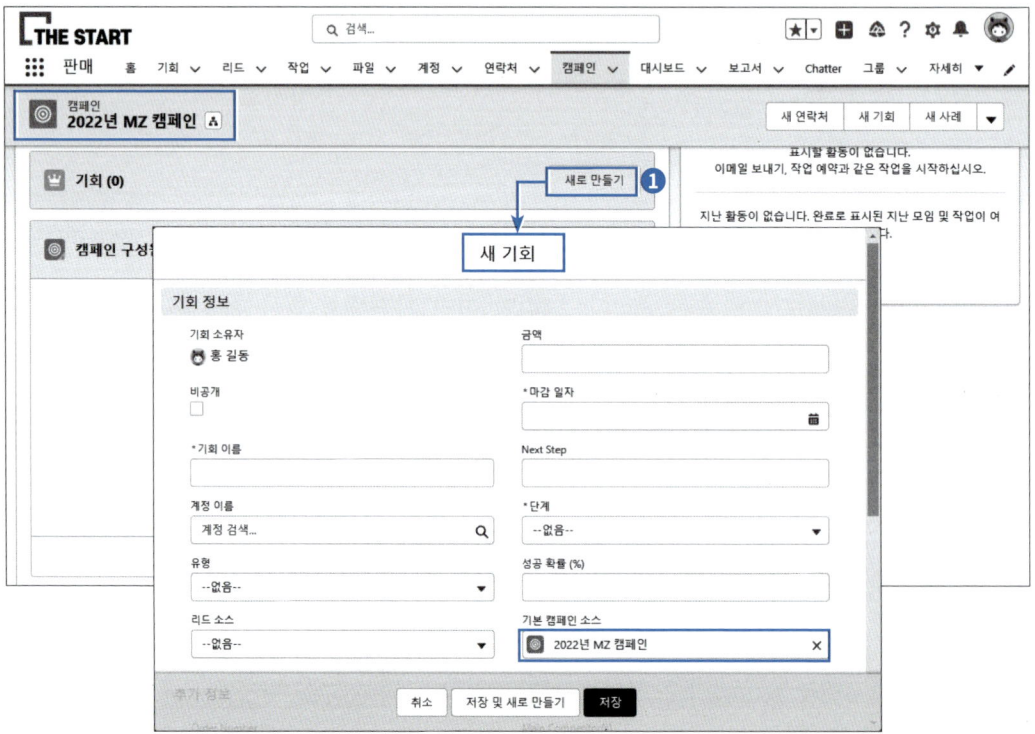

캠페인을 진행하는 목적은 고객의 니즈를 발굴해서 비즈니스로 연결하기 위함이다. 앞의 과정을 통해서 캠페인을 진행했고, 응답이 온 메일도 여러 건이 있으니, 그 중에서 기회(Opportunity)가 될 수 있는 비즈니스를 발굴했다면, 해당 캠페인과 연결된 기회로 생성해야 한다.

이는 이전 장에서 학습했던 기회(Opportunity)를 만드는 과정과 동일하다. 다만 기본적으로 현재 캠페인이 등록되어 있다는 점만 차이가 있다. 물론 새로운 기회를 만들면서 캠페인을 등록해도 결과는 동일하다.

2 사례(Case) 활용하기

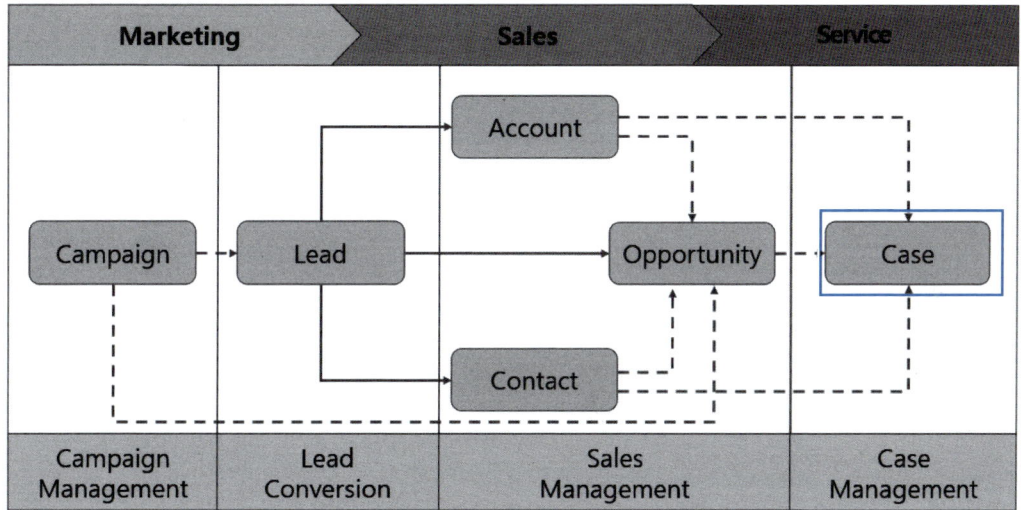

사례(Case)는 고객을 관리하는 과정에서 발생하는 문의 사항이나 서비스 요구사항 등의 유형을 사례(Case)로 만들어서 동일한 유형의 사례에 대해 체계적으로 대응하고자 하는 의도로 만들어진다. 이러한 사례는 판매이후 서비스 과정에서 발생할 수 있으며, 이를 관리하는 것은 대고객 서비스 만족도를 향상시키기 위한 매우 중요한 과정이다.

2-1 사례(Case) 만들기

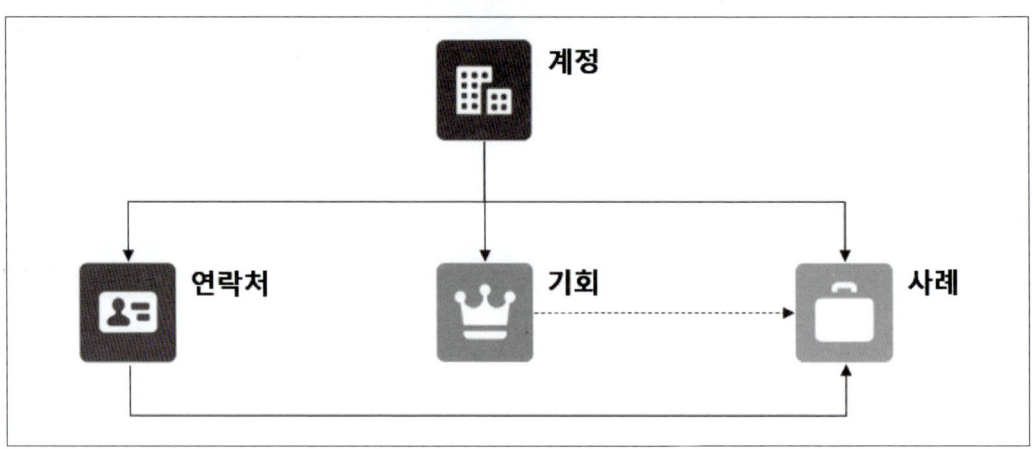

사례(Case)는 고객이 제기하는 이슈이며, 사례가 중요한 이유는 고객의 문제를 해결하고 고객 만족을 유지하는 주요한 수단이기 때문이다. 이러한 사례는 기본적인 질문에서부터 제품에 대한 기술적 문제에 이르기까지 다양하며, 이를 잘 관리한다는 것은 고객 관리의 기초라고 할 수 있다.

기업에서 사례가 발생하면 일반적으로 회사에서 운영하는 헬프 데스크(Help Desk)로 전달되고, 헬프 데스크 담당자는 해당 고객의 이슈를 사례로 등록해야 한다. 그러므로 사례는 계정에 소속되고, 연락처와 관계를 맺게 된다. 물론 사례를 등록할 수 있는 곳은 계정, 연락처, 기회 등 여러 곳에서 만들 수 있으며, 사례 탭에서도 기존 계정과 연락처에 의한 새로운 사례를 만들 수 있다.

이러한 사례(Case)는 서비스 클라우드(Service Cloud)의 기반이 되는 것으로 고객 서비스의 핵심이라고 할 수 있는 것이다.

사례 등록은 앞서 진행했던 "한국서부발전㈜" 계정을 활용해서 사례를 등록해보기로 하겠다.

예를 들어서 "한국서부발전㈜" 계정에 소속된 "차 승원" 과장으로부터 전화 연락이 왔다. 관련 내용은 납품된 사무용 기기들 중 "사무용 의자 - 업무용" 해당 제품 중 하나의 제품에서 높낮이 조절에 문제가 발생했다는 것이다.

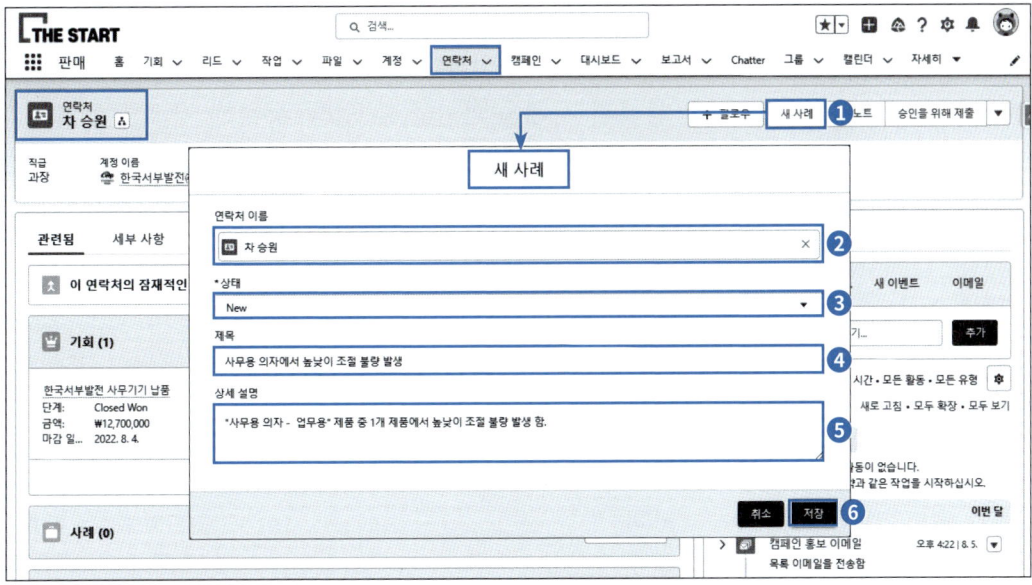

이를 접수 받은 헬프 데스크 담당 직원은 연락처 탭으로 이동해서 "차 승원" 연락처를 선택한 다음 오른쪽 상단에 있는 "새 사례" 버튼(1번)을 누른다. 그러면 위 화면처럼 "새 사례" 대화상자가 나타나는데, "연락처 이름"에서 "차 승원"을 검색해서 선택(2번)하고, 상태는 최초 접수 상태인 "New" 값을 선택(3번)하며, 제목에는 "사무용 의자에서 높낮이 조절 불량 발생"으로 입력(4번)하고, 상세 설명에서는 관련 내용을 기입(5번)한 다음 "저장" 버튼(6번)을 눌러 사례를 등록한다.

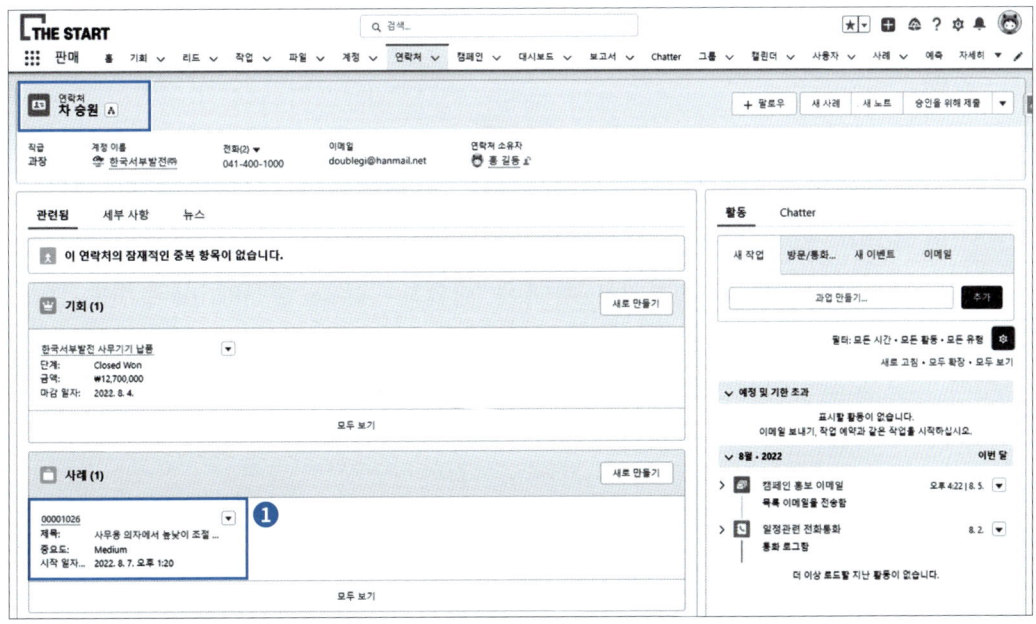

그러면 위처럼 "차 승원" 연락처에 사례가 등록된 것을 확인할 수 있다. 이렇게 등록된 사례는 "차 승원" 연락처에서만 볼 수 있는 것이 아니라 "차 승원"이 소속된 계정인 "한국서부발전㈜" 계정에서도 방금 전 등록된 사례를 확인할 수 있다. 등록된 사례를 확인하고 관련 이슈를 해결하기 위해서 생성되는 사례(1번)를 선택하면, 다음과 같이 사례 화면으로 이동한다.

2-2 사례(Case) 이용하기

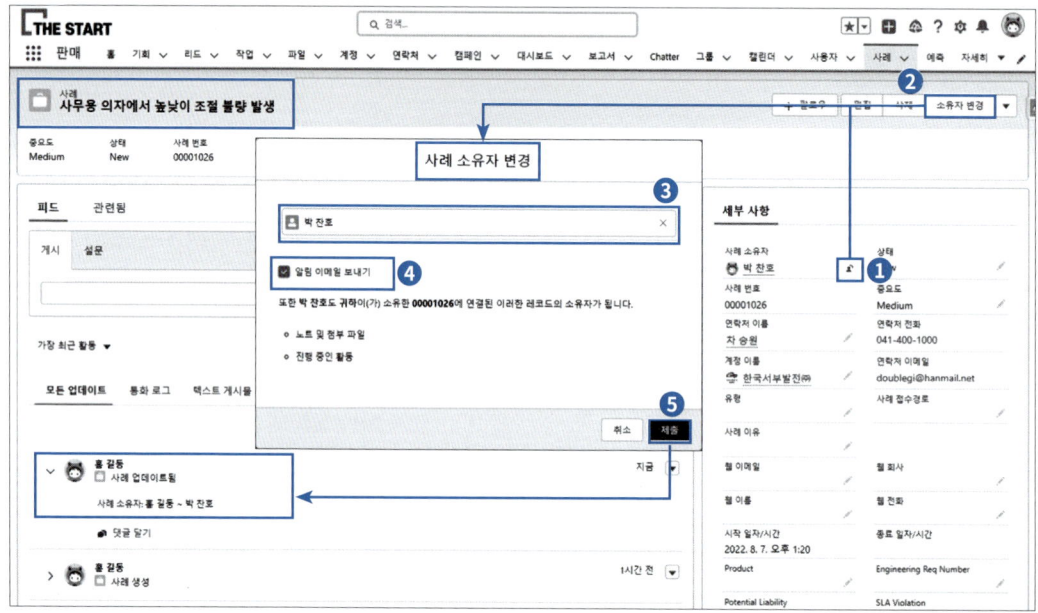

사례로 이동하면, 우선 "피드" 항목에 관련 사례 등록 건이 자동으로 생성된 것을 확인할 수 있으며, 오른쪽 "세부 사항"을 보면 관련 내용에 대한 상세 내용이 노출된다. 세부 사항에서 상단에 "사례 소유자"를 비롯해서 "상태"와 "중요도" 그리고 중간에 "사례 접수 경로", "유형", "사례 이유" 그리고 하단에서 보면 "Product" 제품 관련 정보, 비고 등을 입력 내지는 선택할 수 있으니, 여기에서 사례와 관련한 구체적인 정보를 업데이트 하면 된다.

그런데 이렇게 사례가 발생했을 때 가장 먼저 해야 하는 일이 있다. 이는 바로 해당 접수된 사례를 담당할 사례 담당자를 지정하는 일이다. 이를 위해서는 현재 "사례 담당자"인 "홍 길동" 옆에 마우스를 가져가면 조그맣게 "소유자 변경" 버튼(1번)이 활성화되는데, 이를 선택하거나 아니면 오른쪽 상단에 있는 "소유자 변경" 버튼(2번)을 누르면, "사례 소유자 변경" 대화상자가 나타난다.

"사례 소유자 변경" 대화상자에서는 사용자를 "박 찬호"로 선택(3번)하고, "알림 이메일 보내기" 옵션(4번)을 선택한 후 "제출" 버튼(5번)을 누르면, 해당 사례 건에 대한 소유자가 변경되고, 관련 내용이 피드에 등록된다. 그리고 다음과 같이 관련 내용이 이메일로 담당자에게 전달된다.

```
☆ Case 00001026:"사무용 의자에서 높낮이 조절 불량 발생" auto-assigned to you    목록  ▲위  아래▼  📁
  ⎘
─ 보낸사람   사례 알림 <noreply@salesforce.com>  22.08.07 14:20  주소추가  수신차단
  받는사람   doublegi@hanmail.net <doublegi@hanmail.net>  주소추가

  The following case has been auto-assigned to your team.  The case needs to be resolved within our standard service levels.

  Company: 한국서부발전㈜
  Contact: 차 승원
  Subject: 사무용 의자에서 높낮이 조절 불량 발생
  Description: "사무용 의자 - 업무용" 제품 중 1개 제품에서 높낮이 조절 불량 발생 함.
```

그럼 이제 "박 찬호" 사원이 해당 사례 건으로 "차 승원" 고객(연락처)에게 전화를 걸고 이를 기록하고자 한다면, 다음과 같은 방법을 이용하면 된다. 이를 위해 "다음 사용자로 로그인" 기능을 이용해서 "박 찬호" 사용자로 로그인해 보기로 하자. (설정 ⇒ 사용자 ⇒ 박 찬호(로그인) 선택)

이전 사례 화면 오른쪽 연락처 이름에서 "차 승원" 연락처를 선택하면, 다음 화면과 같이 "차 승원" 연락처 화면으로 이동한다.

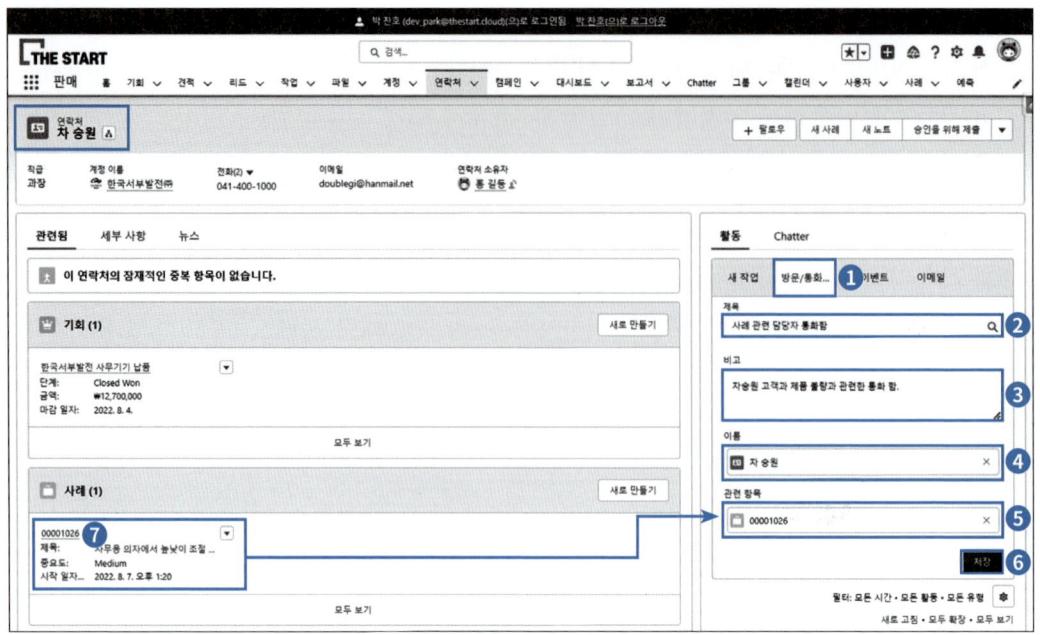

위 "차 승원" 연락처 페이지에서 "방문/통화 기록" 탭을 선택(1번)하면, "통화 제목"에는 "사례 관련 담당자 통화"를 입력(2번)하고, "비고"는 "차승원 고객과 제품 불량과 관련한 통화 함"을 입력(3번)한다. 그리고 "이름" 항목에는 담당자인 "차 승원"이 자동으로 등록(4번) 되어 있고, 마지막으로 여기서 눈 여겨 봐야하는 곳이 바로 "관련 항목"이다.

이 곳에서 아이콘 왼쪽에 있는 드롭다운 버튼을 눌러서 "사례"를 선택한 다음, 원하는 사례를 선택(5번)해야 하는데, 여기서는 화면 왼쪽에 사례가 등록되어 있으므로 해당 사례를 관련 항목에 등록한 후 "저장" 버튼(6번)을 누르면 된다. 사례를 검색할 때 사례번호와 제목이 리스트에 보여지는데, 사례가 많은 경우에는 원하는 사례를 선택하기가 쉽지 않을 수 있기 때문에 왼쪽에서 사례 번호를 복사해서 붙여넣기 하면, 보다 손쉽게 "관련 항목"에서 사례를 등록할 수 있을 것이다.

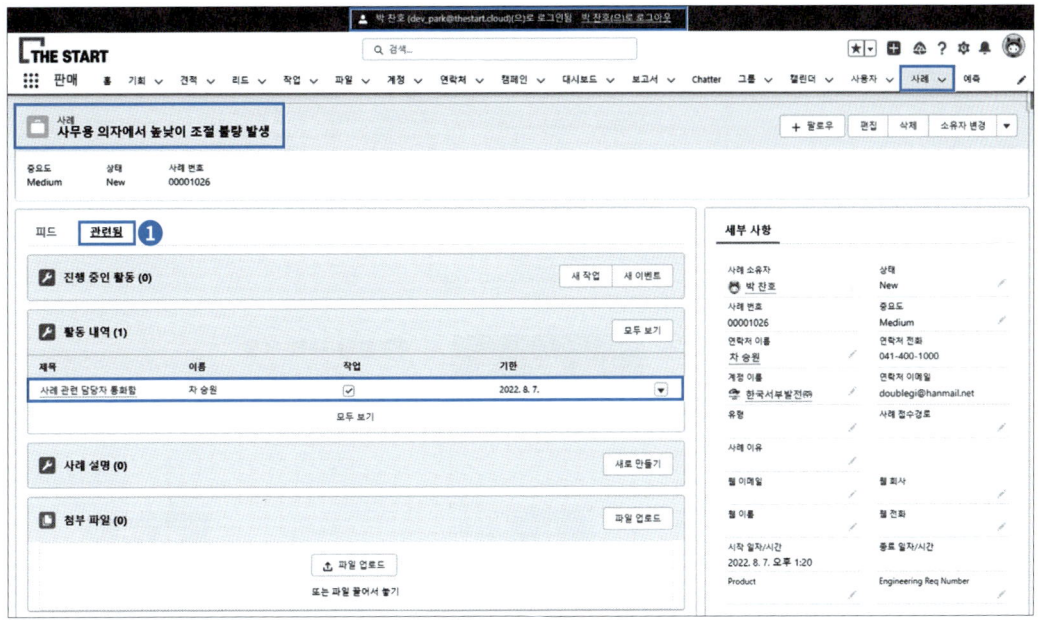

이전 단계에서 등록된 사례 관련 통화 기록은 "차 승원"의 "활동" 내역에서 뿐만 아니라 해당 사례에서도 확인할 수 있다. 이전 화면에서 해당 사례를 선택(7번)하면 위와 같이 해당 사례로 페이지가 이동하며, 여기에서 "관련됨" 탭을 선택(1번)해서 보면 "활동 내역" 항목에서 방금 전 기록한 통화 기록을 확인할 수 있다.

그 외에도 "관련됨" 탭을 살펴보면, 사례와 관련한 "작업"과 "이벤트"도 등록할 수 있으며, 첨부 파일 관리 및 사례 내역을 통해 해당 사례 관련 다양한 항목들을 등록해서 관리할 수 있다.

이번 예제를 통해서는 사례를 등록한 후 담당자를 지정해서 해당 담당자가 사례를 관리하는 상황에 대해서 살펴보았다. 하지만, 사례 발생이 많아지게 되면, 이렇게 관리자가 사례 등록 후 일일이 사례를 담당자에게 할당하는 것이 그리 쉽지는 않을 것이다. 그리고 사례의 유형에 따라 별도의 서로 다른 담당자를 지정해야 한다면, 이 역시 마찬가지로 쉽지는 않을 것이다.

이럴 때 사용할 수 있는 게 바로 사례 할당 규칙(Case Assignment Rule)이다. 이를 이용하면 다양한 사례들을 자동으로 원하는 담당자에게 바로 할당할 수 있다. 현업에서 매우 유용한 기능으로 이제 이에 대해서 살펴보기로 하자.

2-3 사례 할당 규칙(Case Assignment Rule) - 사용자 할당

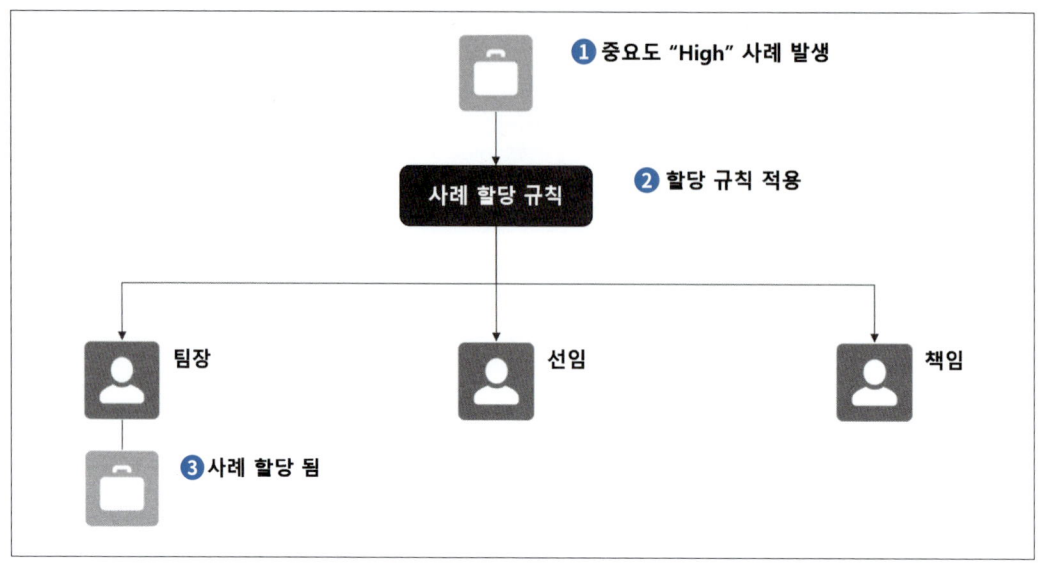

사례가 발생했을 때 사례의 성격과 유형 등의 분류 항목들에 따라 담당자를 지정해두면, 해당 사례가 자동으로 담당자에게 할당돼서 사례 발생에 대해 보다 원활하게 대응할 수 있다. 이러한 사례별 담당자를 지정하는 것을 바로 사례 할당 규칙(Case Assignment Rule)이라 한다. 앞선 예제에서는 사례가 발생했을 때 관리자가 직접 "사례 소유자"를 변경했었다. 그러나 규모가 커질 경우 이를 매번 관리자가 담당자를 배정할 수는 없을 것이다. 세일즈포스에서는 이러한 경우 사례 할당 규칙을 만들어서 사례를 담당자에게 할당하는 것을 자동화할 수 있다.

위의 화면에서 보면 사례 중요도가 "High"로 설정된 사례가 접수됐다. 그러면 미리 준비된 사례 할당 규칙이 적용돼서 "팀장"에게 사례가 할당되는 모습을 예로 들고 있다. 관련해서 중요도가 "Medium"이라면 "선임"에게, 그리고 중요도가 "Low"라면 사례가 "책임"에게 할당되도록 할 수도 있을 것이다.

이제 이렇게 사례가 발생할 때 "사례 중요도"가 "High"인 경우, "박 찬호" 팀장에게 자동으로 할당하기 위한 사례 할당 규칙을 만들어 보기로 하자.

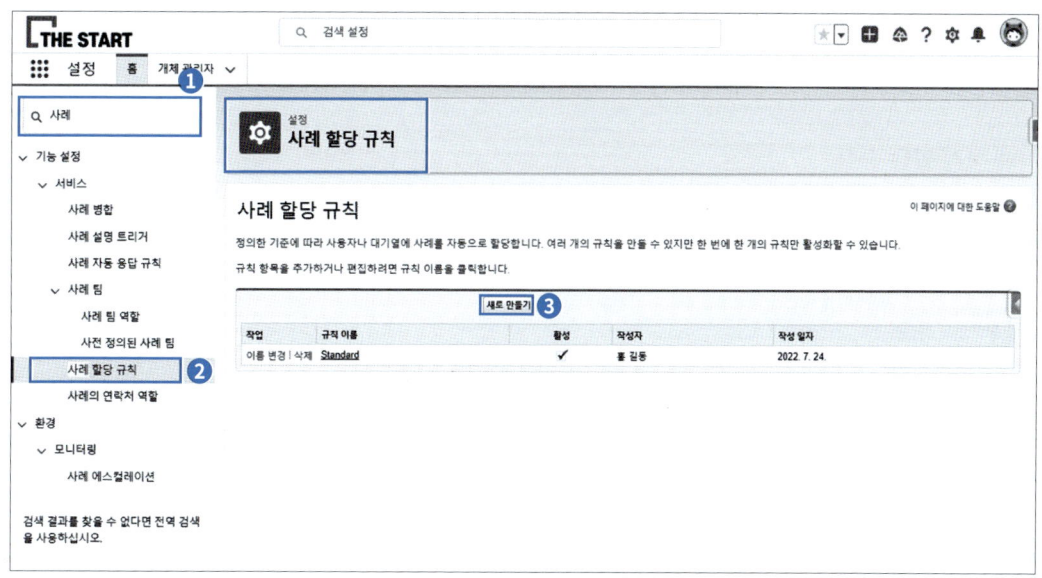

사례 할당 규칙은 설정으로 이동해서 생성할 수 있다. 사례할당 규칙을 생성하기 위해 설정으로 이동한 후 설정 화면에 있는 검색 란에서 "사례"를 입력(1번)하면, 하단에 검색된 항목들 중에 "사례 할당 규칙"이 검색되는 것을 확인할 수 있다. 여기에서 "사례 할당 규칙"을 선택(2번)해서 해당 페이지로 이동해보기로 하자.

위 화면과 같이 사례 할당 규칙으로 이동하면, 현재 "Standard"란 이름으로 규칙 하나가 만들어져 있는 것을 확인할 수 있는데, 이는 샘플로 만들어진 것이다. 우리는 새로운 할당 규칙을 만들어서 사용할 것이기 때문에 위 화면에서 "새로 만들기" 버튼(3번)을 누른다. 사례 할당 규칙을 만드는 순서는 우선 사례 할당 규칙 이름을 등록한 후 원하는 할당 규칙을 등록하는 순서로 만들어진다.

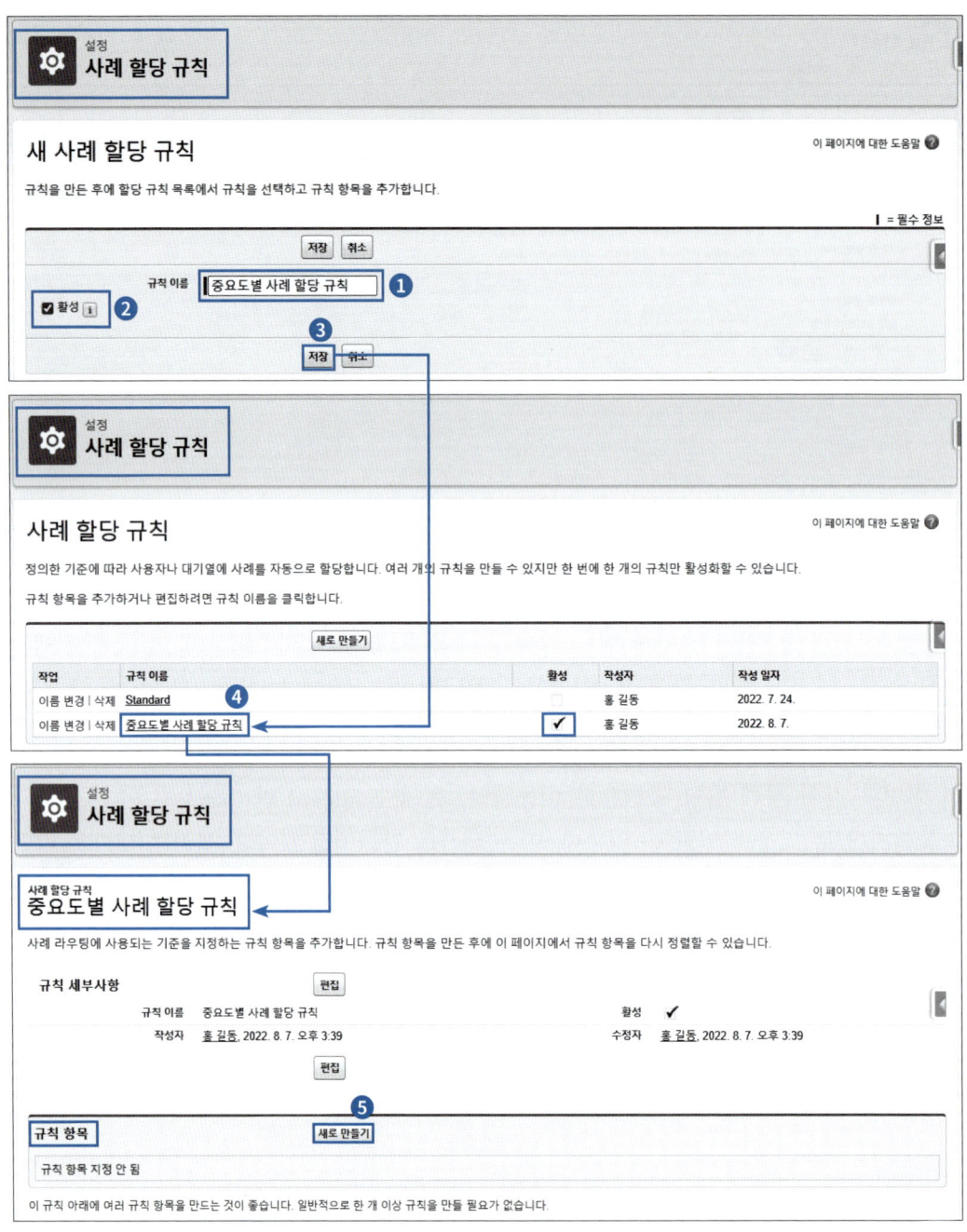

앞선 화면처럼 사례가 발생하면, 이를 중요도에 따라서 각 담당자들에게 사례를 할당하기 위한 할당 규칙을 만들 것이므로 위 화면의 첫 번째 이미지에 있는 규칙 이름에 "중요도별 사례 할당 규칙"을 입력(1번)한 다음 해당 규칙의 활성 여부를 선택해야 한다. 이 때 규칙을 만든 후 바로 테스트를 진행할 예정이므로 "활성" 체크(2번) 상자에 체크한 후 "저장" 버튼(3번)을 눌러서 저장하도록 한다. 이는 앞서 소개한 사례 만들기 순서에서 "사례 할당 규칙 이름"을 등록하는 과정에 해당한다. 그러면 해당 할당 규칙이 목록에 등록된 것을 두 번째 이미지에서 볼 수 있다. 그리고 등록된 "중요도별 사례 할당 규칙" 이름을 선택(4번) 하면, 세 번째 이미지인 "중요도별 사례 할당 규칙"으로 이동한다.

이제 이 단계가 할당 규칙을 만드는 두 번째 단계에 해당한다.

위와 같이 새로운 사례 할당 규칙이 만들어졌지만, 아직 그 안에는 아무런 설정도 없는 상태이다. 그러므로 관련 셋팅을 진행하기 위해서는 세 번째 이미지의 "규칙 항목"에서 "새로 만들기" 버튼(5번)을 선택한다.

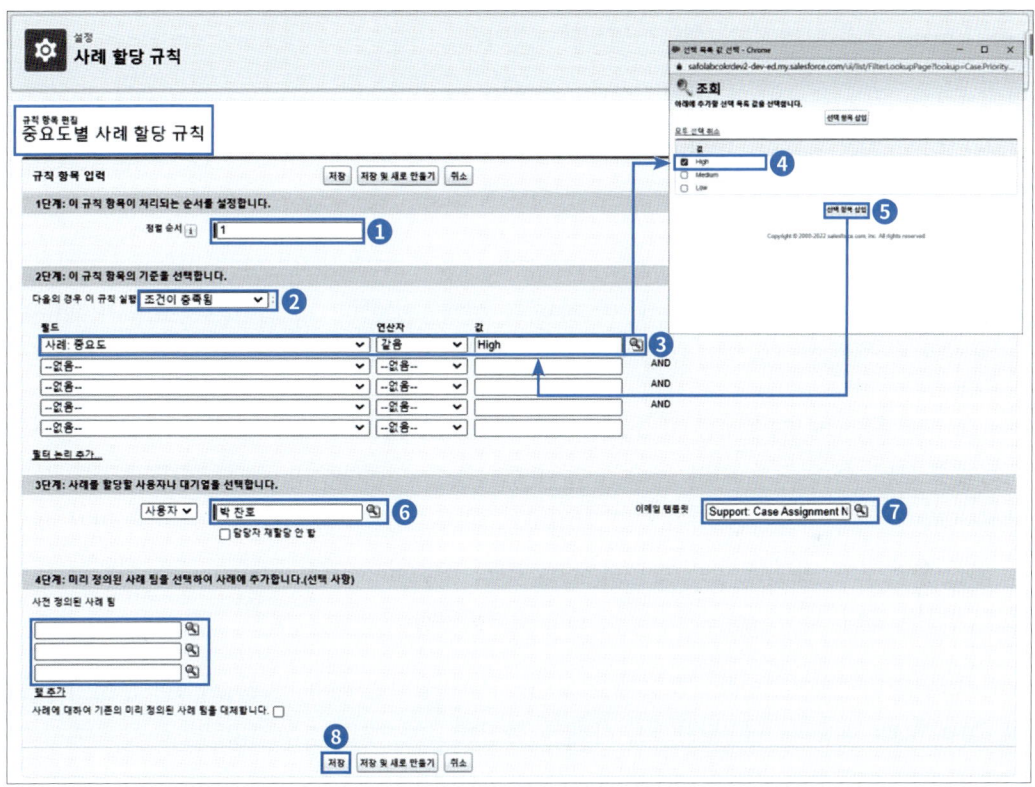

위 단계가 실질적인 할당 규칙을 정의하는 단계이다. 우선 정렬 순서는 여러 사례 할당 규칙이 존재하는 경우 만들어진 사례 할당 규칙들의 우선순위를 번호로 정의해야 한다. 여기서는 처음이므로 "1"을 입력(1번)한다. 그리고 "다음의 경우 이 규칙 실행" 항목이 있는데, 조건으로 사용되는 필드가 "문자", "숫자", "날짜"인 경우 단순 값의 비교를 통해 조건을 정의하는 경우에는 일반적으로 "조건이 충족됨"을 선택한다. 그러나 수식을 이용해서 조건을 판단해야 하는 경우라면, 두 번째 항목인 "수식이 True로 평가됨"을 선택하는 것이다. 여기서는 기본으로 "조건이 충족됨"을 선택(2번)한다.

그리고 필드, 연산자, 값을 선택하는 항목이 있는데, 이곳이 실제 조건을 정의하는 곳이다. 우리는 "중요도"를 기준으로 담당자를 구분할 것이므로 필드에는 "사례" 개체의 "중요도" 필드를 선택하고, 연산자는 "같음" 그리고 값은 "High"를 입력할 것이다. 이들은 모두 콤보상자에서 목록을 선택할 수 있으며, 마지막 "값"을 입력할 때는 오른쪽 작은 돋보기 버튼(3번)을 눌러서 관련 목록 중 "High"를 선택(4번)하고, "선택 항목 삽입" 버튼(5번)을 누르면, 해당 선택 값이 "값"에 입력된다.

그런데 여기서 만일 추가 조건을 지정해야 한다면, 아래 항목에 조건을 사용할 수 있다. 예를 들어 사례 "중요도" 별, "사례 접수 경로" 별 담당자를 지정한다고 하자. 그러면 추가 조건에 "사례" 개체의 "사례 접수 경로" 필드를 선택한 후 사례 접수 경로 3가지(Phone, web, Email) 중 하나의 값을 선택하면 되는 것이다.

위에서 필드를 선택하면, 다양한 개체들에 대한 많은 항목이 있는 것을 확인할 수 있다. 너무 많아서 처음에는 좀 당황스러울 수 있지만, 그 만큼 다양한 필드에 조건을 세밀하게 정의할 수 있다는 의미이니 긍정적으로 생각하면 좋을 듯하다.

다음으로는 사례 발생 시 해당 사례를 담당할 사용자를 지정(3번)하는 것으로, 여기서는 역시 조그만 돋보기 버튼을 눌러서 "박 찬호"를 선택(6번)한다. 이 의미는 중요도가 "High"로 접수되는 사례의 경우 "박 찬호" 팀장에게 배정하겠다는 의미가 된다.

그리고 오른쪽을 보면 이메일 템플릿이 있는데, 이는 사례 발생시 관련한 적합한 메일을 고객에게 보낼 수 있도록 미리 등록된 메일 템플릿을 선택해주면 된다. 현재 우리는 사례 발생시 해당 사례를 담당할 사용자를 지정하기 위한 "사례 할당 규칙"을 만들고 있기 때문에 오른쪽 돋보기 버튼을 눌러서 "Support: Case Assignment Notification"을 선택하고 적용(7번)하면 된다.

그리고 화면 하단에 있는 4단계 항목을 보면, "미리 정의된 사례 팀"을 지정하게 되어 있는데, 이는 사례 발생 시 팀(단체)에게 사례를 할당하고자 했을 경우 미리 팀을 등록해서 팀에게 사례를 할당하는 것이다. 이와 관련한 내용은 다음 예제를 통해서 살펴볼 것이다.

"사례 할당 규칙"에 대한 설정이 마무리되었다면, "저장" 버튼(8번)을 눌러 저장하도록 하자.

그러면 위의 첫 번째 화면처럼 사례 중요도가 "High"로 등록되는 사례의 경우 "박 찬호"에게 할당되는 할당 규칙이 등록된다. 그러면 여기서 사례 중요도가 "Normal" 과 "Low"로 등록되는 사례에 대해서도 할당 규칙을 추가해 보기로 하자.

이를 위해 우선 "새로 만들기" 버튼(1번)을 누르면, 이전과 동일한 화면이 나타낸다. 여기서 "정렬 순서"는 "2"번으로, 그리고 "값"은 "Normal"로 입력하고, 사용자는 "홍 길동"를 선택해서 등록하기로 하자. 등록이 완료됐다면, 마지막으로 다시 "새로 만들기" 버튼(2번)을 눌러서 "정렬 순서"는 "3"번으로, 그리고 "값"은 "Low"로 입력하고, 사용자는 다시 "박 찬호"를 선택해서 등록을 완료하면, 위의 두 번째 화면과 같이 "규칙 항목"에 3가지 규칙 항목들이 정해진 순서대로 등록된다.

이제 중요도가 "High"와 "Low"로 접수되는 사례는 "박 찬호" 사용자에게 할당되고, 중요도가 "Normal"로 접수되는 사례는 "홍 길동" 사용자에게 자동으로 사례가 할당될 것이다.

위 예에서 사례 할당에 다른 사용자를 선택할 수도 있지만, 현재 개발자 오그(Org)에 적용되어 있는 Salesforce 라이선스가 "홍 길동"과 "박 찬호"에게 할당되어 있기 때문에 다른 사용자들에게 사례를 할당할 수 없다.

2-4 사례 할당 규칙(Case Assignment Rule) 적용

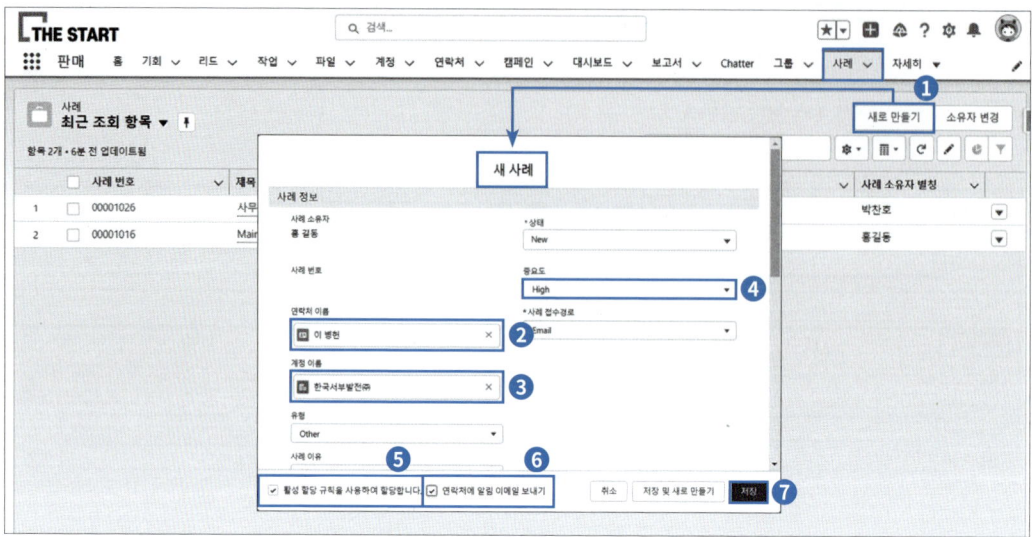

이전 단계에서 "중요도별 사례 할당 규칙"을 만들었으므로 이제 이 규칙이 잘 동작하는 지 확인해보기로 하자. 사례 탭에서 "새로 만들기" 버튼(1번)을 누르면, "새 사례" 대화상자가 나오며, 여기에서 "연락처 이름"은 "이 병헌"으로 선택(2번)하고, "계정 이름"은 "한국서부발전㈜"으로 선택(3번)한 후 "중요도"를 "High"로 선택(4번)하고, 나머지 내용들은 적절히 선택해서 입력하기로 하자. 그리고 여기서 중요한 점은 앞의 단계에서 설정한 것과 같이 활성화된 "사례 할당 규칙"이 있다면, 왼쪽 하단에 "활성 할당 규칙을 사용하여 할당합니다."란 체크 항목(5번)이 생겨난다는 점이다. 활성화된 "사례 할당 규칙"이 없을 때는 이 옵션은 보이질 않는다. 그러므로 사례를 생성할 때 할당 규칙을 적용하고자 한다면, 우선 "사례 할당 규칙"이 활성화되어 있어야 하고, 사례를 생성할 때 이 옵션을 반드시 선택해야 사례 할당 규칙이 적용된다. 그리고 "연락처에 알림 이메일 보내기"를 선택(6번)하면, "사례 할당 규칙"을 만들 때 선택했던 이메일 템플릿을 이용해서 고객에게 사례가 접수됐다는 안내 메일을 보내게 된다.

그리고 아래로 내려와서 사례의 "제목"과 "내용"등을 입력하는 항목들이 있는데, 관련 내용들은 업무 시나리오에 맞게 적절히 입력한 후 마지막으로 "저장" 버튼(7번)을 눌러서 "중요도"가 "High"인 사례를 새롭게 생성하도록 하자.

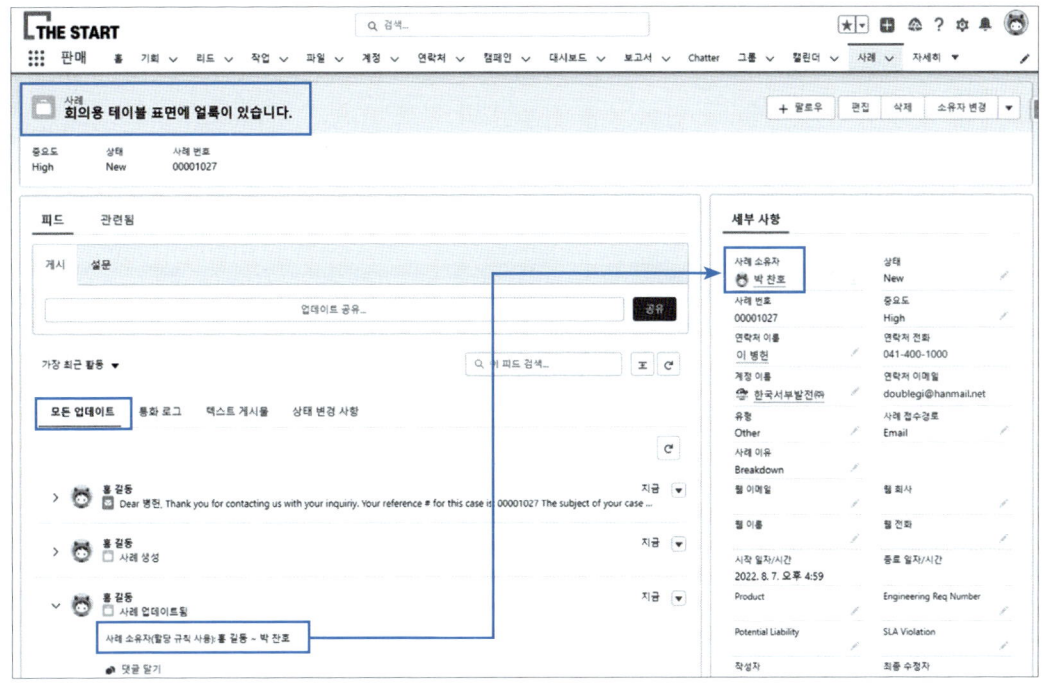

그러면 새로 만들어진 사례의 "모든 업데이트"에서 보면 생성 이후 사례 할당 규칙이 사용된 것을 확인할 수 있고, 더불어 오른쪽 위를 보면 사례의 소유자가 "박 찬호"로 되어 있는 것으로 봐서 사례 할당 규칙이 잘 적용된 것을 확인할 수 있다. 원래 사례의 기본 소유자는 사례를 생성한 사용자(홍 길동)가 기본이다.

그리고 이번에는 사례를 발생시키면서 "중요도"가 "Normal"인 사례를 만들어 보기로 하자. 그러면 "사례 소유자"로 "홍 길동" 사용자가 지정될 것이다. 그리고 "중요도"를 "Low"로 설정해서 사례를 만들면, 이제 다시 "사례 소유자"로 "박 찬호" 사용자가 지정될 것이다.

그 결과는 다음과 같다.

위 화면에서 보면 "중요도"가 "High"로 설정된 사례는 1번 사례이고, "중요도"가 "Normal"로 설정된 사례는 2번 사례이며, 중요도가 "Low"로 설정된 사례는 3번 사례이다. 모두 각기 사례 할당 규칙에 맞게 "박 찬호", "홍 길동", "박 찬호" 이렇게 사례 소유가가 잘 할당된 모습을 확인할 수 있다.

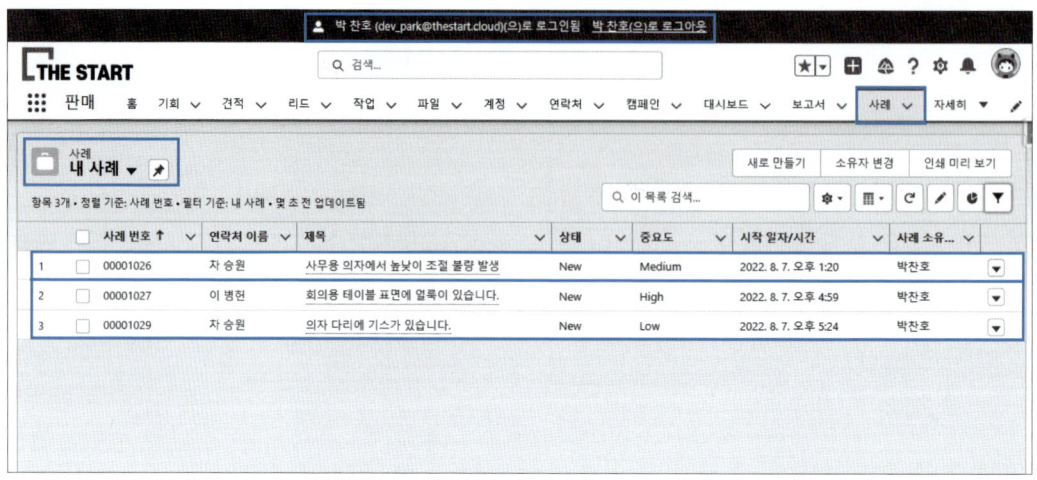

더불어 해당 사용자(박 찬호)으로 로그인 해서 사례 탭(1번)으로 이동한 다음 목록 보기에서 "내 사례"를 선택(2번)하면, 앞에서 등록된 사례 중 "박 찬호" 사용자에게 할당된 것을 확인할 수 있다. 위에서 보면 첫 번째 사례는 처음 사례 발생 예제를 위해 만들고, "홍 길동" 소유자에서 "박 찬호" 소유자로 소유자를 변경했던 사례이고, 두 번째와 세 번째 사례는 방금 전 사례 할당 규칙을 적용해서 중요도가 "High"와 "Low"로 등록된 사례가 할당된 모습이다.

그리고 이렇게 할당된 사용자에게는 해당 사례의 할당 사실이 통해서도 전송되기 때문에 해당 사용자가 업무를 놓치지 않고 작업할 수 있는 환경을 지원해준다.

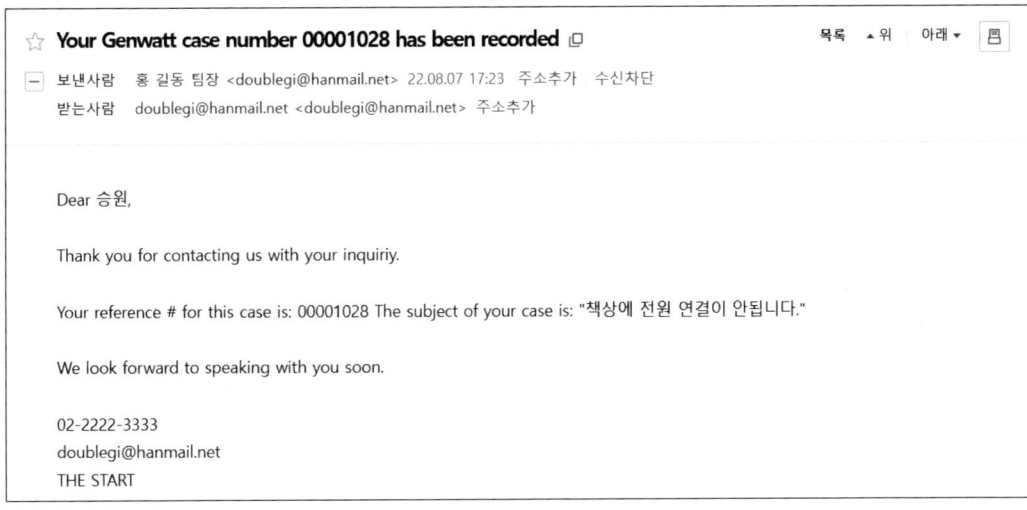

위 메일은 사례 담당자인 "박 찬호" 사용자에게 자동으로 사례가 할당되었음을 알려주는 메일이다.

그리고 위 내용은 사례가 정상적으로 접수됐다는 메일을 사례 연락처인 "차 승원"에게 보낸 메일이다. 이 내용은 사례 할당 템플릿이 사용됐으며, 이 템플릿을 수정하면 얼마든지 회사의 상황에 맞는 내용으로 안내 메일을 전송할 수 있다. 물론 한글로 템플릿을 수정할 수도 있으며, 이와 관련한 내용은 이후에 살펴보기로 하겠다.

2-5 사례 할당 규칙(Case Assignment Rule) - 팀 할당

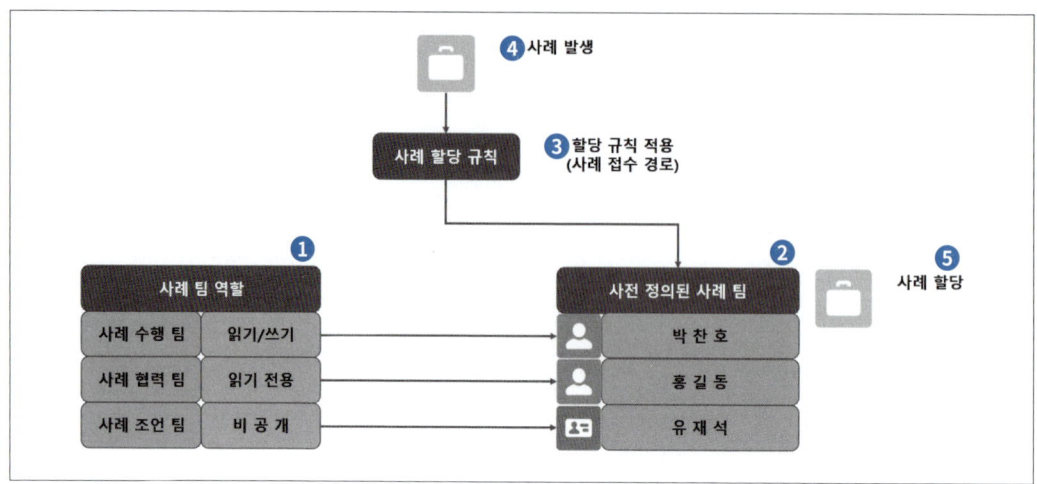

앞에서 잠시 언급한 바와 같이 사례 할당은 개인 사용자(즉, 담당자)에게 할당할 수 있지만, 팀에게 사례를 할당할 수도 있다. 이번에는 사례 발생 시 대응할 수 있는 팀을 구성하고, 팀에게 사례를 할당해보기로 하겠다.

사례가 발생하는 경우 사례 할당 규칙에 의해서 팀에게 사례를 할당하기 위해서는 위와 같은 순서를 고려해서 사례를 할당해 주어야 한다. 우선 "사례 팀 역할"을 만들어주어야 한다(1번). "사례 팀 역할"은 사례가 발생했을 때 어떠한 권한으로 사례에 접근할 지를 결정하는 것이다. 기본적으로 사례 팀 역할에서 정의할 수 있는 권한의 종류는 "읽기/쓰기", "읽기 전용", "비공개" 이렇게 3가지 권한이 있다.

그 다음으로는 사례가 발생됐을 때 이를 할당할 사례 팀을 구성해야 하는데, 이를 "사전 정의된 사례 팀"이라고 한다. "사전 정의된 사례 팀"은 실제로 사례를 할당 받을 팀을 의미하므로 해당 팀에는 사용자들이 추가되어야 한다. 해서 여기서는 현재 개발자 오그(Org)에 등록되어 있는 사용자들을 추가했다. 추가하면서 중요한 점은 각 사용자들이 사례 내에서 어떠한 권한으로 참여할 지를 "사례 팀 역할"에서 정의된 권한을 적용받게 된다는 점이다(2번).

그런 다음 사례 할당 규칙(3번)을 만들어서 사례가 발생한 경우 "사전 정의된 사례 팀"에 사례가 할당될 수 있도록 해야 한다. 설정이 마무리 된 후에 사례가 발생하게 되면(4번) 사전 정의된 사례 팀에 사례가 할당된다(5번).

이제 이를 확인하기 위해서 우선 "사례 팀 역할"을 만들어 보기로 하자.

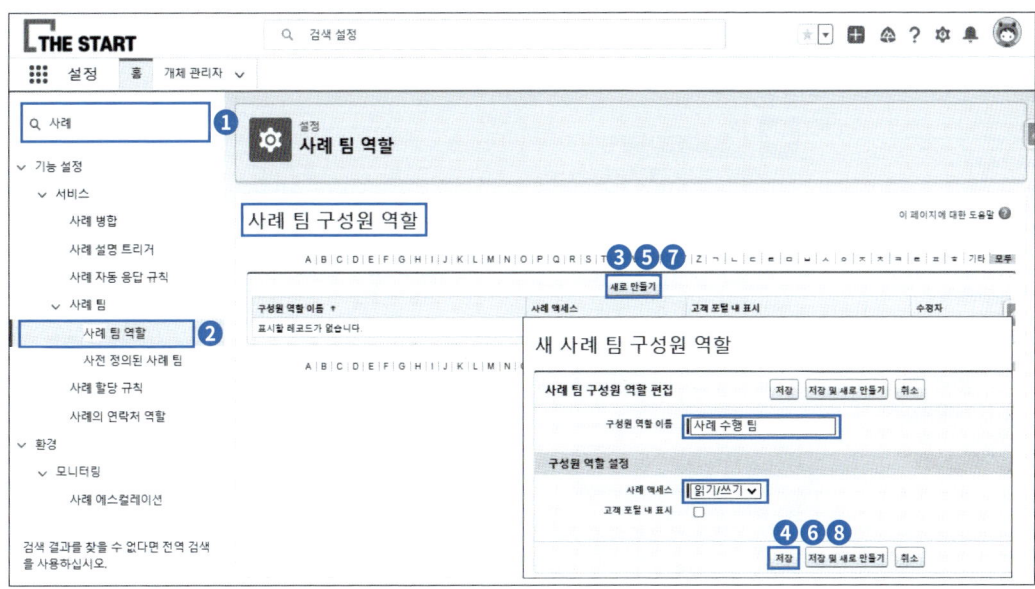

우선 "설정"으로 이동해서 검색 창에서 "사례"로 검색(1번)하면, 검색 메뉴 리스트 중에 "사례 팀 역할"을 선택(2번)해서 사례 팀 역할 페이지로 이동한다. 해당 페이지에는 현재 아무런 "사례 팀 구성원 역할"도 등록되어 있지 않다. 이제 이전 화면에 있었던 "사례 팀 역할"을 만들기 위해서 "새로 만들기"버튼을 선택(3번)한다.

그러면 "사례 팀 구성원 역할"을 등록할 수 있는데, 처음은 "구성원 역할 이름"에서 "사례 수행 팀"을 입력하고, "사례 액세스"를 "읽기/쓰기"로 선택한 후 "저장" 버튼(4번)을 누른 다음 차례대로 "사례 협력 팀"과 "사례 조언 팀"을 등록해보기로 하자.

해당 결과는 다음과 같다.

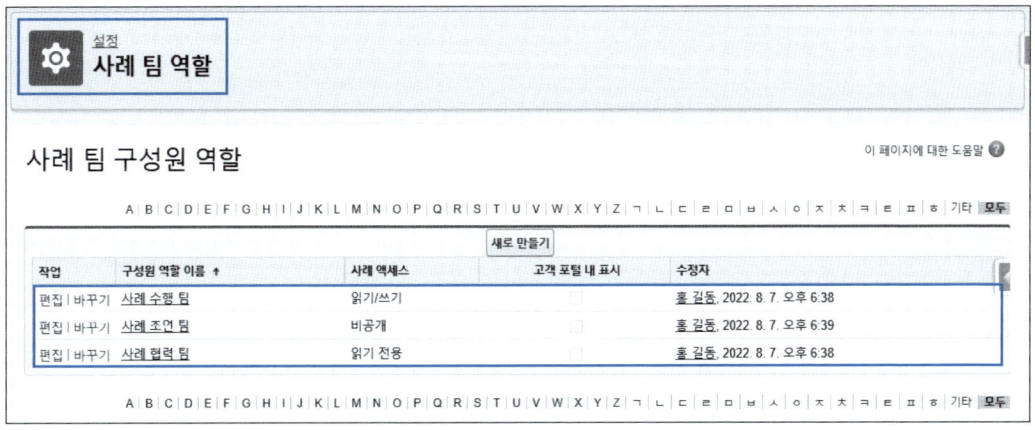

이전 단계를 통해서 "사례 팀 역할"을 등록해다면, 이제 실제 사례를 할당받을 "사전 정의된 사례 팀"을 등록해 보기로 하자.

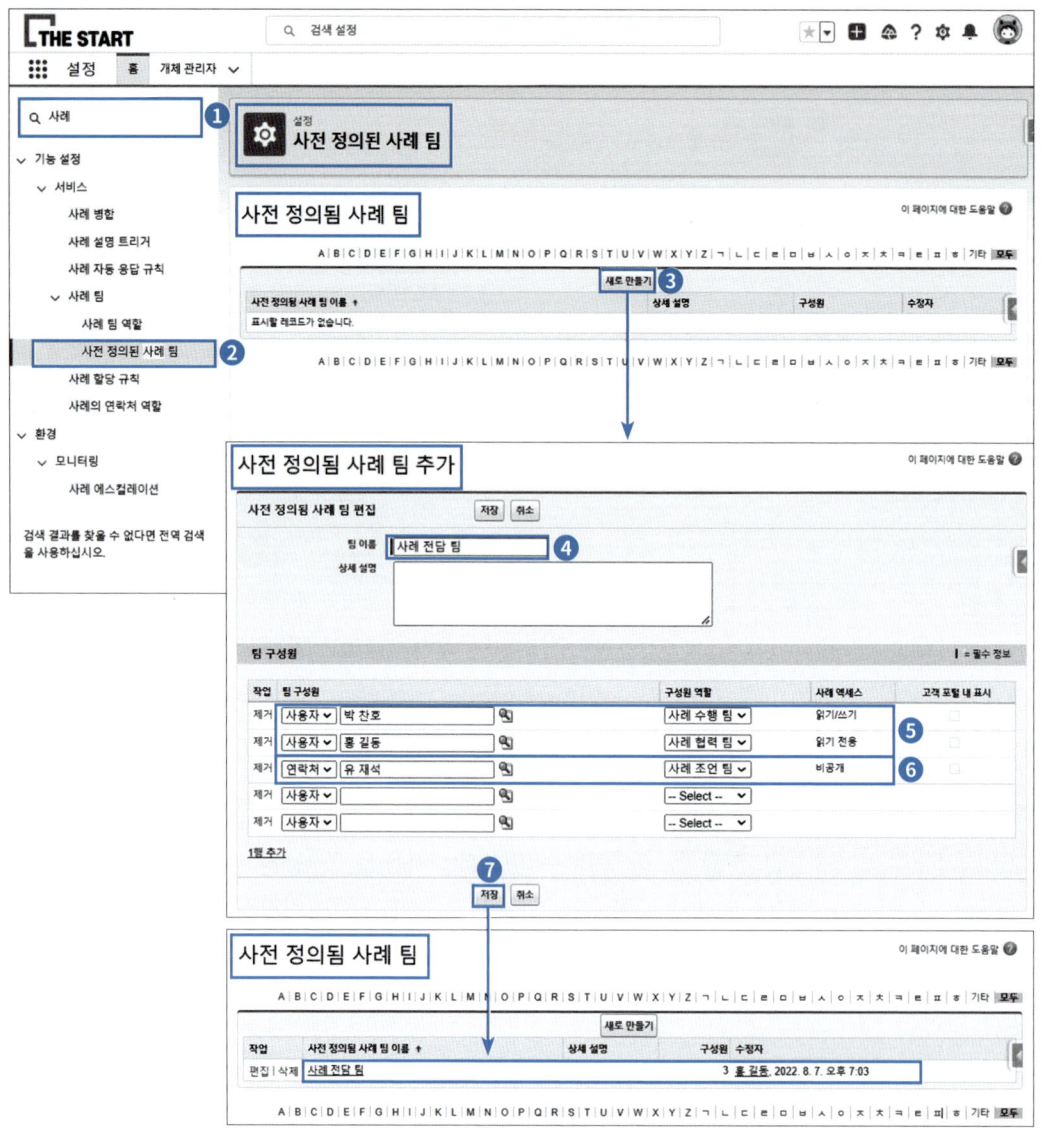

"사전 정의된 사례 팀" 메뉴는 방금 전 검색 메뉴 리스트 중에 "사례 팀 역할" 바로 아래에 있다. 그러므로 왼쪽 항목에서 "사전 정의된 사례 팀"을 선택(2번)해서 "사전 정의된 사례 팀" 페이지로 이동하고, "새로 만들기" 버튼(3번)을 눌러서 "사전 정의된 사례 팀"을 등록해 보기로 하자.

"사전 정의된 사례 팀"을 등록하기 위해서 "팀 이름"은 "사례 전담 팀"으로 입력(4번)하고, 팀 구성원으로 "박 찬호" 사용자는 "사례 수행 팀"에, "홍 길동" 사용자는 "사례 협력 팀"에 각기 등록(4번)한다. 그리고 "사례 조언 팀"으로 "연락처"에서 "유 재석"을 선택한다. 이렇듯 사례 전담팀은 "사용자"만 등록되는 것이 아니라 "연락처"도 등록할 수 있다.

구성원에 대한 설정을 마무리했다면, "저장" 버튼(7번)을 눌러서 사전 정의된 사례 팀에 팀 구성원 등록을 완료하기로 하자. 그러면 아래 화면처럼 "사례 전담 팀"이 등록된 것을 확인할 수 있다.

사전 정의된 사례 팀이 만들어졌기 때문에 이제는 해당 팀에 사례가 할당될 수 있도록 "사례 할당 규칙"을 만들어 보기로 하자.

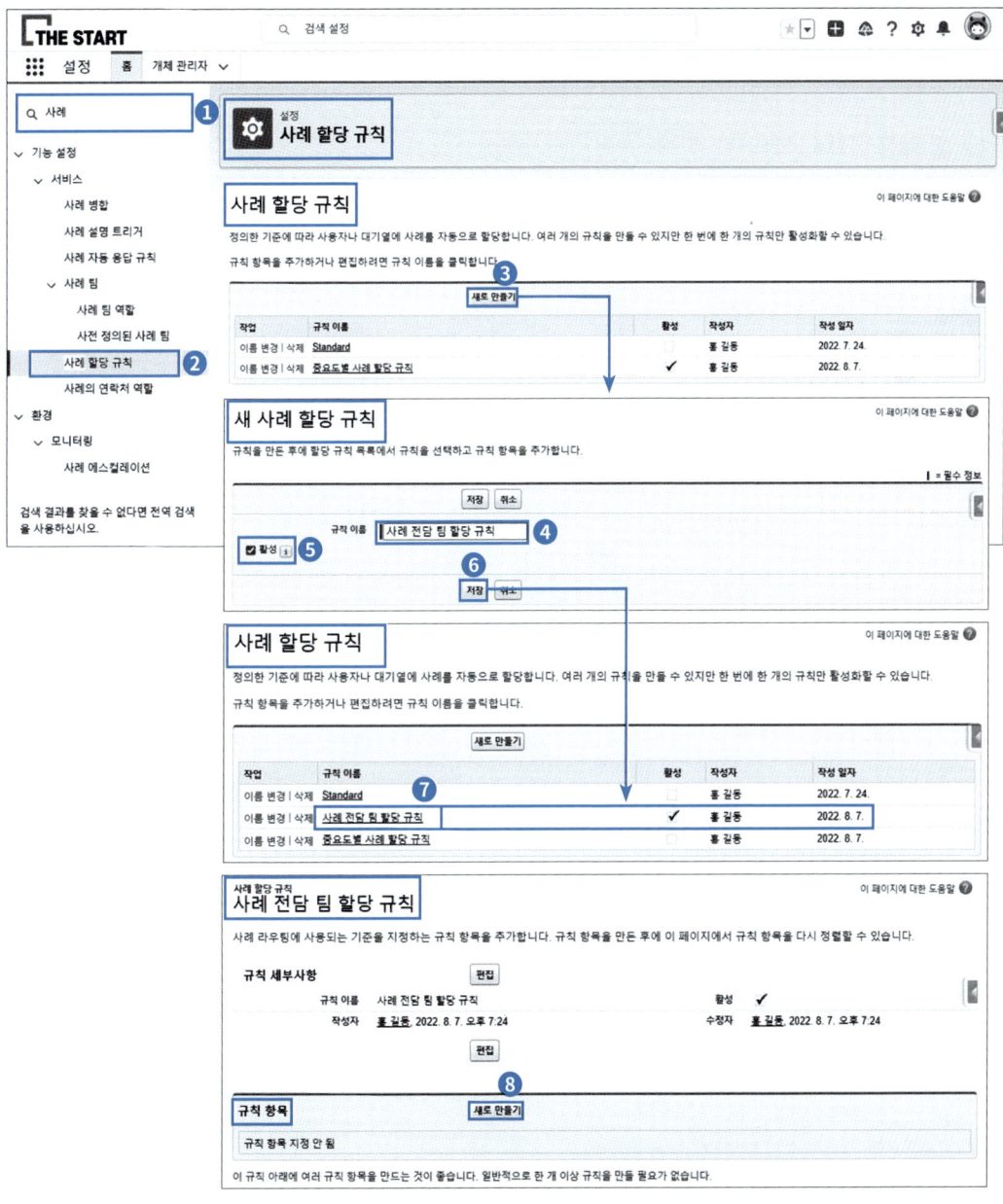

"사례 할당 규칙"을 만들기 위해서는 "설정" 검색 란에서 "사례"를 검색(1번)했을 때 같이 검색되는데, 방금 전 보았던 "사전 정의된 사례 팀" 바로 아래에 "사례 할당 규칙"이 검색된다. 이제 새로운 사례 할당 규칙을 만들기 위해 "사례 할당 규칙"항목을 선택(2번)한 후 해당 페이지에서 "새로 만들기" 버튼(3번)을 누르면, 새로운 사례 할당 규칙을 등록할 수 있도록 새로운 페이지가 보여진다. 해당 페이지에서 "규칙 이름"은 "사례 전담 팀 할당 규칙"으로 입력(4번)하고, "활성 옵션"을 체크(5번)로 선택한 후 "저장" 버튼(6번)을 눌러서 저장하도록 하자.

그러면 정상적으로 "사례 전담 팀 할당 규칙"이 사례 할당 규칙에 등록된 것을 확인할 수 있다. 이제 할당 규칙에 적용될 규칙 항목을 등록하기 위해 "사례 전담 팀 할당 규칙"을 선택(7번)해서 "사례 전담 팀 할당 규칙" 페이지로 이동한 후 "규칙 항목"에서 "새로 만들기" 버튼(8번)을 눌러서 팀 할당을 위한 새로운 규칙항목을 만들어 보기로 하자.

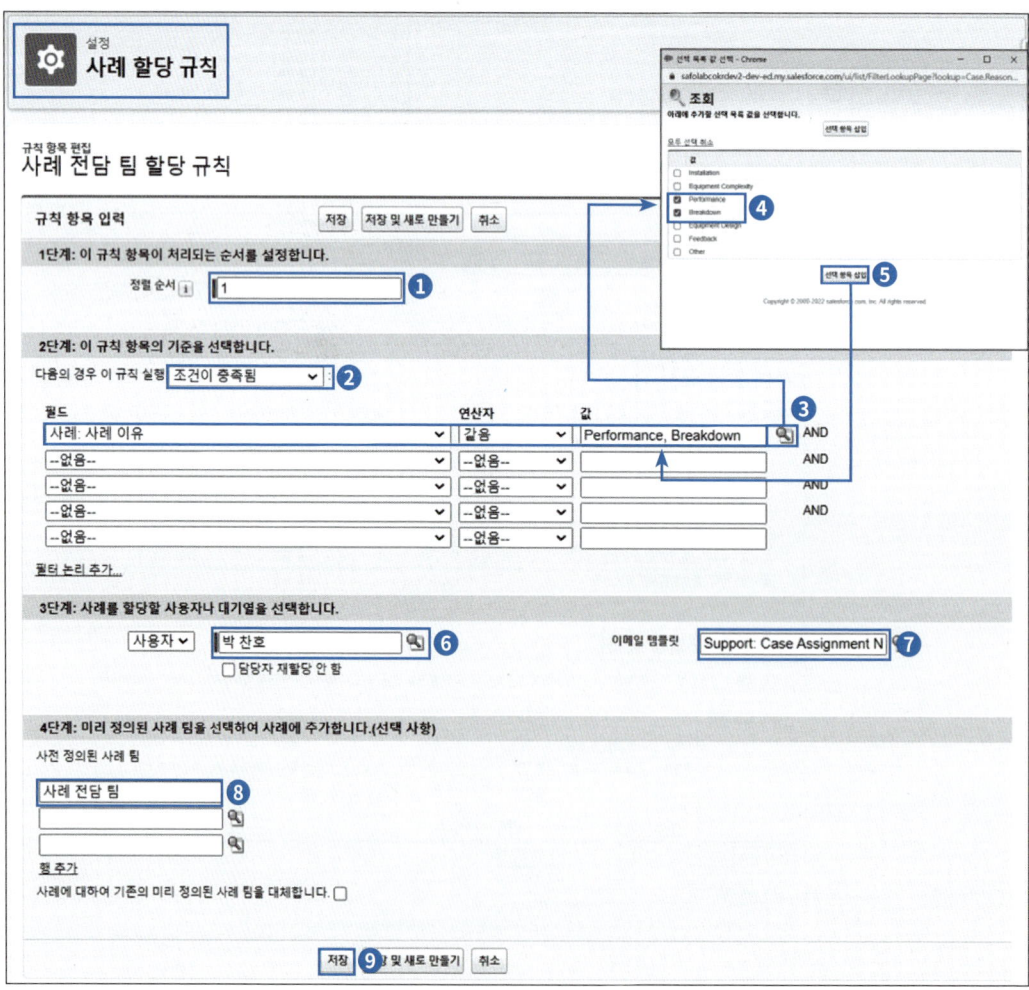

"정렬 순서"(1번)와 "다음의 경우 이 규칙 실행"(2번)은 이전에 설명한 것처럼 "1"과 기본값인 "조건이 충족됨"을 선택하고, 이후 필드의 경우 "사례: 사례 이유"를 선택하고, 연산자는 "같음"을 선택한 후 "값"을 선택하기 위해 조그만 돋보기 버튼(3번)을 눌러서 해당 항목 중 "Performance"와 "Break Down"을 선택(4번)한 후 "선택 항목 삽입" 버튼(5번)을 누르면, 해당 내용이 "값" 입력란에 입력된다. 사용자는 "박 찬호"을 선택(6번)하고, "이메일 템플릿"을 선택(7번)한 후 마지막 하단의 "사전 정의된 사례 팀"에서 방금 전 만들었던 "사례 전담 팀"을 검색해서 선택(8번)한다. 이 단계가 바로 이전에 만들었던 사례 할당 규칙과 다른 점이다. 이제 마지막으로 "저장" 버튼(9번)을 눌러서 "사례 전담 팀 할당 규칙"을 저장하도록 하자.

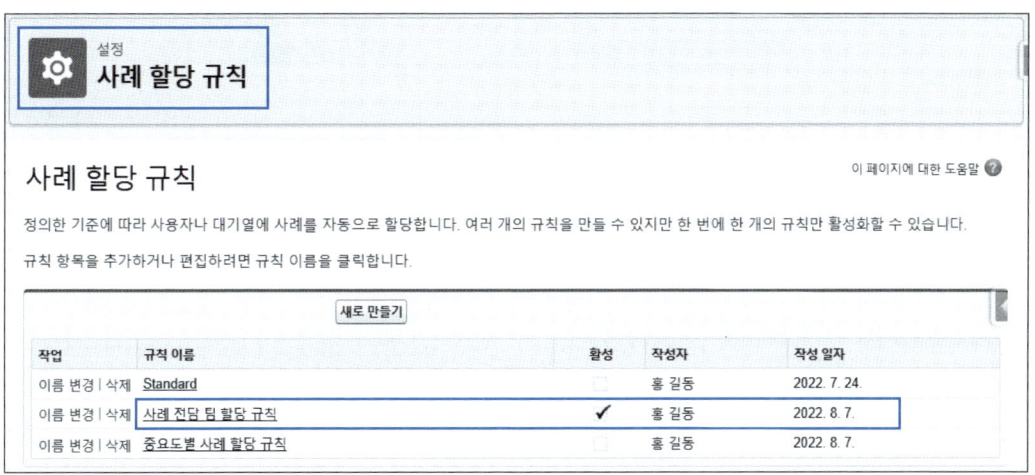

그러면 위와 같이 "사례 전담 팀 할당 규칙"이 정상적으로 "사례 할당 규칙"에 등록됐고, 또 활성화되어 있는 것을 확인할 수 있다.

그런데 여기서 한 가지 생각해볼 내용이 있다. 우리는 위의 3단계에서 해당 조건의 사례가 발생하는 경우 "박 찬호" 사용자에게 해당 사례를 할당할 것이라는 점을 지정했다. 그리고 4단계에서 "사례 전담 팀"을 또 지정했다. 이는 어떤 의미일까? 이는 해당 사례가 발생했을 때 해당 사례 레코드의 소유자로 "박 찬호" 사용자가 등록되지만, 해당 사례를 해결하기 위해 "사례 전담 팀"이 해당 사례에 배정되었음을 의미하는 것이다.

사례를 만들면서 테스트를 해보면 위 내용이 어떤 의미인지를 확인해 볼 수 있을 것이다. 이제 사례를 만들어서 할당 규칙이 적용돼서 팀에게 사례가 할당되는지 확인해보기로 하자.

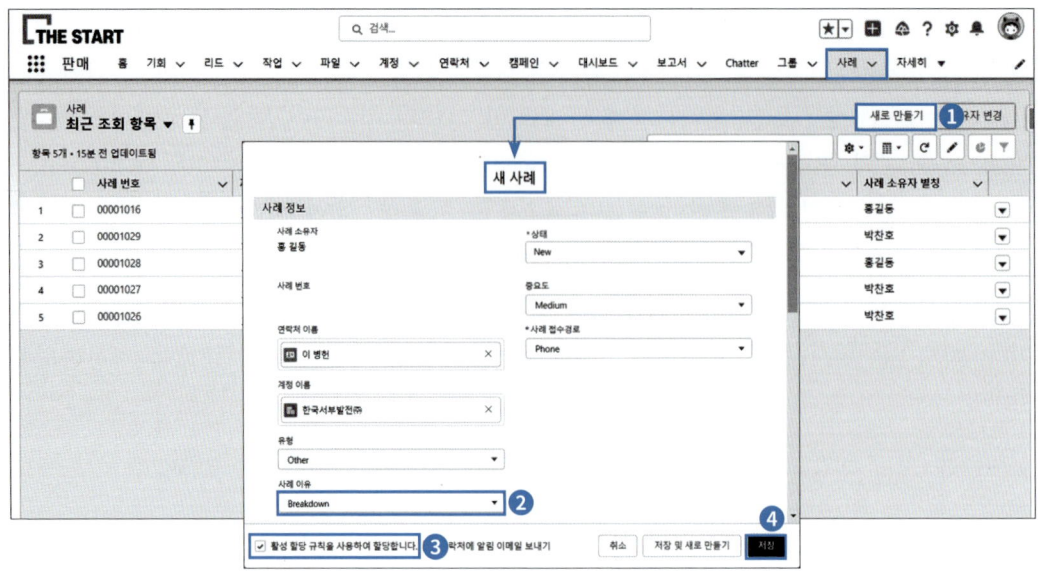

이를 위해 "사례" 탭으로 이동한 후 "새로 만들기" 버튼(1번)을 누르면, "새 사례" 대화상자가 나타난다. 지금 등록하고자 하는 사례에서 중요한 점은 사례 할당 규칙 조건을 "사례 이유" 필드에서 설정했다는 점이고, 사례 이유들 중에서 "Performance"와 "Breakdown"으로 "값"을 설정했기 때문에 둘 중 어떤 항목을 선택해도 괜찮다. 위 화면에서는 "Breakdown"을 선택(2번)했다. 그리고 반드시 "활성 할당 규칙을 사용하여 할당합니다"라는 옵션을 선택(3번)해야 한다는 점이다. 이전에 사례를 생성한 적이 있으니 설명은 여기까지 하도록 하고, 하단으로 스크롤 해서 "제목"에 "한국서부발전 납품 의자 고장 발생"이라고 입력한 후 마지막으로 "저장" 버튼(4번)을 눌러 사례를 생성하도록 하자.

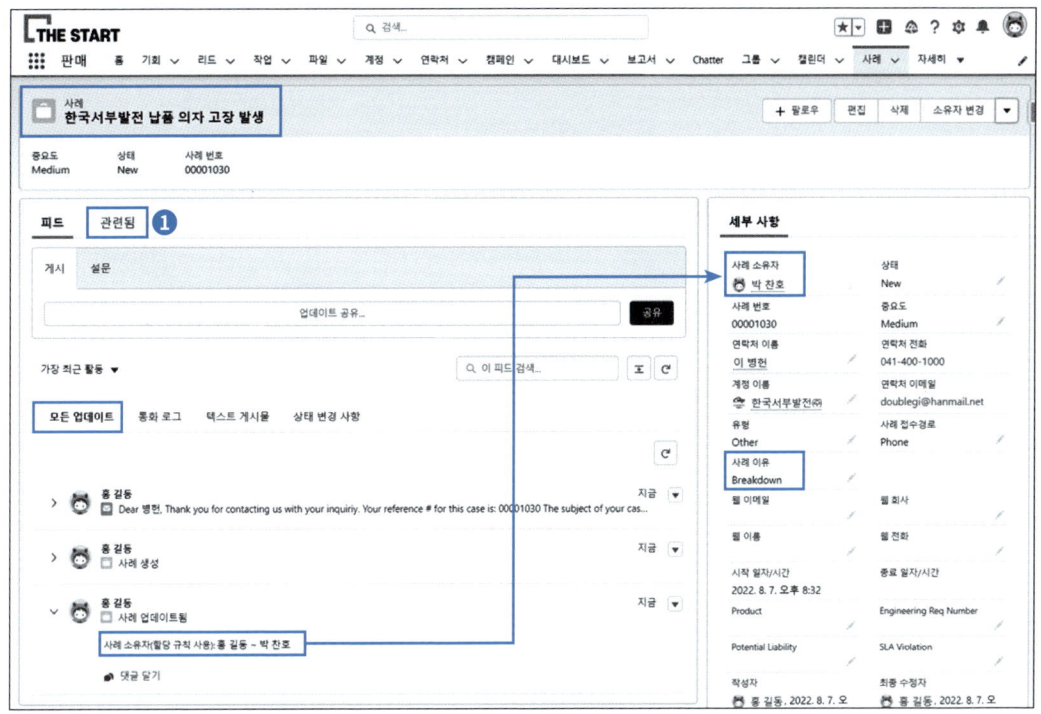

그러면 위 화면과 같이 "모든 업데이트" 내용을 살펴보면 사례는 최초 "홍길동" 사용자에 의해서 사례가 생성되었으며, 사례 할당 규칙이 적용되서 사례 소유자가 "박 찬호" 사용자로 변경된 것을 확인할 수 있다. 그리고 "이 병헌" 연락처에게 사례 접수 안내 메일이 보내졌다는 사실을 확인할 수 있다.

더불어 현재 사례의 "사례 이유"는 "Breakdown"이다. 그러면 사례 할당 규칙이 적용되었기 때문에 팀과 관련한 내용이 있을 것인데, 이와 관련한 내용은 어디서 확인할 수 있을까?

그건 바로 관련됨 탭에서 확인할 수 있다. 그러면 관련됨 탭을 선택(1번)해서 관련됨 탭으로 이동해 보기로 하자.

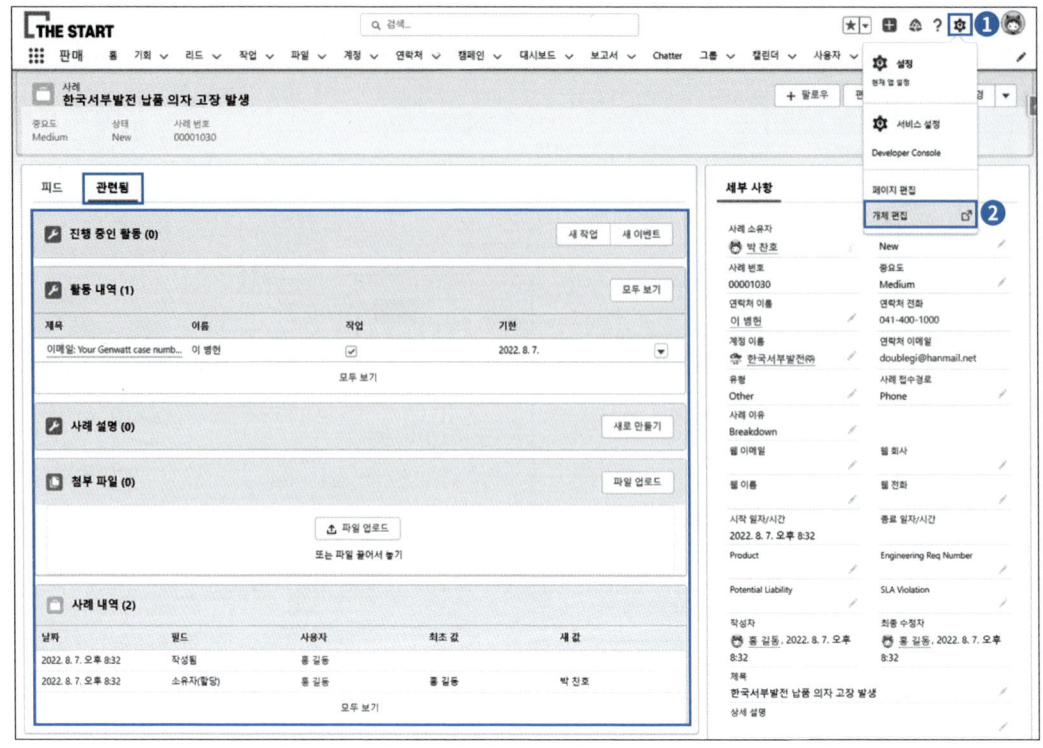

그런데 위의 화면처럼 "관련됨" 탭으로 이동해서 관련 내용을 보더라도 "팀"과 관련된 개체는 확인할 수가 없다. 이는 팀 관련 개체가 관련됨 목록(Related Object)에 포함은 되어 있지만, Page Layout에 해당 개체가 노출되지 않았기 때문이다. 그러면 해당 페이지에서 "팀" 관련 개체를 해당 페이지에 노출 시키기 위해 오른쪽 위에 있는 "설정" 버튼(1번)을 누른 다음 "개체 편집" 메뉴(2번)를 선택해서 "개체 관리자"로 들어가도록 하자.

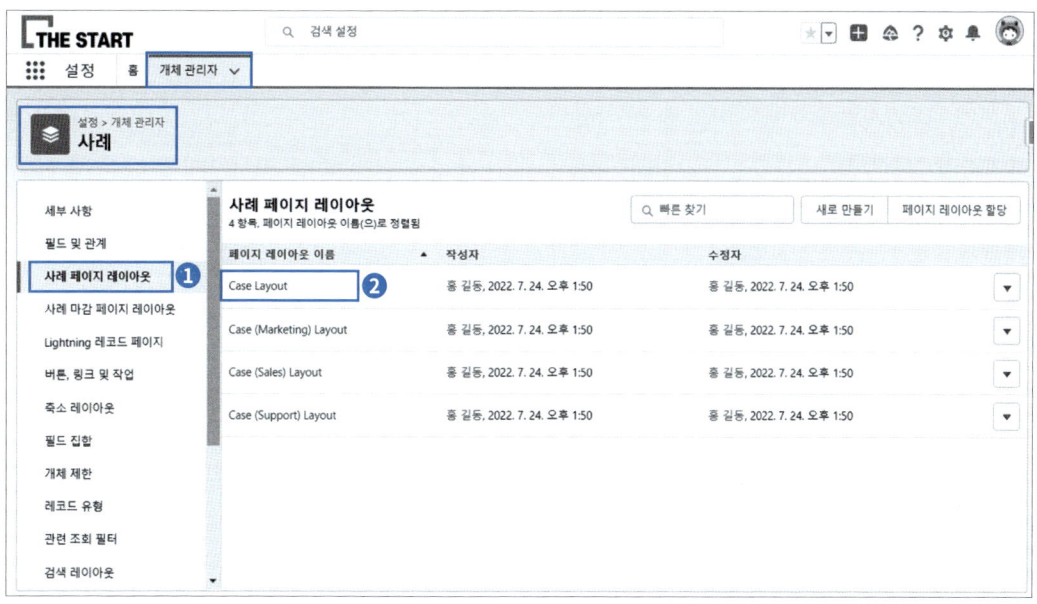

사례 개체의 "개체 관리자"에서 왼쪽에 있는 "사례 페이지 레이아웃"(1번)을 선택한 후 "Case Layout"(2번)을 선택한다.

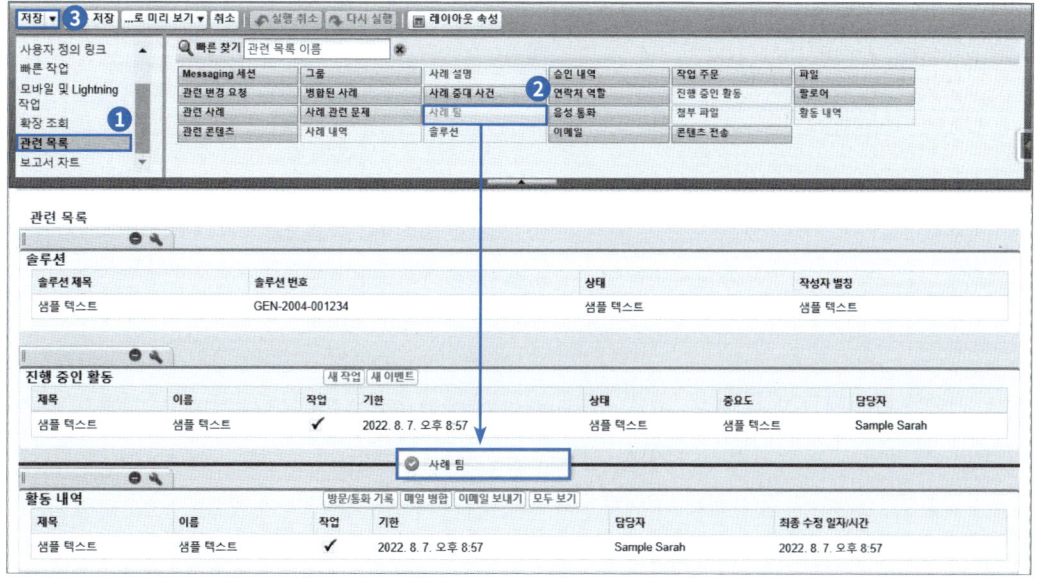

그럼 위와 같이 레이아웃 편집 화면이 나오게 되는데, 여기에서 왼쪽 상단에 있는 리스트에서 "관련 목록"(1번)을 선택한다. 그러면 오른쪽 버튼들이 변경되는데, 현재 오른쪽 상단에 버튼 중에서 선택할 수 있는 버튼들은 상황에 따라서 "관련됨" 목록에 추가할 수 있는 개체들인 것이다.

지금 우리가 이렇게 레이아웃 편집 화면으로 들어온 이유는 사례의 팀 할당 관련 내용을 확인해보기 위해서였다. 그러므로 팀 관련 개체들이 있는지를 한번 살펴보기로 하자. 그러면 그 중에서 "사례 팀" 버튼을 확인할 수 있을 것이다. "사례 팀"버튼을 확인했다면, 위 화면처럼 "사례 팀"버튼(2번)을 선택해서 드래그 한 후 "진행 중인 활동" 개체 다음에 드롭해서 위치시킨다.

해당 위치에 자리잡은 것이 확인되면, 이제 왼쪽 위에 있는 "저장" 버튼(3번)을 눌러서 변경내용을 저장하도록 하자. 그런 다음 다시 사례의 레코드 페이지로 이동하면, 이제 "관련됨" 항목에서 "사례 팀"항목을 확인할 수 있을 것이다.

이제 다시 "한국서부발전 납품 의자 고장 발생"이란 사례로 들어와서 "관련됨" 탭을 확인해보면, 이전에는 노출되지 않았었던 "사례 팀" 개체가 포함되어 있는 것을 확인할 수 있고, "사례 팀" 목록에 설정에서 정의했던 "사례 전담 팀"이 등록되어 있는 것을 확인할 수 있다.

해당 사례에 "사례 전담 팀"이 등록된 이유는 사례 접수 시 오른쪽 세부사항에 있는 "사례 이유"가 "Breakdown"으로 사례가 접수되었기 때문이다. 만일 사례 접수 시 "사례 이유"가 "Breakdown"이나 "Performance"가 아니라면, 해당 사례는 사례 할당 규칙을 적용받지 않기 때문에 "박 찬호"가 소유자로 등록되지 않고, "사례 팀" 또한 등록되지 않는다. 그렇다면 이러한 경우에는 어떻게 해야 하는가?

만일 특정 조건으로 정의했던 "사례 이유"가 "Breakdown"이나 "Performance"가 아닌 경우 관리자가 임의로 팀 또는 구성원을 추가하고자 한다면, 관리자 임의로 팀을 등록할 수도 있고, 사례 팀 역할에 사용자들을 직접 할당할 수도 있다. 그러면 이번 테스트를 위해서 다시 한번 사례를 등록해보기로 하자.

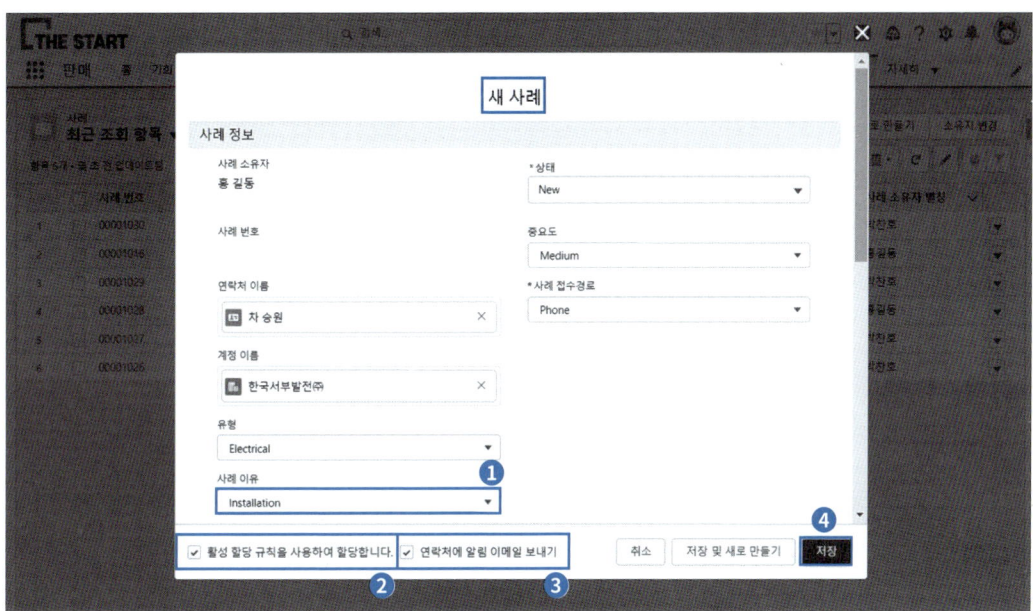

이번에는 이전 예제와 모두 같은 내용인데 "사례 이유"가 "Breakdown"이나 "Performance"가 아닌 다른 항목으로 여기서는 "Installation"을 선택(1번)했다. 그리고 아래 항목(2번, 3번)들을 체크하고, 사례 제목으로는 "한국서부발전 납품 의자 고장 발생 2"라는 이름으로 입력한 후 "저장" 버튼(4번)을 눌러서 새로운 사례를 만들어 보기로 하자.

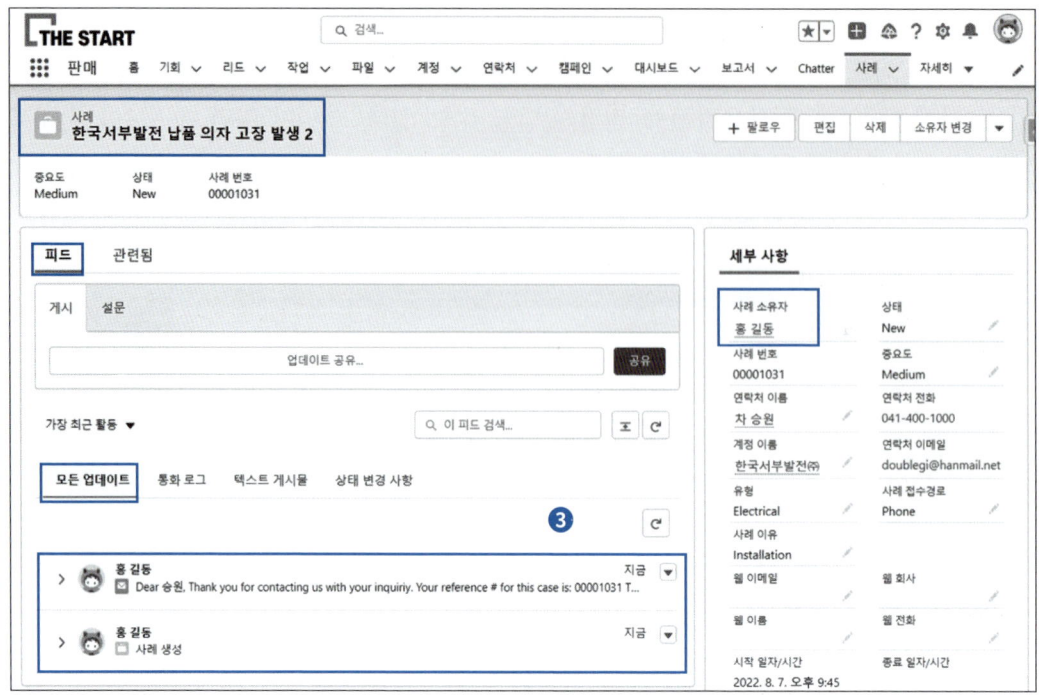

이제 "한국서부발전 납품 의자 고장 발생 2" 사례가 만들어졌으며, "모든 업데이트" 내역을 보면 아래서부터 최초 사례가 만들어졌으며, 사례 연락처인 "차 승원" 연락처에 안내 메일이 발송된 것을 확인할 수 있으나, 이전 예제에서 볼 수 있었던 "사례 할당 규칙"이 적용된 내역은 보이질 않는다. 그것은 오른쪽 상단에 "사례 소유자"가 "박 찬호"가 아닌 사례를 만든 "홍 길동"이 사례 소유자인 것을 보아도 알 수 있다.

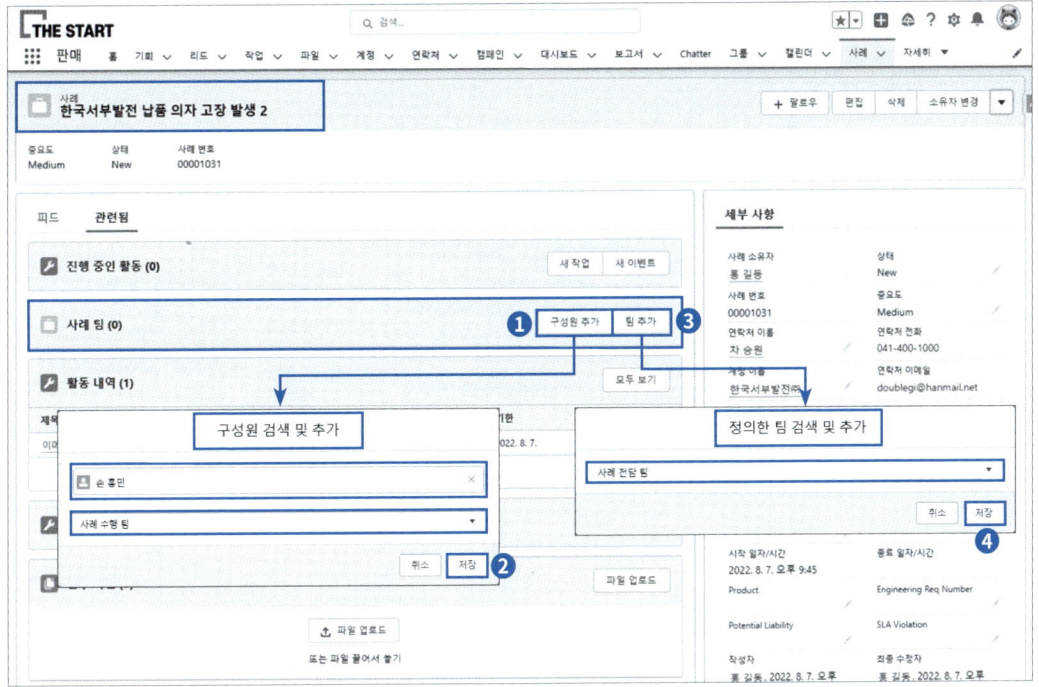

위 화면은 "관련됨" 탭으로 이동한 화면이다. 현재 "사례 팀" 항목에는 아무런 내용도 등록되어 있지 않다. 그런데 "사례 팀" 항목에서 오른쪽 보면 "구성원 추가" 버튼(1번)과 "팀 추가" 버튼(3번)이 있는 것을 확인할 수 있다. 우선 "구성원 추가" 버튼(1번)을 누르면, "구성원 검색 및 추가" 대화상자가 나타나는데, 여기에서 원하는 "사용자"와 "팀"을 선택할 수 있다. 여기서는 "손 흥민" 사용자와 "사례 수행 팀"을 선택했다. 그리고 "팀 추가" 버튼(3번)을 누르면, "정의한 팀 검색 및 추가" 대화상자가 나타나는데, 이것의 의미는 등록되어 있는 팀을 사례에 등록할 수 있다는 점이다.

지금 현재 등록되어 있는 "사전 정의된 사례 팀"으로는 "사례 전담 팀" 하나가 있으므로 이를 선택해서 "저장" 버튼(4번)을 눌러서 해당 사례에 "팀"을 배정해 보기로 하자. 등록된 결과는 다음 화면과 같다.

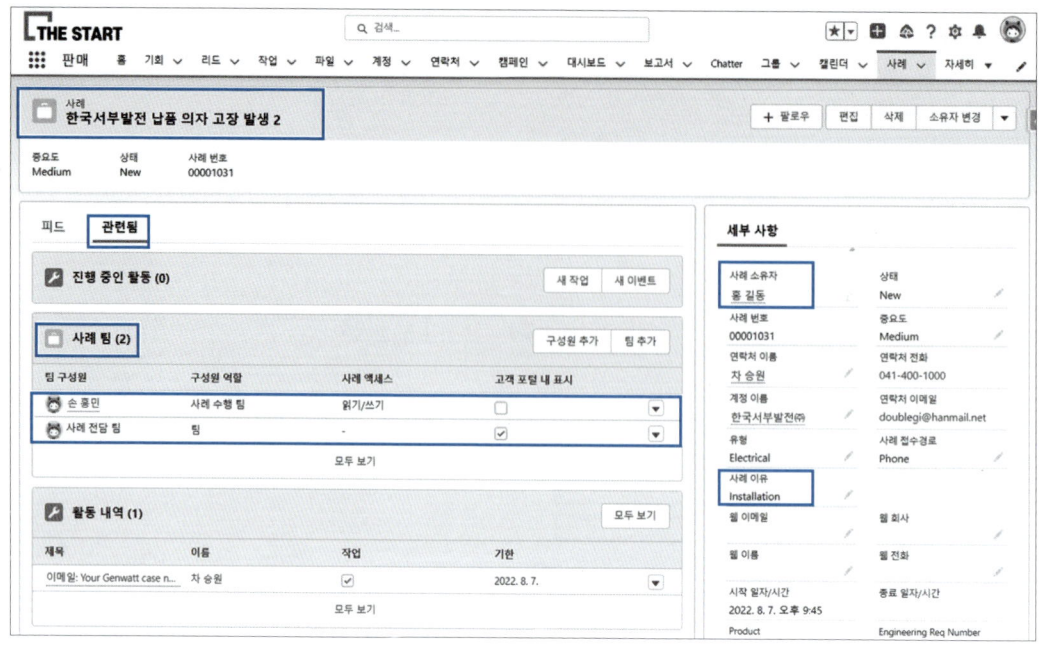

2-6 Web to Case(웹을 통한 케이스 생성)

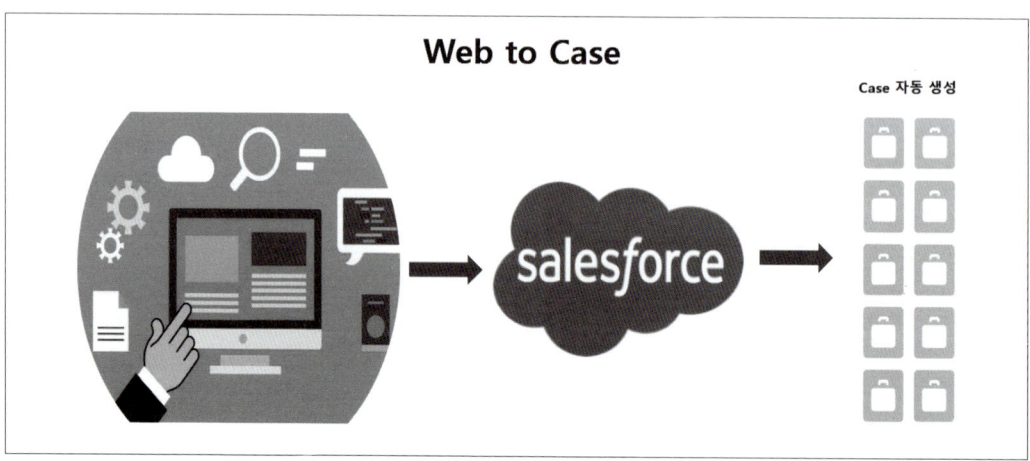

고객이 웹사이트에 방문해서 게시판을 통해 AS 요청한 상황을 가정해보기로 하자. 그러면 담당자는 게시판에서 게시글을 확인하고, 이를 케이스(Case)에 등록해 주어야 한다. 그렇다면 상당히 번거롭고 불편한 일이 될 것이다. 앞에서도 Web to Lead 기능을 살펴보았는데, 사례(Case) 또한 마찬가지로 Web에서 작성된 내용을 세일즈포스의 케이스로 자동 생성되도록 할 수 있는데, 이 기능이 바로 Web to Case이다.

이러한 Web to Case기능을 활성화하기 위해서는 설정으로 이동해서 Web to Case의 기능을 설정 및 활성화해주어야 한다.

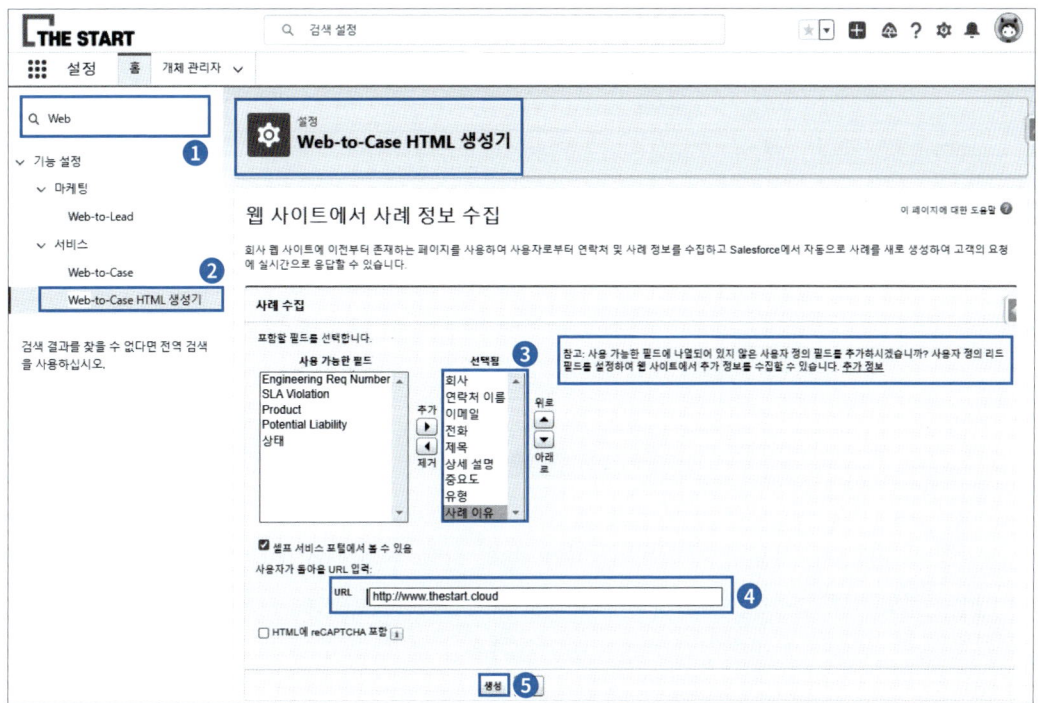

우선 설정의 홈으로 이동해서 검색 란에서 "Web"을 입력(1번)하면, 하단 서비스 항목에 "Web-to-Case"와 "Web-to-Case HEML 생성기" 두 메뉴가 검색되는 것을 확인할 수 있다. 앞에서 살펴봤던 "Web-to-Lead"의 경우에는 하나의 메뉴에서 HTML 생성과 기능 설정을 했다면, "Web-to-Case"의 경우 해당 메뉴가 두 개로 분리된 것이라고 생각하면 된다. 이유는 알 수 없지만… ^^;

우선 "Web-to-Case HTML 생성기" 항목(2번)을 선택해서 해당 화면으로 이동하면, 웹에서 입력받을 필드들을 선택됨 목록으로 이동시켜야 한다. 여기서는 "회사, 연락처 이름, 이메일, 전화, 제목, 상세 설명, 중요도, 유형, 사례 이유" 필드들을 이동(3번)시키고 정렬시켰다. 그 다음 URL은 웹에서 해당 내용을 등록한 후 접수 안내 화면 또는 메인 페이지 등으로 이동하기 위한 URL로 여기에서도 마찬가지로 THE START 사이트 주소(http://www.thestart.cloud)를 입력(4번)한 다음 생성 버튼(5번)을 누른다.

그리고 참고할 만한 내용으로 오른쪽 상단에 주석을 보면, 우리는 현재 사례 개체에 필드를 추가하지 않고 표준으로 제공된 상태를 이용하고 있지만, 필요한 경우 사례 개체에 사용자 정의 필드를 추가하더라도 해당 필드를 Web to Case에 적용해서 사용할 수 있다는 것이다.

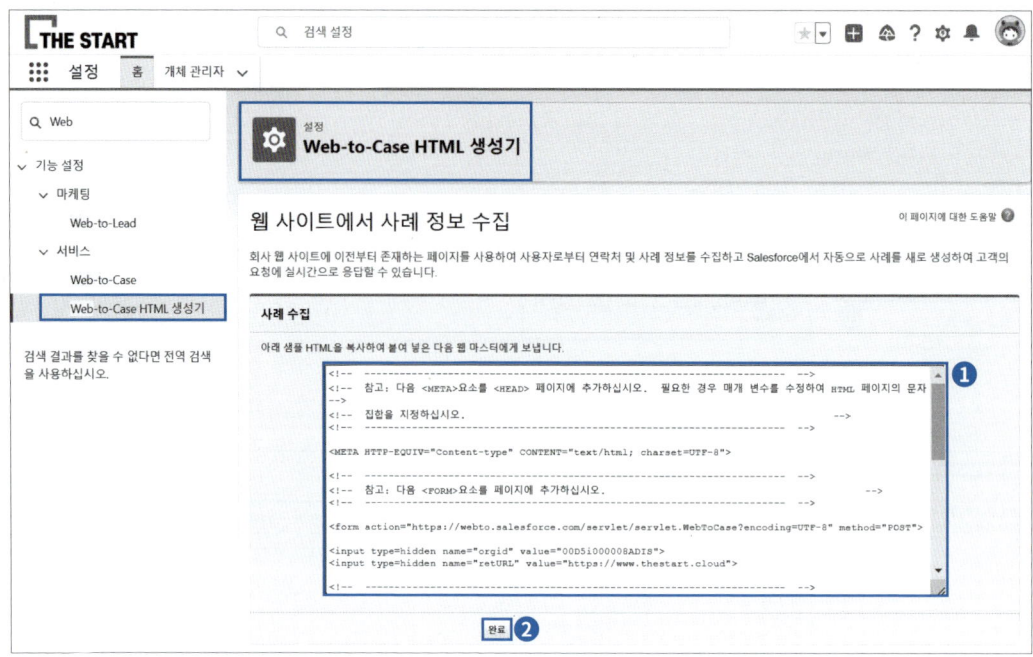

그러면 역시 HTML 코드가 생성되며, 이를 전체 선택 후 복사(1번)해서 메모장에 붙여 넣은 다음 "완료" 버튼(2번)을 누른다. 메모장에 붙여 넣은 상태에서 저장하면서 파일 형식은 "모든 파일"로, 그리고 파일명은 "Web_to_Case.html"로 입력한 다음, 원하는 폴더를 선택한 후 저장 버튼을 눌러서 저장하도록 하자.

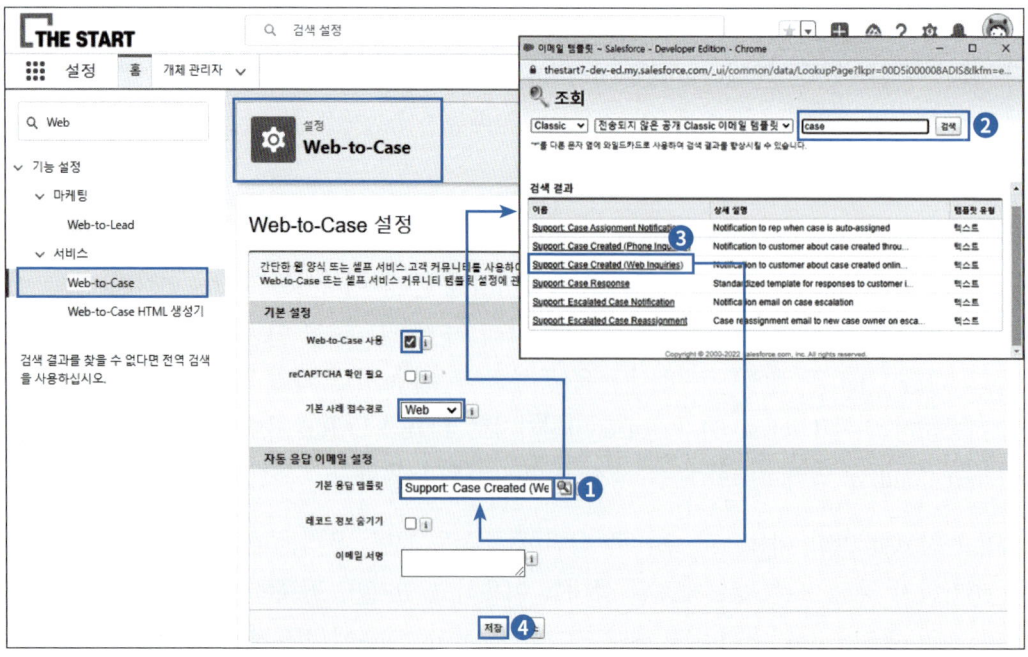

그러면 자동으로 "Web-to-Case 설정 화면으로 이동하는 것을 확인할 수 있으며, 필요한 옵션도 모두 기본으로 선택되어 있는 상태이다. 내용을 살펴보자면 우선 우선 "Web-to-Case 사용" 체크상자가 있으며, 기본 선택된 상태이다. 그러므로 기본적으로 활성화한다는 의미가 된다. 그 다음에 있는 기본 사례 접수 경로도 기본적으로 "Web"을 선택되어 있다. 그 다음 "기본 응답 템플릿"이 있는데, 이는 사례(Case)가 접수됐을 때 해당 이메일을 통해 접수 안내 메일을 보내는 것이다. 예를 들어 "고객님의 신청이 정상적으로 접수되었으며, 빠른 시일안에 조치하겠습니다. 감사합니다."등의 메시지를 사례 접수 시 등록된 메일로 전송하는 것이다.

여기서는 오른쪽 끝에 있는 찾아보기 버튼(1번)을 누르면, 메일 템플릿을 선택할 수 있는 이메일 템플릿 대화상자가 보이게 된다. 해당 내용이 많기 때문에 원한다면, "Case"를 입력한 후 검색 버튼(2번)을 눌러 원하는 결과만 목록에서 보여질 수 있게 할 수 있다.

위 화면에서는 Case가 웹을 통해 생성되는 것이기 때문에 "Support: Case Created(Web Inquiries)"를 선택(3번)하면, 해당 메일 템플릿이 "기본 응답 템플릿"에 등록된다. 그런 다음 마지막으로 "저장" 버튼(4번)을 누르면, Web-to-Case 설정이 완료된다.

이제 이전 단계에서 저장했던 "Web_to_Case.html" 파일을 열어 보기로 하자.

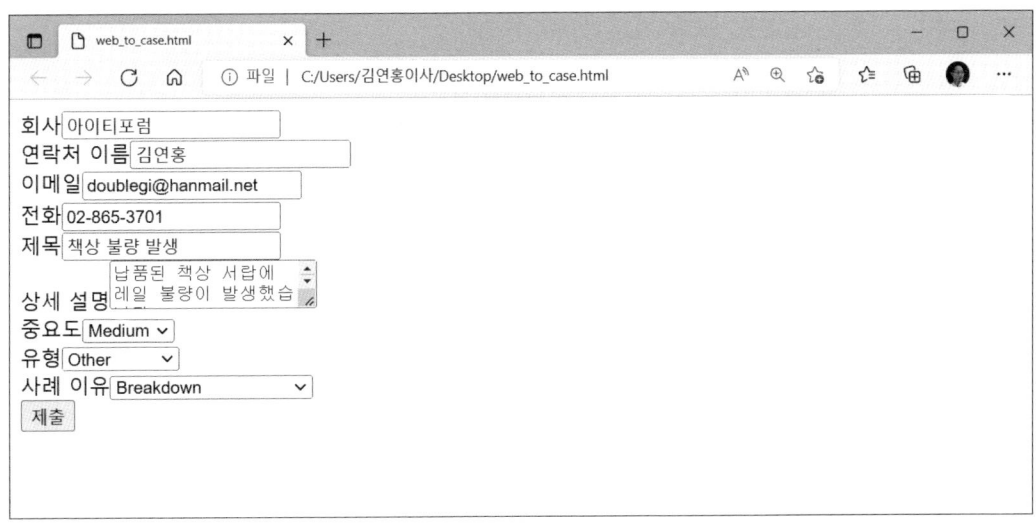

그러면 역시 케이스 접수 필드들이 웹 페이지에 노출되며 적절한 내용을 입력하고, 제출 버튼을 누르면, 다음과 같이 반환 URL로 등록했던 네이버 카페(https://www.thestart.cloud/)로 이동하는 것을 확인할 수 있다.

이제 웹에서 제출한 케이스가 잘 접수됐는 지를 세일즈포스에서 확인해보기로 하자.

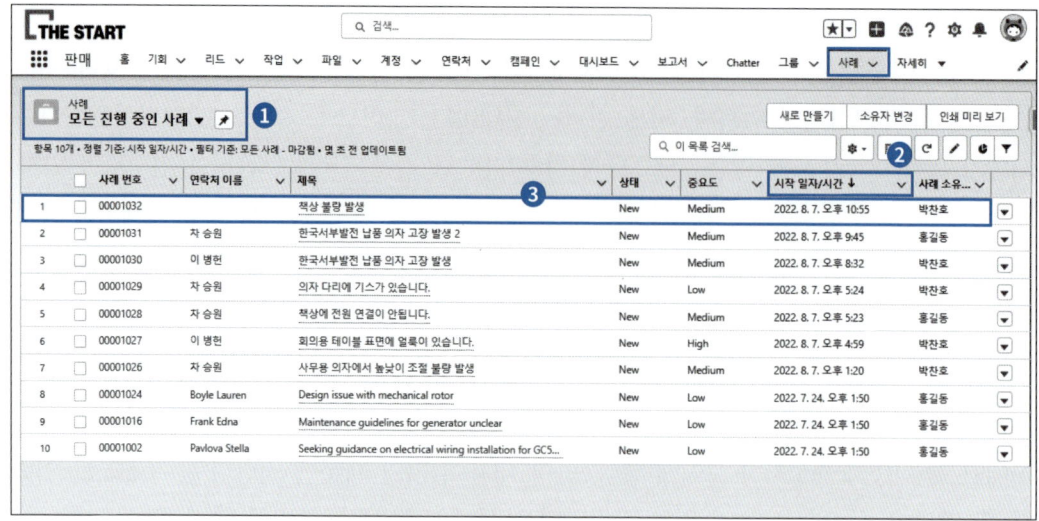

사례 탭으로 이동한 후 목록 보기에서 "모든 진행 중인 사례"를 선택(1번)하고, "시작 일자/시간" 필드를 내림차순으로 정렬(2번, 해당 필드 헤더를 선택한다.)하면, 가장 상단에 케이스가 접수된 것을 확인할 수 있다. 그러면 해당 Case의 사례 번호를 클릭(3번)해서 해당 사례로 이동해서 관련 내용을 살펴보기로 하자.

이제 마지막으로 웹에서 Case를 제출할 때 등록한 이메일을 살펴보기로 하자.

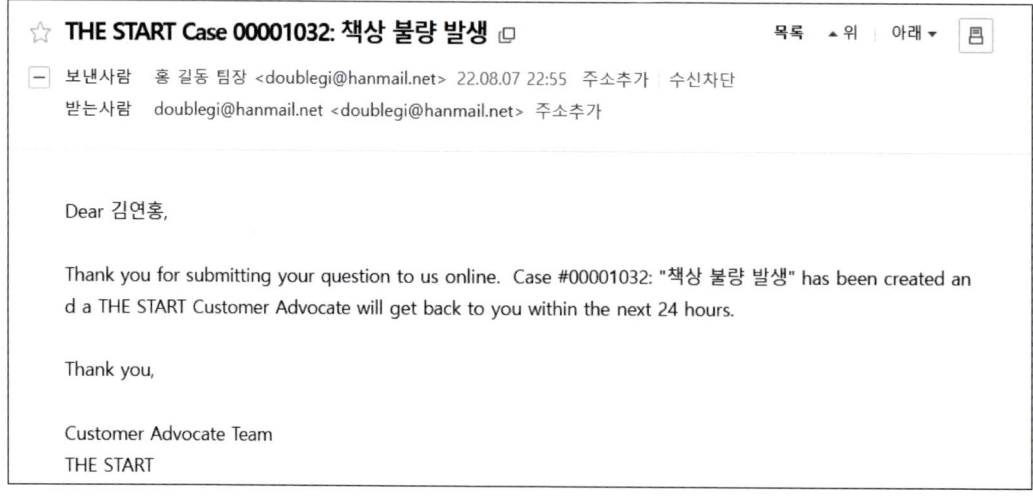

케이스를 웹에서 등록할 당시 입력했던 이메일(소비자 메일 계정)을 확인해보면, 위와 같이 메일이 전송된 것을 확인할 수 있다. 이는 영문이며, 24시간 안에 회신을 주겠다는 메시지가 포함되어 있다. 이 메일은 앞서 Web to Case를 설정할 당시 선택했던 메일 템플릿이 사용됐기 때문이다. 이러한 템플릿 대신 우리 회사의 정책과 상황에 맞는 메일을 보내기 위해서는 메일 템플릿을 등록해 주어야 한다.

 **사례(Case) 이메일 템플릿 수정**

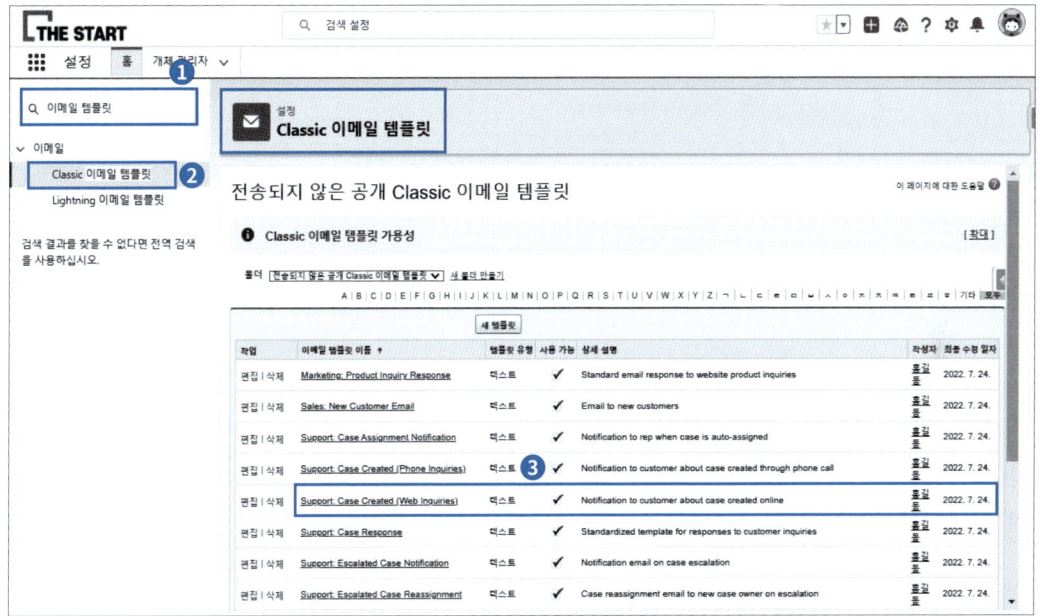

케이스 관련 이메일 템플릿을 수정하고자 한다면, 역시 설정으로 이동하여야 한다. 설정에서 검색창에 "이메일 템플릿"으로 검색(1번)하면 검색되는 항목 중에 "Classic 이메일 템플릿"이 있는데, 이를 선택(2번)하면, 세일즈포스에 등록된 이메일 템플릿들이 확인할 수 있다.

이 중에서 좀 전에 우리가 사용했던 메일 템플릿(Support: Case Created (Web Inquiries))을 목록에서 선택(3번)한 후에 해당 템플릿을 수정하기 위해 "편집" 버튼을 눌러보자.

그러면 위와 같이 조금 복잡한 화면이 나타나는데, 중요한 건 "이메일 본문" (1번)이다. 이 본문 내용이 메일로 전달되는 것인데, 여기에는 약간의 변수들이 존재한다. 이러한 변수의 의미와 활용 방법은 다양한 용도로 사용된다. 그러면 이메일 본문을 다음 내용으로 수정해보기로 하자.

안녕하세요...^^ 고객님,

고객님께서 등록하신 AS접수 건에 대해서 접수번호와 제목은 #{!Case.CaseNumber}: "{!Case.Subject}" 이며,

정상적으로 접수되었음을 알려드립니다.

불편을 드려서 죄송하며, 빠른 시간 안에 AS팀에서 {!Case.OwnerFullName} {!Case.OwnerTitle}이 연락 드릴 것입니다.

감사합니다.

{!Organization.Name}

그런 다음 "저장" 버튼(2번)을 누르면, 이메일 템플릿 수정은 완료된다.

그러면 이제 다시 "Web_to_Case.html" 파일을 열어서 브라우저에서 케이스(Case)를 등록한 후 메일 내용을 확인해보기로 하자.

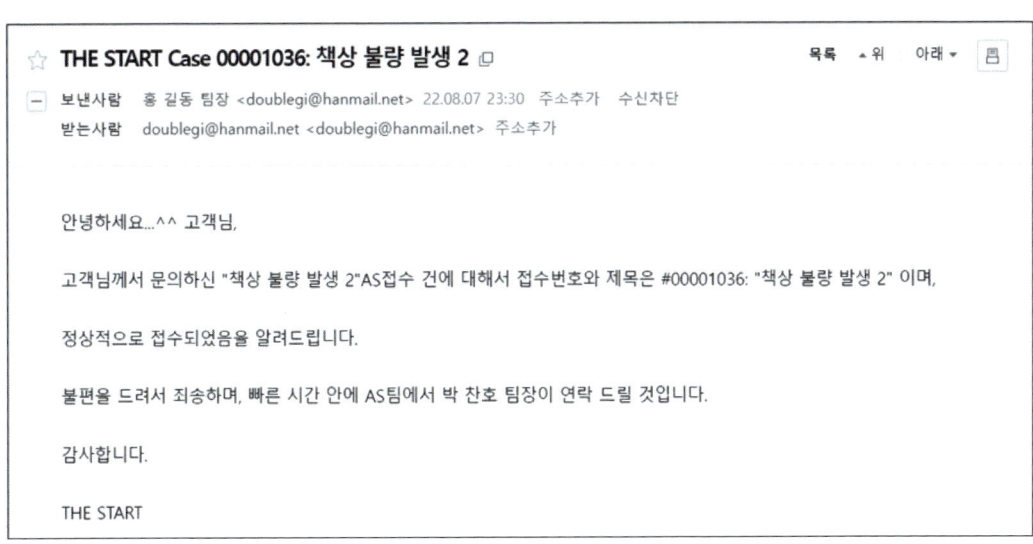

그러면 위와 같이 수정된 메일이 고객에게 정상적으로 전달된 것을 확인할 수 있을 것이다.

2-8 Email to Case 설정하기

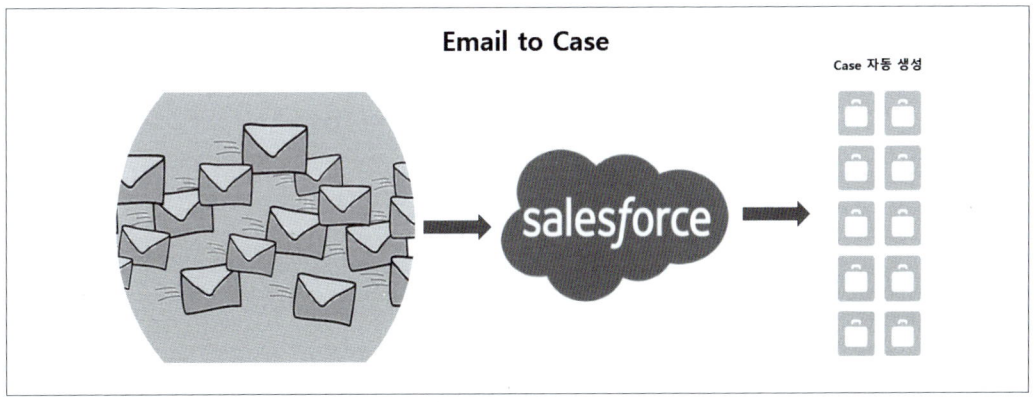

고객이 이메일로 서비스를 문의하거나 AS를 신청하는 상황을 생각해보자. 그러면 담당자는 각각의 이메일을 확인하고, 이를 케이스(Case)에 등록해 주어야만 한다. 그런데 이러한 상황은 담당자들에게 상당한 업무적 부담을 강요하게 된다. 왜냐하면 앞에서 살펴봤던 Web to Case의 경우는 해당 기능이 없더라도 정형화된 필드들을 입력하도록 웹에서 인터페이스를 제공해줌으로써 관련 데이터를 체제적으로 전달받을 수는 있다. 하지만 이메일로 접수되는 고객들의 의견은 정형화할 수가 없기 때문에 접수된 이메일 하나 하나 확인하면서 관련 케이스(Case)를 만들어야 한다는 업무적 부담이 따르게 된다.

바로 이러한 문제를 해결해 주기 위한 기능이 바로 "Email to Case"이다. 업무적으로 이메일을 통한 서비스 문의 및 AS 접수는 사이트의 특성에 따라 다르기는 하지만, 업무적으로 보다 더 광범위하고, 보편적으로 사용될 수 있기 때문에 이를 자동화 시켜줄 수 있다면 그만큼 업무의 효율성을 높여줄 수 있는 좋은 기능이라고 할 수 있다.

이러한 "Email to Case"기능 역시 설정으로 이동해서 Email to Case의 기능을 설정 및 활성화해주어야 한다.

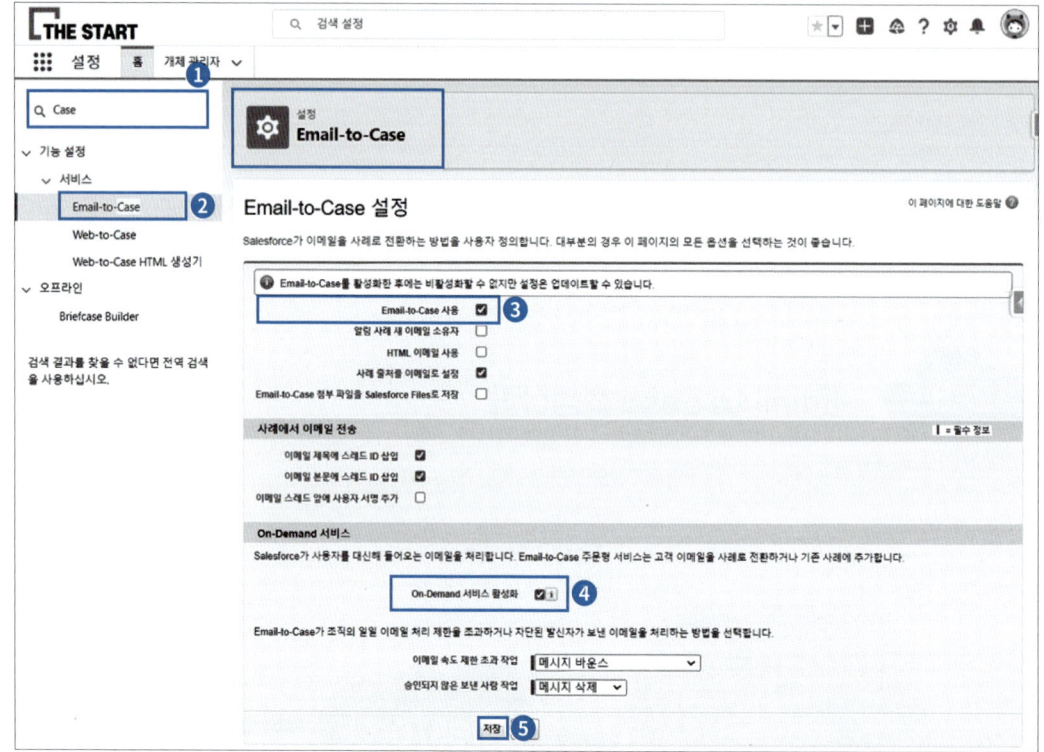

위 화면처럼 설정으로 이동해서 검색 란에서 "Case"를 입력(1번)하면, "Email-to-Case" 항목(2번)이 검색되는데, 이를 선택하면 최초 Email-to-Case 소개 페이지가 나온다. 여기에서 "계속" 버튼을 누르면, 다시 Email-to-Case 설정 페이지가 나온다. 여기에서 다시 "편집" 버튼을 누르면, 위 화면과 같이 편집 화면으로 전환된다.

위 화면에서 확인해야 하는 내용은 우리는 지금 "Email-to-Case"기능을 활성화하기 위해서 해당 페이지에 접근한 만큼 기본적으로 "Email-to-Case 사용" 옵션(3번)을 선택해야 한다. 해당 옵션들을 좀 더 살펴보면, "알림 사례 새 이메일 소유자"를 체크하면 할당된 케이스의 소유자에게 알림을 자동으로 보내주는 기능이다. 그리고 "HTML 이메일 사용"은 케이스 피드 화면에서 HTML형식으로 이메일을 확인할 수 있다. 다만 HTML에 포함된 JavaScript을 사용한 해킹 등의 악의적 컨텐츠를 함께 열람할 수 있으니 주의가 필요하다.

"사례 출처를 이메일로 설정"은 기본적으로 활성화되어 있으며, 이 옵션의 기능은 케이스의 접수경로를 자동으로 Email로 설정하며, 업무 담당자가 이메일로 접수된 케이스를 확인하는 경우 발신자에게 해당 메일이 읽음으로 표시되도록 해주는 기능이다. 마지막으로 "Email-to-Case 첨부 파일을 Salesforce Files로 저장" 옵션을 활성화하면, 메일에 첨부된 파일이 해당 케이스의 첨부 파일에 자동으로 저장되도록 하는 기능이다.

그리고 마지막으로 중요한 옵션이 "On-Demand 서비스 활성화" 옵션이다. 일반적으로 사내 메일 서버가 구축되어 있는 경우에는 현재 오그(Org)에서 Email-to-Case 에이전트를 설치해서 사용하게 되는데, 외부 메일(네이버, 다음, 구글) 등을 사용하는 경우에는 "On-Demand 서비스 활성화" 옵션을 체크해 주어야 한다. 이 옵션은 세일즈포스에서 제공하는 기본 포워딩 주소(경로 주소)를 이용하여 메일을 접수 받을 수 있도록 해주는 기능이다.

이번 예제에서는 외부 메일 서비스인 Gmail을 통하여 구현해볼 것이므로 "On-Demand 서비스 활성화" 옵션(4번) 활성화시켜준 뒤 "저장" 버튼(5번)을 눌러서 변경된 설정을 저장하도록 하자.

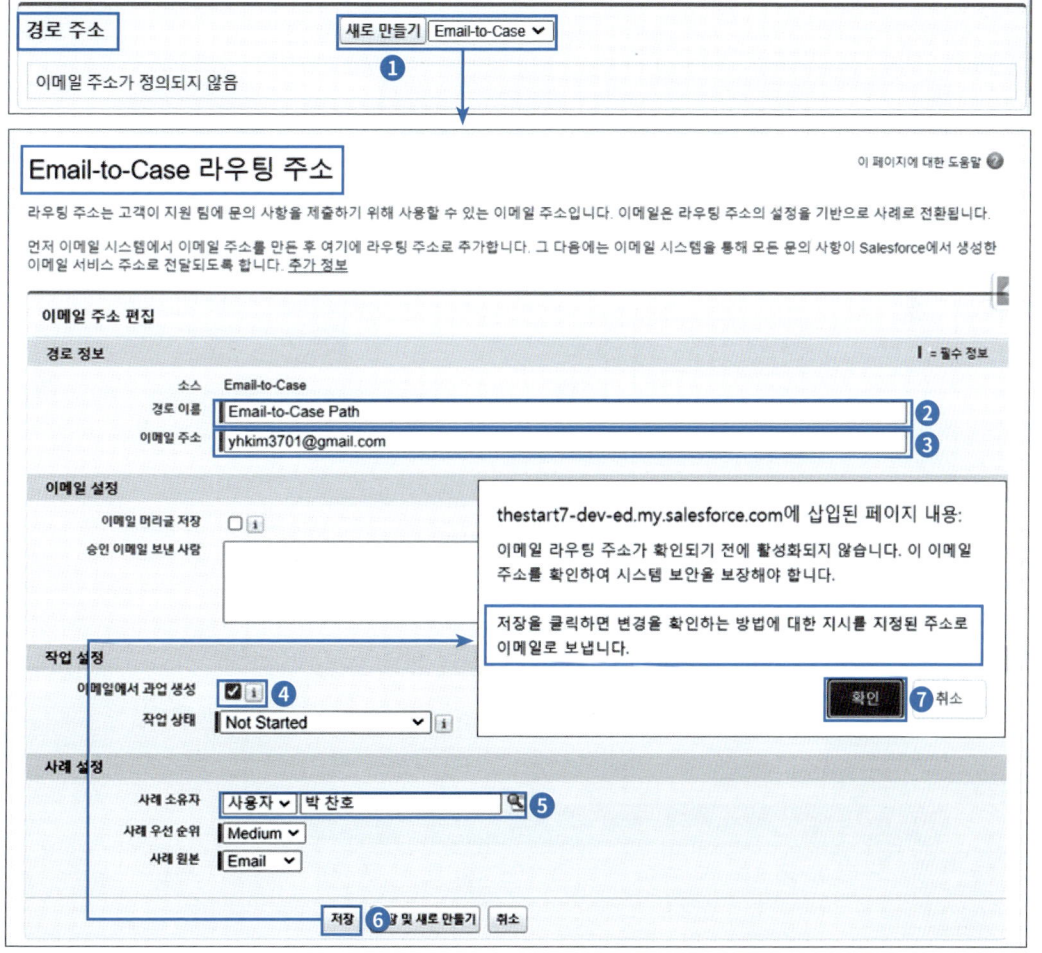

그러면 다시 이전 화면인 "Email-to-Case" 설정 화면으로 돌아오게 된다. 여기에서 "On-Demand 서비스 활성화" 옵션이 선택된 상태이므로 경로 주소(포워딩 주소)를 설정해주어야 한다. 이를 위해 위 화면 상단에서 "새로 만들기" 버튼(1번)을 선택해서 "Email-to-Case 라우팅 주소" 화면으로 이동하도록 하자.

그러면 Email-to-Case 경로 주소를 설정하는 내용으로 우선 "경로 이름"으로 "Email-to-Case Path"라고 입력(2번)한 후 이메일 주소는 실제 구글 계정의 이메일 주소(3번)을 입력한다. 그리고 이메일에 따른 사례 생성 시 관련 작업을 생성하기 위한 옵션으로 "이메일에서 과정 생성" 옵션(4번)을 체크한 다음 "사례 소유자"는 "박 찬호" 사용자를 선택(5번)한다. 기본적인 설정을 모두 마무리했으면, "저장" 버튼(6번)을 눌러서 설정을 저장하도록 한다.

그러면 마지막으로 입력한 이메일 주소로 확인 메일을 보낸다는 내용의 팝업이 뜬다. 여기에서 "확인" 버튼(7번)을 눌러 확인 메일 전송을 허락해주어야 한다. 그러면 이제 위 화면에서 등록했던 Gmail 계정으로 다음과 같은 확인 메일이 전송된다.

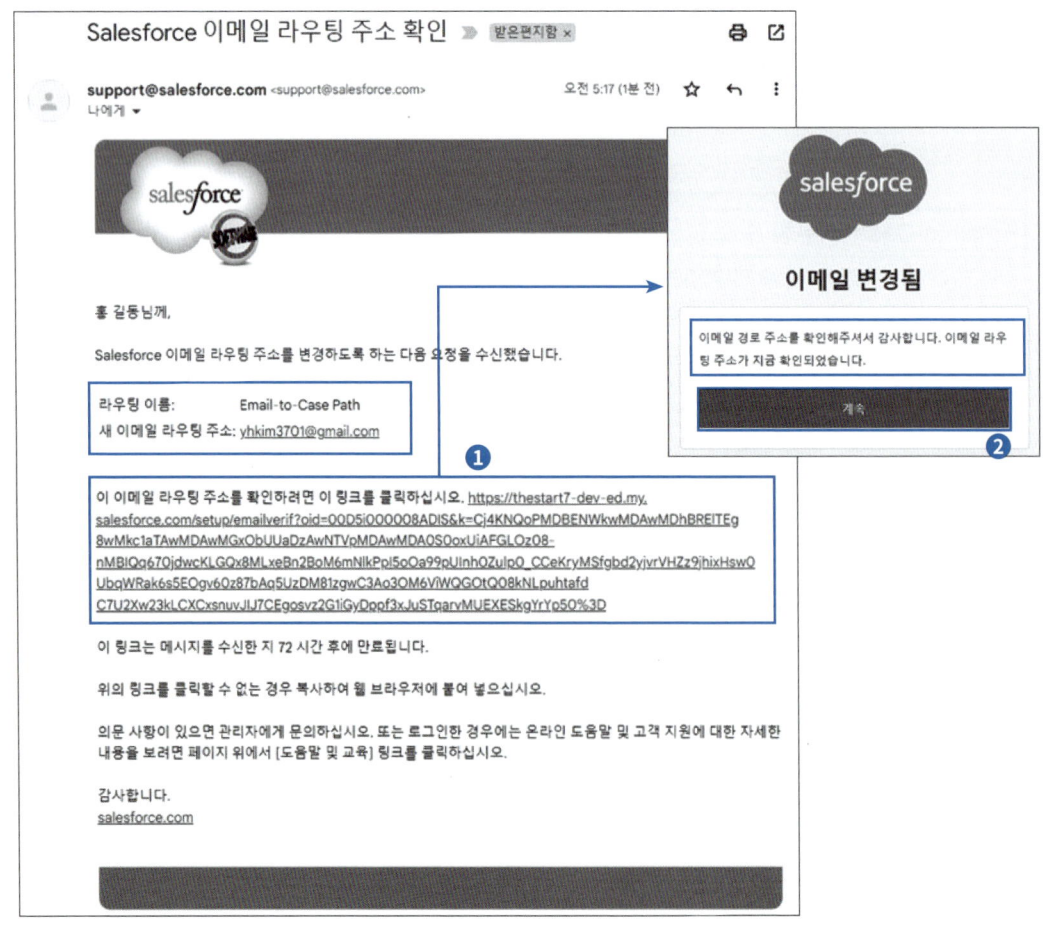

입력한 메일주소로 접속해보면, 다음과 같이 세일즈포스에서 확인 메일이 전송된 것을 볼 수 있다. 해당 메일에서는 "Email-to-Case"를 설정했을 때 입력했던 "라우팅 이름"과 "라우팅 주소 이메일"을 확인해볼 수 있으며, 이메일 라우팅 주소가 잘 설정됐는지를 확인하기 위해서 중간에 링크가 제공되는데, 이를 클릭(1번)하면 새로운 브라우저 페이지에 위와 같은 메시지가 나타난다.

내용을 확인해보면 링크를 눌러서 라우팅 주소가 확인되었다는 내용이다. "계속" 버튼(2번)을 누르면, 로그인 대화상자가 나오는데, 확인을 했기 때문에 추가로 더 해줄 내용은 없다.

위 설정이 마무리되면, 이제 세일즈포스에서 설정은 마무리된 것이다. 이제 Gmail에서 설정을 해주어야 하는데, 약간 복잡하긴 하지만, 천천히 보면서 하다 보면 어렵지 않게 설정할 수 있을 것이다.

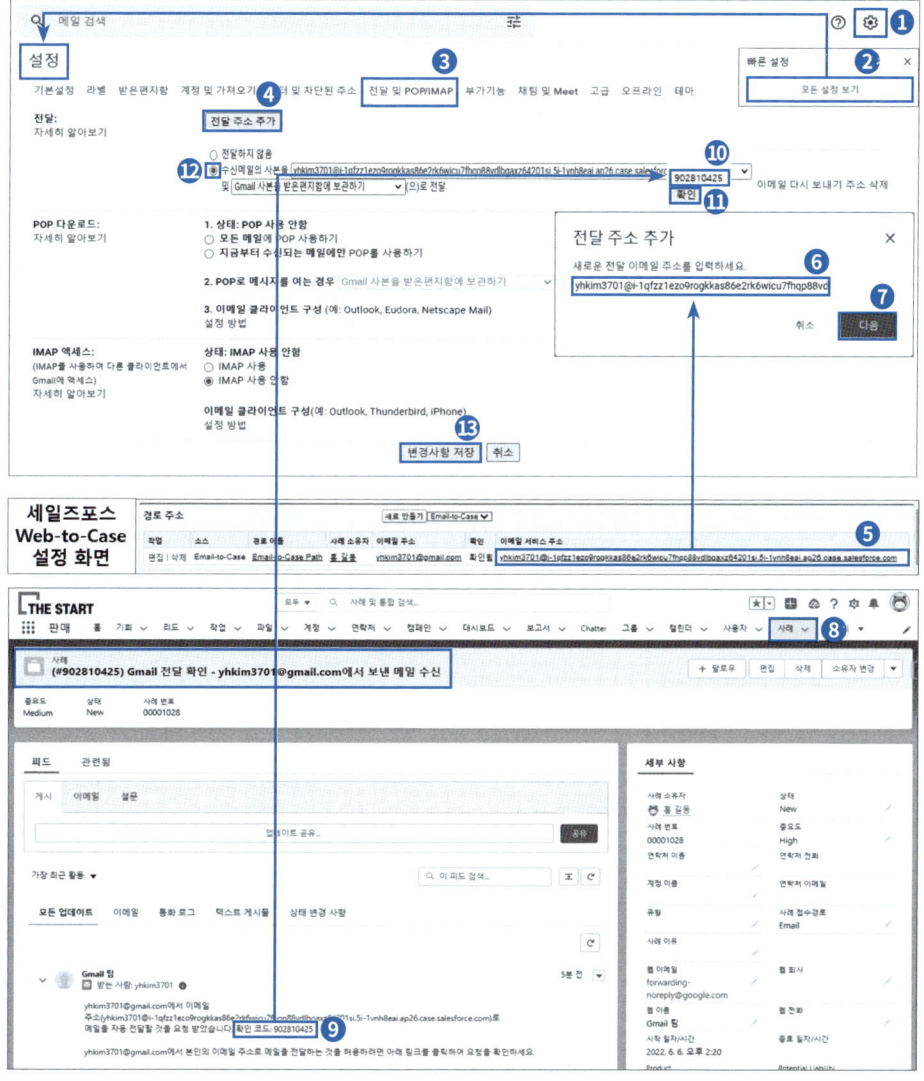

우선 위 화면은 위에서부터 "Gmail 설정화면", "세일즈포스 설정화면", "세일즈포스 사례 화면"을 필요한 부분만 캡처해서 붙여 놓은 화면이다. 우선 세일즈포스에서 Email-to-Case 설정을 완료했기 때문에 이번에는 Gmail에서 관련 설정을 해야 한다.

이를 위해 Gmail 화면 오른쪽 상단에 있는 설정 버튼(1번)을 누르면, "빠른 설정" 목록이 나타나는데, 여기에서 가장 상단에 있는 "모든 설정 보기" 버튼(2번)을 누르면, Gmail 설정 화면으로 이동한다. 이 화면에서 "전달 및 POP/IMAP" 탭(3번)을 누르면, "전달" 관련 영역이 보여지며, 여기에서 "전달 주소 추가" 버튼을 누르면, "전달 주소 추가" 대화상자가 나타난다. 여기에 이전에 세일즈포스 Email-to-Case 설정에서 만들어진 "이메일 서비스 주소"를 복사(5번)해서 붙여넣기(6번)를 해야 한다. 그런 다음 "다음" 버튼(7번)을 누르면, 세일즈포스에서 관련 케이스가 생성되는데, 이를 확인하기 위해서 세일즈포스에서 "사례" 탭(8번)으로 이동한 다음 "확인코드"를 복사(9번)해서 첫 번째 화면에 확인코드 입력상자(10번)에 붙여넣기를 한다. 그런 다음 "확인" 버튼(11번)을 누르면, 수신 메일의 사본을 저장할 지를 옵션으로 선택하게 되는데, 여기에서 "수신메일의 사본을 보관하기" 옵션(12번)인 두 번째 옵션을 선택한 후 마지막으로 "변경사항 저장" 버튼(13번)을 누르면, 모든 설정이 완료된다.

2-9 Email to Case 테스트하기

Email to Case에 대한 세일즈포스 및 Gmail에 대한 설정이 마무리됐기 때문에 이제 테스트를 진행해보기로 하겠다. 이를 위해 위 화면과 같이 Email to Case에 메일 수신으로 설정했던 Gmail 주소를 받는 사람(1번)으로 설정한 후 각각 제목과 첨부파일 그리고 본문을 입력한 후 "보내기" 버튼(2번)을 눌러서 메일을 전송한다.

그러면 앞의 설정에서 "수신메일의 사본을 보관하기"로 옵션을 설정했기 때문에 Gmail로 이동해서 받은 메일을 확인해보면, 방금 전 보낸 메일이 정상적으로 Gmail에 도착한 것을 확인할 수 있다. 이제 세일즈포스의 케이스로 이동해서 정상적으로 관련 케이스가 잘 생성됐는지를 확인해보기로 하자.

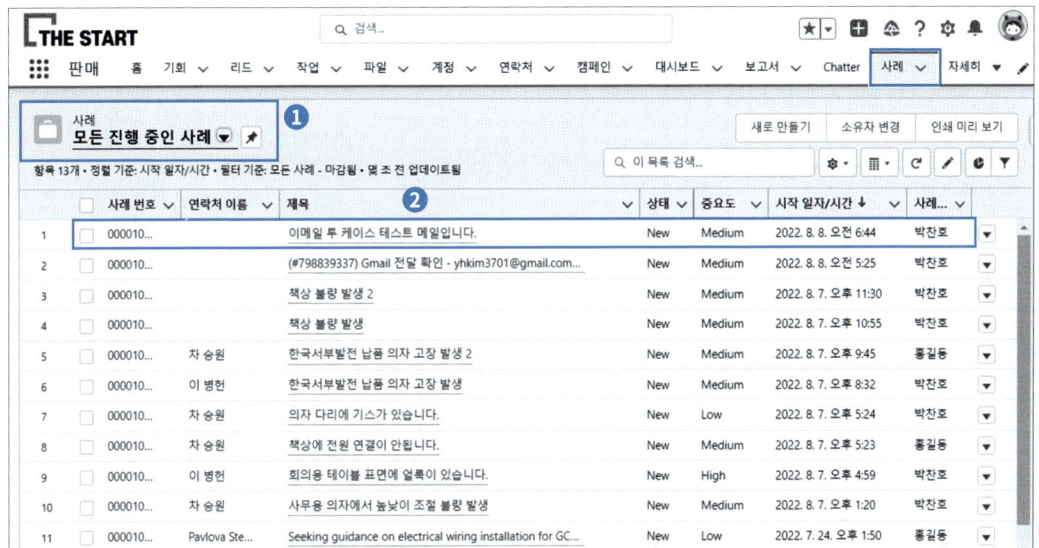

메일을 통해서 케이스가 정상적으로 생성되는 지를 확인하기 위해 세일즈포스의 판매 탭으로 이동한 후 목록 보기 옵션에서 "모든 진행 중인 사례"를 선택(1번)하면, 위와 같이 방금 메일을 통해서 전송한 내용이 "사례"의 레코드로 등록된 것을 확인할 수 있다. 이제 다시 위의 화면에서 신규로 생성된 사례 레코드를 선택(2번)해보기로 하자.

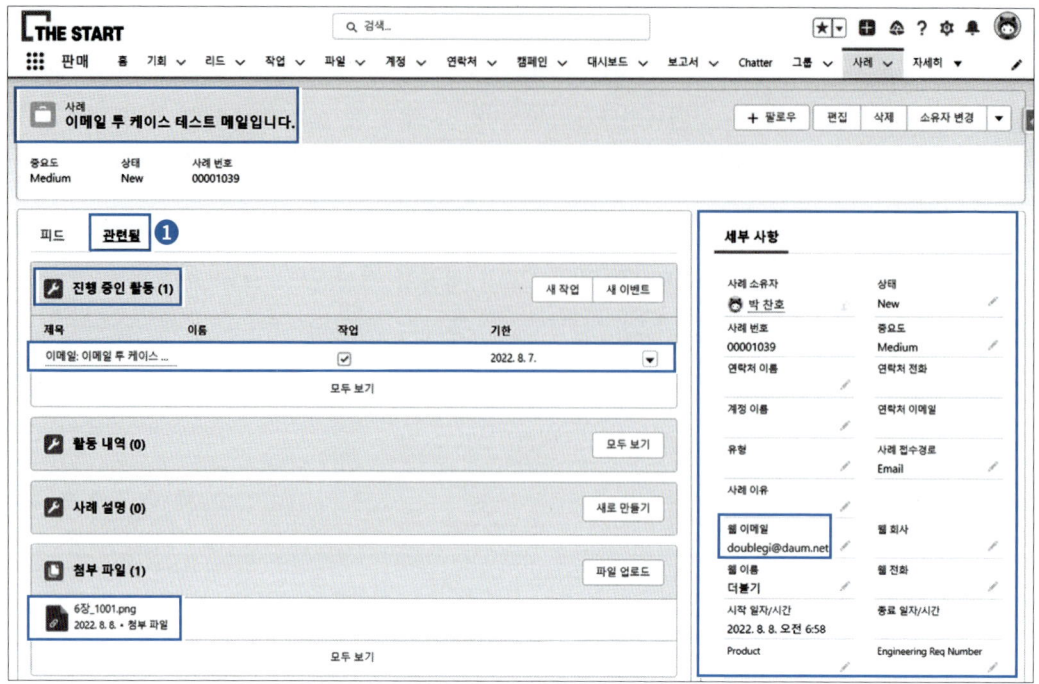

해당 케이스를 선택한 후 "관련됨" 탭(1번)을 누르면, 등록된 케이스의 내용들을 항목별로 상세히 확인할 수 있는데, 여기서 살펴볼 내용은 우선 "첨부 파일"에 메일을 전송할 때 추가한 파일이 자동 등록된 것을 확인할 수 있으며, "이메일에서 과업 생성" 옵션을 선택했기 때문에 "진행 중인 활동" 내역에 작업이 하나 등록된 것을 확인할 수 있다.

더불어 오른쪽에는 "세부 사항"에서는 해당 케이스의 각종 필드 값들을 확인할 수 있는데, 한 가지 확인해야 하는 내용은 바로 "웹 이메일" 필드 값이다. 해당 필드에서는 발신자의 이메일 주소를 확인할 수 있다.

3 대기열(Queue) 활용하기

3-1 대기열(Queue) 이란?

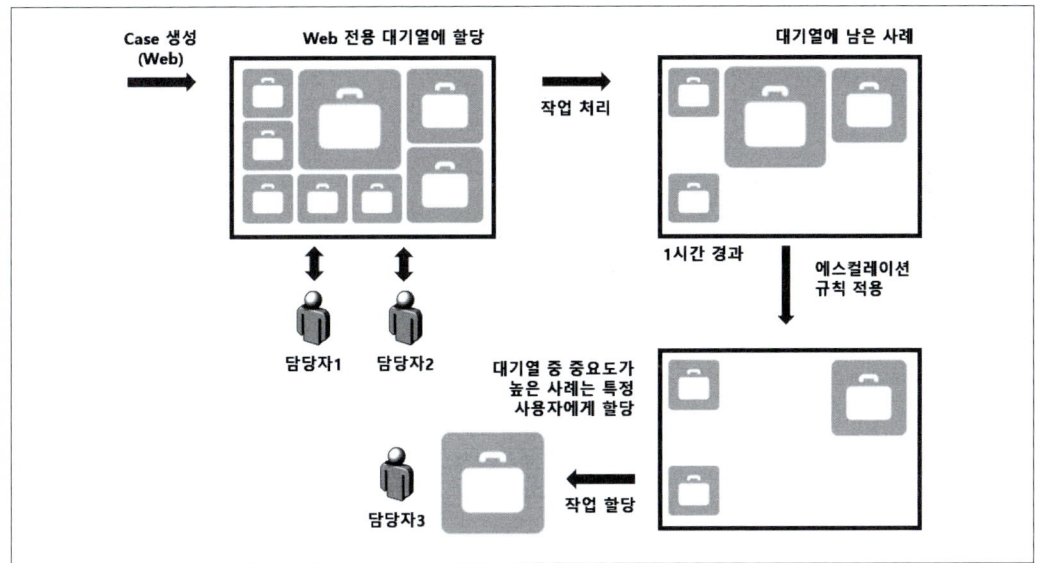

대기열(Queue)이란 특정 업무 레코드를 잠시 담아두는 그릇이라고 생각하면 좋을 듯하다. 예를 들어서 사례가 접수되면 우선 담당자를 배정하기 전에 사용자들과 역할 그리고 공개 그룹에게 이를 할당해 둘 수 있다. 이를 대기열 구성원이라고 한다. 대기열 구성원에 할당된 사용자나 역할 그리고 그룹의 구성원들은 해당 대기열에 있는 레코드를 공유할 수 있다.

그리고 이를 통해 레코드의 우선순위를 지정하고, 배포하고 이를 할당할 수 있다.

이렇게 대기열이 필요한 경우는 Call Center를 생각해볼 수 있다. 많은 수의 Inbound Call 이 발생하는 경우 다수의 Call Center 직원에게 바로 할당되는 것이 아니라 Inbound Call 은 대기열에 할당되고, 대기열 구성원들이 전화가 먼저 걸려온 순서대로 Call을 처리하게 된다면, 보다 한정된 Call Center 직원들이 다수의 Call을 처리하는데 도움이 될 것이다.

3-2 사례 대기열(Queue) 만들기

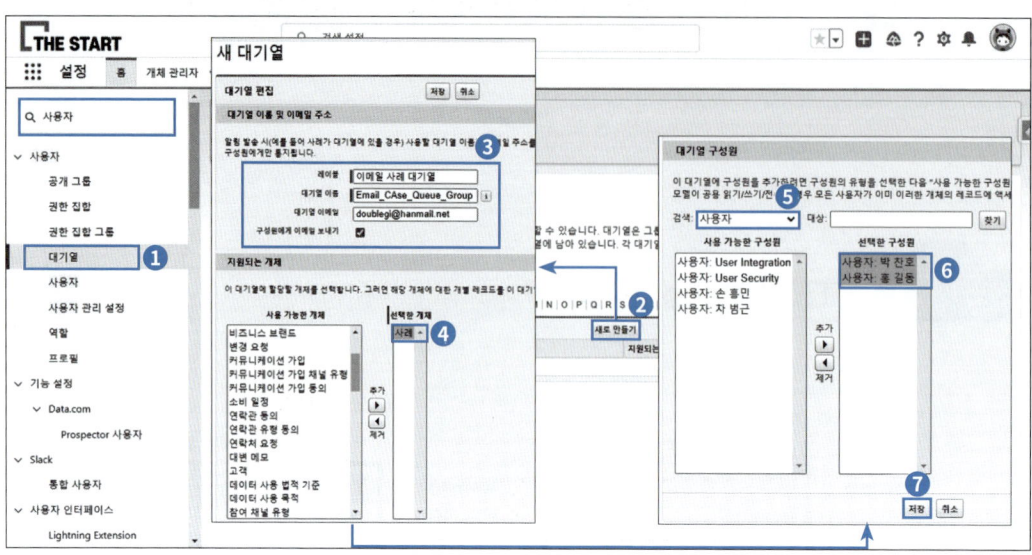

우리가 지금 사용하고 있는 개발자 오그(Developer Org)는 라이선스를 비롯한 구현 환경이 제한적이기 때문에 이번 예제는 제한적이기는 하지만, 이메일을 통한 사례 접수 시 이를 대기열에 할당시키고, 대기열 구성원으로 "박 찬호", "홍 길동" 사용자를 등록한 후 사례를 처리할 수 있도록 하려고 한다.

그렇게 하기 위해서는 우선 새로운 대기열을 만들어야 하는데, 이를 위해서 "설정"의 "홈"으로 이동한 후 검색 란에서 "사용자" 또는 "대기열"로 검색하면 대기열 항목을 확인할 수 있다. 여기서 한 가지 생각해볼 내용은 "대기열" 항목이 "사용자" 범주안에 있다는 점이다. 그러면 "대기열" 항목을 선택(1번)하면, 등록된 대기열 목록을 볼 수 있는데, 우린 아직 대기열을 만들어본 적이 없기 때문에 아무것도 없을 것이다. 그러면 화면 중앙에서 "새로 만들기" 버튼을 선택(2번)하면 "새 대기열" 페이지로 이동하는데, 여기에서 대기열을 만들어 주면 된다.

우선 "대기열 이름 및 이메일 주소" 항목에서 입력할 내용은 다음 표와 같다.

구분	입력 값
레이블	이메일 사례 대기열
대기열 이름	Email_Case_Queue_Group
대기열 이메일	독자 여러분들 이메일 계정
구성원에게 이메일 보내기	체크

"대기열 이름 및 이메일 주소" 입력 항목들을 위 내용으로 입력(3번) 한 후 "지원되는 개체"에서는 선택된 개체 영역으로 "사례"를 이동(4번)시킨다. 그리고 마지막으로 "대기열 구성원"에서는 "사용자"를 선택(5번)하고, 앞서 설명한 대로 "박 찬호"와 "홍 길동"을 "선택한 구성원"으로 추가(6번)하여 모든 설정이 완료됐다면 "저장" 버튼(7번)을 눌러서 대기열을 등록하도록 하자.

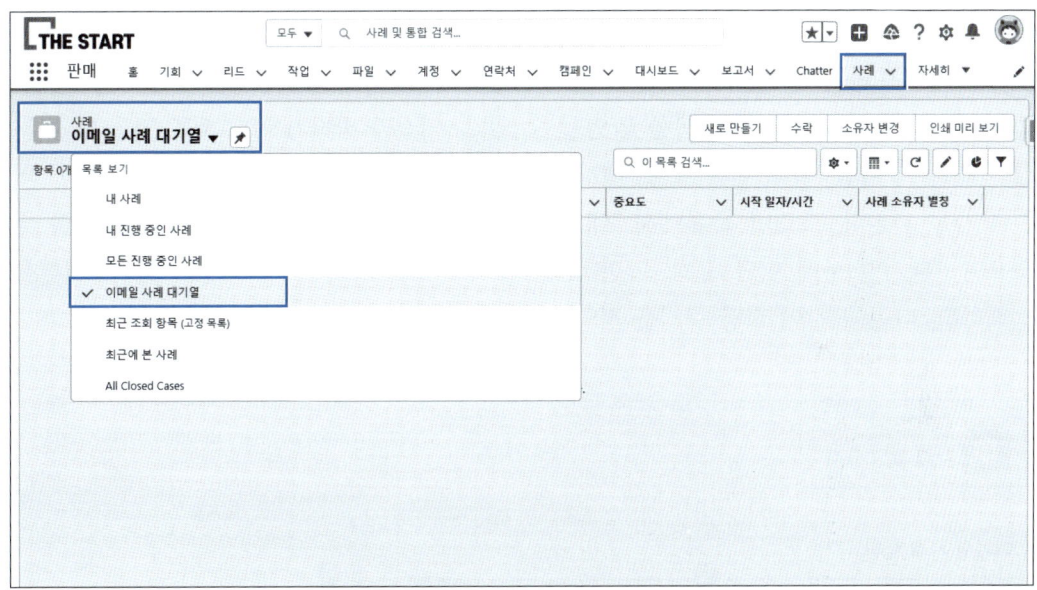

해당 개체에 대기열이 등록되면, 위 화면과 같이 해당 개체의 목록 보기에 대기열을 위한 목록 보기(List View)가 생성된다. 위 화면을 보면 "사례" 개체에 방금 전 만들었던 "이메일 사례 대기열"을 위한 목록 보기가 새로 만들어진 것을 확인할 수 있다.

3-3 대기열 할당 규칙(Queue Assignment Rule) 만들기

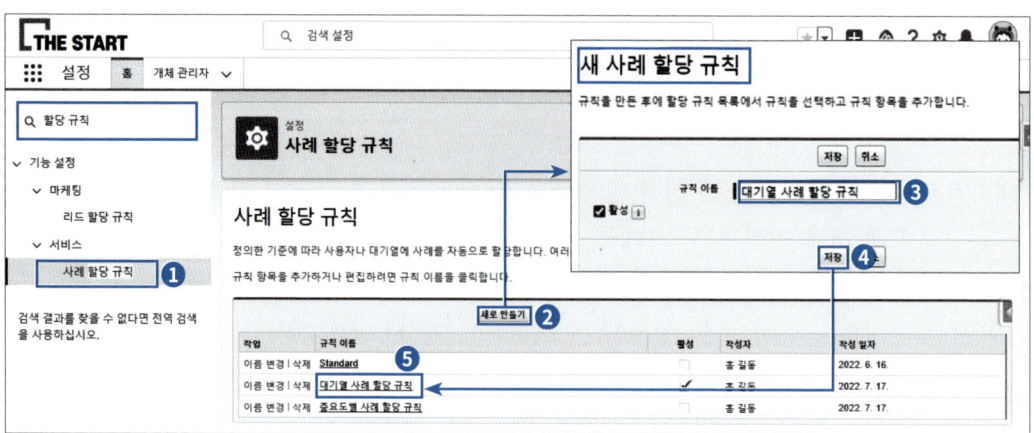

대기열 할당 규칙 역시 마찬가지로 "사례 할당 규칙"에서 만들어진다. 이를 위해서 "설정"의 "홈"으로 이동하고 검색 란에 '할당 규칙'을 입력한 후 "사례 할당 규칙" 항목을 선택(1번)하면, 사례 할당 규칙의 목록을 확인할 수 있다. 이전과 마찬가지로 "새로 만들기" 버튼(2번)을 누른 다음 "규칙 이름"으로 "대기열 사례 할당 규칙"이라고 입력(3번)하고 "저장" 버튼(4번)을 누른다. 그러면 목록에서 "대기열 사례 할당 규칙"이 만들어진 것을 확인할 수 있으며, "대기열 사례 할당 규칙"을 선택(5번)한 후 "규칙 항목"에서 "새로 만들기" 버튼을 선택하면, 다음과 같이 할당 규칙을 정의할 수 있게 된다.

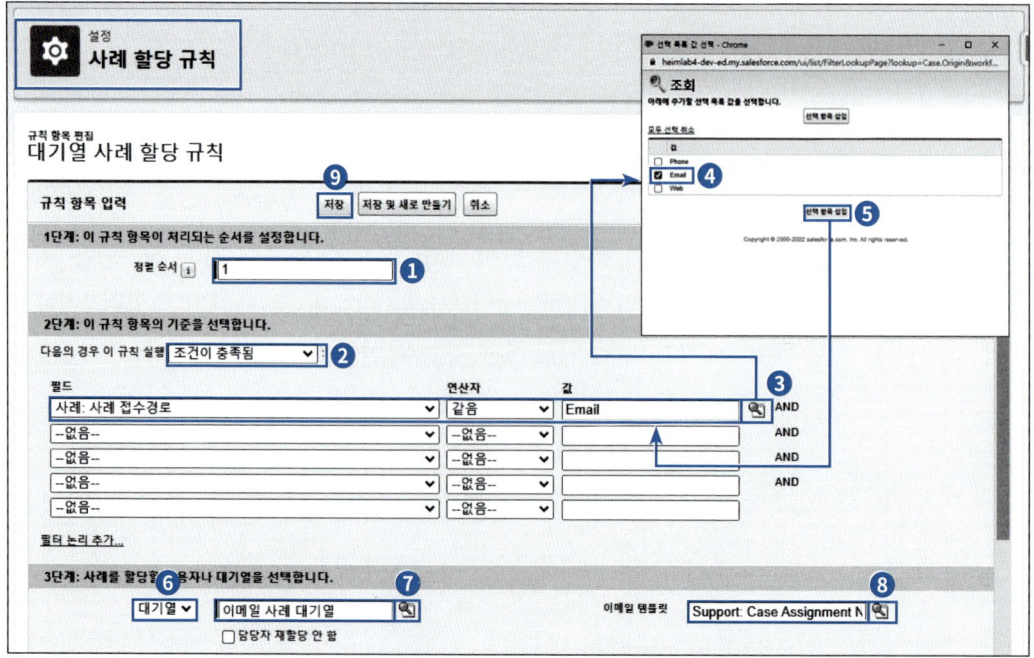

그럼 이제 대기열에 사례를 할당하기 위한 사례 할당 규칙을 만들어 보기로 하자. 정렬 순서는 1을 입력(1번)하고, 규칙 항목의 기준으로는 "조건이 충족됨"을 선택(2번)한다. 그 다음 우리는 이메일로 접수된 사례들에 대해서 대기열을 만들 것이므로 "필드"는 "사례 : 사례 접수 경로", "연산자"는 "같음" 그리고 "값"은 "돋보기" 버튼(3번)을 눌러서 "Email"을 선택(4번)한 후 "선택 항목 삽입" 버튼(5번)을 누르면, "값"에 "Email"이 등록된다. 그리고 사례를 할당하기 위해 이전 예제에서는 "사용자"를 선택했지만, 이번에는 "대기열"을 선택(6번)하고, 이전 단계에서 만든 "이메일 사례 대기열"을 선택(7번)한다. 그리고 "이메일 템플릿"은 "Support: Case Assignment Notification"을 선택(8번)한다. 설정이 마무리됐다면 마지막으로 "저장" 버튼(9번)을 눌러 사례 할당 규칙을 저장한다.

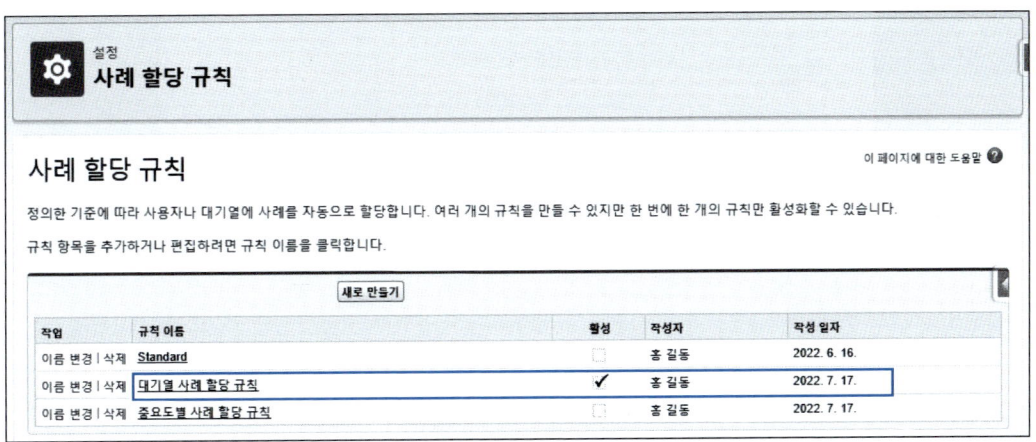

그러면 사례 할당 규칙 목록에서 "대기열 사례 할당 규칙"이 "활성"으로 되어 있는지를 확인하자.

3-4 대기열 할당 규칙(Queue Assignment Rule) 적용

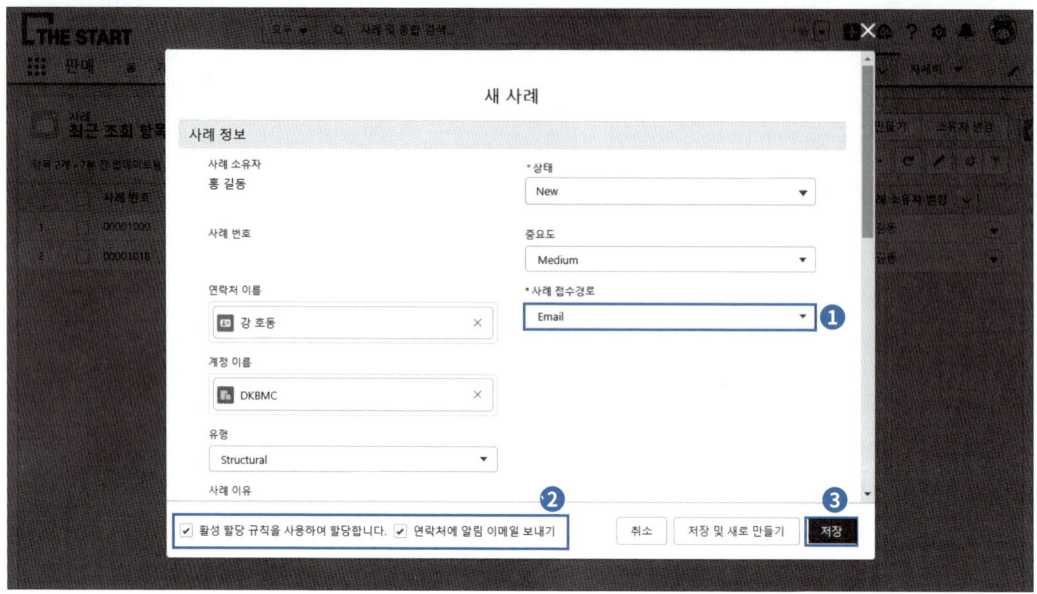

그 다음 3건의 사례를 만들 건데, 사례 제목은 단순하게 "이메일 사례 접수 1", "이메일 사례 접수 2", "이메일 사례 접수 3"으로 하고, 사례 접수 경로는 모두 "Email"로 선택(1번) 하며, "활성 할당 규칙을 사용하여 할당합니다."를 선해야 한다.

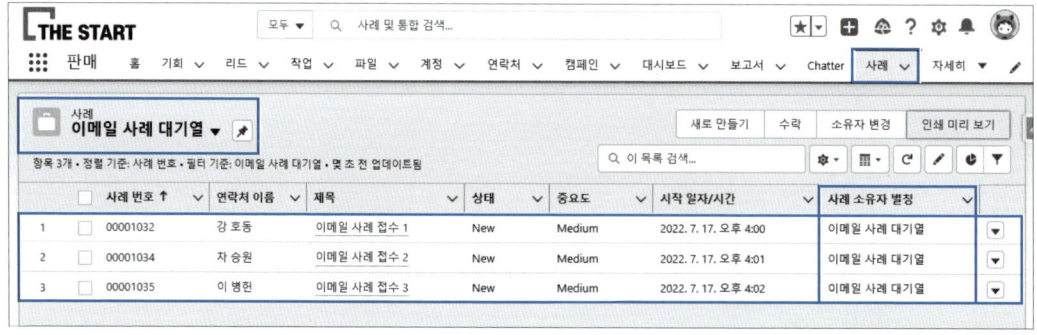

그러면 "사례" 탭의 목록 보기(List View)에서 "이메일 사례 대기열"을 선택하면, 방금 전 사례 접수 경로에서 "Email"을 선택했던 사례들이 "이메일 사례 대기열" 목록 보기에서 모두 조회되는 것을 확인할 수 있다.

그리고 여기서 한 가지 더 확인할 내용은 "사례 소유자 별칭" 열의 값이 모두 "이메일 사례 대기열"이란 점이다. 이는 아직 사례가 사용자에게 할당되지 않고, 우선 이전에 만든 "이메일 사례 대기열"에 모두 우선 할당되었음을 확인할 수 있다.

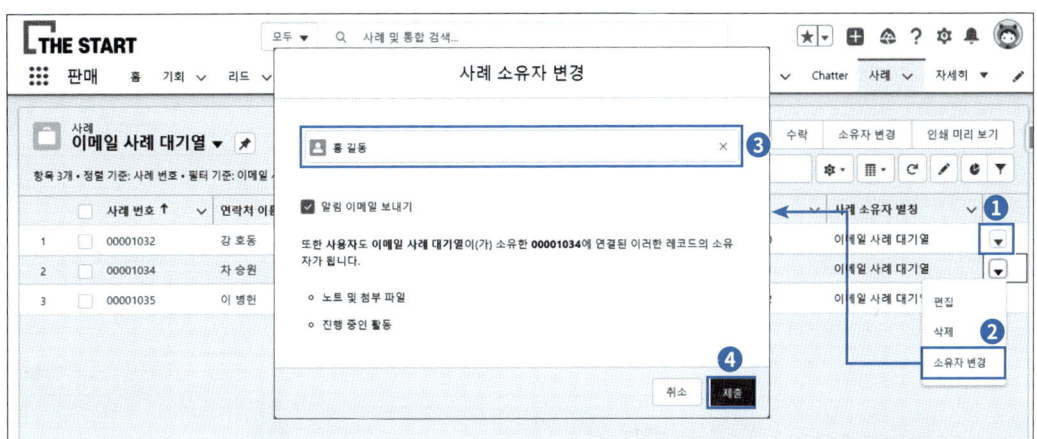

그러면 또 한 가지 확인해야 할 점이 있다. 위에서 "이메일 사례 대기열"에 할당된 3건의 사례 중 두 번째 사례의 소유자를 변경해보기로 하자. 이를 위해 두 번째 레코드 마지막에 콤보 상자를 선택(1번)한 후 "소유자 변경" 메뉴(2번)을 선택하면, "사례 소유자 변경" 대화상자가 나타나는데, 여기에서 사례 소유자를 "홍 길동"으로 변경(3번)한 후 "제출" 버튼(4번)을 눌러 소유자를 변경해보기로 하자.

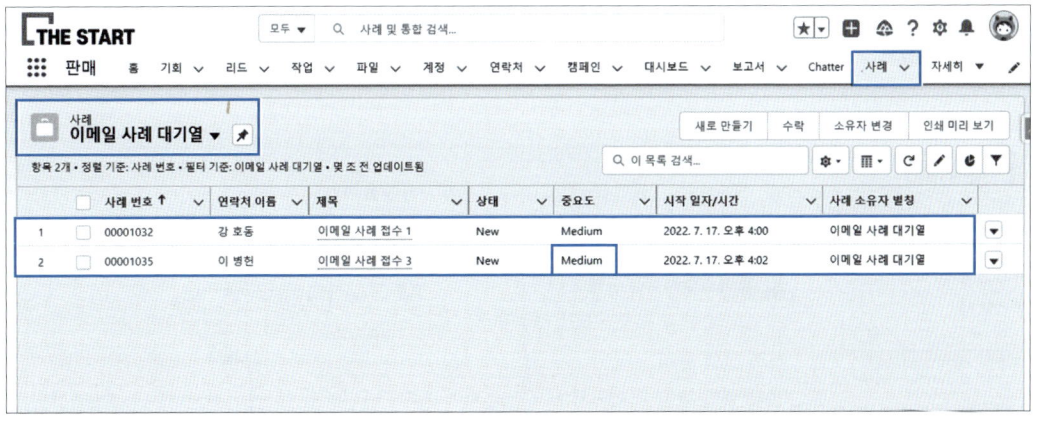

그러면 자동으로 "이메일 사례 대기열"에 할당된 해당 레코드의 소유자가 "홍 길동"으로 변경됨과 동시에 목록에서 사라진 것을 확인할 수 있다. 그렇다면 이 레코드는 어디로 이동했을까? 당연하게도 "홍 길동" 사용자에게 할당된 사례 리스트로 이동하면, 해당 사례를 확인할 수 있다.

이렇게 특정 사례 레코드에 대한 소유자 변경은 기존 등록된 사용자나 아니면, 다른 대기열로 소유자를 변경할 수 있다.

이제 추가로 이어질 예제를 위해서 "이메일 사례 접수 3" 사례의 중요도를 "High"로 변경해보기로 하자.

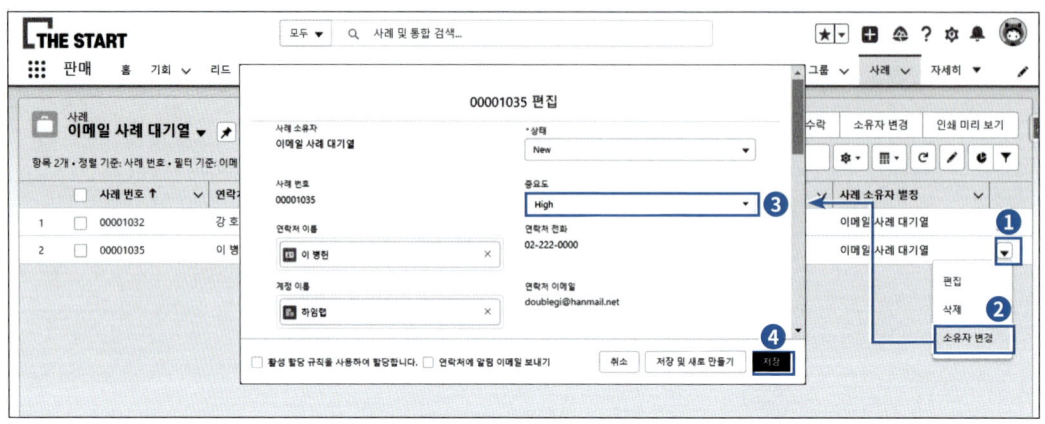

다시 위에서 "이메일 사례 접수 3" 사례 레코드 마지막에 콤보 상자를 선택(1번)하고, "소유자 변경" 메뉴를 선택(2번)한 후 사례 편집 대화상자에서 "중요도"를 "High"로 변경(3번)한 후 "저장" 버튼(4번)을 눌러서 변경 내용을 저장하도록 하자.

3-5 에스컬레이션 규칙(Escalation Rule) 만들기

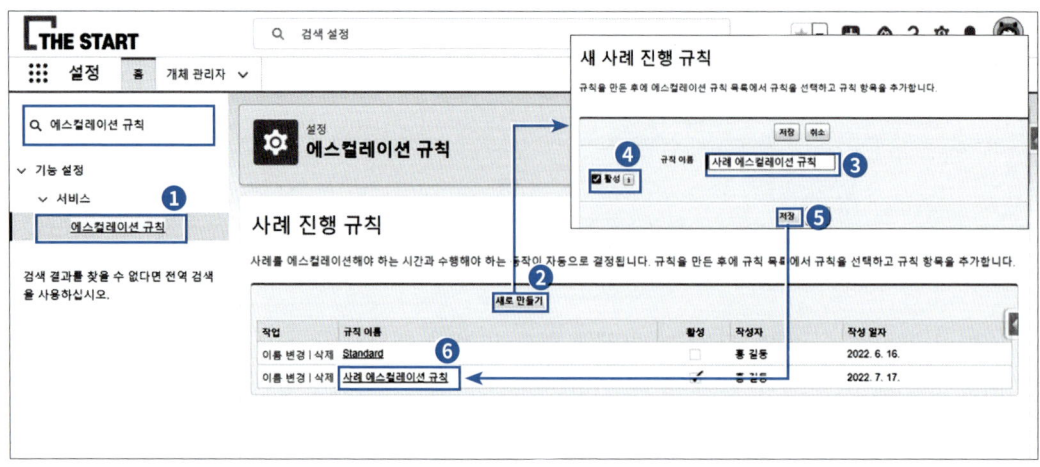

이전 예에서 대기열에 할당된 사례를 다른 사용자("홍 길동")로 소유자를 변경했었다. 이렇듯 대기열에 할당된 사례는 나름 담당자들이 공유해서 업무를 처리할 수 있는데, 만일 일정 시간이 지났음에도 불구하고 사례가 처리되지 않았다면, 이를 어떻게 처리할 지를 결정하는 것이 바로 "에스컬레이션 규칙(Escalation Rule)"이다.

이를 위해 "설정"의 "홈"으로 이동해서 검색 란에 "에스컬레이션 규칙"으로 검색하면, 해당 항목이 "서비스" 범주 내에서 검색되는 것을 확인할 수 있다. 이를 선택(1번)하면, 해당 페이지로 이동한다. 여기에서 "새로 만들기" 버튼(2번)을 누르면, "새 사례 진행 규칙" 페이지로 이동하는데, 여기에서 "규칙 이름"은 "사례 에스컬레이션 규칙"으로 입력(3번)한 후 "활성" 체크상자(4번)에 체크하고, "저장" 버튼(5번)을 눌러서 새로운 규칙을 만든다. 그러면 이전 화면으로 돌아와서 새로 만든 "사례 에스컬레이션 규칙"이 등록된다. "사례 에스컬레이션 규칙"을 선택(6번)해서 해당 페이지로 이동하기로 하자.

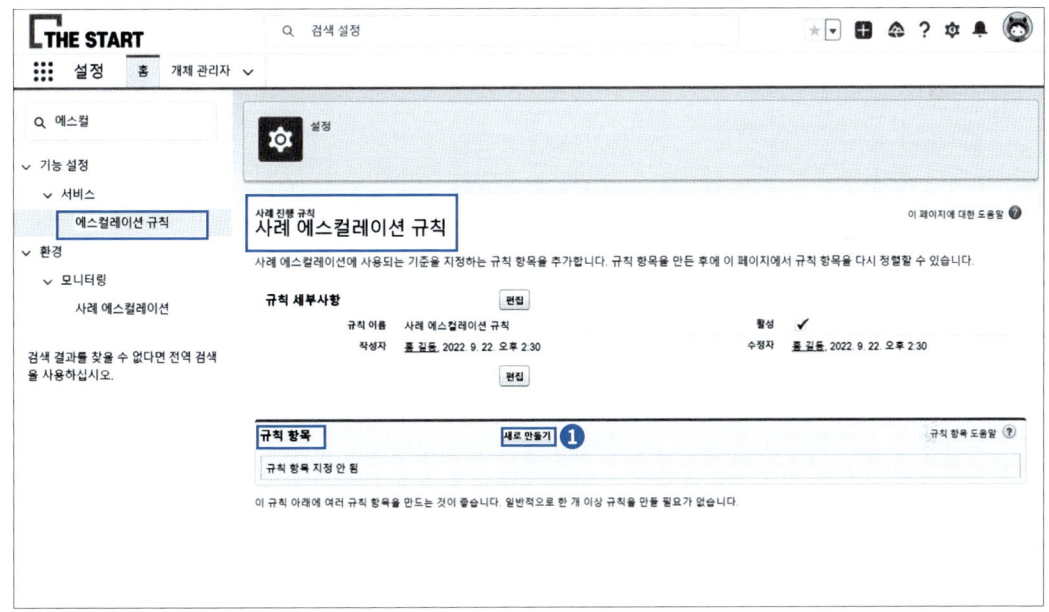

"사례 에스컬레이션 규칙"은 타이틀이고, 이제 이 규칙을 적용할 "규칙 항목"을 만들어야 한다. 이를 위해서 "규칙 항목"에 있는 "새로 만들기" 버튼(1번)을 선택해보기로 하자.

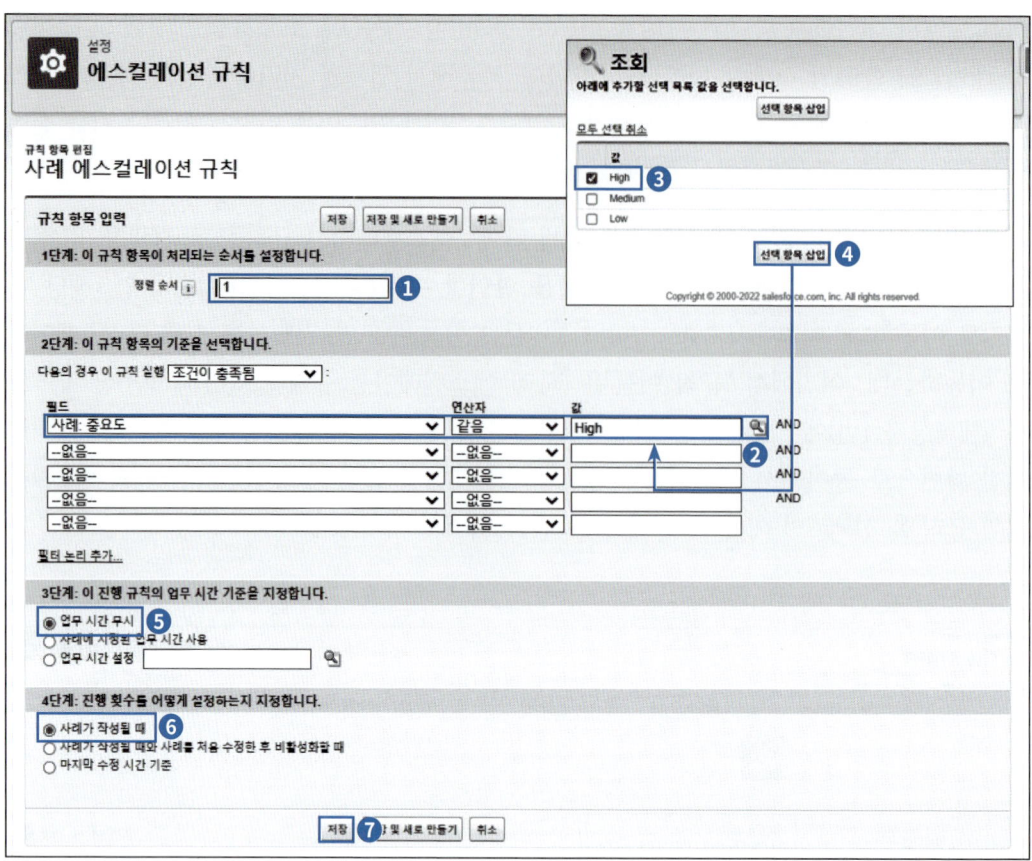

정렬 순서는 1번으로 입력(1번)하고, 필드는 "사례 : 중요도"를 선택한 후 돋보기 버튼을 눌러(2번) "High"를 선택(3번)한 후 "선택 항목 삽입" 버튼(4번)을 누르면, "값"으로 "High"가 입력된다. 그 다음 업무시간 기준은 원활한 테스트를 위해서 "업무 시간 무시"로 선택(5번)하고, 진행 횟수 설정은 "사례가 작성될 때"로 선택(6번)한다. 모든 설정이 마무리되었다면 "저장" 버튼을 눌러서 설정을 저장하도록 하자.

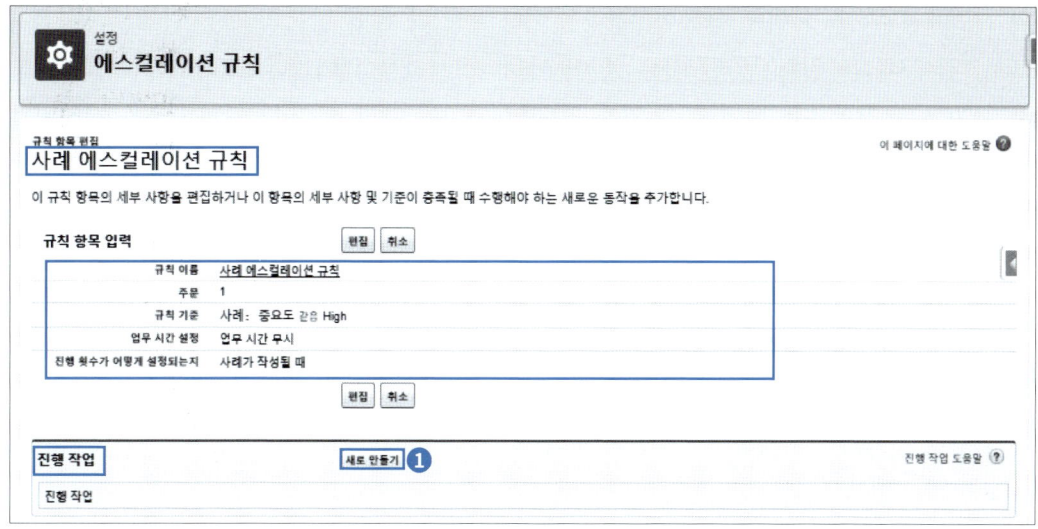

그러면 "사례 에스컬레이션 규칙"에 규칙 항목이 등록된 것을 확인할 수 있다. 위 내용은 사례 중요도가 "High"인 경우를 규정하고 있다. 그러면 사례 중요도가 "High"인 경우 어떠한 시간에 어떻게 처리할 것인지를 "진행 작업"으로 등록해주어야 한다.

이를 위해 "새로 만들기" 버튼(1번)을 눌러 보기로 하자.

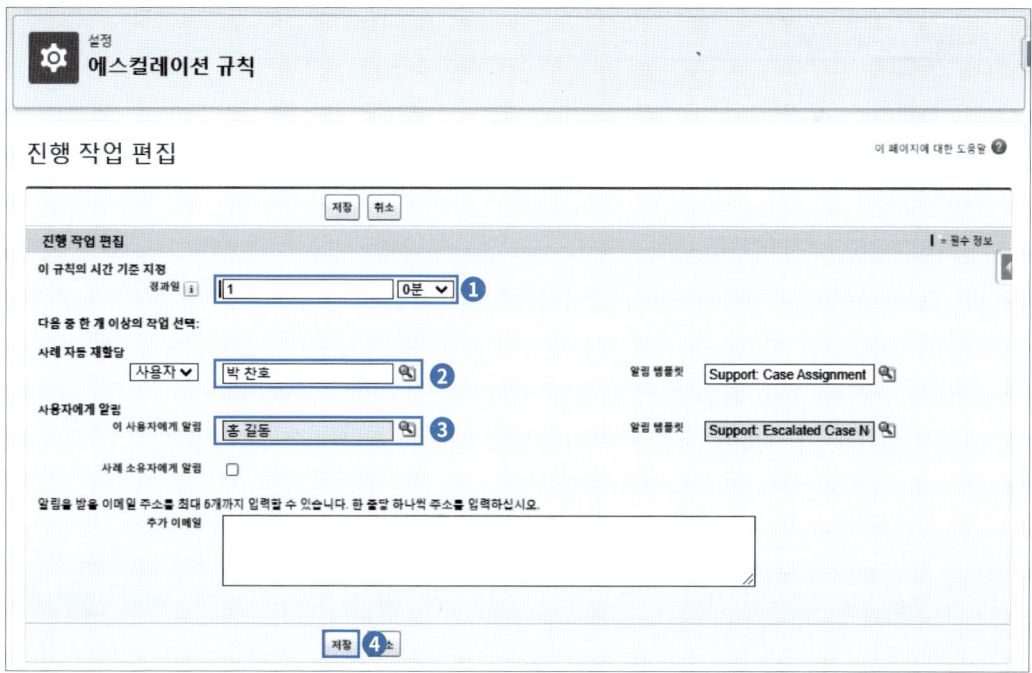

위 화면에서 우선 첫 번째 항목이 "경과일"이다. 그러나 해당 항목의 적용 단위는 "시간"이므로, 위에서 1을 입력(1번)한 것은 1일이 아니라 1시간을 의미한다. 그리고 뒤에 콤보 상자는 "0분"과 "30"분을 선택할 수 있다. 이것의 의미는 앞서 적은 1시간과 0분을 더하면 1시간이고, 만일 1시간과 30분을 선택하면 1시간 30분이 되는 것이다. 번역상의 오류이겠지만, 날짜가 아니라 시간이라는 점 기억해 두어야한다. 그리고 두 번째는 1시간이 지났을 때 사례를 누구에게 할당할 지를 선택하는 것이다. 여기서는 "박 찬호" 사용자를 선택(2번)했다. 그리고 알림은 "홍 길동"을 선택했다. 뒤에 있는 이메일 템플릿은 적합한 것을 선택하기로 하자. 그리고 관련 내용을 전달받을 이메일을 입력하고자 한다면, 추가로 입력할 수 있으며, 없다면 "추가 이메일"은 쓰지 않아도 된다. 그러면 마지막으로 "저장" 버튼을 눌러서 설정을 저장하도록 하자.

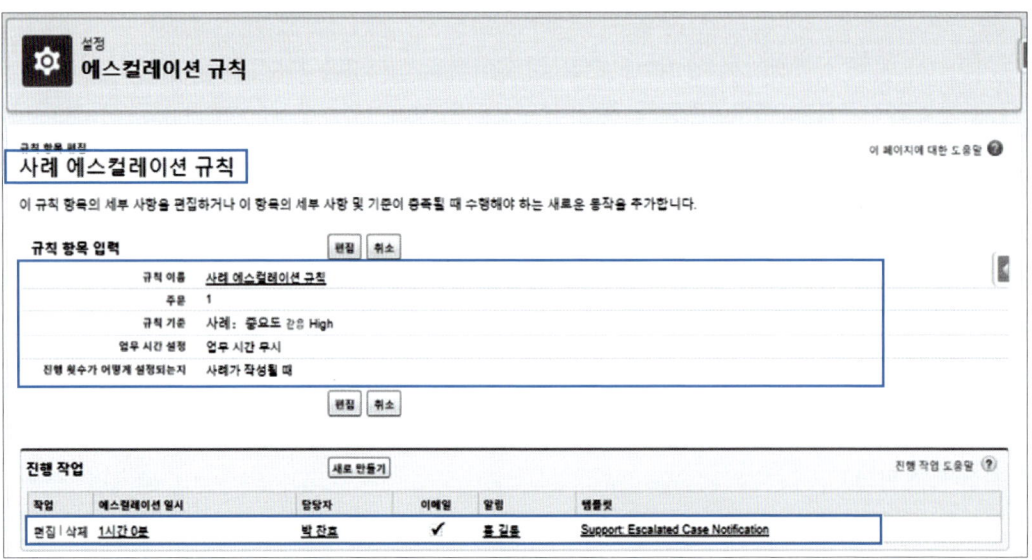

그러면 모든 설정이 마무리되었으며, 그 내용은 위 화면과 같다. 지금까지 우리가 설정했던 내용에 대해서 위 화면을 보면서 정리해보기로 하자. 위 내용이 의미하는 것은 "사례 에스컬레이션 규칙"은 최초 만들었던 "이메일 사례 대기열"이란 이름의 대기열에 있는 사례들 중 "사례 : 중요도"가 "High"로 설정된 사례들에 대해서 "1 시간"이 지나면 해당 사례의 소유자를 "박 찬호"로 할당하겠다는 것이다.

그럼 이제 1시간 정도를 기다려본 후 자동으로 "이메일 사례 대기열"에 있던 사례들 중 "중요도"가 "High"로 설정된 사례가 자동으로 소유자가 "박 찬호"로 변경됐는지를 확인해보기로 하자.

에스컬레이션 규칙(Escalation Rule) 적용 확인

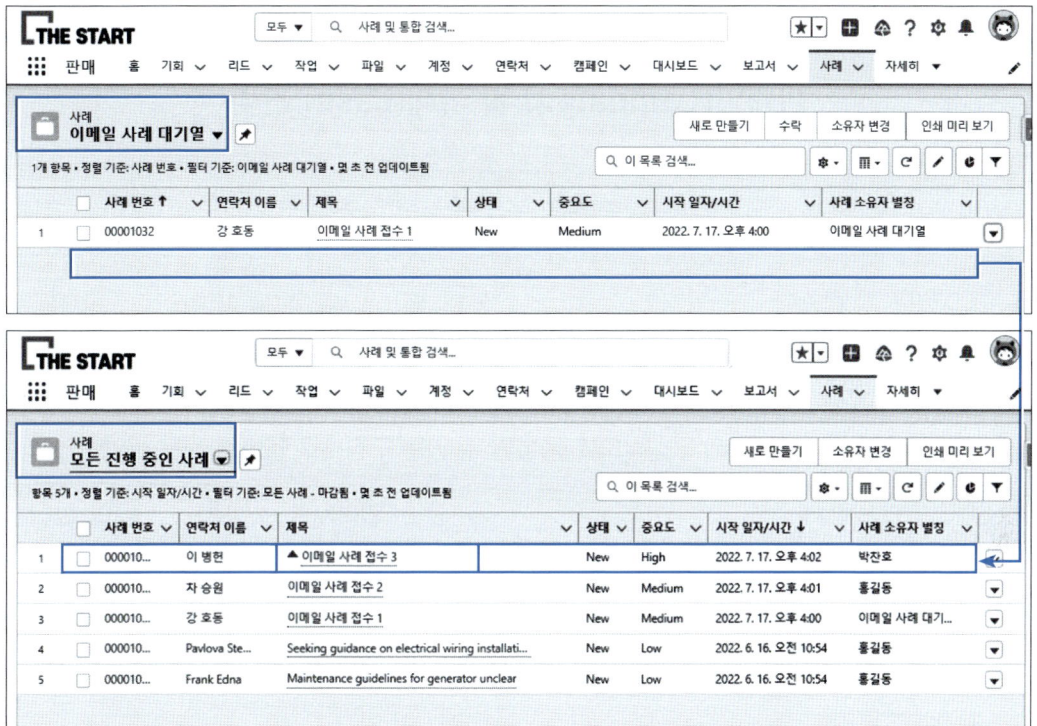

1시간이 지난 후에 "이메일 사례 대기열"을 확인해보면, 우선 "중요도"가 "High"로 설정됐었던 "이메일 사례 접수 3"이 대기열에서 사라진 것을 확인할 수 있다. 그러면 목록 보기에서 "모든 진행 중인 사례"로 이동해 보기로 하자.

그러면 "이메일 사례 접수 3"이 있는 것을 확인할 수 있으며, "사례 소유자 별칭" 열을 보면 소유자가 "박찬호"로 변경된 것을 확인할 수 있다. 그리고 마지막으로 "제목"을 보면 빨간색 삼각형 이미지가 제목 앞에 붙어 있는 것을 확인할 수 있는데, 이는 "에스컬레이션"된 사례의 표시이다.

chapter 06

캠페인(Campaign) 및 사례(Case) 관리

01 다음 중 비즈니스의 일련의 순서로 올바른 것은 무엇인가?

① 서비스 → 마케팅 → 세일즈 ② 마케팅 → 세일즈 → 서비스
③ 세일즈 → 서비스 → 마케팅 ④ 서비스 → 세일즈 → 마케팅

02 다음 중 캠페인(Campaign) 구성원으로 등록될 수 있는 구성으로 올바른 것은 무엇인가?

① 리드와 연락처 ② 계정과 연락처
③ 계정과 기회 ④ 리드와 기회

03 다음 중 새로운 캠페인(Campaign)을 등록할 때 필수 입력항목은 무엇인가?

① 캠페인 이름 ② 캠페인 기간
③ 캠페인 예상 매출액 ④ 상위 캠페인

04 다음 중 판매(Sales)와 관련된 개체가 아닌 것은?

① 리드(Lead) ② 캠페인(Campaign)
③ 기회(Opportunity) ④ 사례(Case)

05 새로운 캠페인(Campaign)을 만들기 위해서 사용자(User)에게 기본적으로 적용되어 있어야 하는 옵션은 무엇인가?

① 마케팅 사용자 ② 오프라인 사용자
③ 지식 사용자 ④ 캠페인 사용자

06 다음 중 웹 페이지를 통해 사례를 자동으로 생성되도록 설정하는 기능을 무엇이라고 하는가?

① Page to Case　　　　　　　② Email to Case
③ Web to Case　　　　　　　④ Phone to Case

07 다음 중 기본적인 사례(Case) 접수 경로가 아닌 것은 무엇인가?

① Phone　　　　　　　　　　② Email
③ Web　　　　　　　　　　　④ Call

08 다음 중 사례(Case) 발생 시 자동으로 담당자(사용자 또는 팀)를 지정해주는 기능은 무엇인가?

① 사례 지정 규칙　　　　　　② 사례 자동화 규칙
③ 사례 할당 규칙　　　　　　④ 사례 정렬 규칙

09 다음 중 사례(Case) 접수 시 자동으로 고객에게 이메일을 전송할 때 관련 필드들을 이메일 제목과 문장에 포함할 수 있도록 하기 위해 사용하는 것을 무엇이라고 하는가?

① 통합 필드　　　　　　　　② 병합 필드
③ 삽입 필드　　　　　　　　④ 참조 필드

10 다음 중 대기열(Queue) 구성원으로 포함될 수 없는 것은 무엇인가?

① 사용자(User)　　　　　　　② 역할(Role)
③ 공개 그룹(Public Group)　　④ 계정(Account)

11 다음 중 대기열(Queue)에 할당된 사례들이 처리되지 않고 특정 시간이 경과한 경우에 사례를 특정 사용자나 또는 다른 대기열에 할당하는 기능을 무엇이라고 하는가?

① 사례 할당 규칙　　　　　　② 사례 처리 규칙
② 자동응답 규칙　　　　　　④ 에스컬레이션 규칙

Quiz

12 다음 중 메일 발송 기능을 지원하지 않는 에디션은 무엇인가?

① Personal Edition　　　　② Professional Edition
③ Enterprise Edition　　　　④ Unlimited Edition

13 Developer Edition의 경우 하루에 발송할 수 있는 메일 수는 10건이다. 그렇다면 상용 에디션(Personal, Professional, Enterprise, Unlimited Edition)에서 사용자 라이선스 당 지원하는 메일 수는 몇통인가?

① 100통　　　　② 200통
③ 500통　　　　④ 1,000통

chapter 07
사용자 정의개체
(Custom Object)

1 개체 관리자(Object Manager) 사용하기

2 사용자 정의 개체(Custom Object) 만들기

3 사용자 인터페이스(User Interface) 개선

4 경로(Path) 설정

1. 개체 관리자(Object Manager) 사용하기

이전 단원에서는 세일즈포스에서 기본적으로 제공하는 표준 개체(Standard Object)와 이들의 기능에 대해서 살펴보았으며, 이제 사용자가 원하는 개체를 직접 만들어서 사용하는 방법 즉, 사용자 정의 개체(Custom Object)를 만들고 관리하는 방법에 대해서 살펴볼 것이다.

앞서 설명한 것과 같이 사용자가 원하는 개체를 직접 만들어서 사용할 수 있는 기능은 Lightning Enterprise 에디션과 Lightning Unlimited 에디션에서만 가능하다. 물론 우리가 사용하고 있는 개발자 에디션에서도 사용자 정의 개체 생성이 가능하다.

 개체 관리자(Object Manager) 소개

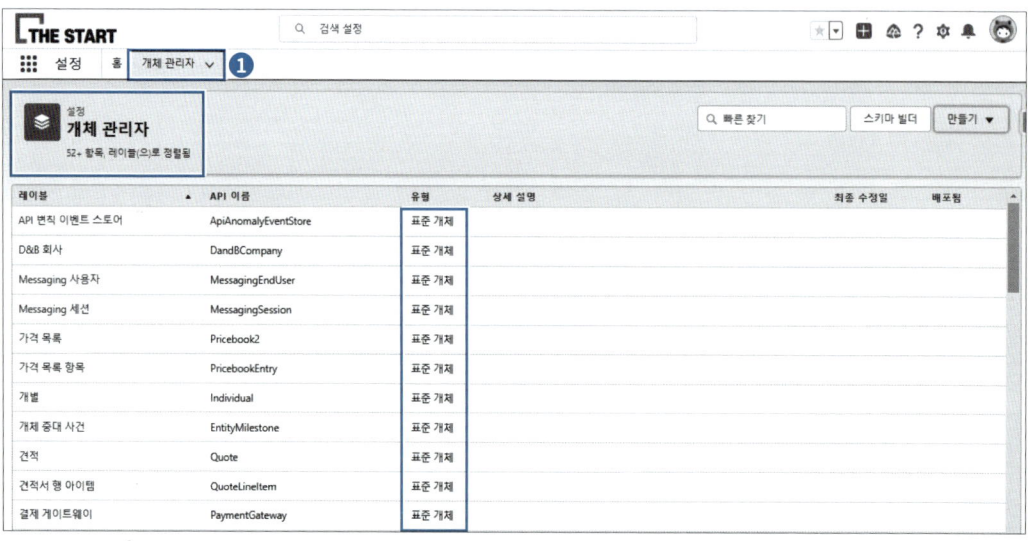

표준 개체(Standard Object)이든, 아니면 사용자 정의 개체(Custom Object)이든, 모두 개체들을 관리하고, 설정 및 구조를 변경하기 위해서는 개체 관리자(Object Manager)를 이용한다. 세일즈포스에서 개체 관리자(Object Manager)로 이동하기 위해서는 여태껏 자주 접근했던 설정에서 "홈" 옆에 있는 "개체 관리자" 탭(1번)을 선택하면 된다. 그러면 개체 관리자 메인 화면이 나오게 되는데, 여기에는 현재 우리가 연결한 오그 내에 있는 모든 개체들에 대한 내역(개체 리스트)들을 확인할 수 있다. 더불어 "유형"을 보면 모두 "표준 개체"로 되어 있는데, 이는 개발자 오그(Org)가 생성되면서 모두 시스템에 의해 자동으로 만들어진 개체들이란 의미이다.

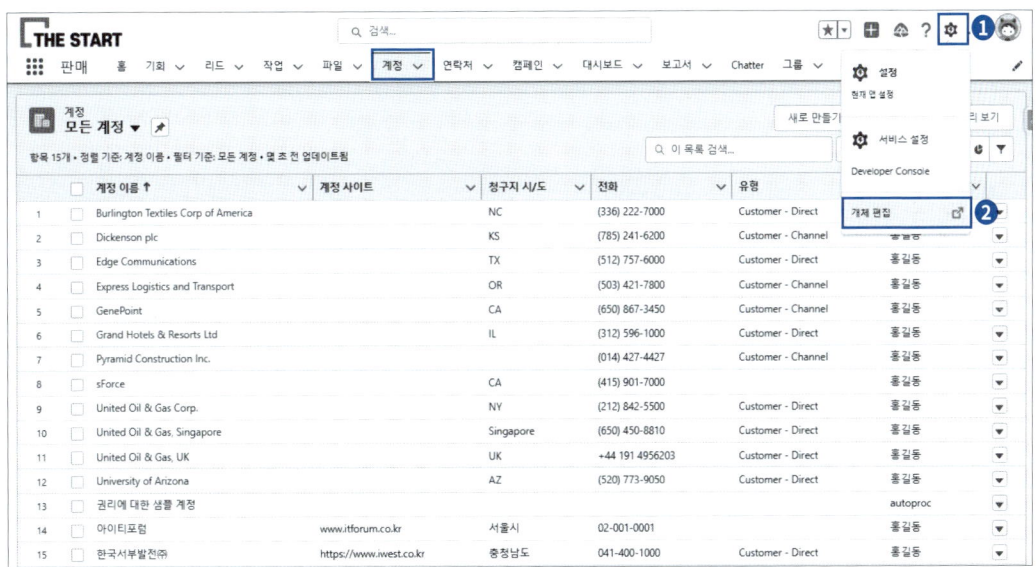

개체 관리자에서 특정 개체로 이동하기 위해서는 이전 화면에서 개체 "레이블" 즉, 개체 이름을 선택해주거나, 아니면 위 화면과 같이 특정 개체 탭으로 이동한 후 설정 버튼을 누른 후에 "개체 편집" 메뉴(2번)를 선택하게 되면, 해당 개체의 관리 화면으로 들어가게 된다.

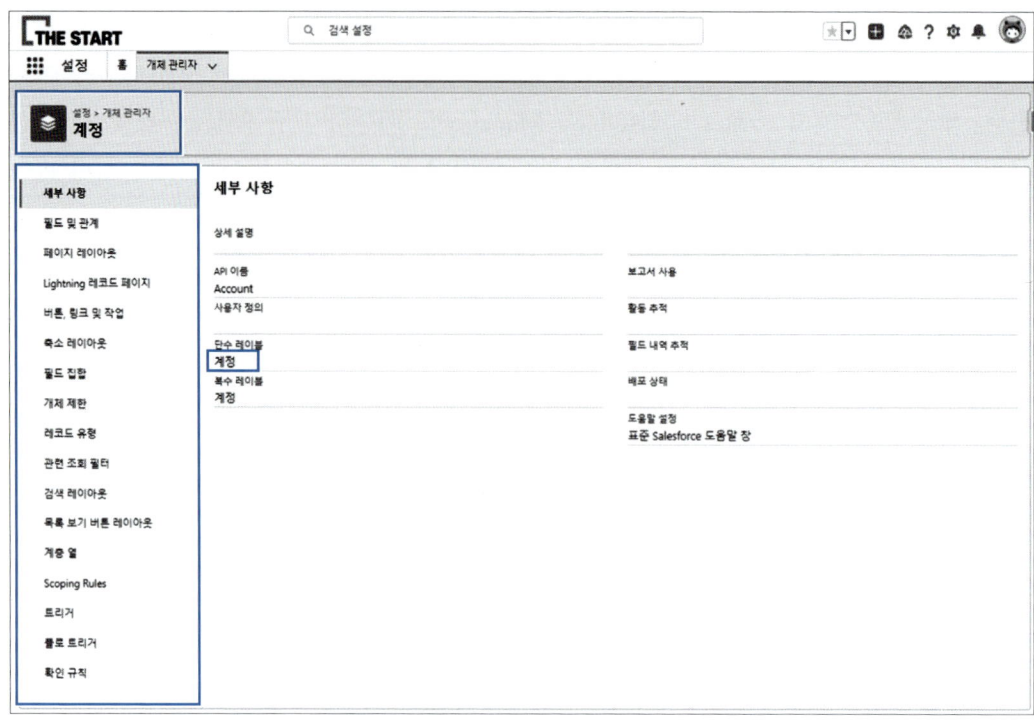

위 화면은 개체 관리자에서 "계정" 개체를 보고 있는 것으로서 우선 왼쪽을 보면 15개의 항목들이 나열되어 있으며, 각의 항목을 선택하면, 해당 작업을 진행하기 위한 화면이 중앙에 보이게 된다.

다음은 개체관리자 15개 항목에 대한 설명이다.

항목	설명
세부 사항	선택한 개체의 이름과, API 이름(프로그램 참조), 라벨 등 개체에 대한 기본 정보들을 보여준다.
필드 및 관계	해당 개체의 모든 필드들에 대한 정보를 보여주며, 필드를 추가 및 제거할 수도 있다.
페이지 레이아웃	해당 개체의 정보를 출력하거나 데이터를 입력 받기 위한 페이지를 만들고, 이를 관리할 수 있다. 모든 개체들은 기본적으로 하나의 레이아웃이 자동으로 만들어지고, 이를 편집할 수 있으며, 각기 다른 사용자들을 위해 하나의 개체에 여러 페이지 레이아웃을 만들어서 관리할 수 있다.
Lightning 레코드 페이지	개체와 관련한 Lightning 레코드 페이지를 만들고 관리할 수 있다.
버튼, 링크 및 작업	새로운 버튼, 링크 및 작업을 설정할 수 있으며, 기존 개체의 버튼, 링크 및 작업을 편집할 수 있다. 여기서 작업이란 해당 개체에 특정 상황 발생 시 메일을 보내거나, 레코드를 생성하는 등의 다양한 작업을 의미한다.

항목	설명
축소 레이아웃	데스크톱과 모바일 모두에서 레코드의 주요 필드를 한 화면에 표시하기 위한 컴팩트한 레이아웃을 만들 수 있다.
필드 집합	필드 집합은 비슷한 필드를 묶는 개념으로, 예를 들어 우편번호, 시도명, 구군명, 상세주소 필드를 주소라는 필드 집합으로 묶어서 관리할 수 있는 것이다.
개체 제한	선택한 개체들에서 사용될 수 있는 항목별 제한 건수 및 사용건수를 비율로 표시해준다.
레코드 유형	레코드 타입을 사용하면 다양한 비즈니스 프로세스에서 동일한 객체를 사용하여 레코드 타입에 다른 페이지 레이아웃을 할당할 수 있다.
관련 조회 필터	검색 필드에 필터를 추가하여 관련 개체에서 선택한 개체에 특정 레코드만 연결할 수 있다.
검색 레이아웃	프로그램 전체에서 다양한 검색 페이지에 반환되는 열을 사용자 지정할 수 있다.
Salesforce Classic의 레이아웃 검색	Classic의 개체에 대해 어플리케이션 전체에서 다양한 검색 페이지에 반환되는 열을 맞춤화 할 수 있다.
계층 열	계층 구조를 정의할 때 사용한다.
Scoping Rules	Scoping Rules(범위 지정 규칙)을 사용하여 선택한 기준에 따라 사용자에게 표시되는 레코드를 제한할 수 있습니다. 예를 들어 특정 브랜드, 특정 상태, 특정 산업군 별로 지정할 수 있다.
트리거	해당 개체에 데이터가 입력, 수정, 삭제될 때 자신 또는 다른 개체에 미치는 영향을 관리하기 위해 사용한다. 업무적으로 매우 중요한 기능이다.
확인 규칙	데이터 입력 또는 수정 시 기준을 정의하여 예외 상황 발생 시 메시지를 출력하고, 반영이 안되도록 한다. 예) 할인율 30%이상 금지

이상으로 개체관리자의 15개 항목에 대해서 살펴보았다. 하지만, 위 내용에 대한 설명을 하기는 했지만, 처음 본 입장에서 모두 이해하고 정리되지는 않을 것이다. 위 내용들은 항목들만 자세히 살펴보더라도 도움이 될 것이며, 자주 사용하는 것들에 대해서는 자연스럽게 익숙해질 수 있을 것이다.

1-2 데이터 유형(Data Type)

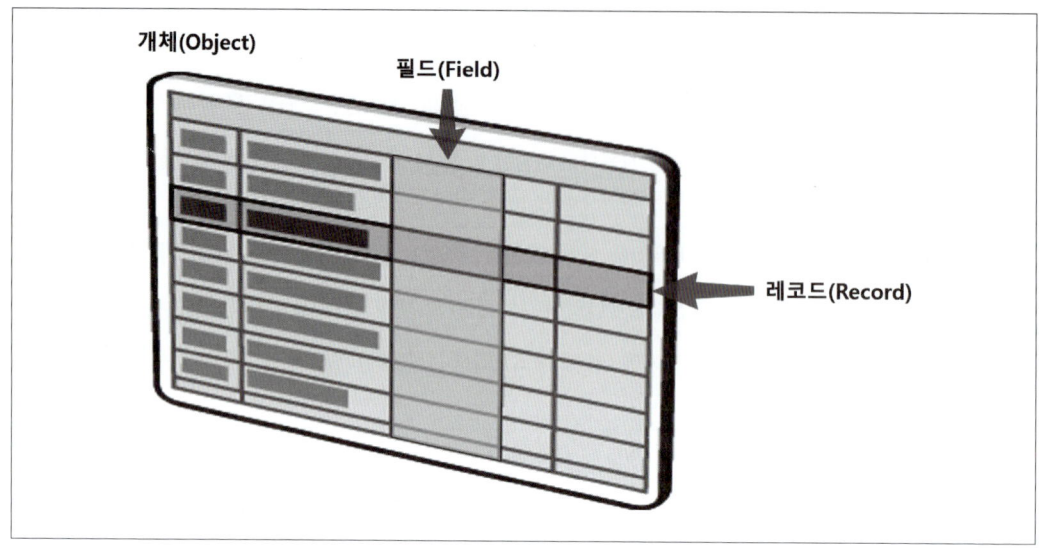

개체(Object)는 세일즈포스 오그 내에서 데이터를 저장하기 위한 것이며, 이는 필드(Field)들로 구성된다. 그리고 이러한 개체에 데이터를 입력하면 레코드 단위로 입력되는데, 이러한 필드와 레코드로 구성된 2차원 배열 구조를 바로 테이블(Table) 구조라고 한다. 개체에 필요한 필드들을 추가하면서 필드에 담고자 하는 데이터의 특성에 맞는 적합한 데이터 유형을 정의해 주어야 하는데, 세일즈포스에서 지원하는 필드의 유형에는 어떠한 종류들이 있는 지를 우선 확인해 줄 필요가 있다.

데이터 유형	설명
롤업 요약	관련 레코드의 레코드 개수를 자동으로 표시하거나 관련 레코드의 합계, 최소값 또는 최대값을 계산한다. 해당 필드는 마스터-세부사항 관계에서 사용된다.
수식	병합 필드 같은 다른 값이나 필드를 기준으로 값을 자동 계산할 수 있습니다. 예를 들어서 "판매금액 = 판매수량 * 판매단가"로 구성된다. 이 경우 판매금액이 수식 필드가 될 수 있는 것이다. 이러한 수식 필드는 읽기 전용이다.
자동 번호	각 레코드에 고유한 번호를 자동으로 할당한다. 개체 내에서 레코드를 구분한다는 것은 테이블 구조에서 매우 중요한 의미를 갖는다. 자동 번호 필드의 최대 길이는 30자이고, 그 중 20자는 접두사나 접미사 텍스트로 예약되어 있다.
마스터-세부사항 관계	상위 개체(마스터)와 하위 개체(세부사항)와 관계를 정의할 때 사용하며, 상위 개체의 데이터를 삭제하는 경우 하위 개체의 레코드는 모두 삭제되며, 마스터 개체에 롤업 요약 필드를 추가할 수 있다.

데이터 유형	설명
외부 조회 관계	세일즈포스 오그 외부에 있는 개체와의 연결을 위한 필드이다.
조회 관계	다른 개체의 특정 필드를 검색할 수 있도록 준비된 필드이다. 조회 관계 필드를 만들면 검색 아이콘을 통해서 목록 값을 선택할 수 있다.
URL	웹 사이트 및 웹 페이지 링크 주소를 최대 255자까지 입력할 수 있다. 사용자가 필드를 클릭하면, URL이 별도의 브라우저 창에서 열린다.
긴 텍스트 영역	최대 131,072길이의 문자를 입력할 수 있으며, 기본 값은 32,768이다.
날짜	날짜를 입력하거나 팝업 달력에서 날짜를 선택할 수 있다.
날짜/시간	날짜를 입력하거나 팝업 달력에서 날짜를 선택하고 시간을 입력할 수 있다.
백분율	사용자가 0.10과 같이 백분율 숫자를 소수점으로 입력할 수 있으며, 시스템에서는 소수점을 백분율로 자동으로 변환한다(예: 10%).
텍스트 영역 (서식 있는 텍스트)	최대 131,072길이의 문자를 입력할 수 있으며, HTML 편집기가 포함되어 있어서 이미지, 링크 또는 서식을 정의해서 데이터를 입력할 수 있다.
선택 목록	지정된 목록 중에서 하나를 선택해 데이터를 입력할 수 있다. 예를 들어 사례(Case)에서 중요도는 "High", "Medium", "Low" 이렇게 3가지이며, 이것이 바로 선택 목록이다.
선택 목록 (다중 선택)	지정된 목록 중에서 여러 값을 선택할 수 있는 유형이다. 예를 들어 취미의 경우 "등산", "영화", "독서", "운동", "여행" 이렇게 5개의 항목이 있을 때 취미를 하나 이상 선택할 수 있다.
숫자	숫자를 입력할 수 있도록 지정된 유형이다.
시간	시간을 입력할 수 있으며, 밀리 초 단위까지 정의할 수 있다.
이메일	올바른 형식의 이메일 주소를 입력할 수 있으며, 최대 80자까지 허용된다.
전화	전화번호를 입력할 수 있으며, 길이는 40자까지 허용된다.
지리적 위치	위도와 경도로 위치를 지정할 수 있도록 한다.
텍스트	문자, 숫자 또는 기호의 조합을 입력할 수 있으며, 길이는 255자까지 허용된다.
텍스트(암호화)	문자, 숫자 또는 기호의 조합을 입력할 수 있으며, 암호화된 형태로 저장된다.
텍스트 영역	여러 줄에 걸쳐서 데이터를 입력할 수 있으며, 길이는 255자까지 허용된다.
통화	금액을 입력할 수 있는 필드이다.
확인란	참(True), 거짓(False)을 선택해서 입력할 수 있다.

필드의 유형 역시 비교적 다양한 유형을 제공해 주고 있으며, 정확한 필드를 정의하면서 정확한 데이터 유형을 사용하는 것은 매우 중요하다. 위에서도 단순 설명으로는 이해되지 않는 것들이 있을 텐데, 그렇더라도 그 존재 정도는 확인하고 다음으로 넘어가도록 하자.

2. 사용자 정의 개체(Custom Object) 만들기

2-1 사용자 정의 개체(Custom Object) 설명

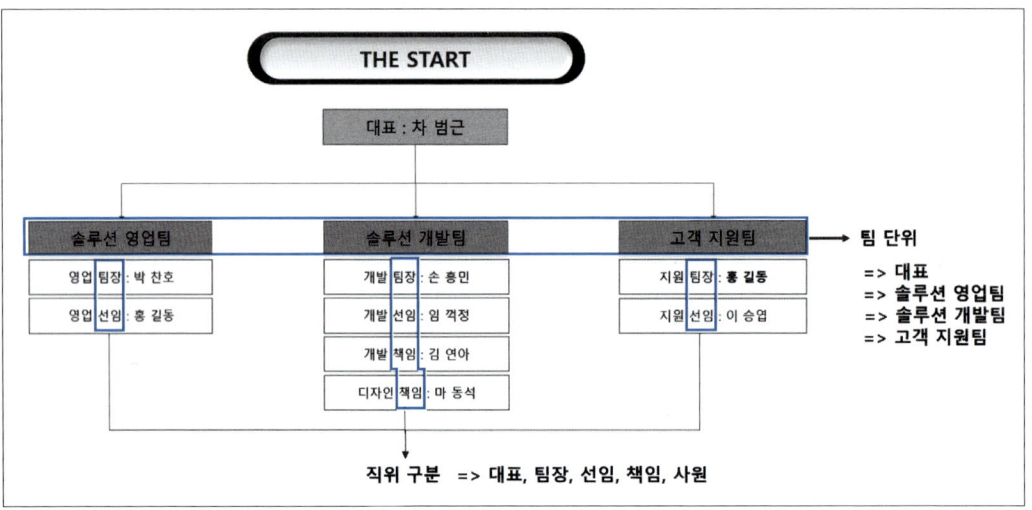

위의 조직도는 앞에서 오그에 사용자를 등록할 때 설명했던 회사의 조직도이다. 이 조직도에 해당하는 정보는 이미 세일즈포스 사용자 개체에 등록되어 있지만, 해당 내용을 직접 입력할 수 있도록 사용자 정의 개체와 앞서 나열했던 필드들의 데이터 유형을 정의해서 만들어 볼 것이다.

위 구조를 살펴보면 팀(부서)이 있다. 이는 사원과는 별도의 개체로 상위 개체로 등록되어야 한다. 그래야 사원이 어느 팀에 소속될지를 정의할 수 있기 때문이다. 더불어 사원 개체에 사원이 등록될 때 포함되는 직위에는 대표, 팀장, 선임, 책임, 사원이 있다. 이 또한 별도의 개체로 데이터를 관리하면 좋겠지만, 지금은 큰 규모의 회사가 아니므로 데이터 유형 중 선택 목록으로 구성할 것이다.

결론적으로 우리는 위의 구조를 세일즈포스 개체로 정의할 때 팀(부서)을 등록하기 위한 개체와 사원을 등록하기 위한 두 개의 개체를 만들 것이며, 이 둘은 마스터-세부사항 관계와 조회 관계로 정의될 것이다.

2-2 사용자 정의 개체(Custom Object) 만들기

팀 Team

레이블	개체명	데이터 유형	내용
팀번호	Team_No	자동번호	형식 : Team001
팀이름	Team_Name	텍스트	길이 : 20
내선번호	Team_Tel	텍스트	길이 : 3
팀장	Team_Mnanger	조회 관계	사원 중 팀장 선택
팀원수	Team_Count	롤업 요약	각 팀의 사원 수를 집계

사원 Emp

레이블	개체명	데이터 유형	내용
사원번호	Emp_No	자동번호	
이름	Emp_Name	텍스트	
직위	Emp_Position	선택 목록	대표, 팀장, 선임, 책임, 사원
주민번호	Emp_Jumin	텍스트	길이 : 14
핸드폰번호	Emp_Hpno	전화	길이 : 14
이메일	Emp_Email	이메일	
우편번호	Emp_Postno	텍스트	길이 : 6
주소	Emp_Address	텍스트	길이 : 100
생년월일	Emp_Birthday	날짜	만 18세 이상만 등록 가능, 확인 규칙 적용
나이	Emp_Age	수식	생년월일을 기준으로 올해 나이 출력
취미	Emp_Hubby	선택 목록(다중 선택)	스포츠, 영화, 독서, 등산, 게임, 여행
소속팀	Emp_Team	선택목록	대표, 솔루션 영업팀, 솔루션 개발팀, 고객 지원팀
근무여부	Emp_Work_YN	확인란	True : 근무, False : 퇴사
퇴사일자	Emp_Leave_Date	날짜	근무여부가 False가 되면 자동 입력

위의 화면은 개체를 개발하기 위한 개체 정의서이다. 즉, 해당 개체를 만들기 위한 설계 문서인 것이다. 그러면 이제 위 구조대로 팀 개체와 사원 개체를 만들면서 각종 데이터 유형을 적용하기 위한 내용도 같이 살펴보도록 할 것이다.

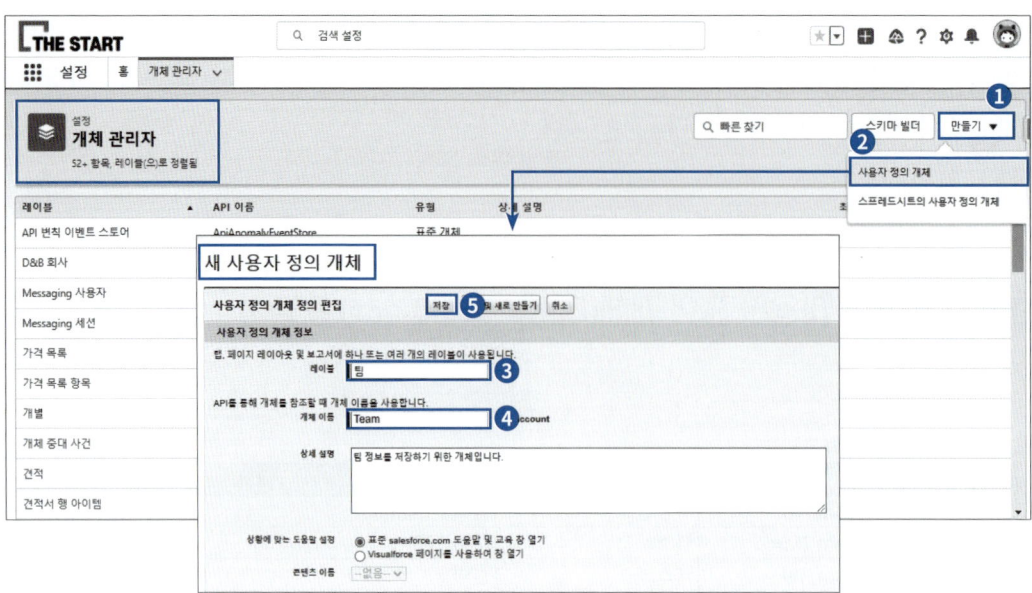

사용자 정의 개체(Custom Object)를 만드는 과정은 우선 개체를 만든 후 원하는 필드를 해당 개체에 추가하는 순서로 만들어야 한다. 그러므로 사용자 정의 개체(Custom Object)를 만들기 위해서는 우선 개체 관리자 탭으로 이동한 후 오른쪽 상단에 만들기 콤보 상자(1번)를 누르면 메뉴가 보인다. 여기에는 "사용자 정의 개체"가 있고, "스프레드시트의 사용자 정의 개체" 메뉴가 있다. "사용자 정의 개체" 메뉴는 직접 수작업으로 개체를 만들 때 사용하고, "스프레드시트의 사용자 정의 개체"는 엑셀에 개체에 대한 정의가 있을 때 이를 자동으로 읽어 들여 개체를 만들 때 사용하는 메뉴이다. 여기서는 직접 만들 것이므로 "사용자 정의 개체" 메뉴(2번)을 선택하면, 다음과 같이 "새 사용자 정의 개체" 화면으로 이동한다.

"레이블"은 개체명으로 우리가 업무적으로 사용하는 이름을 의미한다. 여기서는 "팀"을 입력(3번)한다. 그리고 "개체 이름"은 세일즈포스에서 해당 개체를 인식하는 용도로 사용된다. 여기서는 영문 이름인 "Team"을 입력(4번)한다. 레이블은 하나의 오그에서 중복될 수 있지만(굳이 그렇게 할 필요는 없지만), 개체 이름은 오그 내에서 반드시 유일한 값이어야 한다. 참고로 입력 상자 앞부분에 붉은색 막대 "|"가 있는 항목들은 필수 입력 항목들이다.

위 화면의 하단으로 스크롤을 이용해서 내려가면, 다른 많은 옵션들이 있는 것을 확인할 수 있을 것이다. 대략 어떠한 항목들이 있는지 정도만 확인하고, 상단이나 하단으로 이동해서 "저장" 버튼(5번)을 눌러서 우선 개체를 생성한다.

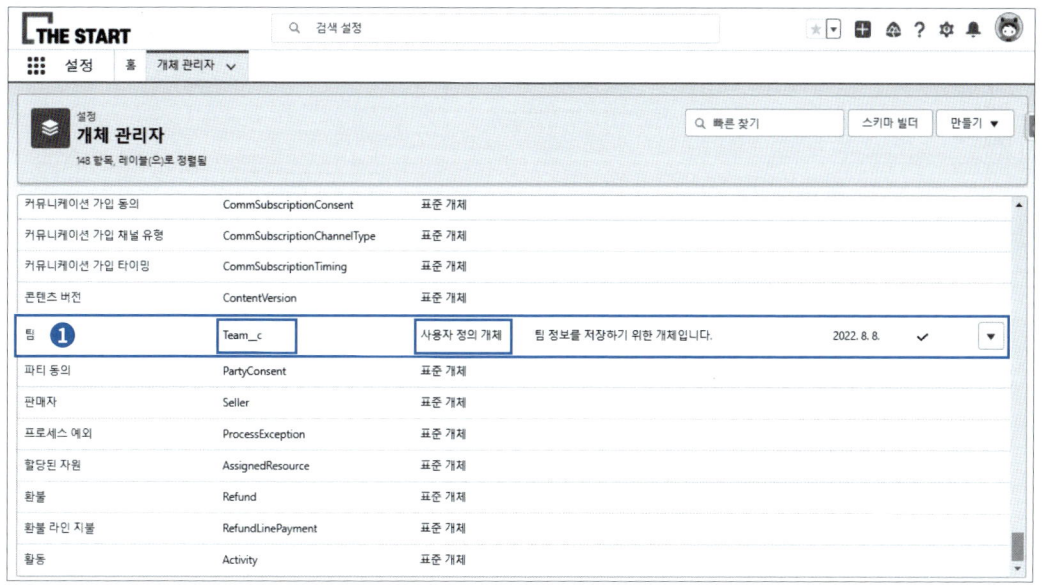

팀(Team) 개체가 생성된 후 목록을 확인하면 "팀" 개체가 잘 등록된 것을 확인할 수 있으며, 사용자 정의 개체로 잘 표시되는 것도 확인할 수 있다. 그런데 API 이름으로 표시되는 "개체 이름"으로 등록했던 이름이 입력 당시는 "Team"으로 입력했는데, 만들어지고 난 후에 확인을 해보면 문자 뒤에 "__c"가 추가된 것을 확인할 수 있다. 이러한 방식은 커스텀 개체를 생성할 때 세일즈포스 내부에서 자동으로 추가해주는 네이밍 규칙이다. 그러므로 개체 생성 시 개체 이름을 "Team"이라고 했을 때 실제 개체 이름(즉, API 이름)은 "Team__c"가 되는 것이다. 이는 표준 개체와 커스텀 개체를 구분하는 표식이므로 반드시 기억해 두어야 한다. 이는 사용자 정의 필드를 추가할 때도 마찬가지이다.

개체의 존재를 확인했다면, 이제 레이블에서 "팀"을 선택(1번)해서 해당 개체로 들어가 보자.

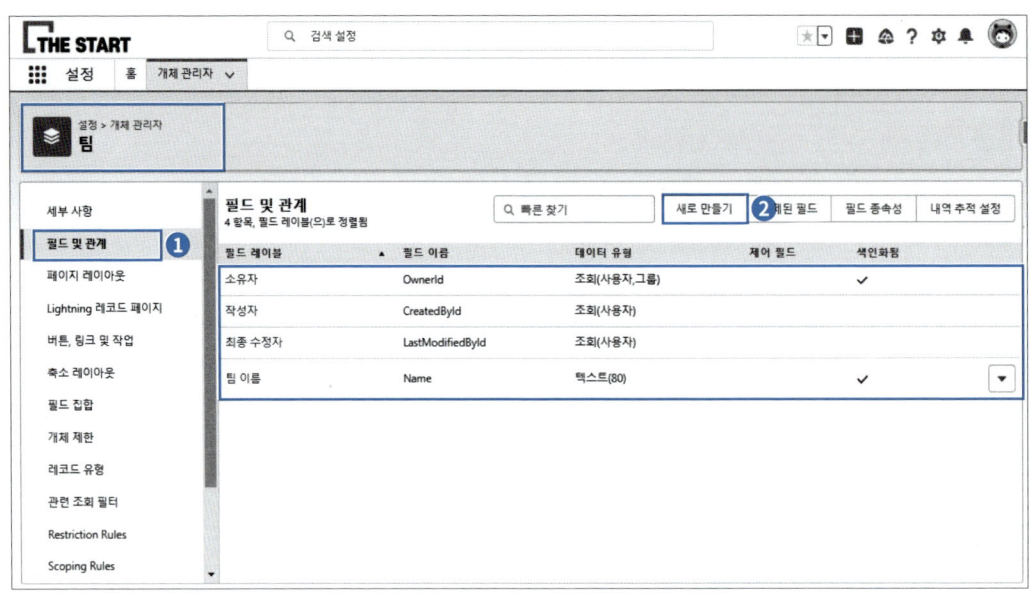

해당 개체(팀 개체)로 이동한 후 "필드 및 관계" 항목(1번)을 클릭하면, 현재 개체에 만들어져 있는 필드들을 확인할 수 있다. 그런데 우리는 방금 전 팀 개체를 만들면서 어떠한 필드도 추가하지 않았지만, 이미 4개의 필드가 만들어져 있는 것을 확인할 수 있다. 이렇게 자동적으로 개체를 생성할 때 만들어지는 필드는 기본적으로 알아 두어야 한다.

필드	설명
소유자 (OwnerId)	해당 레코드의 소유자이다. 기본적으로 해당 레코드를 입력한 사람이 소유자가 되지만, 해당 레코드를 다른 사용자로 소유자를 변경할 수도 있다.
작성자 (CreatedById)	해당 레코드를 생성한 사용자이다. 기본적으로 소유자와 같을 수도 있지만, 소유자는 변경될 수 있다는 점에서 차이가 있다. 작성자는 최초 레코드를 만든 사람으로 변경할 수 없다.
최종 수정자 (LastModifiedById)	개체에 등록된 레코드를 최종 수정한 사용자이다.
팀 이름 (Name)	개체가 생성되면 해당 "개체명" + "이름" 구조로 자동 생성되는 텍스트 필드이다. 개체명이 "팀" 이므로 "팀 이름"으로 필드가 자동 추가된 것이다.

위의 필드들은 기본적으로 개체가 만들어질 때 자동으로 만들어지며, 필드 이름을 보면 "__c"가 없는 것을 확인할 수 있다. 이는 세일즈포스에서 자동으로 만들었기 때문이다. 위 4개의 필드를 확인했다면, 같은 방법으로 "사원" 개체도 동일한 방법으로 만들어보도록 하자.

개체를 만들었다면, 이제 직접 업무적으로 필요한 필드를 추가해보기로 하자.

"팀" 개체에 사용자 정의 필드(Custom Field) 추가하기

팀 Team

레이블	개체명	데이터 유형	내용
팀번호	Team_No	자동번호	형식 : Team001
팀이름	Team_Name	텍스트	길이 : 20
내선번호	Team_Tel	텍스트	길이 : 3
팀장	Team_Mnanger	조회 관계	사원 중 팀장 선택
팀원수	Team_Count	롤업 요약	각 팀의 사원 수를 집계

이제 팀 개체에 위와 같은 새로운 필드를 추가해보기로 하자. 그런데 여기서 한 가지 확인할 내용이 있다. 우리는 위 표에서 "팀이름" 필드를 만들고자 준비하고 있었다. 그런데 팀 개체가 만들어지면서 자동으로 "팀 이름" 필드가 생성됐다. 그러므로 이미 "팀이름" 필드는 추가된 것이다. 이제 이 외의 다른 필드를 추가할 것이다. 이를 위해서는 이전 화면에서 "새로 만들기" 버튼(2번)을 클릭하면, 된다.

(1) "팀번호" 필드 추가하기

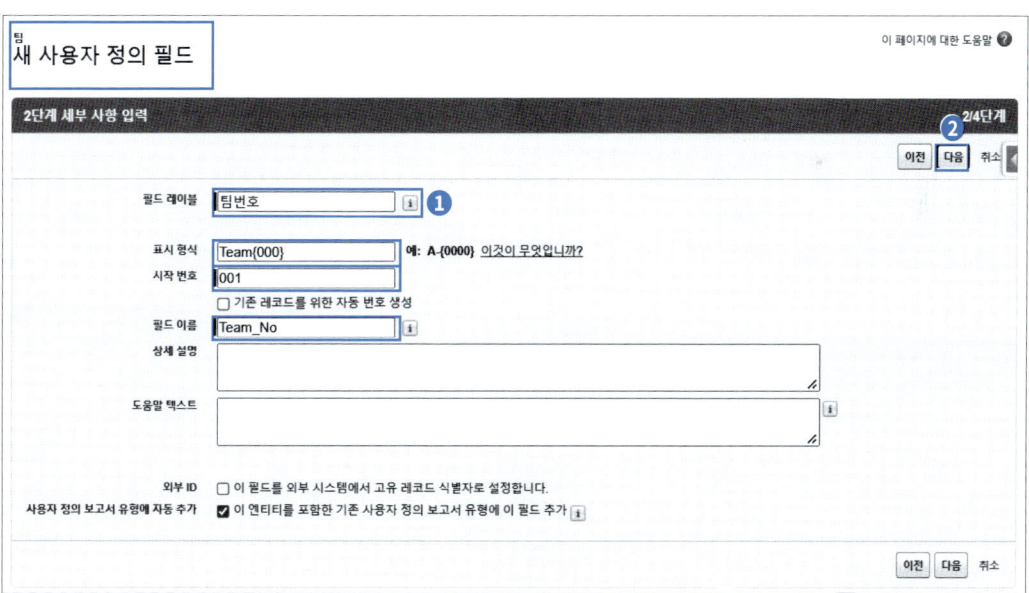

팀번호는 데이터 유형이 "자동 번호"이기 때문에 이를 선택한 후 다음으로 이동하면 위 화면이 나오게 된다. 여기서 필드 레이블과 필드 이름은 앞에 표를 참고해서 입력하면 된다. 다만 여기서 확인해 볼 내용은 "자동 번호"의 형식을 지정하는 것이다. 자동 번호의 형식은 "Team" + "일련번호 3자리"로 정의하려고 한다. 해서 해당 열에 데이터를 입력하면 "Team001" 이렇게 숫자 3자리가 일련번호로 입력되도록 하려면 숫자 세자리에 해당하는 값을 "0"으로 설정하고, 이를 "{", "}" (중괄호)로 감싸주면 된다.

그런 다음 버튼(2번)을 눌러서 다음 단계로 이동하면 필드레벨 보안설정 화면이 나오는데 기본 선택 옵션을 확인한 후 다음으로 넘어간 후 마지막 페이지에서 저장 버튼을 누르면, "팀번호" 필드가 추가된다.

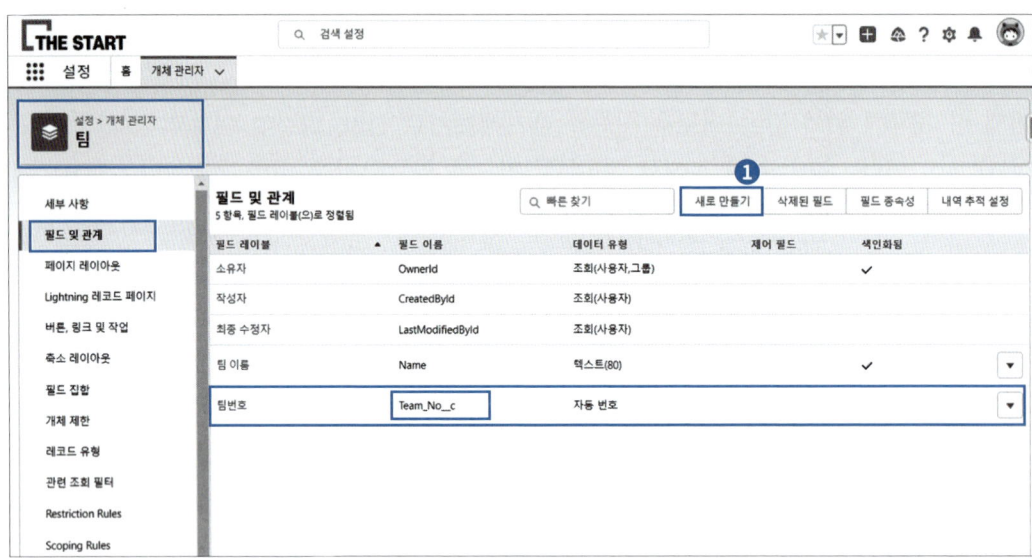

"필드 및 관계" 페이지에서 보면 추가된 "팀번호" 필드를 확인할 수 있으며, "필드 이름"(API 이름)은 역시나 뒤에 "__c"가 붙어서 필드 이름이 "Tema_No__c"로 된 것을 확인할 수 있다. 그림 "새로 만들기" 버튼(1번)을 눌러서 다른 필드들을 추가해보기로 하자.

(2) "내선번호" 필드 추가하기

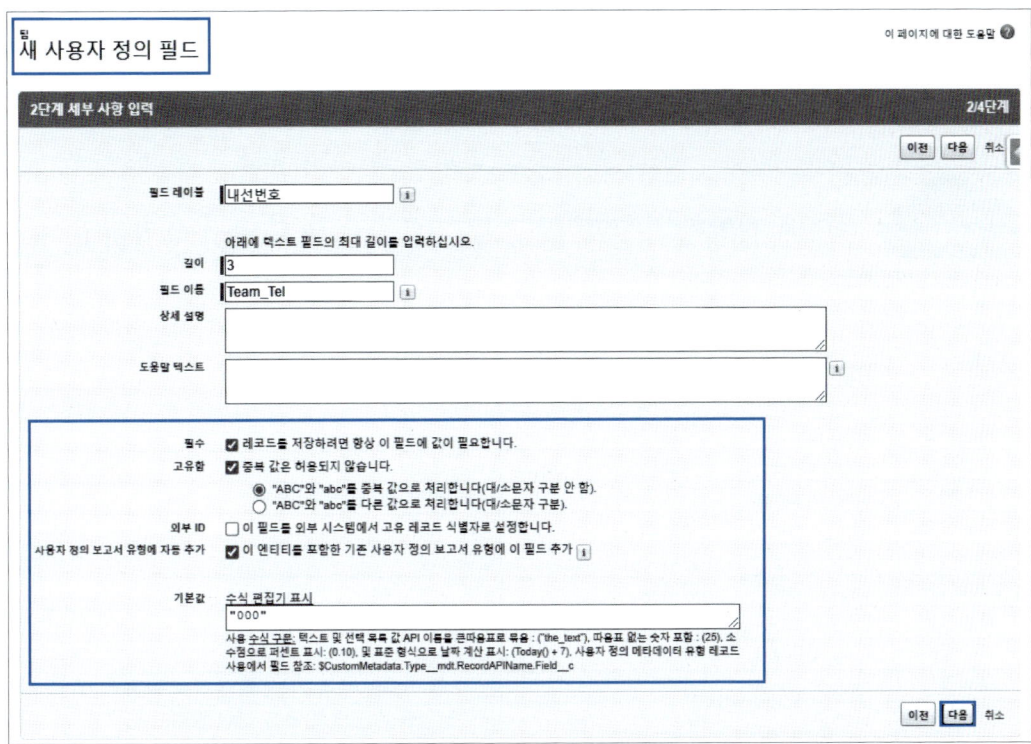

내선번호는 데이터 유형이 "텍스트"이며, 다음 페이지로 이동하면 방금 전 "팀번호"와 비슷하지만, 옵션 항목이 더 많이 있는 것을 확인할 수 있다.

항목	내용
필수	옵션을 선택하면, 레코드를 입력할 때 해당 필드에 값이 무조건 입력되어 야만 한다. 만일 값이 들어오지 않으면 레코드가 입력되지 않는다.
고유함	레코드가 입력될 때 마다 유일한 값이 입력되어야 한다. 중복된 값은 입력되지 않는다. 그러나 그 하단에 옵션은 대소문자를 구분할 것인지에 관한 옵션이다. "대/소문자 구분 안 함"이 기본 옵션이며, "대/소문자 구분" 옵션을 선택하면, "ABC"와 "abc"를 다른 문자로 판단하겠다는 의미이다.
기본값	기본 값은 해당 필드에 값을 입력하지 않았을 때 자동으로 입력되는 값을 정의한다. 예를 들어 "점수" 필드에 값이 입력되지 않으면 기본으로 "0"이란 값이 입력될 수 있도록 하려면 "0"을 입력하면 된다. 이 외에 다양한 수식을 결합해서 좀 더 다양한 값이 기본으로 입력될 수 있도록 할 수 있다. 여기서는 "000"을 입력한다.

위 페이지에 관련 항목들을 모두 입력 및 선택했다면, 계속 다음 페이지로 이동해서 필드 등록을 마무리한다.

내선번호 열이 추가됐기 때문에 이제 나머지 필드는 "팀장" 필드와 "팀원수" 필드이다. 그러나 이들 필드는 사원 개체가 만들어진 후에 이를 참조해서 등록할 수 있는 필드들이다. 그러므로 이 두 필드는 우선 "사원" 개체를 만든 후에 다시 만들어 보기로 하자.

2-4 사원 개체에 사용자 정의 필드(Custom Field) 추가하기

사원   Emp

레이블	개체명	데이터 유형	내용
사원번호	Emp_No	자동번호	
이름	Emp_Name	텍스트	
직위	Emp_Position	선택 목록	대표, 팀장, 선임, 책임, 사원
주민번호	Emp_Jumin	텍스트	길이 : 14
핸드폰번호	Emp_Hpno	전화	길이 : 14
이메일	Emp_Email	이메일	
우편번호	Emp_Postno	텍스트	길이 : 6
주소	Emp_Address	텍스트	길이 : 100
생년월일	Emp_Birthday	날짜	만 18세 이상만 등록 가능, 확인 규칙 적용
나이	Emp_Age	수식	생년월일을 기준으로 올해 나이 출력
취미	Emp_Hubby	선택 목록(다중 선택)	스포츠, 영화, 독서, 등산, 게임, 여행
소속팀	Emp_Team	선택목록	대표, 솔루션 영업팀, 솔루션 개발팀, 고객 지원팀
근무여부	Emp_Work_YN	확인란	True : 근무, False : 퇴사
퇴사일자	Emp_Leave_Date	날짜	근무여부가 False가 되면 자동 입력

위의 표는 사원 개체와 사원개체에 추가될 필드들이다. 사원 개체 역시 만들어질 당시 4개의 필드가 자동으로 추가되면서 "사원 이름"이란 필드가 추가됐으므로 위에서 이름 필드는 추가하지 않아도 된다.

(1) "사원번호" 필드 추가하기

사원번호는 역시 이전에 팀 개체에 팀번호 필드와 같이 자동번호 열로 추가하면 된다. 다만 형식은 없이 시작 번호 1로 설정해서 추가한다.

(2) "직위" 필드 추가하기

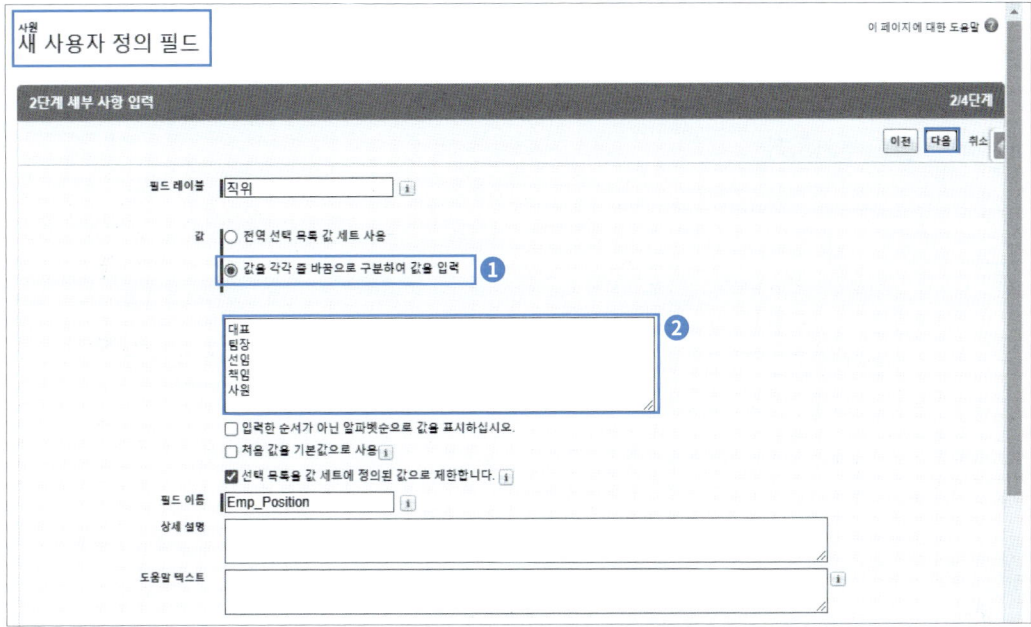

직위 필드는 "선택 목록" 필드이다. 그러므로 사용자가 값을 직접 입력하는 것이 아니라 목록 중에 하나를 선택해서 입력하게 된다. 그러므로 "선택 목록" 필드를 만들 때는 목록 리스트를 함께 등록해주어야 한다.

위 화면에서 값 영역에 옵션이 있는데, 하나는 "전역 선택 목록 값 세트 사용"이고, 다른 하나는 "값을 각각 줄 바꿈으로 구분하여 값을 입력"이다. "전역 선택 목록 값 세트 사용" 옵션은 해당 목록이 여기서만 사용되는 것이 아니라 다른 여러 개체에서도 사용된다면, 이를 오그 내에서 다른 개체들도 사용할 수 있도록 목록을 만드는 것을 말한다. 이를 만들기 위해서는 설정 / 개체 및 필드 / 선택 목록 값 집합 항목에서 만들 수 있다.

여기서는 사원 개체에서만 사용할 예정이므로 "값을 각각 줄 바꿈으로 구분하여 값을 입력"을 선택한 후 목록으로 "대표, 팀장, 선임, 전임, 사원"을 입력한다. 그리고 사원이 입력되면서 직위 필드에 값이 입력되지 않을 수는 없기 때문에 하단에 보면 "레코드를 저장하려면 항상 이 필드에 값이 필요합니다." 옵션을 선택한다. 그 이후 다른 내용들은 크게 다른 부분이 없기 때문에 다음으로 이동한 후 마지막 저장 버튼을 눌러 직위 필드를 만들도록 하자.

(3) "주민번호", "핸드폰번호", "이메일", "우편번호", "주소", "생년월일" 필드 추가하기

주민번호, 핸드폰번호, 이메일, 우편번호, 주소, 생년월일 필드는 위의 정의된 표를 참조해서 직접 만들어서 추가하기로 하자.

(4) "나이" 필드 추가하기

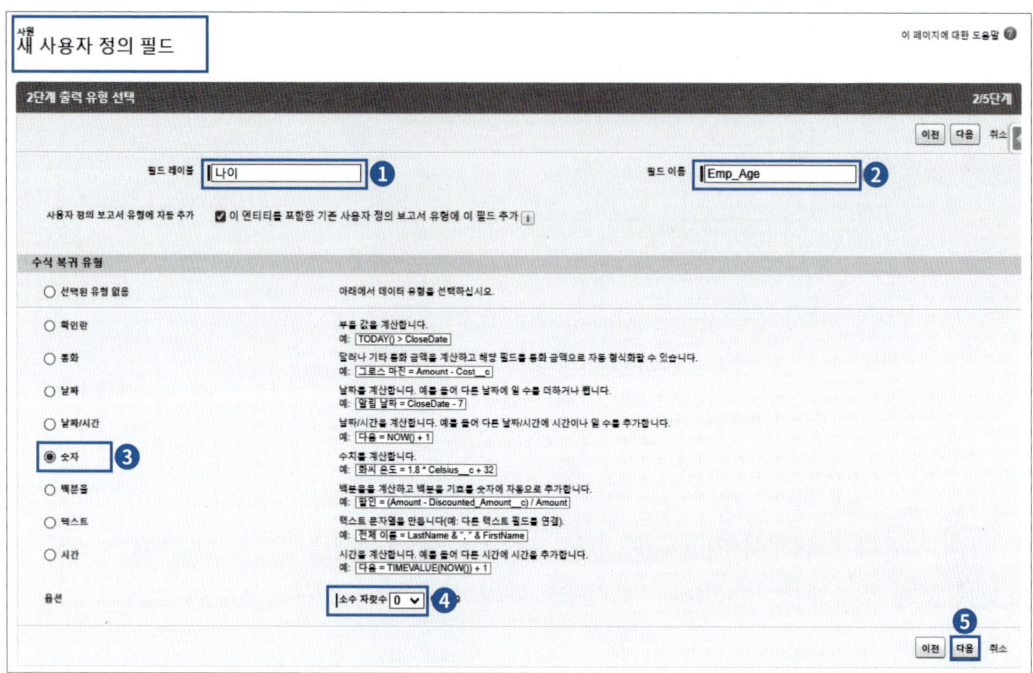

나이 필드는 기존 필드인 생년월일을 입력하면 자동으로 나이를 출력할 수 있도록 계산해서 출력해주는 용도로 만들 예정이다. 그렇게 하기 위해서 데이터 유형은 "수식"을 선택했고, 다음으로 위 화면에서는 필드 레이블(1번)과 필드 이름(2번)을 표를 참조해서 입력한 다음 "수식 복귀 유형"에서 하나를 선택해야 하는데, 우리는 나이를 계산해서 나이(숫자)를 출력할 것이므로 옵션 중에서 "숫자"(3번)을 선택한다. 옵션에서 숫자를 선택하면, 하단에 "소수 자리수"를 정해야 하는데, 나이는 소수가 없는 형식이기 때문에 여기서는 "0"을 선택(4번)한 다음 "다음" 버튼을 누른다.

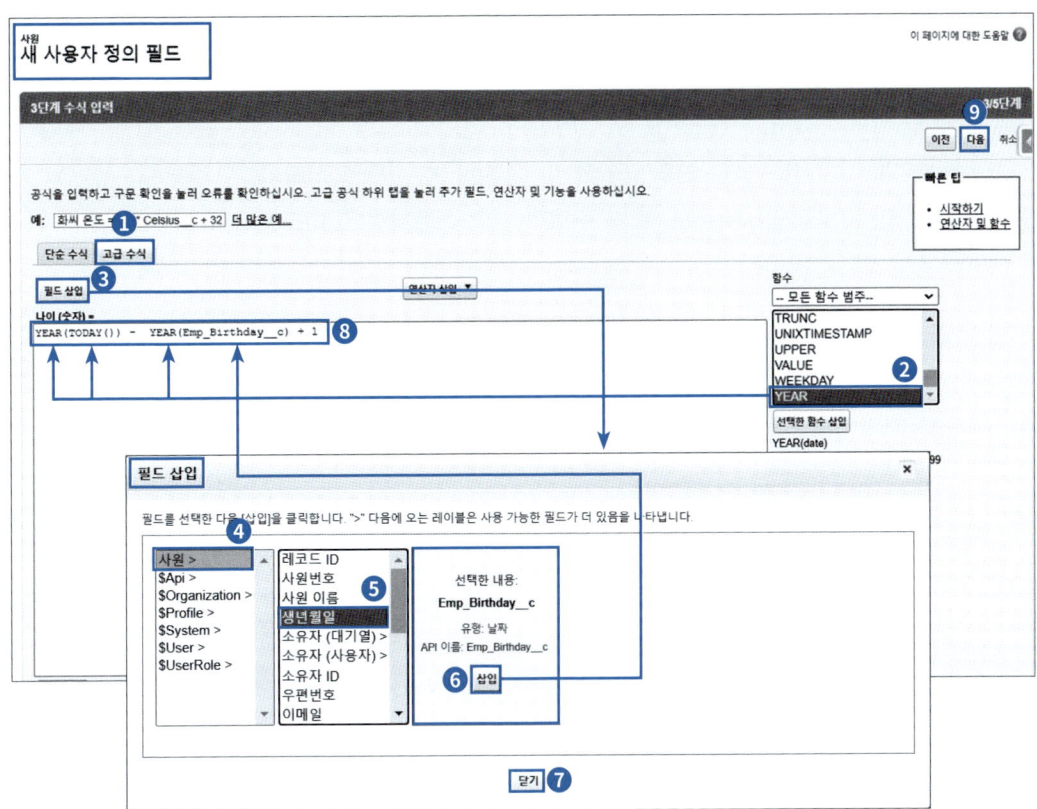

위 페이지에서는 수식을 정의해야 하는데, "단순 수식"과 "고급 수식" 탭이 있다. 지금은 년도의 차이를 구해서 거기에 1을 더하면 나이가 계산되는 단순한 계산이다. 하지만, 함수를 사용해야 하기 때문에 "고급 수식" 탭(1번)을 선택한 후 텍스트 상자 안에 계산 공식을 추가해 보기로 하자.

세일즈포스에서 제공하는 함수 중에 우선 TODAY()라는 함수가 있다. 이 함수는 현재 시스템의 날짜를 반환하는 함수이다. 더불어 YEAR()라는 함수가 있는데, 이는 날짜에서 연도만 반환한다. 그러므로 계산 공식은 오늘 날짜(TODAY())에서 사용자가 입력한 생년월일(필드 값 : Emp_Birthday__c)에 연도만 구해서(YEAR() 함수 사용) 이 둘의 차이를 구한 다음 1을 더하면 올해 나이가 되는 것이다.

텍스트 상자에 입력(2번)할 해당 수식은 다음과 같다.

Year(today()) - Year(Emp_Birthday__c) + 1

이를 위해 화면 오른쪽에 함수 리스트 중 "YEAR()" 함수와 "TODAY()" 함수(2번)를 위 구문을 참조해서 추가한다. 그리고 "생년월일" 필드의 "API 이름"을 입력하기 위해서 왼쪽 중간에 있는 "필드 삽입" 버튼(3번)을 선택한다. 그러면 화면 하단처럼 "필드 삽입" 대화상자가 나타난다. 그러면 우선 목록 왼쪽에서 "사원 〉"을 선택(4번)하고, 다음으로 "생년월일"을 선택(5번)한 후 "삽입" 버튼(6번)을 누르면, 위 구문처럼 "Emp_Birthday__c" API 이름이 해당 문장에 추가된다.

그런 다음 "닫기" 버튼(7번)을 눌러 "필드 삽입" 대화상자를 닫은 후 로직에 부합하도록 괄호와 수식을 잘 정의(8번)한다. 그리고 "다음" 버튼(9번)을 눌러서 다음으로 이동한 후 "나이" 필드를 저장하도록 하자.

(5) "취미" 필드 추가하기

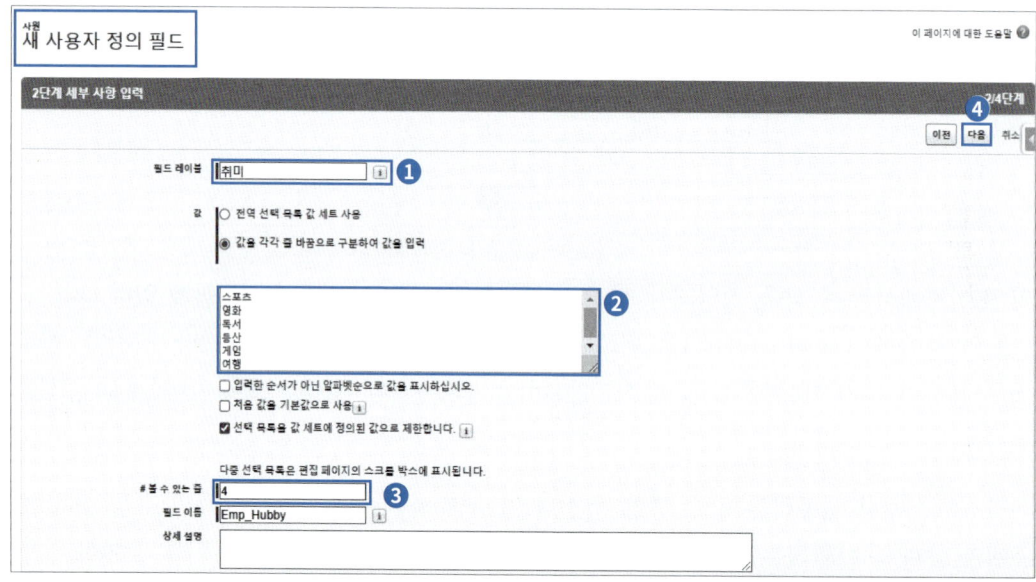

취미 필드는 여러 개를 선택할 수 있는 필드이다. 그러므로 데이터 유형으로 "선택 목록(다중 선택)"을 선택하고, 취미 필드를 만들 때의 인터페이스는 기존의 데이터 유형이 "선택 목록"이었을 때와 동일하다. 다만 데이터 유형을 "선택 목록(다중 선택)"을 이용해서 필드를 만들게 되면, 향후 데이터를 입력할 때의 인터페이스가 달라지게 된다. 위 내용은 앞서 "직위" 필드에서 설명한 내용과 동일하기 때문에 자세한 설명은 하지 않겠다. 필드 레이블은 "취미"로 입력(1번)하고, 취미 항목들(스포츠, 영화, 독서, 등산, 게임, 여행)을 입력(2번)한 다음, 필드 이름은 "Emp_Hubby"로 입력(3번) 한 후 "다음" 버튼(4번)을 눌러 다음 페이지로 이동하여 취미 필드를 만들도록 하자.

(6) "소속팀" 필드 추가하기

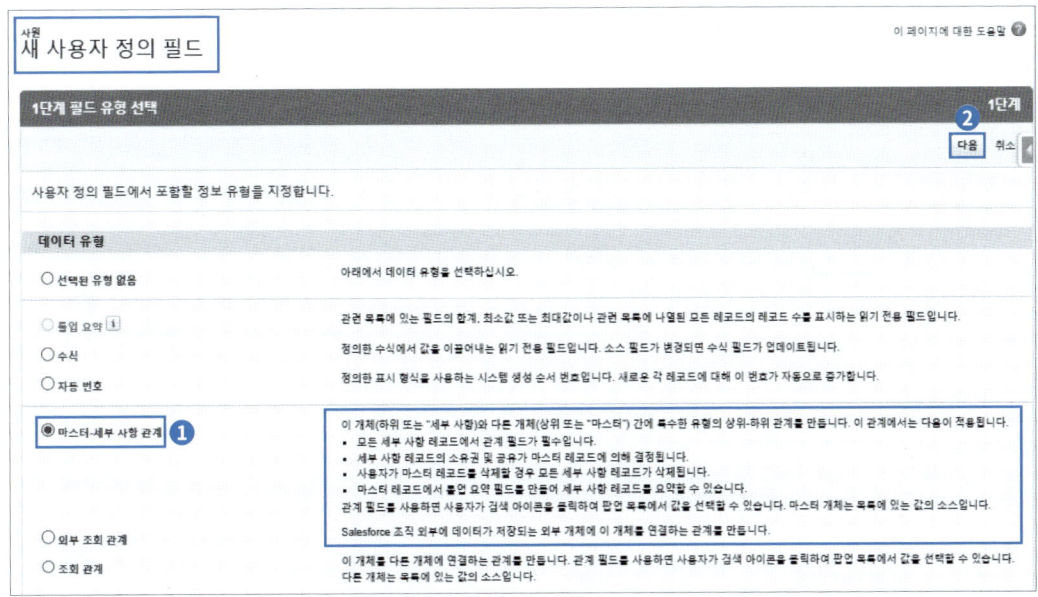

"소속팀" 필드는 데이터 유형이 "마스터-세부 사항 관계"(1번)이며, 이는 사원이 등록될 때 팀 개체에 있는 팀 목록 중 하나를 선택해서 입력하기 위해 하위 개체(사원)에서 상위 개체(팀)를 참조하는 형태의 필드를 추가하는 것이다. 예를 들어 "임꺽정" 사원을 사원 개체에 입력할 때 임꺽정 사원의 팀은 "솔루션 개발팀"이므로 이를 텍스트로 입력하는 것이 아니라 마스터 개체인 팀 개체에 있는 팀 레코드 중 "솔루션 개발팀"을 선택해서 입력하겠다는 것이다. 잘 이해가 안되신다면 우선 필드를 만든 후에 이후 만들어진 화면을 보면 보다 쉽게 이해가 될 것이다.

IT엔지니어 분들이라면 포린키(Foreign Key) 컬럼이라고 얘기하면 쉽게 이해할 수 있을 것이다. 본문에 있는 해당 설명에도 "관계(Relationship)"란 단어가 나오고 있다. 결국 세일즈포스 개체들도 관계형 데이터베이스 스키마 구조를 사용하고 있는 것이다.

다음 내용은 "마스터-세부 사항 관계"의 설명 내용 중 일부를 발췌한 내용이며, 해당 내용은 반드시 기억해 두어야 한다.

- 세부 사항 레코드의 소유권 및 공유가 마스터 레코드에 의해 결정됩니다.
- 사용자가 마스터 레코드를 삭제할 경우 모든 세부 사항 레코드가 삭제됩니다.
- 마스터 레코드에서 롤업 요약 필드를 만들어 세부 사항 레코드를 요약할 수 있습니다.

내용을 확인했다면, "다음" 버튼(2번)을 눌러서 다음 페이지로 이동한다.

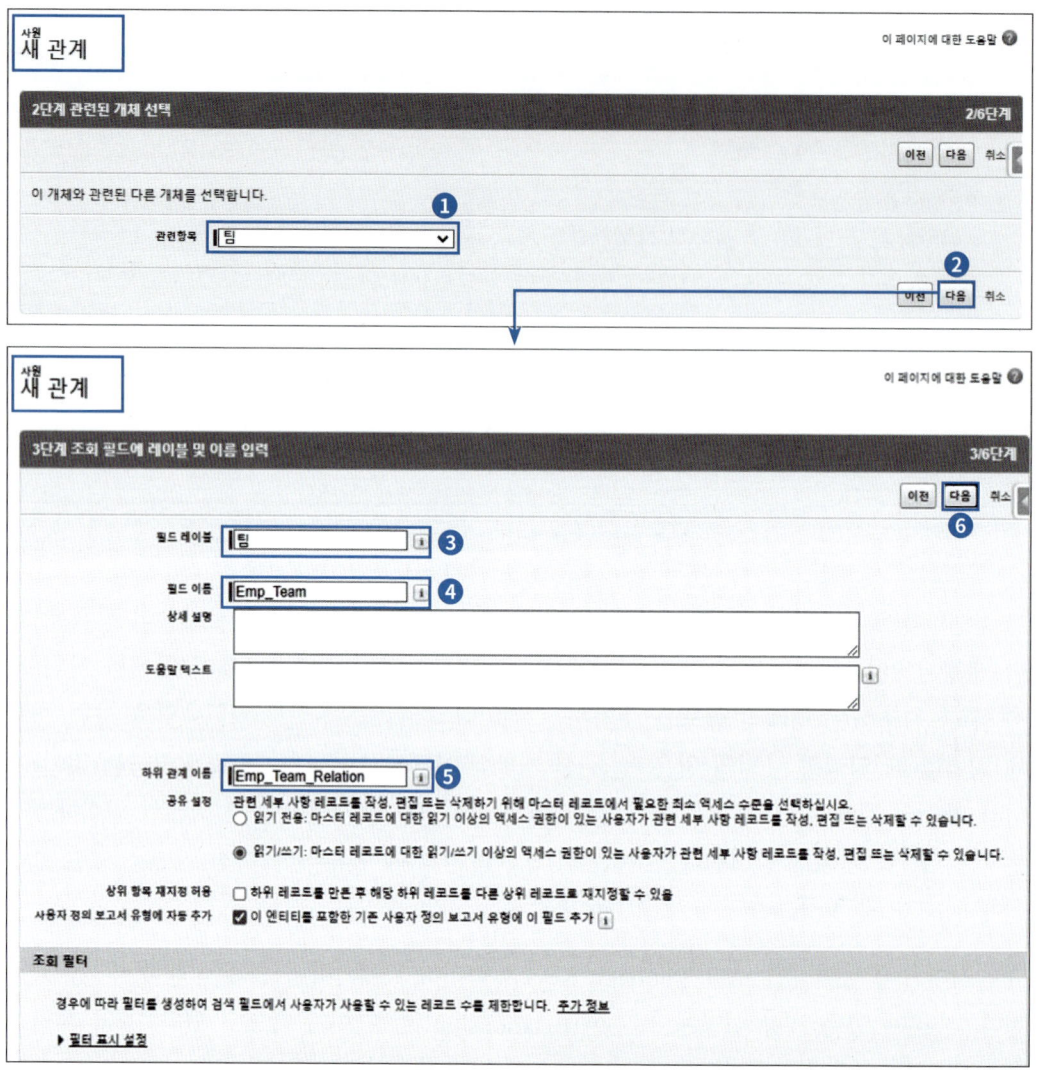

이전 단계에서 데이터 유형을 "마스터-세부 사항 관계"로 선택한 만큼 다음 단계에서는 마스터 개체를 선택해야한다. 지금 예제에서 "마스터" 개체는 당연히 "팀" 개체이며, 관련항목에서 "팀" 개체(1번)를 선택한 후 "다음" 버튼(2번)을 눌러서 다음 페이지로 이동한다.

필드 레이블에는 "팀"을 입력(3번)하고, 필드 이름에는 "Emp_Team"을 입력(4번)한 후 아래 중앙을 보면 "하위 관계 이름"이 있는데, 이는 지금 새로 만들고 있는 "마스터-세부 사항 관계"의 이름이다. 이러한 관계의 이름은 내부적으로 사용되므로 무시해도 좋지만, 관계도 내부적으로 이름이 부여된다는 것 정도는 확인해 줄 필요가 있다. 여기서는 "Emp_Team_Relation"으로 입력(5번) 했다.

그리고 화면 하단에 "필터 표시 설정"이 있는데, 지금 예제에서는 필터를 사용할 필요가 없지만, "마스터-세부 사항 관계"를 정의할 때 필터를 설정할 수도 있다는 정도만 확인하고, "다음" 버튼(6번)을 눌러서 다음 페이지로 이동해서 저장하도록 하자.

(7) "근무여부" 필드 추가하기

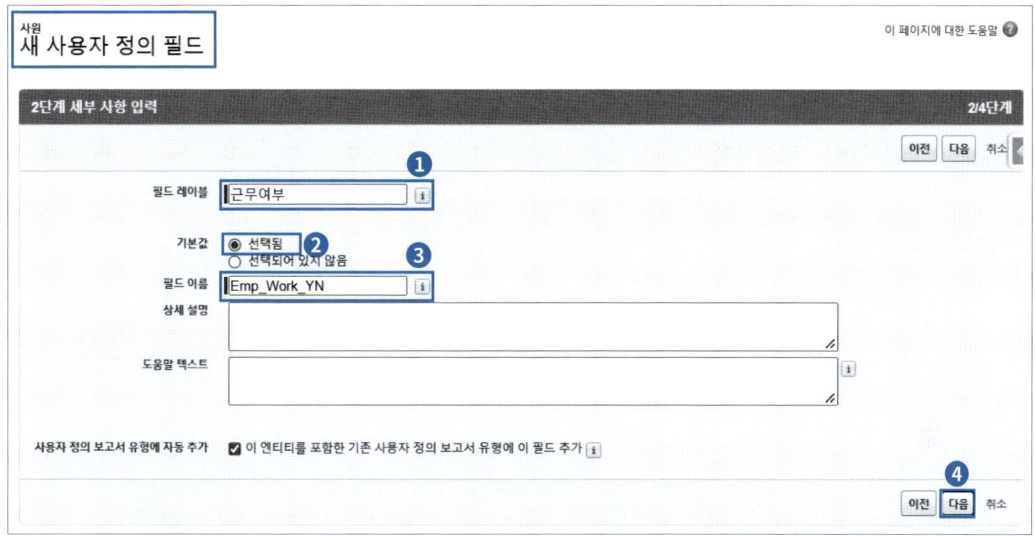

근무여부 필드는 데이터 유형이 "확인란"이다. 이는 "참(True)"과 "거짓(False)", "예" 또는 "아니오", "있음" 또는 "없음" 등 두 개의 값 중 하나를 선택해야하는 경우에 데이터 유형으로 "확인란"을 사용하게 된다. 우선 필드 레이블은 "근무 여부"를 입력(1번)하고, 필드 이름은 "Emp_Work_YN"으로 입력(3번)해보기로 하자. 다만 여기서 확인해야 하는 내용은 해당 개체에 레코드가 입력될 때 이 값의 기본값을 무엇으로 할 지 여부를 결정하는 것이다.

사원 개체에 사원이 입력될 때 해당 사원의 근무여부는 당연히 근무 중인 상태로 등록되어야 할 것이다. 그러므로 "기본값" 설정은 "선택됨"(2번)으로 체크한 후 "다음" 버튼(4번)을 눌러 다음으로 이동해서 필드를 저장하도록 하자.

이상으로 "사원" 개체에 필요한 모든 필드를 만들었지만, 아직 "팀" 개체에 두 개의 필드 즉, "팀장" 필드와 "팀원수" 필드를 더 추가해주어야 한다.

이전에 "팀" 개체를 만들 때 해당 열을 추가하지 않았던 이유는 "팀장"과 "팀원수" 필드는 "마스터-세부 상세 관계"에서 세부 상세 개체(사원)가 존재해야만, 마스터 개체(팀)에 추가할 수 있는 필드들이기 때문이다.

그럼 이제 개체를 "팀" 개체로 옮겨서 두 개의 필드를 추가해보기로 하자.

(8) "팀" 개체에 "팀장" 필드 추가하기

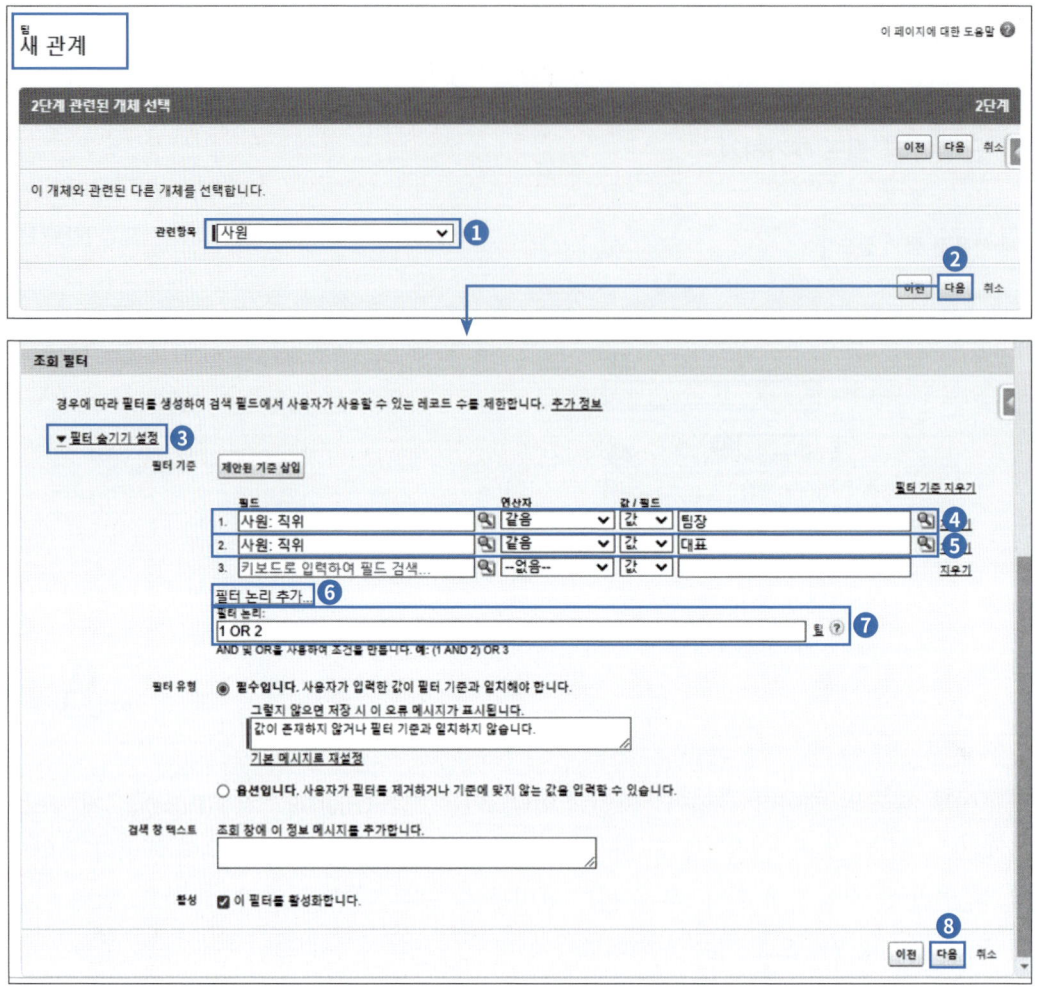

"팀" 개체로 이동한 후 새로운 "팀장" 필드를 추가할 것이다. "팀장" 필드의 데이터 유형은 "조회 관계"이므로 위 화면 전 단계에서 "조회 관계"를 선택한 후 "팀장"은 "사원" 개체에 등록되어 있으므로 "관련항목"에서 "사원" 개체를 선택(1번)한 후 "다음" 버튼(2번)을 눌러서 다음 페이지로 이동한다.

위 두 번째 화면에서는 보이지 않지만, 두 번째 화면 위에 있는 "필드 레이블"에는 "팀장"을 입력하고, "필드 이름"에는 "Team_Manager"를 입력하며, 하위 관계 이름에는 "Team_Manager_Relation"을 입력한다. 그 다음 하위에 있는 "필터 숨기기 설정"을 누르면(3번), 위와 같이 하위 영역이 확장된다.

"팀" 개체에서 "팀"을 등록할 때, "팀장"은 직위가 "팀장"인 사원 중에 해당 "팀"의 "팀장"을 선택해야만 한다. 그러므로 "팀장" 필드를 선택할 때 모든 사원이 조회되지 않도록 조건을 추가하는 것이다. 더불어 "대표"라는 팀도 직위가 "대표"인 사원을 등록해야 하는 것이기 때문에 우선 조건에서 "사원 : 직위" 필드를 선택한 후 "연산자"는 "같음"으로, "조건은 "팀장"을 선택(4번)한다. 그 다음 "직위"를 "대표"로 선택(5번)한 후 직위가 1과 2에 해당하는 모든 사원을 목록으로 출력할 것이므로 둘 다 만족하는 경우를 표현하기 위해 중간에 "필드 논리 추가"를 눌러(6번) "필터 논리" 입력란에 "(1 or 2)"로 입력(7번)한 후 마지막 "다음" 버튼(8번)을 눌러 다음으로 이동한다.

(9) "팀" 개체에 "팀원수" 필드 추가하기

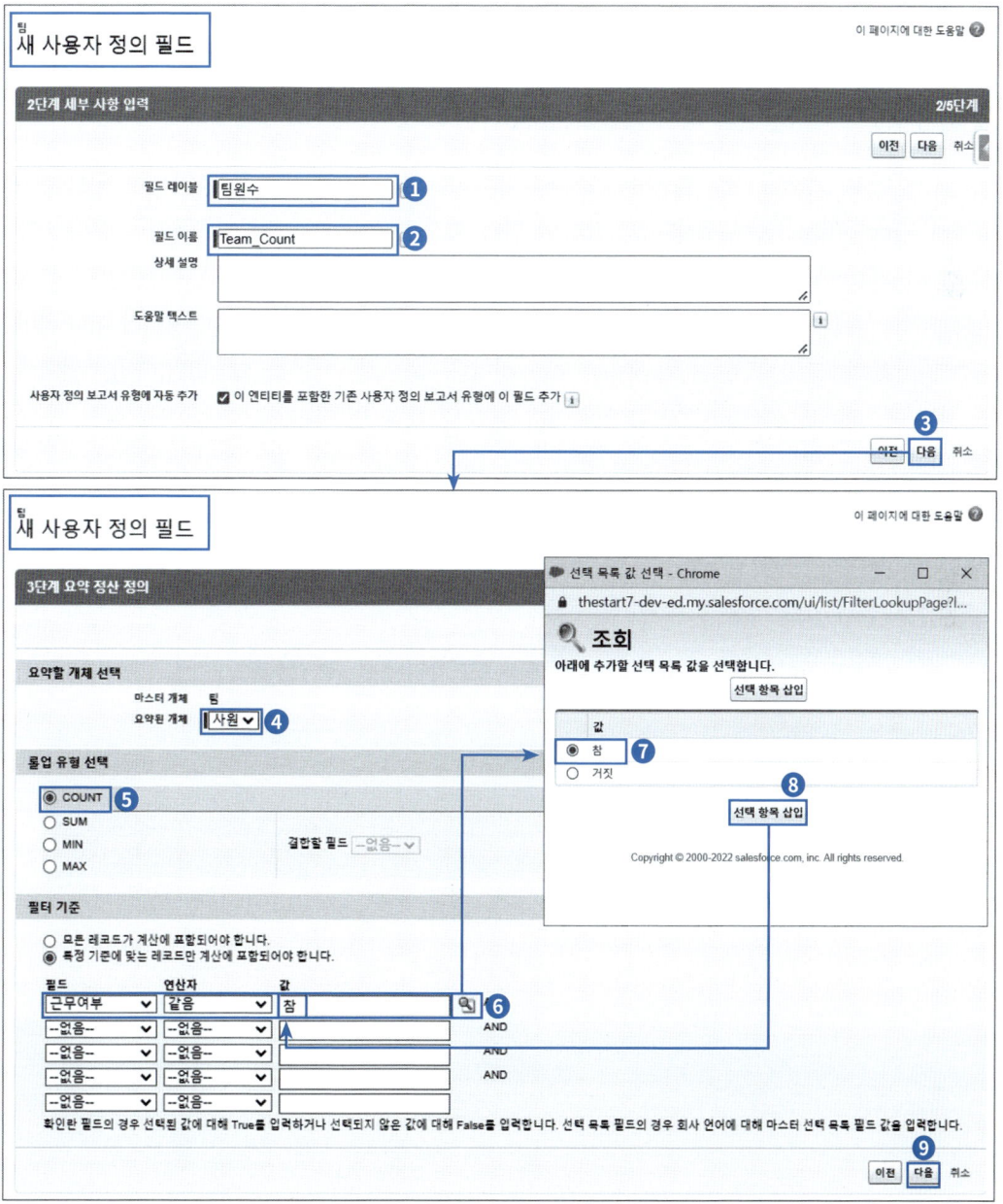

"팀원수" 필드는 해당 팀에 등록된 사원을 카운트해서 결과를 보여주기 위한 필드이다. 그러므로 사원 개체를 참조해서 레코드를 집계해야 하므로 데이터 유형을 "롤업 요약"으로 선택하고, "필드 레이블"에는 "팀원수"로 입력(1번)하고, "필드 이름"에는 "Team_Count"를 입력(2번)한 후 "다음" 버튼(3번)을 눌러 다음 페이지로 이동해서 집계를 설정해 주어야 한다.

팀에 등록된 사원들을 집계해서 결과를 보여줄 것이기 때문에 "요약된 개체"는 집계의 대상이므로 "사원" 개체를 선택(4번)하고, "롤업 유형"에서는 숫자를 카운트할 것이므로 "Count"를 선택(2번)한 다음 필터 기준을 정의해야 한다.

사원 개체이 있는 모든 사원들을 집계한다면, 첫 번째 옵션인 "모든 레코드가 계산에 포함되어야 합니다."를 선택해주면 된다. 그러나 여기서 한 가지 생각해 볼 것이 있다. 사원 개체에는 "근무여부" 필드가 있다. 그렇다면 해당 부서에 소속된 사원들 중에 "근무여부" 필드 값이 "거짓" 즉, 근무를 하지 않는 퇴사한 사원의 경우에는 집계에서 제외를 해야 한다.

그러므로 현재 상황에서는 정상적으로 근무를 하고 있는 사원들만 집계 대상이 되므로 필터를 추가해주어야 하는 것이다. 그러므로 필터 기준의 두 번째 옵션인 "특정 기준에 맞는 레코드만 계산에 포함되어야 합니다."옵션을 선택(7번) 한 후 필드는 "근무여부"를 선택하고 "연산자"는 "같음" 기본값을 그대로 한 다음 "값"을 입력해야 한다. 여기에서 "참"이란 값을 직접 입력할 수도 있지만, 위 화면에서 보는 것처럼 "돋보기" 버튼을 클릭(8번)하면, "선택 목록 값 선택" 대화상자가 나타난다. 여기에서 원하는 값을 선택해야 하는데, 여기서는 "참"을 선택(9번)한다. 그런 다음 "선택 항목 삽입" 버튼(10번)을 누르면, 해당 값이 입력된다.

그리고 "다음" 버튼(11번)을 눌러서 마지막까지 이동한 다음 저장 버튼을 눌러서 "팀원수" 필드 추가를 완료한다.

2-5 확인(유효성 검사) 규칙(Validation Rule) 정의

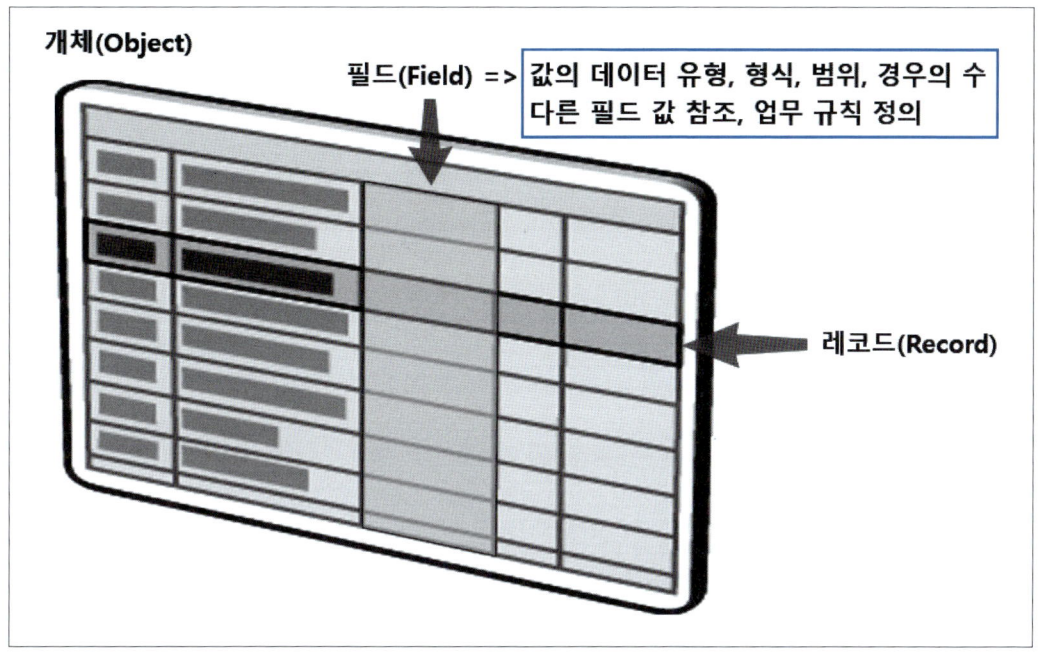

필드에 데이터를 입력하는 경우 잘못된 데이터가 입력되지 못하도록 하는 것은 확인 규칙(Validation Rule)이라고 하며, 이를 좀 더 쉬운 말로 유효성 검사 규칙이라고 한다. 둘 다 영어로는 동일한 단어이다.

이를 넓은 의미로 해석하자면, 그 동안 우리가 필드를 추가할 때 정의했던 데이터 유형(날짜, 문자, 숫자 등…), 형식(일련번호 형식 등), 경우의 수(선택 목록, 선택 목록 (다중 선택) 등) 모두 확인 규칙(Validation Rule)이라고 할 수 있다.

그러나 여기서 얘기하는 확인 규칙은 단순한 기능적인 구현보다 좀 더 업무를 기반으로 잘못된 데이터가 입력될 수 없도록 하는 것을 의미한다. 이는 프로그램의 완성도를 높이는데 매우 중요한 요소이며, 더 복잡해지는 경우 지금 얘기하고 있는 확인 규칙 외에 Apex 프로그램(세일즈포스 프로그램)을 통해서 제어해야 하는 경우도 많이 있다.

다만 여기서는 입문서인 관계로 지금 구현된 상황을 기본으로 예제를 설명할 것이다.

업무 요건은 다음과 같다.

> "사원의 경우 만 18세 이상이어야 한다."

우리는 입력된 생년월일을 기준으로 현재 나이가 출력될 수 있도록 "나이" 필드를 구성했다. 그러나 여기에는 문제가 있는데, 나이가 만 18살 미만인 분이 회사에 입사할 수는 없을 것이다. 그렇다면 사원 정보를 입력할 때 생년월일을 확인해서 만 18세 이상인지, 미만인지를 확인해야 한다.

그 결과 만일 입력 시 만 18세 미만인 사원을 등록하는 경우 입력되지 못하게 함은 물론이고, 이에 적합한 메시지를 출력해 주어야 한다.

이것은 단순해 보이지만, 바로 이것이 프로그램의 완성도를 높이는 매우 중요한 일 중에 하나이며, 이를 구현하는 기능이 바로 확인 규칙(Validation Rule) 이다.

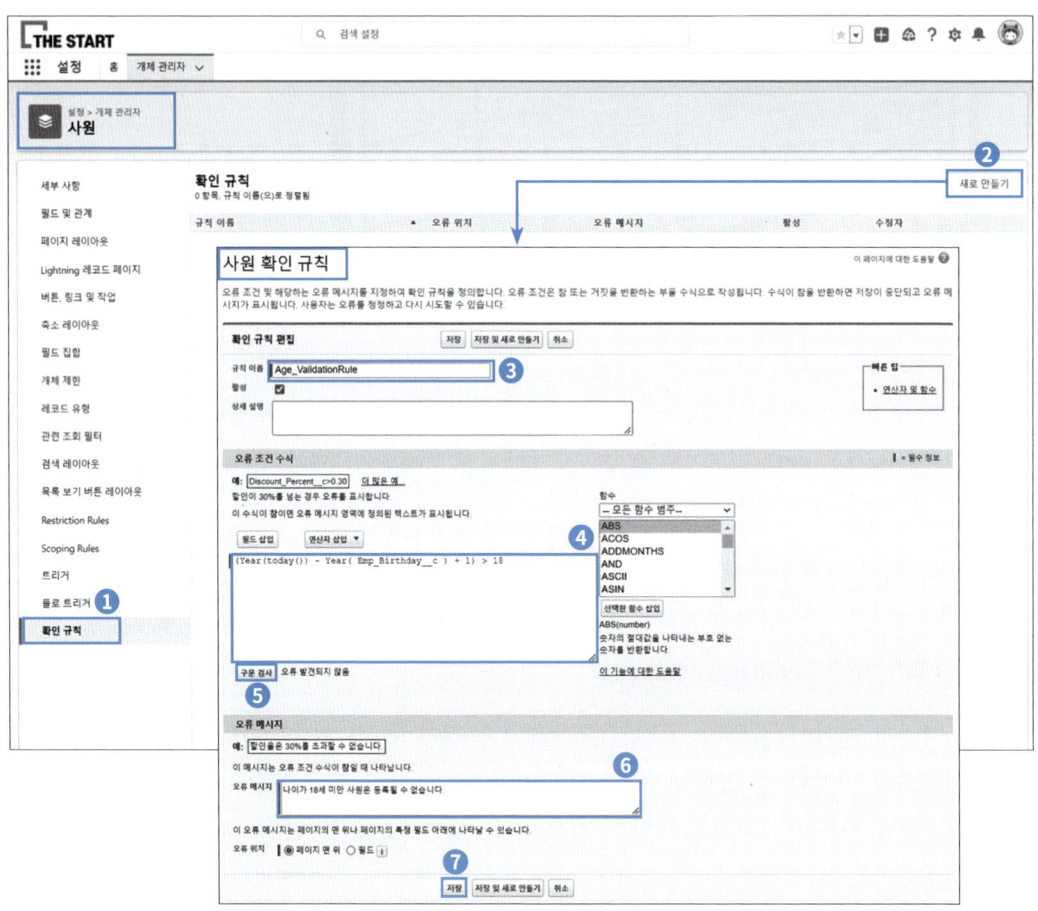

위의 내용을 구현하기 위해서는 우선 개체 관리자에서 "사원" 개체를 선택해야 한다. 그리고 왼쪽에 항목을 보면 가장 아래에 있는 "확인 규칙"을 선택(1번)하면 해당 개체에 등록된 확인 규칙 목록이 나오는데, 우리는 아직 확인 규칙을 만든 적이 없기 때문에 목록에 아무것도 없을 것이다.

그럼 우측 상단에 있는 "새로 만들기" 버튼(2번)을 누르면, 화면이 바뀌면서 새로운 확인 규칙을 등록하게 된다. 규칙 이름은 "Age _ValidationRule"이라고 입력(3번) 한 후 아래 오류 조건 수식에는 다음과 같이 입력(4번)한다.

"(Year(today()) − Year(Emp_Birthday__c) + 1) < 18"

수식을 입력한 후에는 아래에 있는 "구분 검사" 버튼(5번)을 눌러서 이상이 없는 지를 꼭 확인해주어야 한다.

다음은 18세 미만인 경우 사용자에게 적절한 메시지를 입력해주어야 한다. 여기에서는 "나이가 18세 미만 사원은 등록될 수 없습니다."로 입력(6번) 한 후 마지막으로 "저장" 버튼 (7번)을 눌러서 "확인 규칙"을 등록한다.

지금 등록된 확인 규칙은 이후 데이터를 입력하는 과정에서 테스트를 해볼 것이다.

2-6 스키마 빌더(Schema Builder)

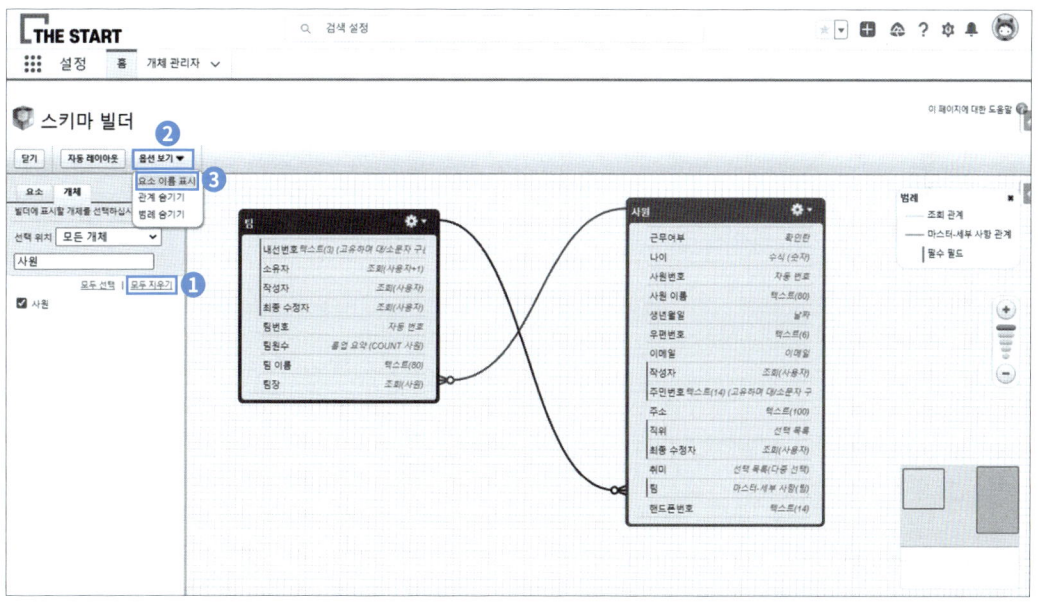

이전 작업을 통해 "팀"과 "사원" 개체를 생성하고, 관련된 필드들을 모두 추가했다. 일반적인 시스템 개발과 같은 경우에는 현재 이 상태가 데이터베이스 설계를 완료한 상태가 되는 것이다. 이러한 개체들의 구조와 관계를 시각적으로 확인하려고 할 때 바로 "스키마 빌더"를 사용하게 된다.

스키마 빌더는 개체 관리자 탭에서 오른쪽 상단에 보면 "스키마 빌더" 버튼이 있으며, 이 버튼을 누르면, 위 화면과 같이 스키마 빌더 다이어그램이 보이게 된다. 처음 스키마 빌더에 들어오게 되면, 모든 개체들이 보이게 설정이 되어 있어서 구조가 매우 복잡하게 보일 것이다. 그러므로 왼쪽에 있는 개체 목록 상단에 "모두 지우기" 링크(1번)를 클릭한 후 우리가 보고자 하는 "팀" 개체와 "사원" 개체를 검색해서 선택하면, 해당 개체들만 다이어그램에 표시된다.

위 다이어그램을 보면 "팀" 개체와 "사원" 개체 간에 "마스터-세부 사항 관계"가 맺어져 있는 것을 확인할 수 있는데, 이는 빨간색 선으로 표현된다. 그리고 "사원" 개체와 "팀" 개체 간의 관계에서 사원들 중에 팀장이 선택되어야 하므로 조회관계가 파란색 선으로 표시된 것을 확인할 수 있다.

그리고 현재 기본 보기 옵션은 레이블이다. 즉 한글로 작성된 개체 및 필드명들이 보여지는게 기본인데, 이를 내부적으로 참조하기 위한 이름으로 표시하기 위해서는 왼쪽 상단에 "옵션 보기" 드롭다운 버튼을 클릭(2번)한 다음 메뉴 중에 "요소 이름 표시" 메뉴를 선택하면, 모든 개체 및 필드들이 영문 즉 실제 개체 이름으로 출력된다.

세일즈포스의 기본 모티브는 코딩을 최소화하는 것이지만, 실제 어느 정도 규모가 있는 프로젝트에서 개발 요소들은 전체 세일즈포스 프로젝트의 1/3 이상을 차지할 만큼 많은 비중을 차지한다. 그러므로 위의 스키마 빌더는 개발 엔지니어 분들이 개체를 참조하기 위해 많이 사용하는 중요한 관리도구이다.

2-7 사용자 정의 개체 탭 추가

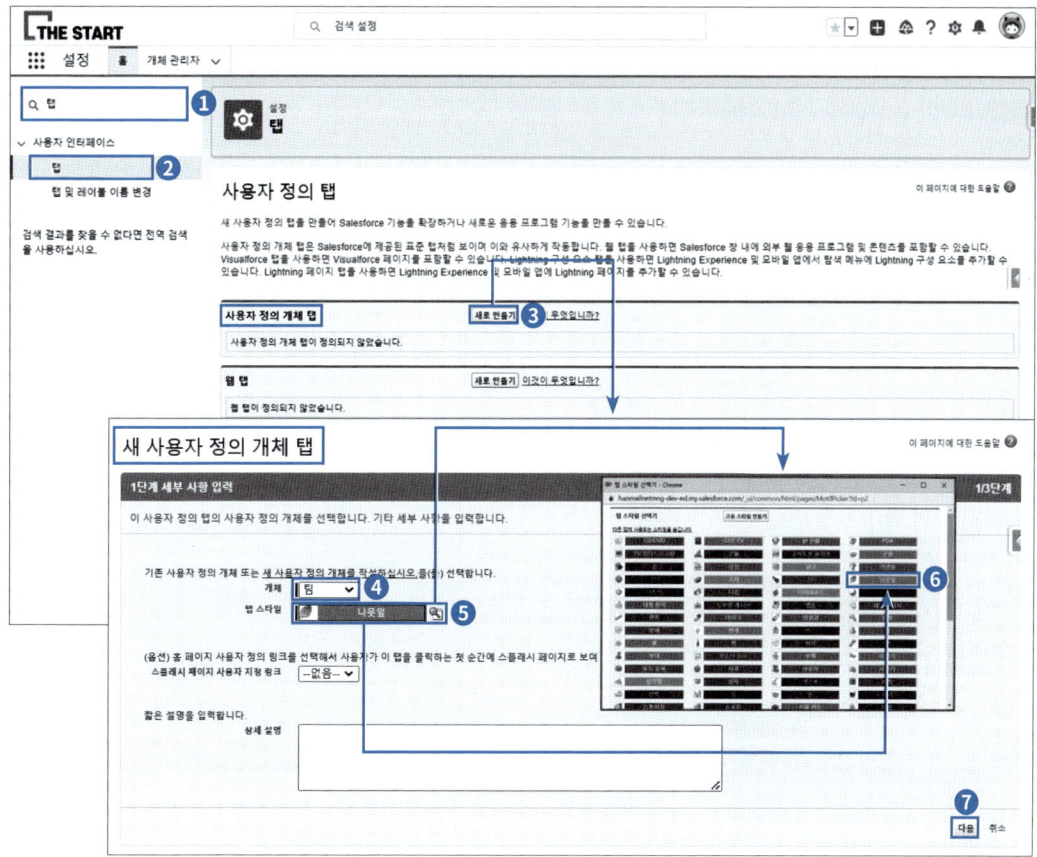

일반 프로그램 개발 환경에서는 데이터베이스에 스키마를 생성한 후 해당 개체들에 대한 프로그램(화면 인터페이스)을 개발하게 된다. 하지만, 세일즈포스는 솔루션이다. 그러므로 사용자 정의 개체를 생성하게 되면, 해당 개체에 대한 입력, 수정, 삭제, 조회를 위한 프로그램 화면(이를 페이지 레이아웃이라고 한다.)이 기본적으로 만들어진다. 그러므로 이번에는 커스텀 개체인 "팀"과 "사원" 개체의 화면을 살펴보기로 하자.

이를 위해 두 개체(팀, 사원)를 상단 탭에 노출될 수 있도록 사용자 정의 개체 탭을 정의해 보기로 하겠다. 우선 "설정"에서 "홈"으로 이동한 후 검색 창에 "탭"을 입력(1번)하면, 사용자 인터페이스 항목 하위에 "탭" 항목이 검색된다. 이를 클릭(2번)하면 "사용자 정의 탭" 화면으로 이동한다.

우리는 일반 개체들과 같이 탭에서 해당 개체를 액세스할 수 있도록 하기 위해 "사용자 정의 개체 탭" 항목에서 "새로 만들기" 버튼(3번)을 클릭한다.

그러면 1단계 세부 사항 입력 단계에서 "개체"를 "팀"으로 선택(4번)한 후 "탭 스타일"에서 돋보기 버튼(5번)을 누르면, "탭 스타일 선택기" 대화상자가 나타나며, 여기서 원하는 아이콘 및 색상을 선택(6번)하면 선택된 색상 및 아이콘이 반영된다. 그리고 "다음" 버튼(7번)을 눌러 다음 페이지로 이동한다.

그런 다음 가시성에 대한 설정과 앱에 노출 여부를 선택한 후 관련 내용을 저장한다.

지금 과정은 "팀" 개체의 사용자 정의 개체 탭을 만드는 과정이었으며, 사원 개체도 사용자 정의 개체 탭을 생성해서 앱의 탭에 노출해야 하기 때문에 위 과정을 반복해서 사원 개체에 대한 사용자 정의 개체 탭도 등록해보기로 하자. 이 부분은 동일한 내용이므로 설명하지 않겠다.

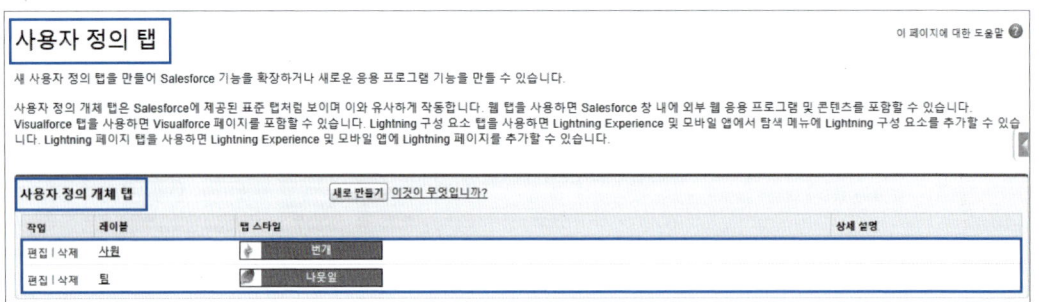

그러면 위 화면처럼 "팀"과 "사원" 개체들이 사용자 정의 개체 탭에 등록된 것을 확인할 수 있다.

2-8 데이터 입력하기

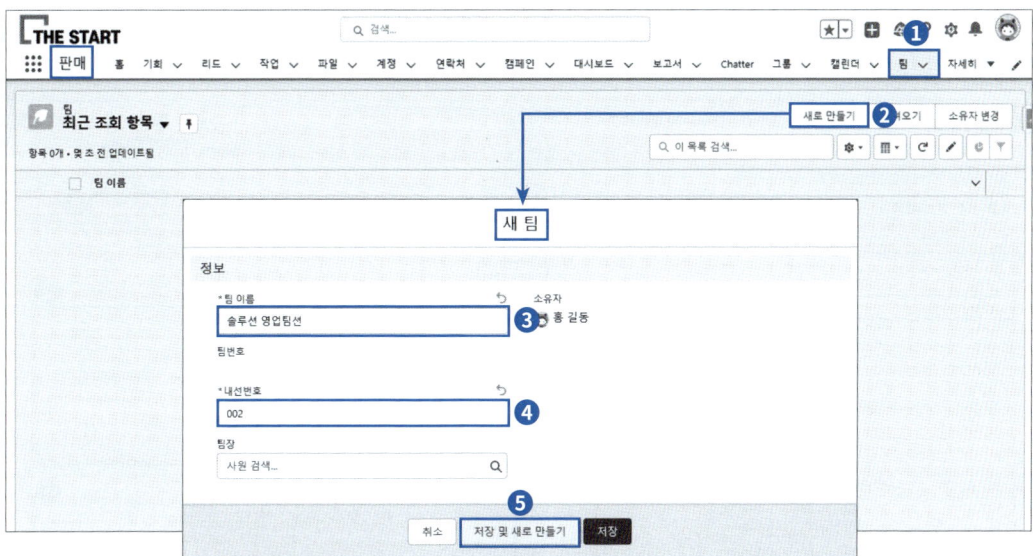

"팀" 개체와 "사원" 개체의 탭이 추가되었는 지를 확인하기 위해서 판매 앱으로 이동해 보기로 하자. 그러면 화면 우측 상단에 "팀" 탭과 "사원" 탭이 추가된 것을 확인할 수 있다. 우선 "팀" 탭(1번)을 선택한 후 "새로 만들기" 버튼(2번)을 누르면, "새 팀" 대화상자가 나타나며 여기에서 팀을 입력하면 된다. 여기서 주의할 것은 팀장은 사원중에서 선택해야 하는데, 아직 사원을 입력하지 않았기 때문에 "팀"과 "사원" 입력 후 다시 "팀"의 팀장을 등록해 주어야 한다.

입력 항목 중 "팀 이름" 필드(3번)와 "내선번호" 필드(4번)는 아래 내용을 참조해서 입력하기로 하자.

팀 이름	내선번호	팀장 (사원 입력 후 선택)
대표	001	차 범근
솔루션 영업팀	002	박 찬호
솔루션 개발팀	003	손 흥민
고객 지원팀	004	홍 길동

위 표에서 팀장은 사원 개체에 데이터를 입력한 후 입력된 사용자 중 선택해서 입력해야 하기 때문에 지금은 입력하지 않고, 사원 데이터를 입력한 후에 팀장을 등록하도록 할 것이다. 더불어 여러 건의 데이터를 입력하는 경우에는 "저장 및 새로 만들기" 버튼(5번)을 누르는 것이 보다 편리하다.

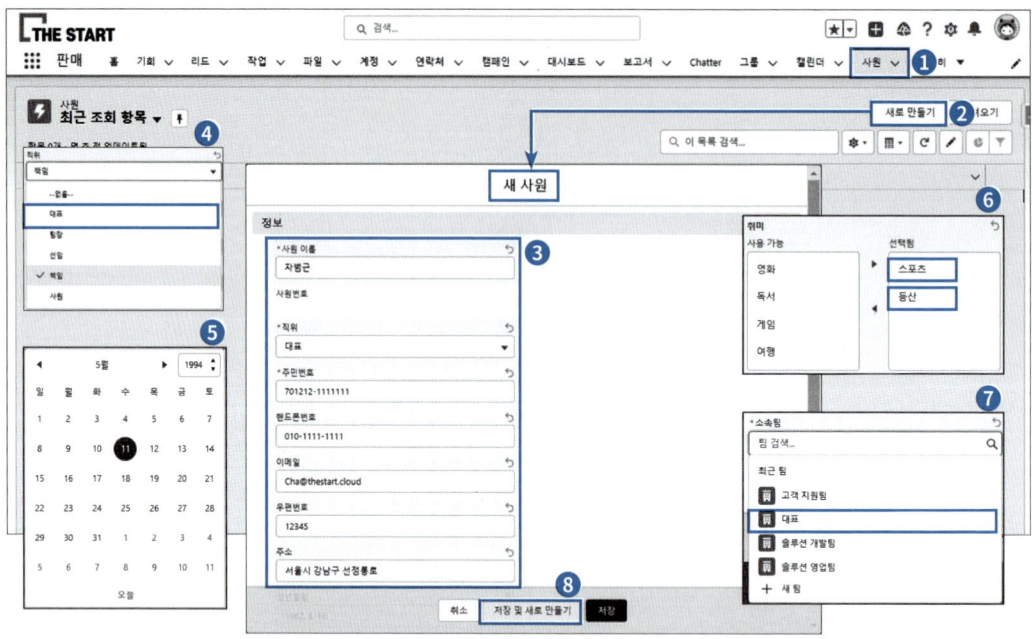

이번에는 사원 개체에 데이터를 입력해하기 위해서 우선 "사원" 탭(1번)을 선택한 후 "새로 만들기" 버튼(2번)을 클릭하면, "새 사원" 대화상자가 나타난다. 여기에서 사원 관련 여러 필드(3번)들을 입력해야 하는데, 다른 항목들은 평이하게 입력할 수 있지만, 기능이 적용된 필드들에 대해서 한번 살펴보기로 하겠다.

우선 "직위" 필드의 경우 데이터 유형이 "선택 목록"으로 되어 있기 때문에 해당 목록 중 하나의 직위를 선택(4번)하면 된다. 그리고 "생년월일" 필드는 데이터 유형이 "날짜"로 되어 있기 때문에 날짜를 입력하기 위한 캘린더가 표시되며, 원하는 날짜를 선택(5번)하면 해당 날짜가 자동 입력된다. 그리고 "취미" 필드의 경우 데이터 유형이 "선택 목록(다중 선택)"으로 되어 있다. 해서 여러 취미 항목들 중 여러 개를 선택(6번)할 수 있도록 인터페이스가 지원된다. 마지막으로 "소속팀" 필드의 경우 데이터 유형이 "마스터-세부 사항 관계"이기 때문에 조회 버튼을 누르면 팀 목록이 보여지며, 각 사원별로 소속된 팀을 선택(7번)해주면 된다.

이제 다음 표를 참조해서 데이터를 입력하도록 하자.

사원 이름	직위	주민번호	………	취미	소속팀	근무여부
차범근	대표	701212-11111111	………	등산	대표	확인
박찬호	팀장	701212-11111112	………	스포츠	솔루션 영업팀	확인
류현진	선임	701212-11111113	………	게임	솔루션 영업팀	확인
손흥민	팀장	701212-11111114	………	게임	솔루션 개발팀	확인
임꺽정	선임	701212-11111115	………	스포츠, 게임	솔루션 개발팀	확인
김연아	책임	701212-11111116	………	등산, 여행	솔루션 개발팀	확인
마동석	책임	701212-11111117	………	여행	솔루션 개발팀	확인
홍길동	팀장	701212-11111118	………	스포츠	고객 지원팀	확인
이승엽	선임	701212-11111119	………	스포츠	고객 지원팀	확인

여기서도 역시 반복해서 데이터를 입력할 예정이므로 이번에는 "저장 및 새로 만들기" 버튼(8번)을 눌러서 저장함과 동시에 새로운 사원을 연속해서 등록하도록 하자.

다만 한 가지 이전 단계에서 "확인 규칙"을 등록했었다. 그러므로 입력하는 과정에서 한 가지만 확인해보기로 하겠다.

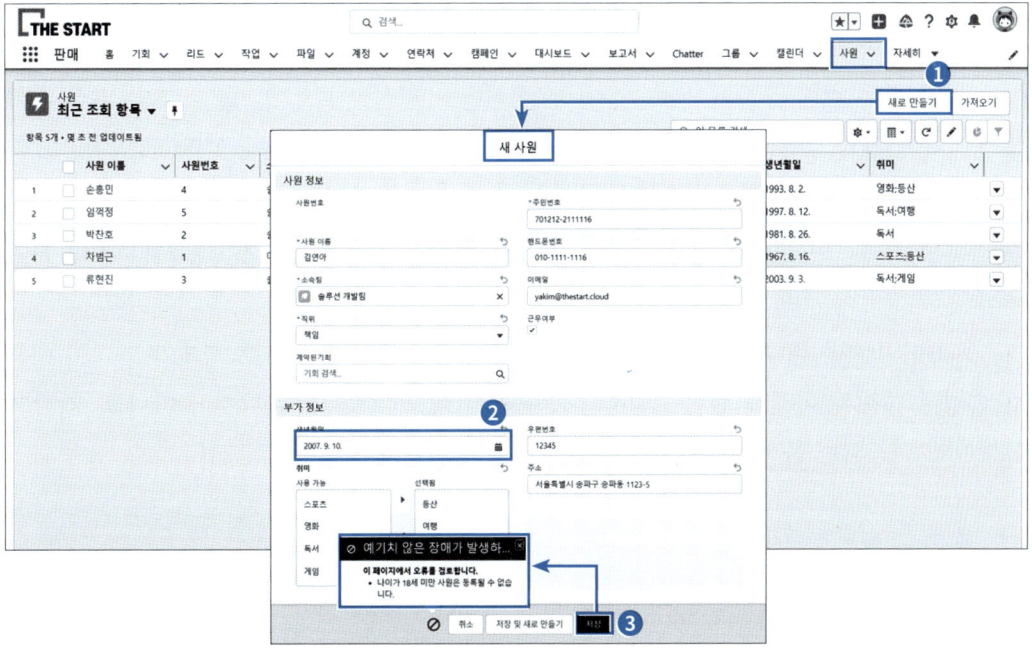

위 화면은 신구 사원 입력(1번)에서 "김연아" 사원을 입력하면서 "생년월일"을 "2007"년도로 입력(2번)한 후 마지막으로 저장 버튼(3번)을 눌렀을 때 "확인 규칙"에 의해서 오류 메시지가 출력되는 모습이다. 앞에서도 언급했지만 확인 규칙은 다양한 업무를 기반으로 다양하게 구현될 수 있으니 잘 확인해야 하는 내용이다.

이제 기본적으로 "팀" 개체와 "사원" 개체에 데이터를 입력했으며, 사원들이 모두 입력됐기 때문에 마지막으로 "팀" 개체에서 각 팀의 "팀장"을 등록해 보기로 하자.

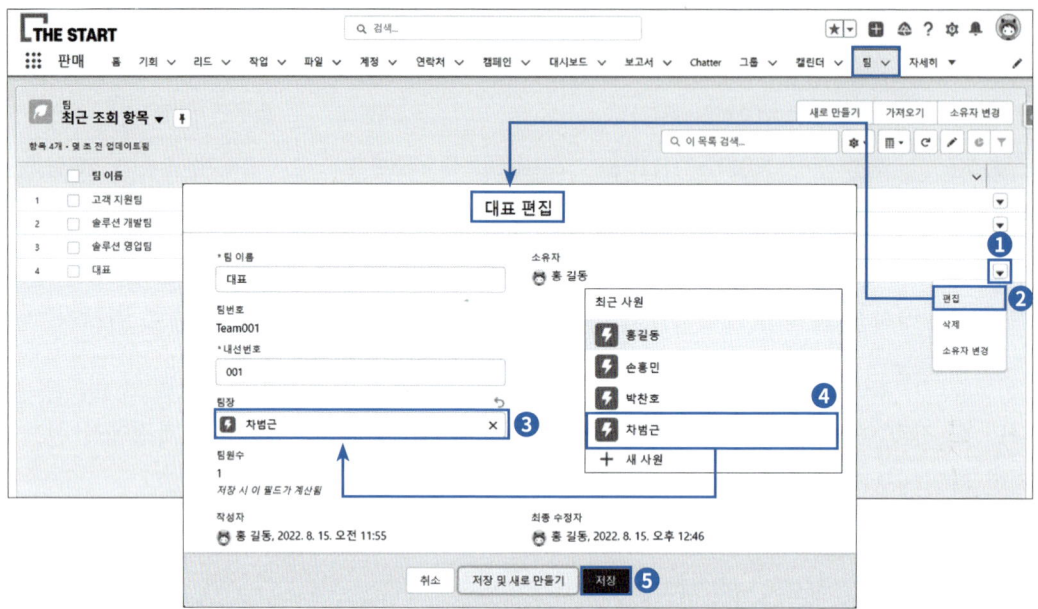

이를 위해 목록 보기 오른쪽 콤보 상자(1번)을 눌러 "편집" 메뉴(2번)을 누르면, 편집 대화 상자가 나타난다. 그러면 이제 해당 팀의 팀장을 등록하기 위해 팀장을 선택(3번)하면 다음과 같이 각 팀을 관리할 수 있는 팀장 리스트가 나타나며, 여기에서 각 팀의 팀장을 선택(4번)해주면 된다. 마지막으로 "저장" 버튼(5번)을 눌러서 저장한 후 계속해서 각 팀의 팀장들을 등록하기로 하자.

"팀" 개체와 "사원" 개체에 데이터 입력이 완료됐다면, 이제 어느 정도 개체와 필드의 데이터 유형에 대해서 이해가 됐을 것이다. 하지만, 아직 전체를 다뤄본 것이 아니고, 각각의 항목들에 적용되는 옵션도 매우 많기 때문에 자주 보면서 익숙해져야 한다.

2-9 표시할 필드 선택 – 모두보기

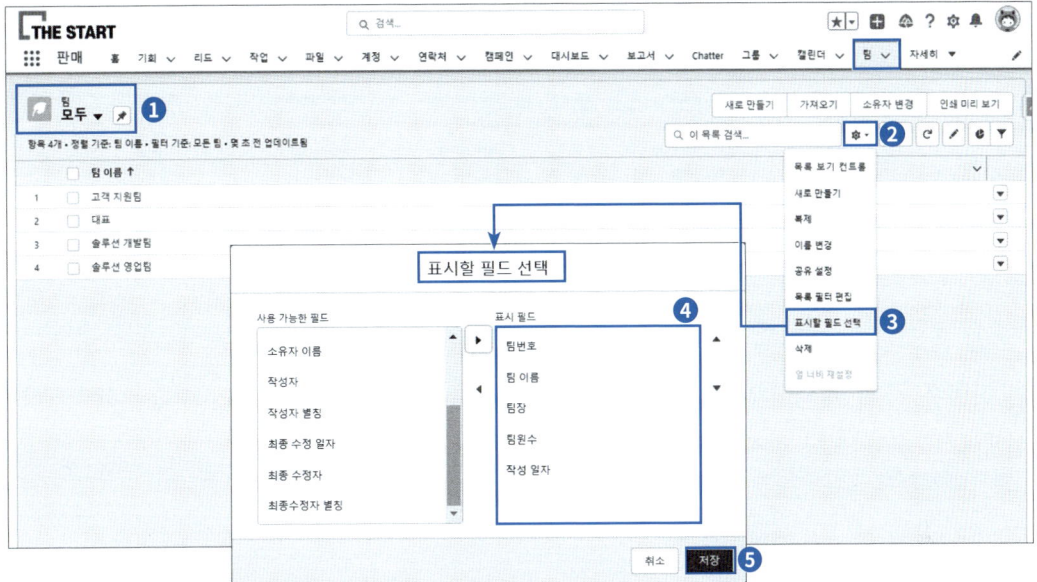

사용자 정의 개체를 만들어서 탭을 선택해서 목록 보기를 보게 되면, 해당 개체의 이름 필드만 기본적으로 노출된다. 그러므로 내가 원하는 필드들을 목록 보기에서 설정하려면, 우선 보기 옵션을 "모두"(1번)으로 변경하고, 오른쪽 상단에 기어 아이콘 인 "목록 보기 컨트롤"(2번)을 선택한 다음 "표시할 필드 선택" 메뉴(3번)을 누르면, 중앙에 보이는 것 처럼 "표시할 필드 선택" 대화상자가 나타난다. 여기에서 왼편에 "사용 가능한 필드" 목록에 있는 필드들을 오른쪽 "표시 필드" 영역(4번)으로 이동하고, 필드 순서 등을 조정한 다음 "저장" 버튼(5번)을 누르면, 원하는 형태로 목록 보기에서 출력된다.

한 가지 주의해야 하는 점은 목록 보기에서 "최근 조회"를 선택한 경우에는 "목록 보기 컨트롤"(2번)을 눌렀을 대 메뉴가 활성화되질 않는다. 그러므로 보기 옵션을 "모두"(1번)으로 변경한 후 "목록 보기 컨트롤"(2번) 버튼을 이용해서 메뉴에 접근해야 한다.

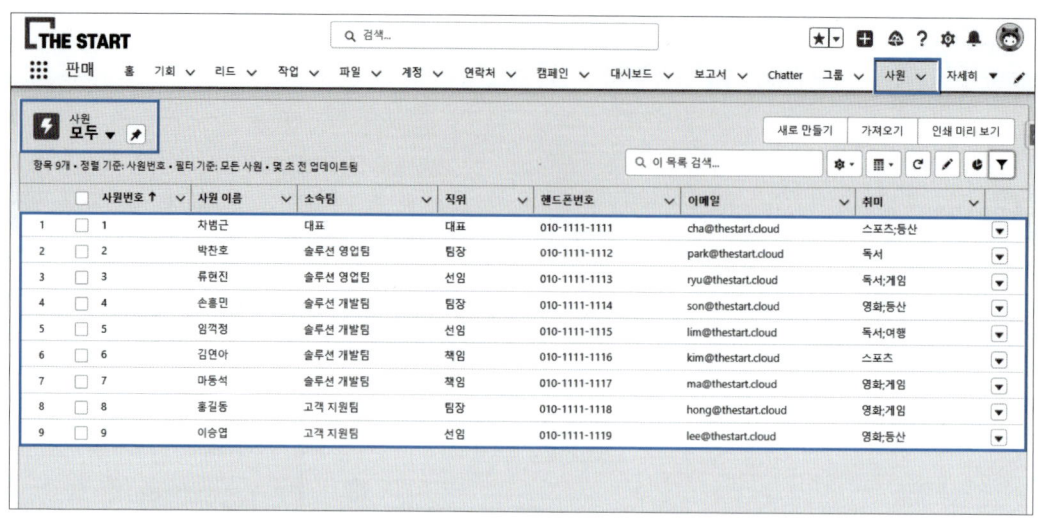

위 화면을 사원 개체의 목록 보기이며, 이를 참고해서 "사원" 개체도 같이 표시할 필드를 선택해서 정리하도록 하자.

2-10 표시할 필드 선택 – 최근 조회 항목

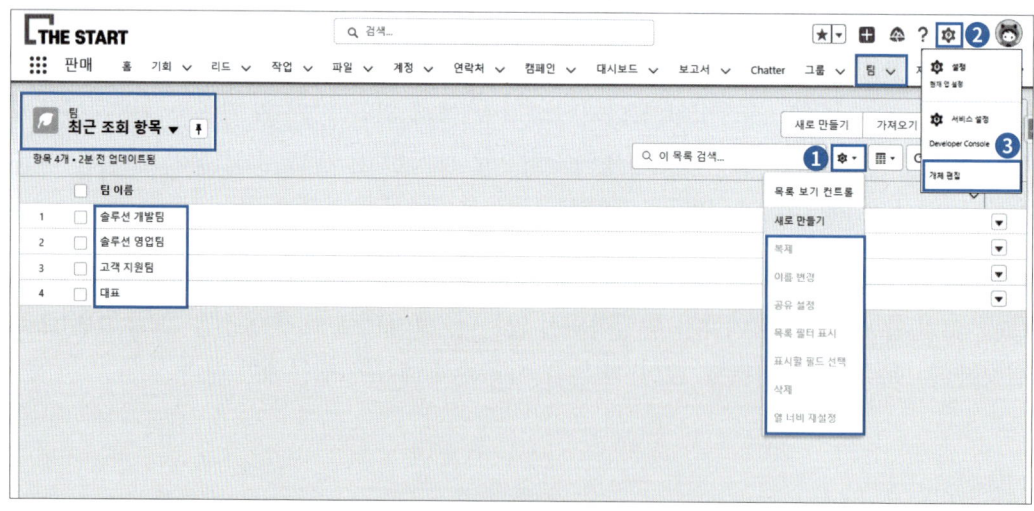

이전 단계에서 "모두 보기"는 "목록 보기 컨트롤"을 선택했을 때 "표시할 필드 선택" 메뉴가 활성화되지만, 탭 선택 시 일반적으로 처음 접근하게 되는 "최근 조회 항목"의 경우에는 "목록 보기 컨트롤"(1번)을 선택했을 때 해당 메뉴가 활성화되질 않는다. 그러므로 직접 보

여주길 원하는 필드를 화면에서 직접 추가할 수는 없다. 이렇게 목록 보기 중 "최근 조회 항목"의 목록 보기에서 원하는 필드를 추가하기 위해서는 "검색 레이아웃"에서 설정을 해 주어야 한다.

이를 위해 위 화면 오른쪽 위에 있는 "설정" 버튼(2번)을 누른 후 "개체 편집" 메뉴(3번)를 선택해서 개체 편집기 화면으로 이동한다.

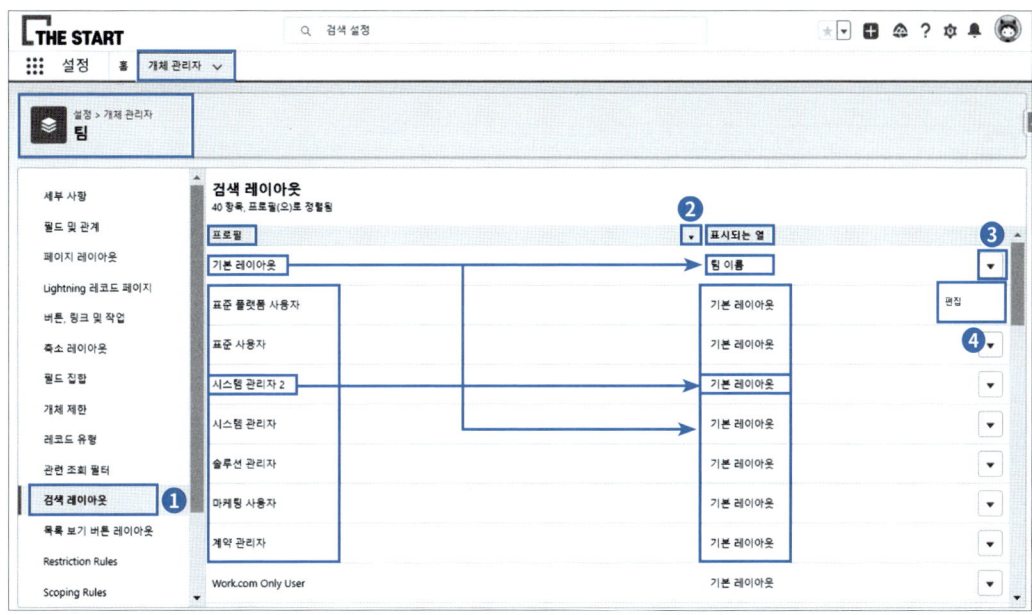

"팀" 개체의 개체 관리자에서 우선 "검색 레이아웃" 항목(1번)을 선택해 보기로 하자. 그러면 오른쪽 화면이 보여지는데, 약간 복잡하게 선이 연결되어 있기는 하지만, 어려운 내용은 아니니 차분히 살펴보기로 하자. 우선 위 화면은 우리가 주로 사용하고 있는 프로필을 상단에 보이게 하기 위해서 "표시되는 열" 왼쪽에 정렬 버튼(2번)을 눌러서 내림차순으로 정렬한 상태이다.

이제 화면을 살펴보기로 하자. 화면 왼쪽 목록은 "프로필" 목록이다. 그리고 오른쪽 목록은 "표시되는 열"이다. 그러면 현재 로그인 한 "홍 길동" 사용자의 경우 "시스템 관리자" 프로필을 적용받고 있는 상태이기 때문에 "표시되는 열"에 "기본 레이아웃"이 적용되어 있는 상태이다. 그 외에도 다른 모든 프로필들은 "기본 레이아웃"이 적용되어 있는 상태이다.

그러면 "기본 레이아웃"은 어디에 설정되어 있는 지를 확인해보기로 하자. "기본 레이아웃"은 왼쪽 상단 "프로필" 항목 바로 아래에 있다. 이 "기본 레이아웃"은 정렬 버튼(2번)을 눌러 어떻게 정렬하든지 가장 상위에 노출된다. 이러한 "기본 레이아웃"에서 "표시되는 열"을 확인해보면, 현재 "팀 이름" 필드밖에 없는 것을 확인할 수 있다. 그러므로 지금 화면에서는 "최근 조회 항목"에서 "팀 이름" 밖에는 노출되지 않는 상태인 것이다.

그러면 현재 모든 프로필들이 "기본 레이아웃"을 적용 받고 있기 때문에 노출을 원하는 필드가 있다면, 각각의 프로필에서 설정하는 것이 아니라 "기본 레이아웃"의 표시되는 열을 추가하면, 모든 프로필에 보기옵션이 일괄적으로 적용되는 것이다.

그러면 "기본 레이아웃의"의 노출 필드를 추가하기 위해서는 "기본 레이아웃" 오른쪽에 있는 콤보 버튼"(3번)을 누른 다음 "편집" 메뉴(4번)을 눌러서 수정해주어야 한다.

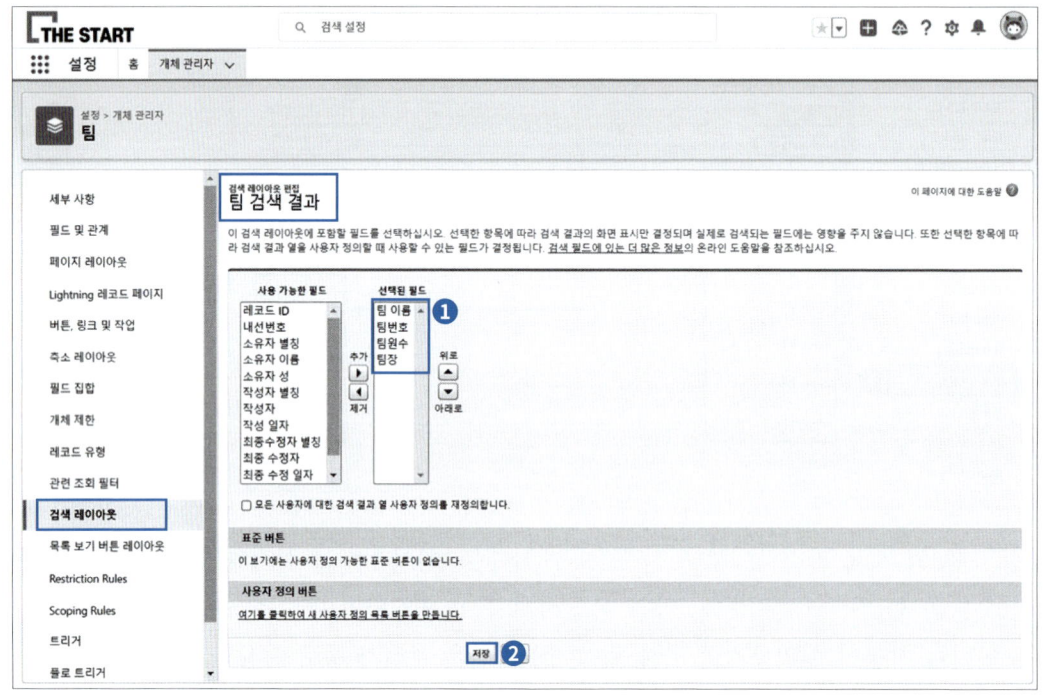

그러면 위와 같이 원하는 필드를 추가할 수 있는 인터페이스가 나타난다. 위의 "사용 가능한 필드" 목록에서 원하는 필드들을 "선택된 필드로 이동(1번)한 후 "저장" 버튼(2번)을 눌러서 설정을 저장해보기로 하자.

그러면 이제 "기본 레이아웃"의 "표시되는 열"은 "팀 이름", "팀번호", "팀장", "팀원수" 이렇게 4개의 컬럼이 정의되어 있으며, 이러한 "기본 레이아웃"이 모든 "프로필"에 적용되는 모습을 확인할 수 있다. 이제 우리가 원하는 형태로 변경이 됐는지 "팀" 개체로 이동해서 확인해보기로 하자.

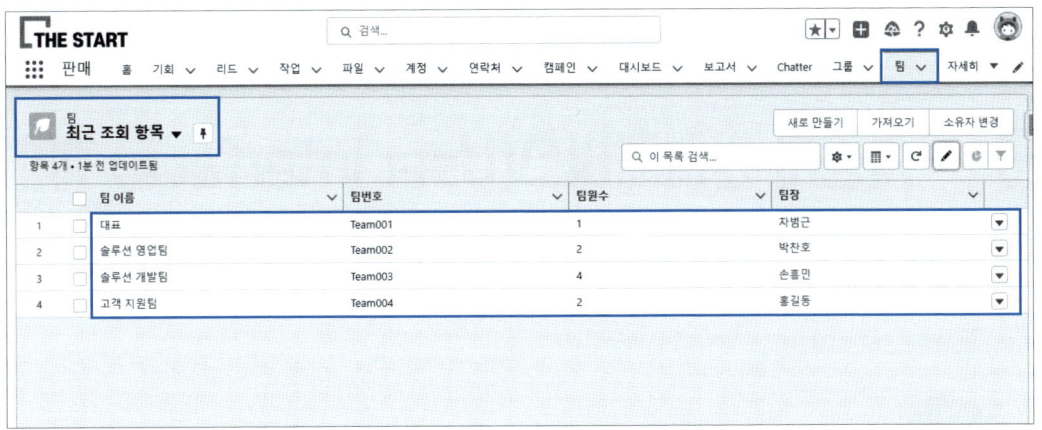

그러면 위와 같이 "팀" 개체의 "최근 조회 항목"에 여러 필드가 노출되는 것을 확인할 수 있다.

THE START

3 사용자 인터페이스(User Interface) 개선

3-1 "팀", "사원" 개체 인터페이스 확인

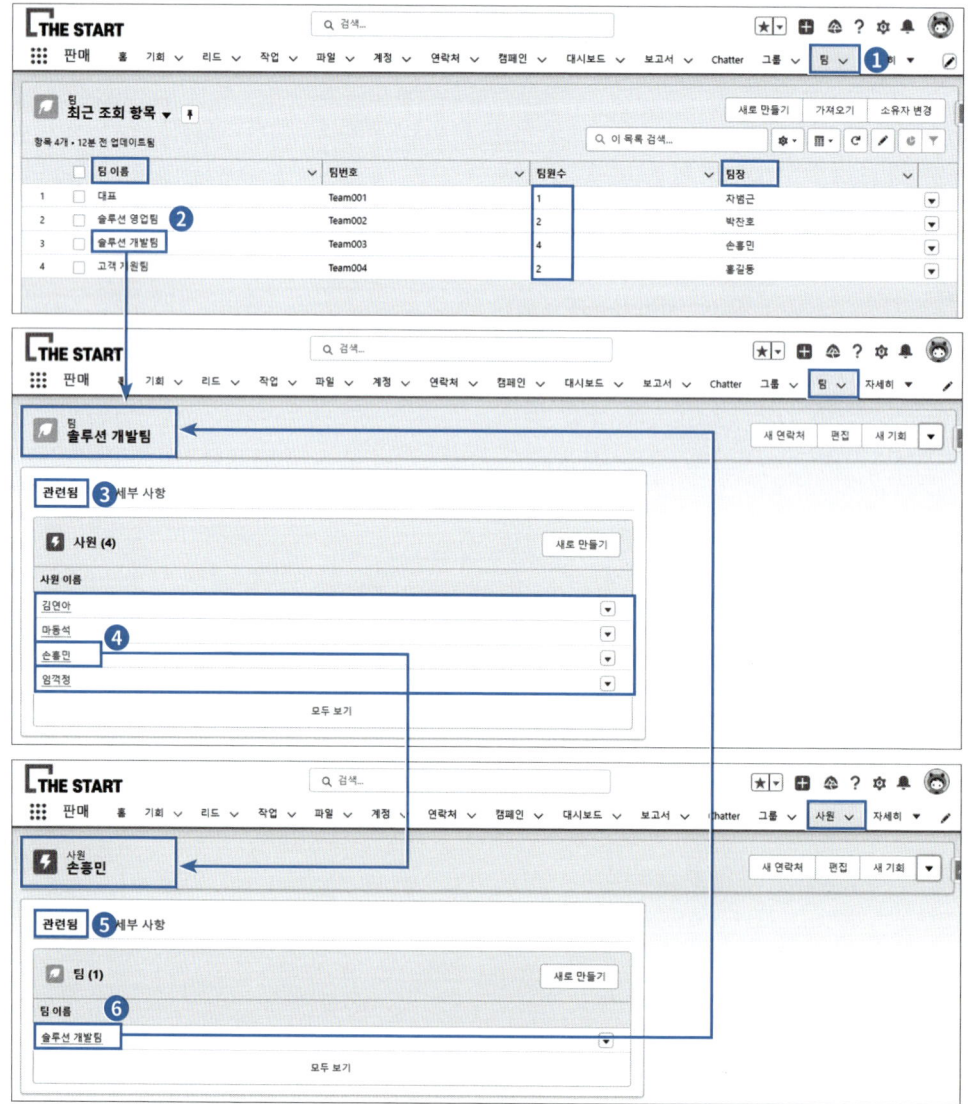

위 화면은 "팀" 개체와 "사원" 개체들 간에 서로 관계를 통해 어떻게 이동할 수 있는 지를 보여주고 있다. 우선 가장 상단에 탭에서 "팀" 탭(1번)을 선택하면, "팀이름"과 "팀장"열의 경우 링크가 걸려 있어서 파란색으로 글씨가 표시된다. "팀 이름"필드는 팀 개체를 만들 때 자동으로 만들어진 열이었다. 그리고 "팀장" 필드는 조회 관계로 사원 중 팀장과 대표를 선택할 수 있도록 설정했다. 그리고 "팀원수" 필드는 "롤업 요약" 필드로 팀 단위 레코드를 카운트해서 숫자 즉, 팀 인원수를 표시한다. 내용을 확인했다면, 이제 "솔루션 개발팀"을 목록에서 선택(2번)하여 솔루션 개발팀 상세 페이지로 이동한다. 여기에서 기본적으로 "세부 사항" 탭이 선택되는데, 왼쪽에 있는 "관련됨" 탭을 선택(3번)하면, "솔루션 개발팀"에 등록된 사원들을 확인할 수 있다.

이 상태에서 "손흥민" 사원을 선택(4번)하면, 가장 하단에 있는 손흥민 사원의 상세 페이지로 이동하며, 탭 역시 "사원" 탭으로 이동한 상태이다. "손흥민" 사원의 상세 페이지에서도 마찬가지로 "관련됨" 탭을 선택(5번)하면, 손흥민과 관련된 팀 목록이 나오는데 이는 "솔루션 개발팀"이다. 이 "솔루션 개발팀"을 선택(6번)하면, 다시 "솔루션 개발팀" 상세 페이지로 이동한다.

이러한 링크 및 관련됨에 담겨 있는 항목들은 세일즈포스 인터페이스를 이해하는데 매우 중요하다. 업무를 이해하고, 사용자들의 프로세스를 파악해서 원활한 이동이 가능하도록 디자인하는 것 역시 개발 업무에서 중요한 일이기 때문이다.

3-2 관련됨 항목(Related Object)들의 필드 표시

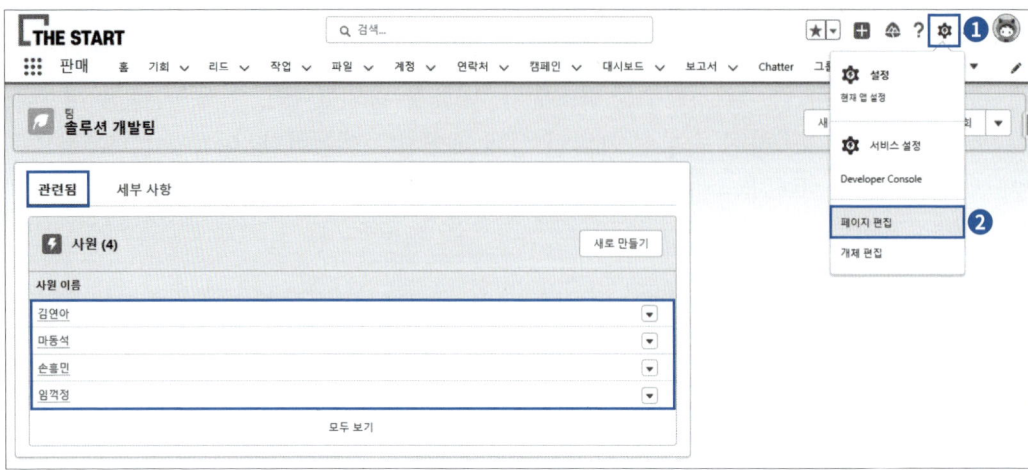

"팀" 개체의 특정 팀에서 "관련됨" 탭으로 들어가면 해당 팀에 소속된 사원들 리스트가 보여지는데, 이름 말고는 출력되는 것이 없다. 해서 이전에 목록 보기에서 필드를 표시했던 것처럼, 관련됨 항목에서 보여지는 리스트에도 여러 필드를 표시하려고 한다. 이러한 경우에는 페이지 편집으로 들어가야 한다. 이를 위해 오른쪽 상단에 "설정" 아이콘을 선택(1번)한 후 메뉴에서 "페이지 편집"을 선택(2번)하면, 다음과 "Lightning 앱 빌더"로 이동한다.

참고로 "설정" 메뉴에서 "페이지 편집" 메뉴는 개체 레벨(탭을 선택했을 때)에서는 보이지 않고, 레코드 레벨 즉, "개체"에서 레코드를 선택한 경우 보이게 된다.

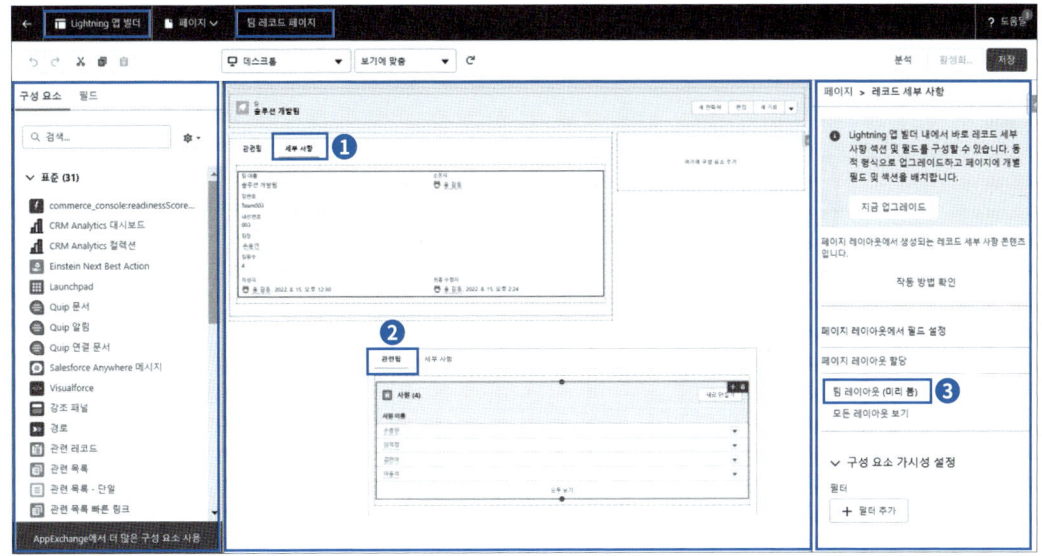

위 화면이 "Lightning 앱 빌더" 메인 화면이며, 현재 "팀" 개체의 레코드를 보여주기 위한 페이지 즉 "팀 레코드 페이지"를 보여주고 있는 것이다. 왼쪽은 추가할 수 있는 기능 및 개체들에 대안 항목들이 보여지며, 실제 세일즈포스에서 보여지는 화면 즉, 페이지는 가운데 위치해 있다. 오른쪽은 가운데 페이지에서 마우스를 이용해 선택한 개체들에 대한 속성 창이다.

우선 설명에 앞서서, 기능이 많고 페이지 구성이 복잡하기 때문에 한 번에 전체 내용을 설명할 수는 없다. 단순하게 원하는 기능들 중심으로 하나씩 설명할 것이므로 복잡한 인터페이스에 부담스러워 하지 않았으면 좋겠다.

화면 중간에 "세부 사항" 탭(1번)과 "관련됨" 탭(2번)을 번갈아 선택해서 각기 화면을 우선 확인해보기로 하자. "세부 사항"을 선택하면, 필드들이 나열되어 있다. 그리고 "관련됨" 탭을 선택하면, 사원 목록이 보여진다. 오른쪽에 페이지 "팀 레이아웃"이 보인다. 오른쪽 속성화면은 선택한 개에의 속성을 보여주기 때문에 화면 중간 페이지에서 어느 요소를 선택했는 지에 따라서 달라진다는 것을 명심하자.

여기에서 레이아웃(Layout)이란 특정 개체의 페이지에 관한 구성을 레이아웃이라고 한다. 앞에서 개체를 만들면 세일즈포스에서 화면 인터페이스(프로그램, 페이지)가 자동으로 만들어진다고 했는데 이를 바로 레이아웃(Layout)이라고 하며, 기본적으로 제공되는 인터페이스를 수정하고자 했을 때 레이아웃을 수정해야 하는 것이다.

위 화면에서 "세부 사항" 탭과 "관련됨" 탭을 확인했다면, 오른쪽에 있는 "팀 레이아웃(미리봄)"을 선택(3번)한다. 하나의 개체에 레이아웃이 여러 개 있을 수 있으며, "(미리봄)"으로 되어 있는 레이아웃이 우리가 지금 보고 있는 레이아웃이다.

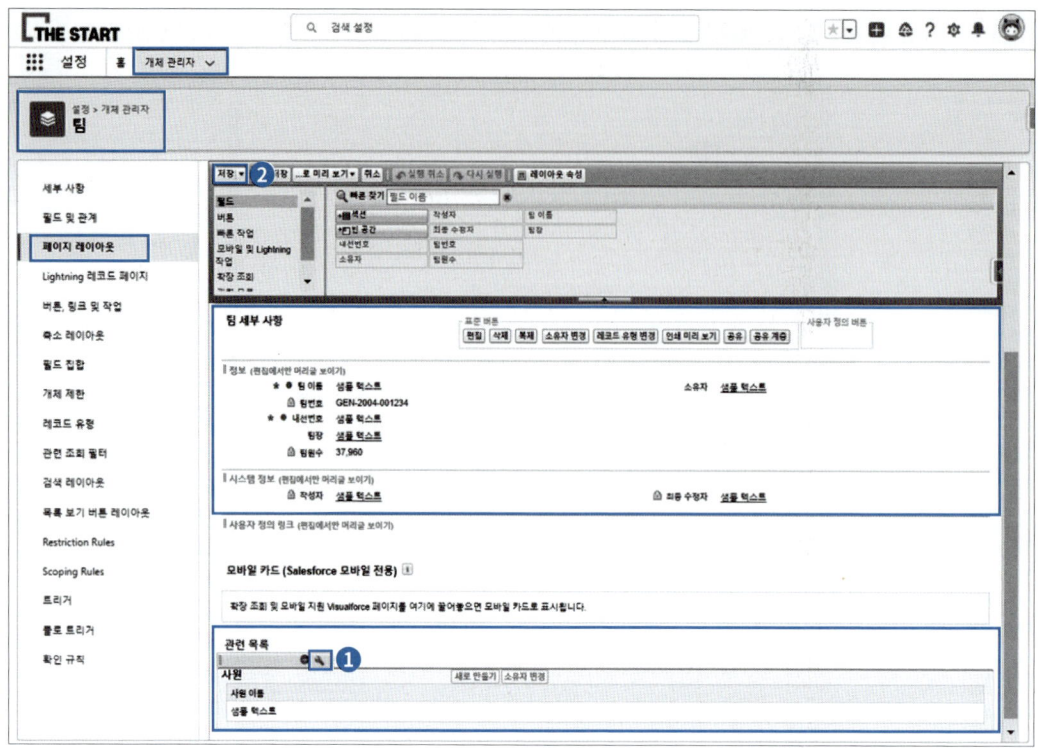

그러면 위와 같이 팀 개체의 페이지 레이아웃으로 이동한다. 그런데 가만히 보니 이곳은 "개체 관리자" 탭이고, "팀" 개체의 "페이지 레이아웃"인 것이다. 이렇듯 페이지 레이아웃은 해당 개체에 종속되어 있다.

화면 자체가 상당히 복잡해 보이는데, 이러한 화면은 익숙해지면 한 화면에서 많은 정보를 볼 수 있다는 장점이 있고, 단점은 처음에는 다소 부담스럽다는 점이다. 결론은 익숙해져야 하는 것이다.

화면 중간에 네모 칸이 두 개가 있는데, 하나는 중간에 있는 "팀 세부 사항"이며, 다른 하나는 "관련 목록"이다. 우선 "팀 세부 사항"을 보면 팀 개체의 필드들이 위치해 있는 것을 확인할 수 있다. 이 필드들이 배열해 있는 위치는 이전 화면의 "세부 사항" 탭을 볼 때 표시되는 필드들의 위치와 동일하다. 그러므로 만일 "세부 사항" 탭의 구성을 변경하고자 한다면, 바로 위 화면 "팀 세부 사항" 영역에서 변경하면 된다. 이에 관한 실습은 "사원" 개체에서 진행할 예정이니 지금은 그렇다는 정도만 확인하기로 하자.

우리가 지금 하려고 하는 것은 "팀" 개체의 "관련됨" 탭에서 보여지는 사원들의 필드항목을 추가하려고 하는 것이다. 이를 위해서 하단에 "사원"개체 바로 위에 있는 "연장" 아이콘(1번)을 클릭하면, 다음과 같이 "간련 목록 속성 – 사원" 대화상자가 나타난다.

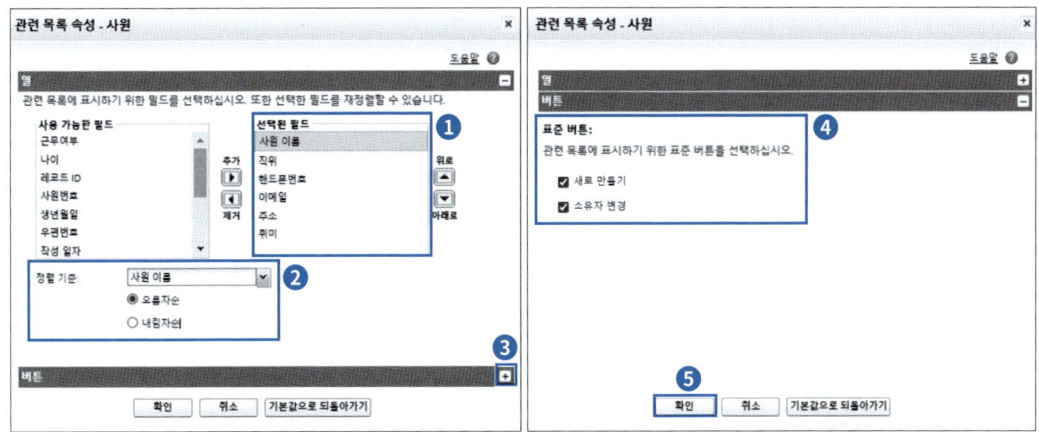

위 화면은 "관련 목록 속성 – 사원" 대화상자이다. 이름을 좀 확인할 필요가 있는데, "관련 목록 속성"이라 함은 현재 작업하고 있는 "팀" 개체와 관련 있는 목록(리스트)의 속성을 수정할 수 있다는 의미이며, 그 목록 중 "사원" 개체에 관한 속성을 수정하기 위한 대화상자란 의미이다.

"관련 목록 속성 – 사원" 대화상자의 구성은 "열"과 "버튼"으로 영역이 나뉘어져 있다. 우선 첫 번째 보이는 화면은 "열" 관련 화면이다. 열 관련 화면에서는 "사용 가능 필드" 목록에서 "선택된 필드"(1번)로 원하는 필드들을 추가한 후 열 순서를 조정한다. 그 다음 특정 열을 기준으로 레코드의 정렬 기준을 정의(2번)할 수 있으며, 정렬은 오름차순 뿐만 아니라 내림차순으로도 설정할 수 있다. 그 이후 "버튼"의 오른쪽 "+"버튼(3번)을 누르면, 두 번째 화면처럼 "버튼" 영역이 확장된다. 표준 버튼으로는 "새로 만들기"와 "소유자 변경" 이 있는데, 기본은 둘 다 선택되어 있지만, 이후 변경 내용 확인을 위해서 "소유자 변경"을 체크 해제(4번)한 후에 마지막으로 "확인" 버튼(6번)을 눌러서 현재 변경 내용을 저장한다.

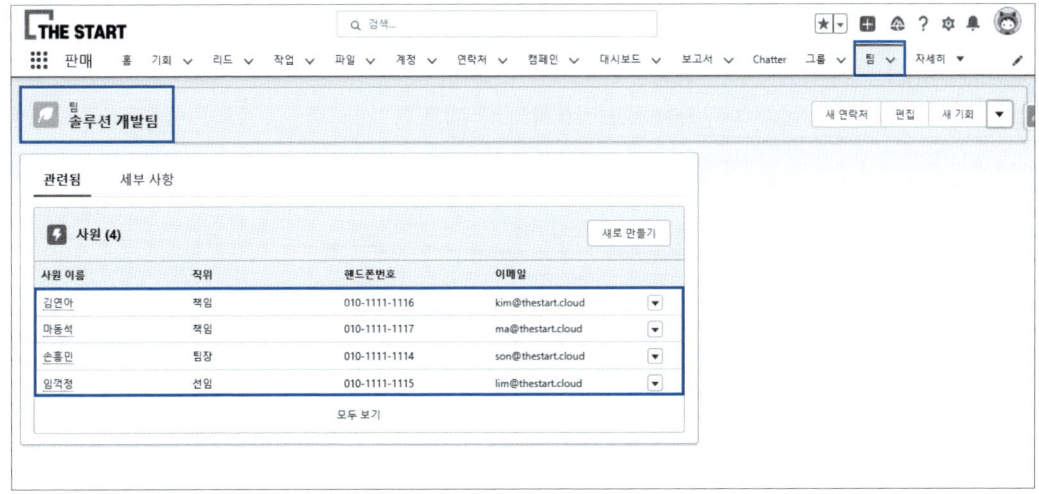

변경 작업이 마무리됐다면, "페이지 레이아웃" 화면 상단에 있는 "저장" 버튼(이전 화면 2번)이 있는데, 그러면 위처럼 "관련됨" 탭에 "사원 이름"외에 "직위", "핸드폰번호", "이메일 필드"가 추가된 것을 확인할 수 있다. 그런데 여기서 한 가지 확인이 필요한 게 있다. 우리는 이전에 추가해서 "선택된 필드"에 포함된 컬럼이 위 필드 외에 "주소"와 "취미" 필드가 있었다. 그러나 이 두 필드는 기본적으로 지금 보이질 않고 있다. 이는 인터페이스 제한 사항으로 관련됨 항목에 개체 필드는 기본적으로 4개로 제한된다.

하지만, 이 외에 추가 필드를 보여주고 싶다면, 해당 개체의 속성을 변경해주어야 한다. 이를 위해 다시 "설정"의 "페이지 편집" 메뉴로 들어가서 "Lightning 앱 빌더"로 다시 들어가도록 하자.

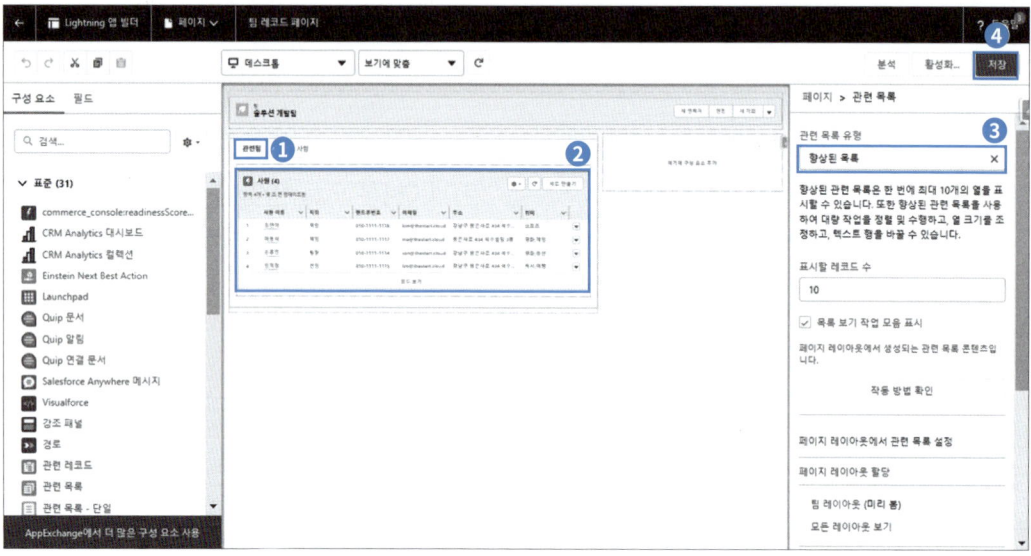

"Lightning 앱 빌더"에서 "관련됨" 탭(1번)을 선택한 후 안쪽에 "사원" 목록(2번)을 선택한 후 오른쪽에 "관련 목록 유형"에서 보면 이 값이 현재는 "기본값"으로 되어 있는데, 이를 "향상된 목록"으로 변경(3번)해 준다. 기본 목록 표시는 4개까지 필드가 표시되지만, 이렇게 "향상된 목록"을 적용하면 10개까지 필드를 표시할 수 있다. 설정이 마무리되었다면, "저장" 버튼(4번)을 누르면 다음과 같이 "활성화: 팀 레코드 페이지" 대화상자가 나타난다.

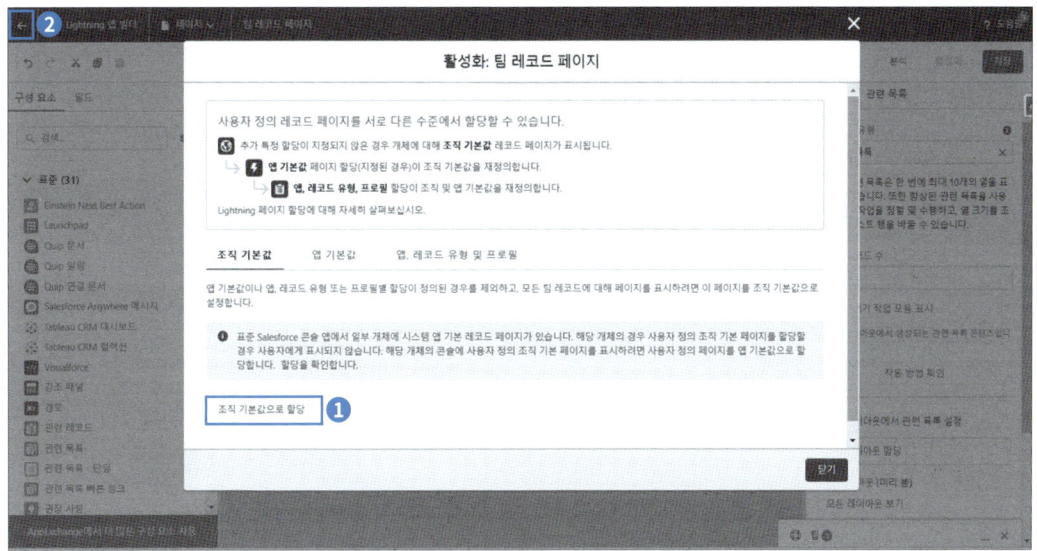

그러면 "조직 기본값으로 할당" 버튼(1번)하면 새로운 "양식 요소 할당"이란 이름의 팝업에 나오며, 여기에서 화면을 보면서 다음으로 이동하여 저장 버튼을 눌러 변경내용을 저장한다. 그런 다음 "Lightning 앱 빌더" 왼쪽에 보면 이전 화면으로 되돌아가기 위한 뒤로 가기 화살표(2번)이 있는데, 이를 누르면 원래 화면으로 돌아오게 된다.

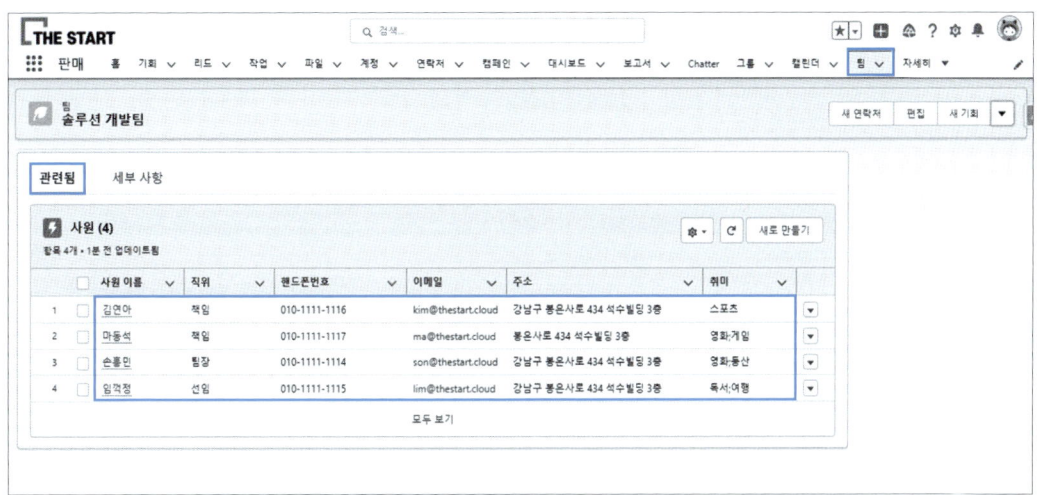

그러면 위처럼 "주소" 필드와 "취미" 필드가 추가로 노출되는 것을 확인할 수 있다. 만일 Lightning 앱 빌더에서 수정하고 저장한 후에도 해당 화면에서 반영되지 않고 있다면, 단순히 F5를 눌러서 새로고침을 하는 것이 아니라 캐시까지 제거한 상태에서 새로 고침을 해보아야 한다. 이를 위해서는 "Ctrl" + "Shift" + "R"을 누르면 된다.

3-3 "사원" 개체 세부 사항 레이아웃 편집하기

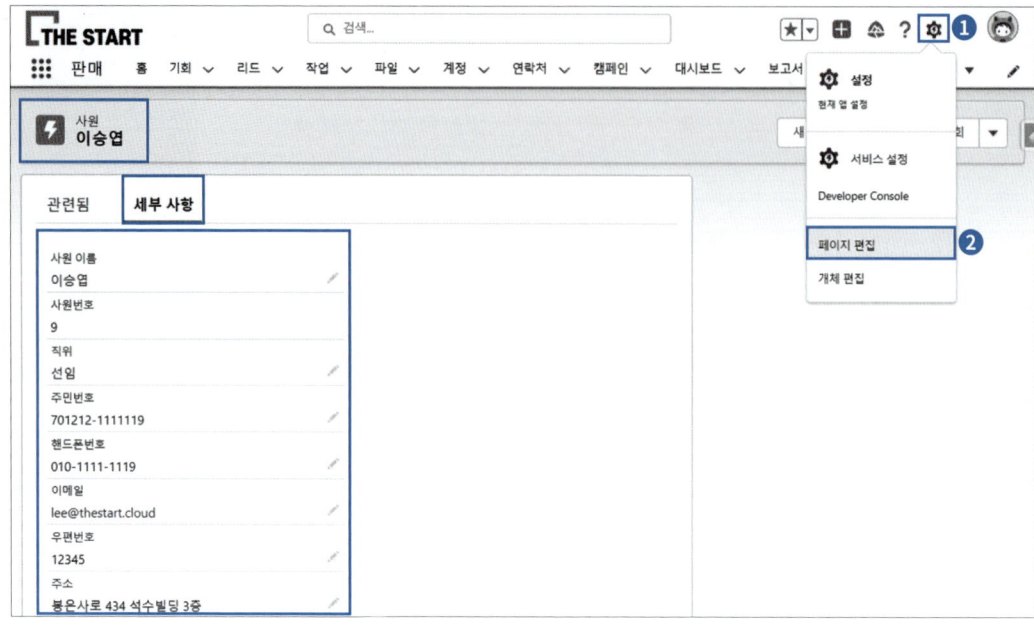

특정 사원의 "세부 사항"으로 이동하면 현재 모든 열들이 일렬로 정렬되어 있는 것을 확인할 수 있다. 이들에 대한 항목들도 섹션으로 구분하고, 유사한 열들을 모아 놓는 등의 편집을 할 수 있다. 이를 위해서 "설정" 버튼(1번)을 눌러서 "페이지 편집" 메뉴(2번)를 선택한다.

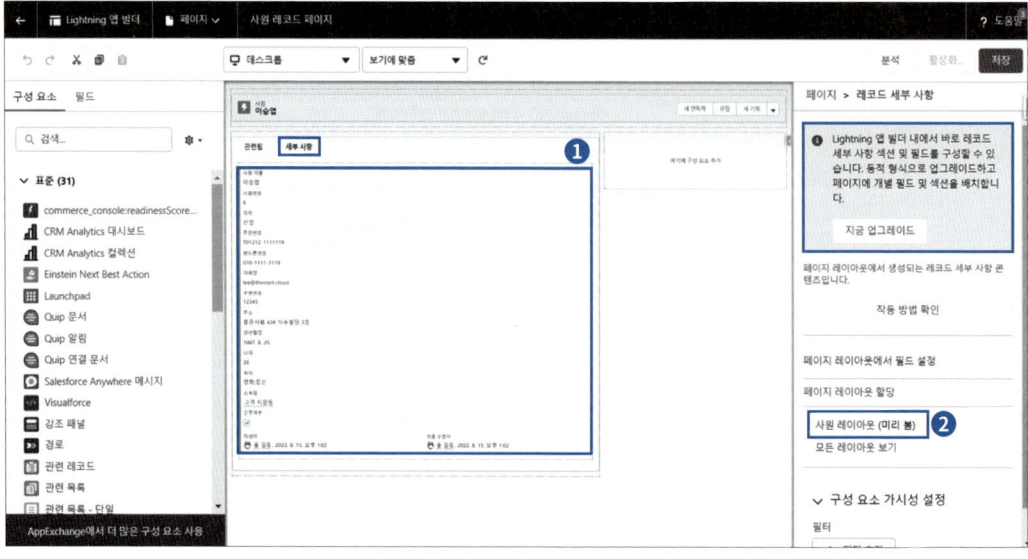

그러면 "Lightning 앱 빌더" 화면으로 이동하게 되고, 여기에서 "세부 사항" 탭의 본문(1번)을 선택 한 후 오른쪽의 "사원 레이아웃(미리 봄)" 페이지 레이아웃(2번)을 선택하면, "페이지 레이아웃"으로 이동한다. 참고로 위 화면의 오른쪽 상단에 보면 앱 빌더 즉, 현재 화면 인터페이스를 통해서 "세부 사항" 페이지를 변경할 수 있는 기능을 지원한다. 이 기능은 이후 예제에서 살펴보기로 하겠다.

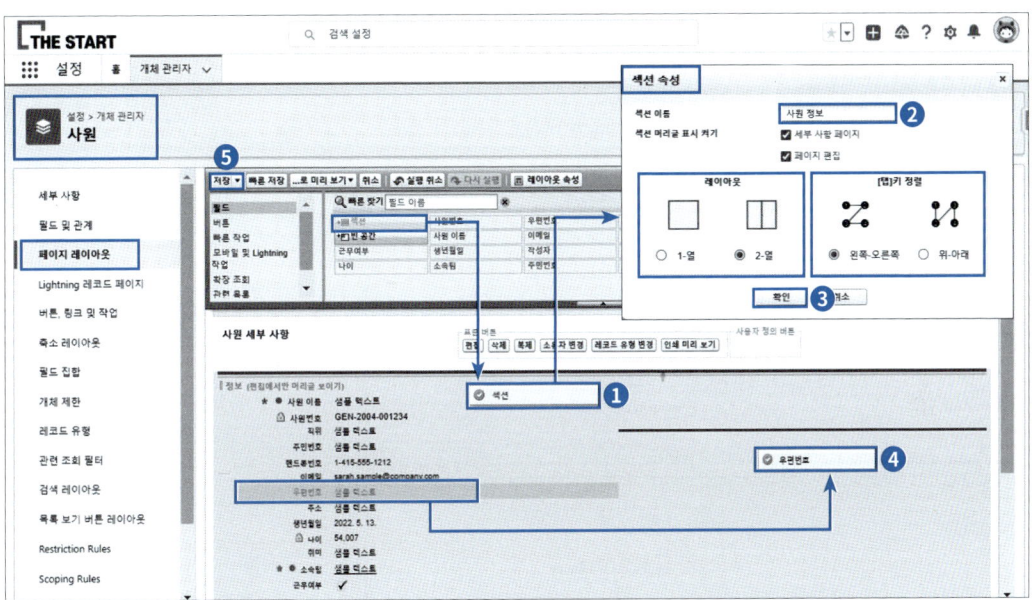

위의 내용을 보면 우선 상단에 "섹션"을 선택해서 하단에 "사원 세부 사항" 영역으로 드래그 하면(1번), 편집 가능한 영역이 녹색으로 색상이 반전되며, 해당 섹션의 위치할 포지션에 짙은 녹색으로 라인이 생기게 된다. 이는 지금 추가하려는 새로운 섹션이 짙은 녹색 라인 영역에 추가된다는 것을 의미한다. 이러한 섹션은 일반적으로 필드들의 성격을 구분하기 위한 용도로 사용한다.

이렇게 섹션을 추가하게 되면, 위 화면과 같이 "섹션 속성" 대화상자가 팝업으로 나타난다. 섹션 속성 대화상자에서는 우선 섹션 이름을 설정해야 하는데, 지금 예제에서는 "사원 정보" 섹션과 "부가 정보" 섹션으로 나눌 예정이다. 지금 처음이니 섹션 이름으로는 "사원 정보"라고 입력(2번)한다. 그리고 왼쪽 레이 아웃 영역을 보면 필드들을 1열로 할 지, 아니면 2개열로 할 지를 선택할 수 있도록 되어있다. "2 열"이 기본 값이다. 오른쪽 "[탭]키 정렬"은 데이터 입력 및 수정 시 필드들을 이동할 때 탭을 누르게 되는데, 이때 어느 방향으로 탭을 이동하게 할 건지를 설정하는 옵션이다. "왼쪽-오른쪽"이 기본 옵션이며, 내용을 확인했다면 "확인" 버튼(3번)을 눌러서 변경사항을 적용한다.

다음으로 필드들 또한 원하는 위치로 이동할 수 있다. 위 화면에서 보면 "우편번호" 필드를 선택해서 드레그 한 다음 오른쪽 빈 영역으로 드롭(4번)하는 모습이다. 필드가 이동하기 위한 지점 역시 짙은 녹색으로 라인이 생성된다.

이러한 방법으로 섹션과 필드들의 위치를 원하는 형태로 변경할 수 있다. 페이지 레이아웃 화면에서 수정 내용이 마무리됐다면, 반드시 왼쪽 상단에 "저장" 버튼(5번)을 눌러서 명시적으로 저장해야만 변경 사항이 반영된다.

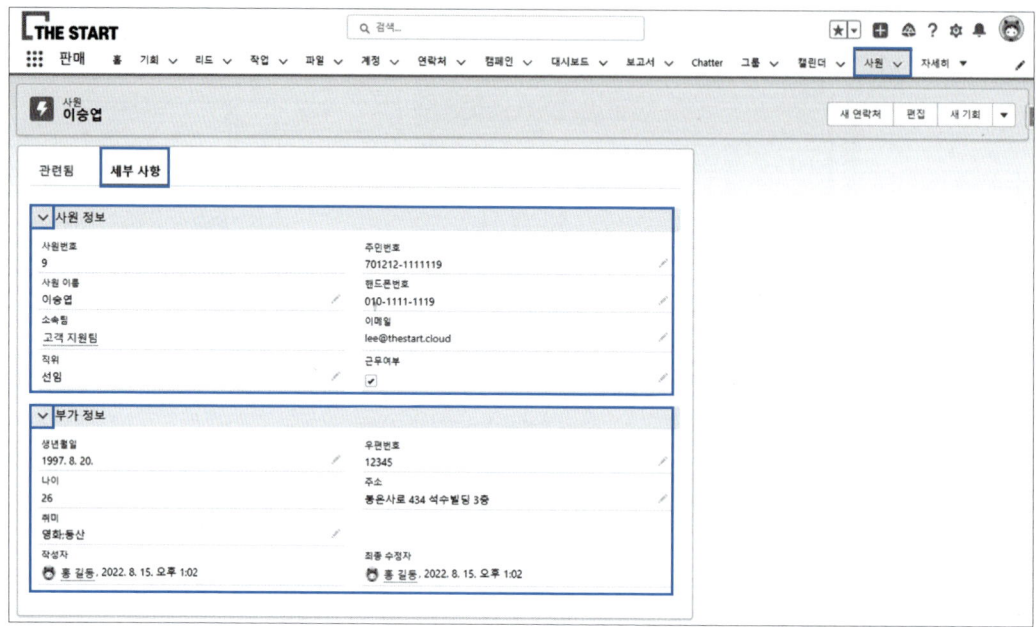

기본적인 화면 구성 방법을 안내했기 때문에 위 화면을 참조해서 필드 위치와 구성을 직접 변경해 보기로 하자. 참고로 위 화면에서 섹션 이름 왼쪽에 보면 "V" 버튼이 있는데, 이를 선택하면 섹션이 축소되거나 확장된다.

3-4 "사원" 개체에 활동(Activity) 추가하기

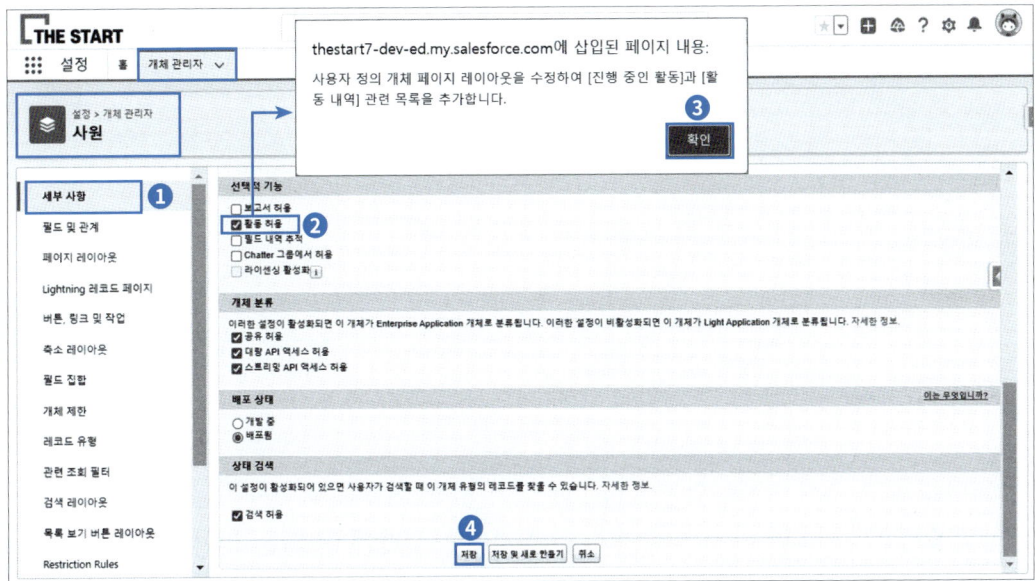

"팀" 개체와 "사원" 개체는 사용자 정의 개체(Custom Object)이기 때문에 레코드 페이지(Record Page)에서 기본적으로 활동(Activity) 탭이 추가되지 않은 상태가 기본이다. 만일 이러한 사용자 정의 개체에 활동 탭을 추가하기 위해서는 해당 개체에서 "활동 허용" 옵션을 선택해 주어야 한다. 이를 위해서 "개체 관리자"에서 "사원" 개체를 선택한 다음 "세부 사항" 항목(1번)을 선택해서 해당 페이지로 이동한 후에 "편집" 버튼을 누르면, 중간 하단에 "선택적 기능" 섹션이 있다. 여기에서 "활동 허용" 옵션(2번)을 선택하면 관련 내용에 대한 메시지가 팝업으로 나타나며, "확인" 버튼을 누르면 "활동 허용" 옵션이 선택된 상태가 된다. 그 다음 아래에 있는 "저장" 버튼(4번)을 눌러 저장한 후 "사원" 탭으로 이동해서 특정 사원을 선택하면, 레코드 페이지에 활동(Activity) 탭이 추가된 것을 확인할 수 있다.

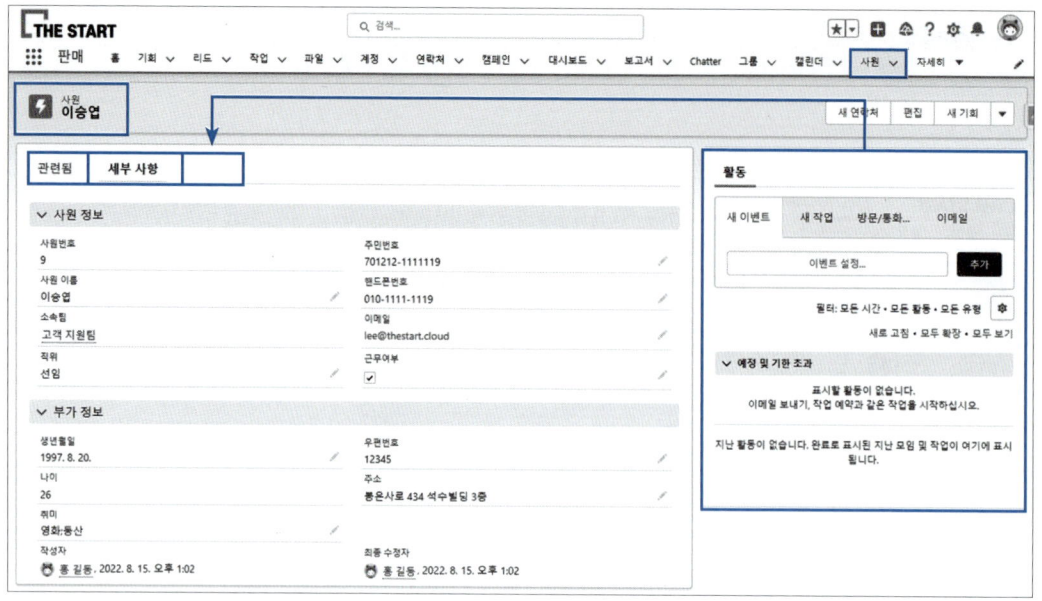

위 화면을 보면 정상적으로 활동(Activity) 탭이 사원 레코드 페이지 화면에 추가된 것을 확인할 수 있다. 이러한 활동은 화면의 빈 공간에만 추가할 수 있는 것이 아니라 내가 원하는 곳에 탭 형태로 추가할 수 있다.

예를 들어 위 화면처럼 오른쪽 빈 공간이 아니라 "관련됨", "세부 사항" 옆에 새로운 탭을 추가해서 활동을 위치시킬 수 있다. 그리고 해당 위치에는 Chatter를 추가하기로 하겠다. 이를 위해서 다시 설정 버튼의 "페이지 편집" 메뉴를 눌러서 Lightning 앱 빌더로 이동해 보기로 하자.

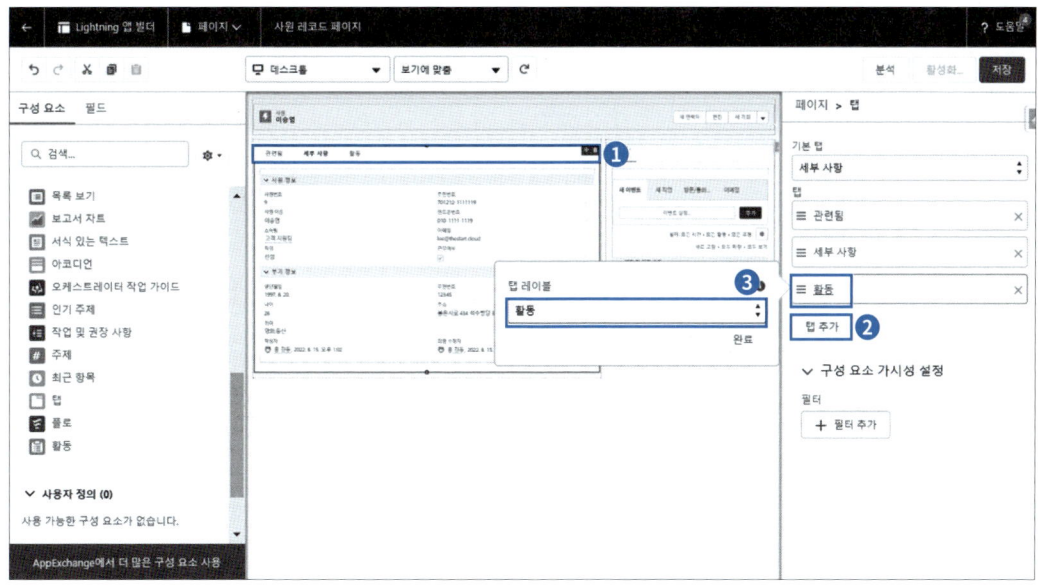

Lightning 앱 빌더에서 활동 탭을 추가하기 위해서는 우선 "세부 사항"이 포함된 영역의 상단 탭 영역을 선택(1번)한 후 오른쪽 중간에 "탭 추가" 버튼(2번)을 눌러서 "탭 레이블" 드롭다운 목록에서 "활동"을 선택하면, "세부사항" 탭 옆에 "활동" 탭이 추가된다.

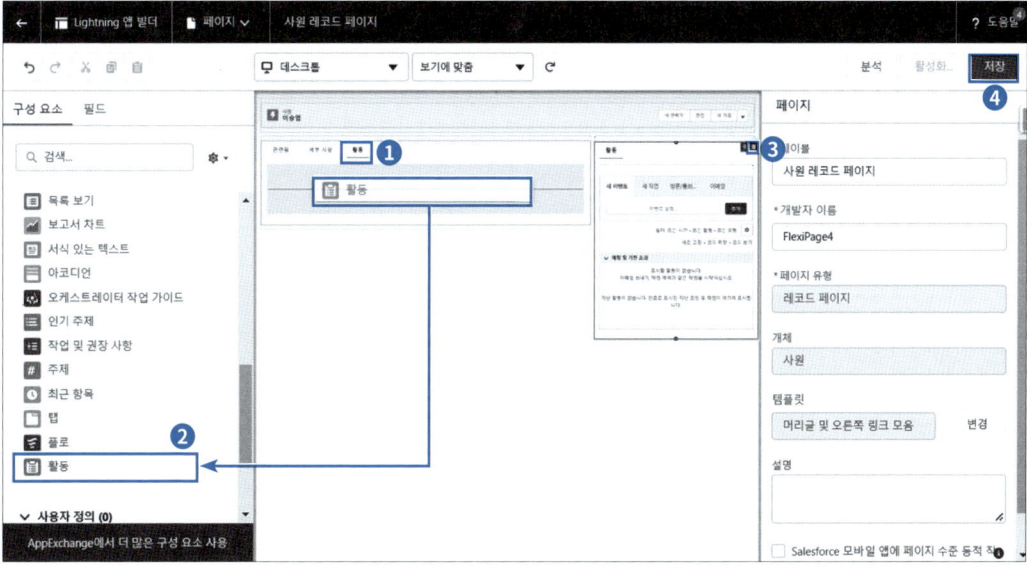

그런 다음 영역 상단의 "활동" 탭(1번)을 선택한 후 왼쪽 구성요소 항목에서 "활동"을 선택해서 드레그 한 다음 탭 영역에 드롭(2번)하면 활동 탭이 해당 위치에 추가된다. 활동 탭이 정상적으로 추가됐다면, 이제 원래 추가됐었던 활동 탭은 필요가 없으므로 오른쪽 "활동" 탭을 선택한 다음 오른쪽 모서리에 "삭제" 버튼(3번)을 눌러서 활동을 삭제한다.

모든 설정이 마무리 됐다면 오른쪽 상단에 있는 "저장" 버튼(4번)을 누르면 된다. 참고로 해당 개체에서 "활동 허용" 옵션이 체크되지 않은 상태에서는 위 화면에서 구성 요소들 중 "활동" 항목이 노출되지 않는다.

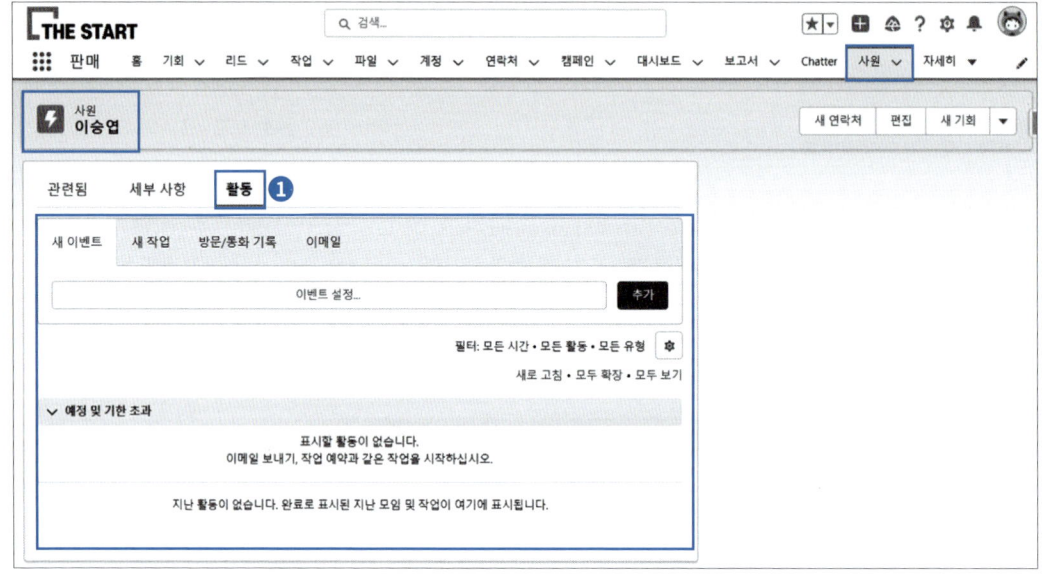

그러면 "사원" 개체의 레코드 페이지에 "활동" 탭(1번) 추가된 것을 확인할 수 있다.

"사원" 개체에 체터(Chatter) 추가하기

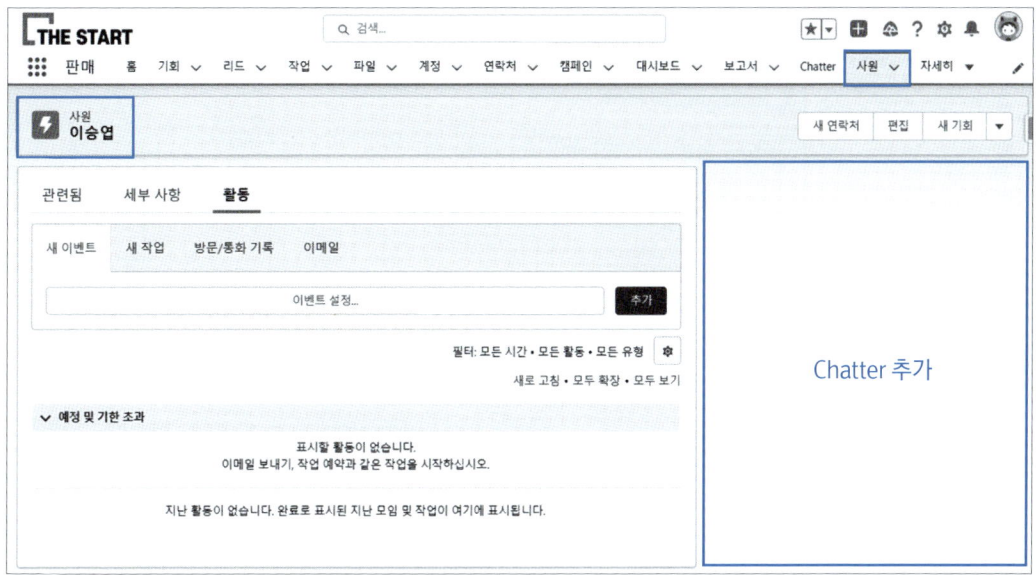

위의 화면은 방금 전 활동을 추가하기 위해서 확인했던 "사원" 개체의 레코드 페이지이다. 지금 하려고 하는 작업은 위의 레코드 페이지에서 오른쪽 영역에 체터(Chatter)를 추가하려는 것이다. 일반적인 세일즈포스의 주요한 표준 개체(Standard Object)들의 경우 기본적으로 체터가 추가되어 보이지만, 사용자 정의 개체의 경우 체터가 기본적으로 표시되지 않는다.

그러면 이제 체터를 추가하기 위해 "Lightning 앱 빌더"로 이동해서 왼쪽에 구성요소들 중 체터(Chatter)관련 항목이 있는지 확인해보기로 하자.

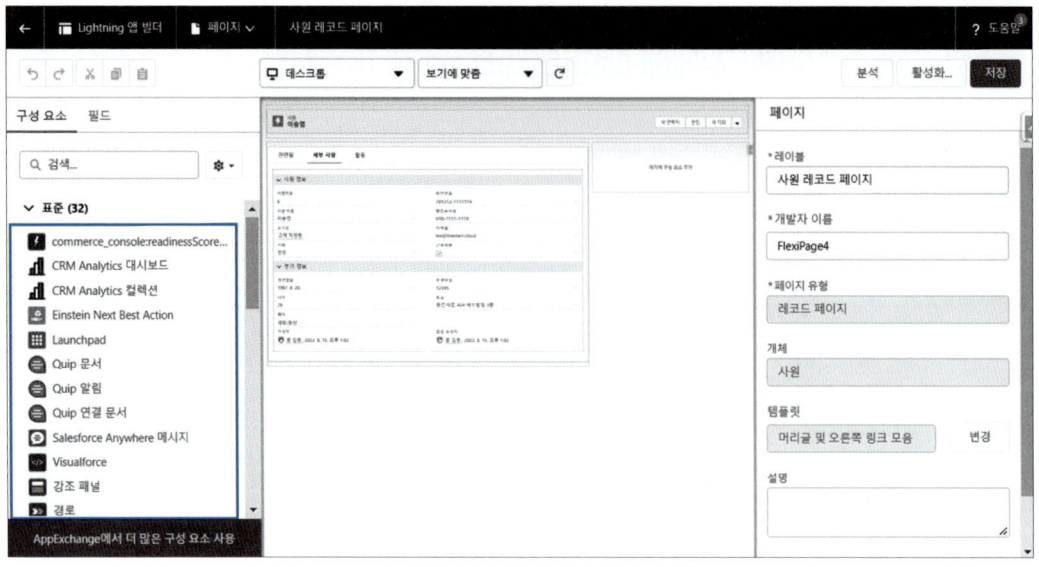

그러나 사원 개체의 "Lightning 앱 빌더"로 이동하면, 왼쪽에 구성 요소 항목이 있는데, 여기에 Chatter가 기본적으로 노출되지 않는다. 그 얘기는 사용자 정의 개체의 경우 레코드 페이지에 체터를 추가할 수 없는 상태가 기본이라는 것이다.

그러므로 이를 변경하기 위해서는 설정에서 관련 개체에 대한 Chatter기능을 활성화시켜주어야 한다.

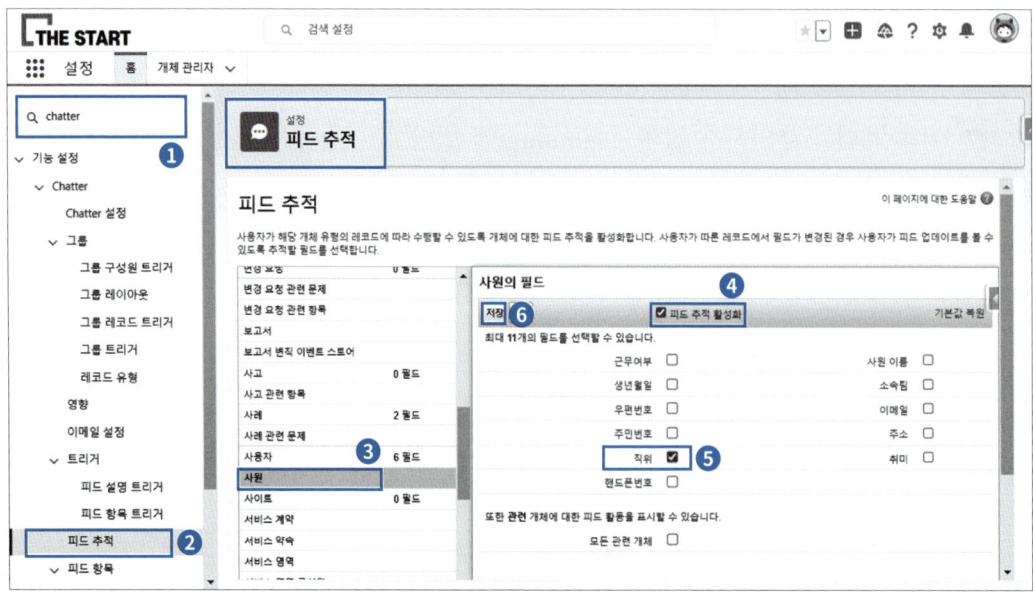

이를 위해 "설정"의 "홈"으로 이동해서 검색 상자에 "Chatter"를 검색(1번)하면 "Chatter" 항목 하위에 "피드 추적" 항목(2번)이 노출되며, 이를 선택하면 "피드 추적" 페이지가 나타난다. 여기에서 왼쪽 개체 목록에서 "사원" 개체를 선택(3번)한 후 "피드 추적 활성화" 체크 옵션(4번)을 선택하면, "사원" 개체에 "Chatter"가 구성요소로 추가될 수 있게 된다. 그런데 한 가지를 더 살펴보기로 하겠다. 위 화면 오른쪽에 있는 "직위" 필드를 체크(5번)해 보기로 하자. 이는 필드 추적기능으로 해당 필드의 변경 내용을 체터를 통해 알려주기 위한 기능이다. 관련 내용 확인했다면, "저장" 버튼(6번)을 눌러서 설정을 저장한다.

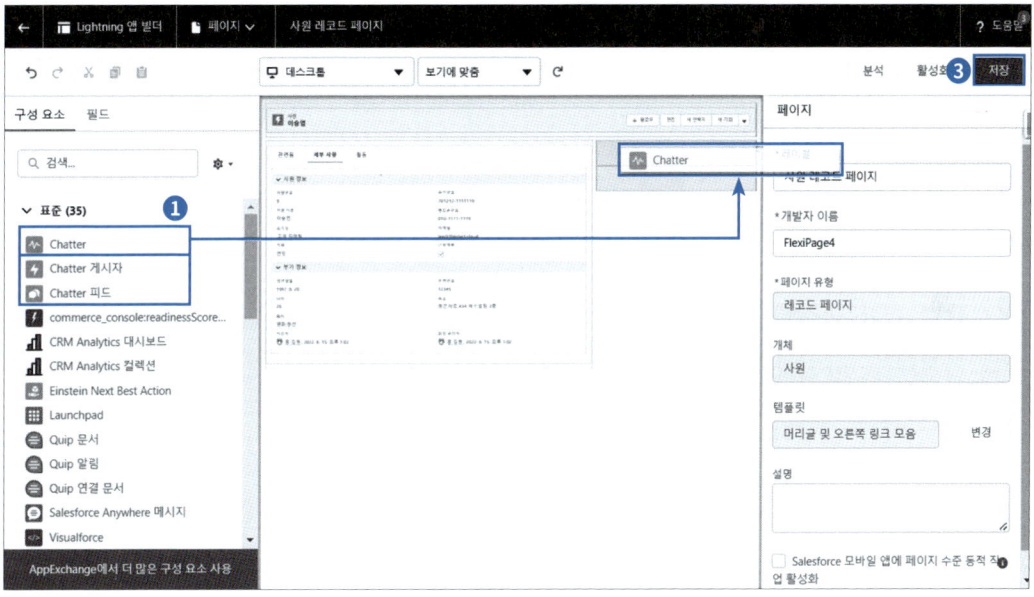

그런 다음 다시 "사원" 개체에서 "Lightning 앱 빌더"로 이동해보기로 하자. 그러면 이제 왼쪽 구성요소 항목들 중에 "Chatter", "Chatter 게시자", "Chatter 피드" 등이 포함된 것을 확인할 수 있다. 이제 이들 중 "Chatter" 항목(1번)을 선택해서 드래그 한 다음, 위의 화면과 같이 오른쪽 빈 영역에 드롭하면 "Chatter" 구성요소가 "사원" 개체의 레코드 페이지에 추가된다. 그럼 이제 마지막으로 "저장" 버튼을 눌러서 변경 내용을 저장한 다음, "사원" 개체의 레코드 페이지로 이동해보기로 하자.

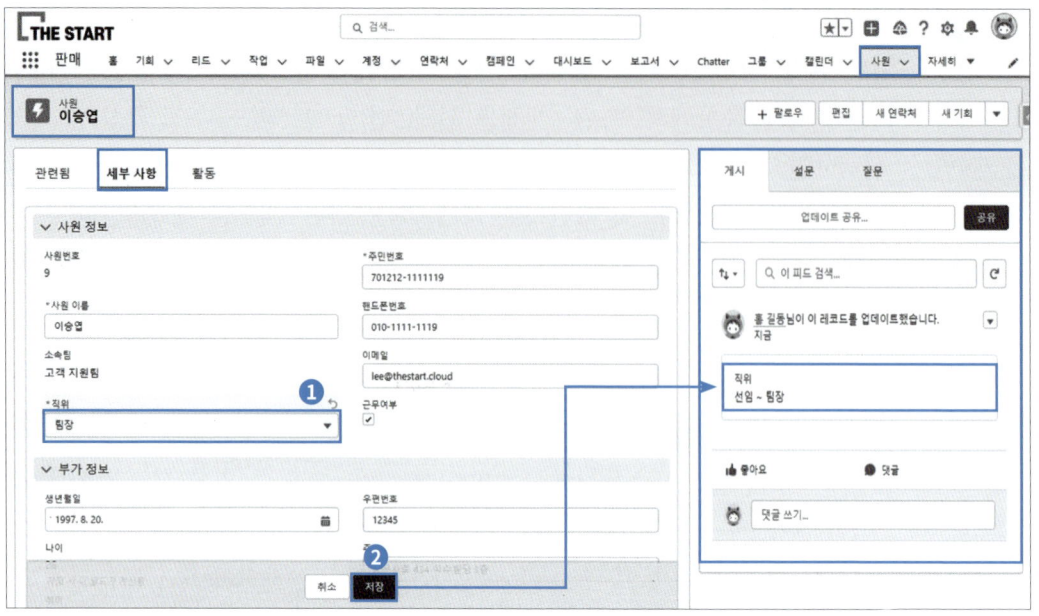

그러면 위 화면과 같이 "사원" 탭의 레코드 페이지 오른쪽에 "Chatter" 관련 기능이 화면에 노출된 것을 확인할 수 있다. 그리고 추가로 우리는 이전 단계에서 설정을 할 때 "피드 추적 활성화"를 하면서 "직위" 필드를 선택했었다. 이를 테스트해 보기 위해서 위에서 해당 사원의 "직위"를 다음 단계인 "팀장"으로 변경(1번)해보기로 하자. 위에서는 "이승엽" 사원의 직위를 "선임"에서 "팀장"으로 선택(1번)한 후 "저장" 버튼(2번)을 눌러서 직위 변경을 반영하도록 하자.

이렇게 "직위"가 변경되면 체터의 게시 탭에 "직위"의 변경 이력이 자동으로 기록된다. 이렇게 기록되는 이유는 이전 단계에서 설정했던 "피드 추적 활성화" 단계에서 "직위" 필드를 선택했기 때문이다. 그러므로 각 사원의 직위가 변경되면 관련 내용이 Chatter의 게시 내용으로 자동 기록되는 것이다.

3-6 기타 변경 사항

(1) 페이지 템플릿 변경

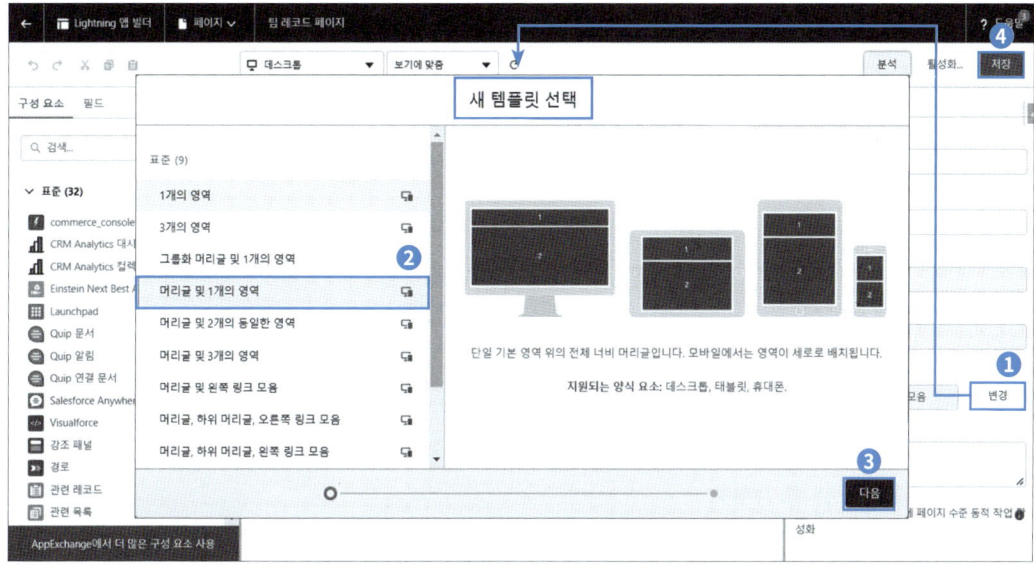

위 화면은 "팀" 탭을 선택한 후 목록 보기에서 "솔루션 개발팀"을 선택한 후 "설정"에서 "페이지 편집"메뉴를 눌러서 들어온 "Lightning 앱 빌더" 화면이다. 우선 오른쪽에 있는 "변경" 버튼을 누르기 전에 현재 적용된 "템플릿"을 보면, "머리글 및 오른쪽 링크 모음"이다. 이를 다른 템플릿으로 교체하고자 한다면, "변경" 버튼(1번)을 누른다. 그러면 "새 템플릿 선택" 대화상자가 나타난다.

"새 템플릿 선택" 대화상자 왼쪽에는 다양한 화면 구성에 대한 템플릿들이 존재하는데, 9개의 목록과 현재 적용되어 있는 템플릿이 있기 때문에 총 10개의 템플릿 중에 원하는 템플릿을 선택할 수 있다. 그리고 왼쪽에 있는 템플릿들을 선택하면, 오른쪽 화면 영역이 어떻게 구성되는지가 바로 보여지기 때문에 원하는 템플릿을 쉽게 찾을 수 있다.

이번 예제에서는 "머리글 및 1개의 영역" 템플릿(2번)을 선택한 후 "다음" 버튼(3번)을 눌러서 다음 화면으로 이동해서 "완료" 버튼을 누르면, "새 템플릿 선택" 대화상자가 닫히면서 변경된 템플릿이 적용된 것을 확인할 수 있다. 마지막으로 오른쪽 상단에 있는 "저장" 버튼(4번)을 눌러서 변경된 템플릿을 온전히 반영해야 한다.

다시 팀 개체의 레코드 페이지로 이동하면 변경된 템플릿이 잘 적용된 것을 확인할 수 있다. 1열을 선택했기 때문에 "세부 사항"이 가로로 화면 끝까지 확장된 모습을 볼 수 있다.

(2) 레코드 페이지 탭 추가하기

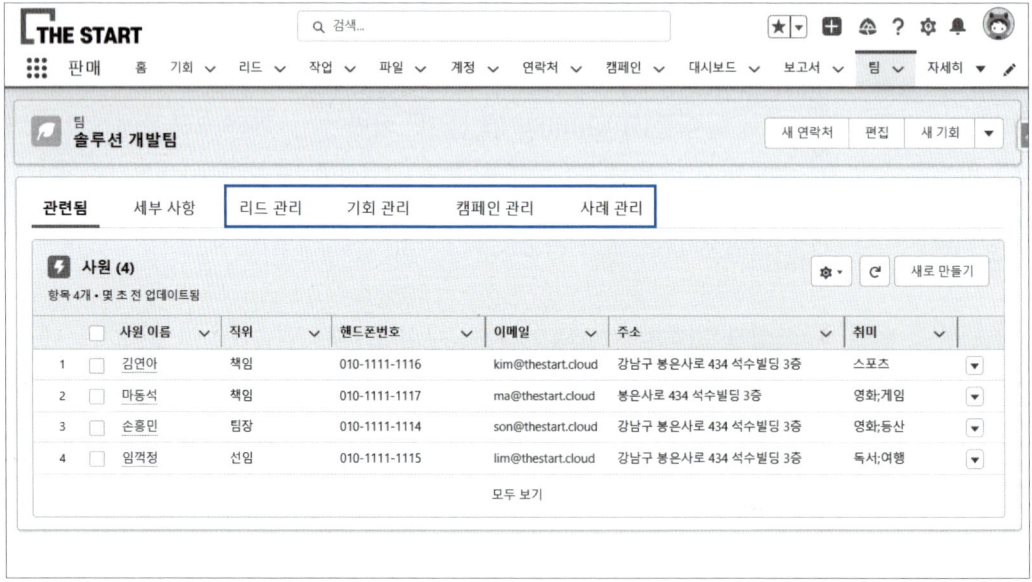

화면이 1열로 확장됐기 때문에 해당 공간에 더 많은 탭을 추가할 수 있을 것이다. 해서 위 화면과 같이 "리드 관리", "기회 관리", "캠페인 관리", "사례 관리" 이렇게 4개의 탭을 추가해보기로 하겠다.

이를 위해 다시 "Lightning 앱 빌더"로 이동하기로 하자.

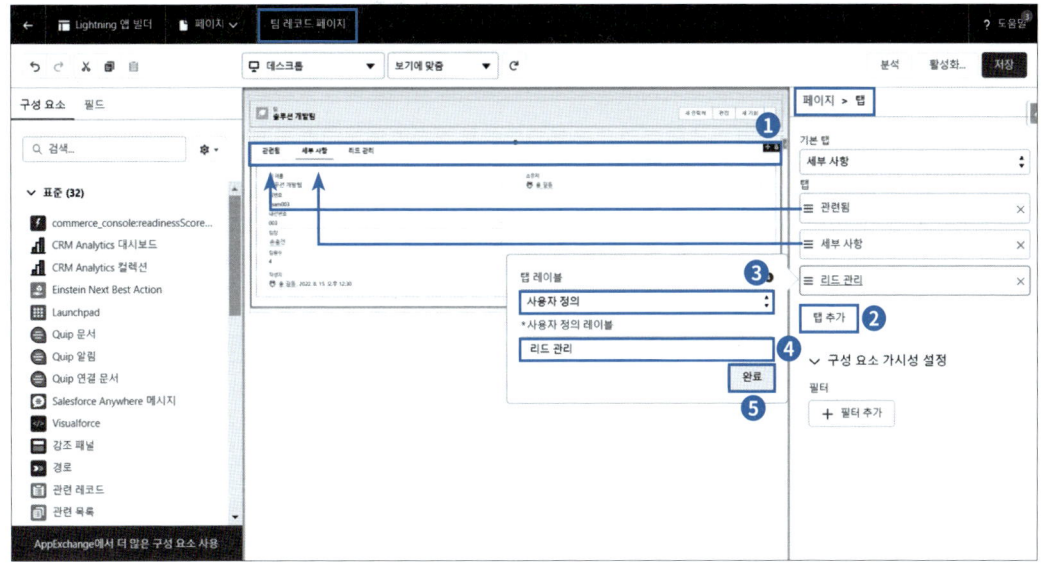

위의 팀 레코드 페이지에서 탭을 추가하기 위해서는 화면 상단의 탭 영역을 선택(1번)해 주어야 한다. 그러면 오른쪽 속성 창 또한 탭 구성 속성창으로 변경된다. 그러면 현재 "관련됨"과 "세부 사항" 두 개의 탭이 있는 것을 확인할 수 있으며, 여기에 등록된 탭 리스트는 화면에서 보여지는 탭 리스트와 같으며, 탭의 순서도 변경할 수 있다.

내용을 확인했다면, 이제 새로운 탭을 추가해 보기로 하자. 이를 위해 오른쪽 "팀 추가" 버튼(2번)을 클릭한다. 그러면 위 화면과 같이 팝업이 나타나는데, 여기에서 탭의 이름을 정의하는 것이다. 기본적으로 제공되는 이름이 목록으로 나열되지만 원하는 이름이 없다면, "탭 레이블"에서 "사용자 정의"(3번)를 선택한 후 "사용자 정의 레이블"에 "리드 관리"를 입력한 다음 "완료" 버튼을 눌러 탭을 추가한다.

이번 단계에서는 "리드 관리"라는 제목의 탭만 추가한 것이지, 탭 페이지 안에 어떠한 내용을 보여줄 것인지는 설정하지 않은 상태이다. 다음 단계를 통해 탭 페이지에 보여줄 내용을 정의해보기로 하자.

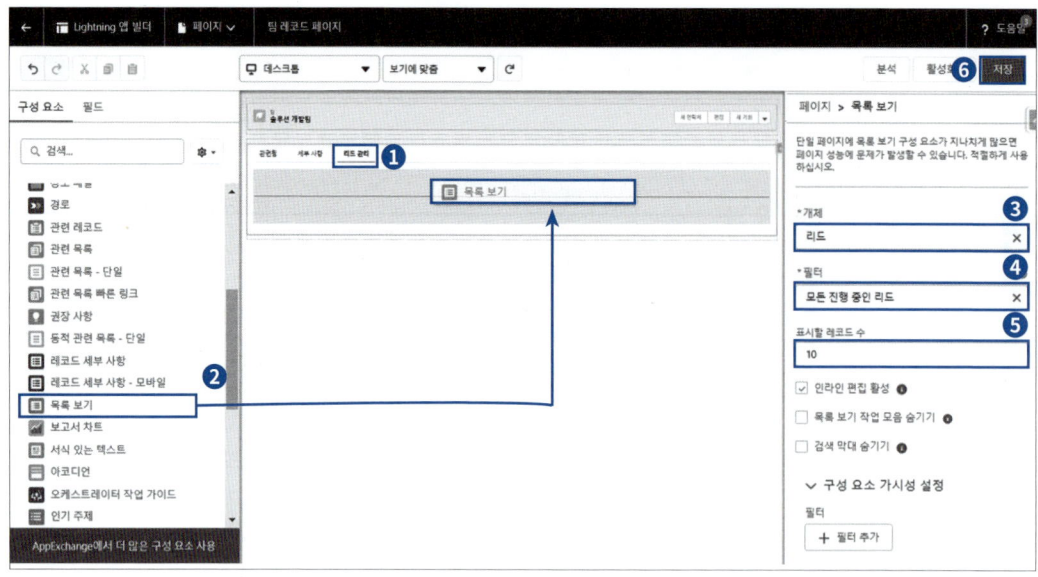

방금 추가된 "리드 관리"란 이름의 탭 페이지에 내용을 추가하기 위해서는 우선 "리드 관리" 탭(1번)을 선택해야 한다. 그 다음 왼쪽에 구성요소 항목들 중에서 "목록 보기"를 선택 후 드래그 한 다음 탭 페이지에 드롭(2번)한다. 그러면 목록 보기(List View) 구성요소가 탭 페이지에 위치하게 되는데, 해당 목록 보기 구성요소는 다양한 개체들의 목록을 보여줄 수 있도록 설정할 수 있다. 우리는 "리드"를 보여주기 위해서 "목록 보기" 구성요소를 추가한 것인만큼 오른쪽 화면 "개체"에서 "리드"를 선택(3번)한다. 그리고 필터도 설정할 수 있는데, 여기서는 "모든 진행 중인 리드"를 선택했다. 그리고 "표시할 레코드 수"가 기본적으로 3개로 설정되어 있는데, 이를 "10"으로 변경(5번)한 다음 "저장" 버튼(6번)을 눌러서 변경 내용을 반영한다. 이 작업이 적용된 모습은 다음과 같다.

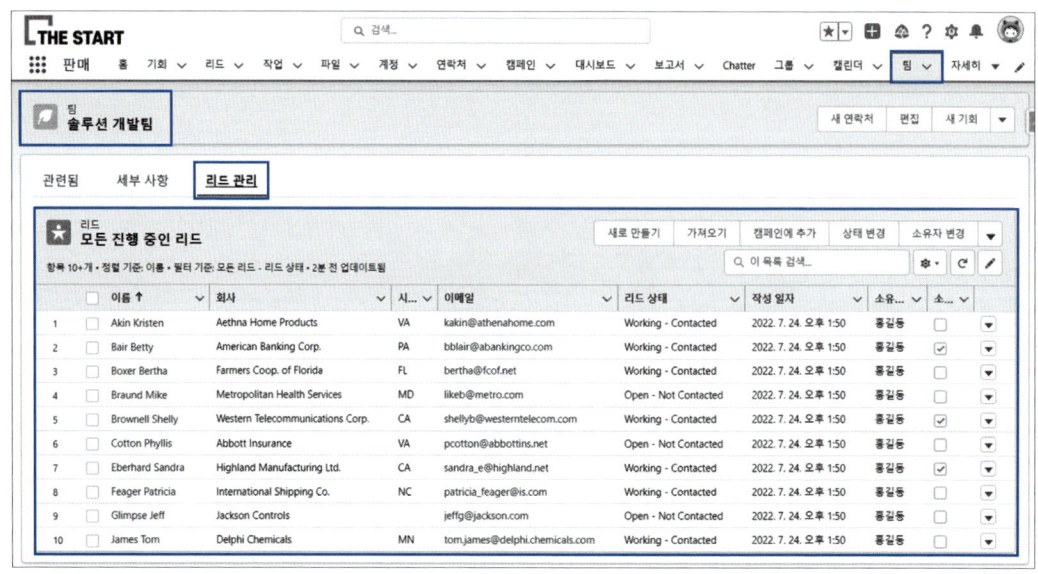

그러면 같은 방법으로 "기회 관리", "캠페인 관리", "사례 관리" 탭을 추가해보기로 하자.

(3) 기본 탭 변경하기

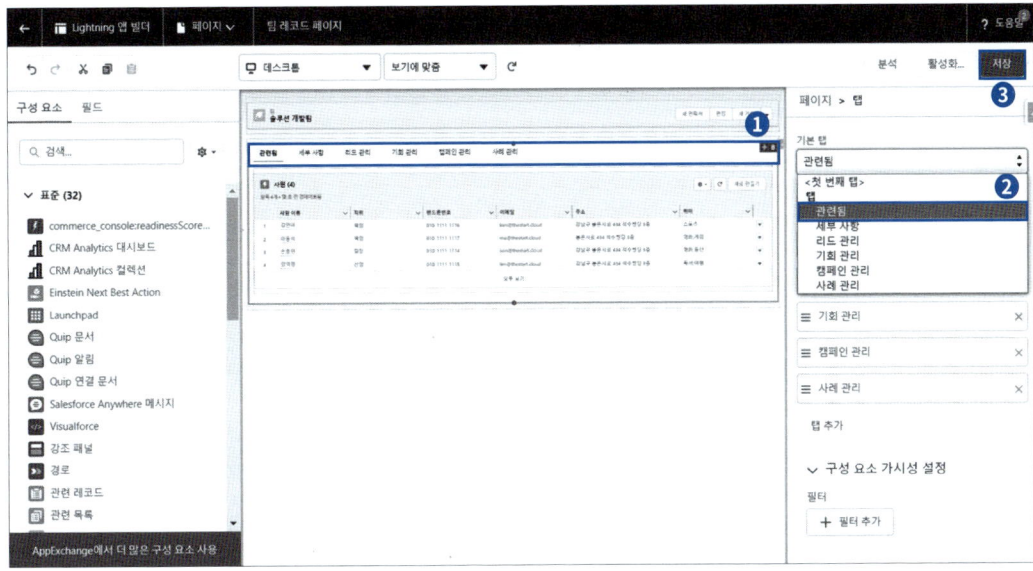

팀의 레코드 페이지에 들어왔을 때 여러 탭 중에서 원하는 탭을 우선 노출시키고자 한다면, "Lightning 앱 빌더" 화면에서 상단 탭 영역을 선택(1번)한 후 보면 오른쪽 속성 창에 "기본 탭" 옵션이 있는 것을 확인할 수 있다. 이번 예에서는 첫 번째 탭인 "관련됨"을 선택(2번)한 후 "저장" 버튼(3번)을 눌러서 설정을 적용한다.

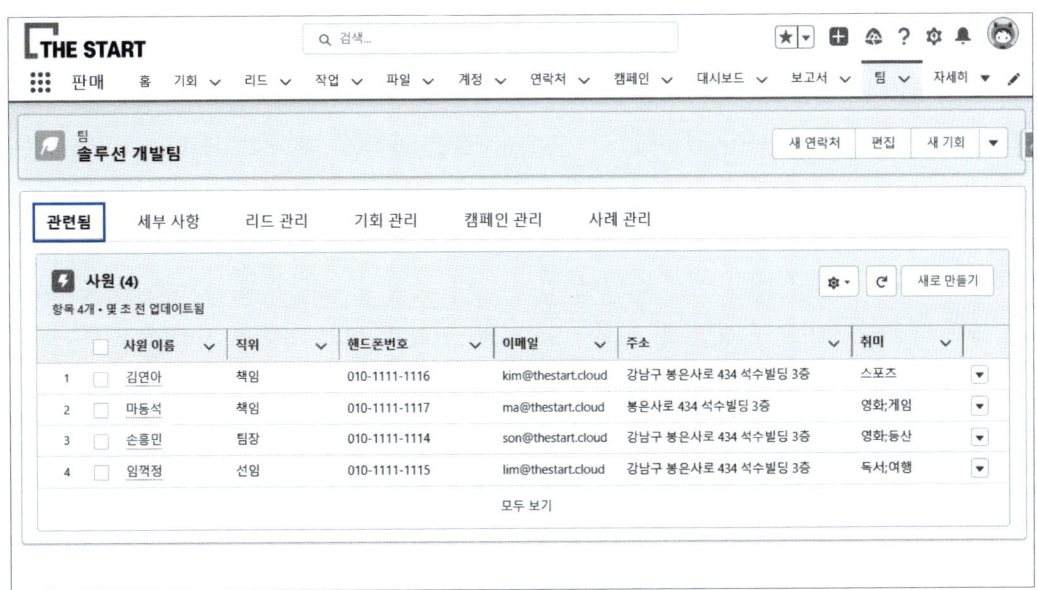

그러면 위 화면과 같이 "팀" 개체의 레코드 페이지로 이동할 때 기본적으로 "관련됨" 탭이 선택돼서 노출되는 것을 확인할 수 있다.

(4) 관련됨에 개체(Related Object) 추가하기

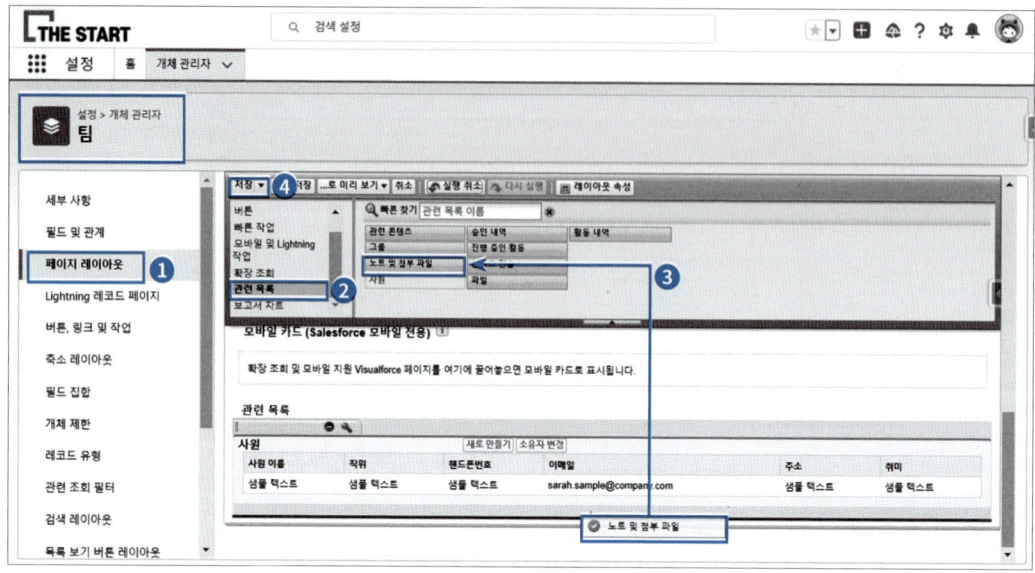

"팀" 개체와 직접 관련이 있는 개체는 "사원"이다. 그러므로 "팀" 개체를 들어오면 "관련됨" 탭에서 사원 목록을 볼 수 있었던 것이다. 그렇다면 그 이외에 추가할 수 있는 개체들이 존재하는데, 이를 "관련 목록(Related Object)"라고 한다.

이번에는 "사원" 목록 하단에 "노트 및 첨부 파일" 관련 목록을 추가해보기로 하겠다. 이를 위해 "팀" 개체의 "개체 관리자"로 이동해서 "페이지 레이아웃"을 선택(1번)한 후 "팀 레이아웃"을 선택해서 페이지 레이아웃 화면으로 이동한다.

그러면 상단에 여러 목록이 있는데, 그 중에서 "관련 목록"을 선택(2번)한다. 그러면 오른쪽에 버튼 형식으로 추가할 수 있는 개체들이 보여지며, 그 중 "사원" 개체는 이미 포함되어 있기 때문에 비활성화 된 상태로 보여진다. 우리는 이 중에서 "노트 및 첨부 파일"을 추가할 것이므로 이를 드래그 해서 하단에 있는 관련 목록 중 "사원" 다음으로 드롭(3번)한다. 그런 다음 마지막으로 상단에 "저장" 버튼(4번)을 눌러 변경 내용을 저장한다.

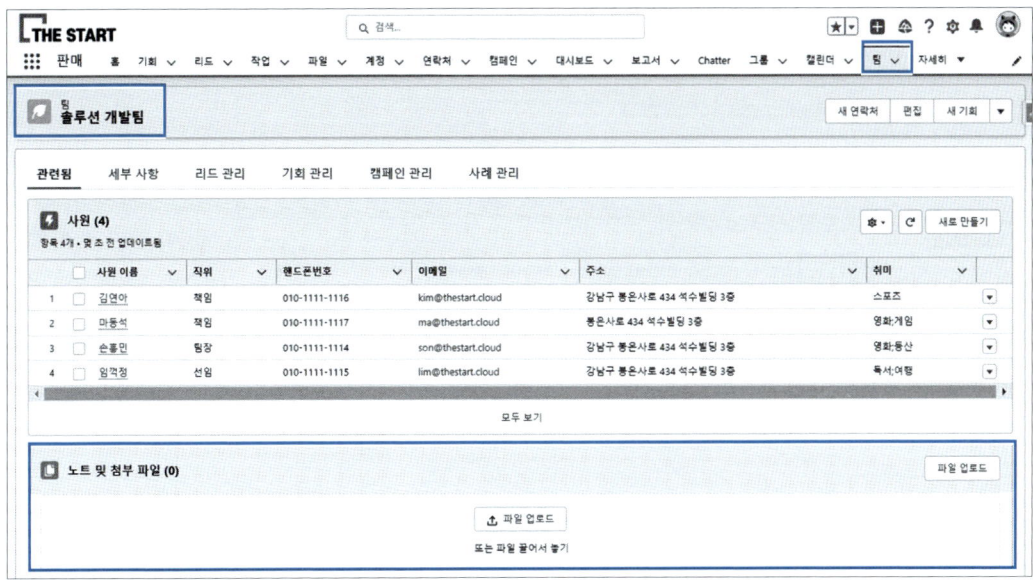

그러면 위와 같이 "노트 및 첨부 파일"이 관련됨 리스트에 추가된 것을 확인할 수 있다.

(5) 강조 패널에 필드 추가하기

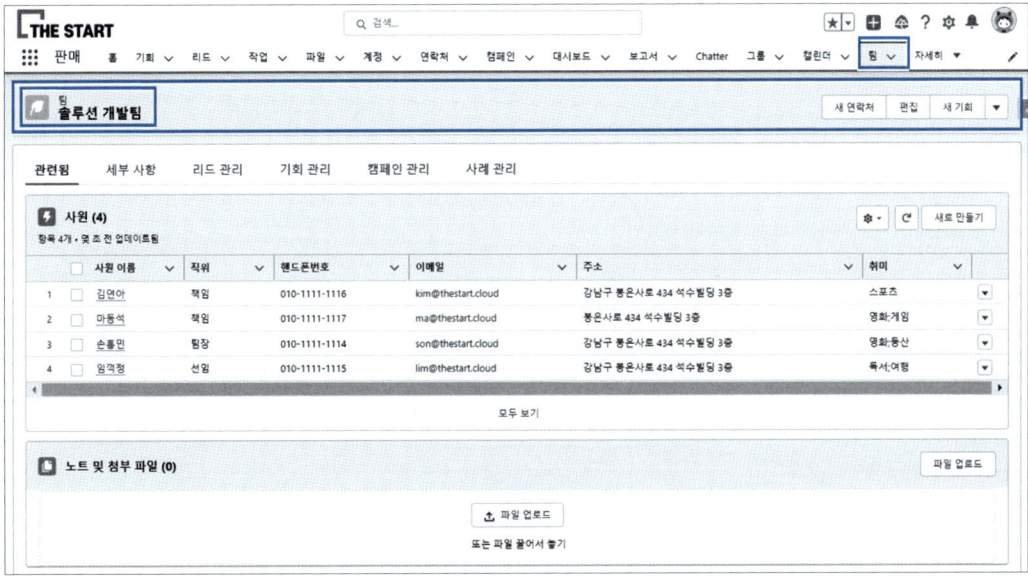

"팀" 개체의 레코드 페이지로 이동해 보면, 상단에 있는 영역을 "강조 패널"이라고 한다. 지금 현재 "팀" 개체의 강조 패널은 "팀" 이름과 버튼으로만 구성이 되어 있으며, 해당 레코드의 상세 내역을 보기 위해서는 "세부 사항" 탭으로 이동해야만 한다.

그러나 우리가 이전에 살펴보았던 리드(Lead), 기회(Opportunity), 계정(Account), 연락처(Contact) 등의 일반적인 표준 개체(Standard Object)들은 모두 다음과 같이 해당 개체의 일부 필드들을 포함하고 있다.

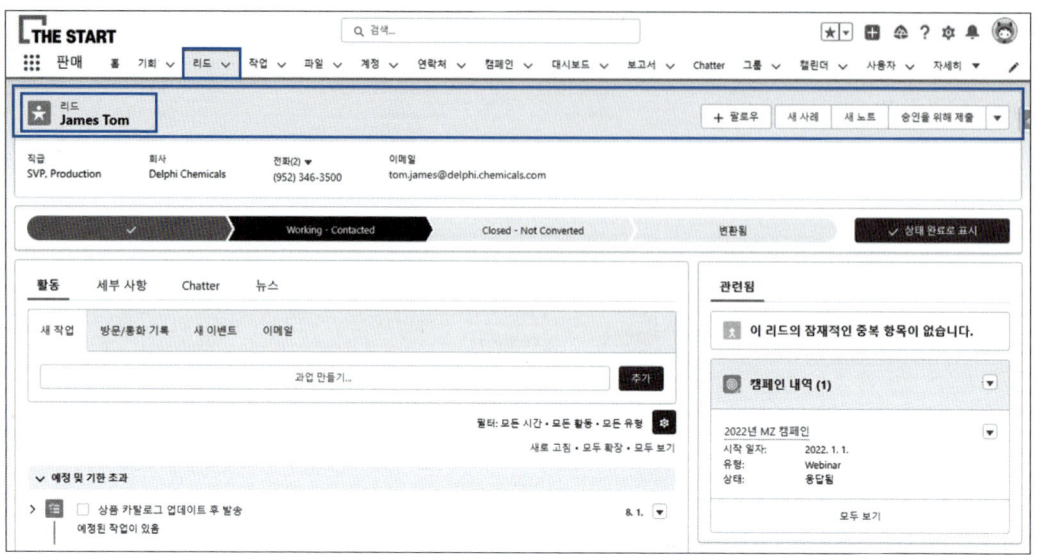

위 화면은 "리드" 개체의 "James Tom" 레코드 페이지로 이동한 모습이다. 방금 전 확인했던 "팀" 개체의 "강조 패널"과는 다르게 주요 필드들이 노출되어 있는 것을 확인할 수 있다.

이제 "팀" 개체의 레코드 페이지에 있는 "강조 패널"에도 위와 같이 주요 필드들을 추가해 보기로 하겠다. 이를 위해서 "팀" 탭을 선택한 후에 "설정"에서 "개체 편집" 메뉴를 선택해서 "개체 관리자"로 이동하기로 하자.

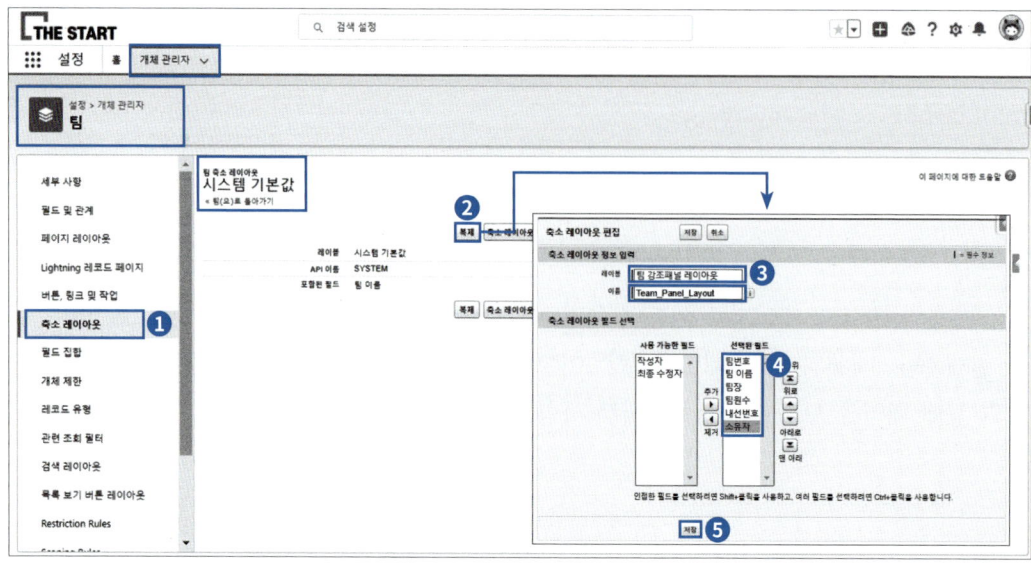

개체 관리자에서 "축소 레이아웃"을 선택(1번)하면, "시스템 기본값"이 현재 기본값으로 설정되어 있는 것을 확인할 수 있다. 이를 수정하기 위해서는 직접 수정은 안되고, 이 "축소 레이아웃"에 적용되어 있는 "시스템 기본값"을 "복제"한 후 수정해서 사용해야만 한다. 이를 위해서 "시스템 기본값"을 선택한다.

그러면 "축소 레이아웃"의 "시스템 기본값" 페이지로 이동하게 되며, 우선 "복제" 버튼(2번)을 눌러서 "축소 레이아웃 편집" 페이지로 이동한다. 여기에서 "레이블"은 "팀 강조패널 레이아웃"으로 입력하고, "이름"에는 "Team_Panel_Layout"으로 입력(3번)한 다음 아래에 있는 "축소 레이아웃 필드 선택" 역역에서 "사용 가능한 필드"들 중 필요한 필드를 "선택한 필드" 영역으로 이동(4번)한 후 "저장" 버튼(5번)을 눌러서 이를 저장하도록 한다.

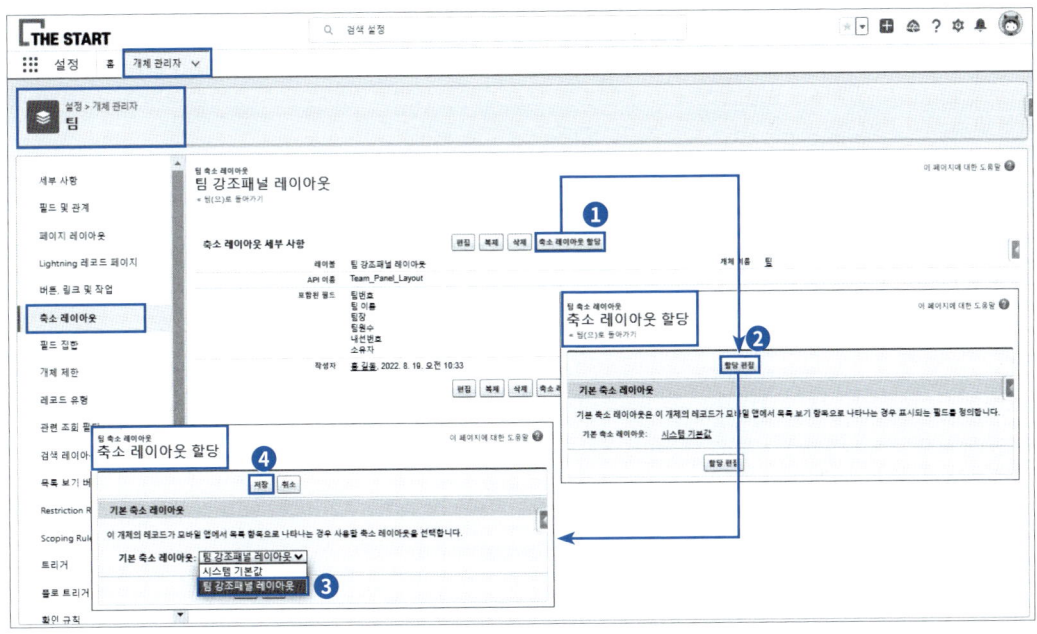

위 화면은 여러 화면 중에서 필요한 영역만을 추가한 화면이다. 이전 화면에서 "저장" 버튼을 누르면, 방금 전 설정한 레이아웃의 상세 내역을 보여주는 "팀 강조패널 레이아웃" 페이지로 이동한다. 이 단계에서 "축소 레이아웃 할당" 버튼(1번)을 누르면, "축소 레이아웃 할당" 페이지로 이동한다. 이 단계에서 "할당 편집" 버튼(2번)을 누르면, "기본 축소 레이아웃"을 설정하기 위해 다음 단계로 이동한다. 다음 단계에서 기본적으로 적용할 레이아웃을 선택해야 하는데, 기존에 있는 레이아웃은 "시스템 기본값"이며, 이는 강조 패널에 필드가 포함되지 않은 상태이므로 이제 우리가 복제해서 수정한 레이아웃을 바로 "기본 축소 레이아웃"에 적용해야 하는 것이다.

그러므로 "기본 축소 레이아웃"의 콤보 상자를 선택해서 목록 중에 방금 전 새롭게 만든 "팀 강조패널 레이아웃"을 선택(3번)한 후 "저장" 버튼(4번)을 눌러서 설정을 저장하도록 하자.

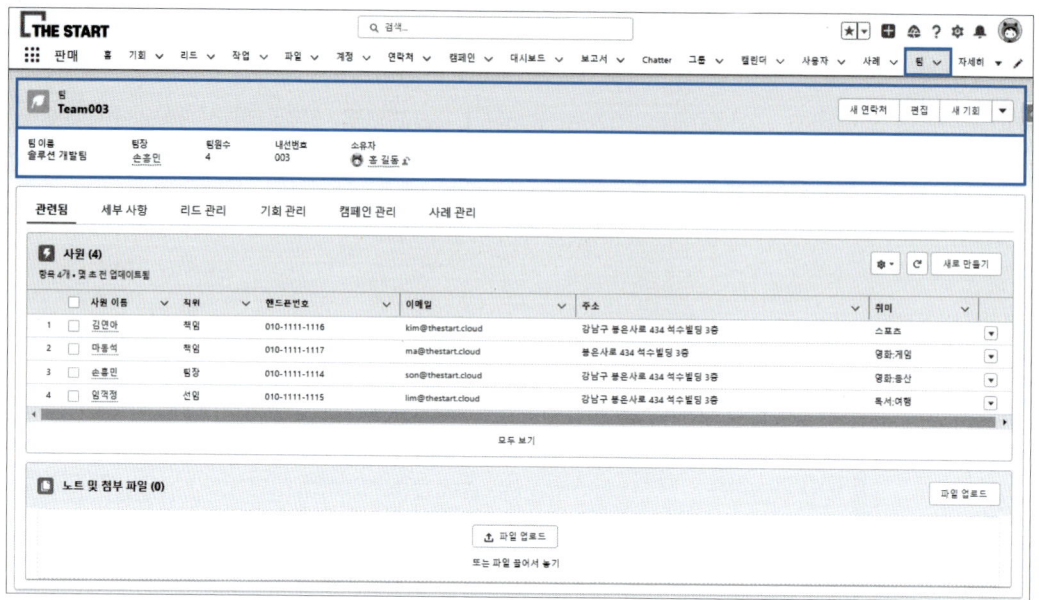

그러면 위와 같이 기존 강조 패널에서 하단으로 영역이 확장되면서 앞서 선택했던 주요 필드들이 노출되는 것을 확인할 수 있다. 이렇게 강조 패널에 주요 필드가 노출되면, 사용자가 하단에 있는 "세부 사항" 탭으로 이동해서 필드 내용을 확인하지 않아도 해당 레코드 페이지 상단에서 바로 정보를 확인할 수 있기 때문에 보다 편리한 인터페이스를 제공하게 된다.

4. 경로(Path) 설정

 선택 목록(Pick List) 확인

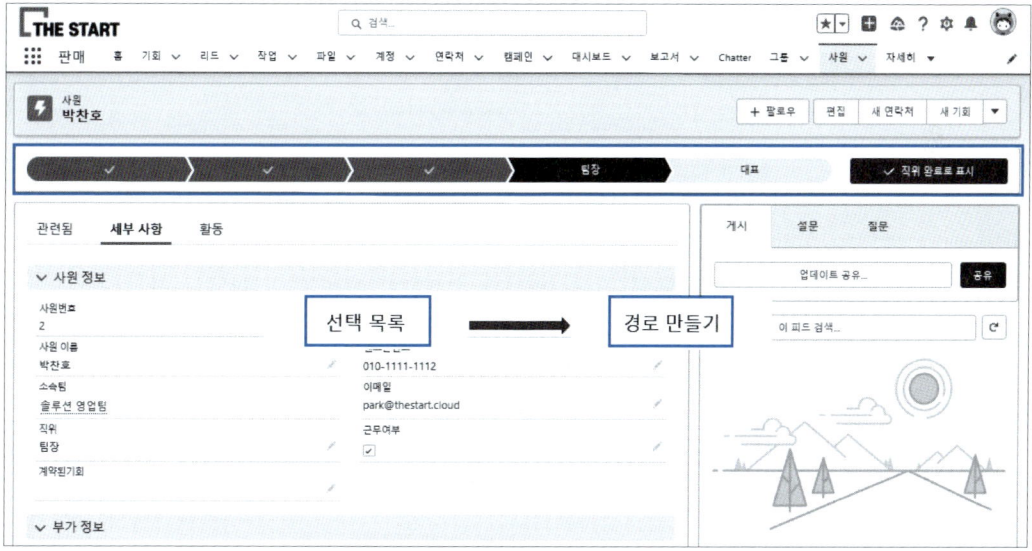

위 화면을 보면 "프로그레스 바"가 표시된 것을 확인할 수 있다. 그런데 이러한 진행 상태를 표시하는 컨트롤을 세일즈포스에서는 경로(Path)라고 한다. 이러한 경로는 앞서 표준 개체를 설명할 때 사용해 본 것처럼 업무 진행 상태를 표시하는 용도로 사용된다. 이번 예제도 기존에 만들어진 "사원" 개체를 활용해서 구현하는 방법에 대해서 설명하겠다.

우선 경로를 추가하기 위해서는 해당 개체에 선택 목록으로 구성된 필드가 존재해야 한다. 우리는 앞에서 "사원" 개체를 만들 때 "직위" 필드를 선택 목록으로 구성했었다. 해서 "직위" 필드를 활용해서 위처럼 각 사원마다 직급을 표시해 줄 것이다. 그런데 여기서 중요한 점은 선택 목록의 순서가 경로의 순서가 되므로 선택 목록의 순서를 확인해주어야 한다는 점이다.

"선택 목록의 순서"가 "경로의 순서"가 된다는 점은 꼭 기억하도록 하자.

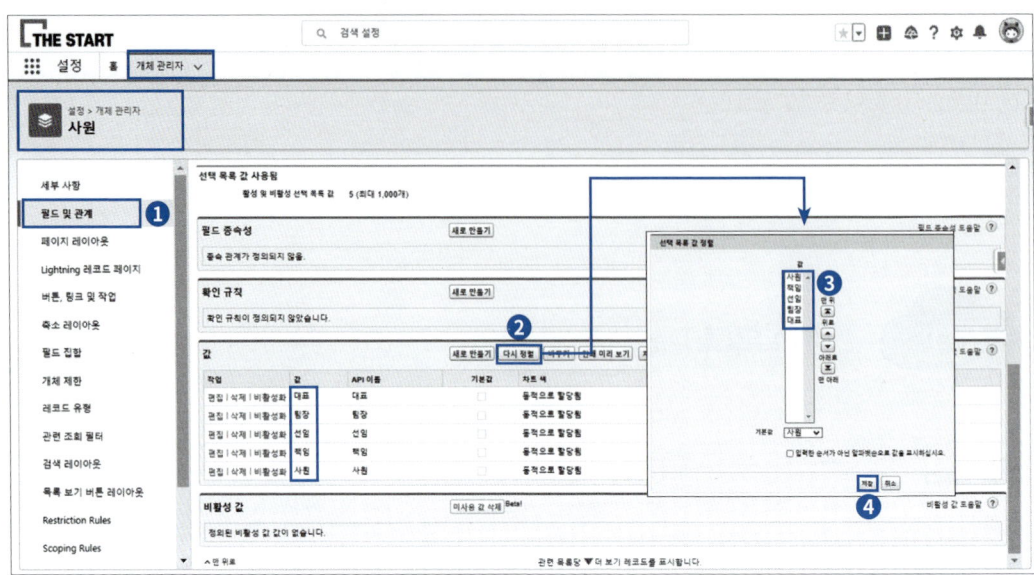

사원 개체의 개체 관리자로 이동한 후 "필드 및 관계"를 선택(1번)한 후 "직위" 필드를 선택하면 해당 필드의 상세 페이지가 보여지는데, 해당 페이지에서 아래로 내려오면 "직위" 필드의 선택 목록(Pick List)가 등록된 것을 확인할 수 있다. 이미지가 작아서 잘 보일지는 모르겠지만, 지금 "직위" 필드의 순서는 "대표", "팀장", "선임", "전임", "사원" 이러한 순서로 되어있다.

이를 경로에 반영하게 되면, 사원 처음 진입이 "대표"로 되는 것이니 맞지 않다. 해서 선택 목록의 정렬 순서를 변경하기 위해 "다시 정렬" 버튼(2번)을 클릭하면, 팝업창이 나타나는데, 여기에서 필드를 선택해서 위 아래 버튼(3번)을 눌러 순서를 조정한 후에 "저장" 버튼을 눌러 순서를 저장한다. 변경된 순서는 진급 기준으로 순서를 다음과 같이 정의했다.

순서 : "사원", "전임", "선임", "팀장", "대표"

4-2 경로(Path) 만들기

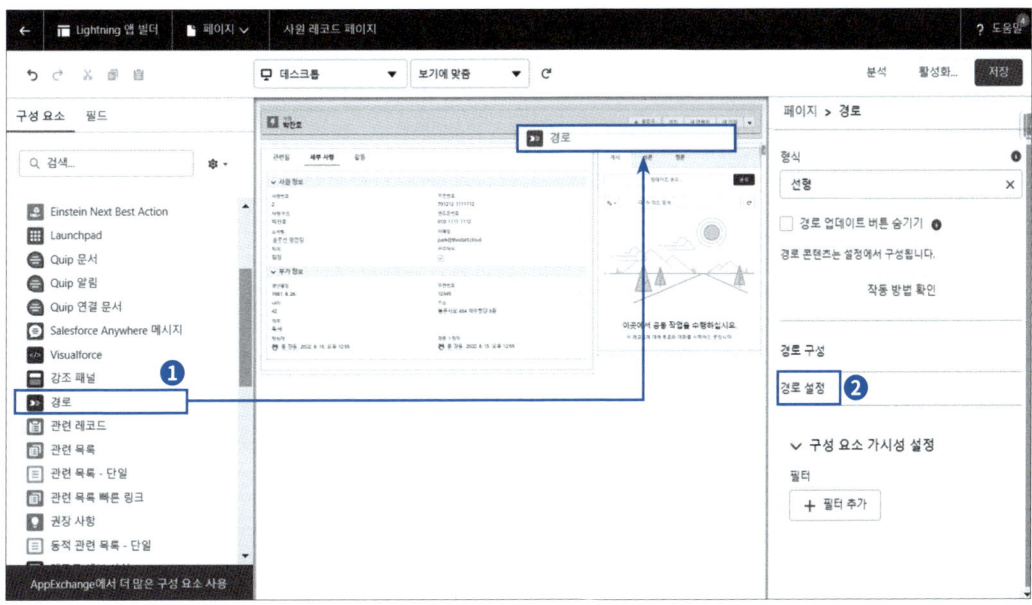

경로를 설정하기 위해서는 "사원 레코드 페이지"에서 "Lightning 앱 빌더"로 들어간 다음 왼쪽에 구성요소 중 경로를 선택한 다음 드래그 해서 화면 상단에 드롭(1번)한다. 그러면 경로 컴포넌트가 추가되고, 오른쪽 "경로 설정"(2번)을 누르면, 이제 경로를 구성하기 위한 화면으로 이동한다.

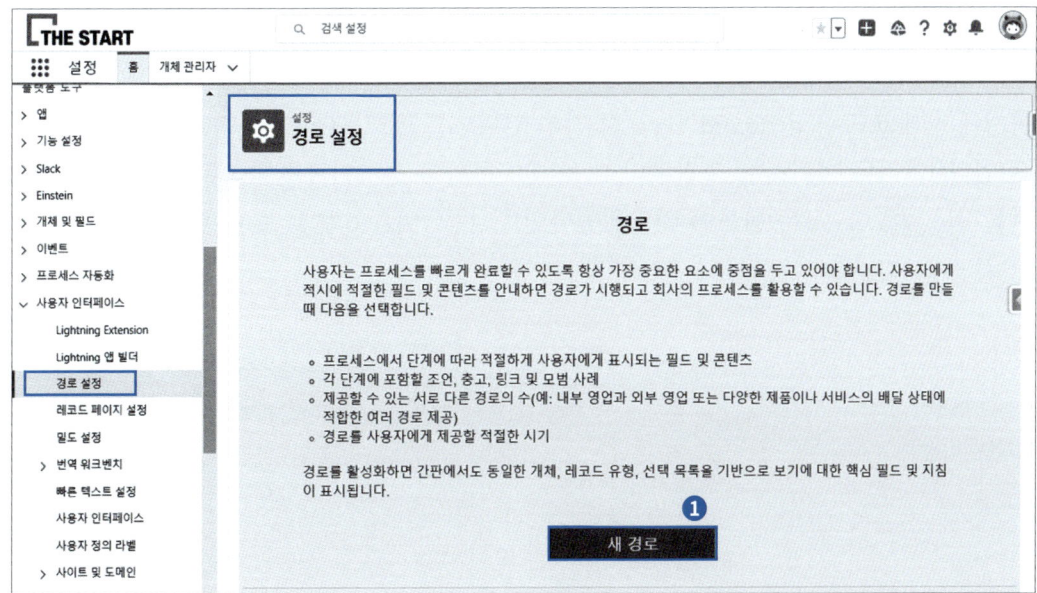

Chapter 07 사용자 정의개체(Custom Object) | 397

경로를 구성하기 해서는 오그(Org)의 설정 페이지로 이동해야 하며, 앞서 "경로 설정"을 누르면 자동으로 자동으로 "설정"의 "경로 설정"으로 이동해서 페이지를 보여준다. 해당 페이지에는 기본적으로 경로에 대한 소개가 나와 있으며, 아래에 있는 "새 경로" 버튼(1번)을 클릭해서 다음 화면으로 이동하도록 하자.

[그림: 1단계: 경로 이름 지정 및 개체 선택 화면. 경로 이름(1) "진급 진행 경로", API 참조 이름(2) "Promote_Path", 개체(3) "사원", 레코드 유형(4) "--마스터--", 선택 목록(5) "직위", 다음 버튼(6)]

1단계에서는 경로 이름 및 개체를 선택하는 단계로서 "경로 이름"으로는 "진급 진행 경로"(1번)으로 입력하고, "API 참조 이름"은 내부적으로 시스템에서 참조하는 이름으로 "Promotion_Path"(2번)으로 입력한다. "개체"는 "사원"(3번) 개체를 목록에서 선택하면, 자동으로 "레코드 유형"은 "마스터"로(4번) 선택되고, "선택 목록"은 "직위"(5번) 필드를 선택한다.

여기에서 레코드 유형(Record Type)의 경우 입력되는 레코드에 따라 경로를 달리 설정할 수 있다. 그러나 여기서는 사원부터 대표까지 하나의 경로이므로 추가로 레코드 유형을 만들지는 않았다. 모든 항목이 입력되었다면, "다음" 버튼(6번)을 눌러 다음 단계로 이동한다.

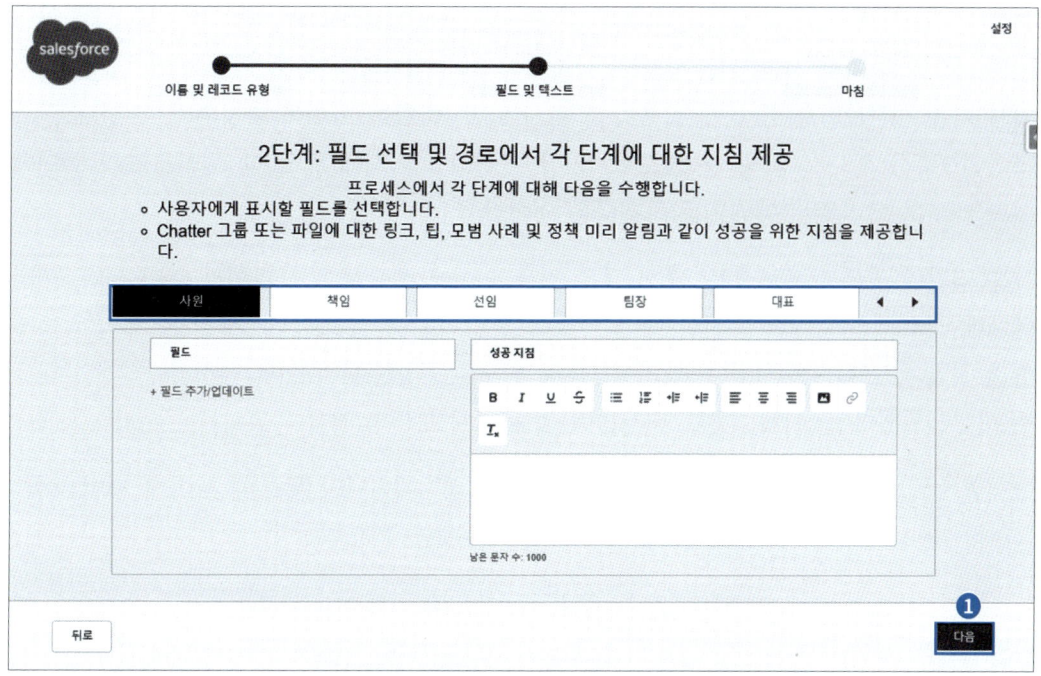

2단계에서는 선택 목록(Pick List)의 순서를 확인해야 하고, 그리고 각 단계별 참조할 수 있는 필드와 성공을 위한 지침 등을 입력할 수 있는데, 우리는 간단히 직급 진행과정을 경로(Path)로 등록할 것이므로 "다음" 버튼(1번)을 눌러서 다음으로 이동한다.

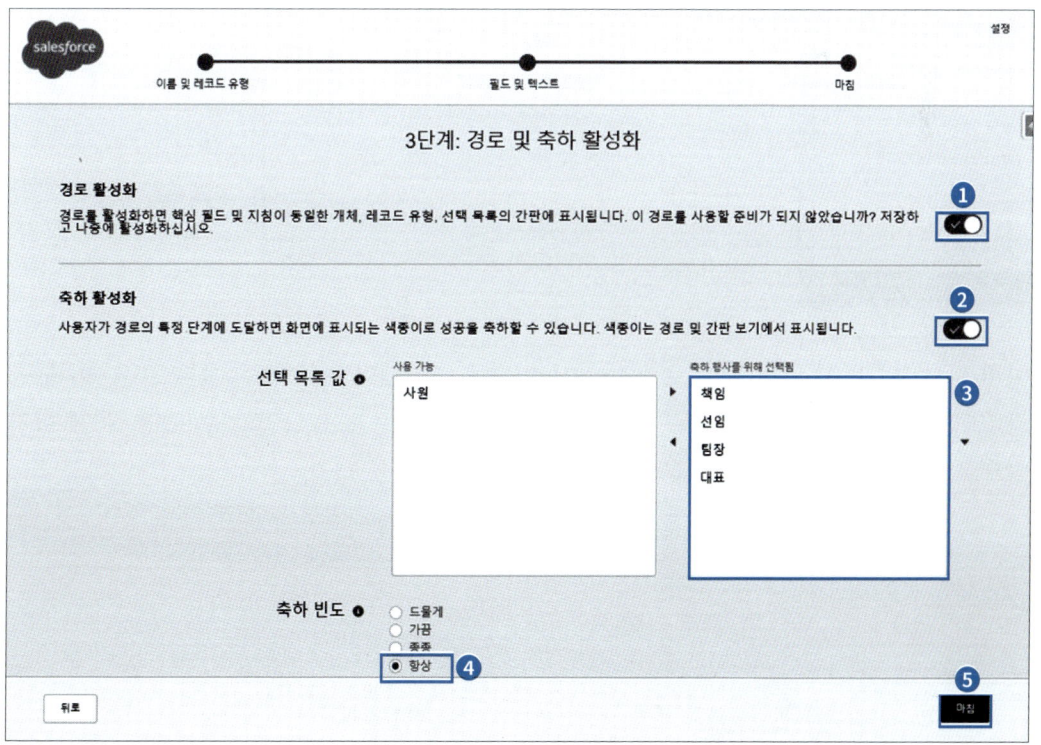

3단계는 경로 및 축하 활성화 단계이다. 우선 경로를 설정했기 때문에 "경로 활성화" 기능 버튼(1번)을 눌러서 사용가능 상태로 설정해야 한다. 그리고 "축하 활성화"가 있는데, 이 역시 기능 버튼(2번)을 눌러서 활성화를 하게 되면, 하단에 화면이 확장된다. 우선 오른쪽 목록인 "축하 행사를 위해 선택됨" 목록 상자는 해당 단계에 왔을 때 세일즈포스 화면에서 꽃가루를 날려주는 이벤트를 하겠다는 것이다.

보통 영업의 경우 "수주 성공" 단계 같은 경우가 이에 해당하는 상황이라 보면 된다. 이번 예제에서는 사원이 매번 승진할 때마다 축하를 받아야 하기 때문에 "사원"을 제외한 이후 승진 목록을 포함(3번)시켰다. 그리고 "축하 빈도"는 "항상"(4번)으로 설정했다. 관련 내용이 마무리되었다면, 이제 "마침" 버튼(5번)을 눌러서 모든 설정을 완료하기로 하자.

그러면 방금 설정한 "진급 진행 경로"가 "경로 설정" 페이지의 목록에 보이게 되며, 이후 "삭제", "편집" 또는 "비활성화"등의 관리 작업을 수행할 수 있다.

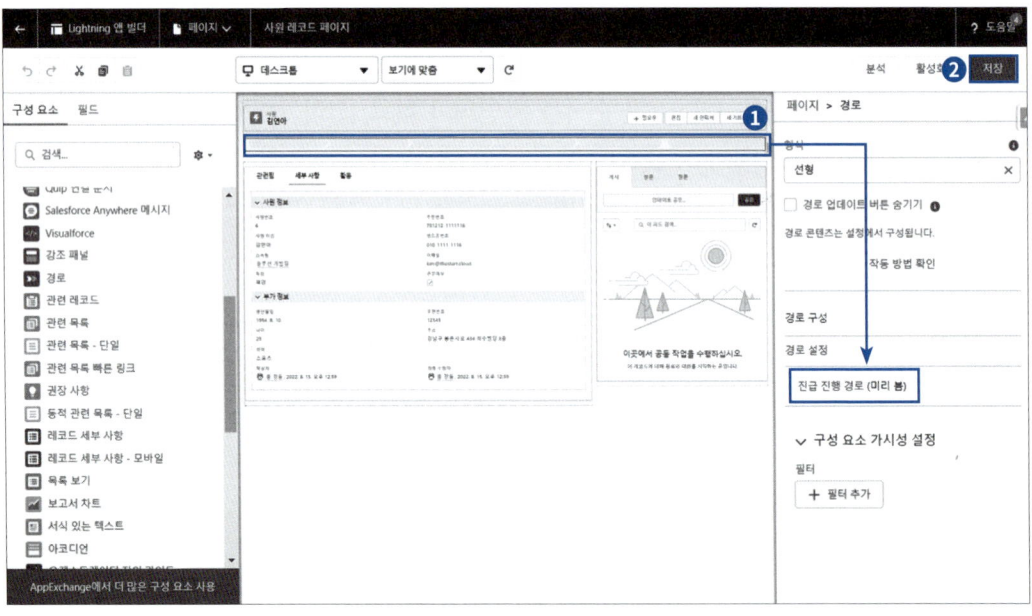

이제 다시 "Lightning 앱 빌더"로 돌아와서 이전에 추가했던 "경로"(1번)을 누르면, 이제 방금 전 만들었던 "진급 진행 경로"가 경로에 할당되어 있는 것을 확인할 수 있다. 이제 마지막으로 "저장" 버튼(2번)을 눌러서 변경 내용을 저장하도록 하자.

다시 사원 탭으로 이동한 후 원하는 사원을 선택해보기로 하자. 위 화면에서는 "김연아" 사원을 선택했다. 그러면 이전에 없었던 강조 패널 다음 영역에 경로가 추가된 것을 확인할 수 있다.

그러면 이제 마지막으로 앞에서 "축하 활성화"를 설정했던 것 기억날 것이다. "김연아" "책임"이 "선임"으로 승진했다고 가정해보자. 이를 위해 경로(Path)에서 "선임"을 선택(1번)하고, 오른쪽 끝에 있는 "직위 완료로 표시" 버튼(2번)을 클릭해보자.

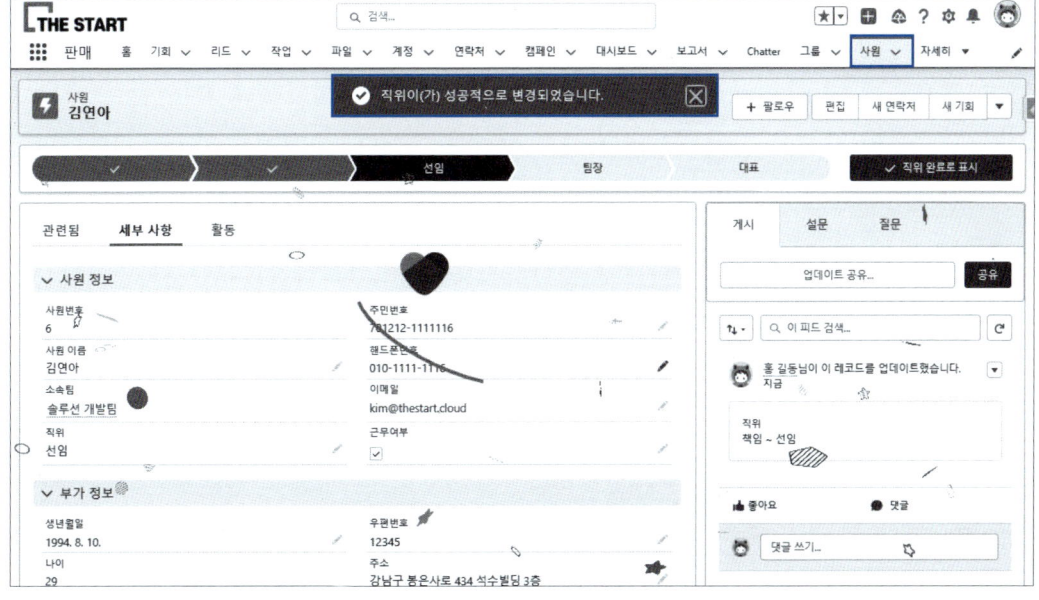

그러면 위처럼 화면에서 승진 축하를 위한 꽃가루와 하트 등의 이모티콘이 화면에 흩날리게 된다. ^^

이상으로 사용자 정의 개체 및 개발 관련 요소들에 대해서 살펴보았다. 아마도 세일즈포스의 일반 사용자 분들에게는 부담스러운 내용이었겠지만, 조금 더 알면 더 많은 업무 환경에 맞춰서 세일즈포스를 사용할 수 있게 되면서 세일즈포스의 활용도를 훨씬 더 많이 높여줄 수 있을 것이다.

chapter 07
사용자 정의 개체(Custom Object) 만들기

01 다음 중 세일즈포스 내에서 데이터를 저장하기 위한 단위를 무엇이라고 하는가?

① 개체(Object)　　　　　　② 필드(Field)
③ 테이블(Table)　　　　　　④ 레코드(Record)

02 다음 중 다른 개체의 필드를 검색할 수 있도록 하기 위해 추가하는 필드의 데이터 유형은 무엇인가?

① 마스터-세부사항 관계　　② 조회 관계
③ 외부 조회 관계　　　　　④ 롤업 요약

03 다음 중 다른 필드를 기준으로 값을 계산하고자 했을 때 사용하는 필드의 데이터 유형은 무엇인가?

① 자동 번호　　　　　　　② 수식
③ 숫자　　　　　　　　　　④ 선택목록

04 다음 중 상위 개체의 레코드를 삭제하는 경우 하위 레코드도 모두 삭제되는 데이터 유형은 무엇인가?

① 마스터-세부사항 관계　　② 조회 관계
③ 외부 조회 관계　　　　　④ 선택 목록

05 다음 중 롤업 요약 필드를 추가하기 위해서 미리 존재해야 하는 필드의 데이터 유형은 무엇인가?

① 마스터-세부사항 관계　　② 조회 관계
③ 외부 조회 관계　　　　　④ 선택 목록

Quiz

06 다음 중 특정 필드에 입력되는 데이터가 몇 가지 정해져 있는 경우 콤보 상자에서 값을 선택해서 입력할 수 있도록 하려면 어떠한 데이터 유형을 사용해야 하는가?

① 자동 번호 ② 수식
③ 숫자 ④ 선택목록

07 다음 중 사용자 정의 개체를 생성했을 때 기본적으로 만들어지는 필드가 아닌 것은 무엇인가?

① 소유자 ② 작성자
③ 사용자 ④ 최종 수정자

08 사용자 정의 개체의 목록 보기에서 "최근 조회 항목"에 원하는 필드를 보여주기 위해서 개체 관리자의 어떠한 항목에서 관련 설정을 해주어야 하는가?

① 페이지 레이아웃 ② 축소 레이아웃
③ 검색 레이아웃 ④ 목록 보기 버튼 레이아웃

09 다음 중 강조 패널에서 원하는 필드를 보여주고자 하는 경우 어느 항목에서 관련 설정을 해주어야 하는가?

① 페이지 레이아웃 ② 축소 레이아웃
③ 검색 레이아웃 ④ 목록 보기 버튼 레이아웃

10 다음 중 사용자 정의 개체의 페이지에 체터(Chatter)를 추가하고자 한다면, 어떠한 설정을 해주어야 하는가?

① Chatter 설정 ② 피드 항목 트리거
③ 피드 항목 작업 ④ 피드 추적

11 다음 중 관련목록에서 해당 개체의 필드를 기존 4개에서 6개로 늘리려고 한다면, 관련 목록 유형을 무엇으로 선택해야 하는가?

① 기본 목록 ② 추가 목록
③ 향상된 목록 ④ 타일

12 다음 중 레코드 페이지에 경로를 추가하고자 하는 경우 미리 존재해야 하는 필드의 데이터 유형은 무엇인가?

① 마스터-세부사항 관계　　② 조회 관계
③ 외부 조회 관계　　④ 선택 목록

13 다음 중 특정 필드에 입력될 수 있는 값의 범위나 다른 필드 값을 참조하므로써 잘못된 데이터가 입력될 수 없도록 강제하기 위한 기능을 무엇이라고 하는가?

① 확인 규칙　　② 일치 규칙
③ 데이터 통합 규칙　　④ 개체 제한

14 다음 중 오그 내의 모든 개체들에 대한 구조와 관계를 시각적으로 보여주는 관리도구를 무엇이라고 하는가?

① Object Builder　　② Entity Builder
③ Schema Builder　　④ Relation Builder

1	2	3	4	5	6	7	8	9	10
④	②	③	④	④	④	①	②	②	①

11	12	13	14
③	④	①	③

chapter 08
보고서(Report) 및 대시보드(Dashboard)

1 보고서(Report) 활용하기

2 대시보드(Dashboard) 활용하기

THE START

1 보고서(Report) 활용하기

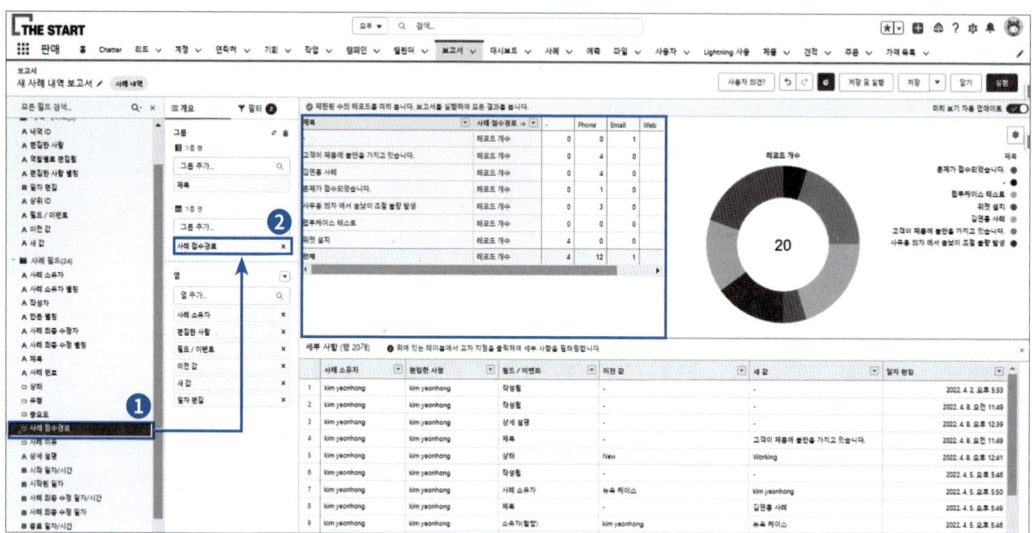

이제는 세일즈포스에 저장된 데이터를 출력하기 위한 다양한 보고서 및 대시보드를 만들고 활용하는 방법에 대해서 살펴볼 것이다. 세일즈포스는 목록 보기 형태로 개체(Object)들에 대한 뷰를 제공한다. 그러나 업무 별 다양한 요구사항에 맞는 보고서를 만들어서 출력하는 일은 비즈니스 의사 결정이나 주요 성과 지표(KPI)를 확인하는 용도로 현업 담당자들의 입장에서 매우 중요한 업무 중 하나가 될 것이다.

그러나 이러한 보고서를 생성하기 위해서 기존의 시스템이라면, 원하는 양식의 보고서를 전문 개발자들이 개발하고 이를 업무에 활용하는데 많은 노력과 시간을 필요로 했다. 하지만, 세일즈포스는 솔루션이다. 그러므로 세일즈포스는 기본적으로 사용자가 보고서를 직접 만들 수 있는 기능을 기본적으로 제공한다.

세일즈포스에 모든 데이터들은 개체(Object)에 저장되고, 이는 테이블(Table) 구조와 같다. 그리고 보고서는 그 개체에 저장되어 있는 데이터들을 고객이 원하는 업무 양식에 맞게 출력하고 이를 시각화 해주는 기능이다. 그러므로 데이터에 대한 구조와 이를 집계하고, 원하는 결과물을 얻기 위해 기본적으로 SQL(Structured Query Language)에 대한 학습이 되어 있는 사용자라면, 보다 적극적으로 보고서를 만들고 이를 잘 활용할 수 있을 것이다.

과거 이러한 활동은 데이터의 분석(Data Analysis) 및 데이터 시각화(Data Visualization)라고 해서 전문가들의 영역으로 간주되어졌다. 그러나 지금은 솔루션 및 다양한 툴의 발달로 인해 업무와 관련한 인사이트(Insite)를 얻기 위해 일반 업무 담당자(Business User)들도 데이터 분석과 데이터 시각화를 위해 SQL을 기본적으로 학습하는 추세에 있다. 그러나 SQL을 학습하는 것이 반드시 필요한 것은 아니다. 물론 SQL을 알아 둔다면 데이터 구조를 이해하고 이후 보고서를 작성할 때 분명 도움은 되겠지만, 그것이 세일즈포스에서 보고서를 작성하는데 필수 조건은 아니다.

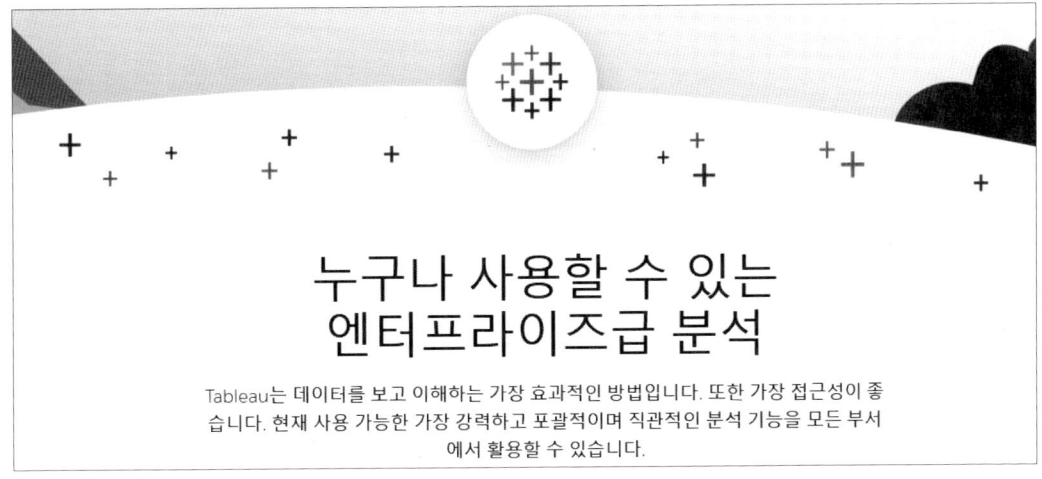

세일즈포스에서는 지난 2019년 18조 5,000억이란 거액을 들여 데이터 분석 플랫폼 선두 업체인 태블로(Tableau)를 인수한 바 있다. 그리고 지금은 세일즈포스와 태블로와의 통합이 완료되어 세일즈포스 고객에게 태블로 서비스를 제공할 수 있게 되었다. 이러한 전문적인 분석 솔루션을 보다 효율적으로 이용하기 위해서는 SQL(Structured Query Language)에 대한 학습은 당연히 기본이 될 것이다.

하지만, 현재 세일즈포스의 보고서 기능도 잘 활용한다면, 업무에서 충분히 돋보일 수 있는 보고서를 만들 수 있다.

✅ 세일즈포스 보고서 종류

구분	선택 값
표 형식 보고서	그룹핑(집계)이 적용되지 않은 행과 열로 구성된 테이블 구조의 보고서
요약(집계) 보고서	특정 열을 기준(예, 날짜별 또는 고객별 또는 상품별)으로 집계가 적용된 보고서
메트릭스 보고서	행과 열로 집계가 적용된 보고서

1-1 보고서(Report) 만들기

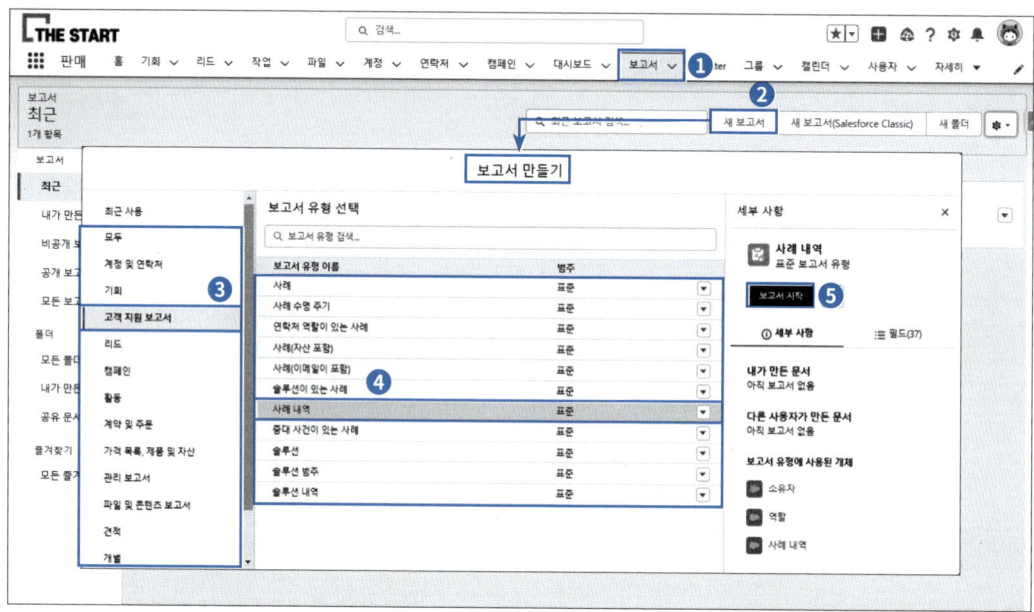

보고서를 만들기 위해서는 위 화면에서 보면 상단에 "보고서" 탭을 선택(1번)하고, 상단 오른쪽에 있는 "새 보고서" 버튼(2번)을 클릭하면, 중앙에 "보고서 만들기" 대화상자가 나타나게 된다. 처음에는 왼편에 있는 목록에서 "모두"가 선택되기 때문에 오른편에 있는 선택할 수 있는 보고서 유형이 100개가 넘게 리스트에 나타난다.

이러한 보고서 리스트 들은 기본적으로 해당 개체와 해당 개체와 관계가 있는 개체들에 대한 보고서들을 포함하고 있다. 그러나 지금 보고서 유형을 살펴보면, 사용자 정의 개체인 "팀"과 "사원" 개체에 관한 보고서 유형은 존재하지 않는다. 이는 해당 개체에서 "보고서 허용" 옵션을 활성화하지 않았기 때문이며, 이에 관한 내용은 이후에 살펴보기로 하겠다.

이번 예제에서는 위의 화면처럼 "고객 지원 보고서"를 선택(3번)한 후 보고서 유형에서 "사례 내역" 보고서(4번)를 선택했는데, 이는 다양한 사례 발생에 따른 진행 내용을 확인할 수 있는 보고서를 작성하기 위함이다. 그리고 보고서 유형에서 범주를 보면 모두 "표준"이라고 되어 있는데, 이는 기본적으로 세일즈포스에서 제공되는 보고서 유형이란 의미이다. 선택이 완료되었다면, "보고서 시작" 버튼(5번)을 눌러서 보고서 작성을 시작하도록 하자.

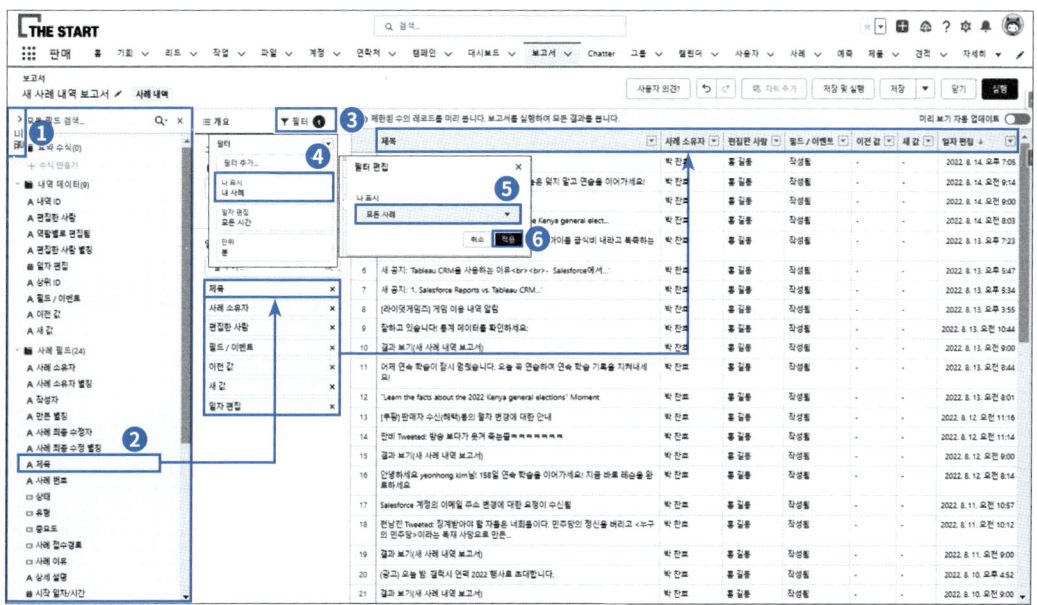

"사례 내역" 항목은 기본적으로 사례 생성 및 사례의 변경 이력을 출력해주는데, 이러한 형태를 "표 형식 보고서"라고 한다. 그리고 처음으로 위 화면을 보면 상단에 컬럼들이 존재하는데, 이는 왼편에 선택된 필드들이 순서대로 나열된 모습이다. 여기에서 필요없는 컬럼은 왼편에서 "x"표시를 눌러서 제거할 수 있고, 필요하다면 현재 노출되지 않는 필드를 보고서에 추가할 수도 있다.

현재는 기본으로 6개의 컬럼이 보여진다. 원하는 컬럼을 추가하기 위해서 왼쪽 상단에 있는 "필드" 표시 버튼(1번)을 클릭하면, 추가할 수 있는 전체 필드 목록이 확장된다. 상당히 많은 열들이 보고서에 포함될 수 있으며, 이는 현재 표에 보여지고 있는 필드들이 사례 내역에서 보여줄 수 있는 전부가 아니라는 말이다.

여기서는 위 화면처럼 필드 목록 중에서 "사례 필드" 중 "제목" 필드를 선택(2번)해서 드래그 한 후 그 옆에 있는 표시된 필드 목록 가장 상단에 드롭한다. 이것은 "제목" 필드를 해당 데이터들의 첫 번째 열로 추가해서 보겠다는 의미이다.

이렇게 필드변경 및 수정이 발생하면 표의 화면은 비활성화되어, 그림자처럼 어둡게 표시되는데, 중간 상단에 보면 "제한된 수의 레코드를 미리 봅니다. 보고서를 실행하여 모든 결과를 봅니다."의 텍스트가 "최신 편집 내용을 확인하려면 미리 보기를 새로 고칩니다. 새로 고침"으로 변경되고, "새로 고침" 텍스트는 링크로써 버튼 역할을 한다. 이 상태에서 "새로 고침" 텍스트를 누르면, 변경된 내용이 표에 반영된다. 이를 자동화하기 위해서는 오른쪽에 있는 "미리 보기 자동 업데이트"을 토글 버튼을 이용하여 이를 자동으로 활성화할 수도 있다.

그리고 현재 보고서에서 보여지는 레코드가 필자의 경우 2건인데, 이는 필터가 적용된 상태이기 때문이다. 그러므로 적용된 필터를 제거하기 위해서 중앙 상단에 있는 "필터 탭"을 선택(3번)한 후 "내 사례"로 설정되어 있는 필터를 선택(4번)하면, 오른쪽에 필터 편집 팝업이 보인다. 여기에서 "내 사례"를 "모든 사례"로 변경(5번)한 후 "적용" 버튼(6번)을 눌러서 변경된 필터를 적용해보도록 하자. 그러면 위 화면처럼 많은 레코드가 출력된 모습을 볼 수 있을 것이다.

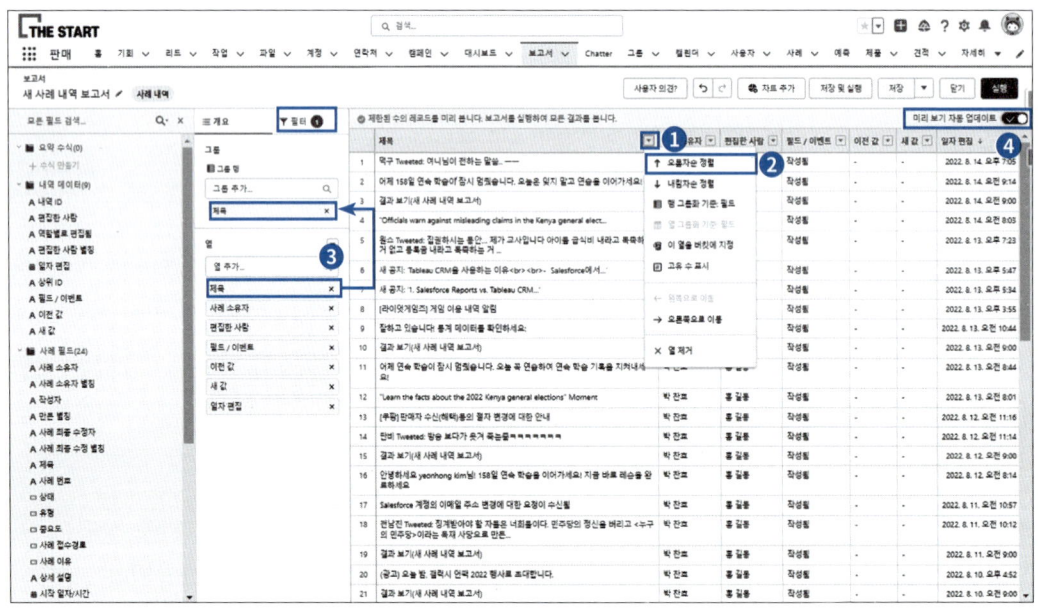

제목 필드가 표의 첫 번째 열에 추가된 후 왼쪽 끝에 있는 드롭다운 버튼을 누르면, 정렬 메뉴가 나온다. 여기에서 "조그만 콤보 상자"를 선택(1번) 한 후 "오름차순 정렬" 메뉴(2번)를 누르면, 제목을 기준으로 오름차순으로 정렬된 상태가 된다. 그리고 "열" 목록 중 "제목" 열을 선택(2번)해서 "그룹 행" 영역으로 드래그해서 드롭하면, 다음과 같이 "제목"열을 기준으로 집계된 결과를 확인할 수 있다.

그리고 이제 수정될 때 마다 새로 고침을 해주어야 하는 번거로움을 줄이기 위해서 오른쪽 상단에 있는 "미리 보기 자동 업데이트" 토글 버튼(4번)을 활성화하도록 하자.

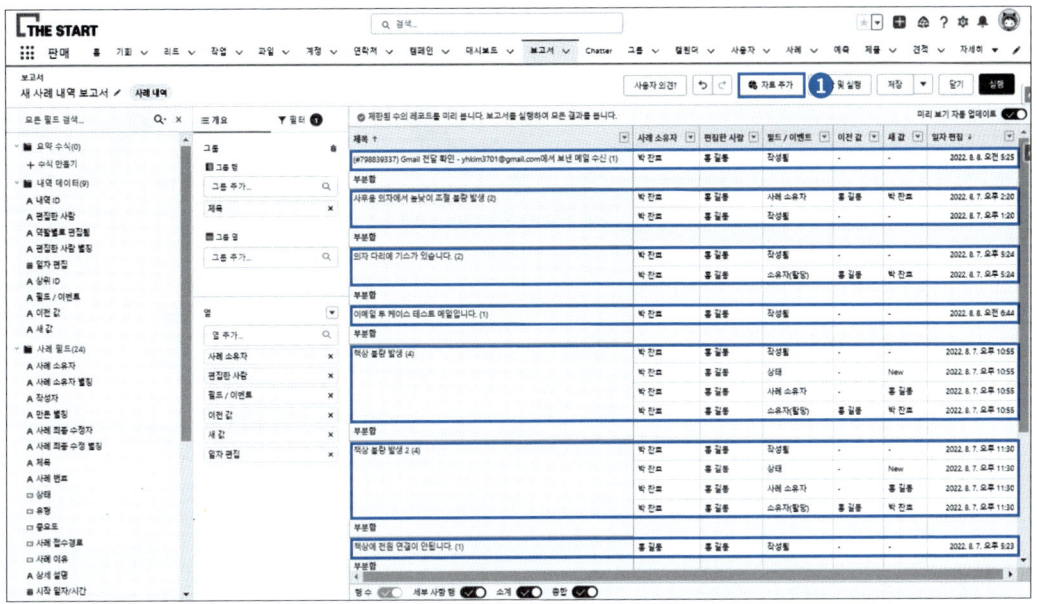

그러면 사례 제목 별로 집계된 사례 내역을 확인해볼 수 있으며, 집계를 활용했기 때문에 이를 "요약(집계) 보고서"라고 한다. 그리고 이렇게 집계 보고서가 되면, 상단에 "차트 추가" 버튼(1번)이 활성화된다. 그러므로 원하는 형식의 차트를 추가하고자 한다면, "차트 추가" 버튼(1번)을 눌러서 다양한 모습의 차트를 보고서에 추가할 수 있다. 참고로 이전 단계였던 "표 형식 보고서"는 차트 추가 버튼이 비활성화되어 있었다.

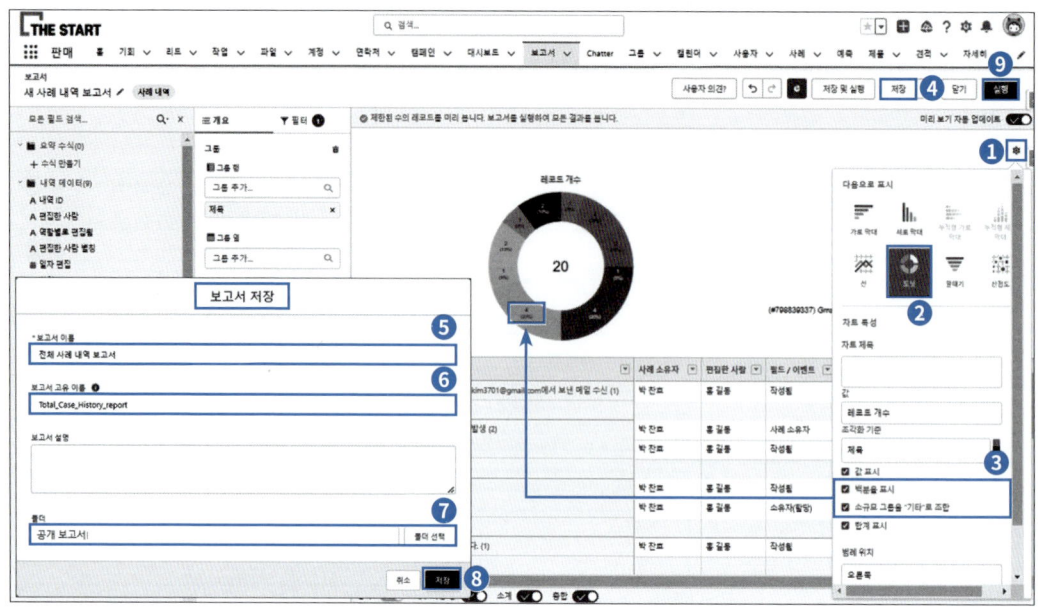

위 화면은 차트에서 도넛 모양의 차트를 추가한 모습이며, 이를 변경하기 위해서는 차트 오른쪽 상단에 있는 "차트 속성" 버튼(기어 표시)를 선택(1번)한 후 보여지는 다양한 형태의 차트를 선택해서 변경할 수 있다. 위 화면에서는 "도넛" 차트(2번)을 선택했다. 그리고 하단에 보면 "값 표시"와 "백분율 표시" 항목(3번)이 있는데, 이를 체크하면 도넛 차트에 영역별로 "값"과 "백분율"이 표시되는 것을 확인할 수 있다. 차트까지 포함해서 보고서가 완성됐다면 이제 보고서를 저장해야 한다. 보고서를 저장하기 위해서는 화면 상단에서 "저장" 버튼(4번)을 누르면 된다.

저장 버튼을 누르면, "보고서 저장" 대화상자가 나타나며, "보고서 이름"으로는 "전체 사례 내역 보고서"로 입력(5번)하고, "보고서 고유 이름"으로는 "Total_Case_History_report"를 입력(6번)한다. 폴더는 오른쪽에 있는 "폴더 선택" 버튼(7번)을 누른 다음 여러 폴더 목록 중에 "공개 보고서"를 선택한 다음 "저장" 버튼(8번)을 눌러서 보고서 저장을 완료하도록 하자.

여기서 한 가지 확인해야 할 내용으로 만일 보고서를 기본 값인 "비공개 보고서"로 하는 경우 다른 사용자들에게 구독 설정을 할 수가 없기 때문에 주의하여야 한다. 이제 정상적으로 보고서가 저장됐다면, 마지막으로 작성된 보고서를 실행해보기로 하자. 이를 위해서는 해당 화면의 오른쪽 상단에 있는 "실행" 버튼(9번)을 누르면 된다.

1-2 보고서(Report) 내보내기

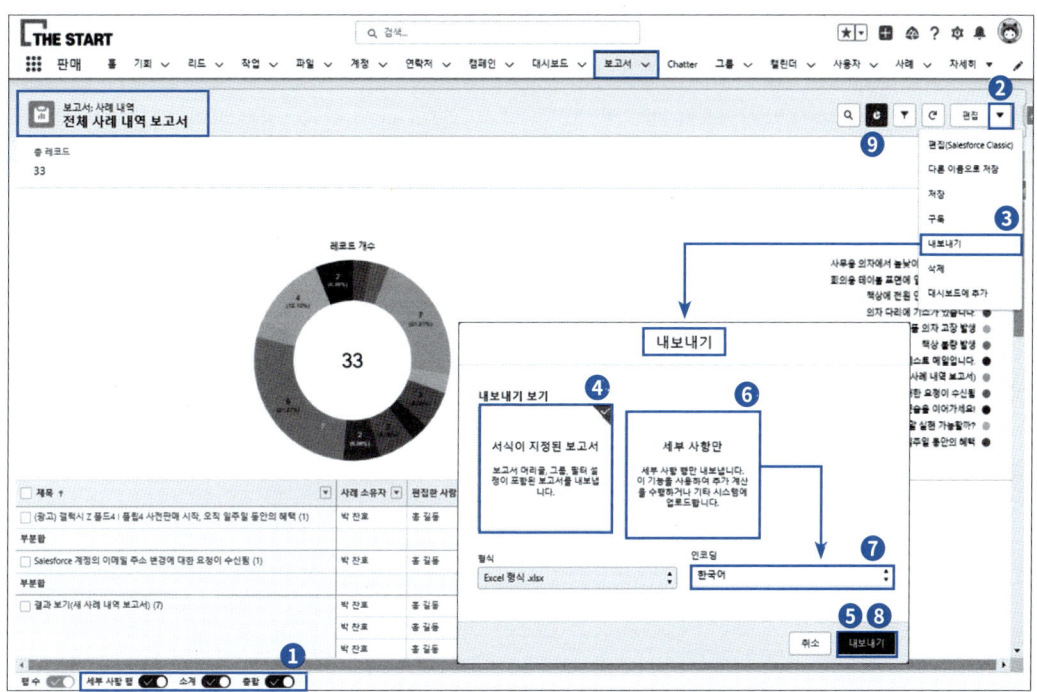

보고서가 실행되면 편집 화면은 사라지고, 차트와 데이터들만 기본적으로 보고서에 노출된다. 이때 보고서 하위에 "행 수", "세부 사항 행", "소계" "총합" 등의 토글 버튼이 있는데, "행 수" 토글 버튼은 선택된 상태로 비활성화 되어 있기 때문에 수정할 수 없지만, 나머지 토글 버튼은 제어가 가능하도록 활성화되어 있다.

여기에서 각기 토글 버튼(1번)들을 눌러보면 하위에 있는 데이터 영역에 변경내용이 반영되는 것을 확인할 수 있다.

그리고 이렇게 만들어진 보고서는 보고서 형식 그대로를 액셀 파일로 출력하거나 아니면 보고서 파일에 있는 데이터만 엑셀 파일로 내보내기를 할 수 있다.

이를 위해서 오른쪽 상단에 있는 드롭다운 버튼(2번)을 누르면, 여러 메뉴가 보여지는데 여기에서 "내보내기" 메뉴(3번)을 선택해 보기로 하자. 그러면 "내보내기" 대화상자가 나타나는데, 여기에서는 두 가지를 선택할 수 있다. 하나는 "서식이 지정된 보고서"이고, 다른 하나는 "세부 사항만"이다.

우선 "서식이 지정된 보고서"를 선택(4번)한 후 "내보내기" 버튼(5번)을 누르면, 액셀 파일이 다운로드 되는 것을 확인할 수 있으며, 다운로드가 완료되면 파일을 클릭해서 열어 보기로 하자. 그러면 차트는 없지만 데이터 출력 양식에 맞게 문서 레이아웃이 갖춰진 상태로 엑셀로 내보내기가 된 것을 확인할 수 있다.

그리고 내보내기 대화상자에서 "세부 사항만"을 선택(6번)하면 하단에 인코딩 옵션을 선택할 수 있도록 콤보 상자가 추가되는데, 한글이 포함된 보고서를 내보내기 하는 경우에는 파일의 형식을 지정할 수 있다. 그 형식은 "xls", "xlsx", "csv" 파일 형식이다.

그리고 파일 형식 중 "xls"와 "csv" 파일 형식을 선택하면, 더불어 인코딩 방식도 함께 선택해 주어야 한다. 한글이 포함된 경우라면, 인코딩 방식으로 반드시 "한국어"로 선택(7번)한 후 "내보내기" 버튼(8번)을 눌러야 한다.

다만 "xlsx" 파일 형식은 인코딩 방식을 별도로 지정하지 않는다.

이렇게 "세부 사항만"을 선택해서 내보내기를 하게 되면, 형식은 없고 데이터만 액셀 파일에 있는 것을 확인할 수 있다. 이는 다른 시스템에 데이터를 업로드 하거나 액셀 데이터를 가공하는 경우, 보다 편리하게 작업할 수 있는 형태라고 볼 수 있다.

1-3 보고서(Report) 구독 설정

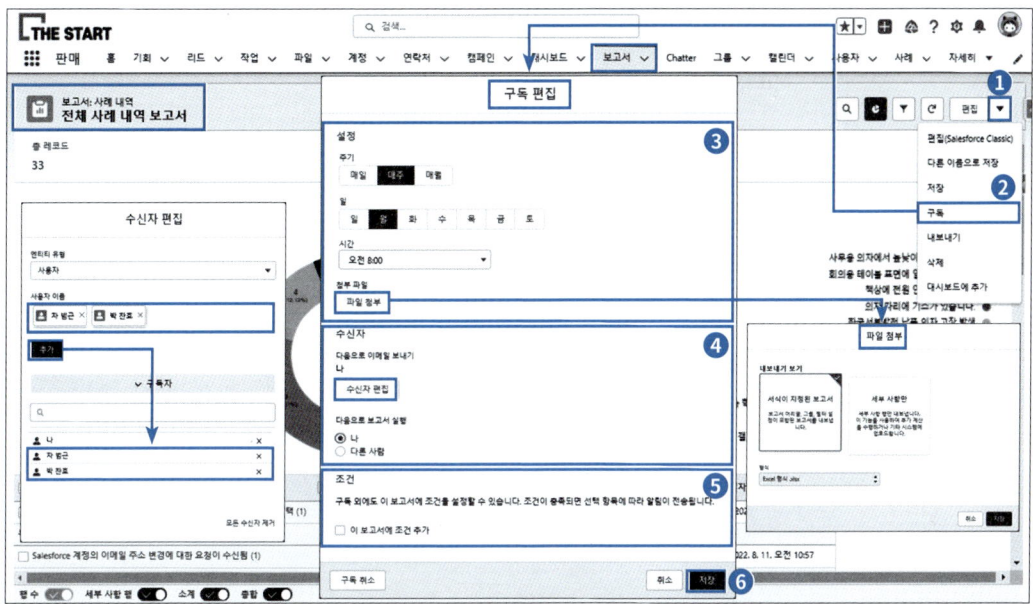

이번에는 만들어진 보고서를 정기적으로 이메일을 통해서 받아볼 수 있도록 구독 설정을 해보기로 하겠다. 앞의 단계와 마찬가지로 오른쪽 상단에 있는 드롭다운 버튼(1번)을 클릭한 후 보여지는 메뉴에서 "구독"을 선택(2번)하기로 하자.

그러면 위와 같이 "구독 편집" 대화상자가 보이게 되며, 여기에는 "설정"(3번)과 "수신자"(4번) 그리고 "조건"(5번)을 정의할 수 있는 영역으로 구분되어 있다. 우선 설정에서 보고서 주기(1번)를 먼저 살펴보기로 하자.

✅ 보고서 주기 설정

구분		선택 값
매일		시간 선택
매주		요일 선택, 시간 선택
매월	상대	해당 월의 매주 첫 번째 월요일, 해당 월의 두 번째 월요일 등
	특정	해당 월의 1일, 해당 월의 15일, 해당 월의 마지막 날 등

Chapter 08 보고서(Report) 및 대시보드(Dashboard) | 417

구독에서는 위처럼 다양한 보고서 발송 시점을 정의할 수 있다. 천천히 시점을 정의하는 화면을 살펴보면 위 내용을 어렵지 않게 이해할 수 있을 것이다.

위와 같이 보고서 주기를 설정하면 보고서가 메일로 전달되는데, 기본적으로 메일 본문에 보고서가 표시되도록 전달된다. 하지만, 파일로 전달하고자 한다면, "파일 첨부" 버튼(2번)을 선택해서 원하는 파일 형식을 선택하면 된다. 해당 파일 첨부 대화상자는 이전에 내보내기 대화상자와 기능적으로 동일하다.

다음으로 "수신자" 영역은 보고서를 받을 대상을 선택하는 것으로 예를 들어서 "차 범근" 대표님과 "박찬호" 팀장님께 매주 월요일 오전에 보고서를 전달해야 한다면, "수신자 편집" 버튼을 선택한 후 검색해서 "추가" 버튼을 눌러 구독자 영역에 추가하면 된다.

마지막으로 조건 영역에서 "이 보고서에 조건 추가"를 선택하면, 하단에 보고서 조건을 정의할 수 있는 화면이 추가로 보여지며, 구독과는 별도로 조건을 정의하게 되면 해당 조건에 따라 알림이 전송된다.

위와 같이 구독 설정을 해주면, 해당 시점에 정기적으로 하기와 같이 보고서가 메일로 전송된다.

1-4 보고서(Report) 공유 설정

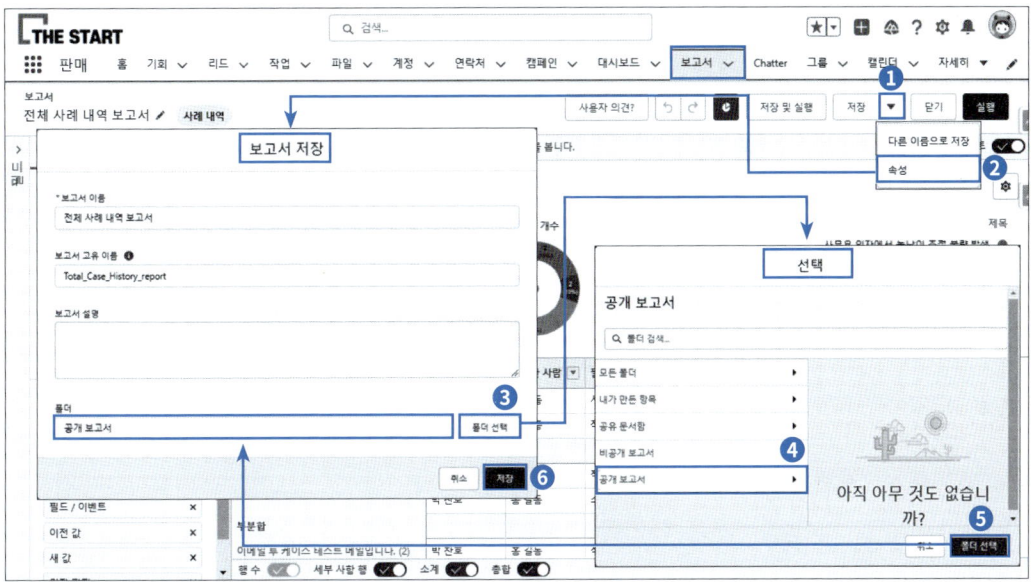

보고서를 생성할 때는 기본 폴더를 선택하게 되는데, 보고서를 만들 때 폴더를 별도로 지정하지 않으면 기본적으로 "비공개 보고서" 폴더에 만들어지게 된다. 그러므로 지금 만들어진 보고서는 "나" 외에는 해당 보고서를 볼 수 없다.

그러므로 해당 보고서를 다른 사용자들과 공유하기 위한 방법은 해당 보고서의 폴더를 "공개 보고서" 폴더로 옮기거나 특정 폴더에 만든 다음 해당 폴더를 공유하는 것이다. 보고서와 대시보드는 폴더를 통해 공유된다는 사실은 중요한 내용이니 꼭 기억해 두어야 한다.

이를 위해서 보고서 오른쪽 상단에 있는 편집 버튼을 누르면, 위 화면이 보이게 되는데, 뒤 배경이 어둡게 나와서 잘 안보이긴 하지만, 보고서 화면 오른쪽 위에 저장 버튼 옆에 있는 드롭 다운 버튼(1번)을 클릭하면 메뉴가 나오게 되며, 여기에서 "속성" 메뉴를 클릭한다. 그러면 "보고서 저장" 대화상자가 보이게 되며, 대화상자 아래에 보면 현재 보고서가 저장된 폴더를 확인할 수 있다.

이 폴더를 변경하기 위해서 오른쪽 "폴더 선택" 버튼(3번)을 선택하면, "선택" 대화상자가 나타나게 된다. 여기에서 폴더를 원하는 폴더로 선택하거나 폴더를 만들 수도 있다. 여기서는 변경내용은 없더라도 "공개 보고서"로 선택(4번)하고, 마지막으로 "폴더 선택" 버튼(5번)을 누른 뒤 "저장" 버튼(6번)을 누르면, 해당 보고서는 이제 "공개 보고서" 또는 원하는 폴더로 위치가 이동하게 되는 것이다.

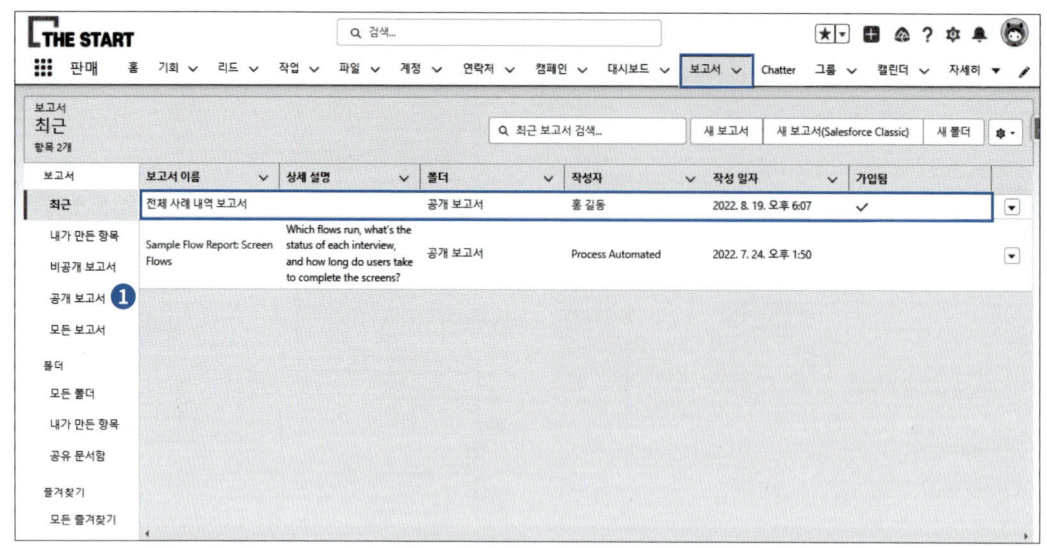

보고서들의 폴더 위치를 확인하기 위해서 보고서 탭에서 "모든 보고서"를 선택(1번)하게 되면, 목록에서 "전체 사례 내역 보고서"가 있는 것을 확인할 수 있으며, 폴더를 보면 위치가 "공개 보고서"로 되어있는 것을 확인할 수 있다.

1-5 그룹 열 추가 보고서(Report)

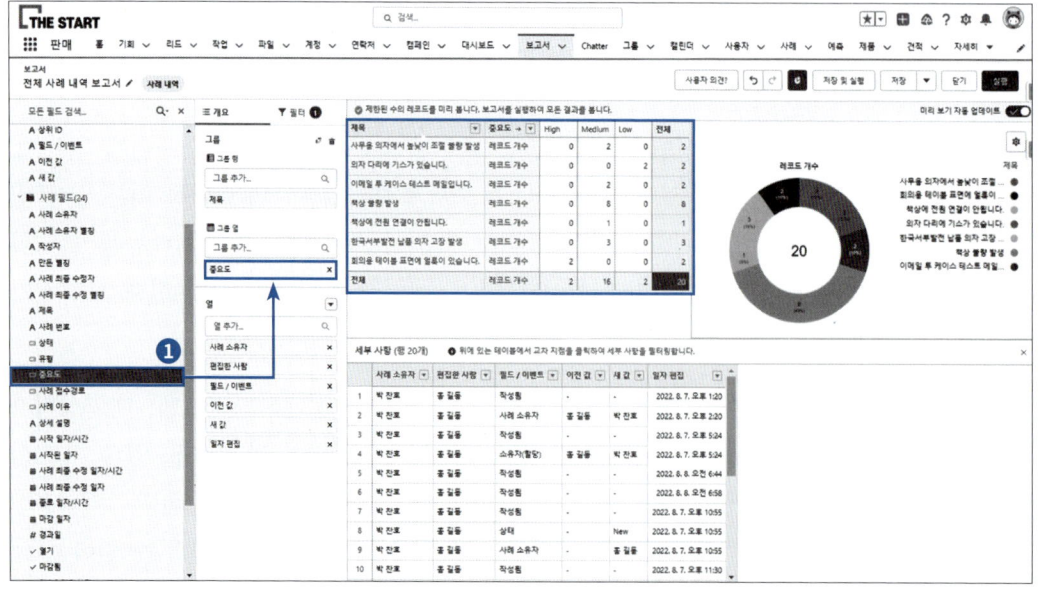

420 PART Ⅲ 세일즈포스 활용하기

집계를 하는데, 있어서 기본은 레코드 즉 행을 기준으로 집계하는 것이 기본이다. 우리는 앞에서 "제목" 열을 기준으로 집계했었다. 그런데 이러한 집계 기준열을 대상으로 열 수준의 집계 결과를 추가할 수 있는데, 이를 "그룹 열"이라고 한다. 이러한 그룹 열을 추가할 수 있는 "그룹 열" 항목은 위에 있는 "그룹 행"을 먼저 추가해야 보여지는 것을 확인할 수 있다.

위의 화면은 우리가 이전 단계에서 만들었던 "전체 사례 내역 보고서"이다. 이 보고서의 편집 화면으로 이동한 다음 필드 표시를 하면 "사례 접수 경로" 필드가 있다. 우리는 이미 사례 중요도에 "High", "Normal", "Low" 이렇게 3가지가 있다는 것을 알고 있다. 그렇다면 제목을 집계한 결과에 추가로 "중요도" 열을 드래그(1번)해서 그룹 열에 드롭하면 중간에 새로운 표가 출력되는 것을 확인할 수 있다.

이 표의 의미는 사례 내역에서 접수경로 데이터를 "High", "Normal", "Low"으로 추가로 집계한 결과이다. 이 외에도 다양한 열들을 추가하거나 제거해보면서 여러 유형의 필드가 적용되는 모습을 확인해보기로 하자.

 **사용자 정의 개체 보고서 활성화**

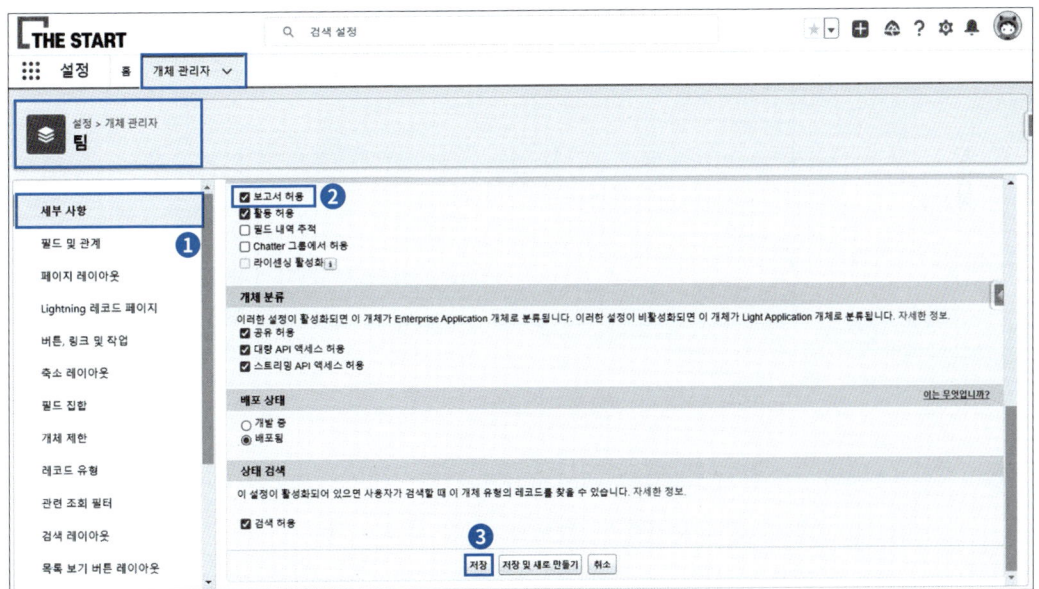

앞서 보고서를 만들 때 보고서 유형에서 보면 "팀" 개체와 "사원" 개체들에 대한 "보고서 유형"은 기본적으로 만들어지지 않는다고 했다. 보고서를 만드는 과정은 우선 보고서 유형

을 선택해서 원하는 보고서를 만드는 것이므로 보고서 유형이 존재하지 않는다는 것은 해당 개체를 기반으로 보고서를 만들 수 없는 상태라는 것이다.

오그(Org) 내에서 원하는 개체를 기반으로 보고서를 만들기 위해서는 해당 개체에 "보고서 허용" 옵션이 선택되어 있는 지를 확인해야 한다. 기존에 만들어진 표준 개체들은 필요한 설정에 따라서 해당 옵션이 기본적으로 활성화되어 있지만, 사용자 정의 개체인 "팀" 개체와 "사원" 개체는 해당 개체를 만들 때 일부러 선택해두지 않았다면 비활성화 상태가 기본이다.

그러므로 위 화면과 같이 "팀" 개체와 "사원" 개체로 각각 이동해서 해당 개체의 "세부 사항" 항목(1번)으로 이동한 후 "편집" 버튼을 눌러 편집화면으로 들어간 다음 "보고서 허용" 옵션(2번)을 선택해서 활성화해주어야 한다. 이를 수정한 후 "저장" 버튼(3번)을 누르면, 해당 개체에 기반한 사용 가능한 "보고서 유형"이 기본적으로 만들어진다.

이를 확인하기 위해서 "보고서" 탭으로 이동한 후 "새 보고서" 버튼을 눌러보자.

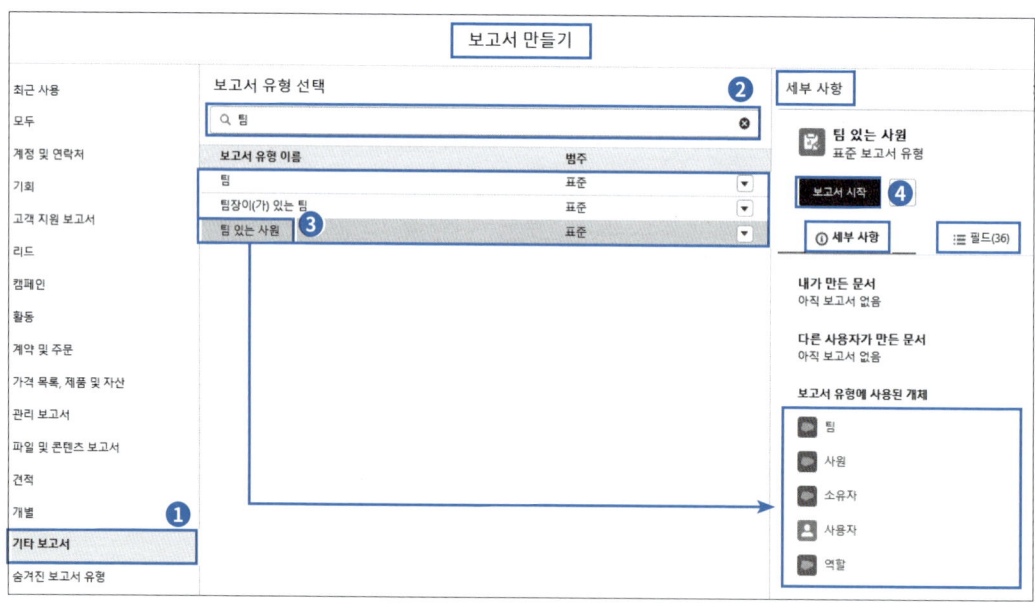

그러면 이전에 봤던 "보고서 만들기" 대화상자가 나타나며, 여기에서 "기타 보고서" 항목을 선택(1번)하면 오른쪽에 사용가능한 보고서 유형 목록이 보인다. 여기에 "팀" 또는 "사원" 개체와 관련한 기본 생성된 보고서 유형이 등록되어 있는 것을 확인할 수 있다. 이를 구체화하기 위해서 검색 란에 "팀"을 입력(2번)해서 검색하면 보다 정렬된 상태의 결과를 확인할 수 있다.

그러면 위 목록에서 "팀 있는 사원" 보고서(3번)을 선택해 보기로 하자. 그러면 오른쪽 하단에 해당 보고서에 사용된 개체 목록과 사용가능한 필드목록이 나타난다. 이 중에서 우선 "보고서 유형에 사용된 개체"를 보면 "팀"과 "사원" 개체가 있는 것을 확인할 수 있으며, 그 외에는 모두 관련된 표준 개체들이다. 그러면 "보고서 시작" 버튼(4번)을 누르면, 보고서 작성 화면으로 이동하게 된다.

보고서 작성 방법은 앞에서도 설명되었지만, 이전의 내용은 우리가 공부하긴 했지만 잘 모르는 사례 데이터를 기준으로 보고서 작성 요령만 확인해본 것이다. 그러나 우리가 직접 입력한 데이터를 기준으로 보고서를 만들게 되면, 업무적 이해도가 높아진 상태에서 보다 최적화된 보고서를 만들 수 있게 된다.

그럼 다음으로 이동해서 한번 안내에 따라 보고서를 만들어 보기로 하자.

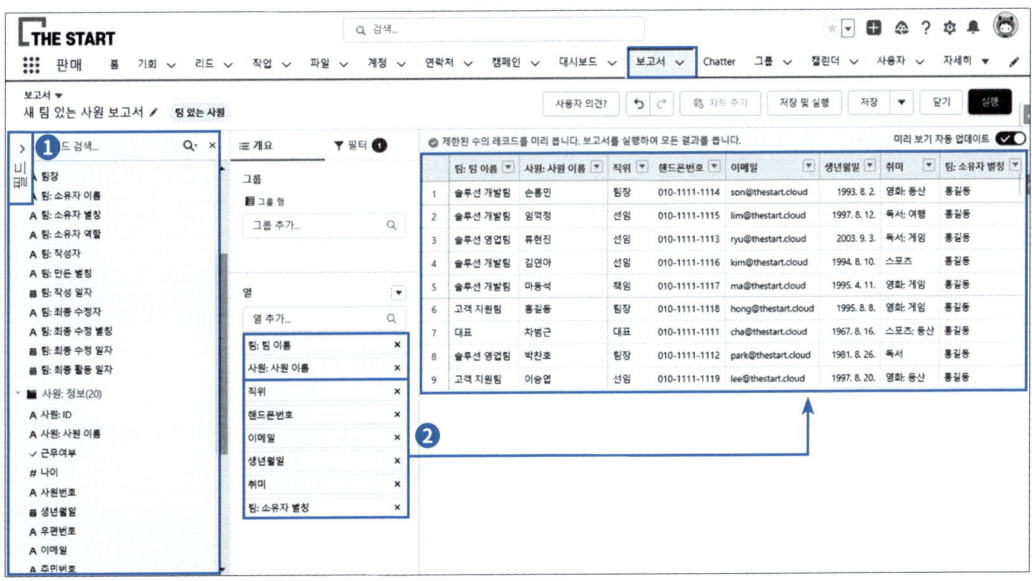

보고서 편집 화면에서는 우선 왼쪽 상단에 "필드" 확장 버튼(1번)이 있는데, 이를 선택하면, 필드 영역이 확장되면서 선택 가능한 모든 필드 목록을 보여준다. 그리고 기본적으로 "팀: 팀 이름"과 "사원: 사원 이름" 열이 추가된 상태로 있으며, 왼쪽 선택 가능한 필드 목록에서 드래그해서 원하는 위치에 드롭(2번)해서 위 화면과 같이 열 순서를 구성하도록 하자. 그러면 오른쪽에 열들이 추가되며 데이터가 출력되는 모습을 확인할 수 있다.

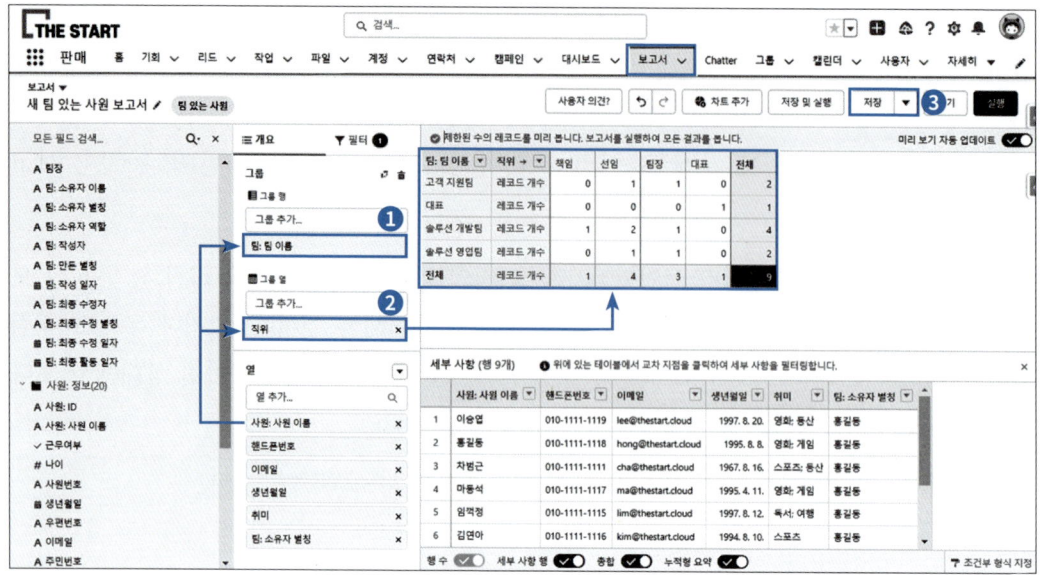

그런 다음 이제 열 목록 중에서 "팀: 팀 이름" 열을 "그룹 행"으로 이동(1번)하면, 팀 별로 사원들이 집계된 결과를 확인할 수 있을 것이다. 그리고 그 다음 "직위" 열을 "그룹 열"로 이동(2번)하면 그룹 열 집계 결과도 추가된 것을 확인할 수 있다. 이렇게 만들어진 그룹 열 집계 결과의 의미를 살펴보면 고객 지원팀에 직위에 따른 인원 구성이 표로 보여지는 것이다.

위처럼 보고서 작성 내용을 다시 살펴본 이유는 우리가 업무적으로 이해하고 있는 데이터를 기준으로 보고서를 작성하면, 보다 쉽게 업무적으로 최적화된 보고서를 만드는데 도움이 된다.

그럼 이제 마지막으로 "저장" 버튼(3번)을 눌러서 "팀별 사원 목록 보고서"란 이름으로 그리고 폴더는 "공개 보고서" 폴더를 선택해서 저장하도록 하자.

1-7 목록 보기(List View)에서 차트보기

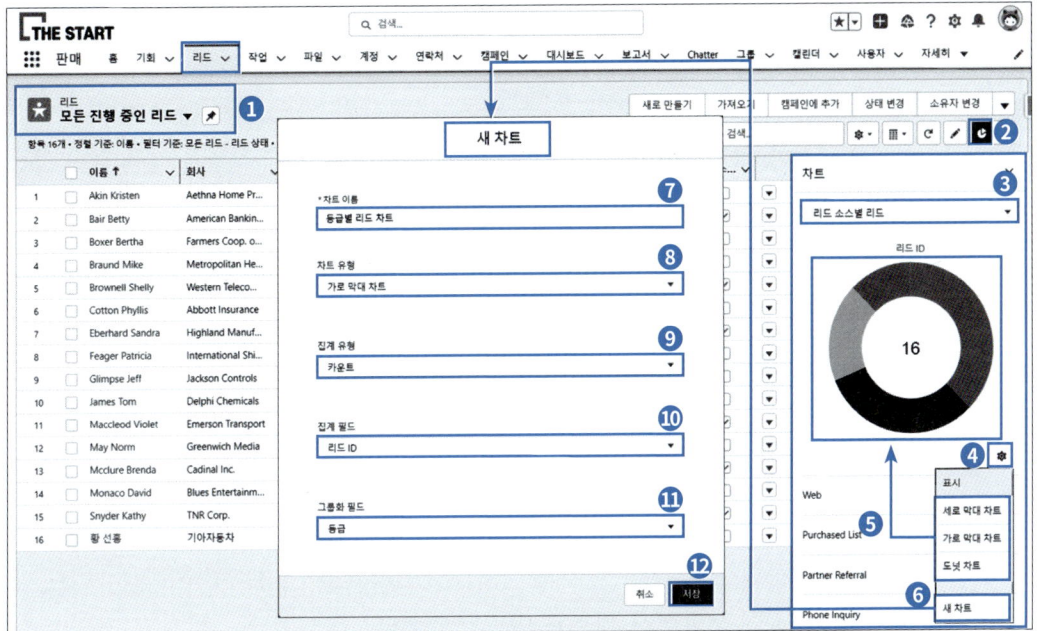

데이터를 기반으로 차트를 보여준다는 것은 보고서(Report)를 만들 때만 할 수 있는 일은 아니다. 모든 개체들의 목록 보기(List View)에서는 위와 같이 차트를 볼 수 있는데, 이는 표준 개체들로 미리 차트가 만들어져 있는 경우이다. 물론 이러한 차트는 사용자 정의 개체의 경우와 표준 개체라고 하더라도 추가로 차트를 새롭게 만들 수 있다.

이를 확인하기 위해서 리드 탭으로 이동한 후 목록 보기 형식을 "모든 진행 중인 리드"로 변경(1번)한 후 오른쪽 상단에 있는 "차트 표시" 버튼(2번)을 누른다. 그러면 화면 오른쪽에 위와 같이 차트가 보여진다. 이러한 차트는 데이터를 시각화 해주는 기능을 하기 때문에 데이터와 함께 차트가 보여지면 실무 작업자들에게 도움이 될 수 있다. 그리고 이러한 차트는 개체에 따라서 몇 가지 추가되어 있으며, 이는 차트 아래 콤보 상자(3번)를 누르면 확인할 수 있다.

그리고 같은 차트라도 보기 형식을 변경할 수 있는데, 이를 위해서 차트 중간에 "설정" 버튼(4번)을 눌러서 "세로 막대 차트", "가로 막대 차트", "도넛 차트" 중에서 원하는 형태(5번)를 선택하면 된다.

현재 리드의 목록 보기에는 "리드 소스별 리드"라는 이름의 차트가 미리 만들어져 있기 때문에 이렇게 바로 차트를 볼 수 있는 것이다. 만일 사용자 정의 개체의 목록 보기를 살펴본다면 등록된 차트가 없는 것을 확인할 수 있을 것이다.

기존에 등록된 차트 외에 새로운 차트를 보기 원한다면, 얼마든지 새로 만들 수 있다. 이를 위해서 "설정" 버튼(4번)을 눌러서 가장 아래 있는 "새 차트" 메뉴(6번)를 선택하면, "새 차트" 대화상자가 열린다. 여기서 "차트 이름"으로는 "등급별 리드 차트"라고 입력(7번)하고, "차트 유형"은 "가로 막대 차트"를 선택(7번)한다. 원한다면 다른 유형을 선택해도 상관없고, 차트를 만든 후에 변경할 수도 있다.

여기서 가장 중요한 필드는 아래에 있는 "그룹화 필드"이다. 우리는 등급별 리드 차트를 만들고자 하는 것이므로 "그룹화 필드"에서 "등급"을 선택(11번)한다. 그리고 "집계 필드"는 각 등급의 레코드를 카운트해서 보여줄 것이므로 "집계 필드"로는 "리드 ID"를 선택(10번)한다. "리드 ID"필드는 각 리드별 고유한 값이기 때문에 이를 카운트하면 해당 등급에 소속된 리드들의 숫자를 보여줄 수 있는 것이다. 그러므로 마지막으로 "집계 유형"에서는 "카운트"를 선택(9번)한다.

다시 한번 이 의미를 살펴보면, 우리는 지금 "등급"을 기준으로 해당 구간에 있는 리드 레코드들을 카운트해서 보여주기 위한 차트를 만드는 것이다.

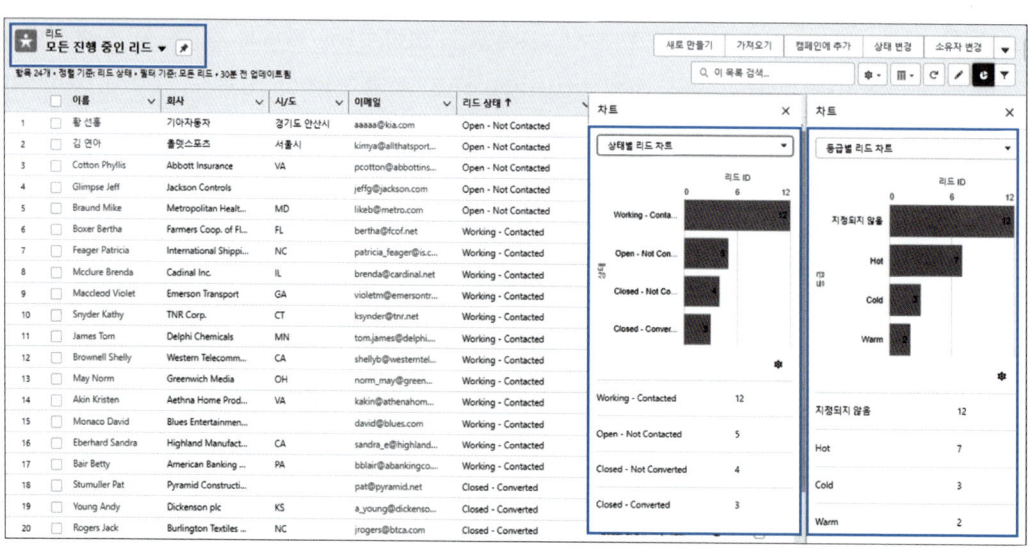

그럼 위 화면 우측에 보이는 것처럼 "등급별 리드 차트"가 보이게 된다. 차트가 잘 추가가 됐다면, 이번에는 그 왼쪽에 있는 "상태별 리드 차트"를 독자분들이 직접 추가해보기로 하자. 이 차트 역시 좀 전에 만들었던 "등급별 리드 차트"와 동일하며, 다만 "그룹화 필드"로 "상태" 필드를 선택하면 된다.

2 대시보드(Dashboard) 활용하기

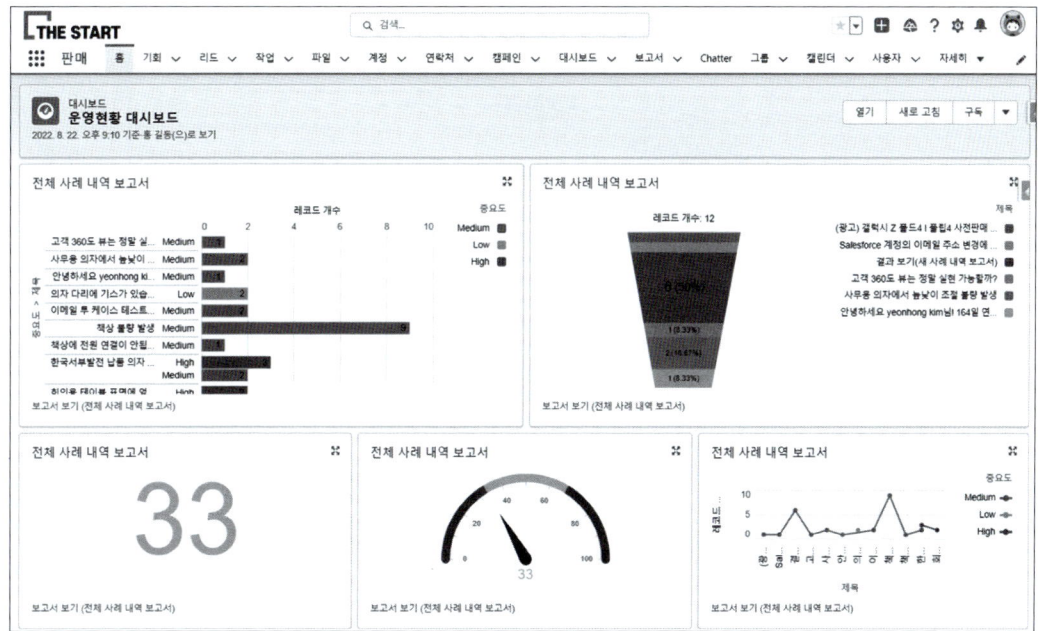

대시보드(Dashboard)는 한 화면에서 다양한 정보를 확인할 수 있도록 하는 사용자 인터페이스(UI)용어이다. 세일즈포스에서도 마찬가지로 한 화면에서 다양한 정보를 보여주기 위해서 대시보드를 사용하는데, 이러한 대시보드는 개체기반으로 만들어지는 보고서와는 달리 기본적으로 보고서를 만든 다음 이를 대시보드에 활용하게 된다.

그러므로 대시보드를 만들기 위해서는 우선 관련 보고서가 만들어져야만 한다.

2-1 대시보드(Dashboard) 만들기

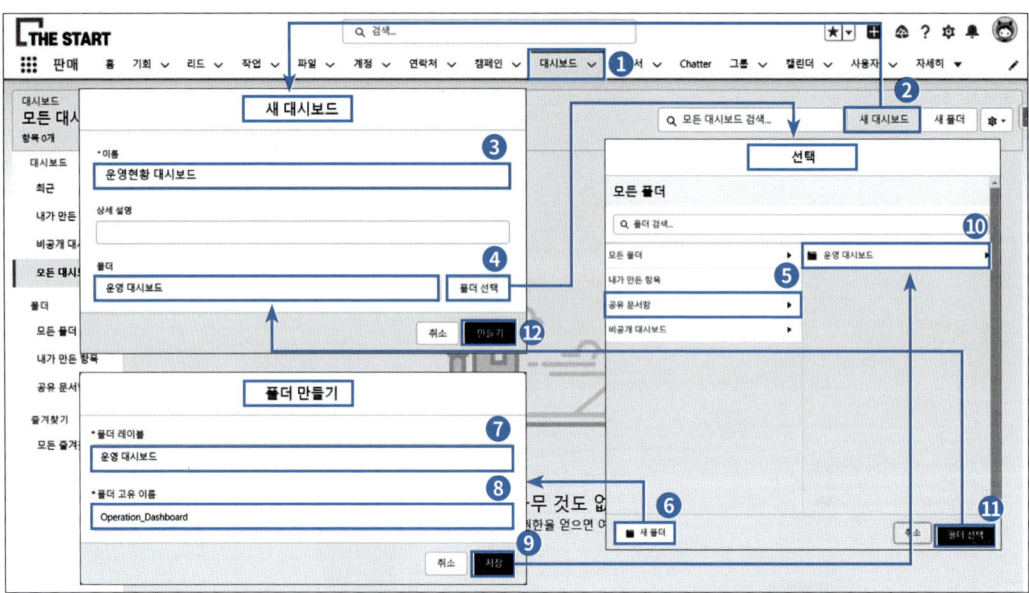

대시보드를 만들기 위해서는 대시보드 탭(1번)으로 이동하면 현재 등록되어 있는 대시보드가 아무것도 없음을 확인할 수 있다. 그러므로 새로운 대시보드를 만들기 위해서는 "새 대시보드" 버튼(2번)을 누르면, 새로운 "새 대시보드" 대화상자가 나타나서 새로운 대시보드를 만들 수 있다.

여기서는 "이름"으로 "운영현황 대시보드"라고 입력(3번)한 후 대시보드를 저장할 폴더를 선택하기 위해 "폴더 선택" 버튼(4번)을 누르면, "선택" 대화상자가 나타난다. 여기서도 "비공개 대시보드"처럼 비공개가 기본인데, 현재 대시보드를 공유해서 사용하기 위해서는 보고서와 비슷하게 "공유 문서함"을 선택해야 한다.

그러나 "공유 문서함"을 선택하더라도 아래에 있는 "폴더 선택" 버튼(11번)이 활성화되질 않는다. 이럴 때는 하위에 새로운 폴더를 만들어야 한다. 해서 "선택" 대화상자 하단에 있는 "새 폴더" 버튼(6번)을 누르면, "폴더 만들기" 대화상자가 나타난다. 여기에서 "폴더 레이블"은 "운영 대시보드"로 입력(7번)하고, "폴더 고유 이름"은 "Operation_Dashboard"로 입력(8번)한 다음 "저장" 버튼(9번)을 누른다.

그러면 다시 "선택" 대화상자로 돌아가서 방금 전 만든 "운영 대시보드" 폴더(10번)가 "공유 문서함" 하위에 만들어진 것을 확인할 수 있으며, "운영 대시보드" 폴더를 선택(10번)한 후 하단에 "폴더 선택" 버튼(11번)을 누르면, 첫 번째 화면인 "새 대시보드" 대화상자의 폴더에

"운영 대시보드"가 선택된 것을 확인할 수 있다. 해당 폴더에 새로운 대시보드를 만들 것이므로 마지막으로 "만들기" 버튼(12)을 누르면, 아무것도 등록되지 않은 상태의 빈 대시보드가 만들어진다.

그러면 이제 빈 대시보드에 차트를 추가하면 되는 것이다.

2-2 대시보드(Dashboard)에 차트 추가

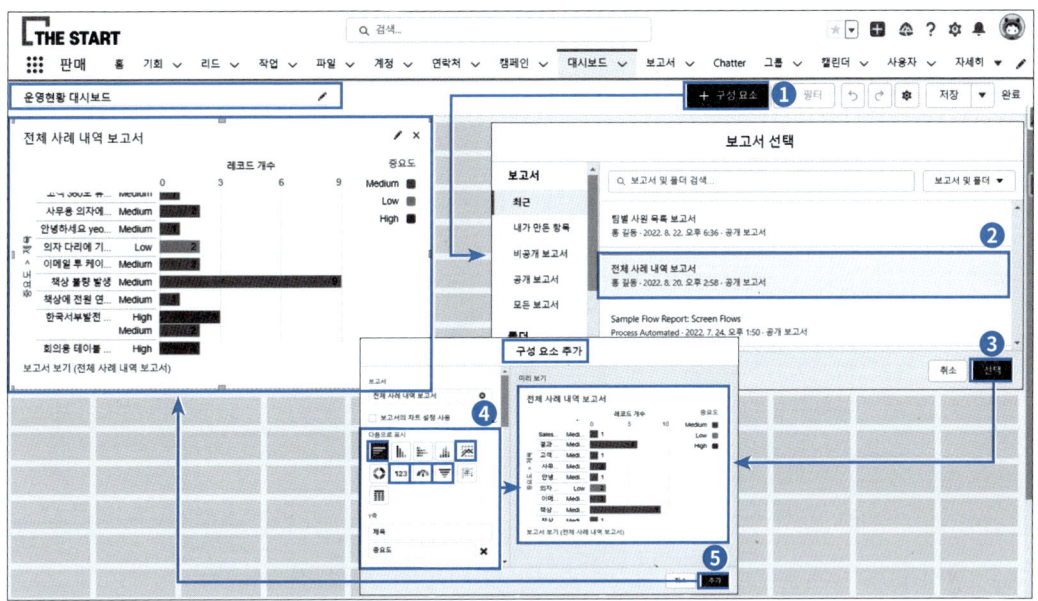

새로운 대시보드가 생성되면, 해당 대시보드는 빈 화면만 포함하고 있는 상태가 기본이다. 그러므로 해당 화면에 보여줄 내용을 추가해야 하는데, 이를 위해 상단에 있는 "+ 구성 요소" 버튼(1번)을 선택하면, "보고서 선택" 대화상자가 나오게 된다. 앞에서도 설명했지만 대시보드는 보고서를 기반으로 만들어지며, 하나의 대시보드는 여러 개의 보고서를 포함할 수 있는 것이다.

그러면 우선 보고서 중에 이전에 만들었던 "전체 사례 내역 보고서"를 선택(2번)한 후 "선택" 버튼(3번)을 누르면, 다음과 같이 "구성 요소 추가" 대화상자가 나타난다. 여기서는 대시보드에 추가할 차트를 구성해야 한다. 그러므로 "구성 요소 추가" 대화상자 화면 왼쪽에 차트 유형과 조건 등의 정의하면, 오른쪽에 추가될 차트의 모습이 보이게 되며, 마지막으로 "추가" 버튼(5번)을 누르면, 대시보드 본문에 그리드 레이아웃에 맞춰서 차트가 추가된다.

참고로 하나의 대시보드에 최대 20개의 구성요소가 추가될 수 있다.

그 다음에는 같은 리포트 형태로 다양한 차트를 추가할 것인데, 다양한 차트의 유형은 위 화면 4번 영역에서 다양한 스타일을 선택하면 된다. 앞에서 첫 번째 차트를 추가한 후에 마음에 드는 4가지 차트를 추가해서 다섯개의 차트를 대시보드에 추가한 후 다음과 같이 화면을 구성해보기로 하자.

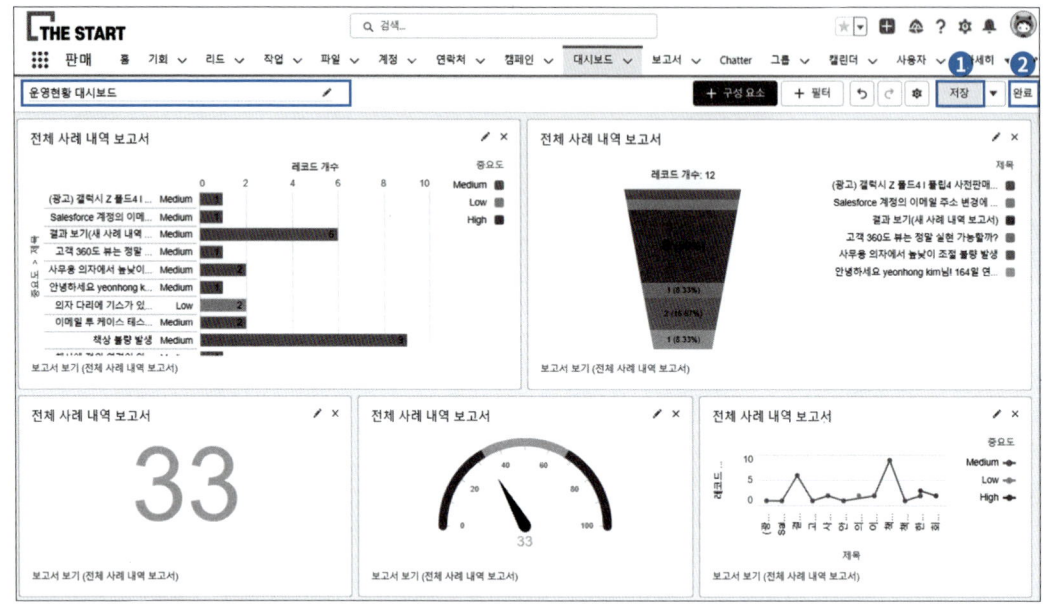

그러면 대략 위와 같이 그럴듯한 모습의 대시보드가 쉽게 만들어진 것을 확인할 수 있다. 설정한 내용이 마음에 든다면 이제 "저장" 버튼(1번)을 눌러서 변경사항을 저장하고, 추가 작업할 내용이 없다면 마지막으로 "완료" 버튼(2번)을 누르면 된다.

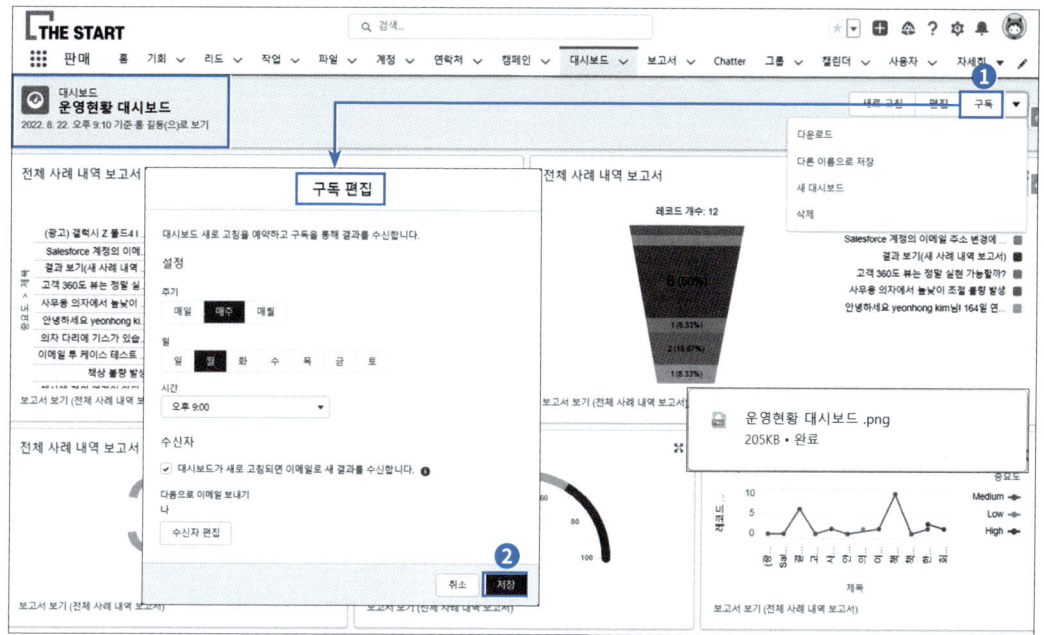

정상적으로 편집이 완료된 대시보드에서는 오른쪽 상단의 버튼이 달라진 것을 확인할 수 있으며, 버튼들 중 "구독" 버튼(1번)이 있는데, 이 버튼을 누르면, 보고서와 마찬가지로 구독을 정의할 수 있는 구독 편집 대화상자가 나타나게 된다. 여기에서 원하는 일정과 수신자를 선택하고 "저장" 버튼(2번)을 눌러서 저장해보기로 하자.

그러면 지정된 일정에 다음과 같이 메일로 대시보드가 전달된다.

2-3 대시보드(Dashboard) 판매 홈에 노출하기

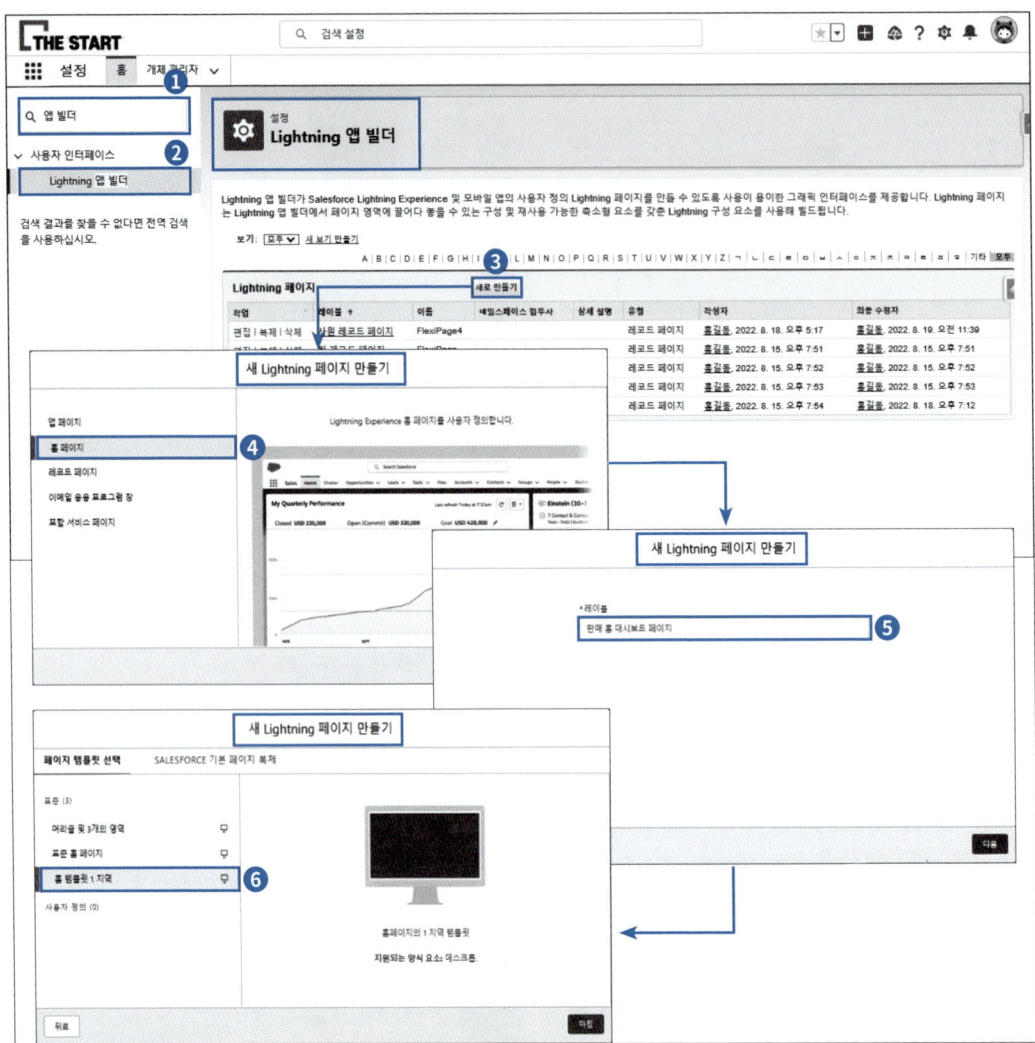

이전 단계에서 대시보드를 만들었는데 이러한 대시보드를 판매 클라우드 앱 홈에 노출시킬 수 있다. 그렇게 되면 사용자들이 판매 클라우드에 들어올 때 방금 전 만든 대시보드가 노출되는 것이다. 이를 위해서는 약간의 설정이 필요한데, 크게 어렵지 않기 때문에 차분히 따라하면 멋진 대시보드를 판매 클라우드 홈 화면에 추가하게 될 것이다.

판매 앱의 홈 화면을 변경하기 위해서는 "설정"에서 셋팅을 해주어야 한다. 이를 위해 화면 오른쪽 상단에 있는 "설정"에서 "홈"으로 이동한 후 검색 상자에서 "앱 빌더"를 입력(1번)해서 검색하면 사용자 인터페이스 항목에 "Lightning 앱 빌더"(2번)가 검색된다. 이를 선택하면, Lightning 앱 빌더 화면으로 이동하게 되며, 화면 중앙에 있는 "새로 만들기" 버튼(3번)을 누르면, "새 Lightning 페이지 만들기" 대화상자가 나타난다.

우리는 지금 판매 클라우드 앱(Sales Cloud App)의 홈 화면에 대시보드를 추가할 것이므로 "홈 페이지"를 선택(4번)한 후 "다음" 버튼을 눌러 다음 페이지로 이동한다. 여기서는 "레이블"을 입력해야 하는데, 페이지 이름이라고 생각하면 된다. "판매 홈 대시보드 페이지"를 입력(5번)한 후 "다음" 버튼을 눌러 다음 페이지로 이동한다. 그러면 마지막으로 페이지 종류를 선택하는데, 가장 단순한 형태인 "홈 템플릿 1 지역"을 선택(6번)한 후 "마침" 버튼을 누른다.

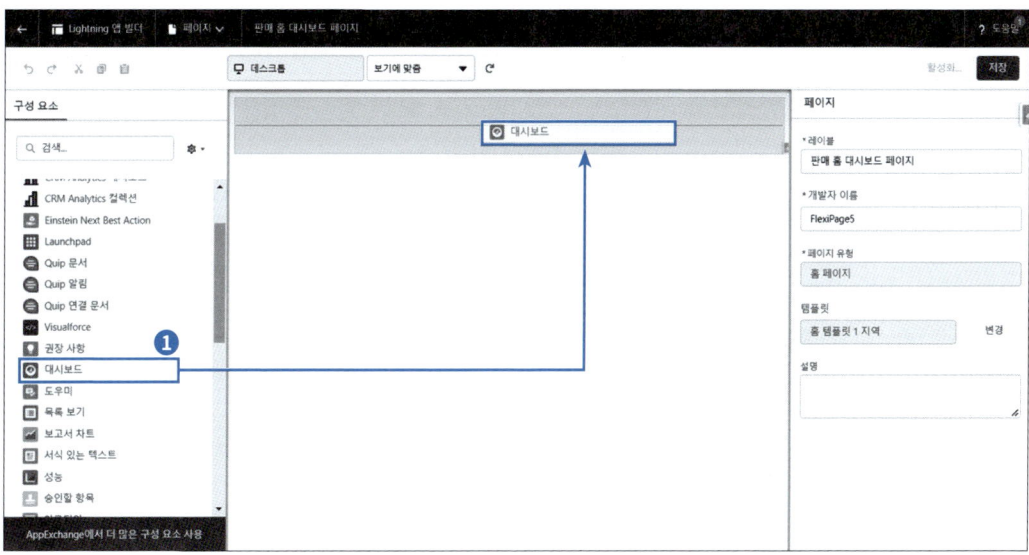

홈페이지 설정을 마무리하면, 위와 같이 페이지를 구성할 수 있는 빈 화면이 보이게 되는데, 우리는 이 공간에 대시보드를 추가할 것이므로 왼편에 있는 구성요서 목록 중에 "대시보드"를 선택(1번) 한 후 화면 중앙 상단에 있는 공간에 드래그 앤 드롭하게 되면 다음과 같이 대시보드로 등록되어 있는 페이지가 노출된다.

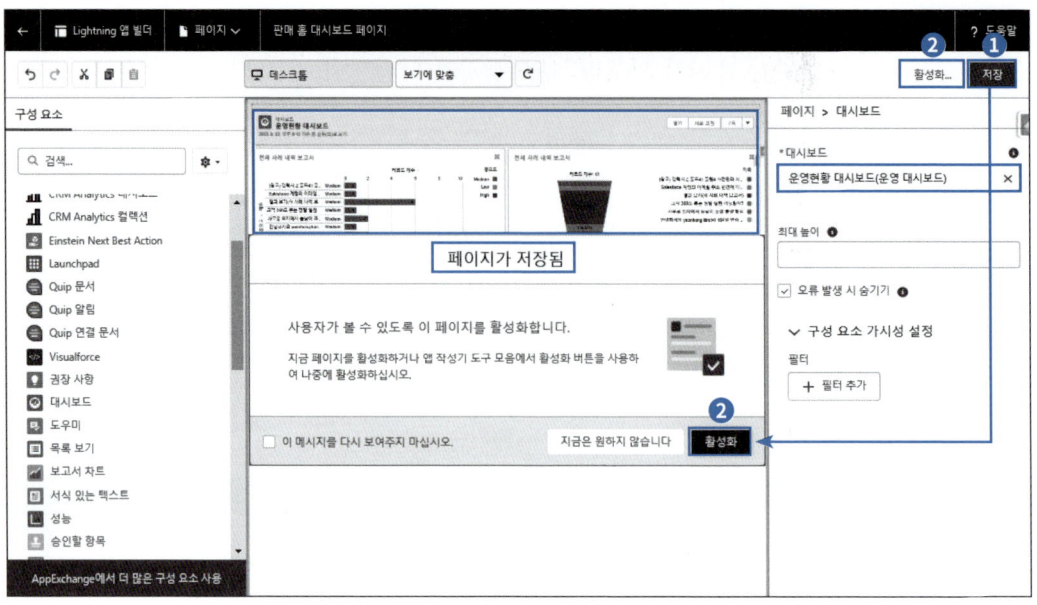

화면 구성이 마무리됐으면, 오른쪽 상단에 "저장" 버튼(1번)을 눌러서 현재 변경사항을 저장한다. 그러면 최초 "페이지가 저장됨" 대화상자가 나타나는데, 여기에서 "활성화" 버튼(2번)을 눌러도 되고, "페이지가 저장됨" 대화상자와 상관없이 "저장" 버튼(1번) 옆에 있는 "활성화" 버튼(2번)을 눌러도 다음과 같이 활성화 대화상자가 나타난다.

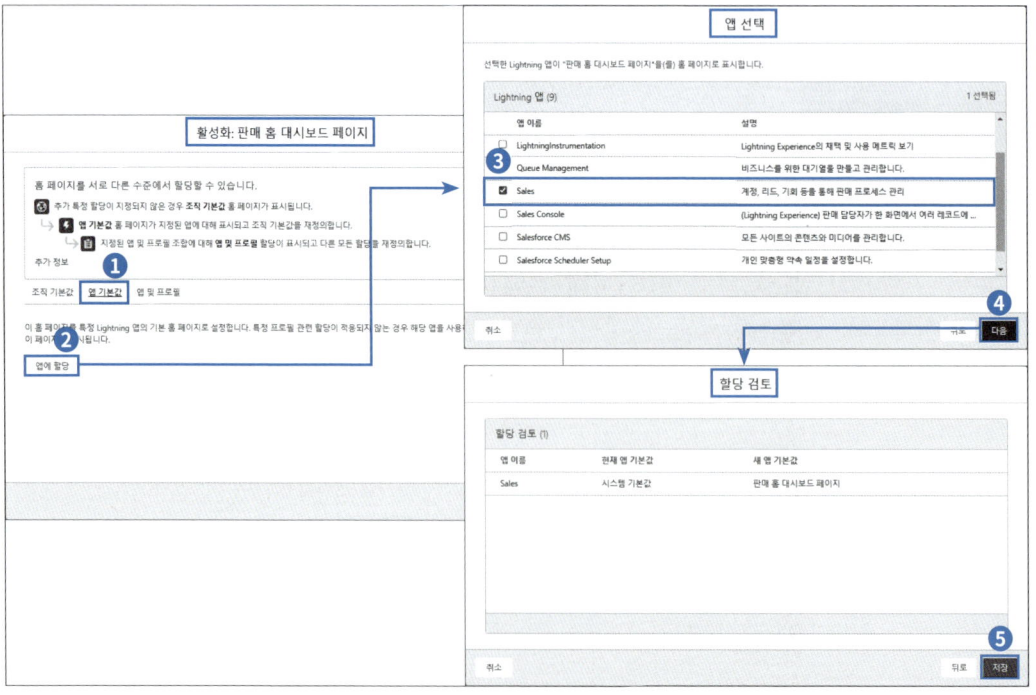

활성화 대화상자는 현재 만들어진 페이지를 어디에 할당할 것인지를 지정하는 곳이다. 조직과 앱 또는 프로필에 페이지를 할당할 수 있으며, 우리는 판매 클라우드 앱의 홈에 현재 페이지를 적용할 것이므로, 두 번째 탭인 "앱 기본값"을 선택(1번)한 후 "앱에 할당" 버튼(2번)을 누른다. 그러면 위와 같이 "앱 선택" 대화상자가 나타나는데, 여기에서 판매 클라우드 즉, "Sales" 앱을 선택(3번)한 후 다음 버튼(4번)을 누른다.

그러면 마지막으로 "할당 검토" 단계로 이동해서 현재 설정 내용이 최종 보이게 된다. 설정이 이상 없다면, "저장" 버튼(5번)을 눌러서 활성화 작업을 마무리하도록 하자.

그리고 이제 "앱 시작 관리자"에서 판매(Sales) 앱을 선택하면, 다음과 같이 홈 화면에 대시보드가 노출되는 것을 확인할 수 있다.

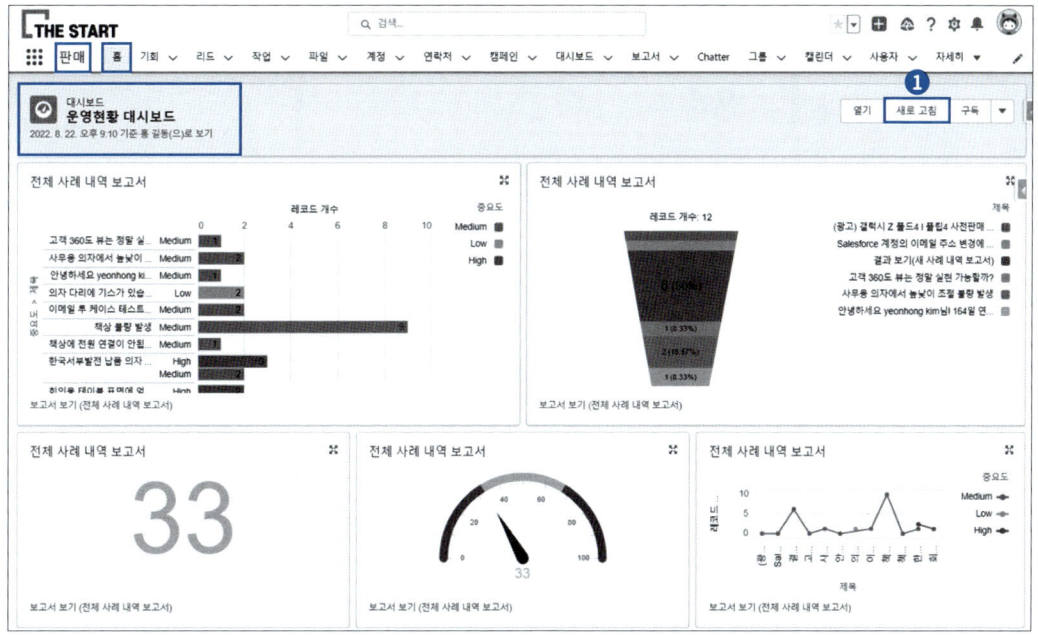

이러한 대시보드는 성능상의 이슈 때문에 사용자가 해당 페이지로 이동할 때마다 데이터를 실시간으로 조회해서 출력하는 것이 아니라 이전 조회 내역을 보관했다가 출력한다. 그러므로 실시간 데이터를 보여주는 것이 아닌 것이다. 대시보드 왼쪽 상단에 보면 대시보드 제목 하단에 해당 리포트가 업데이트된 날짜와 시간을 확인할 수 있다.

만일 대시보드를 현재 기준으로 출력해서 보고자 한다면, 오른쪽 상단에 있는 "새로 고침" 버튼(1번)을 누르면, 대시보드에 출력되는 데이터들이 현재 시점을 기준으로 새롭게 갱신된다.

2-4 대시보드(Dashboard) 화면 이미지 다운로드

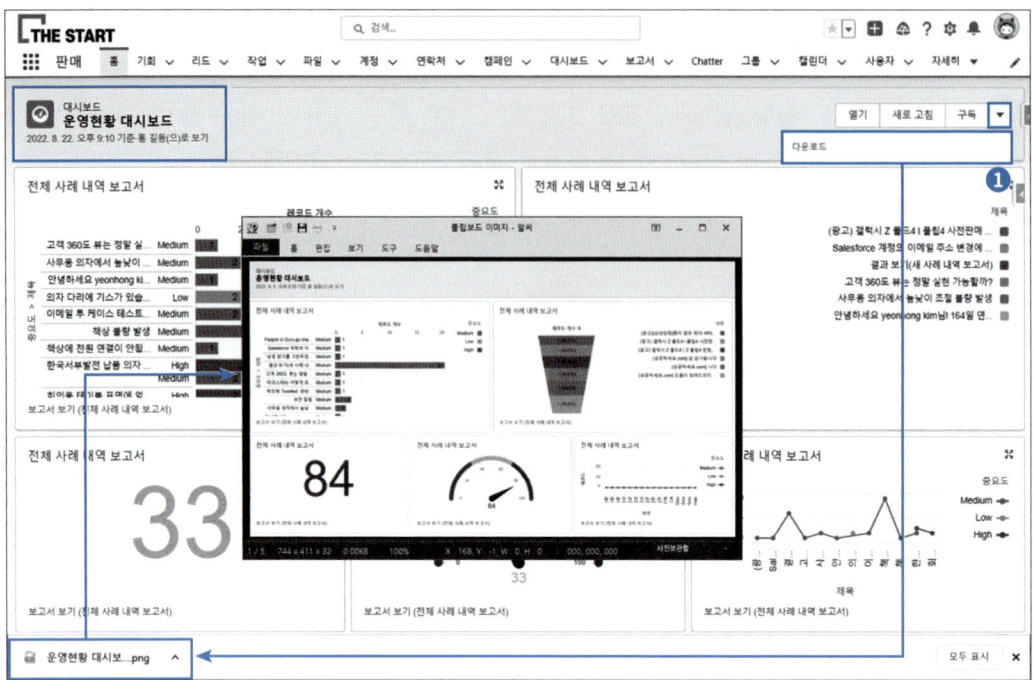

대시보드는 그 자체로 다양한 요약 정보를 내포하고 있어서 이를 작성중인 문서에 삽입하거나 혹은 다른 사용자들에게 전달하기 위한 목적으로 사용될 수도 있다. 이를 위해서 대시보드 오른쪽 작은 콤보 상자를 선택하면, "다운로드" 메뉴(1번)가 나타난다. 이를 선택하면 브라우저 하단에 다운로드 상태가 표시되며, 이를 선택하면 현재 보고 있는 대시보드 이미지를 다운로드 받을 수 있으며, 해당 이미지를 선택(2번)하면 열어볼 수 있다.

이렇게 대시보드 화면에서 "다운로드"를 하게 되면, 화면 전체를 캡처한 이미지가 다운로드 된다.

이전과 같이 전체 대시보드 화면이 아니라 대시보드의 특정 차트의 이미지를 다운로드 하기 위해서는 해당 차트의 오른쪽 상단에 있는 "확대" 버튼(1번)을 누르면, 해당 차트가 팝업으로 나타난다. 여기에서 오른쪽 상단에 있는 "차트 다운로드" 버튼(2번)을 누르면, 해당 차트 이미지만 다운로드 된다.

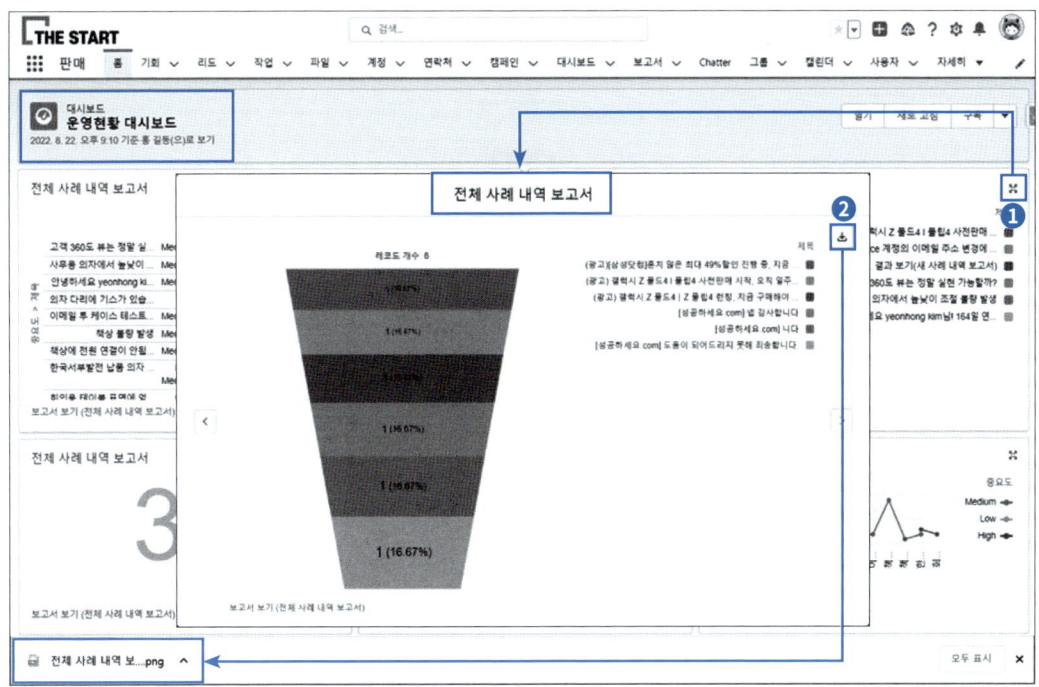

Chapter 08 보고서(Report) 및 대시보드(Dashboard)

Quiz

chapter 08
보고서(Report) 및 대시보드(Dashboard)

01 다음 중 테이블과 같이 행과 열로 데이터를 2차원 배열구조로 출력하는 보고서의 유형은 무엇인가?

① 표 형식의 보고서 ② 요약 보고서
③ 매트릭스 보고서 ④ 조인 보고서

02 다음 중 특정 열을 기준으로 데이터를 집계해서 출력하는 보고서의 유형은 무엇인가?

① 표 형식의 보고서 ② 요약 보고서
③ 매트릭스 보고서 ④ 조인 보고서

03 다음 중 특정 행과 열로 데이터를 집계해서 출력하는 보고서의 유형은 무엇인가?

① 표 형식의 보고서 ② 요약 보고서
③ 매트릭스 보고서 ④ 조인 보고서

04 다음 중 보고서를 만들어서 저장하면 기본적으로 저장되는 폴더는 무엇인가?

① 공개 보고서 ② 비공개 보고서
③ 공유 문서함 ④ 비공유 문서함

05 다음 중 보고서와 대시보드를 만들 때 설명으로 올바른 것은?

① 대시보드 없이 보고서를 만들 수 없다.
② 보고서 템플릿은 표준 개체에만 제공된다.
③ 보고서를 편집하면 변경된 내용이 실시간으로 반영된다.
④ 보고서를 만든 후 대시보드를 만들 수 있다.

06 다음 중 사용자 정의 개체에서 보고서를 생성하기 위해 설정해 주어야 하는 옵션은 무엇인가?

① 검색 허용 ② 공유 허용
③ 보고서 허용 ④ 활동 허용

07 다음 중 하나의 대시보드에 추가할 수 있는 구성요소는 최대 몇개인가?

① 10개 ② 15개
③ 20개 ④ 30개

08 다음 중 보고서의 구독 설정에서 수신자 유형으로 적합하지 않은 것은?

① 사용자(User) ② 역할(Role)
③ 공개 그룹(Public Group) ④ 연락처(Contact)

09 다음 중 대시보드의 구독 설정에서 수신자 유형으로 적합한 것은?

① 사용자(User) ② 역할(Role)
③ 공개 그룹(Public Group) ④ 연락처(Contact)

10 다음 중 기회(opportunity) 개체의 목록 보기에서 차트 표시가 활성화되지 않는 곳은 어디인가?

① 내 기회 ② 모든 기회
③ 최근에 본 기회 ④ 최근 조회 항목

1	2	3	4	5	6	7	8	9	10
①	②	③	②	④	③	③	④	①	④

chapter 09
데이터 가져오기 및 내보내기

1 데이터 가져오기 / 내보내기

2 Data loader

3 Salesforce Inspector

4 레코드 대량 작업

THE START

1 데이터 가져오기 / 내보내기

 데이터 가져오기 마법사(Data Import Wizard) 소개

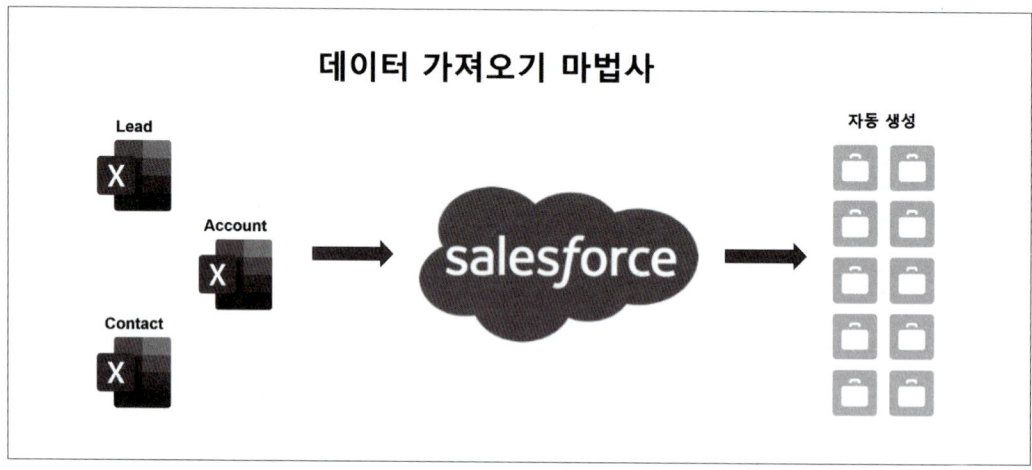

세일즈포스의 외부로부터 많은 양의 데이터를 가져오기 위해서 사용할 수 있는 가장 대표적인 도구가 바로 데이터 가져오기 마법사(Data Import Wizard)이다. 이를 이용하면 확보된 고객 명단을 개별적으로 입력해야 하는 번거로움을 덜고, 빠르게 세일즈포스로 데이터를 가져올 수 있다. 그리고 데이터 가져오기 마법사란 이름에서 "마법사"란 용어를 보면 알 수 있듯이 모든 기능은 단계별 안내를 따라서 설정할 수 있도록 인터페이스가 구현되어 있기 때문에 IT전문가가 아니라고 하더라도 어렵지 않게 이를 사용하고 활용할 수 있다.

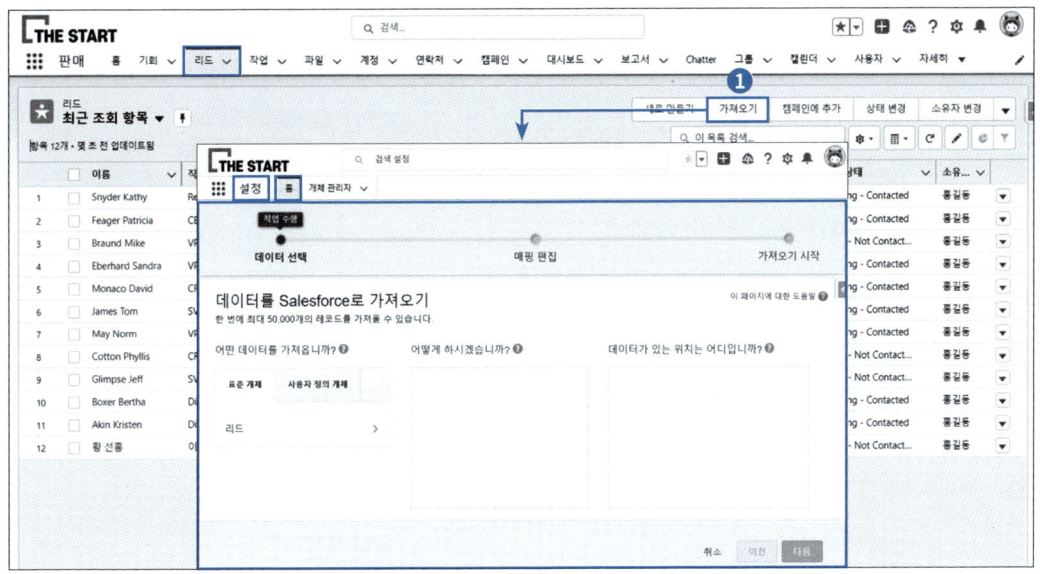

데이터 가져오기 마법사를 실행하기 위해서는 두 가지 경로를 통해서 접근할 수 있다. 우선 첫 번째는 위 화면과 같이 리드(Lead)나 계정(Account) 그리고 연락처(Contact) 탭에서 바로 상단에 있는 "가져오기" 버튼(1번)을 눌러서 데이터 가져오기 마법사를 실행하는 방법이 있고, 다른 하나는 아래 화면과 같이 오그(Org)의 설정에서 데이터 가져오기 마법사를 실행할 수도 있다.

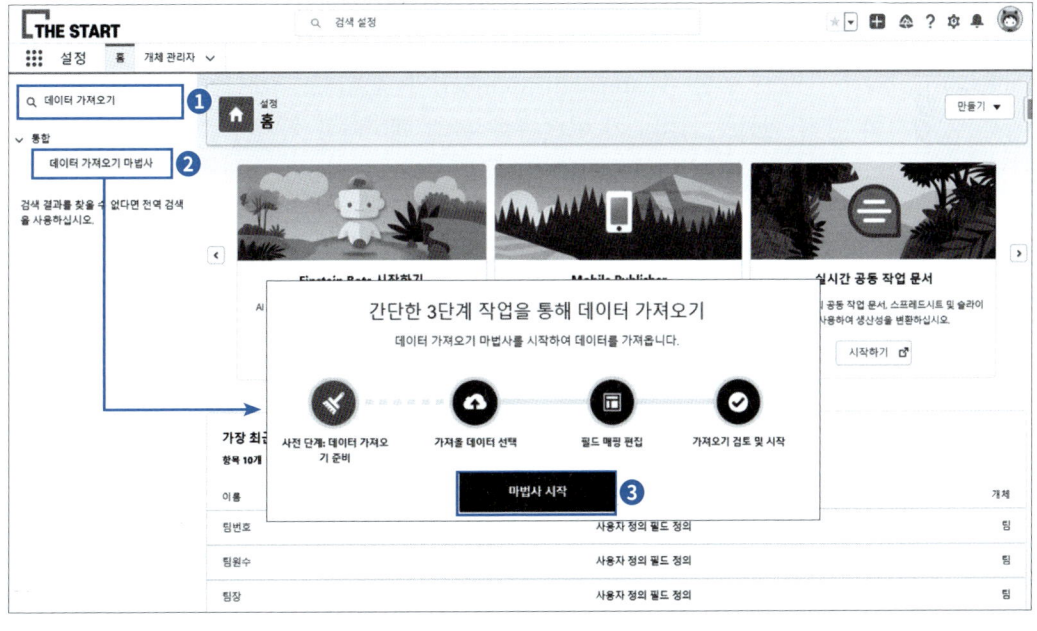

즉, 설정으로 이동하여 검색 상자에서 "데이터 가져오기"를 검색(1번)한 후 "데이터 가져오기 마법사"를 선택(2번)하면, "데이터 가져오기 마법사"를 실행할 수 있는 페이지로 이동할 수 있으며, 위 그림에 있는 것과 같이 "마법사 시작" 버튼(3번)을 눌러 "데이터 가져오기 마법사"가 실행되게 할 수도 있다.

다만 두 방식의 차이점은 특정 개체에서 "가져오기" 버튼을 눌러서 "데이터 가져오기 마법사"를 실행하게 되면, 해당 개체관련 데이터만 가져올 수 있도록 인터페이스가 제한되는데 반해서, 위와 같이 "설정"에서 "데이터 가져오기 마법사"를 실행하게 되면 다양한 표준 개체와 사용자 정의 개체들의 데이터를 가져올 수 있도록 인터페이스가 제공된다.

✓ 데이터 가져오기 마법사 사용 시 제한 사항

항목	설명
레코드 수	최대 5만개의 레코드
미지원 표준 오브젝트	Asset, Case, Campaign, Contract, Document, Opportunity, Product
파일 크기	8MB
미지원 작업	삭제

위 표에서 보는 바와 같이 데이터 가져오기 마법사를 사용하는 경우 우선 한 번에 최대 5만 건의 레코드와 파일 사이즈가 8MB로 제한된다는 점이며, 데이터를 불러올 수 있는 표준 개체(Standard Object)의 경우 계정(Account), 연락처(Contact), 리드(Lead), 솔루션(Solution) 그리고 캠페인 구성원(Campaign Member)의 데이터를 가져올 수 있지만, 위 표에서 보는 바와 같이 데이터 가져오기 마법사를 통해 데이터를 가져올 수 없는 표준 개체들도 있다.

그리고 마법사를 통해 확보된 데이터를 가져올 때 선택할 수 있는 옵션으로는 "새 레코드 추가", "기존 레코드 업데이트", "새 레코드 추가 및 기존 레코드 업데이트" 이렇게 3가지가 있다.

 ## 리드(Lead) 데이터 가져오기

FirstName	LastName	Title	Company	Phone	MobilePhone	Email	Rating
선홍	황	이사	기아자동차	031-222-2222	010-0001-0001	aaaaa@kia.com	Cold
연아	김	책임	올댓스포츠	02-000-0001	010-1111-1111	kimya@allthatsports.com	Hot
흥민	손	팀장	대한민국 국가대표	02-000-0002	010-1111-1112	son@korea.com	Cold
꺽정	임	선임	Salesforce labs	02-000-0003	010-1111-1113	lee@naver.com	Hot
동석	마	책임	DKBMC	02-000-0004	010-1111-1114	ma@daum.net	Cold

회사 전화번호 추가, 레코드 변경

➡ 기존 데이터
신규 데이터

위 데이터는 데이터 가져오기 마법사를 이용해서 가져올 샘플 데이터들이다. 위 데이터들을 잠시 살펴보면 첫 번째 레코드인 "황 선홍" 데이터는 이전 Web to Lead 실습을 통해서 가져온 리드 데이터로서 현재 세일즈포스에 있는 데이터이며, 아래에 있는 4건의 레코드들은 모두 신규 데이터들이다. 그리고 첫 번째 레코드의 경우 현재는 없는 회사 전화번호가 추가된 상태이다.

그러므로 이러한 데이터 소스를 이용해서 데이터를 가져오기 위해서는 "새 레코드 추가 및 기존 레코드 업데이트"를 이용해야 할 것이다. 그리고 해당 데이터 파일은 "Lead.csv" 파일이며, 이 책의 공식 사이트(https://www.thestart.cloud)에서 다운로드 받을 수 있다.

그러면 이제 데이터 가져오기 마법사를 실행해서 데이터를 가져와 보도록 하자. 이전 단계에서 데이터 가져오기 마법사를 실행했다면, 다음 화면으로 이동했을 것이다.

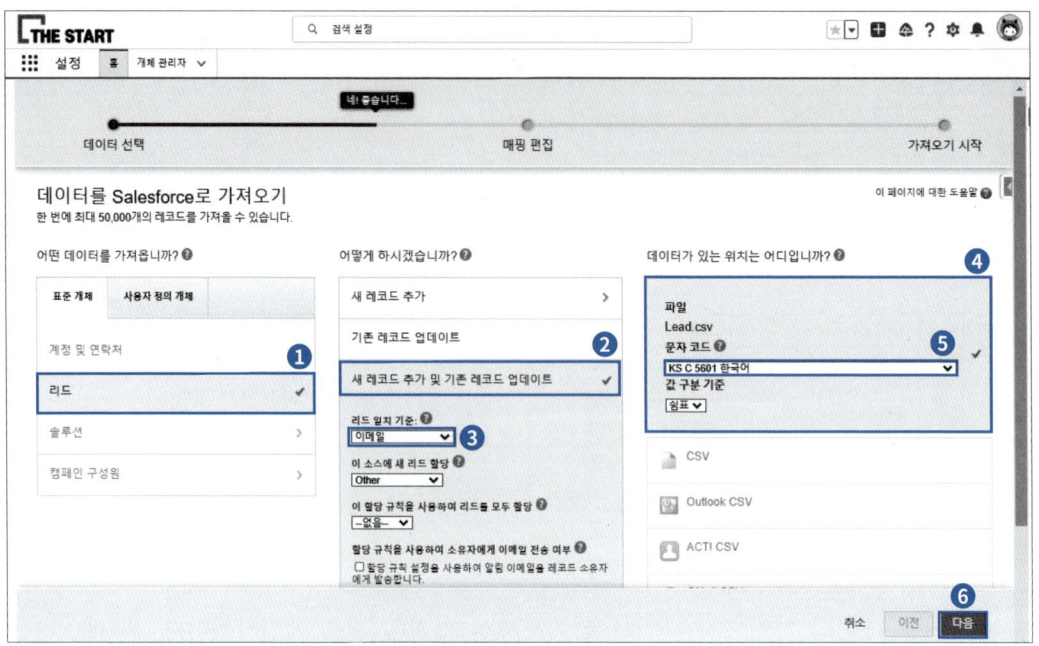

데이터 가져오기 마법사의 경우 인터페이스가 훌륭하기 때문에 초보자라도 원하는 작업을 수행하는데, 있어서 큰 어려움은 없을 것이다. 위 화면에서 우선 가져올 데이터 소스를 지정해야 하는데 이번 예제에서는 리드(Lead) 데이터를 가져올 것이므로 리드를 선택(1번)한다. 그 다음 데이터를 가져오는 방법을 선택하게 되는데, 우리는 신규 데이터와 기존 데이터가 있다면 이를 업데이트할 것이므로 "새 레코드 추가 및 기존 레코드 업데이트"를 선택(2번)한다.

그리고 이 단계에서 가장 중요한 옵션이 바로 "리드 일치 기준"이다. 이를 선택하면, 현재 목록에 "Salesforce ID"와 "이름" 그리고 "이메일"이 있는데, 바로 이 필드를 통해서 기존에 존재하는 레코드인지 아니면 신규 레코드인지를 구분하게 되는 것이다. "Salesforce ID"는 각각의 레코드마다 자체적으로 고유하게 부여되는 일련번호 데이터이다. 우리는 이전 예제에서 "Salesforce ID"를 활용하지 않았기 때문에 여기서는 "이메일"을 선택(3번)하기로 하자. 그 다음으로는 리드 소스와 리드 할당 규칙에 관한 옵션들이 있다.

다음 단계로는 데이터를 가져올 원본 데이터 소스를 선택해야 한다. 이를 위해서 파일을 해당 영역에 드래그 앤 드롭으로 해당 영역에 파일을 추가(4번)하거나, 아니면 "파일 선택" 옵션을 이용해서 원하는 파일을 선택할 수도 있다.

원본 파일을 선택한 후 가장 중요한 옵션은 바로 "문자 코드"이다. 필자의 경우 이 옵션이 기본적으로 "ISO-8859-1 (General US & Western European, ISO-LaTIN-1)" 이렇게 선택되어 있는데, 이렇게 하는 경우 다음과 같이 한글이 깨지게 된다.

편집	매핑된 Salesforce Object	CSV 머리글	예	예	예
변경	이름(성 없이)	FirstName	¼¿È«	¿¨¾Æ	ÈïÎ¯
변경	성(姓)	LastName	Ê¢	±è	½Õ
변경	직급	Title	´éÇ¥	Ã¥ÀÓ	ÆÀÀå
변경	회사	Company	±â¾Æ¢¥ÀÚµ¿Â÷	¿Ã¸¼½º¢¥½ºÆ÷Ã÷	´ëÇÑ¹Î±¹ ±¹°¡´ëÇ¥
변경	전화	Phone	02-333-2222	02-000-0001	02-000-0002
변경	휴대폰	MobilePhone	010-0001-0001	010-1111-1111	010-1111-1112
변경	이메일	Email	aaaaa@kia.com	doublegi@hanmail.net	son@korea.com
변경	등급	Rating	Cold	Hot	Cold

그러므로 파일 선택 단계에서 데이터에 한글이 포함된 경우에는 반드시 "문자 코드"로 "KS C 5601 한국어"를 선택(5번)해 주어야만 한다. 이렇게 기본 설정을 마무리했다면, 하단에 있는 "다음" 버튼(6번)을 눌러서 다음 단계로 이동하도록 하자.

참고로 "KS C 5601"은 한국표준협의회가 한국공업표준(Korea Industrial Standard, "KS")로 정한, 정보처리분야("C")의 "5601"번 표준안이란 것을 의미한다.

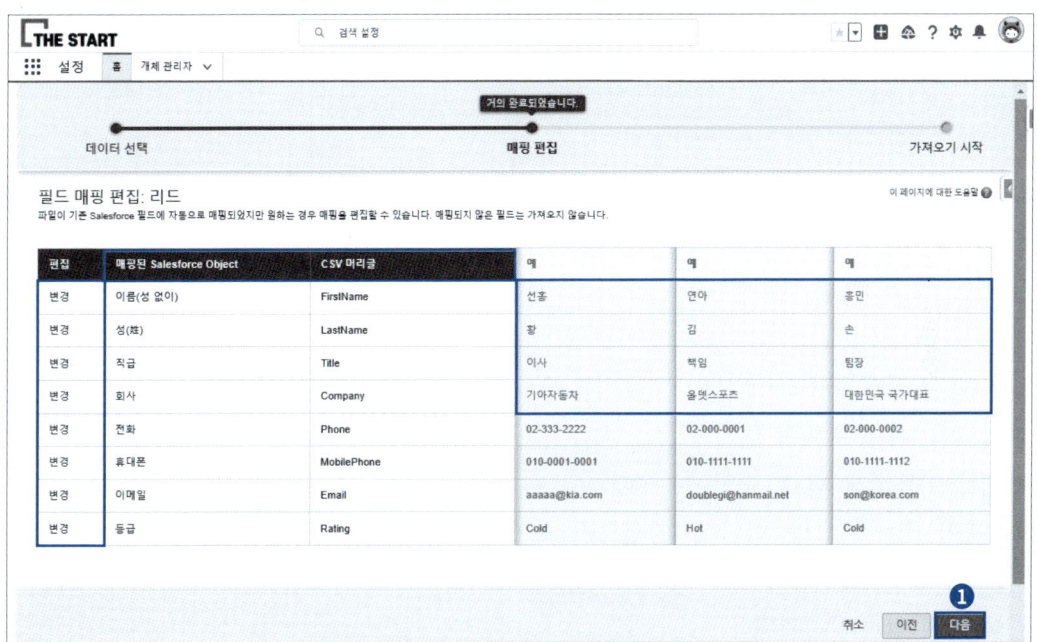

위 화면에서 우선 살펴볼 내용으로 "문자 코드"를 "KS C 5601 한국어"로 선택함에 따라서 글자가 깨지는 현상이 없는 지를 확인하는 것이다. 정확히 문자 코드를 설정했다면, 위와 같이 이상 없이 출력될 것이다. 그리고 왼쪽 영역을 보면 "매칭된 Salesforce Object"가 있고 "CSV 머리글"이 있는데, 데이터를 가져오는 과정에서 현재 CSV파일의 필드가 기존 리드(Lead) 개체의 어느 필드와 매칭되는지를 보여주고 있는 것이다.

현재는 정확한 필드명을 사용했기 때문에 이상이 없지만, 만일 필드명에 오타가 있거나, 아니면 애초 필드명이 다른 경우에는 변경 버튼을 눌러서 이를 매칭해주어야 한다. 예를 들어서 Salesforce에는 위처럼 "휴대폰"으로 되어 있는데, CSV 파일에는 "연락처"로 되어 있다면 자동으로 필드가 매칭되지 않는다. 이럴 때 변경 버튼을 눌러서 필드를 매칭해 주면 된다.

현재는 필드 매칭에 이상이 없기 때문에 "다음" 버튼(1번)을 눌러서 다음 단계로 이동한다.

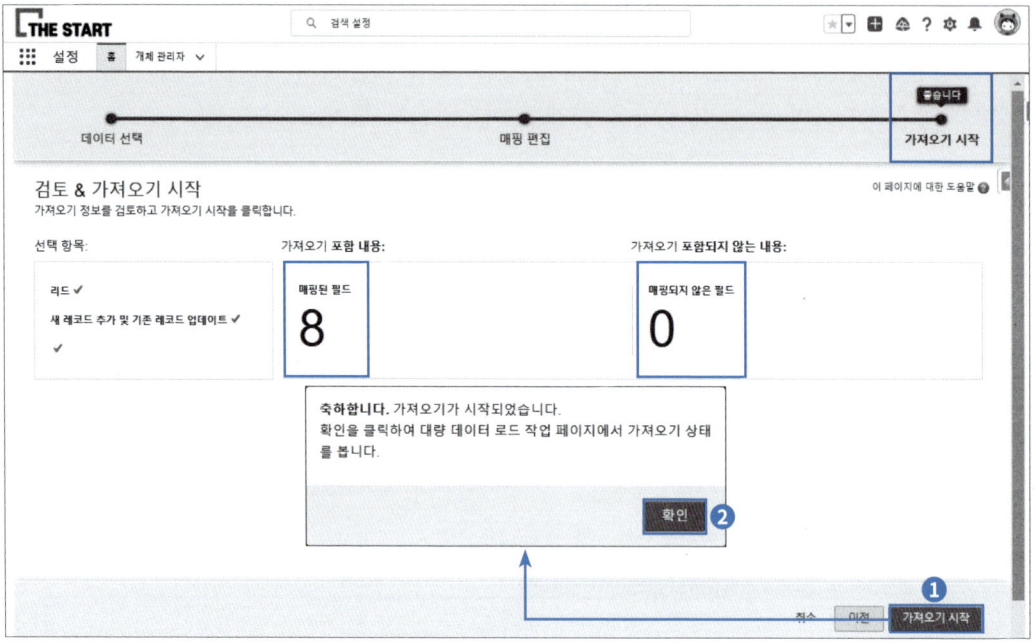

그러면 현 상태에서 데이터를 가져올 때 이상이 없는 지를 점검하게 되고, 이상이 없다고 판단되면, 화면 오른쪽 위에 있는 것처럼 진행 상태는 "좋습니다"라는 문구가 있는 마지막 단계로 이동하게 되고, 중앙에는 "매칭된 필드"와 "매칭되지 않은 필드"의 숫자를 보여준다. 특이사항이 없으면 하단에 "가져오기 시작" 버튼(1번)을 누르면, 축하 메시지 대화상자가 나타나며, "확인" 버튼(2번)을 누르면, 데이터 가져오기 작업은 완료되고, 다음 화면과 같이 실행 결과가 출력된다.

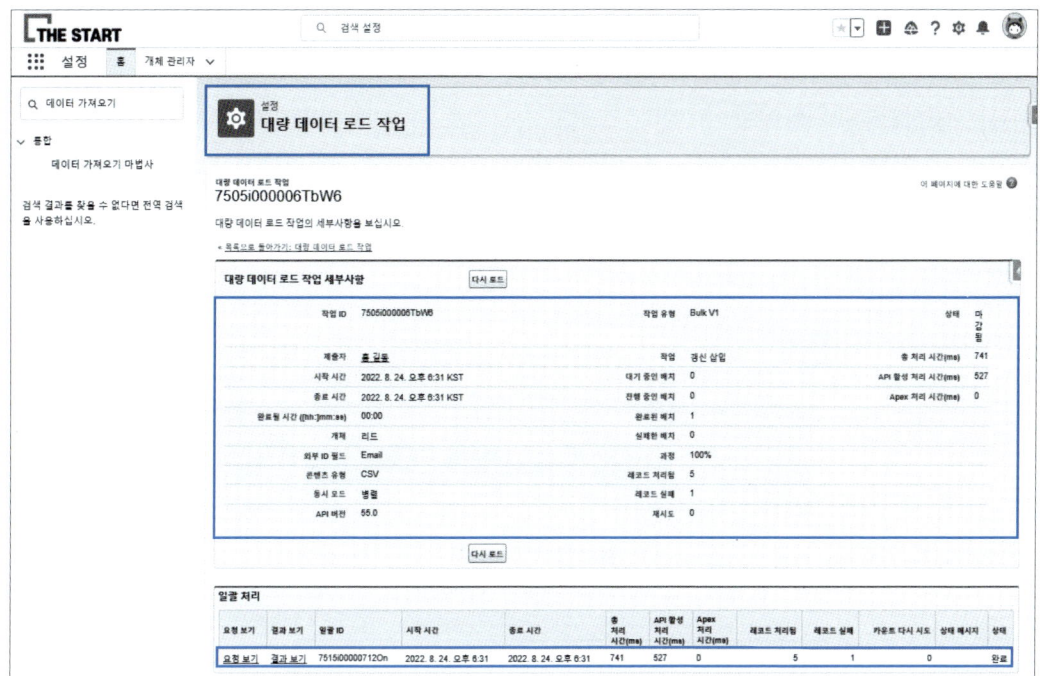

위 화면에서 한 가지 확인할 내용은 하단에 "요청 보기"와 "결과 보기"가 있는데, 각각 선택해보면 해당 내용에 대한 엑셀 파일에 다운로드 돼서 관련 내용을 확인해볼 수 있다.

이제 리드 탭으로 이동해서 관련 데이터가 정상적으로 입력됐는 지를 확인해보기로 하자.

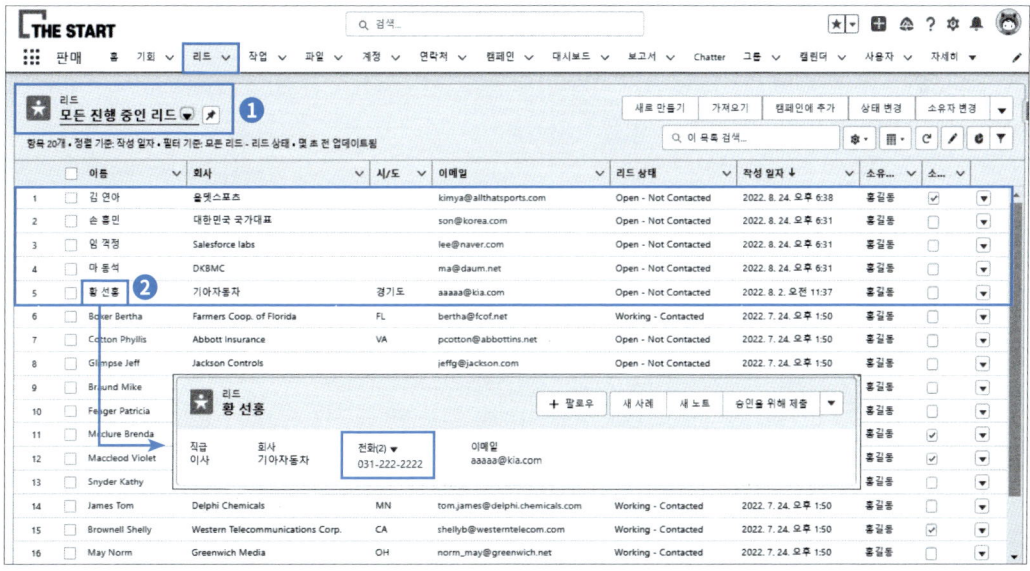

리드 탭으로 이동해서 "모든 진행 중인 리드"를 선택(1번)하면, 위 화면과 같이 기존에 있었던 "황 선홍" 데이터와 신규로 입력된 "김 연아", "손 흥민", "임 꺽정", "마 동석" 리드가 신규로 생성된 것을 확인할 수 있다. 그리고 "홍 길동"을 선택(2번)해서 레코드 페이지로 이동하면, 수정된 전화번호도 역시 잘 업데이트된 것을 확인할 수 있다.

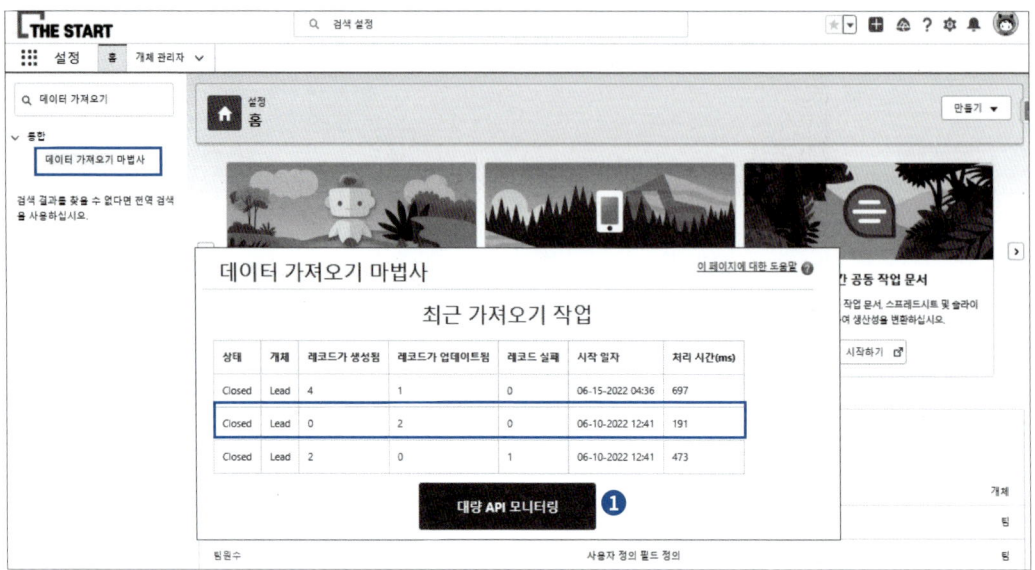

데이터를 확인했다면, 이제 다시 "설정"에서 "데이터 가져오기 마법사" 페이지로 이동해보기로 하자. 그러면 위와 같이 최근 가져오기 작업 영역에 이전 작업 내역과 함께 리스트 상단에 방금 전 작업 내역이 기록되어 있는 것을 확인해볼 수 있다.

그리고 화면 중간에 있는 "대량 API 모니터링" 버튼(1번)을 누르면, 다음과 같이 "대량 데이터 로드 작업 모니터" 페이지로 이동한다.

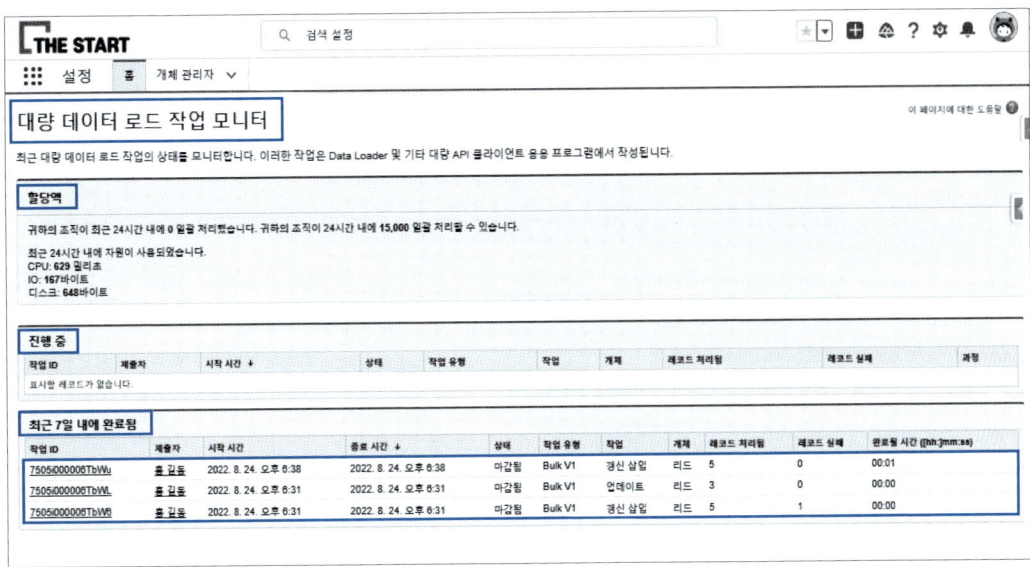

위 화면에서는 현재 진행했던 작업과 이후 진행할 수 있는 작업 내역이 "할당액"이란 영역에서 표시되고 있으며, 현재 진행 중인 작업과 "최근 7일 내에 완료됨" 영역에서는 각각의 작업에 대한 기록을 확인할 수 있으며, 앞부분 링크를 누르면, 해당 작업에 대한 상세 페이지로 이동하게 된다.

1-3 데이터 내보내기

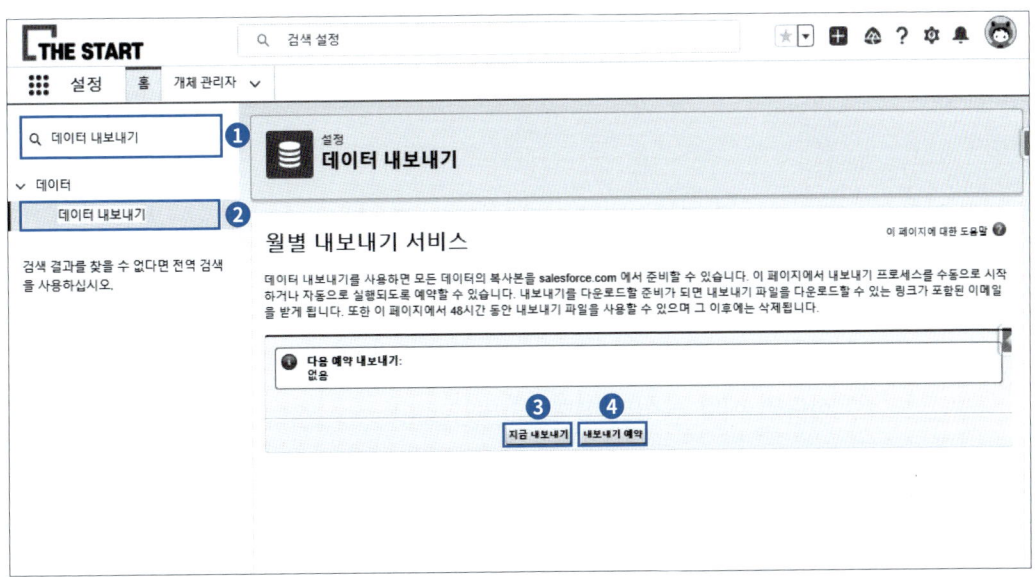

데이터 가져오기 작업은 앞에서 살펴본 바와 같이 마법사를 지원하지만, 데이터를 내보내는 작업은 마법사를 지원하지 않고, 작업도 설정에서만 해야 한다. 이는 약간 의아스러울 수 있지만, 당연한 것으로 고객 데이터를 가져오는 작업은 세일즈포스의 일반 사용자들 모두 할 수 있는 일이지만, 회사의 주요 데이터를 다운로드 받는다는 것은 관리자만 해야 하는 일인 것이다. 그러므로 데이터 내보내기 작업은 오그(Org)의 "설정"에서 하는 것이다.

"설정"으로 이동한 상태에서 검색어로 "데이터 내보내기"를 입력(1번)하면 위와 같이 "데이터 내보내기" 항목이 검색되며, 이를 선택(2번)하면 데이터 내보내기 화면으로 이동한다.

여기에는 두 가지 버튼이 있는데, "지금 내보내기" 버튼과 "내보내기 예약" 버튼이 있다. 두 버튼의 역할을 굳이 설명하지 않아도 될 듯하니 우선 "지금 내보내기" 버튼(3번)을 선택해 보기로 하자.

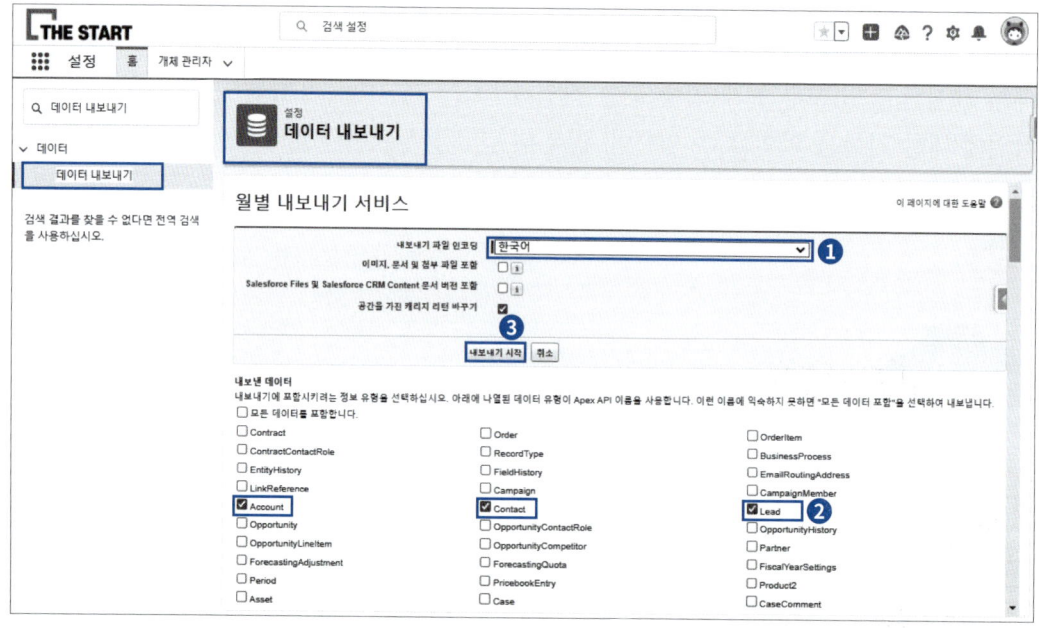

데이터 가져오기 뿐만 아니라 데이터 내보내기를 하는 경우에도 가장 중요한 부분은 "내보내기 파일 인코딩" 방식을 "한국어"로 선택(1번)해 주어야 한다는 점이다. 안 그러면 이전 예제에서 확인했던 것과 같이 한글 데이터가 깨져서 내보내지게 된다. 그리고 하단에 옵션들은 세일즈포스에 있는 문자나 이미지 및 첨부 파일도 포함할 지 여부를 선택하는 것이다. 그러므로 필요하다면 해당 옵션도 선택해주어야 한다.

그리고 하단에 보면 세일즈포스에 있는 모든 개체들이 나열되어 있는데, 한 가지 주의해야 하는 점은 모든 개체명이 API 이름, 즉 시스템 내부적으로 참조하는 개체명으로 되어 있다는 점이다. 그러므로 우리가 만들었던 "팀" 개체와 "사원" 개체도 "Team__c"와 "Emp__c"로 찾아야 한다. 더불어 "리드", "계정", "연락처" 개체도 역시 "Lead", "Account", "Contact"으로 찾아야만 한다.

위에서는 "Lead", "Account", "Contact" 개체를 선택(2번)했다. 그리고 마지막으로 "내보내기 시작" 버튼(3번)을 누르면, 데이터 내보내기 작업이 진행된다.

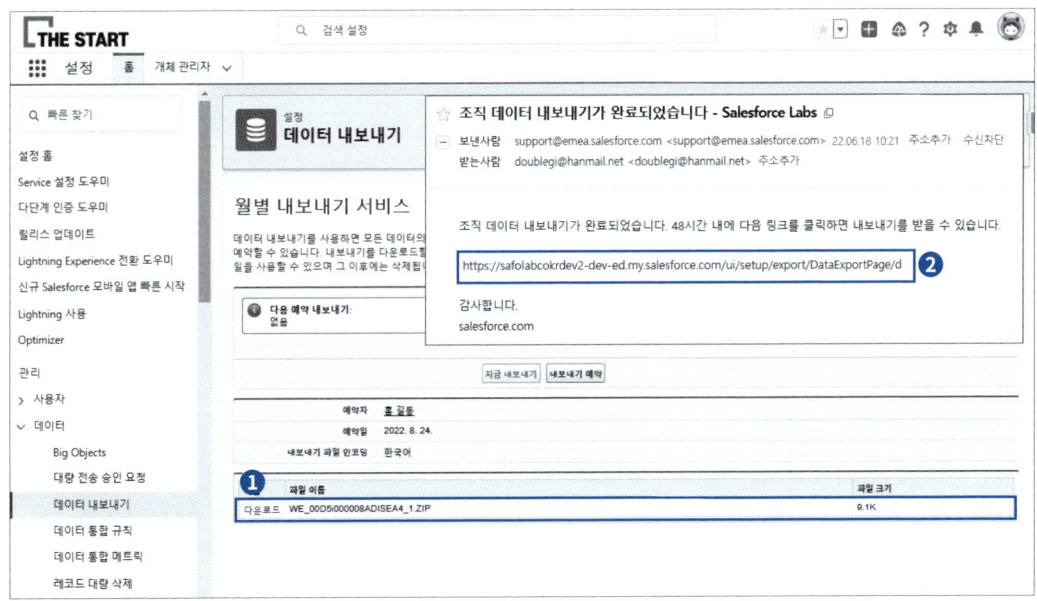

데이터 내보내기 작업에는 선택한 개체 수와 해당 개체가 가지고 있는 데이터의 양에 따라 시간의 차이가 발생하게 된다. 우리는 3개의 개체를 선택했기 때문에 그리 오랜 시간이 걸리지는 않는다. 잠시 기다렸다가 새로 고침을 하면 위 화면과 같이 다운로드 파일(1번)이 생성되고, 이메일로도 다운로드 링크가 전달돼서 해당 링크로 이동하면 데이터를 받아볼 수 있다.

1-4 데이터 내보내기 – 예약

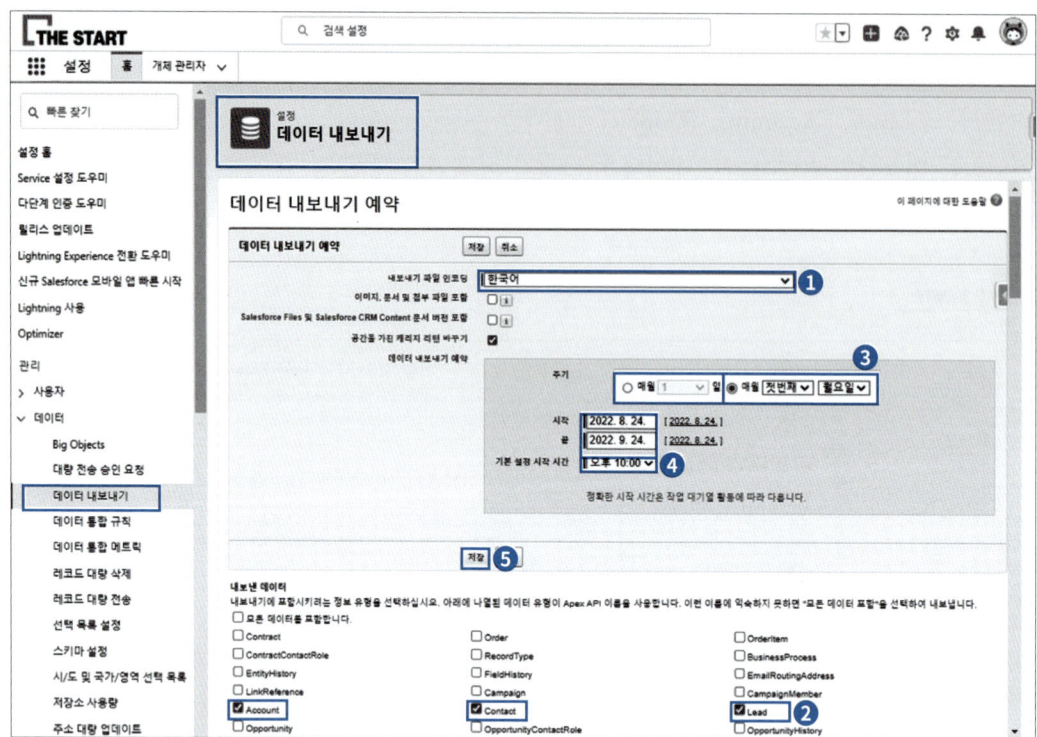

이전 화면의 "설정" "데이터 내보내기" 페이지에서 "데이터 내보내기 예약" 버튼(2번)을 누르면, 위와 같이 데이터 내보내기 예약 페이지가 나타난다. 이 페이지에서 보면 역시나 "내보내기 파일 인코딩"에서 "한국어"를 선택(1번)해 주어야 한다. 그리고 데이터를 내보낼 때 "주기"를 설정할 수 있는데, 이러한 주기는 "월"을 기준으로 특정 일자를 선택할 수도 있고, 아니면 "월"에 "주"를 기준으로 특정 요일을 선택(3번)할 수 있다.

이는 회사의 업무적 요구사항에 맞게 설정하면 되는 것이고, 둘 중의 하나를 선택해야 한다. 그리고 해당 예약 작업의 시작 날짜와 끝 날짜, 그리고 시간을 선택(4번)할 수 있는데, 데이터가 많으면 시간이 오래 걸리기 때문에 시간과 주기는 업무적인 상황을 고려해서 선택해야 한다. 그리고 하단에 내보내기 위한 개체를 선택(2번)한 후 "저장" 버튼(5번)을 누르면, 데이터 내보내기 작업이 예약된다.

이후 예약된 시간에 정상적으로 데이터 내보내기 작업이 진행되는지 확인해보기로 하자.

2. Data loader

2-1 Data Loader 설치

Data Loader(데이터 로더)는 세일즈포스를 대상으로 데이터 업로드(Upload)와 다운로드(Download)를 하기 위해 만들어진 독립적인 유틸리티(Utility)이며, 이를 사용하기 위해서는 우선 설치 파일을 다운로드 받아서 설치를 해주어야 한다.

참고로 데이터 가져오기 마법사를 통해 최대 5만개의 레코드를 가져올 수 있지만, Data Loader는 5만 개 이상의 많은 양의 레코드를 업로드하는 용도로 사용할 수 있다.

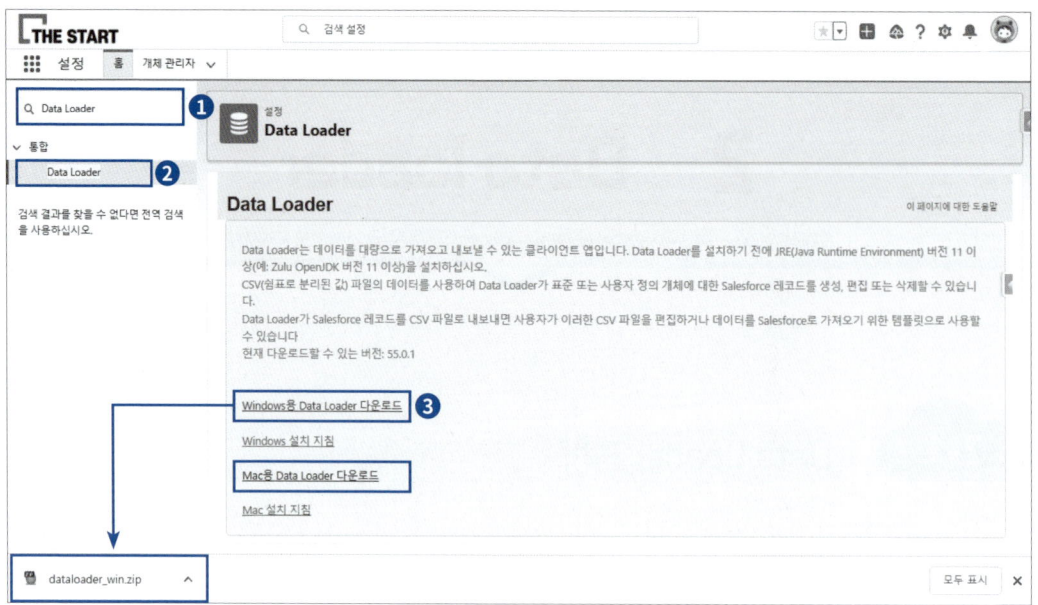

Data Loader 설치하기 위해 "설정"으로 이동해서 "Data Loader"로 검색(1번)하면 "Data Loader" 항목이 검색되며, 이를 선택(2번)하면 Data Loader 페이지로 이동하게 된다. Data Loader는 Windows와 Mac용 프로그램 두 가지가 제공되며, 이는 독자분들의 OS에 따라서 선택(3번)하면, 해당 설치 파일이 다운로드 된다. 그런데 설치하기 전 주의해야 하는 내용이 있다. 다운로드 받은 설치 프로그램을 실행하기 전에 위 화면에 안내가 나와 있는 것처럼, JRE(Java Runtime Environment) 버전 11이상을 설치해 주어야 한다.

일반적으로 이런저런 프로그램을 설치하는 과정에서 JRE(Java Runtime Environment)가 설치되기도 하기 때문에 사용한지 오래된 컴퓨터의 경우 대부분 문제가 없지만, 새로 구입한 컴퓨터의 경우에는 적합한 JRE가 설치되지 않았을 확률이 높다.

그러므로 다음 URL(https://www.oracle.com/kr/java/technologies/javase/jdk11-archive-downloads.html)로 이동해서 OS 종류에 따른 적합한 파일을 다운로드 받아서 미리 설치한 후 다음 단계로 이동해서 Data Loader를 설치해주어야 한다.

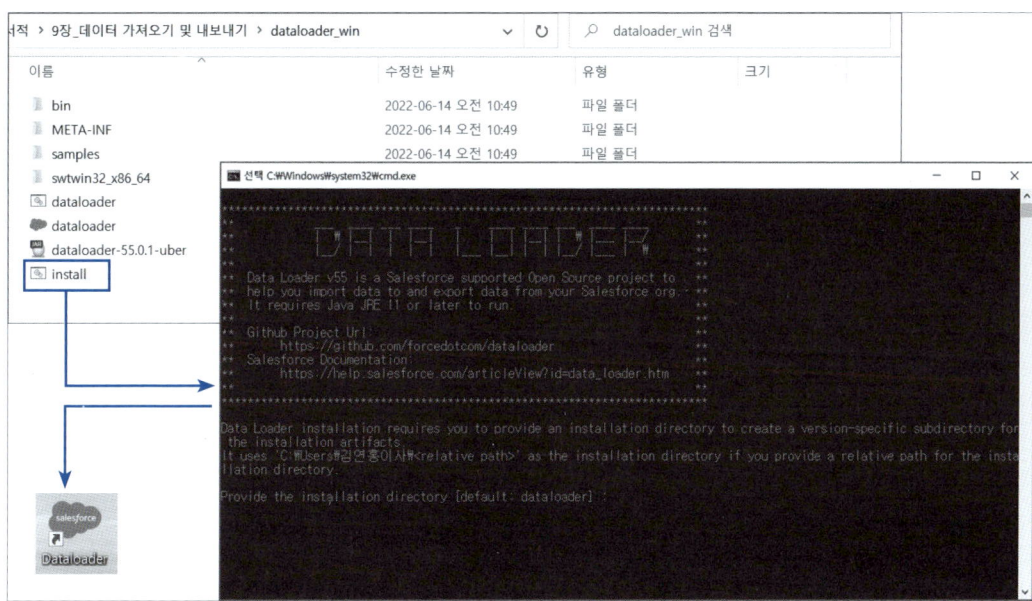

다운로드 된 파일의 압축을 푼 다음 해당 폴더에 있는 "Install.bat" 파일을 더블 클릭하게 되면, 위와 같이 명령 프롬프트 대화상자에서 설치 진행 화면이 나타나게 된다. 해당 화면에서 "Yes"를 입력하면서 마지막 단계까지 이동하면 설치가 완료되고, 자동으로 "Data Loader"실행 아이콘이 바탕화면에 생성된다.

2-2 Data Loader 실행 – "Upsert"

"Data Loader"실행 아이콘을 더블클릭 하면 위와 같이 Data Loader 프로그램이 실행된다.

위의 버튼들을 보면 "Insert", "Update", "Upsert", "Delete"가 있는데, 여기서 "Upsert"는 기존에 있는 데이터는 수정하고 없는 데이터는 입력할 때 사용하며, "Delete"는 파일에 있는 레코드들을 Salesforce에서 삭제하고자 할 때 사용한다. 그리고 "Export"와 "Export All" 버튼은 데이터를 다운로드 할 때 사용한다. 이번 예제는 Data Loader의 기능 중 "Upsert"와 "Export" 예제를 통해서 사용법을 확인해보기로 하겠다.

FirstName	LastName	Title	Company	Phone	MobilePhone	Email	Rating
선홍	황	대표	기아자동차	031-222-2222	010-0001-0001	aaaaa@kia.com	Hot
연아	김	책임	올뎃스포츠	02-000-0001	010-1111-1111	kimya@allthatsports.com	Hot
홍민	손	팀장	대한민국 국가대표	02-000-0002	010-1111-1112	son@korea.com	Hot
꺽정	임	선임	Salesforce labs	02-000-0003	010-1111-1113	lee@naver.com	Hot
동석	마	책임	DKBMC	02-000-0004	010-1111-1114	ma@daum.net	Hot
연재	손	팀장	하임랩	02-000-0005	010-1111-1115	son2@naver.com	Cold
태환	박	선임	GS건설	02-000-0006	010-1111-1116	park@hotmail.net	Hot
광호	송	팀장	아이티포럼	02-000-0007	010-1111-1117	song@itforum.co.kr	Cold
현진	류	선임	코인트	02-000-0008	010-1111-1118	ryu@coint.co.kr	Hot
승엽	이	책임	레인라이트	02-000-0009	010-1111-1119	lee@rainlightsoft.com	Cold

"Cold" => "Hot"으로 데이터 수정
기존 데이터
신규 데이터
신규 5개 리드 데이터 입력

위 데이터는 이전에 실습에서 사용했던 "Lead.csv"파일에서 순서대로 1, 3, 5 데이터의 경우 기존 "Rating" 필드 값을 "Cold"에서 "Hot"으로 수정한 상태이고, 그 아래 데이터들은 신규 데이터들이다. 위 파일과 같은 형태로 데이터를 준비해도 되고, 아니라면 "Lead2.csv" 파일로 카페 자료실에 올라와 있으니 다운로드 받아서 사용해도 된다.

이제 데이터가 준비되었다면, Data Loader에서 "Upsert" 버튼을 눌러보자.

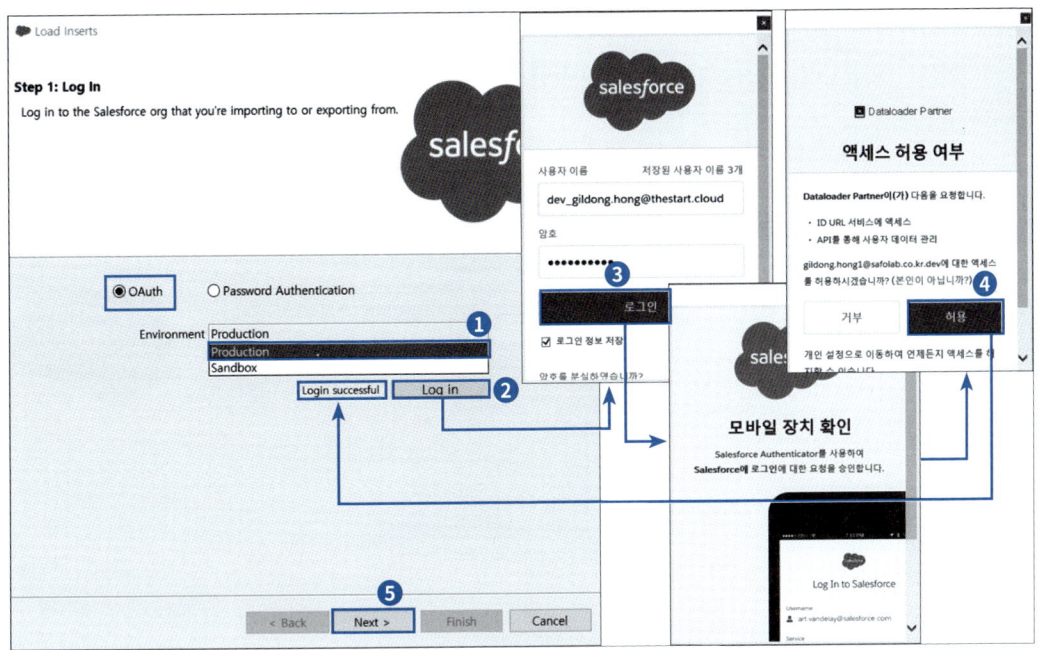

그러면 위의 왼쪽 화면처럼 로그인 대화상자가 나타난다. 여기에서 확인해야할 점이 있는데, 첫 번째로 인증 방식을 선택하는 일이다. 인증 방식은 "OAuth" 방식과 "Password Authentication" 방식이 있다. OAuth 방식은 세일즈포스에 연결하기 위해 OAuth 2.0 프로토콜을 이용하는 방식으로 "Salesforce Authenticator" 인증을 통해서 세일즈포스에 연결하기 위해서 사용하는 방식이다. 그리고 "Password Authentication" 방식은 사용자 이름(User name)과 비밀번호로 세일즈포스에 로그인하는 방식이다. 두 방식 중 어떤 방법을 이용하던 상관은 없다.

그리고 위에서 "Environment"의 콤보 상자를 눌러보면 "Production"과 "Sandbox"가 있는데, "Production" 환경은 실제 업무적으로 사용자들이 사용하는 환경을 말한다. 그리고 "Sandbox" 환경은 UAT(User Acceptance Testing) 환경으로 사용자들이 사용하기 전에 개발 및 변경 내용을 테스트하기 위한 환경이다. 지금 우리가 사용하고 있는 Developer Org(개발자 오그)의 경우 학습 용도로 제공되는 오그(Org)이기 때문에 "Production"환경과 "Sandbox"환경에 대한 구분이 없다.

그러므로 여기서는 "Production"을 선택(1번)하면 된다. 그 다음 "Log in" 버튼(2번)을 누르면 로그인 대화상자가 나타나는데, 여기에서 "사용자 이름"과 "암호"를 입력한 다음 "로그인" 버튼(3번)을 누르면, "Salesforce Authenticator"에 인증 요청이 전달된다. 핸드폰에서 인증을 하게 되면, 다음 단계로 "액세스 허용 여부"를 물어보게 되는데, 당연히 여기서는 "허용" 버튼(4번)을 눌러야 한다.

모든 인증과정이 완료되면 "Log in" 버튼 왼쪽에 "Login Successful" 메시지가 출력되며, 하단에 "Next" 버튼(5번)이 활성화된다. 그러면 "Next" 버튼(5번)을 눌러서 다음 단계로 이동하도록 하자.

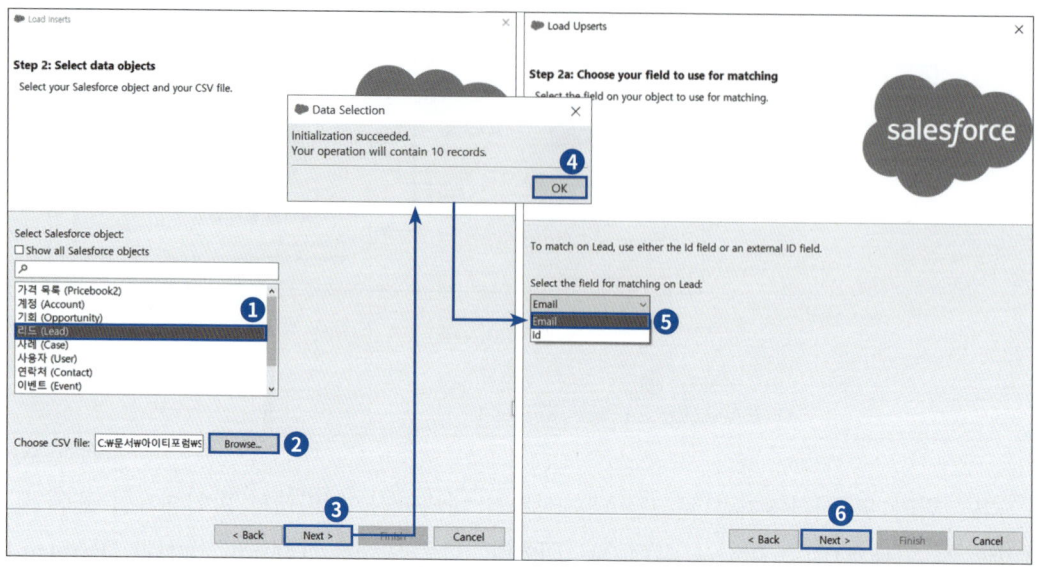

다음 단계는 "Upsert"할 개체를 선택하는 단계로 "리드(Lead)" 개체를 선택(1번)하고, 준비해둔 "Lead2.csv" 파일을 선택(2번)한 다음 "Next" 버튼(3번)을 누르면, 간단하게 팝업 대화상자가 나타나는데, 여기서는 관련 파일을 업로드하기 위한 준비가 완료됐다는 메시지를 보여준다. 내용을 확인했다면, "OK" 버튼(4번)을 눌러서 다음 페이지로 이동한다. 그러면 이전에도 봤었던 것처럼 데이터를 매칭시키기 위한 기준 필드를 선택해야 하는데, 앞의 예제에서도 우리는 "Email"을 사용했었다. 마찬가지로 여기서도 "Email"을 선택(5번)한 다음 "Next" 버튼(6번)을 눌러 다음 단계로 넘어간다.

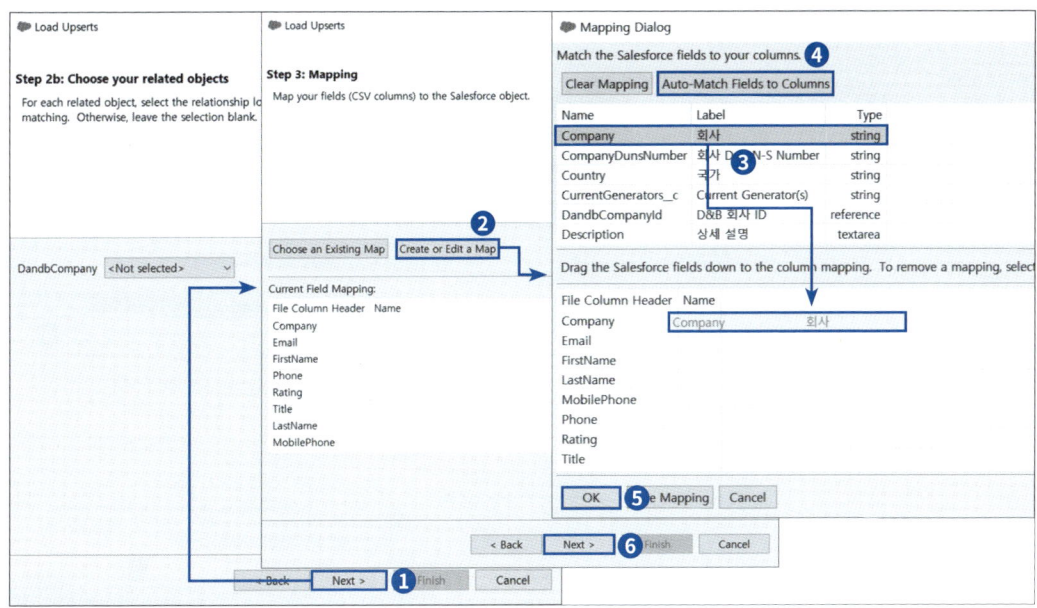

다음 단계는 왼쪽에 있는 "Step 2b" 화면이다. 이 단계는 해당 개체와 연관되어 있는 관련 개체(Related Object)에서 Lookup 필드를 매칭하기 위한 단계인데, 여기서는 해당사항 없으니 "Next" 버튼(1번)을 눌러서 다음 단계로 넘어간다.

다음 단계는 "Step 3"으로 "Lead2.csv" 파일의 필드와 세일즈포스에 있는 리드(Lead) 개체의 컬럼들을 매칭하기 위한 단계이다. 여기에서 "Create or Edit a Map" 버튼(2번)을 선택하면, 오른쪽에 화면처럼 "Mapping Dialog" 대화상자가 나오게 되는데, 이 화면에서 각 필드들을 매칭시켜 주어야 한다. 이를 위해 위의 필드영역은 현재 세일즈포스에 있는 필드 목록이고, 아래 필드 영역은 "Lead2.csv" 파일의 필드 목록이다.

구체적으로 매칭하기 위해서는 상단에서 필드를 선택해서 드래그(3번)한 후에 하단에 해당 필드에 드롭하면 필드가 매칭된다. 필드를 매칭하기 위한 다른 방법은 상단에 있는 "Auto-Match Fields to Columns" 버튼(4번)을 누르면, 필드명이 같은 경우 일괄적으로 매칭 된다. 필드 매칭을 확인했다면, "OK" 버튼(5번)을 누른 다음, 본 화면의 "Next" 버튼(6번)을 눌러서 다음 단계로 이동한다.

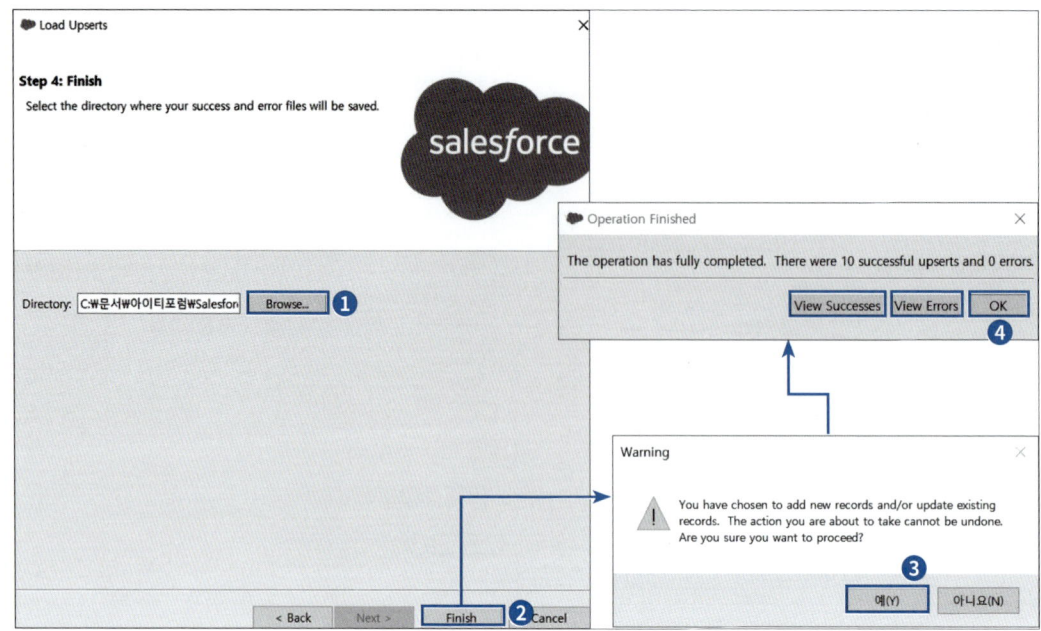

다음 단계는 "Step 4" 단계로 마지막 단계이다. Data Loader를 이용해서 이렇게 데이터 작업을 하게 되는 경우에는 해당 작업의 성공과 실패에 대한 정보를 알려주기 위한 파일이 생성되는데, 해당 파일을 저장하기 위해 "Browse.." 버튼(1번)을 눌러 폴더를 선택한다. 그리고 "Finish" 버튼(2번)을 누르면, 실제 실행을 확인하기 위한 팝업이 뜨며, 여기에서 "예" 버튼(3번)을 누르게 되면 실제 데이터 "Upsert" 작업이 진행되고, 이에 대한 성공과 실패에 관한 메시지를 확인할 수 있는 대화상자가 나타난다.

만일 성공과 실패에 대한 파일을 직업 확인하고 싶다면, 마지막 대화상자에서 관련 메시지를 확인하면 된다. 위에서는 10개의 Upsert 작업이 성공했고, Error는 0개라는 메시지가 나와 있다. 이를 구체적으로 확인해보고 싶다면 "View Success" 버튼이나 "View Errors" 버튼을 누르면 된다. 이제 마지막으로 "OK" 버튼(4번)을 누르면, 모든 Upsert 작업은 완료된다.

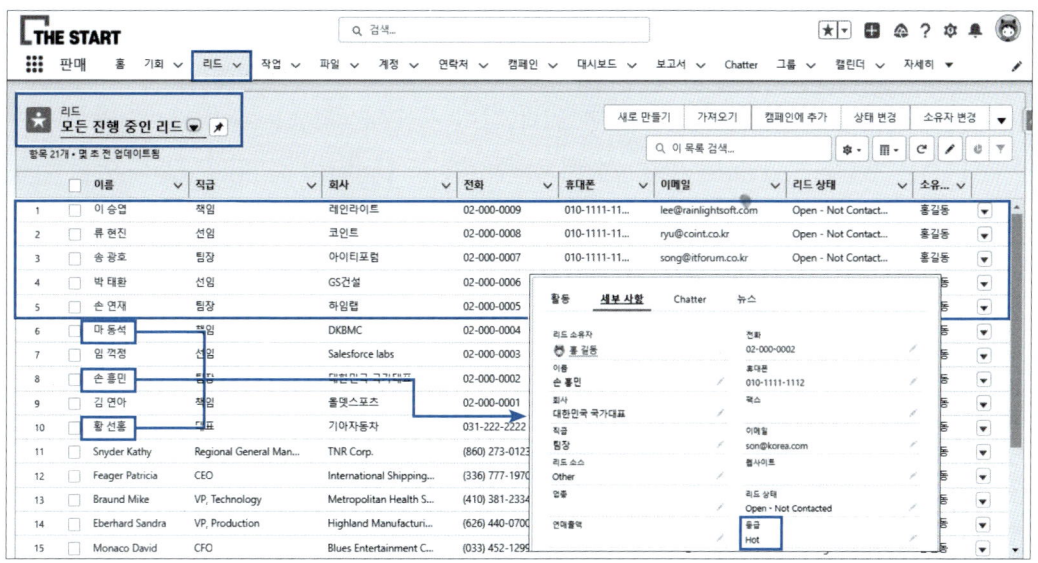

데이터 가져오기 작업이 완료되었다면, 이제 세일즈포스로 들어가서 "리드"에서 "모든 진행 중인 리드"를 살펴보면 해당 신규 데이터들이 입력된 것을 확인할 수 있고, 더불어 "황선홍", "손 흥민", "마 동석"의 "등급" 필드 값이 모두 "Hot"으로 변경된 것을 확인해볼 수 있다. 세일즈포스에서 데이터를 확인했다면, 이제 실행 결과 파일을 확인해보기로 하자.

방금 전 "Step 4" 단계에서 성공과 실패에 대한 파일을 저장할 폴더를 선택했었다. 그러므로 해당 폴더로 이동하면 다음과 같이 두 개의 파일을 확인할 수 있다.

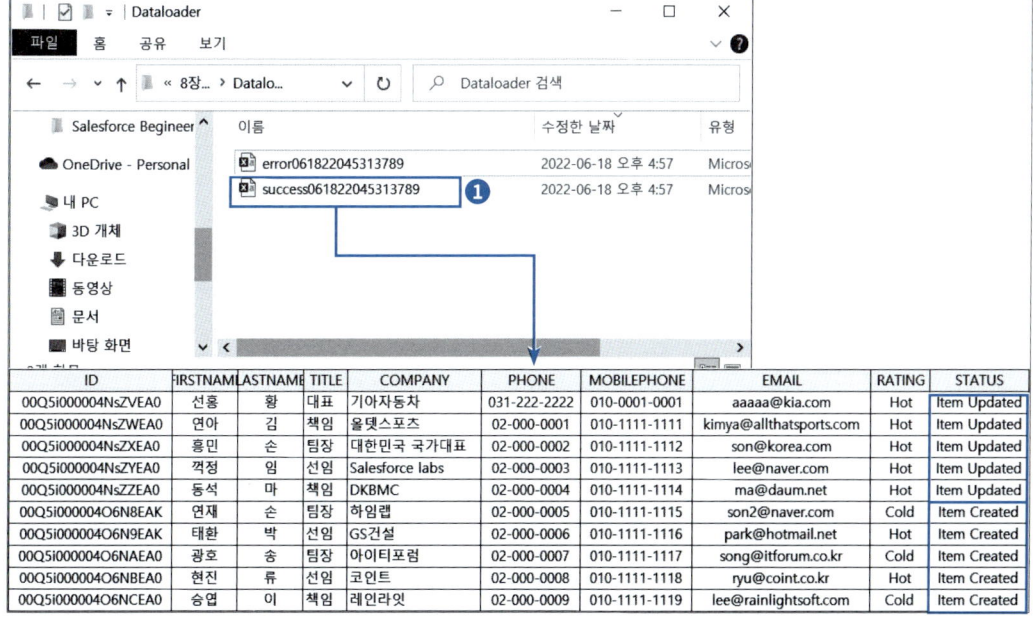

해당 폴더에는 "Error"로 시작하는 파일이 있고, "Success"로 시작하는 파일이 있다. 오류 정보와 성공적으로 반영된 정보를 저장하고 있는 파일이다. 이번 작업에서 오류는 없었기 때문에 성공 파일을 선택(1번)해보면 위와 같이 목록이 나온다. 관련 데이터와 마지막 "STATUS" 필더를 보면 상위 다섯 개 레코드는 "Item Updated"로 되어 있고, 이후 다섯 개 레코드는 "Item Created"로 되어 있는 것을 확인할 수 있다.

 **Data Loader 실행 – "Export"**

이번에는 Data Loader를 이용해서 데이터 내보내기(Export)를 할 것인데, 우리가 방금 전 "Upsert" 했던 리드(Lead) 개체의 데이터를 "Export" 해서 엑셀 파일로 다운로드 할 것이다. 다만 전체 데이터를 다운로드 하는 것이 아니라 리드의 등급(Rating)이 "Hot"인 상태의 리드 데이터만 내보내기 할 것이다.

이를 위해 Data Loader 프로그램에서 "Export" 버튼을 누르면, 다음과 같이 개체를 선택하는 화면이 나타난다.

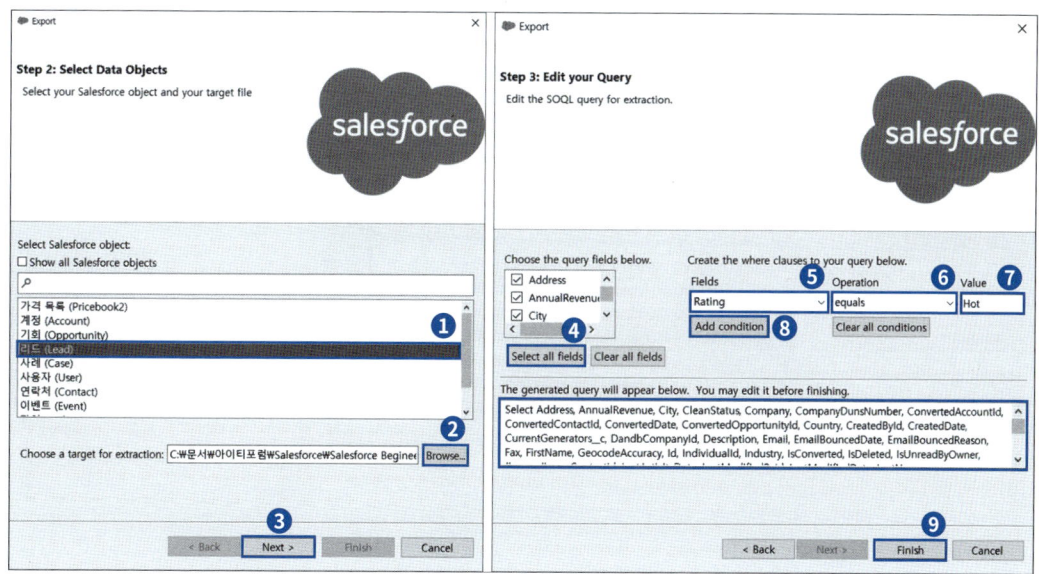

그러면 목록에서 "리드 (Lead)를 선택(1번)한 후 "Browse.." 버튼(2번)을 눌러 다운로드 받을 폴더를 지정한 다음 "Next" 버튼을 누르면, 위 화면에서 오른쪽 화면인 "Step 3" 단계로 이동한다. 그러면 해당 화면 왼쪽에 있는 "Choose the query fields below" 영역에서 원하는 필드를 선택할 수 있는데, 만일 해당 개체의 모든 필드에 있는 데이터를 다 내보내기 하고 싶다면 "Select all fields" 버튼(4번)을 누르면 된다.

그러면 하단에 "Select ~~~" 문장이 만들어지는데, 이는 SOQL(Salesforce Object Query Language)이다. SOQL은 기존 관계형 데이터베이스 질의 언어인 SQL(Structured Query Language)과 유사하지만, 세일즈포스 내에 특화된 언어라서 약간의 차이는 존재한다. 이 부분에 대한 내용은 차후에 개발서에서 다룰 예정이다.

그리고 중간 오른쪽에서 보면 조건을 지정할 수가 있는데, 이는 SELECT 문장에서 조건을 정의하기 위해 WHERE 절을 사용하는 것과 같다. 하지만, Data Loader에서는 위처럼 화면을 통해서 일반인들도 사용할 수 있도록 기능을 제공하고 있는 것이다.

여기에서 "Fields" 콤보 상자에서는 조회의 조건으로 사용될 필드를 선택하는 것이다. 앞서 소개한 바와 같이 여기서는 리드 등급인 "Rating"를 선택(5번)하면 된다. 그리고 "Operation"은 연산자인데 "equals"를 선택(6번)하고, Value에서는 "Hot"을 목록에서 선택(7번)한 다음 바로 아래에 있는 "Add condition" 버튼(8번)을 반드시 눌러주어야 한다. 이 버튼을 누르지 않으면 아래에 있는 SOQL에 Where절이 적용되지 않는다. 그러면 이제 마지막으로 "Finish" 버튼(9번)을 누르면, 앞서 "Upsert" 작업처럼 실행에 관한 확인 메시지를 보여주고, "예" 버튼을 누르면, 작업이 실행된다.

데이터 내보내기 작업이 완료됐다면, 이제 해당 폴더로 이동해서 파일을 확인해보기로 하자. 파일명은 "extract.csv" 파일이다.

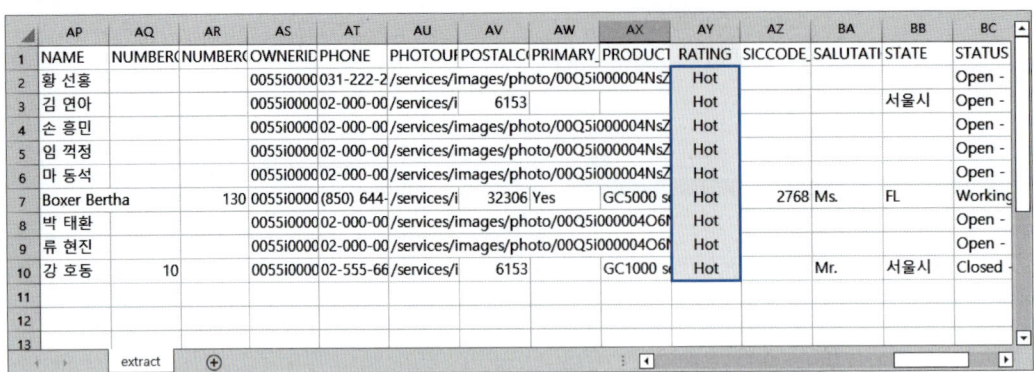

파일을 열어보면 현재 9개의 레코드가 다운로드 된 것을 확인할 수 있으며, "Rating" 열의 값을 보면 모두 "Hot"인 것을 확인할 수 있다.

3 Salesforce Inspector

3-1 Salesforce Inspector 설치

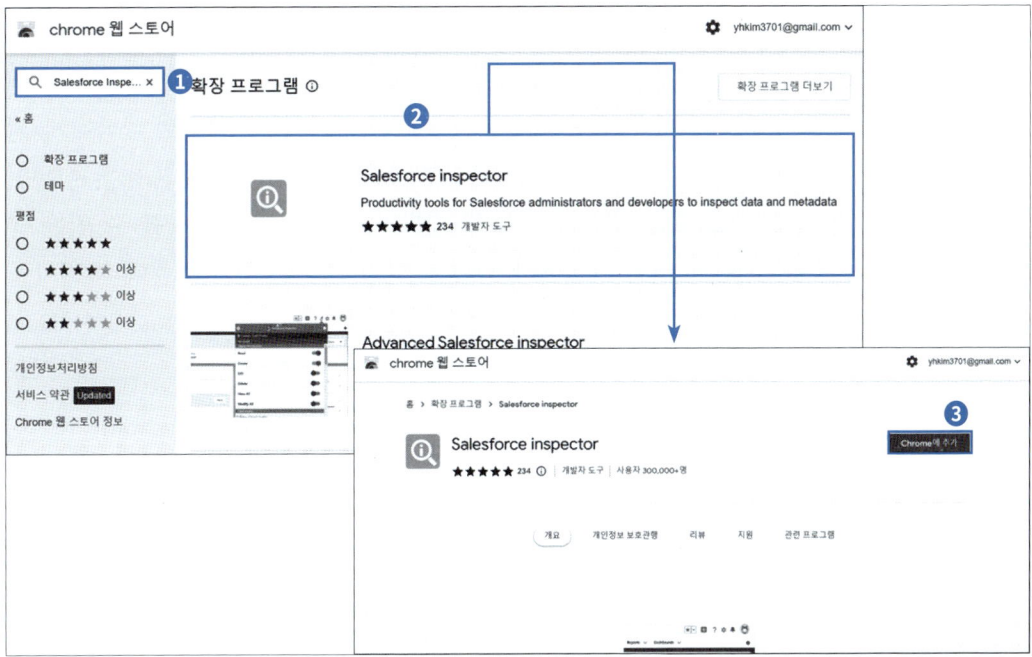

Salesforce Inspector는 세일즈포스에 있는 개체들에 대한 데이터를 조회(Query)하고, 업로드(Upload)하고, 다운로드(Download)할 수 있는 Chrome 웹 브라우저의 확장 프로그램이다. 이를 사용하기 위해서는 Chrome 웹 스토어(https://chrome.google.com/webstore/category/extensions?hl=ko)로 이동한 후에 "Salesforce Inspector"로 검색(1번)하면 오른쪽에 검색 결과가 나타나는데, 검색된 "Salesforce Inspector"를 선택(2번)한 다음 "Chrome에 추가" 버튼(3번)을 누른 후 확인을 하면 브라우저에 추가된다.

이러한 Salesforce Inspector는 세일즈포스 오그에 연결됐을 때만 브라우저 오른쪽 상단에 버튼이 약간 노출된 상태로 있다가 해당 버튼을 선택(1번)하면 팝업 형태로 나타나게 된다. 여기에서 우선 확인할 내용은 "Data Export"와 "Data Import" 버튼이다. 버튼 이름만 봐도 짐작할 수 있듯이 "Data Export"는 개체들에 대한 데이터를 다운로드 할 수 있는 방법을 제공하며, 질의(Query)를 직접 작성해서 결과를 확인해볼 수 있기 때문에 개발자들 입장에서 매우 유용하게 사용하는 도구이다. 그림 우선 "Salesforce Inspector"에서 "Data Export" 버튼(2번)을 눌러서 해당 화면을 이동해보기로 하자.

 Data Export

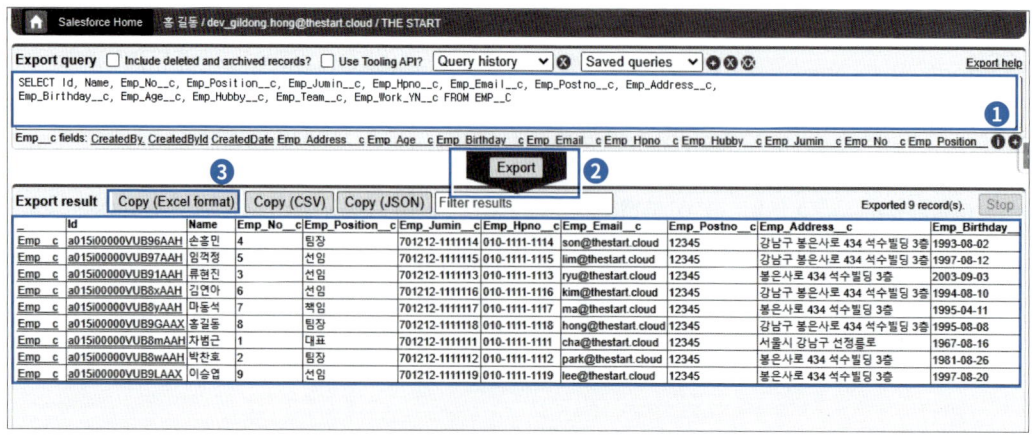

468 PART Ⅲ 세일즈포스 활용하기

우선 첫 번째로 가장 상단에 있는 텍스트 상자에는 쿼리(Query)를 입력하는 영역이다. 이 영역에 다음과 같이 사원 개체를 조회하는 문장을 입력해보기로 하자.

문장을 입력할 때는 우선 모든 SQL 문장을 입력하는 것이 기본이겠지만, Salesforce Inspector에서는 약간의 편의 기능을 지원한다.

우선 위 화면의 1번 입력란에 다음과 같이 입력한다.

"SELECT   FROM EMP__c"

그런 다음 커서를 "SELECT" 키워드와 "FROM" 키워드 사이에 위치시킨 다음 "Ctrl + Space"키를 누르면, 해당 개체(Emp__c)의 모든 컬럼들이 SELECT 문장에 자동으로 입력된다. 그런 다음 한 가지 더 해주어야 하는 작업이 있는데, "FROM" 키워드 앞, 그러니까 컬럼 목록의 마지막 컬럼을 보면 컬럼 끝에 "," 콤마가 기본적으로 포함되어 있는 것을 확인할 수 있다.

SELECT 문장에서 컬럼과 컬럼 사이에는 콤마(,)로 구분되지만, 마지막 컬럼 다음에는 콤마(,)가 있으면 안 되기 때문에 이를 제거해 주어야 한다. 이렇게 정리하면 오류 없는 문장이 완성된다.

그리고 나서 기본적으로 시스템에 의해서 추가된 열들이 있는데, 이들을 제외하고 다음과 같이 질의(Query)를 완성해보기로 하자.

```
SELECT Name, Emp_No__c, Emp_Position__c, Emp_Jumin__c,
Emp_Hpno__c, Emp_Email__c, Emp_Postno__c, Emp_Address__c,
Emp_Birthday__c, Emp_Age__c, Emp_Hubby__c, Emp_Team__c,
Emp_Work_YN__c
FROM EMP__c
```

위 화면에서는 한 줄로 문장이 되어 있는데, 여기서는 좀더 편하게 볼 수 있도록 줄을 나눠서 쿼리(Query)를 작성했으며, 실제 위 텍스트 상자에서도 위와 같이 여러 줄로 문장을 구성한 후 실행해도 오류가 발생하지는 않는다.

쿼리(Query)를 작성한 후 중앙에 있는 "Export" 버튼(2번)을 누르면, 쿼리가 실행돼서 결과가 하단에 보이게 된다. 그리고 해당 결과를 엑셀에 옮기기 위해서는 상단에 있는 "Copy (Excel format)" 버튼(3번)을 누르면 해당 출력된 데이터들이 복사되고, 새로운 엑셀 파일을 연 다음 붙여넣기를 하면 필드명과 데이터 레코드 모두 엑셀 파일에 옮겨지게 된다. 그러므로 데이터를 내보내기 한 결과를 얻는 것이다.

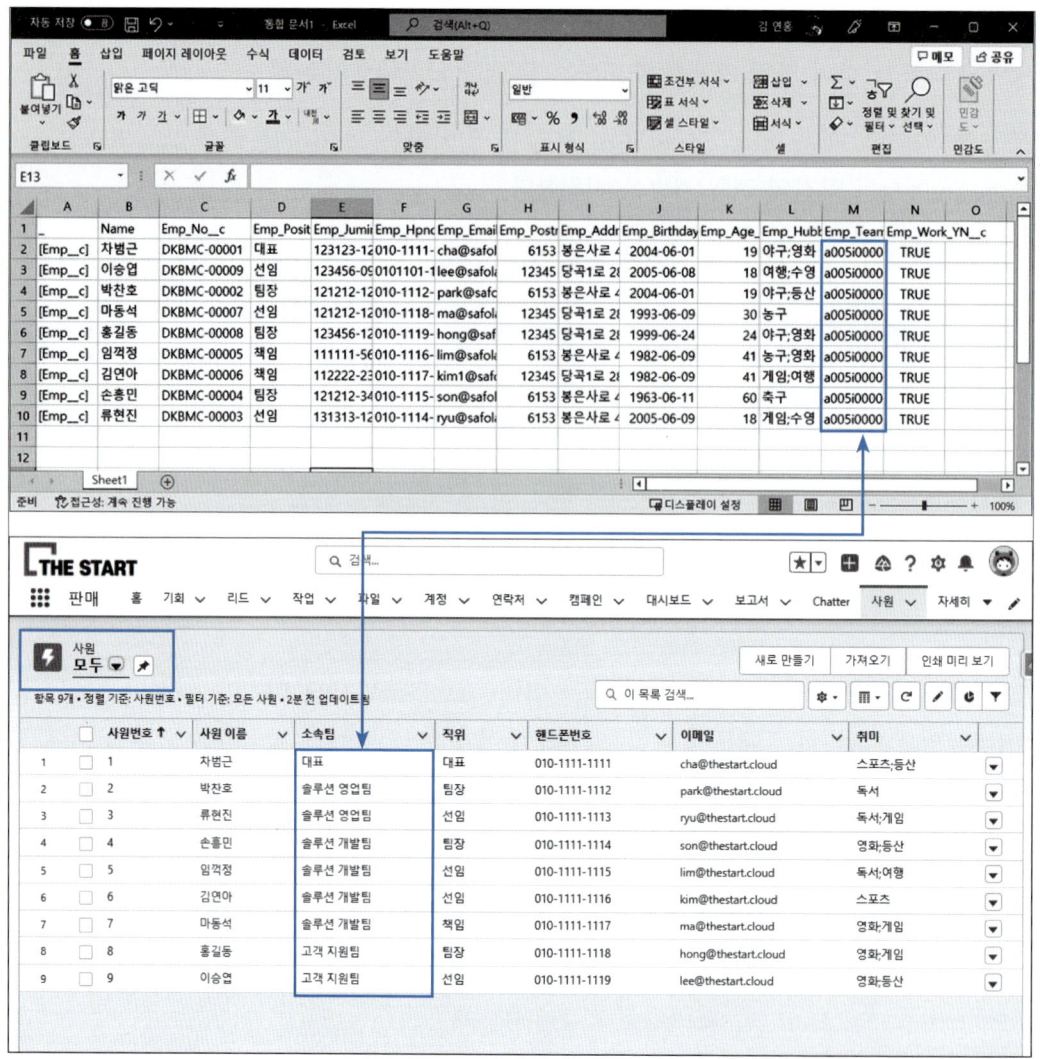

그런데 여기서 한 가지 확인해야 할 내용이 있다. 위 화면에서 상단 화면은 SELECT 문장을 통해서 출력된 데이터를 엑셀에 붙여 놓은 화면이고, 하단 화면은 목록 보기에서 출력되는 화면이다. 그런데 이 데이터들 중에 소속팀(Emp_Team__c) 필드를 보면 엑셀에는 소속팀 필드에 코드가 있는데, 반해서 사원 개체의 목록보기에는 팀 이름이 출력되고 있다는 점이다.

이는 세일즈포스에 데이터를 핸들링하기 위해서 반드시 알아야 하는 중요한 개념이다. 우리가 개체를 정의할 때 "마스터-세부 사항 관계" 또는 "조회 관계"를 통해서 정의되는 포린 키(Foreign Key) 컬럼의 실제 데이터는 코드 값이 입력된다는 점이고, 세일즈포스 화면에서 출력될 때는 해당 코드의 이름이 보여진다는 점이다.

그러므로 만일 위의 예에서 Salesforce Inspector를 통해 사원 데이터를 입력하고자 한다면, 소속팀(Emp_Team__c) 필드에는 팀 이름을 입력하는 것이 아니라 팀 코드를 입력해야 하는 것이다. 이는 다음 예제를 통해서 살펴볼 것이다.

```
SELECT Name, Emp_No__c, Emp_Position__c, Emp_Jumin__c,
Emp_Hpno__c, Emp_Email__c, Emp_Postno__c, Emp_Address__c,
Emp_Birthday__c, Emp_Age__c, Emp_Hubby__c, Emp_Team__c,
Emp_Work_YN__c
FROM EMP__c
WHERE Emp_Position__c = '팀장'
```

그리고 이렇게 WHERE 절을 이용해서 원하는 조건에 맞는 데이터들만 출력할 수 있기 때문에 조건에 맞는 데이터를 출력하는 용도로 매우 적합하다고 할 수 있다.

3-3 Data Import

데이터를 업로드하기 위해서는 약간의 전문가 적인 지식과 준비가 필요하다. 하지만, 구조를 이해하고 있다면 IT 전문가가 아니더라도 따라할 수 있을 것이다. 데이터 가져오기(Data Import)를 하기 위해서는 우선 업로드할 데이터가 잘 준비되어야 하는데, 이는 필드의 구조와 성격을 이해하고 정리해야 한다.

이를 위해서 하나씩 정리해보도록 하자. 우선 화면 상단에 엑셀로 되어있는 신규로 입력하려는 데이터들을 살펴보면 "사원번호" 필드가 없는데, 그 이유는 "사원번호"는 자동으로 데이터가 입력되는 형태 즉, 데이터 유형이 "자동 번호" 필드이기 때문이다. 그러므로 직접 입력하지 않는 것이다. 그리고 "나이" 필드 역시 "생년월일"을 입력하면 자동 계산되는 "수식" 필드이기 때문에 입력할 필요가 없다.

마지막으로 "소속팀(Emp_Team__c)"의 경우에는 데이터가 입력되는 것이 아니라 코드가 입력되어야 한다. 이 필드는 앞서 살펴본 바와 같이 "마스터-세부 사항 관계"에서 전이되는 포린키(Foreign Key) 필드이기 때문이다.

이를 위해 어떻게 "소속팀" 필드에 코드를 입력해야 하는지 살펴보기로 하자.

우선 "우영우" 사원의 소속팀은 "고객 지원팀"(1번)이다. 하지만, 데이터를 업로드할 때는 해당 팀의 코드가 입력되어야 하기 때문에 "팀" 개체를 조회해서 해당 팀의 "Id"열 값을 확인(2번)해야 한다. 그리고 해당 "Id"열 값을 "소속팀" 필드(3번)에 넣어주어야 한다. 마찬가지로 "강태무" 사원과 "신하리"사원 모두 소속팀의 해당 Id열 값을 확인한 후 이 값을 해당 필드에 넣어주어야 한다.

그러면 위 화면의 하단처럼 "소속팀(Emp_Team__c)" 필드에 팀 Id 값이 모두 입력된 것을 확인할 수 있다. 참고로 팀 개체의 "Id"열과 같이 세일즈포스 모든 개체에는 기본적으로 "Id"열이 포함되어 있는데, 이 열은 해당 개체에서 내부적으로 레코드를 구분하기 위한 용도 즉, 키(Key)로써 역할을 한다.

이렇듯 데이터를 업로드하기 위해서는 해당 개체에 있는 필드들의 특성과 데이터 구조에 대한 이해가 전제되어야 한다.

업로드하기 위한 데이터 준비가 모두 되었다면, 이제 데이터를 업로드해보기로 하자.

데이터를 업로드 하기 위해서는 Salesforce Inspector에서 Data Import 메뉴를 선택해야 한다.

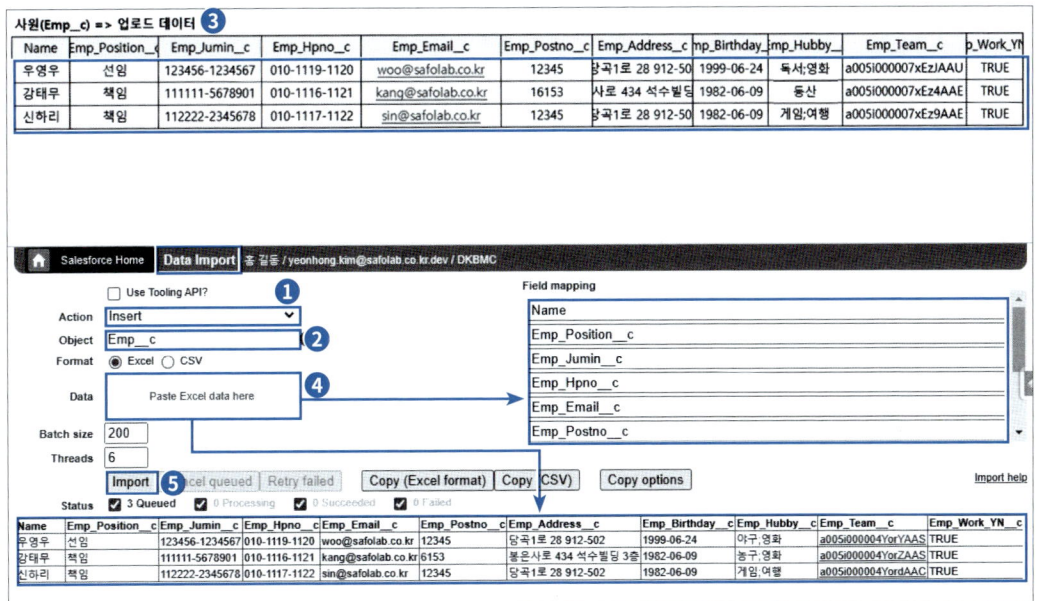

Salesforce Inspector에서 Data Import 화면에서는 우선 "Action"에서 "Insert"를 선택(1번) 해야 한다. 왜냐하면 우리는 신규 사원 데이터를 한꺼번에 입력할 것이기 때문이다. 그리고 "Object"는 사원 개체의 API 이름인 "Emp__c"를 검색해서 선택(2번)한다. 그 다음으로 Format은 "Excel"과 "CSV"파일을 선택할 수 있는데, 위의 예를 위해 준비한 파일은 엑셀이기 때문에 "Excel"로 선택되어 있는 것을 확인하면 된다.

다음으로 이제 준비된 엑셀 파일에서 업로드할 데이터를 복사(3번)한 후 "Data" 영역에 붙여넣기(Ctrl + V)(4번)를 해야 한다. 그러면 화면 오른쪽 "Field Mapping"영역에 매칭된 필드 목록이 자동으로 나타나며, 화면 하단에는 입력하고자 하는 데이터를 보여준다.

현업에서 작업을 하다 보면 바로 이 단계에서 가장 많은 오류가 발생하게 되는데, 오류가 발생하면 데이터 업로드 자체가 의미가 없기 때문에 관련 메시지 또는 오류의 이유를 확인해서 오류를 모두 제거해 주어야 한다.

혹시나 발생한 오류들을 모두 제거했다면, 이제 마지막으로 "Import" 버튼(5번)을 눌러서 실질적으로 데이터를 업로드 하기로 하자. 그러면 "Import" 버튼 바로 아래 업로드 결과가 나타난다. 만일 여기에서 "Failed"에 숫자가 있다면, 오류가 발생한 것이므로 다시 데이터 및 오류의 이유를 확인해봐야 한다.

본 교재를 충실히 함께 따라왔다면 이상 없이 데이터가 잘 업로드 되었을텐데, 만일 오류가 발생했다면, 아마도 대부분은 "취미" 필드에 입력된 취미 내역이 "취미" 필드의 선택목록에 존재하지 않는 항목을 입력했을 것이다.

정상적으로 입력이 완료되었다면, 이제 세일즈포스 화면에서 데이터를 확인해보기로 하자.

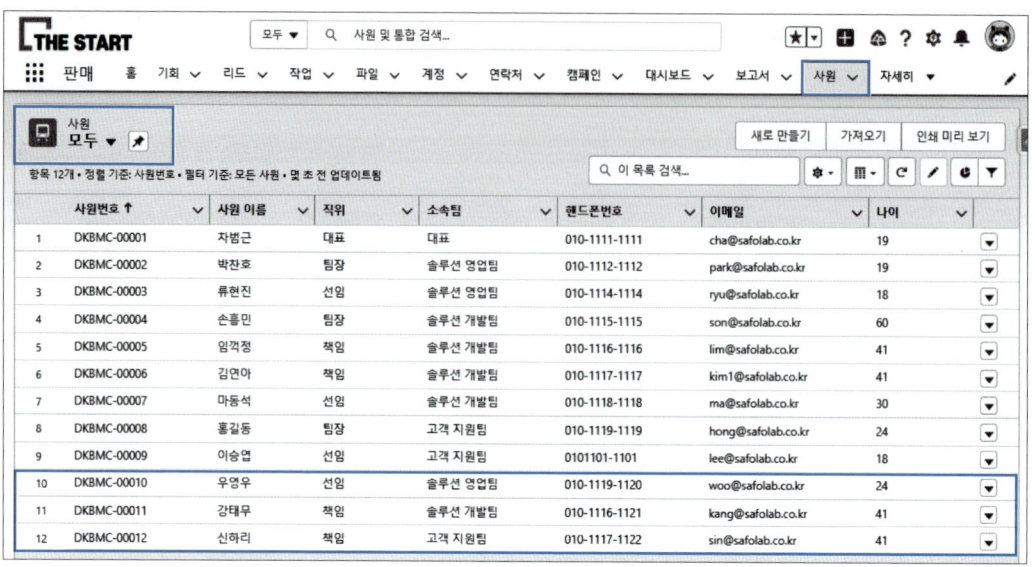

사원 탭으로 이동해서 모두보기를 선택하면, 방금 업로드 된 데이터들을 확인할 수 있다.

4 레코드 대량 작업

 레코드 대량 전송

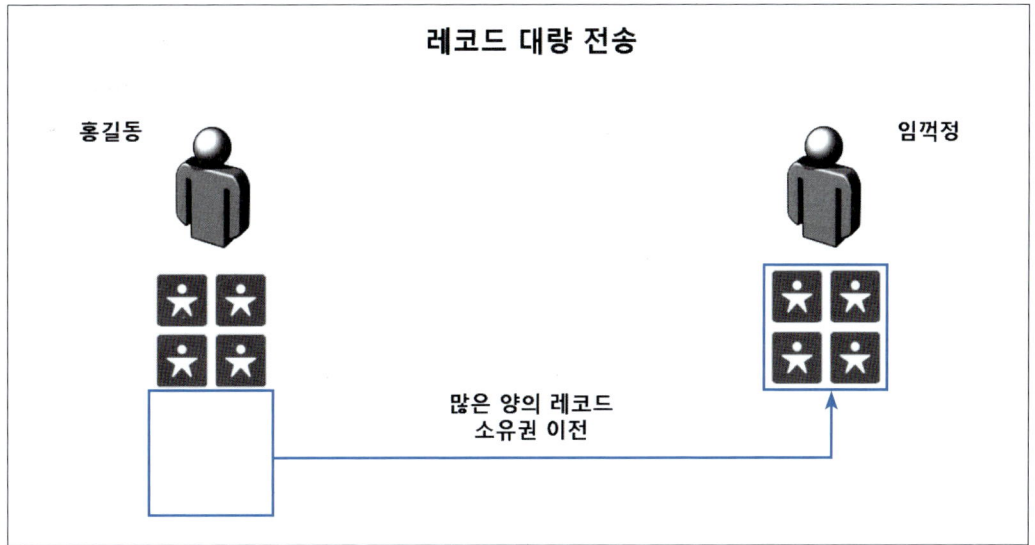

레코드 대량 전송은 특정 사용자가 소유하고 있는 레코드들의 소유권을 다른 사용자에게 이전하는 작업을 말하는데, 대량이란 단어가 포함되어 있는 것과 같이 개별적으로 레코드를 선택해서 소유권을 변경하는 것이 아니라 특정 조건에 맞는 레코드들을 한꺼번에 다른 사용자로 소유권을 이전하는 작업을 말한다.

이러한 작업이 관리자에게 중요한 이유는 회사의 사원들은 직급이 변경되거나 부서이동 또는 퇴사 등의 사유로 다양한 변경이 일어나게 되며, 이에 따라 해당 직원이 담당하고 있는 데이터를 다른 사용자에게 한꺼번에 전달해야 할 일이 비교적 빈번하게 일어나게 되므로 관리자 또는 운영자 입장에서는 반드시 알고 있어야 하는 기능이라고 할 수 있다.

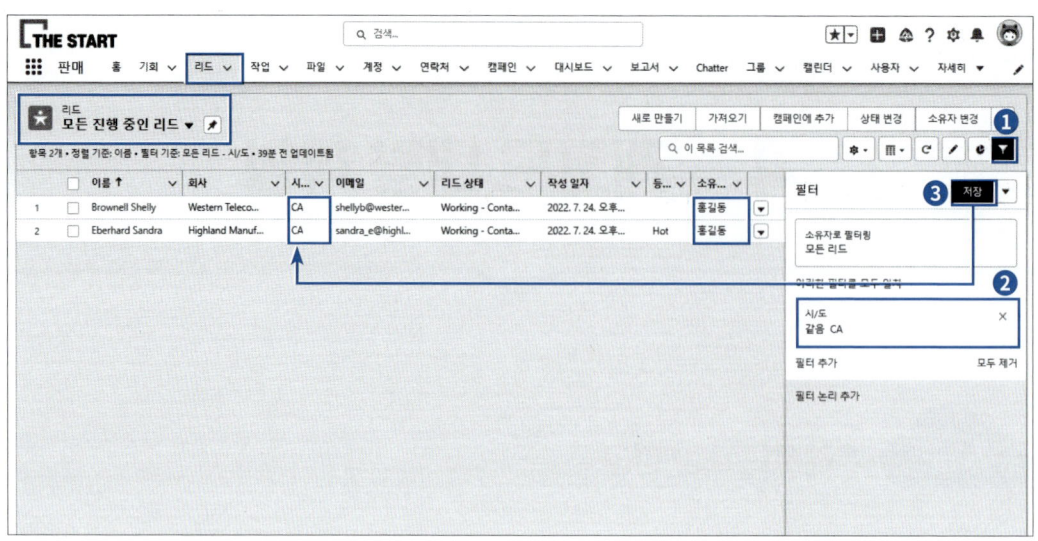

이번 테스트를 위해서 리드 중 시도명이 "CA"인 리드들을 검색하기 위해 "필터 표시" 버튼(1번)을 누른 후 필터 추가를 눌러서 "시/도"가 "CA"인 조건을 추가(2번)한 후 마지막으로 "저장" 버튼(3번)을 누르면, 필터가 적용돼서 "시/도"가 "CA" 인 레코드들만 조회가 된다.

현재 반환되는 레코드는 모두 2건이며, 해당 레코드의 소유자는 "홍길동"으로 되어 있다. 우리는 현재 이 레코드의 소유권을 "박찬호"로 변경하려고 하는 것이다.

이를 위해 "설정"으로 들어가서 "레코드 대량"으로 검색하면 "레코드 대량 삭제"와 "레코드 대량 전송" 두 개 항목이 검색된다. 이 중에 우선 "레코드 대량 전송" 항목(2번)을 누른다.

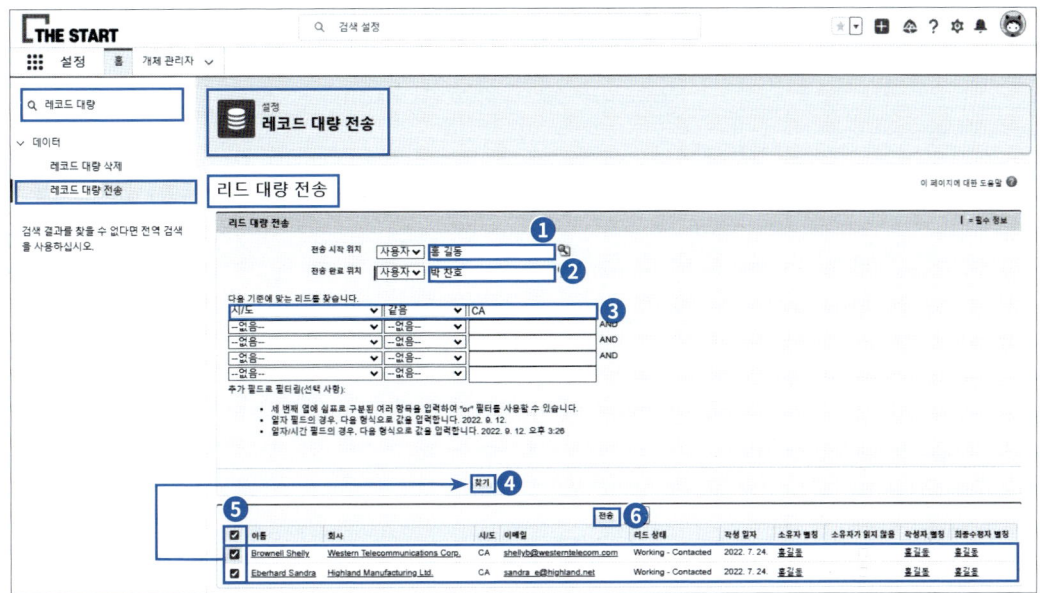

그러면 위 화면과 같이 "리드 대량 전송" 페이지로 이동하게 된다. 여기에서 "전송 시작 위치"는 "홍 길동" 사용자를 선택하고, "전송 완료 위치"에는 "박 찬호" 사용자를 선택한다. 그 다음 단계는 소유자를 변경할 레코드를 지정할 조건을 정의해야 하는데, "필드"는 "시/도"를 선택하고, "연산자"는 "같음" 그리고 "조건"은 "CA"를 입력(3번)한다. 그런 다음 아래에 보면 "찾기" 버튼(4번)이 있는데, 조건을 정의한 상태에서 "찾기" 버튼(4번)을 누르면, 해당 조건이 적용된 레코드들이 아래 목록에 보이게 된다.

좀 전에 확인한 바와 같이 역시 두 개의 레코드가 조회된다. 그 다음으로는 조회된 레코드 중에 실제 소유자를 변경할 레코드를 선택해야 하는데, 레코드 맨 앞의 체크 상자(5번)를 선택해서 소유자를 변경할 레코드를 지정한다. 여기서는 두 개 레코드 모두를 선택하기로 하자.

그러면 이제 마지막으로 "전송" 버튼(6번)을 누르면, 작업은 완료된다.

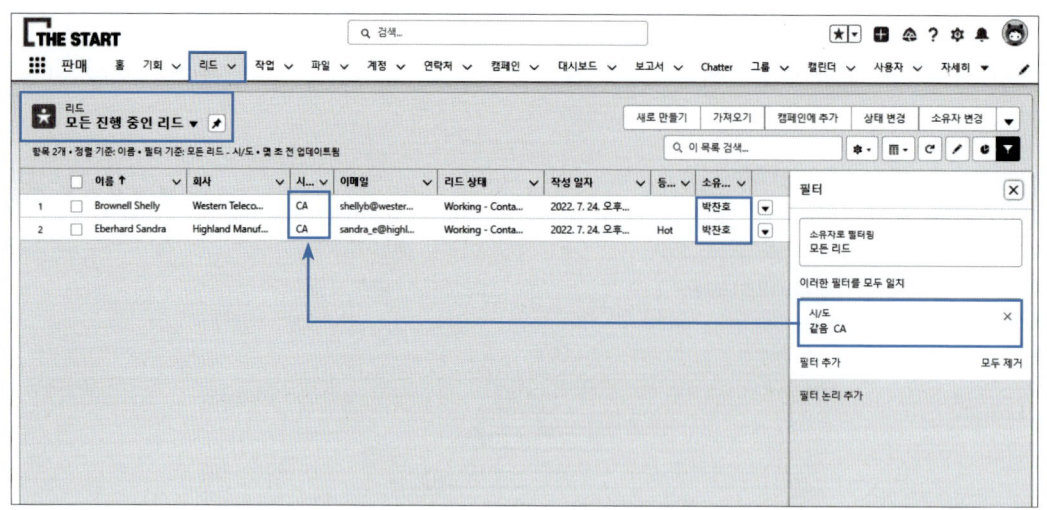

위 화면은 이전 화면과 동일한데 "시/도"명이 "CA"인 두 레코드의 소유자가 "박찬호"로 변경된 것을 확인해볼 수 있다.

4-2 레코드 대량 삭제

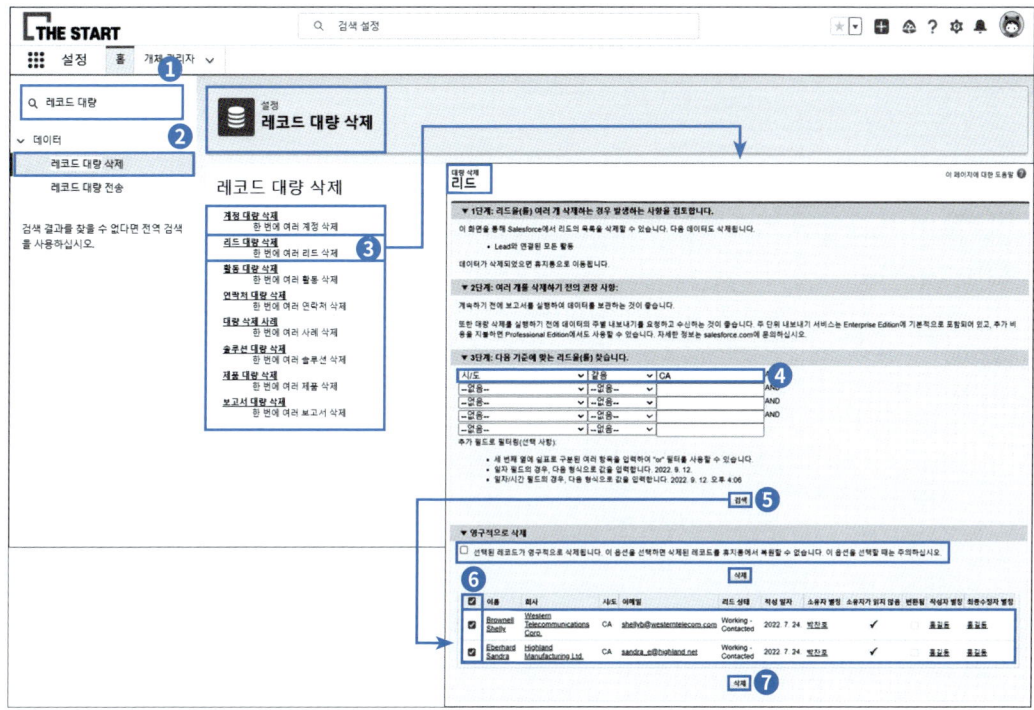

레코드 대량 삭제는 이전 레코드 대량 전송과 비슷한 방법으로 특정 조건에 해당하는 레코드들을 한꺼번에 삭제하는 기능이다. 이를 위해 "설정"에서 "레코드 대량"으로 검색(1번)한 후 "레코드 대량 삭제" 항목(2번)을 선택하면, 레코드 대량 삭제 페이지로 이동한다.

헌데 이전과는 다르게 레코드 대량 삭제를 지원하는 개체는 계정, 리드, 활동, 연락처, 사례, 솔루션, 제품, 보고서 등이다. 이 중에서 "리드 대량 삭제" 항목(3번)을 선택하면, "대량 삭제 리드" 페이지로 이동한다.

이 페이지는 이전 페이지와 비슷한 패턴이다. 우선 대량 삭제의 대상이 되는 조건을 지정한다. 우리는 이전에 했던 것처럼 "필드"는 "시/도"를 선택하고, "연산자"는 "같음" 그리고 "조건"은 "CA"를 입력(4번)한다. 그런 다음 "검색" 버튼(5번)을 누르면, 해당 조건에 맞는 레코드가 하단에 출력되고, 레코드 앞 체크 상자를 선택(6번)하여 삭제할 레코드를 지정하면 된다.

그런데 이렇게 삭제하게 되면, 삭제된 데이터들은 우선 휴지통에 들어가게 된다. 휴지통의 기능에 대해서는 11장에서 다뤄질 예정이다. 그러나 그 위에 있는 옵션을 보면 "영구적으로 삭제" 옵션이 있는데, 이를 체크하면 휴지통에서 다시 복구할 수 없이 영구적으로 삭제되는 것이다.

내용을 확인했다면, 마지막으로 "삭제" 버튼(7번)을 눌러서 레코드를 삭제해보자.

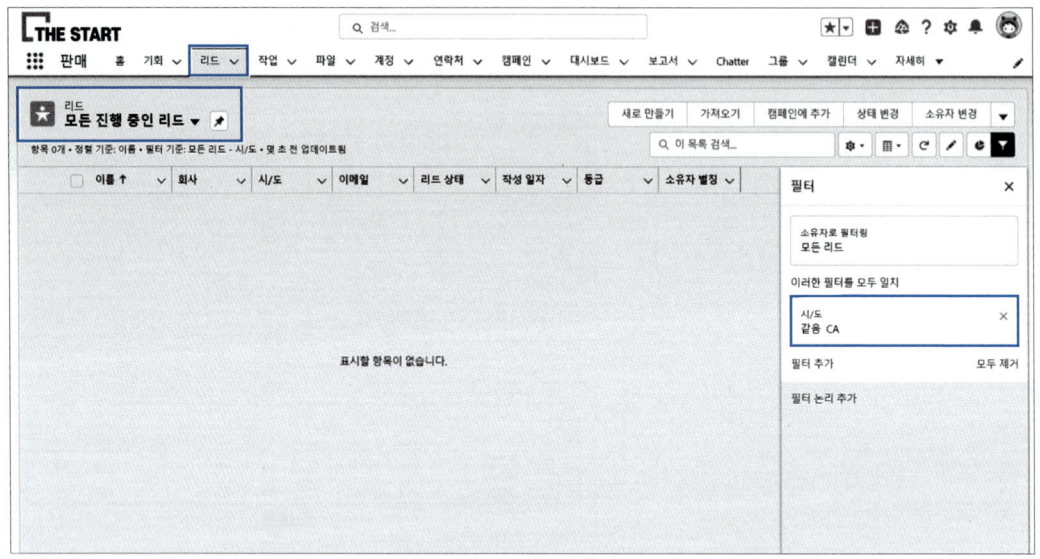

마지막으로 삭제된 레코드를 확인해보기 위해서 다시 리드로 이동한 후 "모든 진행 중인 리드"에서 적용된 필터를 기준으로 조회해보면 해당 레코드가 조회되지 않는다. 즉, 삭제된 것이다.

chapter 09
데이터 가져오기 및 내보내기

01 다음 중 데이터 가져오기 마법사가 지원되지 않는 개체는 무엇인가?

① 리드(Lead) ② 계정(Account)
③ 연락처(Contact) ④ 기회(Opportunity)

02 다음 중 데이터 가져오기 마법사를 통해서 한 번에 가져올 수 있는 최대 레코드 수는 얼마인가?

① 1,000건 ② 10,000건
③ 20,000건 ④ 50,000건

03 다음 중 데이터 가져오기 마법사에서 지원하지 않는 기능은 무엇인가?

① 새 레코드 추가
② 기존 레코드 업데이트
③ 새 레코드 추가 및 기존 레코드 업데이트
④ 기존 레코드 삭제

04 데이터 가져오기 마법사에서 데이터를 가져올 때 한글 데이터가 깨지지 않도록 하기위해 선택하는 문자코드는 무엇인가?

① KS A 5601 ② KS B 5601
③ KS C 5601 ④ KS D 5601

05 데이터 가져오기 마법사에서 지원하지 않는 무엇인가?

① INSERT ② UPDATE
③ UPSERT ④ DELETE

Quiz

06 데이터 가져오기 마법사에서 지원하는 기능 중 "새 레코드 추가 및 기존 레코드 업데이트" 작업에 해당하는 Data Loader의 기능은 무엇인가?

① INSERT　　　　　　　　　② UPDATE
③ UPSERT　　　　　　　　　④ DELETE

07 다음 중 세일즈포스 개체들에 대한 데이터를 조회하고자 하는 경우 사용하는 언어는 무엇인가?

① SQL(Structured Query Language)
② SOQL(Salesforce Object Query Language)
③ SOSL(Salesforce Object Search Language)
④ SOCL (Salesforce Object Constraint Language)

08 다음 중 세일즈포스에 데이터를 업로드 및 다운로드 할 수 있는 도구로서 JRE(Java Runtime Environment)가 필요한 도구는 무엇인가?

① Mass Delete Records　　　　② Data Loader
③ Salesforce Inspector　　　　　④ Data Import/Export Wizard

09 다음 중 세일즈포스에 데이터를 업로드 및 다운로드 할 수 있는 도구로서 Chrome 브라우저에서 동작하는 도구는 무엇인가?

① Mass Delete Records　　　　② Data Loader
③ Salesforce Inspector　　　　　④ Data Import/Export Wizard

10 다음 중 Salesforce Inspector를 이용해서 데이터를 조회한 후 결과를 복사할 수 있는 형식이 아닌 것은 무엇인가?

① Excel　　　　　　　　　② CSV
③ JSON　　　　　　　　　④ XML

1	2	3	4	5	6	7	8	9	10
④	③	④	③	④	④	②	②	③	④

THE START

PART IV
프로세스 자동화 및 메일 연동

THE START

chapter 10
프로세스 자동화
(Process Automation)

1 플로 빌더(Flow Builder)

2 승인 프로세스(Approval Process)

THE START

1 플로 빌더(Flow Builder)

 1-1 세일즈포스 자동화 소개

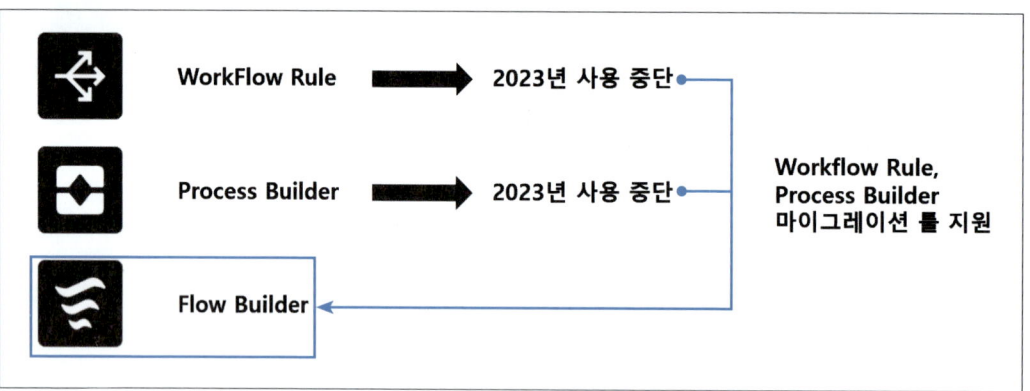

세일즈포스는 업무를 처리하는데, 있어서 매우 다양하고 높은 수준의 자동화 기능을 지원하고 있다. 우리가 지금껏 살펴본 내용으로 본다면, Web to Lead, Web to Case 등도 자동화 작업이라고 할 수 있다. 그리고 이에 대한 할당 규칙을 적용하여 담당자를 배정하는 것 역시 자동화의 일부이고, 보고서를 작성해서 담당자에게 정기적으로 메일로 전송하도록 설정하는 것 또한 자동화(Automation)라고 할 수 있다.

하지만, 이러한 자동화 작업은 비교적 단편적인 자동화 작업들이다. 이에 반해 플로 빌더(Flow Builder)는 복잡한 업무 환경도 정의할 수 있는 상당히 수준 높은 자동화 기능을 지원하는 솔루션으로서 기존의 WorkFlow Rule과 Process Builder의 기능을 포괄하는 세일즈포스 자동화의 대표 기능이라고 할 수 있다.

이러한 자동화(Automation)의 이점은 기본적으로 관리자의 업무 부하를 줄여준다는 장점 외에도 시간을 절약하고, 조직 전체의 효율성을 높여주는 등 세일즈포스를 도입해서 사용함에 따른 상당한 경제적, 시간적 이점을 제공해 준다. 하지만, 이러한 자동화의 진정한 장점은 사용자들의 실수를 줄여준다는 점이다. 이를 휴먼 에러(Human Error)라고 하는데, 데이터가 정확하더라도 이를 사람이 반복적으로 처리하는 과정에서 실수를 하게 되면, 업무와 데이터가 꼬일 수밖에 없다.

하지만, 다양한 상황을 고려하여 플로 빌더(Flow Builder)를 통해 업무를 자동화해 놓았다면, 시스템에 장애가 발생하지 않는 한 오류가 발생할 일이 없어진다. 그러므로 이러한 자동화는 시스템 투자비용 대비 운영의 안정성과 효율성을 극대화할 수 있는 좋은 기능이 되는 것이다.

이번 장에서 소개하려고 하는 프로세스 자동화(Process Automation)는 앞서 설명했던 단순 작업을 자동화하는 것이 아니라 복잡한 업무를 처리하는 과정에서의 자동화 처리 즉, 업무 프로세스 기반의 자동화를 의미하는 것이다.

이를 위해서 세일즈포스에서는 위 화면처럼 워크플로 규칙(Workflow Rule), 프로세스 빌더(Process Builder) 그리고 플로 빌더(Flow Builder) 이렇게 3가지 자동화 도구를 지원한다. 그러나 위 화면에서 보는 바와 같이 워크플로 규칙과 프로세스 빌더의 경우 2023년이면 사용을 중단하고, 모든 자동화 기능을 플로 빌더(Flow Builder)로 통합하게 된다. 그러므로 이 책에서는 플로 빌더(Flow Builder)를 기준으로 자동화 기능을 설명하도록 할 것이다.

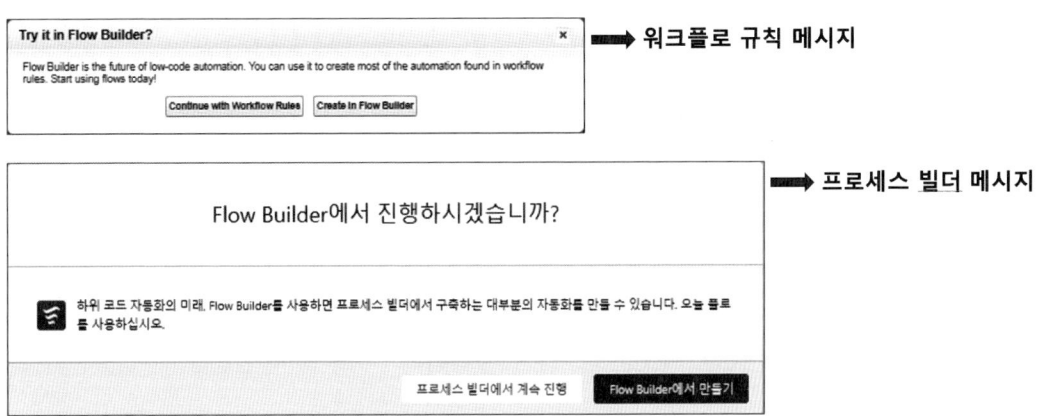

참고로 현재도 워크플로 규칙과 프로세스 빌더에서 "새로 만들기"를 하려는 경우 위와 같이 플로 빌더(Flow Builder)를 이용해서 작업하도록 권장하고 있다.

이러한 자동화 프로세스가 시작되는 시점은 다음과 같은 유형이 있다.

1. 사용자가 버튼과 메뉴 등을 클릭할 때

2. 특정 개체의 레코드가 입력, 수정, 삭제될 때

3. 플랫폼 이벤트 발생 시

4. 지정된 시간 및 주기

위에서 플랫폼 이벤트란 API가 호출되거나 세일즈포스 내부에서 이벤트가 발생하면, 플로(Flow)가 시작되도록 하는 것을 의미한다.

1-2 자동화 업무 예제 소개 및 개체 준비

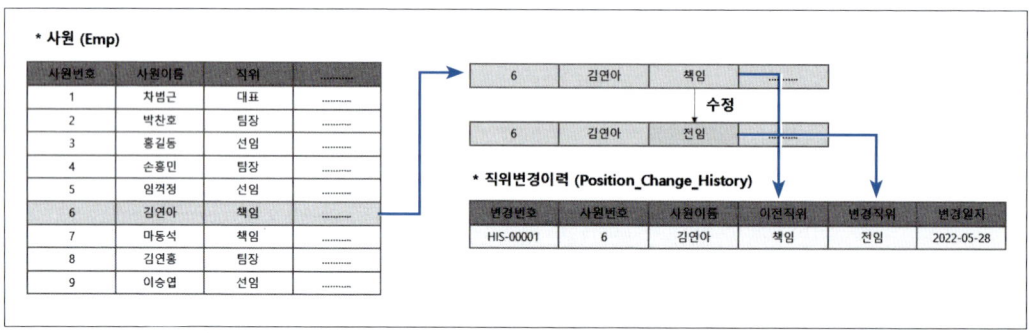

이번 예제를 위해 "직위변경이력" 이란 이름의 개체를 새롭게 생성할 것이다. 이 개체의 목적은 이전 예제에서 사용했던 "사원" 개체에서 사원들의 "직위"를 변경했을 때 변경 이력을 저장하기 위함이다.

그러므로 "직위변경이력" 개체에 입력될 데이터는 직위가 변경된 사원의 "사원번호", "사원이름", "이전직위", "변경직위" 그리고 "변경일자" 등이다. 그러나 이 개체는 사용자가 직접 데이터를 입력하는 것이 아니다. 업무적으로 사원 개체에서 관리자가 직위를 변경하면 자동으로 "직위변경이력" 개체에 데이터가 입력될 수 있도록 플로 빌더(Flow Builder)를 통해서 이를 구현할 것이다.

(1) "선택 목록 값 집합(Picklist Value Sets)" 만들기

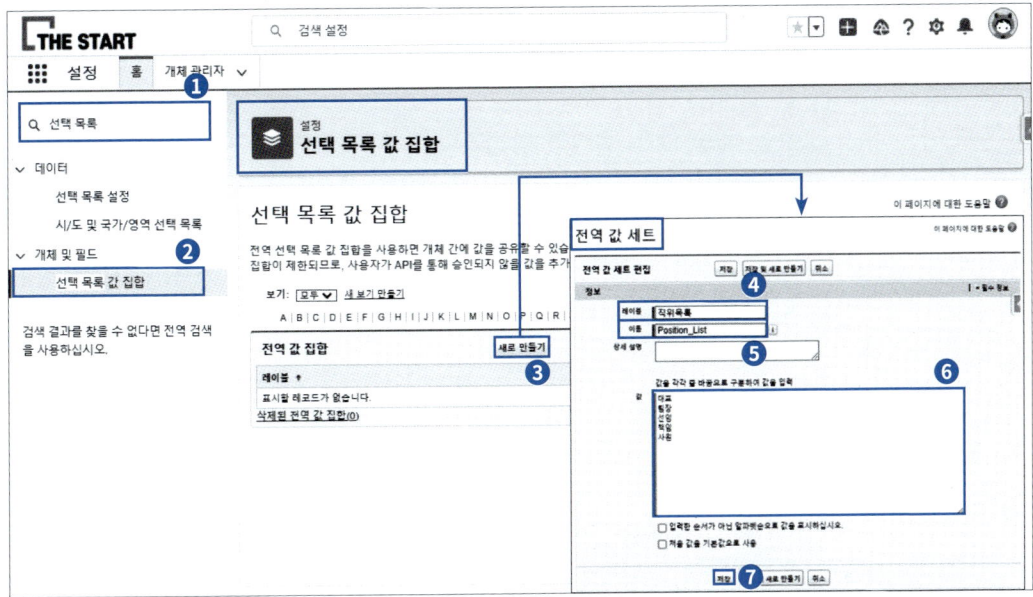

이전 화면에서 "직위변경이력" 개체의 필드들 중 "이전직위" 필드와 "변경직위" 필드가 있는데, 이 두 필드의 데이터 유형은 "선택 목록"을 사용할 것이며, 목록 또한 같은 내용이다. 그러므로 같은 내용의 선택 목록이 여러 군데 사용된다면, 이를 개별 필드에서 각각 선택 목록을 구성하는 것보다 "설정"에서 "선택 목록 값 집합"을 정의하는 것이 바람직한 방법이다.

이렇게 "설정"에서 "선택 목록 값 집합"을 정의하면, 오그 내에 필요한 여러 필드에서 해당 목록을 참조해서 사용할 수 있기 때문에 효율성이나 유지 관리 측면에서 보다 유리하다.

"선택 목록 값 집합"을 만들기 위해서는 홈의 검색 란에 "선택 목록"으로 검색(1번)하면 "선택 목록 값 집합" 항목이 조회되는 것을 확인할 수 있으며, 이를 선택(2번)하면 "선택 목록 값 집합" 메인 페이지로 이동한다. 그러면 해당 화면에서 "새로 만들기" 버튼(3번)을 누르면, 위와 같이 오그(Org) 내에서 전역적으로 사용할 수 있는 "선택 목록"을 만들 수 있는 페이지가 나타난다.

위 화면에서 보면 "전역 값 세트"란 문장이 나오는데, 여기서 "전역(Global)"이란 단어의 의미는 현재 오그(Org) 내 어디에 서든 이를 사용할 수 있다는 의미이다. 즉, "전역 값 세트"로 선택 목록을 만들면 모든 개체(Object)에서 데이터 유형이 "선택 목록"인 경우 이를 참조해서 사용할 수 있고, "선택 목록"의 값을 한 곳에서 관리할 수 있기 때문에 유지 보수 측면에서도 유리하다.

예를 들어 만일 새로운 직위가 추가되었을 때 각 필드의 "선택 목록"으로 정의가 되어 있다면, 해당 필드들 모두를 개별적으로 수정해 주어야 한다. 그러나 앞에서 본 바와 같이 "설정"에서 "선택 목록 값 집합"으로 "선택 목록"을 만들어 놓게 되면, 수정이 필요한 경우 한 곳에서만 수정을 하면 된다. 그러면 이를 참조해서 사용하고 있는 모든 필드에 적용되기 때문에 이는 유지 보수할 때도 매우 유리한 방법이다.

"전역 값 세트" 입력 항목에서 "레이블"은 "직위목록"으로 입력(4번)했으며, "이름"은 "Position_List"(5번), 그리고 값은 "대표", "팀장", "선임", "책임", "사원"으로 입력(6번)한 후 "저장" 버튼(7번)을 눌러서 저장했다. 그러면 전역 값 집합으로 "직위목록"이 등록된 것을 확인할 수 있다.

(2) "직위변경이력" 개체 만들기

직위변경이력   Position_Change_History

레이블	개체명	데이터 유형	내용
변경번호	Name	자동번호	HIS-00001
사원번호	Emp_No	수식	
사원이름	Emp_Name	조회관계	
이전직위	Position_Before	선택 목록	대표, 팀장, 선임, 책임, 사원
변경직위	Position_After	선택 목록	(전역 선택 목록 값 집합 사용)
변경일자	Change_date	수식	날짜

"직위변경이력" 개체의 필드 구조는 위와 같다. 그러면 위 구성을 참조해서 개체를 만들기로 하자. 참고로 "자동번호" 필드는 개체를 만들면서 정의해야 하고, "사원이름" 필드를 "조회관계"로 "사원" 개체와 관계를 맺어야 이후 "수식(Formula)" 필드를 통해 "사원번호" 필드를 참조할 수 있다. 그 이후에 앞에서 정의했던 "선택 목록 값 집합"을 통해 "이전직위" 필드와 "변경직위" 필드를 구성하면 된다.

내용을 이해했다면, 다음 화면을 참조해서 "직위변경이력" 개체를 만들어 보기로 하자.

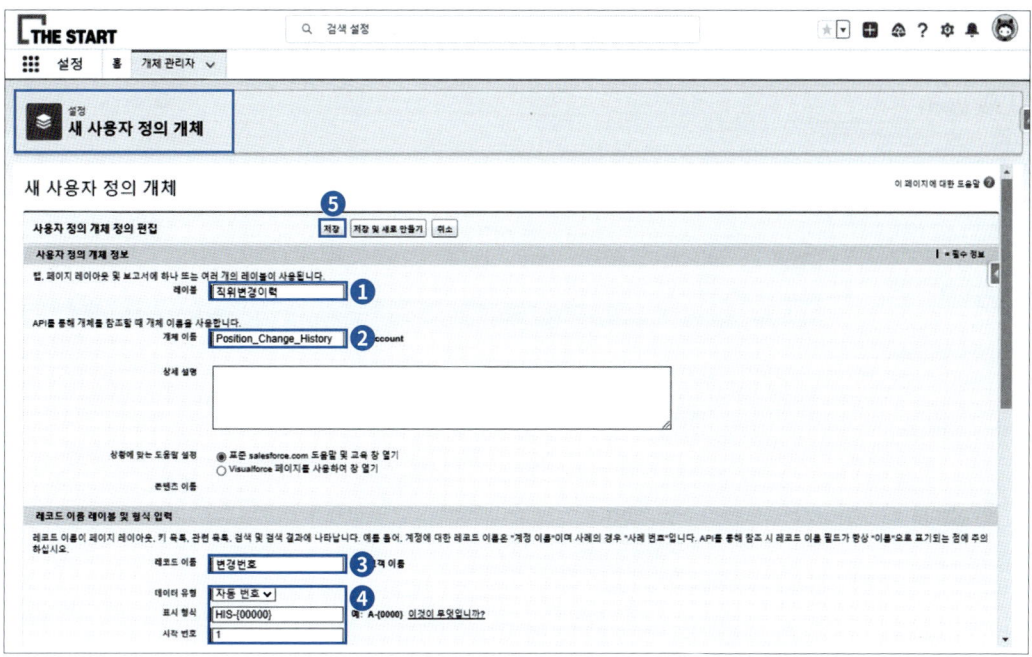

"개체 관리자"로 이동해서 만들기 버튼에서 "사용자 정의 개체"를 선택한 후 위 화면과 같이 내용을 입력하면 된다. 우선 "레이블"에는 "직위변경이력"을 입력(1번)하고, "개체 이름"은 "Position_Change_History"로 입력(2번)한다. 그리고 "레코드 이름"은 "변경번호"로 입력(3번)한 다음 "레이블 유형"은 기존 "텍스트"가 아닌 "자동 번호"를 선택(4번)한 후 확장되는 "표시 형식"에 "HIS-{00000}", 그리고 "시작 번호"에는 "1"을 입력한다. 그러면 최초 레코드가 입력될 때 "HIS-00001", 그리고 이후 들어갈 때 "HIS-00002" 이러한 형태로 일련번호가 자동으로 입력된다.

여기서 한 가지 알아 두어야 하는 내용으로 우리는 "팀"과 "사원" 개체를 만들 때 "레코드 이름"으로 기본적으로 해당 "개체명 + 이름" 형태의 필드로 기본 생성되는 열을 정의했지만, 지금은 "데이터 유형"을 "자동번호" 형식으로 정의한다는 점이다.

마지막으로 "저장" 버튼(5번)을 눌러 "직위변경이력" 개체를 만들면, 해당 개체에는 "변경번호", "소유자", "작성자", "최종 수정자" 이렇게 4개의 필드가 추가된 상태로 만들어진다. 그러면 이제 조회 관계의 필드인 "사원이름" 필드를 추가해 보기로 하자.

(3) "사원이름" 필드 추가

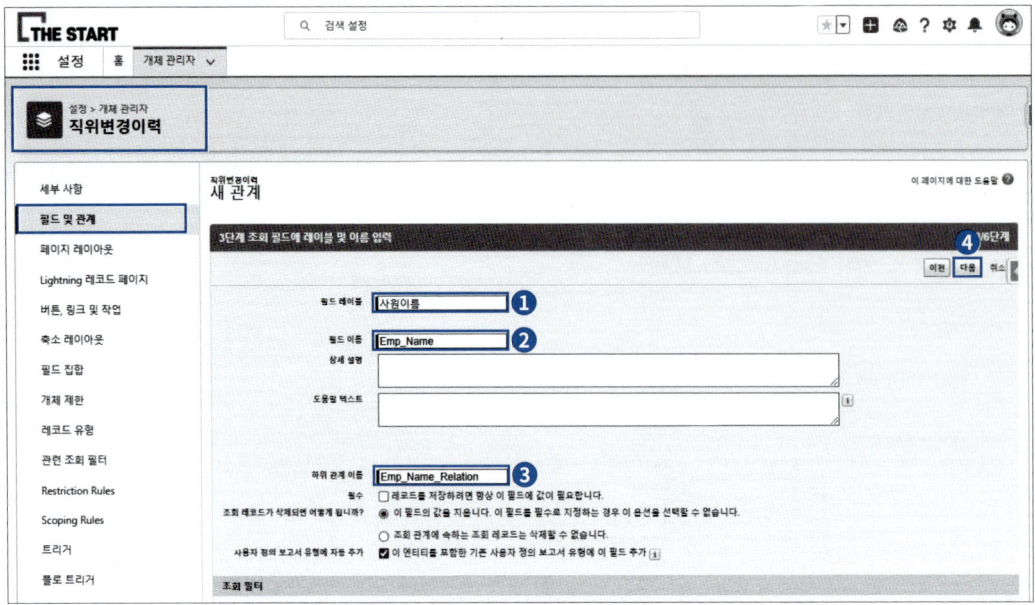

위 화면은 "직위변경이력" 개체에서 "필드 및 관계"를 선택한 후 "데이터 유형"은 "조회 관계"를 선택한 다음, 관련 개체로 "사원" 개체를 선택한 이후 화면이다. 지금 우리가 만들고 있는 개체는 사원들의 직위가 변경됐을 때 이력을 남기기 위한 개체이다. 그러므로 관련 개체로 "사원" 개체를 선택해야 한다.

위 화면에서 "필드 레이블"은 "사원이름"으로 입력(1번)하고, "필드 이름"은 "Emp_Name"으로 입력(2번)하며, "하위 관계 이름"은 "Emp_Name_Relation"로 입력(3번)한 다음 "다음" 버튼(4번)을 눌러서 다음 단계로 계속 이동해서 필드를 추가하자.

(4) "사원번호" 필드 추가

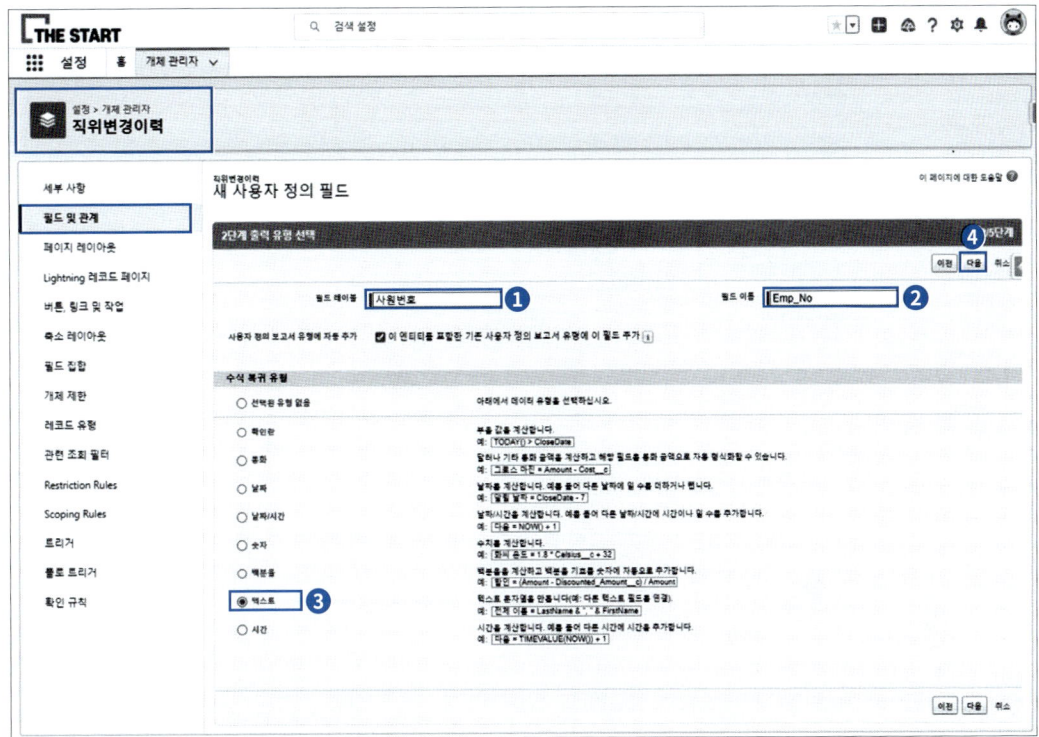

"조회 관계"에 있는 "사원이름" 필드에 입력되는 해당 사원의 "사원번호"를 가져오려고 한다면, 우선 앞의 단계에서 진행했듯이 "조회 관계"필드를 추가한 후 그 다음으로 "수식(Formula)" 필드를 추가해 주는 것이 순서이다. 우리는 직전 단계에서 "사원" 개체를 관련 개체로 선택하면,서 "사원이름" 필드를 추가했었다.

위 화면은 "데이터 유형"에서 "수식(Formula)"을 선택한 다음, 화면으로 "필드 레이블"은 "사원번호"로 입력(1번)하고, "필드 이름"은 "Emp_No"로 입력(2번)하며, "수식 복귀 유형"으로 "텍스트"를 선택(3번)한다. 수식(Formula) 필드는 수정이 안되는 필드이다. 그러므로 단순히 해당 사원의 사원번호를 보여주는 역할만 할 것이기에 "텍스트"를 선택하는 것이다. 선택을 완료했다면, "다음" 버튼(4번)을 눌러서 다음 페이지로 이동한다.

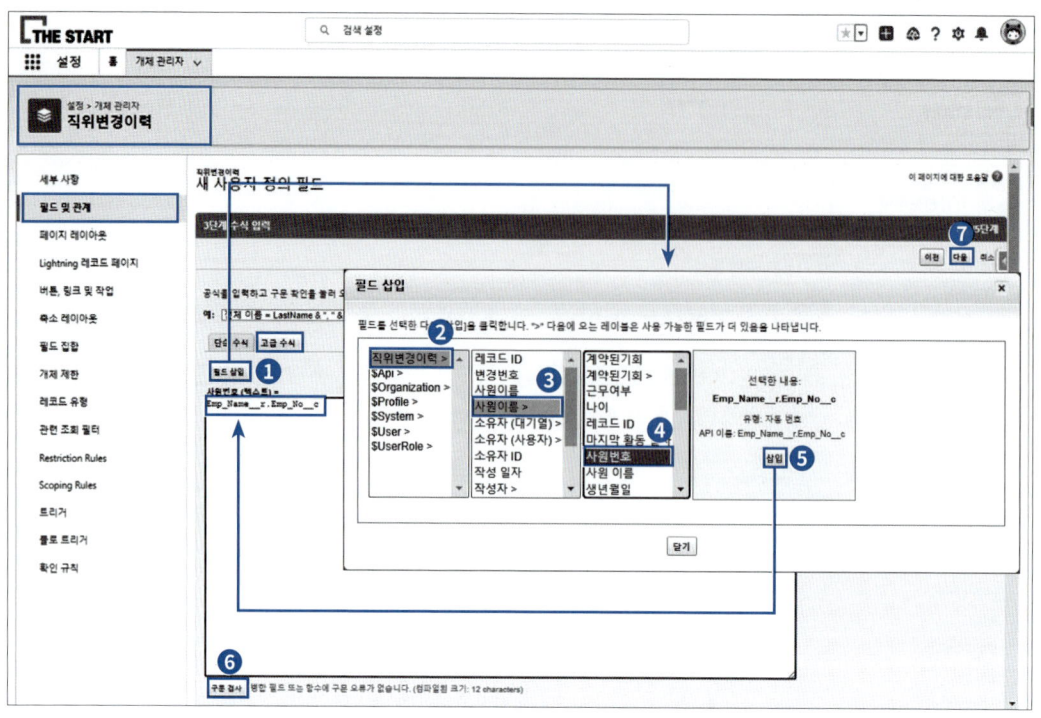

다음 단계는 수식 필드의 수식을 정의하는 단계인데, 여기에는 "단순 수식"과 "고급 수식" 탭이 있다. 이 중 "고급 수식" 탭을 선택한 후 "필드 삽입" 버튼(1번)을 누르면, 위와 같이 "필드 삽입" 대화상자가 나타난다. 위 화면이 내포하는 의미는 매우 크다. 첫 번째 목록에서 보면 "API", "시스템"과 "오그", "사용자", "프로파일", "사용자 역할" 등이 있는데, 지금 대화상자는 "필드 삽입"이다. 이 얘기는 관련 분류에 소속된 모든 항목 및 필드들 중 원하는 필드를 선택해서 추가할 수 있다는 것을 의미한다. 예를 들어서 "$Oraganization"을 선택해서 그 하위에 있는 주소 값을 추가할 수 있으며, "$User"를 선택한 후 "이메일"을 내가 원하는 필드에 입력되도록 할 수 있는 것이다. 자주 사용하게 되는 인터페이스인 만큼 잘 확인해두기로 하자.

우리는 지금 "사원" 개체의 "사원번호"를 "직위변경이력" 개체의 "사원번호" 필드를 통해 보여주려고 하는 것이다. 그런데 첫 번째 목록에 "사원" 개체가 보이질 않는다. 다만 지금 필드를 추가하려고 하는 "직위변경이력" 개체가 있는 것은 확인할 수 있다. 그런데 방금 전 우리는 "직위변경이력" 개체에서 "사원" 개체를 참조하는 "사원이름(조회 관계)" 필드를 추가했다. 그러므로 "직위변경이력" 개체에는 "사원" 개체를 바라볼 수 있는 통로가 되는 "사원이름"이란 필드가 존재하는 것이다.

그러므로 첫 번째 목록에서는 "직위변경이력" 개체를 선택(2번)한다. 그러면 두 번째 목록이 보이게 되는데, 우리는 "사원이름(조회 관계)" 필드를 통해서 "사원" 개체에 접근할 것이므로 두 번째 목록에서는 "사원이름" 필드(3번)를 선택한다. 그런데 자세히 살펴보면, "사원이름" 필드가 두 개가 있다. 하나는 "사원이름", 다른 하나는 "사원이름 >"이다. 두 번째 "사원이름 >"에서 ">"의 표시는 하위에 필드들을 포함하고 있다는 의미이다. 그러므로 실제 "사원" 개체와 연관된 필드는 바로 "사원이름 >" 필드가 되는 것이다. 그러므로 "사원이름 >" 필드를 선택(3번)한다. 그러면 이제 "사원이름(조회 관계)" 필드와 연결되어 있는 "사원" 개체의 필드목록들이 보이게 된다.

그러면 세 번째 목록에서 "사원번호" 필드(4번)를 선택한 후 오른쪽에 "선택한 내용" 항목에 선택된 필드가 표시되며, 중간에 있는 "삽입" 버튼(5번)을 누르면, 해당 필드의 개체 이름이 바탕에 있는 수식 입력창에 입력된다. 그 다음으로 수식 입력 창 하단에 있는 "구문 검사"버튼(6번)을 눌러서 이상이 없는 지 확인한 후 "다음" 버튼(7번)을 눌러서 다음으로 이동하여 필드를 추가한다.

(5) "이전직위", "변경직위" 필드 추가

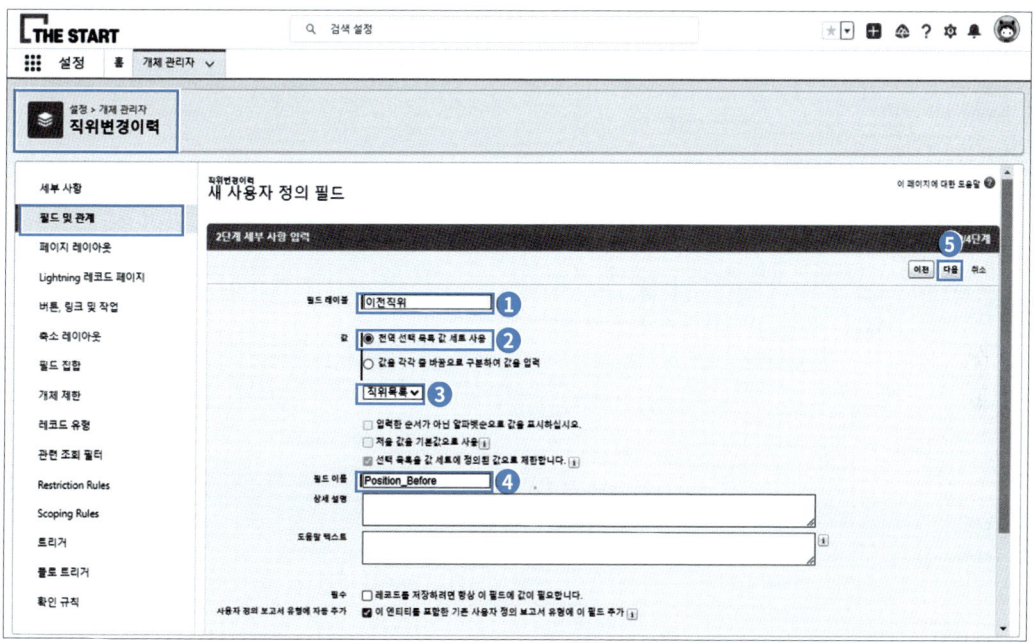

이제 "이전직위"와 "변경직위" 필드를 추가할 것이다. 이 두 필드는 모두 데이터 유형이 "선택 목록"이며, 여기서는 목록 값을 직접 입력하는 것이 아니라 이전에 "설정"의 "선택 목록 값 집합"에서 만들었던 "직위목록"을 이용할 것이다.

이를 위해 데이터 유형은 "선택 목록"을 선택하고, 위 화면에서 "필드 레이블"은 "이전 직위"를 입력(1번)하고, "값" 영역에서 두 가지 중에 하나를 선택해야 한다. 첫 번째 옵션인 "전역 선택 목록 값 세트 사용"은 설정에서 만들어진 "선택 목록 값 집합"에 등록된 값 목록을 사용하겠다는 것이고, 두 번째 옵션인 "값을 각각 줄 바꿈으로 구분하여 값을 입력" 옵션은 직접 이 필드에 목록 값을 입력하는 것이다. 이 두 번째 방식은 이전에 해 본 방식이며, 우리는 이미 설정에서 "직위목록"이라는 "선택 목록 값 집합"을 등록했기 때문에 첫 번째 옵션인 "전역 선택 목록 값 세트 사용"을 선택(2번)하고, 다음으로 콤보 상자에서 "직위목록"을 선택(3번)한다. 그리고 "필드이름"은 "Position_Before"를 입력(4번)한 다음 "다음" 버튼(5번)을 눌러 다음으로 이동한 후 "이전직위" 필드를 추가한다. 그 다음 "변경직위" 필드도 역시 동일한 방식으로 필드 이름은 "Position_After"로 정의해서 추가하도록 하자.

(6) "변경일자" 필드 추가

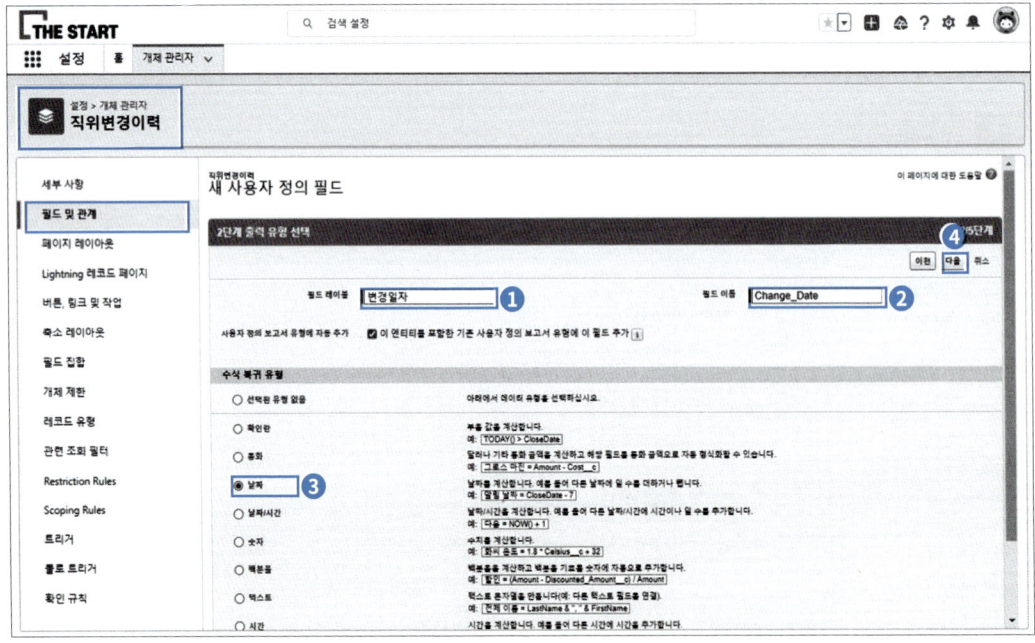

이제 마지막으로 "변경일자" 필드를 추가할 것이다. 이 필드는 데이터를 입력 및 수정하는 필드가 아니므로 데이터 유형을 "수식(Formula)" 필드로 정의했으며, "필드 레이블"에는 "변경일자"를 입력(1번)하고, "필드 이름"에는 "Change_Date"를 입력(2번)했다. 그리고 "수식 복귀 유형"에서는 "날짜"를 선택(3번)했다. "수식 복귀 유형"에는 다양한 유형이 있으므로 어떠한 내용들이 있는 지, 그리고 그에 대한 설명도 간략히 나와 있으니 참조하면 좋을 듯 하다. "다음" 버튼(4번)을 눌러서 다음 단계로 이동하자.

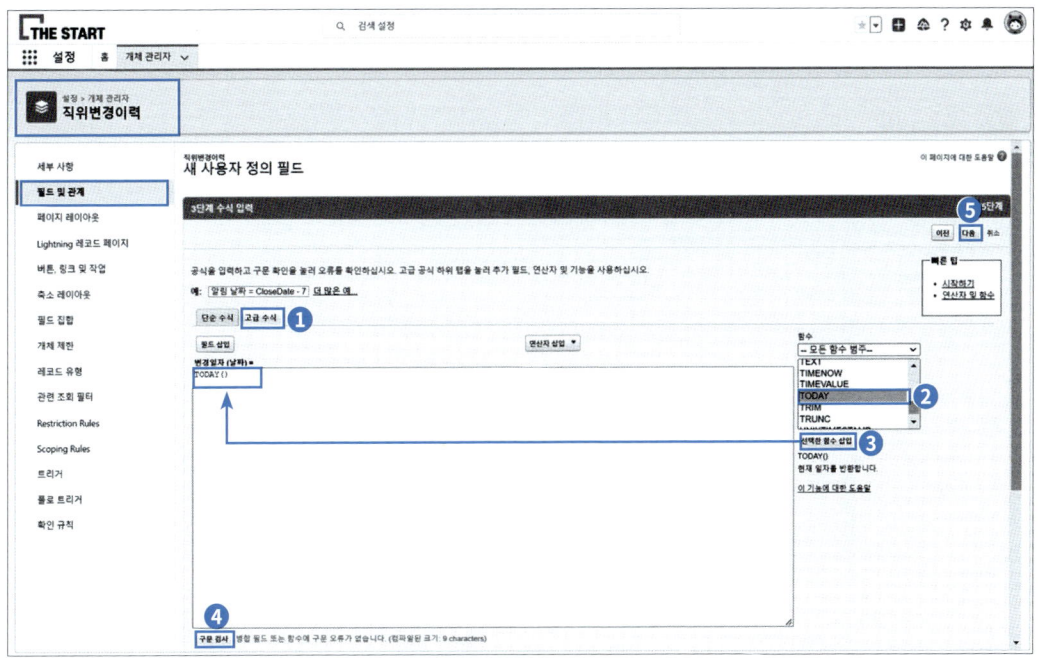

위 화면 단계에서는 날짜를 입력하기 위한 수식을 정의해야 하는데, 이는 기본적으로 세일즈포스에서 제공하는 함수가 있기 때문에 이를 사용하면 된다. 우선 "고급 수식" 탭을 선택(1번)한 다음 오른쪽에서 보면 함수를 선택할 수 있는 콤보 상자가 있다. 여기에서 오늘 날짜를 반환하는 "TODAY" 함수를 선택(2번)한 후 아래에 있는 "선택한 함수 삽입" 버튼(3번)을 누른다. 그러면 해당 함수 "TODAY()"가 수식 입력란에 삽입된다. 이러한 수식은 직접 입력할 수도 있다. 이렇게 입력된 수식은 반드시 하단에 있는 "구분 검사" 버튼(4번)을 눌러서 이상이 없는 지를 확인해주어야 한다. 이상이 없음을 확인했다면, "다음" 버튼을 눌러 필드를 추가하도록 하자.

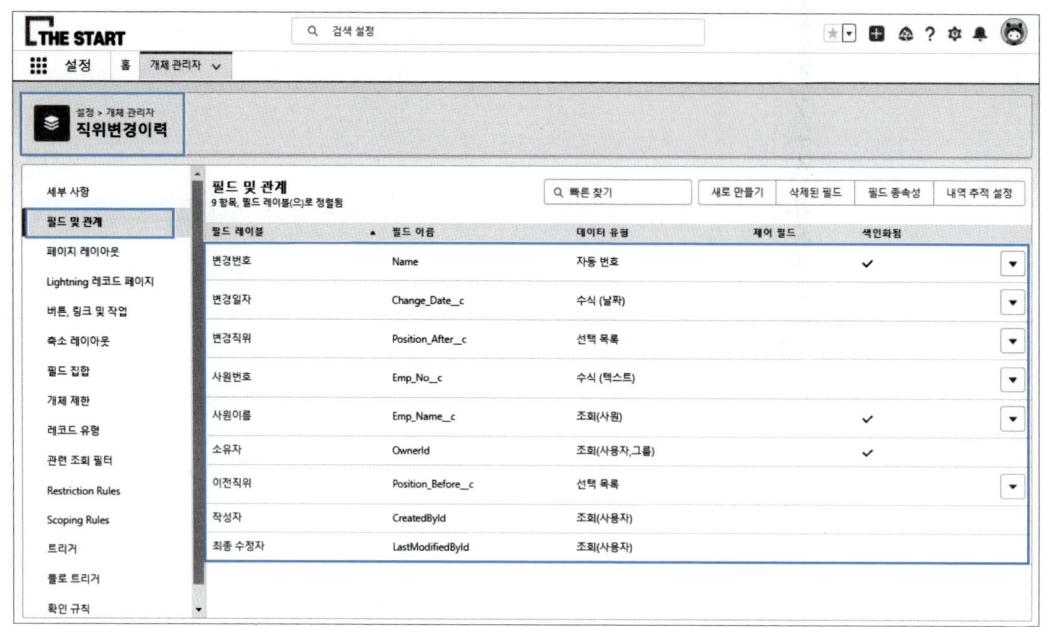

이제 필드가 모두 추가된 "직위변경이력" 개체는 위와 같은 모습이 될 것이다. 이로써 "직위변경이력" 개체의 모든 필드 구성이 완료되었다. 우리는 이미 "6장. 사용자 정의 개체 만들기"에서 개체 만드는 방법에 대해서 알아보았지만, 지금 소개한 내용은 그 내용과는 겹치는 영역이 없어서 이렇게 추가로 설명을 했다. 실제로 현업에서 개체를 설계하다 보면, 이 보다 더 복잡한 경우가 많이 있다. 하지만, 6장과 지금 설명한 내용을 잘 기억하고 있다면, 적절한 검색을 통해 부족한 부분을 보완하면서 충분히 구현해 나갈 수 있을 것이다.

이제 개체가 준비됐기 때문에 플로(Flow)를 통해 관련 작업에 대한 자동화를 구현해보기로 하자.

1-3 플로(Flow)를 이용한 자동화 구현

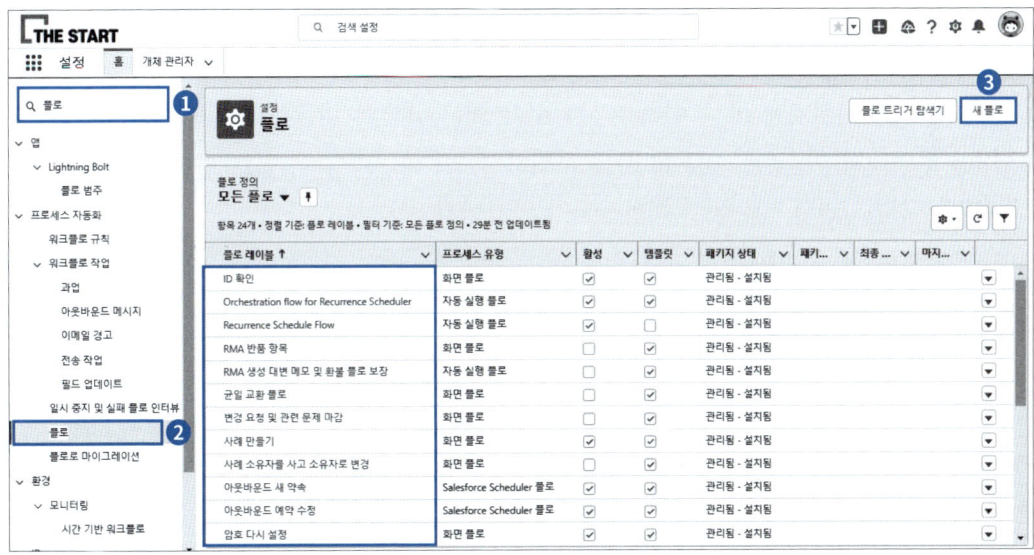

이제 다시 업무 시나리오를 확인해보기로 하자. 최초 사원 개체에서 "직위"가 수정되면 "직위변경이력" 개체에 "변경번호"가 지정된 형식에 맞게 입력되며, 해당 사원에 대한 정보 즉 "사원번호"와 "사원이름"이 입력된다. 그리고 변경 전 "직위"가 "이전직위" 필드에 입력되고, 변경 후 "직위"가 "변경직위" 필드에 입력되면서 마지막으로 "변경일자"에는 오늘 날짜(TODAY())가 입력되는 것이다.

이제 업무 시나리오 구현을 위해 플로(Flow)를 만들어 보기로 하자.

플로(Flow)를 새로 만들거나 만들어진 플로들을 확인하기 위해서는 "설정"으로 가서 검색란에 "플로"를 입력(1번)하여 검색하면 하단에 "플로" 항목이 보여지며, 이를 클릭(2번)하면 기존 등록된 플로들이 목록으로 보여진다. 화면을 보면 우리는 지금 플로를 만든 적이 없지만, 이미 많은 플로들이 있는 것을 확인할 수 있다. 이는 샘플로 만들어진 플로들이며, 실제로 동작하는 플로들이니 플로를 공부하면서 참조하면 좋을 듯하다.

(1) 새로운 플로 만들기

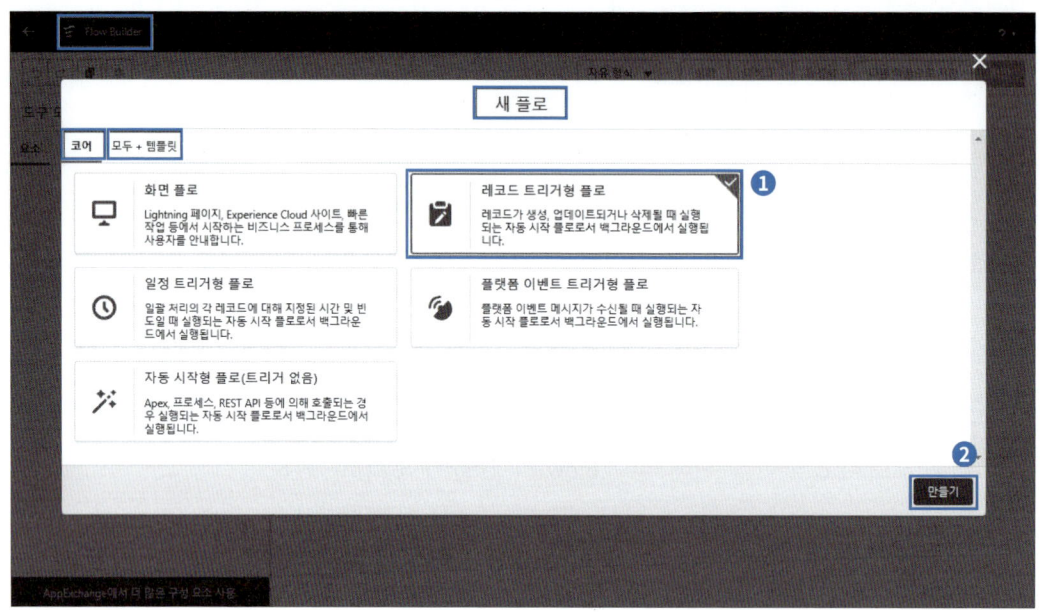

우선 지금은 직위변경에 따른 이력을 기록하기 위한 플로를 만들어 볼 것이다. 이를 위해서 이전 화면에서 "새 플로" 버튼(3번)을 클릭하면, 위 화면과 같이 플로 빌더(Flow Builder)로 화면이 전환되면서 "새 플로" 대화상자가 나타난다.

"새 플로" 대화상자에서는 "코어" 탭과 "모두 + 템플릿" 탭이 있는데, 말 그대로 "코어" 탭은 자주 사용되는 대표적인 플로 5가지 종류를 바로 생성할 수 있도록 인터페이스가 구성되며, "모두 + 템플릿" 탭은 유형별 다양한 유형의 플로를 생성할 수 있도록 인터페이스가 구성된다. 앞에서 우리는 "사원" 개체의 "직위" 필드가 수정될 때 "직위" 변경 이력 정보를 입력하기 위한 플로를 만들 것이므로 "코어" 탭의 두 번째 유형인 "레코드 트리거형 플로"를 선택(1번)한 다음 "만들기" 버튼(2번)을 누르면, 화면이 플로 빌더(Flow Builder)로 전환되면서 최초 플로가 시작할 때의 상황을 정의할 수 있도록 "시작 구성" 대화상자가 나타난다.

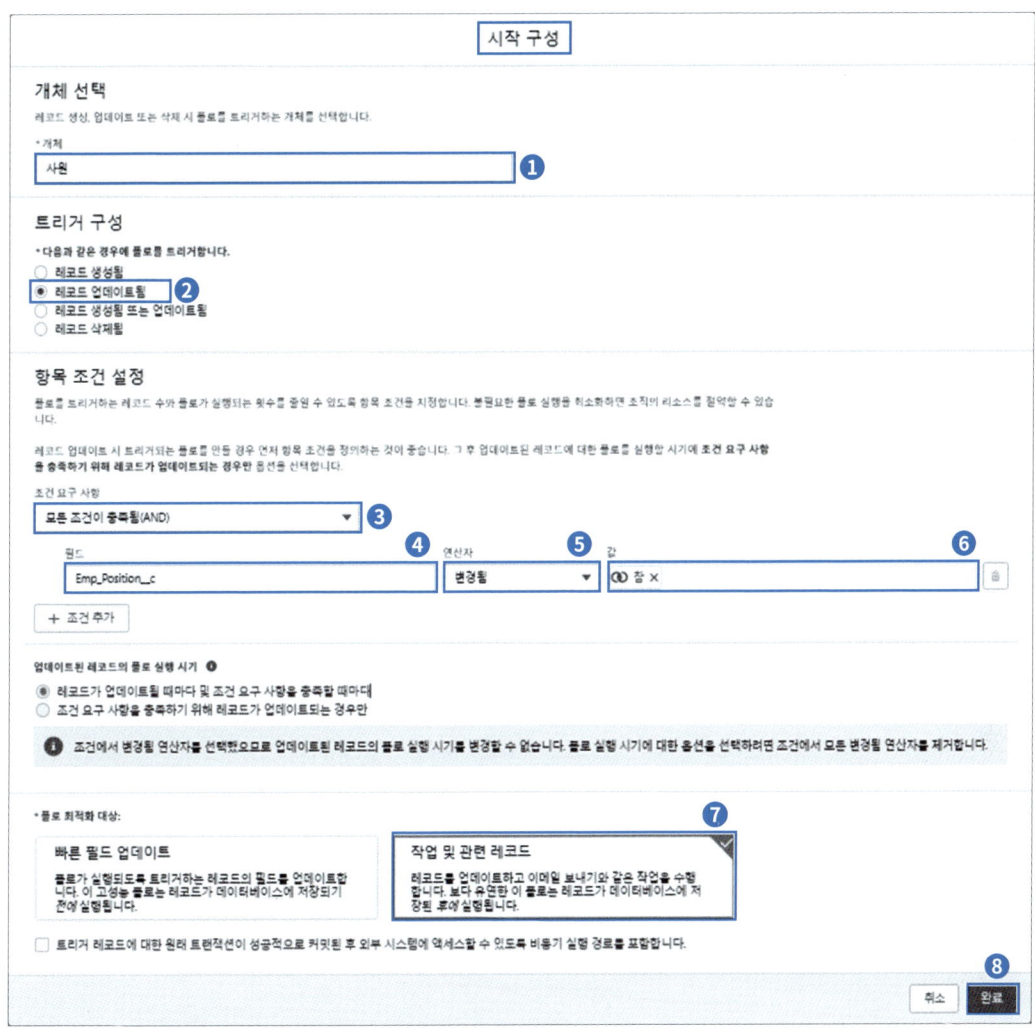

그러면 이제 "시작 구성" 대화 상자의 상위 항목들부터 내용을 살펴보기로 하자. 우선 해당 프로세스 즉, 플로(Flow)가 시작되는 시점은 "사원"개체의 "직위" 필드 값이 변경되는 경우이다. 그러므로 "개체"는 "사원" 개체를 선택(1번)한다. 그리고 "트리거 구성"이 있는데, 이는 약간의 설명이 필요하다.

"트리거 구성"이란 해당 개체 즉, "사원" 개체에서 어떤 상황이 발생했을 때 플로(Flow)가 시작될 것인지를 선택하는 것이다. 우리는 지금 플로 유형에서 "레코드 트리거형 플로"를 선택했다. 그러므로 "사원" 개체에서 레코드가 어떤 상태가 되었을 때 플로를 시작할 지를 결정해야 하는데, 이 단계가 바로 지금 "트리거 구성" 단계인 것이다. 우리는 "직위"가 변경되었을 때 플로가 시작되기를 원하기 때문에 "레코드 업데이트됨" 옵션(2번)을 선택해야 한다.

그 다음으로 "조건 요구 사항"에서는 3가지 항목이 있다. "모든 조건이 충족됨(AND)"은 하나 이상의 조건에서 "AND" 연산 즉, 모두 만족해야 하는 상황을 정의할 때 사용하며, "어떤 조건이 충족됨(OR)"은 "OR" 연산 즉, 여러 조건 중 최소한 하나 이상 만족해야 하는 상황을 정의할 때 사용하며, 마지막으로 "사용자 정의 조건 논리가 충족됨"은 "AND" 연산과 "OR" 연산이 섞여 있는 좀 더 다양한 논리 연산이 필요한 경우에 사용된다.

지금은 "사원" 개체의 "직위" 필드가 변경되는 경우 즉, 하나의 조건 밖에 없기 때문에 상관은 없지만, 필요하다면 여러 조건을 고려해서 프로세스(플로)의 시작을 정의할 수도 있기 때문에 잘 구분을 해주어야 한다. 이번 예에서는 "모든 조건이 충족됨(AND)"을 선택(3번) 한다.

그 다음은 실제 플로가 시작되는 조건을 정의하는 단계로서 "사원" 개체의 "직위" 필드가 변경됐을 때 플로가 시작되어야 하므로 "필드"에서는 "직위" 필드를 선택(4번)하고, "연산자"에서는 여러 내용 중에 "변경됨"을 선택(5번)한다. 그리고 "값"은 "True" 즉, "참"을 선택(6번)한다. 이 의미는 "직위" 필드가 "변경됨"이 "참"인 경우 즉, 직위가 변경된 경우 플로를 실행한다는 의미이다.

마지막으로 "플로 최적화 대상"이 있는데, "빠른 필드 업데이트"와 "작업 및 관련 레코드" 두 개가 있다. "빠른 필드 업데이트"는 실제 "직위" 변경이 시도는 됐지만 실제 물리적인 변경 작업이 이뤄지기 전에 플로가 동작하는 것이며, "작업 및 관련 레코드"는 "직위" 변경이 시도됐고 물리적으로 변경된 이후에 플로가 동작하는 것이다. 이는 업무적인 상황에 따라 고려해야 하는 것이지만, 일반적인 경우 대부분 두 번째 옵션을 사용한다고 보면 된다.

모든 값들을 정상적으로 선택 및 입력했다면, "완료" 버튼(8번)을 눌러서 플로 시작 구성을 마무리하도록 한다.

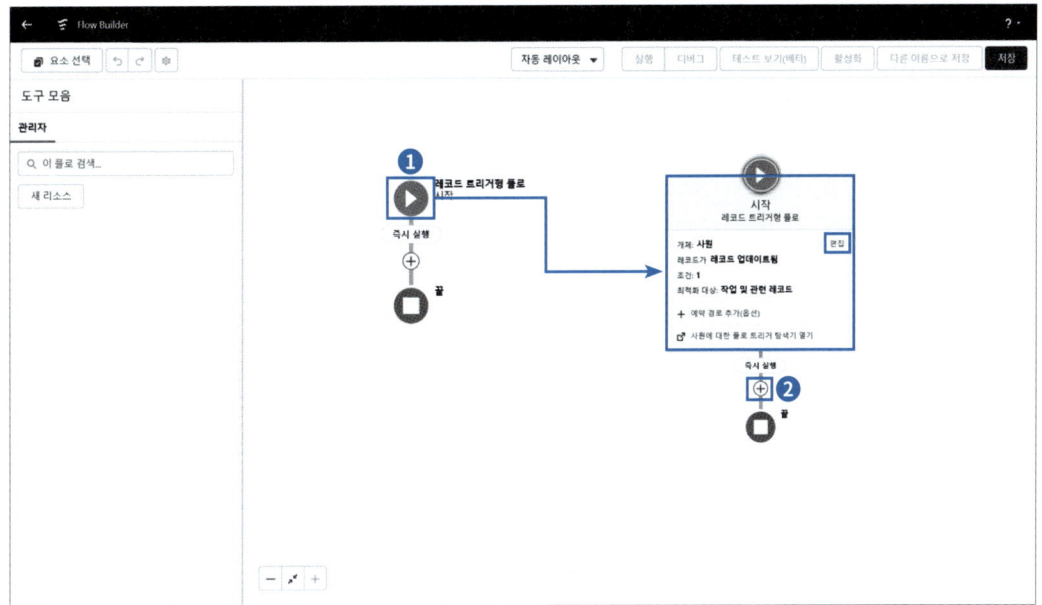

그러면 위 화면과 같이 플로 빌더(Flow Builder) 화면이 나타난다. 우리가 방금 전 정의했던 플로의 시작 조건을 정의한 내용은 첫 번째 "시작" 아이콘(1번)에 정의된 상태이다. 기본적으로 이전 단계에서 "완료" 버튼을 누르면, 위 화면과 같이 보이지만, 다른 곳을 선택하면, 동그란 시작 아이콘만 표현된다. 이 때 "시작" 아이콘(1번)을 클릭하면, 위와 같이 속성이 확장되며, 확장된 영역 중 "편집"을 누르면, 다시 "시작 구성" 대화 상자가 나타나서 설정을 변경할 수 있다.

우리는 이전 단계에서 설정한 내용을 수정할 필요가 없기 때문에 다음 단계의 작업을 정의해야 한다.

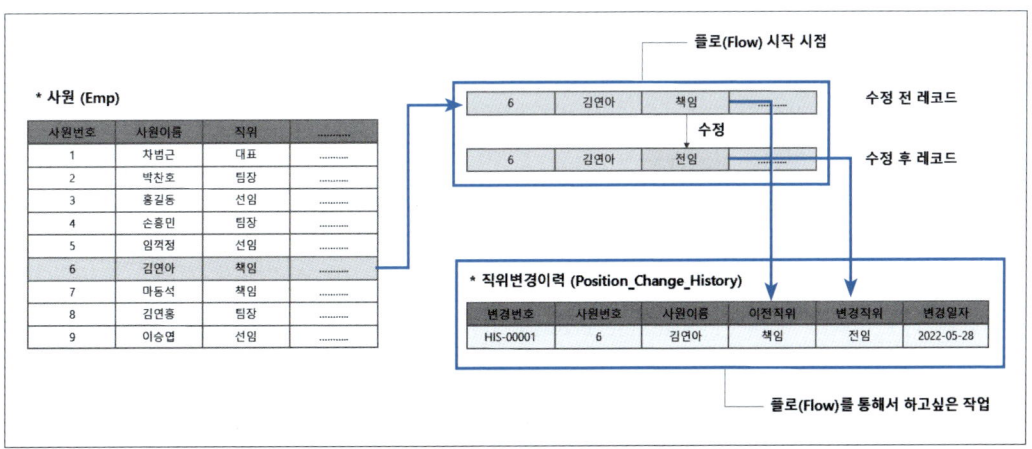

현재 진행 상황을 살펴보면 우리는 플로가 시작되는 상황을 정의한 것이다. 그리고 플로가 시작됐을 때 궁극적으로 하고 싶은 작업은 해당 변경 내역을 "직위변경이력" 개체에 데이터로 입력하는 것이므로 이제 이를 정의해보기로 하겠다.

이전 화면에서 라인 중간에 있는 "+" 버튼(2번)을 누르면, 다음과 같이 실제 작업을 추가할 수 있는 "요소 추가" 단계가 나타난다.

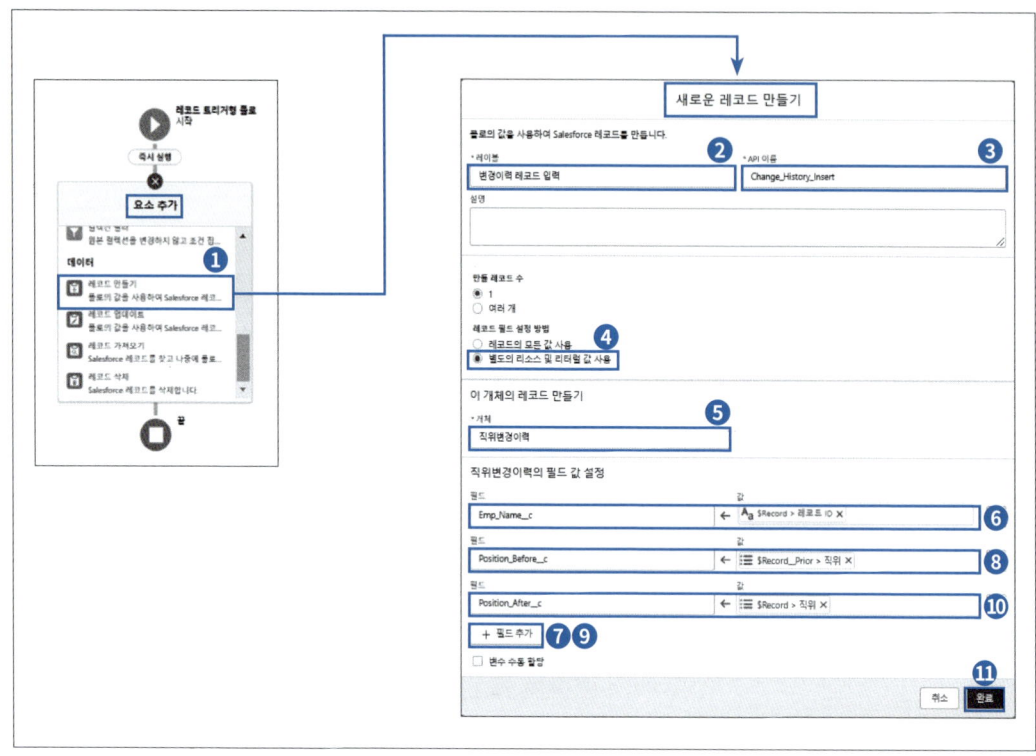

위 화면에서 왼쪽에 있는 "요소 추가" 상자에 있는 항목들은 모두 지금 단계에서 추가할 수 있는 항목들이므로 해당 리스트에 어떠한 항목들이 있는지 살펴볼 필요가 있다. 이 단계에서 우리가 하고자 하는 작업은 "직위변경이력" 개체에 변경 이력을 레코드를 입력하는 것이므로 "데이터" 영역에서 "레코드 만들기" 항목(1번)을 선택해야 한다. 그러면 오른쪽 화면과 같이 "새로운 레코드 만들기" 대화상자가 나타난다.

"새로운 레코드 만들기" 대화상자에서 우선 "레이블"은 "직위 변경이력 레코드 입력"으로 입력(2번)하고, "API 이름"은 "Change_Position_History_Insert"라고 입력(3번)한다. 다음으로 "만들 레코드 수"는 당연히 1개이므로 그대로 두면 된다. 그 다음 "레코드 필드 설정 방법"에는 두 가지 옵션이 있는데, 첫 번째는 "레코드의 모든 값 사용"으로서 이는 현재 데이터 소스 즉, "사원" 개체에서의 레코드를 의미한다. 하지만, 우리는 지금 레코드의 모든 값을 이용하려는 것이 아니라 특정 필드 값들만 이용할 것이며, 별도의 개체인 "직위변경이력" 개체에 데이터를 입력할 것이므로 두 번째 옵션인 "별도의 리소스 및 리터럴 값 사용" 옵션을 선택(4번)한다.

이 옵션을 선택하면, 별도의 리소스 즉, 데이터를 입력하고자 하는 개체를 선택할 수 있는 "개체" 항목이 나타나며, "개체" 항목에서는 "직위변경이력" 개체를 선택(5번)한다. 그런데 여기서는 한글 즉 "개체 레이블로" 검색이 되지 않기 때문에 "개체 이름" 즉, 영문명으로 검색해야 한다. 그러므로 "Position_Change_History__c"로 검색하면, "직위변경이력" 개체를 선택할 수 있게 된다.

다음 단계에서는 데이터 입력할 때 필요한 열과 값을 지정해 주어야 한다. 해당 입력 내용을 입력하기 전에 다음 화면을 우선 고려해서 입력대상 필드와 입력 값을 선택해주어야 한다.

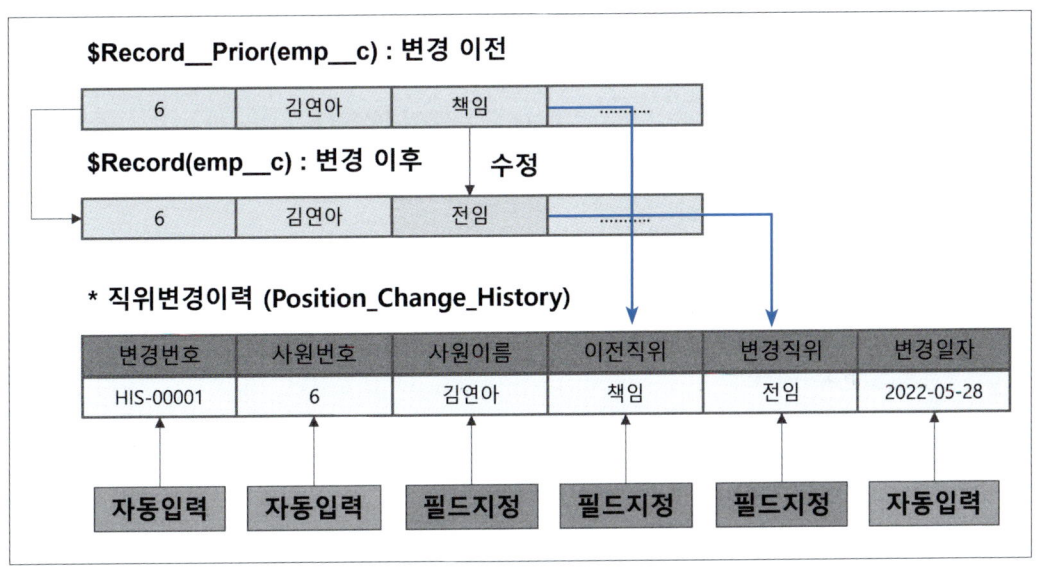

위 화면은 "직위변경이력" 개체에 플로(Flow)를 통해 데이터를 입력할 때 상황을 정리한 내용이다. 우선 "직위변경이력" 개체에 입력 값을 지정해 주어야 하는 필드는 "사원이름", "이전직위", "변경직위" 이렇게 3개 필드이며, 자동으로 입력되는 필드는 "변경번호", "사원번호", "변경일자" 이렇게 3개 필드이다. 이에 관한 설명은 다음 표에서 정리했다.

필드	입력형식	설명
변경번호	자동입력	해당 필드는 지정된 형식에 맞게 자동으로 값이 입력된다. 형식 "HIS-{000000}"
사원번호	자동입력	해당 필드는 수식(Formula)로 지정되어 사원이름에 입력되는 사원의 사원번호를 자동으로 입력한다.
사원이름	필드지정	해당 필드는 변경이전과 변경이후가 다르지 않기 때문에 둘 중 하나의 개체에서 "사원이름" 필드 값을 가져와야 하지만, 이는 참조 레코드 ID만 선택하면, 해당 필드의 데이터 유형이 "조회관계"에 있기 때문에 "사원이름" 필드가 아닌 "레코드 ID"를 선택하면 된다.
이전직위	필드지정	해당 필드는 변경되기 전의 값을 입력해야 하기 때문에 "$Record__Prior(emp__c)" 개체에서 "Emp_Position__c(직위)" 필드를 선택해서 입력한다.
변경직위	필드지정	해당 필드는 변경된 후의 값을 입력해야 하기 때문에 "$Record(emp__c)" 개체에서 "Emp_Position__c(직위)" 필드를 선택해서 입력한다.
변경일자	자동입력	해당 필드는 지정된 함수(TODAY())에 의해서 입력시점의 날짜 데이터가 자동으로 입력된다.

위에서 주의해야 하는 점은 "emp__c" 즉, "사원" 개체의 레코드를 선택하는데 있어서 참조할 수 있는 개체가 "$Record__Prior(emp__c)"와 "$Record(emp__c)" 개체 두 개가 있는데, 이들은 반드시 구분되어야 한다.

"$Record__Prior(emp__c)"는 변경 전의 값을 가지고 있는 트리거에서 참조할 수 있는 개체이므로 "이전직위" 필드에 값을 입력할 때 사용해야 하고, "$Record(emp__c)"는 변경 이후 값을 가지고 있는 트리거에서 참조할 수 있는 개체라서 "변경직위" 필드에 값을 입력할 때 사용해야 한다.

위 설명에서 "트리거에서 참조할 수 있는 개체"라는 것은 레코드 변경이 진행중인 동안 즉, 현재 플로가 동작하는 동안 참조할 수 있는 변경 작업(트랜잭션, Transaction)내에서 트리거를 통해 참조할 수 있는 임시 개체라는 의미이다.

모든 필드와 값들을 잘 적용했다면, 이전 화면에서 "완료" 버튼(11번)을 눌러서 해당 작업 단계를 생성한다.

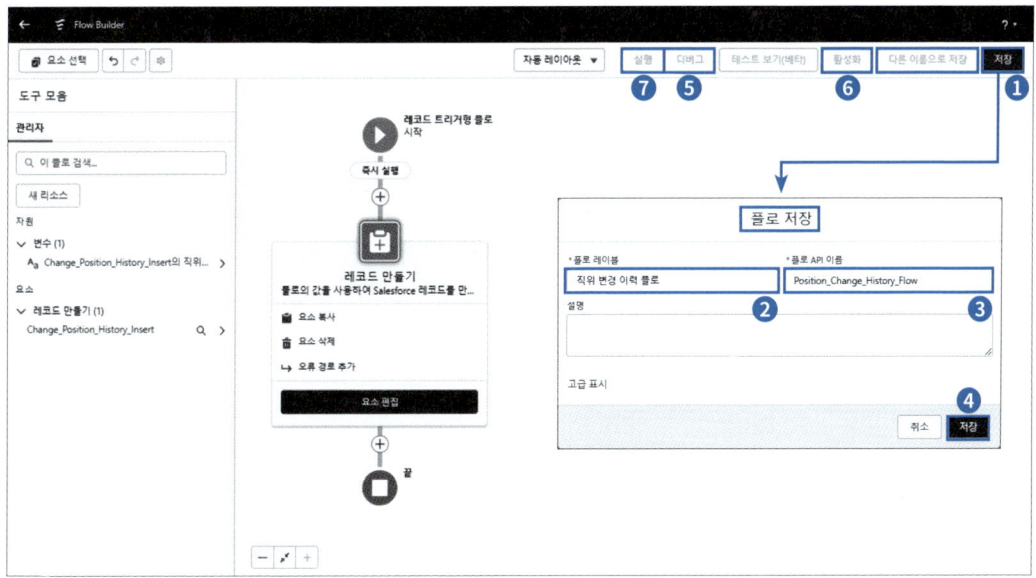

위 단계가 정상적으로 완료됐다면, 현재 "Flow Builder"의 모습은 위 화면과 같을 것이다. 매우 많은 설정과 작업을 한 것 같지만, 결국 우리는 두 단계 즉, 시작 단계와 레코드 입력 단계를 정의한 것이다. 이제 플로(Flow)에서 정의한 내용이 정상적으로 잘 동작하는지를 확인하기 위해서는 우선 저장을 해야 한다. 이를 위해 오른쪽 상단에 있는 "저장" 버튼(1번)을 누른다.

그러면 위와 같이 "플로 저장" 대화상자가 나타난다. 전체 플로를 이름인 "플로 레이블"에는 "직위 변경 이력 플로"라고 입력(2번)하고, "플로 API 이름"에는 "Position_Change_History_Flow"라고 입력(3번)한 후 "저장" 버튼(4번)을 눌러 전체 플로를 저장한다.

이렇게 저장하면, 다시 이전 화면으로 돌아가는데, 이렇게 플로가 저장된 후에는 "저장" 버튼 앞에 있는 "실행", "디버그", "활성화", "다른 이름으로 저장" 버튼이 활성화된다.

(2) 플로 디버깅(Flow Debugging)

플로 만든 후 가장 먼저해야 하는 일은 "디버깅"이다. 이는 "디버깅(Debugging)"이란 프로그램 개발하면서 오류가 발생했는지를 확인하고, 필요시 이를 수정하는 작업을 의미한다. 이 책을 보시는 독자분들 중 IT엔지니어가 아닌 분들 입장에서는 "사전 검증" 정도로 이해하면 된다. 이전 화면에서 "디버깅" 버튼(2번)을 누르면, 다음과 같이 "플로 디버그" 대화상자가 나타난다.

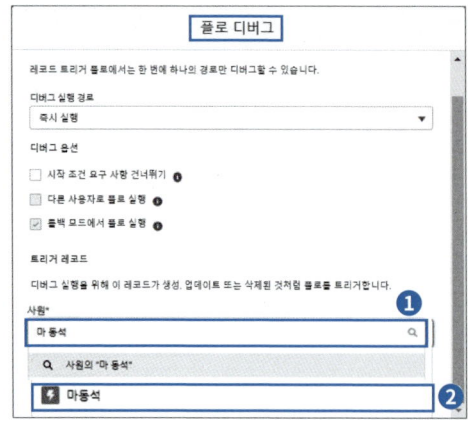

위 화면에서는 우선 "직위"를 변경하고자 하는 사원을 검색해야 한다. 예제에서는 "마동석" 사원을 검색(1번)했으며, 해당 검색 목록에 "마동석" 사원을 선택(2번)하면 오른쪽 화면이 하단에 확장되면서 "마동석" 사원의 정보를 보여주게 된다.

우리는 "직위"를 변경하기 위한 테스트를 진행할 것이므로 "직위" 콤보 상자를 선택(3번)해서 현재 "책임"으로 되어 있는 직위를 "선임"으로 선택(4번)한 다음, "실행" 버튼(5번)을 눌러서 해당 디버깅을 시작하면, 결과는 "완료" 또는 "실패"로 나오게 된다. 이 단계에서는 반드시 "완료"로 나와야만 한다.

참고로 이렇게 디버깅을 통해 변경한 내용은 실제 레코드에 반영되지 않는다. 그러므로 안심하고 디버깅을 통해 테스트해 볼 수 있는 것이다.

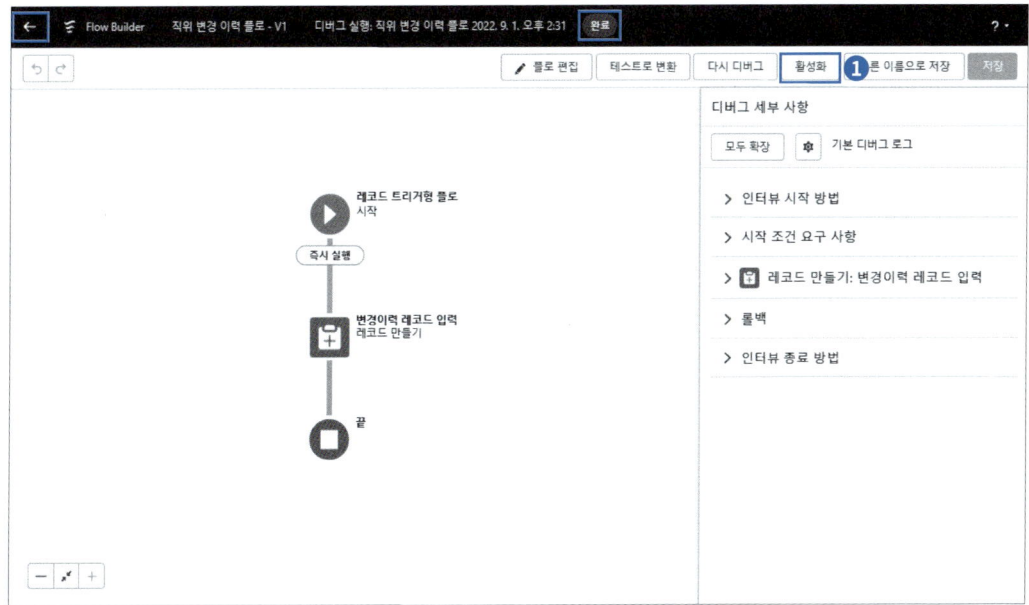

위 화면 중앙 상단을 보면 "완료"라고 표시됐는데, 이는 디버깅에서 문제가 없었음을 나타낸다. 그러면 이제 "직위 변경 이력 플로"를 실제 사용할 수 있도록 하기 위해서는 "활성화" 버튼(1번)을 눌러야 한다. 이는 이제 실제 개발한 플로가 시스템에서 동작됨을 의미한다.

모든 설정이 마무리 됐다면, 화면 왼쪽 상단 되돌아가기 버튼(←, 2번)을 눌러 설정의 플로 목록 화면으로 다시 이동한다.

(3) 플로 적용 확인

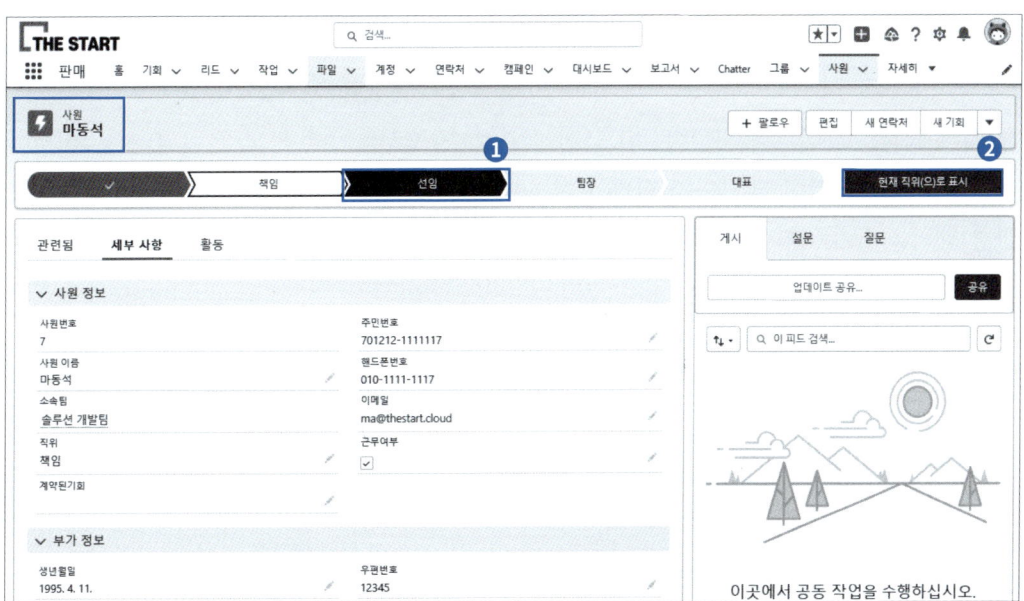

이제 활성화된 플로(직위변경이력 플로)가 정상적으로 동작하는지 확인해보기로 하자. 이를 위해 "사원" 탭으로 이동한 후 "마동석" 사원을 선택해서 레코드 페이지로 이동한 다음, 경로에서 "직위"를 "선임"을 선택(1번)한 후 "현재 직위(으)로 표시" 버튼(2번)을 눌러서 변경 내용을 저장한다.

정상적으로 변경이 완료되면, "직위변경이력" 개체로 이동해야 한다. 이를 위해서 "설정"의 "탭" 항목으로 이동해서 "사용자 정의 개체 탭" 항목에 "직위변경이력" 개체를 추가한 후 탭 끝부분에 있는 연필 아이콘을 선택해서 탭으로 추가하면 된다. (이는 지난 7장 예제를 통해서 실습한 내용이므로 화면 없이 설명했다. 혹시 탭 추가 방법이 기억나지 않는다면 7장 예제를 참조하면 된다.)

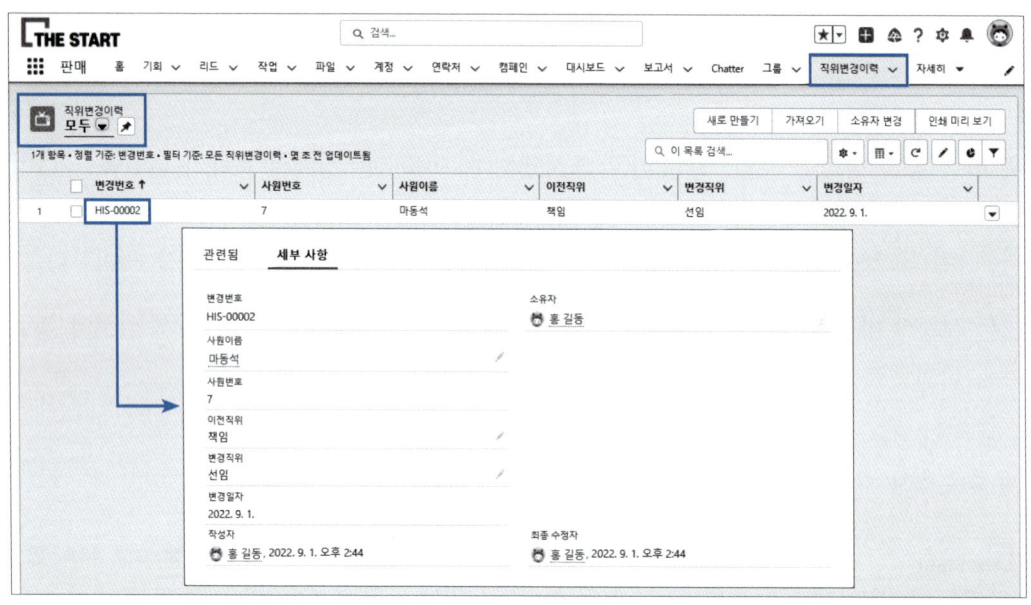

"직위변경이력" 탭이 노출됐으면, 이를 선택한 후 "모두" 보기로 목록 보기 옵션을 변경한다. 그러면 위와 같이 레코드 하나가 보여지며, 이를 클릭하면 세부 사항 페이지에서 해당 변경 내역을 모두 볼 수 있다. 만일 목록 보기에서 필요한 필드들을 추가하면 보다 편히 볼 수 있을 것이다.

이렇게 되면 관리자는 언제든지 사원들의 직위 변경 이력을 확인할 수 있게 된다.

1-4 플로(Flow)를 이용한 예외처리

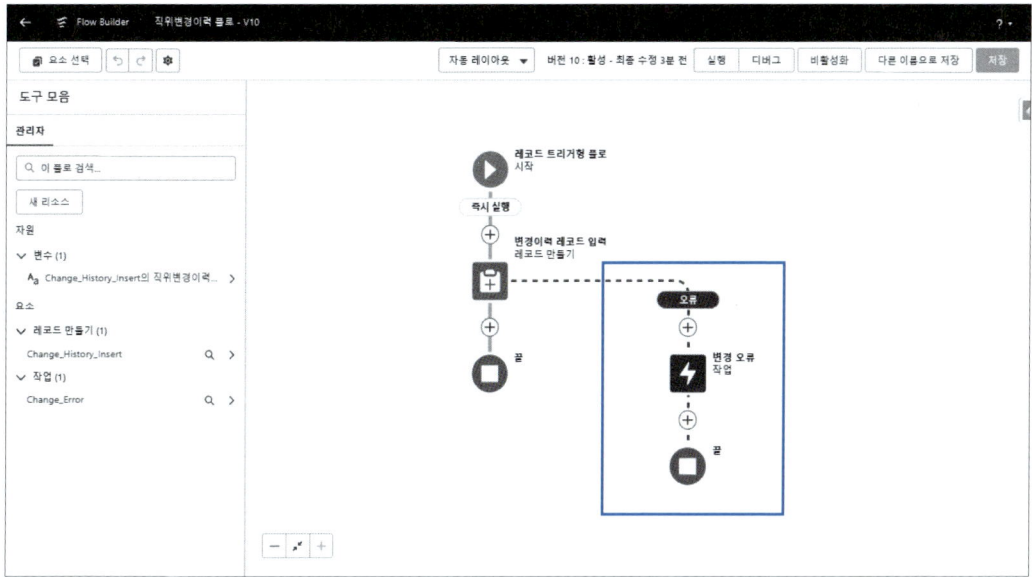

이번에는 앞서 만들었던 "직위변경이력 플로" 예제는 비교적 단순해서 오류가 발생할 이유는 없지만, 복잡한 업무를 처리하다 보면 예기치 못한 상황에서 언제든 오류가 발생할 가능성이 내포되어 있다. 그러므로 이번에는 위 화면처럼 오류가 발생했을 때 이를 관리자 또는 특정 대상에게 메일을 보낼 수 있도록 오류 처리 경로를 추가할 것이다.

(1) 오류 경로 추가

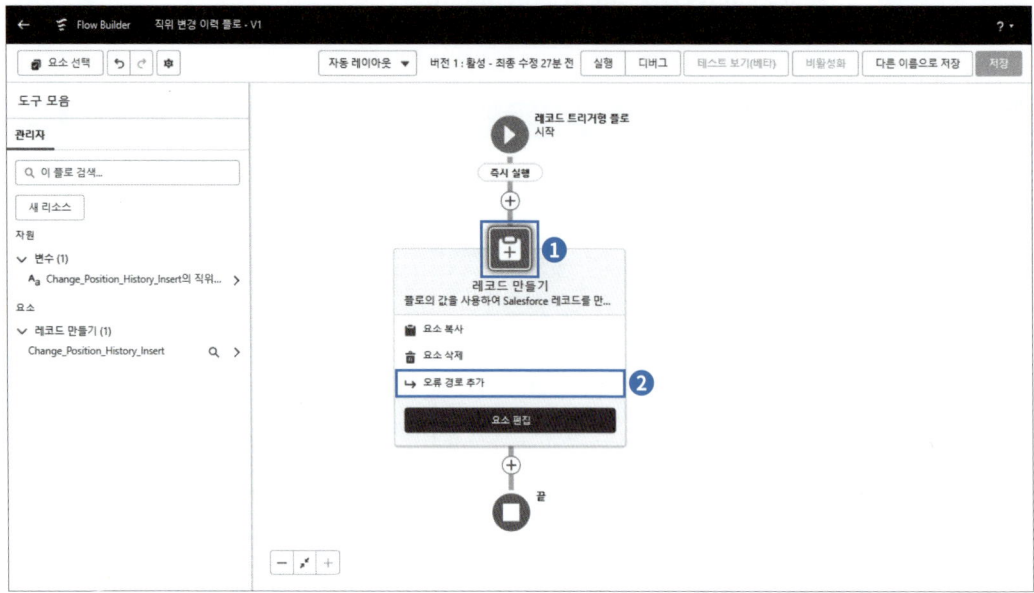

오류 경로를 추가하기 위해서는 우선 오류가 발생할 단계가 어디인지를 생각해 봐야 한다. 우리가 지금 테스트하고 있는 "직위변경이력 플로"는 "시작에서 레코드 업데이트", "레코드 만들기" 이렇게 두 단계이다. "시작"은 사용자가 세일즈포스 화면을 통해 직위를 변경하는 것이므로 오류가 발생할 일이 없다. 다만 오류가 발생 예제를 만들기 위해 "레코드 만들기" 단계에서 오류를 생성할 것이므로 오류 경로 추가는 두 번째 단계인 "레코드 만들기" 단계에서 추가해야 한다.

위 화면을 보면 두 번째 "레코드 만들기" 아이콘을 클릭(1번)하면 "레코드 만들기" 상자가 나타나며, 이 상자에 있는 항목들 중에 "오류 경로 추가" 항목(2번)을 선택한다.

그러면 "오류" 경로가 빨간색 점선으로 추가되는데, 그 선상에 있는 "+"버튼(1번)을 선택하면, "요소 추가" 상자가 나타난다.

오류가 발생했을 때는 두 가지 작업을 해주어야 한다. 첫 번째는 시작 단계에서 사원의 직위가 수정됐기 때문에 이를 원래대로 변경(Rollback)해주어야 하고, 두 번째는 담당자에게 오류 관련 이메일을 보내는 것이다.

그러면 우선 "요소 추가" 상자의 "바로가기"에서 "트리거 레코드 업데이트" 작업(2번)과 "이메일 경고 보내기" 작업(3번)을 정의해 보기로 하자.

(2) 사원 직위변경 취소 작업 추가

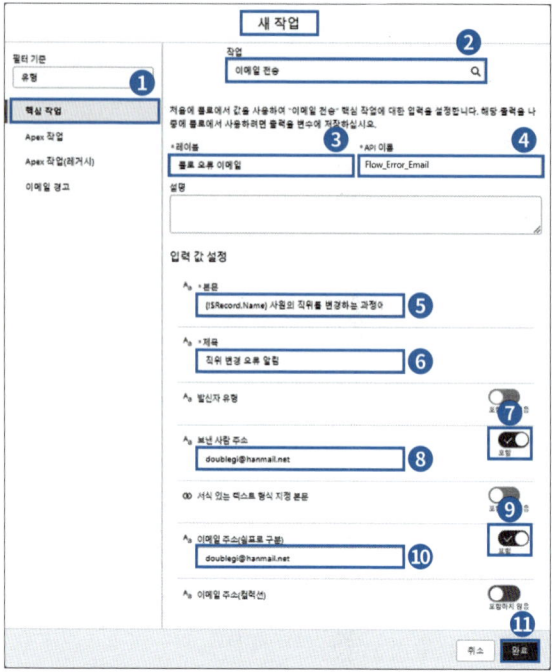

우선 먼저 이전 화면에서 "트리거 레코드 업데이트" 항목(2번)을 선택하면, 위 화면의 왼쪽에 있는 "새로운 레코드 업데이트" 대화상자가 나타난다. 이 작업의 목적은 시작 단계에서 업데이트 된 직위를 변경 이전으로 되돌리려는 것이다.

이를 위해 "레이블"에는 "사원 직위변경 취소"로 입력(1번)하고, "API 이름"에는 "Position_Change_Cancel"로 입력(2번)한다. 그리고 그 아래를 보면 "업데이트할 레코드를 찾고 레코드의 값을 설정하는 방법"에 관한 옵션 항목들이 있는데, 여기에서 첫 번째 항목인 "플로를 트리거한 사원 레코드 사용" 옵션(3번)을 선택할 것이다.

이것의 의미는 플로를 시작한 사원 레코드는 현재 직위가 수정된 사원을 의미한다. 그러므로 해당 사원의 직위를 수정 이전의 값으로 되돌리려고 하는 것이 지금 작업의 핵심이다. 3번에서 레코드를 지정했기 때문에 아래 필터 조건 설정은 "없음" 상태 그대로 두고, 아래에서 변경하고자 하는 필드와 값을 지정해 주면 된다.

이를 위해 "필드"에서는 "직위" 필드인 "Emp_Position__c"를 선택(4번)하고, 되돌리려고 하는 값을 지정하기 위해서 "값"에서는 변경 전 레코드인 "$Record_Prior"에서 직위 필드인 "Emp_Position__c"를 값으로 선택(5번)하면 된다.

이 작업이 IT엔지니어분들한테는 다소 의아스러울 수 있는 작업이다. 실패했으면 당연히 전체가 취소되는 게 아닌가 하는 생각을 하실 수 있기 때문이다. 하지만, 이 작업이 포함되지 않으면 사원의 직위는 변경되고, 직위 변경 이력에 데이터는 입력되지 않은 상황 즉, 데이터 불일치가 발생하게 된다.

그러므로 이 작업은 꼭 신경 써주어야 한다.

(3) 이메일 경고 보내기 작업 추가

이제는 이전 화면에서 "이메일 경고 보내기" 항목(3번)을 선택해보기로 하자. 그러면 위 화면의 오른쪽에 있는 "새 작업" 대화상자가 나타난다. "새 작업" 대화상자의 왼쪽을 보면 여러 항목들이 있으며, 화면 왼쪽 상단에서 "핵심 작업"을 선택(1번)한 후 "작업"을 선택하면, 많은 목록 중에서 "이메일 전송"을 선택(2번)한다. 그리고 "레이블"은 "플로 오류 이메일"로 입력(3번)하고, "API 이름"은 "Flow_Error_Email"로 입력(4번)한다.

작업의 종류를 "이메일 전송"으로 선택했기 때문에 메일 "제목"과 "본문" 내용 그리고 보낸 "사람 주소"와 "받는 사람 주소, (이메일 주소)"를 입력해주어야 한다. 우선 "본문"에서는 오류가 발생한 레코드의 사원 이름이 메일 본문에 포함되면, 관리자가 오류 발생 지점을 명확히 파악할 수 있기 때문에 아주 좋은 방법이다.

이를 위해 본문을 선택한 다음, "$Record (emp__c)"를 선택한 후 "사원이름(Name)"을 선택한다. 그러면 본문에 "{!$Record.Name}"이와 같은 변수가 삽입되는데, 이 변수는 메일 발송 시 오류가 발생한 사원의 이름으로 변환된다. 예를 들어 "마동석" 사원의 직위를 변경하는 과정에서 오류가 발생했다면, 메일 본문에 "{!$Record.Name}"이 변수가 있는 위치에 "마동석"이 출력된다는 것이다.

그래서 본문 문구 전체는 다음과 같이 "{!$Record.Name} 사원의 직위를 변경하는 과정에서 오류가 발생했습니다."를 입력(5번)한다. 그 다음 "제목"은 평이하게 "직위 변경 오류 알림"으로 입력(6번)한다. 이제 "보낸 사람 주소"와 받는 사람 "이메일 주소"를 입력해야 하는데, 이를 입력하기 위해서는 오른쪽에 스위치 버튼(7번, 9번)을 활성화시켜주어야 한다. 그런 다음 "보낸 사람 주소"에는 독자분들이 관리자라고 생각하고 직접 이메일 주소를 입력(8번)해도 되고, 아니면 "{!$User.Email}"이렇게 사용자의 메일을 변수로 사용해도 된다. 여기서는 직접 개인 메일 주소를 입력(8번, 10번)하도록 하겠다. 어차피 지금 테스트 환경은 독자 여러분들이 관리자이기 때문에 보낸 사람도 나고, 받는 사람도 나다.

이렇게 설정을 마무리한 다음 "완료" 버튼(11번)을 눌러 작업을 저장하도록 하자.

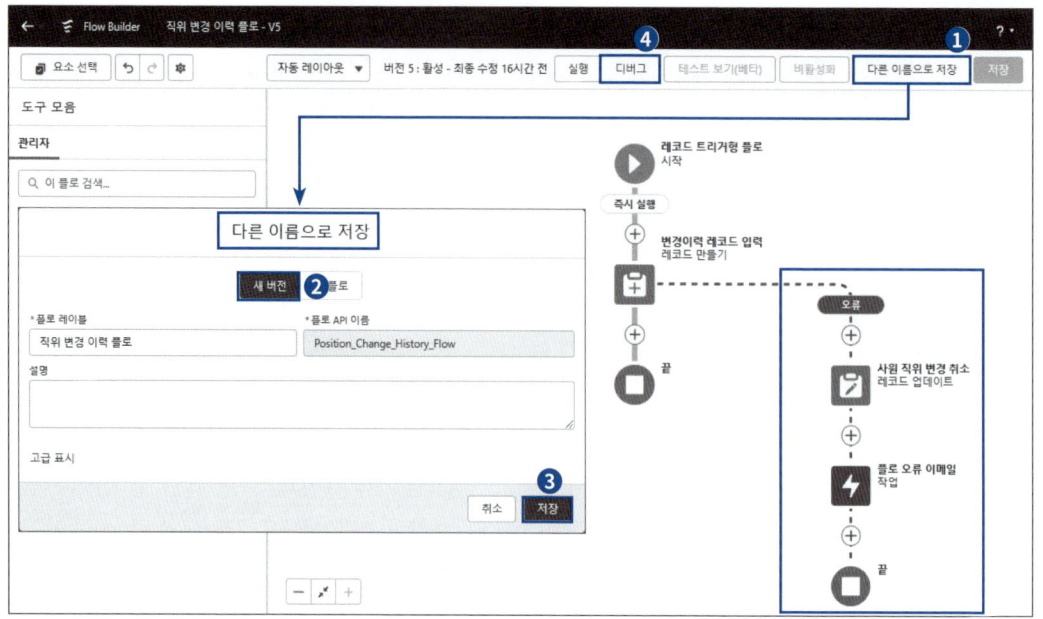

그러면 위 화면의 오른쪽 모습처럼 오류 경로가 추가되고, 플로 오류 발생시 마지막으로 이메일 작업이 등록된 것을 확인할 수 있다.

이제 플로에 변경이 발생했기 때문에 변경 내용을 저장하기 위해서 오른쪽 위에 있는 "다른 이름으로 저장" 버튼(1번)을 누른다. 참고로 변경 내용을 저장하지 않은 상태에서 "디버그"를 실행하게 되면, 변경 내용은 디버깅 되지 않는다. 다시 얘기해서 가장 마지막 저장된 버전으로 디버깅이 된다는 의미이다.

"다른 이름으로 저장" 버튼(1번)을 누르면, 위 화면과 같이 "다른 이름으로 저장" 대화상자가 나타난다. 그런데 여기서 한 가지 확인해야 하는 점은 단순히 저장하는 데서 그치는 것이 아니라 "새 버전"을 선택함으로써 버전 관리를 할 수 있다는 점이다. 저장 옵션 중에 "새 플로"는 별도의 새로운 다른 "플로"로 변경 내용을 저장하겠다는 것이다. 여기서는 "새 버전"을 선택(2번)하고, "저장" 버튼(3번)을 눌러서 새로운 버전을 만들고, 플로 버전관리가 되는 모습도 확인해보기로 하자. 저장이 완료됐다면, 이후 이전 화면에서 "디버그" 버튼(4번)을 눌러서 디버깅을 해보기로 하자. 정상적으로 화면 상단에 녹색 "완료" 표시가 나왔다면, 이제 새로운 버전이 정상적으로 동작하는 것을 확인한 것이다.

(4) 오류 발생 설정 및 디버그

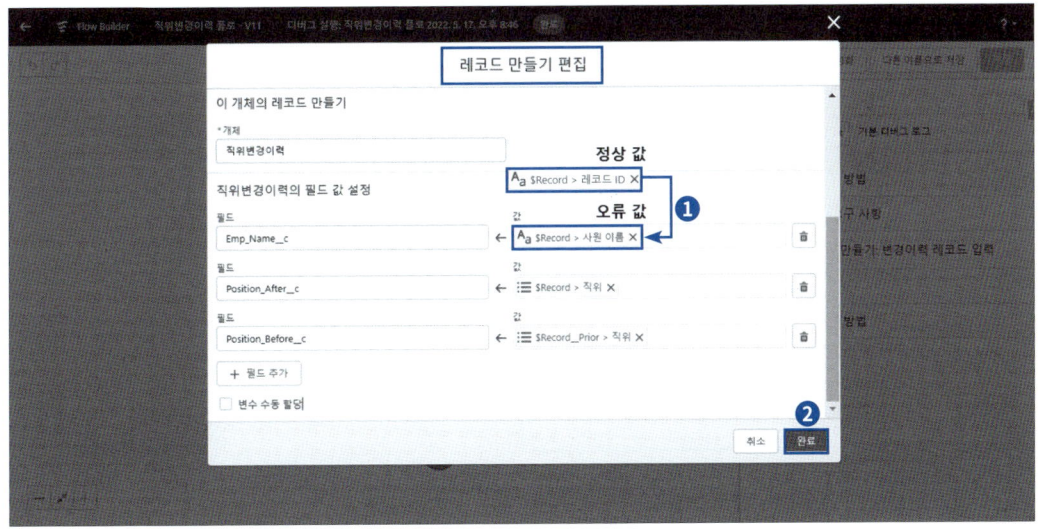

앞서 만든 "직위 변경 이력 플로" 예제는 오류가 발생하지 않는다. 그러므로 오류가 발생했을 때 데이터를 원래 값으로 변경하고, 메일을 보내기로 설정했던 오류 처리가 동작하는 내용을 확인해볼 수가 없다. 그래서 일부러 두 번째 작업 단계인 "레코드 만들기" 단계에서 오류가 발생하도록 설정을 변경한 다음, 오류 발생 시 관련 내용이 적용되는 지를 확인해 볼 것이다.

이를 위해 두 번째 단계인 "레코드 만들기"를 선택해서 "요소 편집" 버튼을 누르면, 위와 같이 "레코드 만들기 편집" 대화상자가 나타나는데, 이는 우리가 처음 만들 때 화면이다. 이 중에서 첫 번째 필드 항목의 값을 "정상 값"인 "$Record 〉 레코드 ID"에서 "$Record 〉 사원 이름"으로 변경(1번)한 후 "완료" 버튼(2번)을 눌러서 변경을 적용한다.

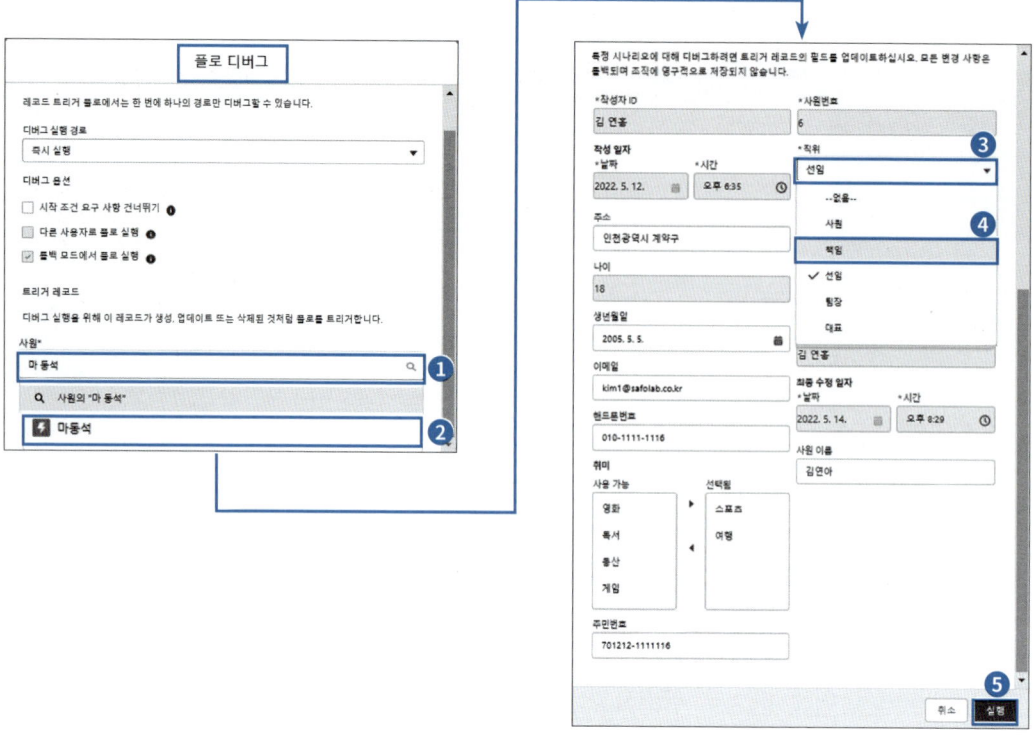

이전 화면에서 "디버그" 버튼(4번)을 누른 후 이번에도 이전과 동일하게 "사원" 검색(1번)에서 "마동석" 사원(2번)을 선택한 다음, 이전 테스트에서 "선임"으로 변경했던 직위를 다시 "책임"으로 변경할 것이다. 이를 위해 "직위" 콤보 상자(3번)를 눌러서 "책임"을 선택(4번)한 후 "실행" 버튼(5번)을 눌러서 디버깅을 실행하도록 하자.

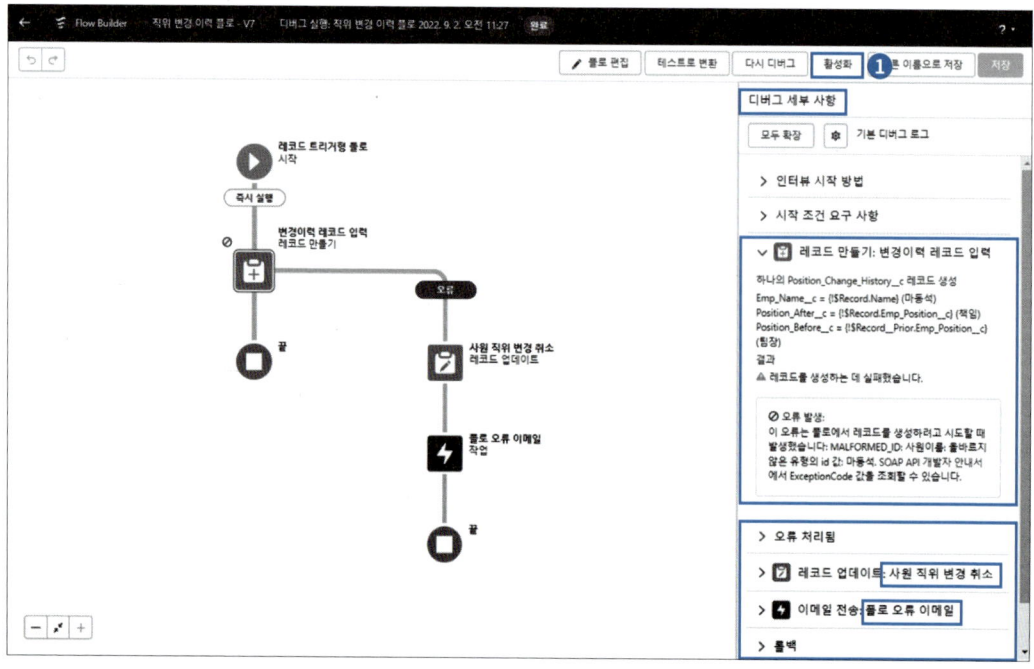

그러면 화면 상단과 같이 디버깅 상태는 "완료"로 나오지만, 이전과는 다른 내용들이 화면에 보이게 된다. 우선 전체 플로의 두 번째 단계인 "레코드 만들기" 단계의 아이콘 왼쪽 상단에 조그맣게 빨간색 오류 표시가 보여지고, 오른쪽을 보면 "디버그 세부 사항"에 오류가 발생한 내용에 대해서 상세 내용을 확인할 수 있다. 더불어 하단에 보면 오류가 발생되서 "사원 직위 변경 취소" 작업과 "플로 오류 이메일"이 전송됐다는 내용을 확인할 수 있다.

그러나 중앙 상단을 보면 디버깅은 정상적으로 "완료"로 나오는데, 이 상황을 이해해야 한다. 현재 두 번째 작업 단계(레코드 만들기)에서 오류가 발생했지만 디버깅이 "완료" 즉 정상으로 나오는 이유는 오류가 발생했을 때 예외 처리가 되었기 때문이다. 만일 오류 발생 시 예외처리가 안되어 있었다면, 해당 디버깅 결과는 "실패"로 나왔을 것이다.

이제 의도한 대로 두 번째 작업 단계에서 오류가 발생하고, 그리고 오류 발생 시 메일이 발송될 것이다. 실제 메일이 발송되는 것에 대한 테스트는 디버깅으로 안되고 "활성화" 버튼(1번)을 눌러 플로를 활성화한 다음, 실제 세일즈포스 화면에서 테스트를 진행해야 한다.

(5) 오류 발생 테스트

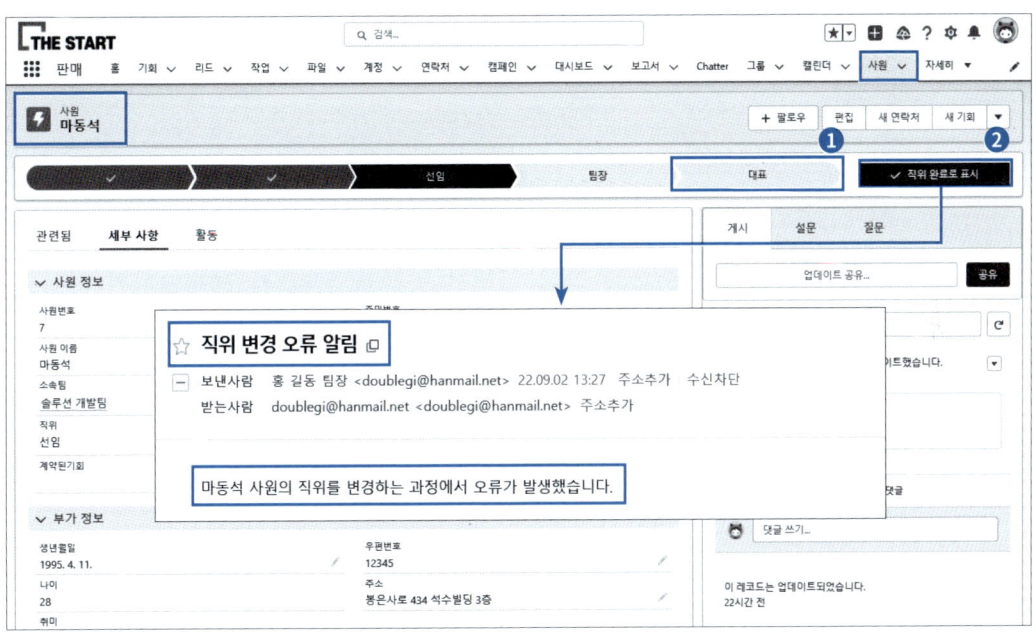

이제 실제 화면에서 직위 변경에 대한 테스트를 진행해보기로 하자. 현재 작성했던 "직위 변경 이력 플로"는 실행 과정에서 오류가 발생하고, 이에 따른 오류 처리가 되도록 설정되어 있다. 테스트를 위해서 "사원" 개체의 "마동석" 사원 레코드 페이지로 이동한 후 경로에서 직위를 "팀장"으로 선택(1번)한 후 "직위 완료로 표시" 버튼(2번)을 눌러 보기로 하자.

그러면 우선 화면에서는 변경된 것으로 메시지가 출력되지만, 다시 "Ctrl + Shift + R" 버튼을 눌러서 새로 고침을 해보면, 직위 변경은 이뤄지지 않은 상태로 그대로 유지되며, "플로 오류 이메일"이 지정된 사용자에게 전달되는 것을 확인할 수 있다.

위 메일은 "사원" 개체에서 사원의 직위를 변경했을 때 발송된 메일이다. 이로써 오류 발생 시 예외 처리에 대한 작업도 모두 완료됐으며, 오류 테스트를 마쳤기 때문에 "직위 변경 이력" 플로의 두 번째 단계인 "변경이력 레코드 입력" 작업의 오류를 수정해야 한다.

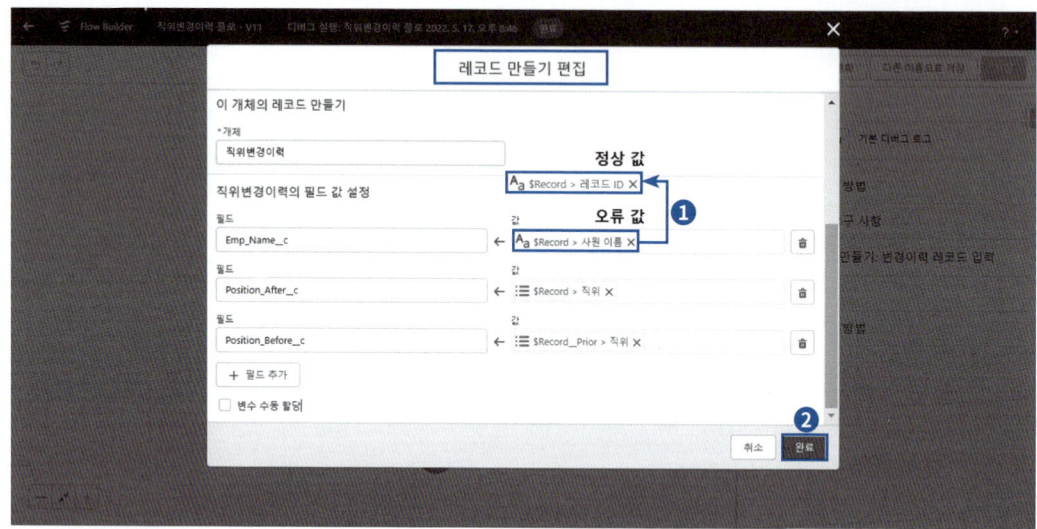

이를 위해 현재 오류 값으로 되어 있는 "$Record > 사원 이름" 값을 정상 값인 "$Record > 레코드 ID" 값으로 변경한 후 "완료" 버튼을 눌러서 오류 테스트하기 전의 오류가 없는 상태로 되돌리도록 하자.

1-5 플로(Flow) 버전 확인하기

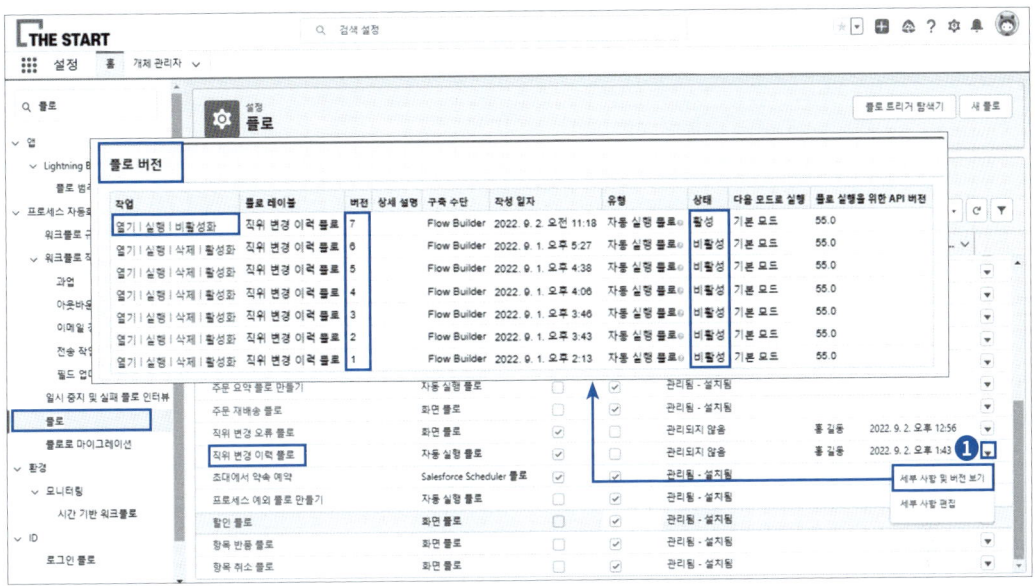

플로(Flow) 작업을 하다 보면, 복잡한 작업일수록 플로를 만든 이후 수정하고, 디버깅 하기를 수도 없이 반복하게 된다. 이때 버전관리가 된다는 것은 개발 및 관리자 입장에서 매우 좋은 기능이라고 할 수 있다. 이러한 버전을 확인해기 위해서 플로 리스트에서 우리가 만들었던 "직위변경이력 플로" 끝에 콤보 상자를 누르면 위처럼 두 개의 메뉴가 보인다. 여기에서 "세부 사항 및 버전 보기" 메뉴(1번)를 선택하면, 페이지가 바뀌면서 해당 플로의 세부사항에 대한 정보와 "플로 버전"에 대한 이력 정보를 모두 확인할 수 있다.

그럼 플로 버전에 대한 내용을 잠시 살펴보기로 하자.

"플로 버전" 화면의 3번째 필드는 "버전"으로 일련번호이다. 최초 1번부터 시작해서 수정해서 저장하는 대로 일련번호가 붙어서 버전이 관리되는 것을 확인할 수 있다. 그리고 오른쪽에 "상태" 필드를 보면, 값이 "활성"과 "비활성" 이렇게 두 가지가 있다. 현재 가장 마지막 버전이 "활성"이고, 그 이전 버전들은 모두 "비활성" 상태이다. 그 의미는 가장 최근에 업데이트한 버전을 사용하고 있다는 것이다.

그런데 다음과 같은 상황을 고려해볼 수 있다. 이전 버전이 잘 동작하고 있었는데, 무언가 변경이 발생해서 플로를 수정을 했더니 정상 동작을 하지 않는다면 어떻게 해야 할까? 그러면 바로 위의 페이지로 들어와서 정상적으로 동작했던 이전 버전을 "활성화" 시키면 된다.

위에 있는 각 플로 버전들이 있는데, 특정 버전을 활성화시키면, 이전에 활성화 되어 있었던 버전은 자동으로 비활성으로 전환된다.

THE START

2. 승인 프로세스(Approval Process)

2-1 승인 프로세스(Approval Process) 소개

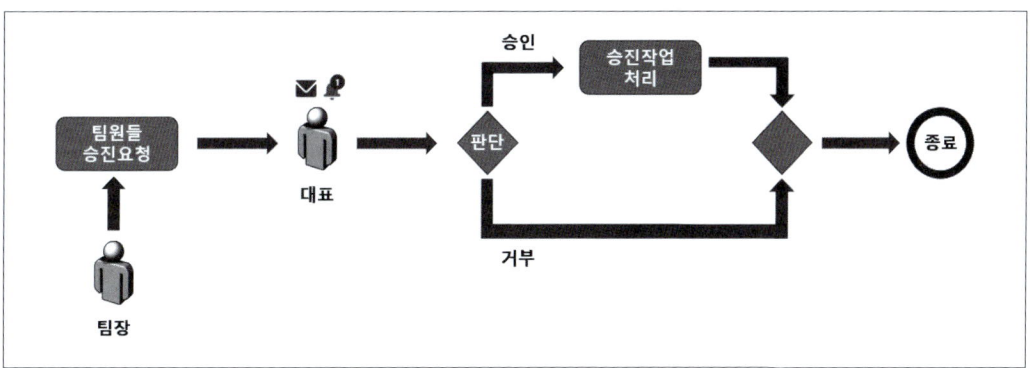

승인 프로세스(Approval Process)는 어떠한 작업을 처리하기 전 담당자의 "의사결정"이라는 단계를 거치도록 하는 프로세스를 말한다. 그러므로 승인 프로세스에는 승인을 요청하는 주체가 있고, 승인 여부를 결정하는 주체가 있다. 승인 여부를 결정하는 과정에는 "승인"도 있지만, "거부"도 존재한다. 만일 거부가 발생한다면, 승인을 위해 예약된 작업은 실행되지 않으며, 거부 흐름을 타는 과정에서도 역시 다른 작업이 포함될 수 있다.

예를 들자면 위 화면처럼 승진에는 승인이 필요하다. 그러므로 "팀장"이 사원에 대한 승진을 요청하는 경우 "대표"의 승인을 통해 승진 처리가 이뤄지는 프로세스를 생각해볼 수 있다. 이때 승인을 요청하는 주체는 "팀장"이며, 승인 여부를 결정하는 주체는 "대표"이다. 그리고 팀장과 대표 사이에 승인 요청이 발생하면 해당 내용은 "대표"에게 관련 내용이 "메일"과 "알람"으로 해당 사실이 전달되고, 대표는 이에 대해 승인 또는 거부를 하게 된다. 대표가 승인을 하는 경우 승진 관련 미리 정의된 작업이 있다면 관련 작업이 처리되면서 승인 처리가 완료되고, 거부한 경우에는 해당 승인 건은 반영되지 않고 프로세스가 종료된다. 물론 거부의 경우에도 어떠한 작업을 처리해야 한다면, 이를 거부 프로세스에 포함시킬 수 있다.

이제 위와 같은 절차대로 승인 프로세스를 구현해보고자 한다. 그러나 한 가지 주의해야 할 점은 승인 과정에서 메일을 사용하고자 하는 경우 메일 템플릿을 미리 만들어 두어야 한다는 점이다. 이를 위해 승인프로세스 구현에 앞서 메일 템플릿을 먼저 만들어 보기로 하겠다.

(1) 승인 요청 이메일 템플릿 만들기

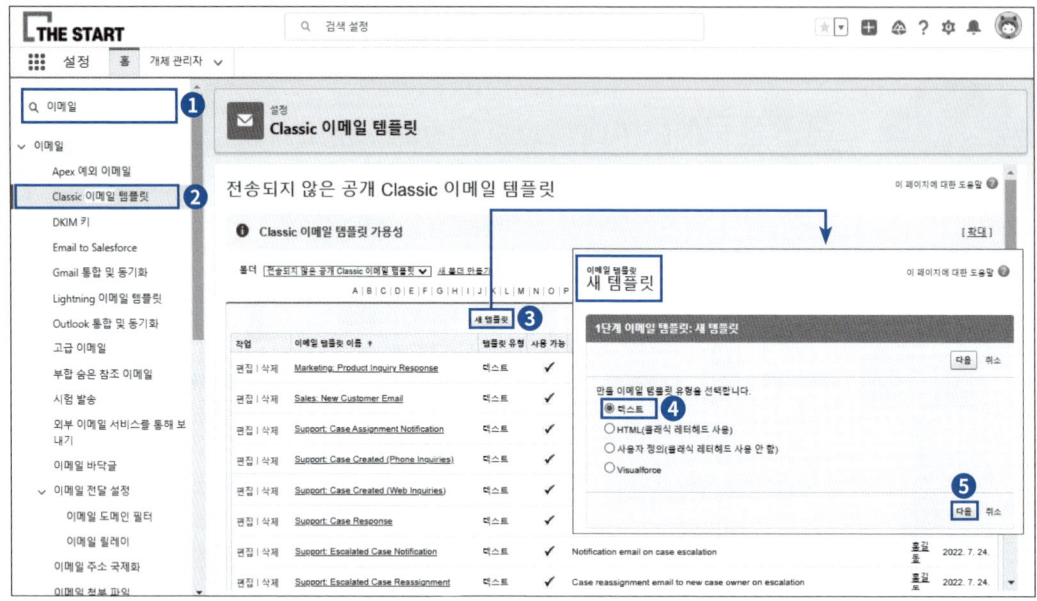

이메일 템플릿을 만들기 위해서는 "설정"에서 검색창에 "이메일"을 입력(1번)하면 "Classic 이메일 템플릿" 항목이 검색된다. 이를 선택(2번)하면, Classic 이메일 템플릿 페이지로 이동한다. 여기에 다양한 이메일 템플릿이 등록되어 있는 것을 확인할 수 있다. 하지만, 샘플로 되어 있고, 또 기본 영문으로 만들어져 있어서 우리가 업무적으로 사용하기 위해서라면 새로 만들거나 또는 수정을 해야 할 것이다.

여기서는 새로운 이메일 템플릿을 만들어 볼 것이다. 이메일 템플릿을 새로 만들기 위해서는 화면 중앙에 있는 "새 템플릿" 버튼(3번)을 클릭하면, 이메일 템플릿 유형을 선택하는 단계로 이동하는데, 위 화면에서 보는 것처럼 이메일 템플릿의 유형은 4가지가 있다.

이번 예제에서는 간단히 테스트 목적으로 사용할 템플릿이므로 "텍스트"를 선택(4번)하고, "다음" 버튼(5번)을 눌러 다음 단계로 이동한다.

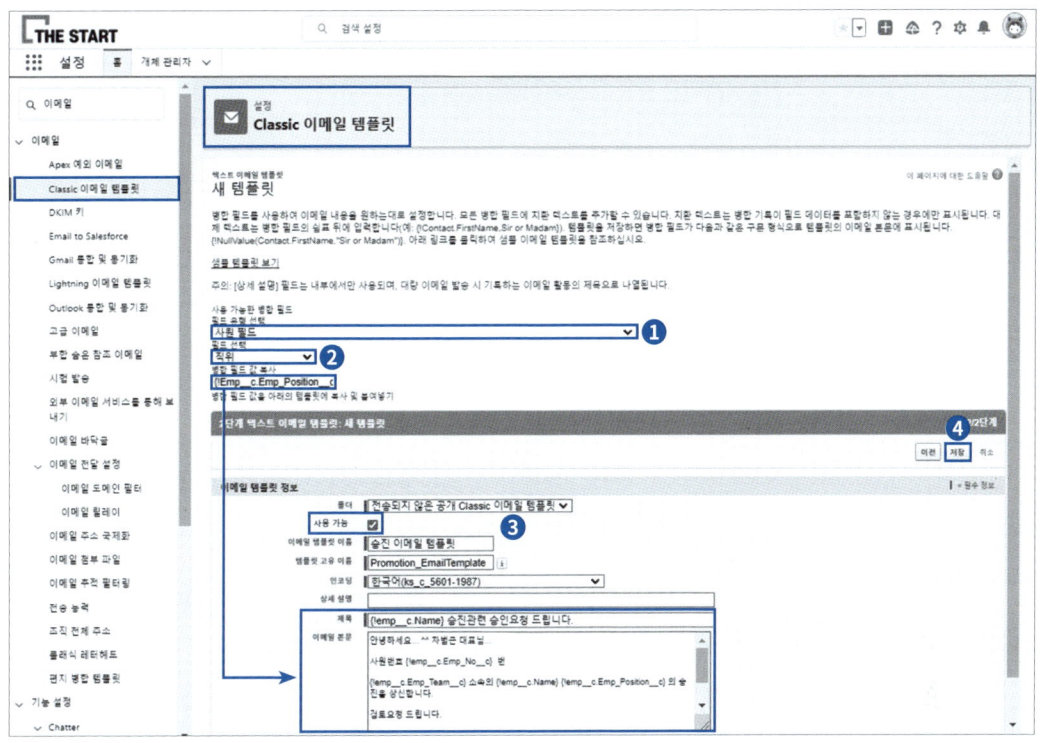

위 화면은 이메일 템플릿을 완성하는 내용으로 화면이 조금 커서 전체 이미지가 작아 보이므로 입력 항목은 아래 표로 정리하도록 하겠다.

다만 여기서 설명할 내용 중에 상단에 있는 내용은 "병합 필드"란 용어가 나오는데, 이는 메일 본문에 포함시킬 해당 열의 변수 값이다. 다시 얘기해서 우리가 지금 이메일 템플릿을 만드는 이유는 승진에 관련 내용을 대표에게 보내기 위함이다. 그러므로 대표님께 메일을 보낼 때 해당 사원의 사원번호, 이름, 팀, 직위 등의 정보가 메일에 포함된다면, 훨씬 더 정확히 메일의 내용을 이해하고 확인하는데 도움이 될 것이기 때문이다.

그러므로 "필드 유형 선택"에서는 "사원 필드"를 선택(1번)했다. 그리고 "필드 선택"은 원하는 필드 즉, "사원번호", "소속팀", "사원이름", "직위" 등의 필드를 선택하면, 해당 필드의 변수 값이 "병합 필드 값 복사" 항목(2번)에 출력된다. 그러면 그 내용을 메일 본문 원하는 문장의 위치에 "붙여넣기"하면 되는 것이다.

Chapter 10   프로세스 자동화(Process Automation) | 525

항목	입력 및 선택 값
폴더	전송되지 않은 공개 Classic 이메일 템플릿
사용 가능	체크
이메일 템플릿 이름	승진 이메일 템플릿
템플릿 고유 이름	Promotion_Email_Template
인코딩	한국어(ks_c_5601-1987)
상세 설명	없음
제목	{!emp__c.Name}승진관련 승인요청 드립니다.
이메일 본문	안녕하세요... ^^ 차범근 대표님... 사원번호 {!emp__c.Emp_No__c} 번 {!emp__c.Emp_Team__c} 소속의 {!emp__c.Name} {!emp__c.Emp_Position__c} 의 승진을 상신합니다. 검토요청 드립니다. 감사합니다. {!User.Name} {!User.Title} 드림

위 표는 앞의 화면에 있는 입력 항목들의 내용들이다. 여기서 눈 여겨 봐야하는 점은 "제목"과 "이메일 본문"이다. 제목과 이메일 본문에는 "{ }" 중괄호로 묶여 있는 코드들이 있는데, 이 코드가 바로 "병합 필드 값"인 것이다. 이들은 상단 병합 필드 항목에서 원하는 필드를 선택한 후 얻어진 병합 필드 값을 복사해서 붙여 넣은 것들이다.

다음 표는 이메일 본문에 포함된 필드들과 병합 필드 값들을 정리해 놓은 것이다.

필드 유형	필드명	병합 필드 값
사원 필드	사원번호	{!emp__c.Emp_No__c}
사원 필드	소속팀	{!emp__c.Emp_Team__c}
사원 필드	사원이름	{!emp__c.Name}
사원 필드	직위	{!emp__c.Emp_Position__c}
사용자 필드	사용자 이름	{!User.Name}
사용자 필드	직급	{!User.Title}

위의 내용들을 모두 입력한 후에 지금 만들려고 하는 이메일 템플릿을 사용하고자 한다면, 반드시 "사용 가능" 체크 상자(3번)를 선택해 주어야 한다. 그런 다음 "저장" 버튼(4번)을 눌러서 해당 템플릿을 저장하도록 하자.

2-2 승인 프로세스(Approval Process) 구현

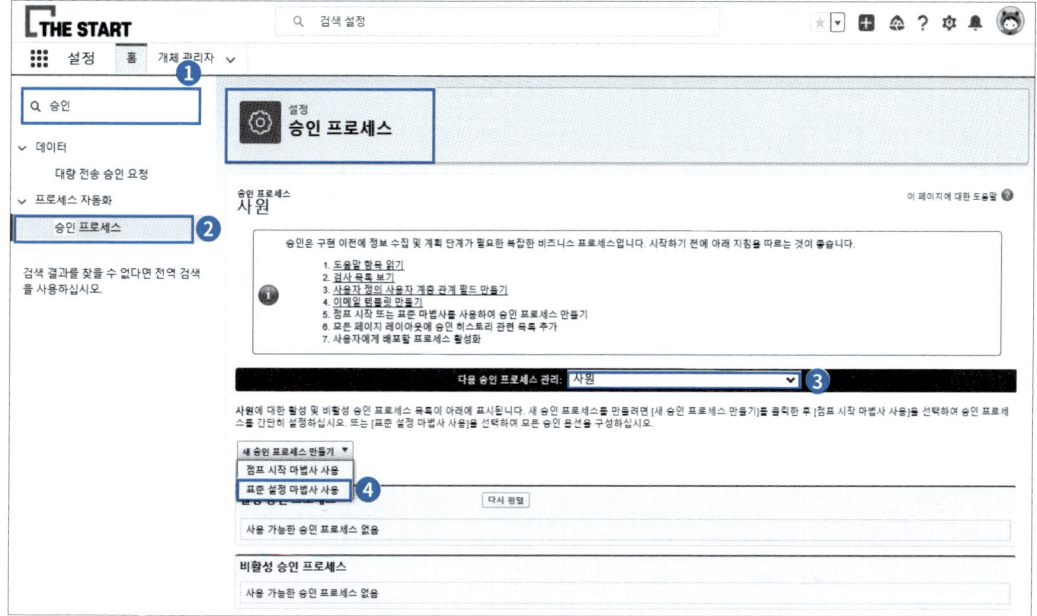

승인 프로세스는 "설정"에서 만들어지고, 관리된다. 그러므로 승인 프로세스를 새로 만들기 위해서는 "설정"으로 이동한 다음, 검색 창에서 "승인"으로 검색(1번)하면 "승인 프로세스" 항목(2번)이 검색되며, 이를 선택하면, "승인 프로세스" 페이지로 이동한다.

승인 프로세스 페이지에서 가장 먼저 선택해야 하는 항목은 바로 "다음 승인 프로세스 관리" 항목이다. 우리가 만들려고 하는 승인 프로세스는 사원들의 직위를 변경했을 때 이를 승인하고자 함이다. 그러므로 여기서 선택해야 하는 개체는 바로 "사원" 개체(3번)이다. 그 다음 새로운 승인 프로세스를 만들 때 두 가지 방법이 있는데, 하나는 "점프 시작 마법사 사용"이고, 나머지 하나는 "표준 설명 마법사 사용"이다.

우리는 "표준 설정 마법사 사용" 항목(2번)을 선택해서 새로운 승인 프로세스를 만들 것이다.

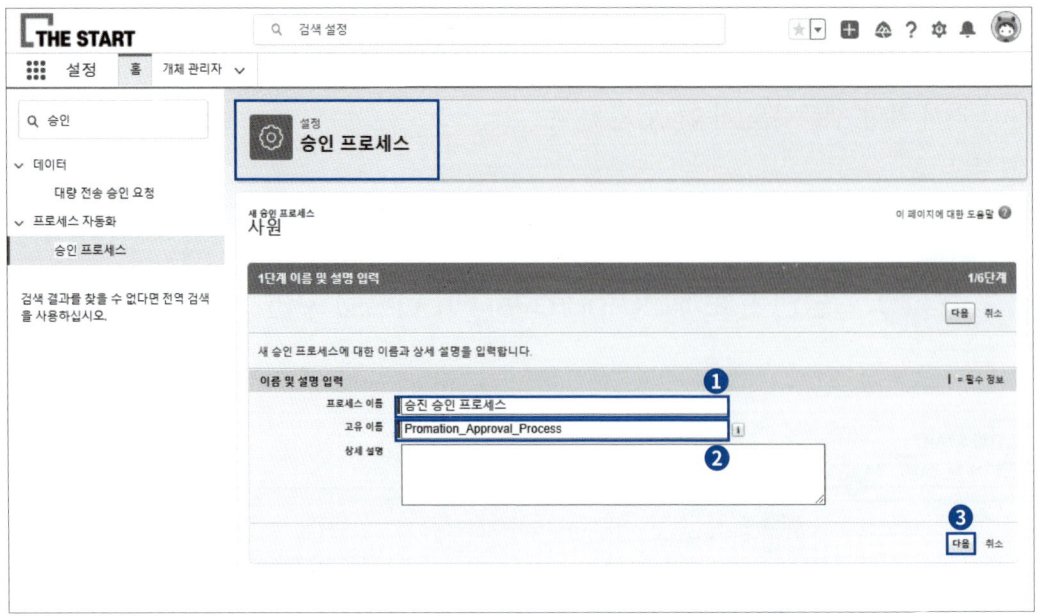

마법사 1단계는 프로세스의 이름과 설명을 입력하는 단계이다. "프로세스 이름"으로 "승진 승인 프로세스"로 입력(1번)하고, "고유 이름"은 "Promation_Approval_Process"로 입력한 후 "다음" 버튼을 눌러 다음 단계로 이동하자.

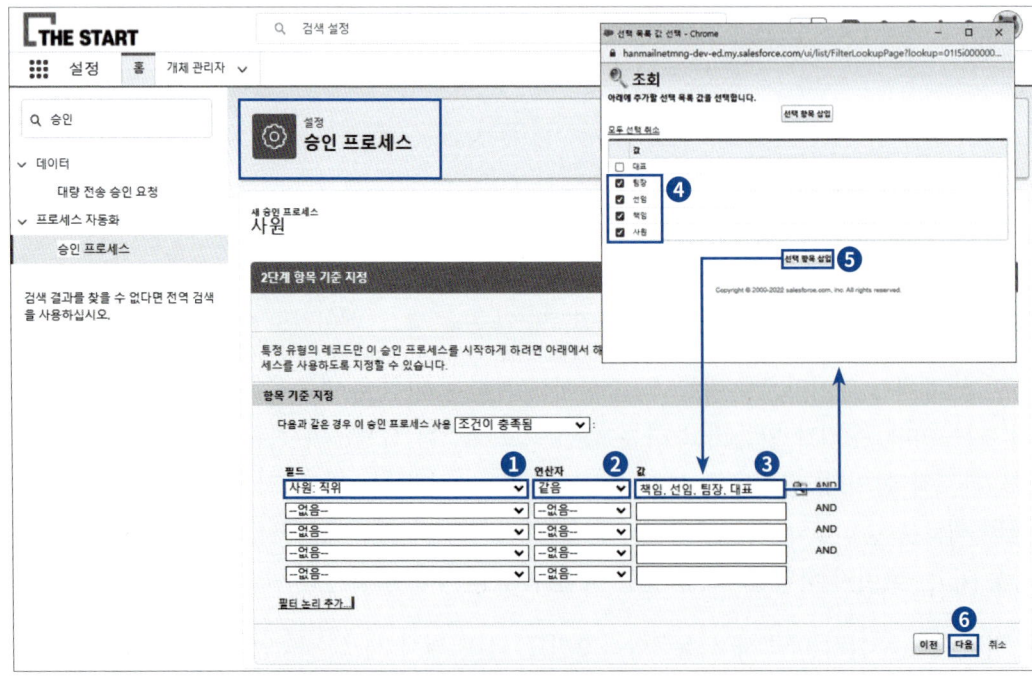

2단계에서는 승인의 대상이 되는 레코드를 지정하기 위한 조건을 정의하는 단계이다. 승진관련 필드이므로 "필드"는 "직위" 필드를 선택(1번)하고, "연산자"는 "같음"을 선택(2번)한다. 다음 "값"은 승진 대상을 조건으로 정의해야 하는 것이기 때문에 오른쪽 돋보기 버튼(3번)을 누르면, "선택 목록 값 선택" 팝업 창이 나타나는데, 여기에서 "팀장, 선임, 책임, 사원"을 선택(4번)하고, "선택 항목 삽입" 버튼(5번)을 누르면, 해당 값들이 값 목록에 입력된다.

정상적으로 모든 설정이 완료되었다면, "다음" 버튼(6번)을 눌러서 다음 단계로 이동하도록 하자.

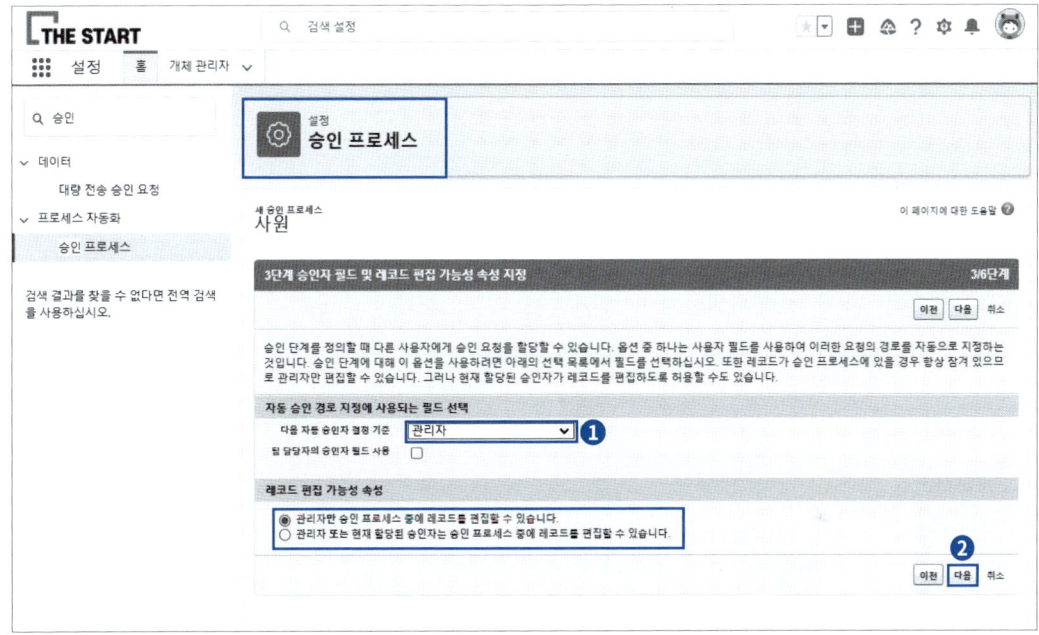

다음 단계인 3단계에서는 승인 단계에서 다른 사용자를 승인자로 선택할 수 있도록 하기 위해 "다음 자동 승인자 결정 기준"을 "관리자"로 선택(1번)하고, 아래에 있는 "레코드 편집 가능성 속성"을 보면 "관리자만 승인 프로세스 중에 레코드를 편집할 수 있습니다."라고 되어 있다. 이 얘기는 승인 프로세스가 진행중인 동안에는 다른 사용자가 관련 레코드를 수정할 수 없다는 것이다. 이는 업무적인 상황을 고려해서 판단해야 하는 것으로 일반적으로 사원 정보가 활발하게 업데이트되는 성격은 아니기 때문에 기본 옵션을 확인하도록 하자. 그런 다음 "다음" 버튼(2번)을 눌러서 다음 단계로 이동하도록 하자.

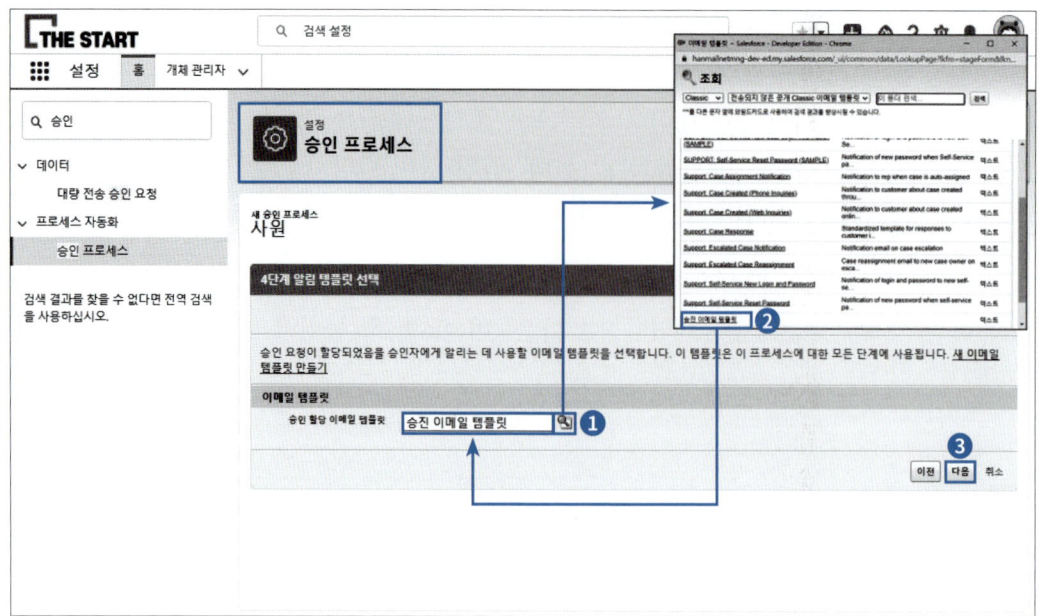

4단계는 이메일 템플릿을 선택하는 단계이다. 우리는 이전에 승인 프로세스에서 사용할 이메일 템플릿을 만들었기 때문에 화면 중앙에 있는 돋보기 버튼(1번)을 클릭해서 나타나는 이메일 템플릿 팝업 창에서 "승진 이메일 템플릿"을 선택(2번)하면 해당 템플릿 이름이 입력란에 들어오게 된다. 그러면 "다음" 버튼(3번)을 눌러서 다음 단계로 이동하도록 하자.

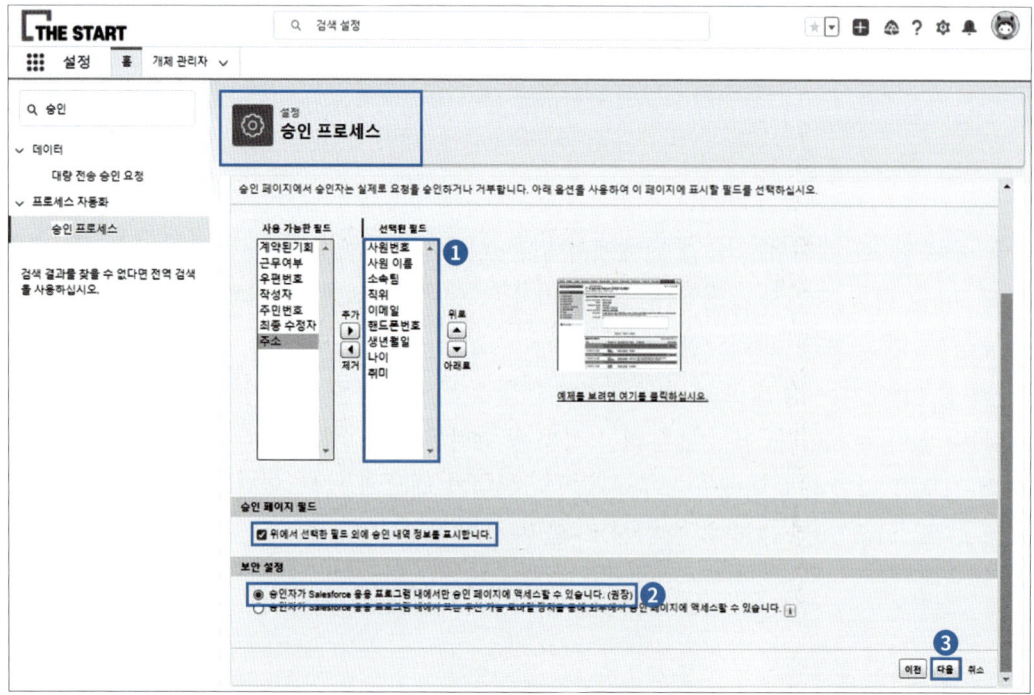

5단계는 승인자(대표)에게 보여 질 승인 대상자들의 정보를 제공할 필드들을 선택하는 단계이다. 이는 이메일에 포함되는 필드들과 다르게 세일즈포스 내부적으로 사용되는 필드들이다. 참고로 승인 요청이 발생하게 되면, 알림을 통해서 승인자(대표)에게 알림이 전달되는데, 바로 여기에서 선택된 필드들이 정보로 제공되며, 승인 개체의 세부사항에도 해당 필드들이 포함된다.

원하는 필드를 "선택된 필드" 목록으로 옮긴 다음(1번) 승인 내역 정보도 포함하고자 한다면, "승인 페이지 필드"에서 "위에서 선택한 필드 외에 승인 내역 정보를 표시합니다."를 선택(2번)한다. 그리고 아래 있는 보안 관련 내용 한번 읽어본 후 "다음" 버튼(3번)을 눌러서 다음 단계로 이동하도록 하자.

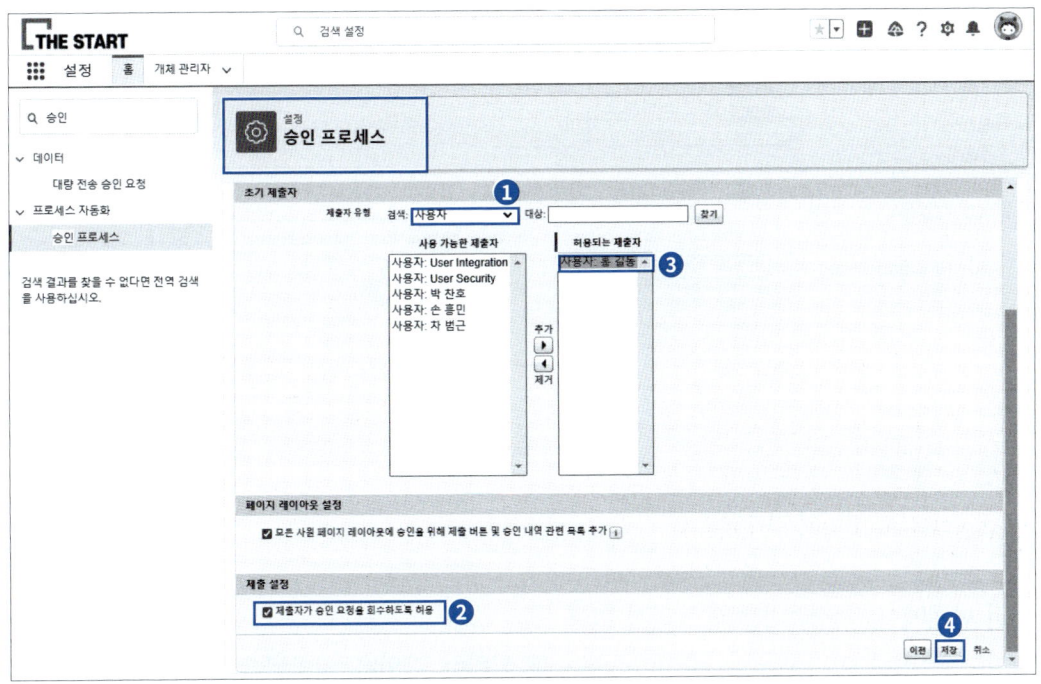

이제 마지막 단계이다. 마지막 단계는 승인을 제출할 수 있는 계정을 선택해야 하는데, 이를 위해 "제출자 유형"에서 "사용자"를 선택하고, "사용 가능한 제출자" 목록 중에서 승진을 요청하는 주체는 각 팀의 팀장들인 만큼 팀장들을 선택해서 "허용되는 제출자"로 이동시켜야 한다. 그러나 현재 개발자 오그의 라이선스가 2개 밖에 없는 관계로 현재 독자분들이 사용하시는 계정인 "홍길동" 팀장을 선택해서 "허용되는 제출자"로 이동(2번)하도록 하자.

그리고 하단에 보면 "제출자가 승인 요청을 회수하도록 허용" 옵션(3번)이 있는데, 말 그대로 잘못된 승인 요청을 제출자가 회수한다는 의미이다. 이 옵션도 체크하고, 마지막으로 "저장" 버튼(4번)을 눌러서 승인 프로세스를 저장하도록 하자.

지금까지 정리한 내용을 정리하자면, 우선 2단계에서 승인의 대상이 되는 레코드를 지정하기 위한 조건을 정의했으며, 3단계에서는 승인 요청 단계에서 다른 사용자에게 승인 요청을 할당할 수 있도록 정의했고, 4단계에서는 메일 템플릿을 선택했으며, 5단계에서는 승인 대상자 즉 사원의 정보를 승인자(대표)에게 보여줄 필드들을 정의했고, 마지막 단계에서는 승인을 요청할 사용자를 지정했다.

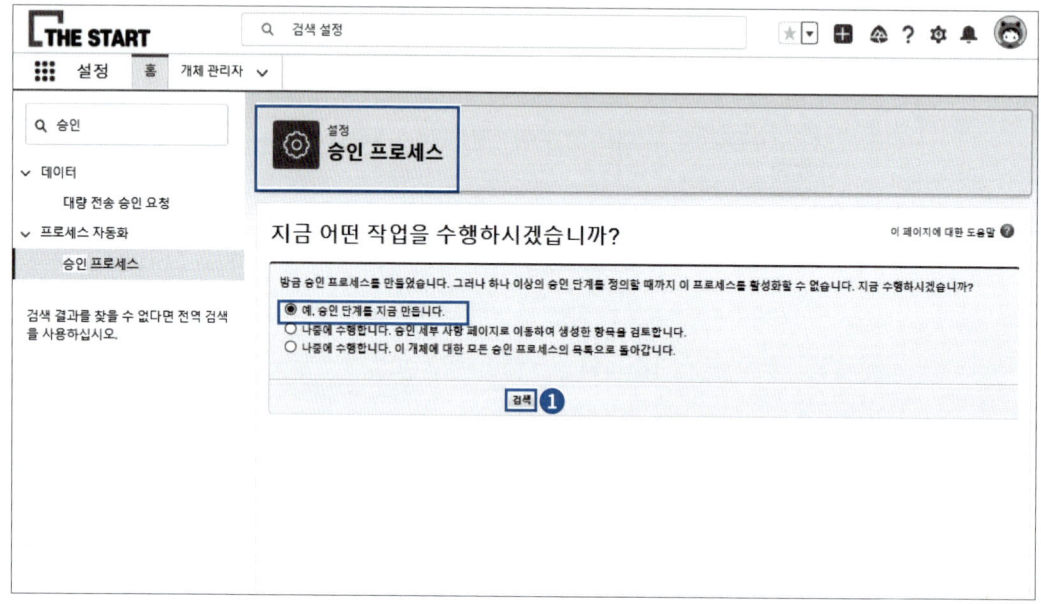

이전 단계에서 "저장" 버튼을 눌러서 만든 것은 승인 프로세스 즉, 승인 관련 절차를 만든 것이다. 그러나 아직 우리는 승인이 났을 때 어떠한 작업을 처리해야하는 지를 정의하지 않았다. 그러므로 "저장" 버튼을 누른 다음 나타나는 화면은 승인이 났을 때 처리해야 하는 작업을 정의하는 단계를 보여주고 있으며, 승인 프로세스가 완료됐더라도 승인관련 작업이 등록되지 않은 경우 승인 프로세스 자체를 활성화할 수 없다.

위 화면에서는 기본적으로 선택되어 있는 "예, 승인 단계를 지금 만듭니다." 옵션을 확인하고, 버튼 이름이 좀 이상하긴 한데 "검색" 버튼(1번)을 눌러서 승인이 난 경우 처리해야 하는 작업을 정의해보기로 하자.

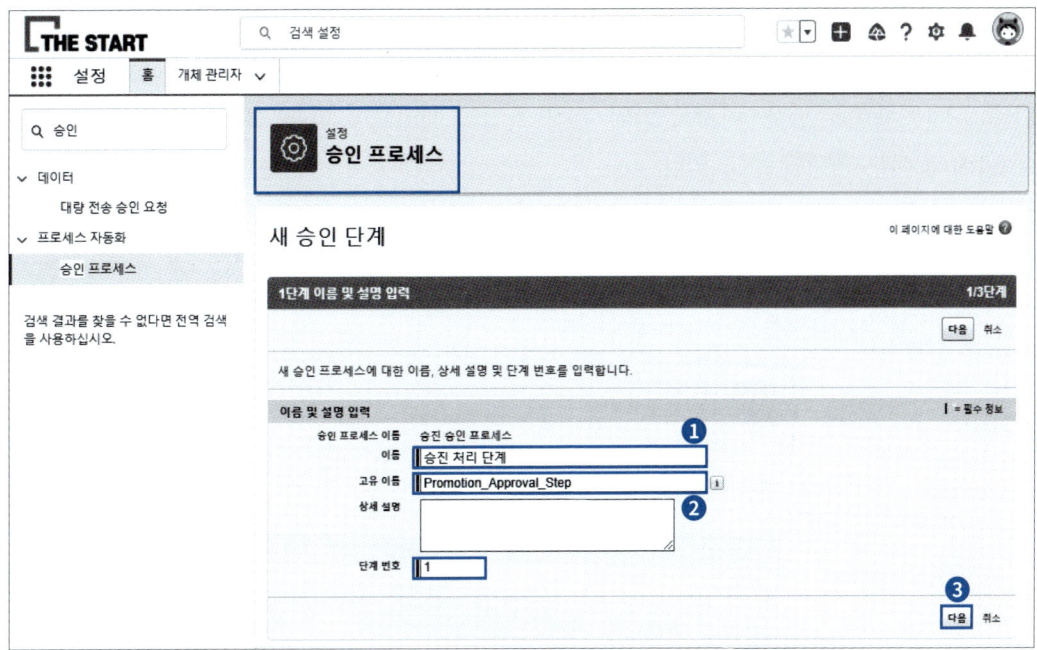

해당 작업의 "이름"은 "승진 처리 단계"로 입력(1번)하고, "고유 이름"은 "Promotion_Approval_Step" 입력(2번)한다. "단계 번호"는 "1"로 되어 있는데, 더 많은 단계가 추가될 수 있음을 나타내는 것이다. "다음" 버튼(3번)을 눌러서 다음 단계로 이동하도록 하자.

위 단계는 승인의 대상이 되는 레코드를 필터링할 수 있는 단계인데, 여기서는 기본 옵션인 "모든 레코드는 이 단계로 이동해야 합니다."를 그대로 두고 "다음" 버튼을 눌러서 다음 단계로 이동하도록 하자. 여기서 만일 특정 조건의 레코드에 따른 설정을 하고자 한다면, 두 번째 옵션을 선택할 수도 있다.

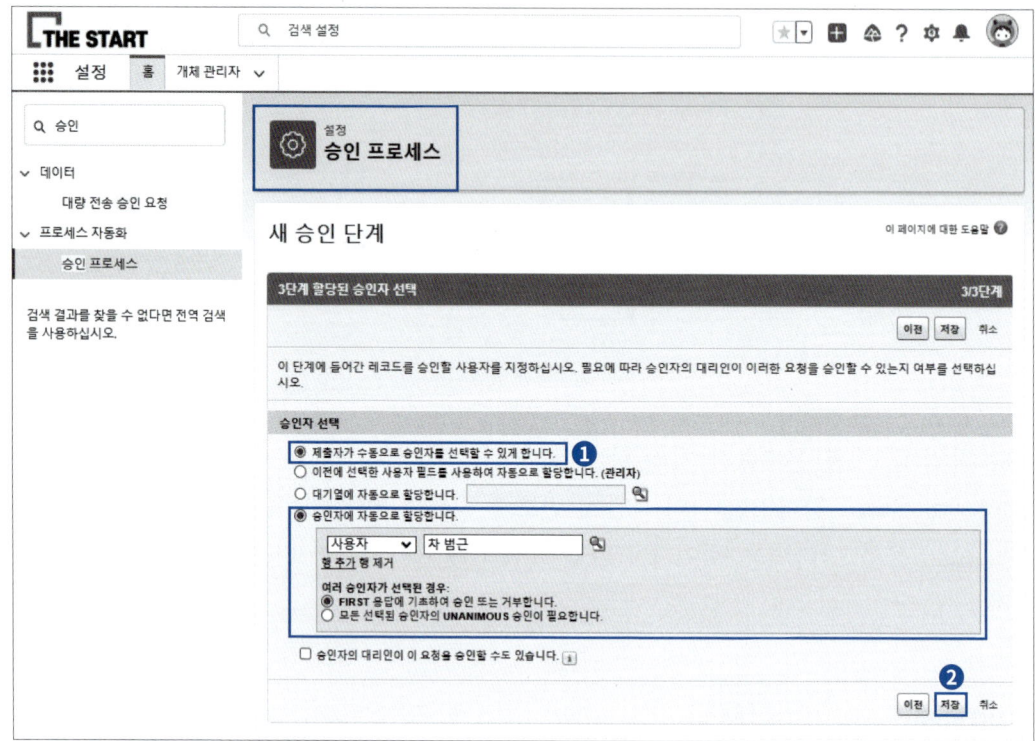

다음 단계는 할당된 승인자를 선택하는 단계로서 여기서는 테스트를 위해서 첫 번째 옵션인 "제출자가 수동으로 승인자를 선택할 수 있게 합니다."를 선택(1번)할 것이다. 이 옵션의 의미는 필요시 제출자가 승인자를 선택할 수 있다는 것이며, 아래와 같이 승인자에게 자동으로 할당되도록 설정을 할 수도 있는 것이다. 내용을 확인했다면, 1번 옵션을 선택한 후 "저장" 버튼(2번)을 눌러서 작업의 단계를 완료한다.

현재 진행한 내용은 "승진 승인 프로세스" 내에서 "승인"을 하기 위해 승인 담당자를 지정하는 절차를 정의한 것이다.

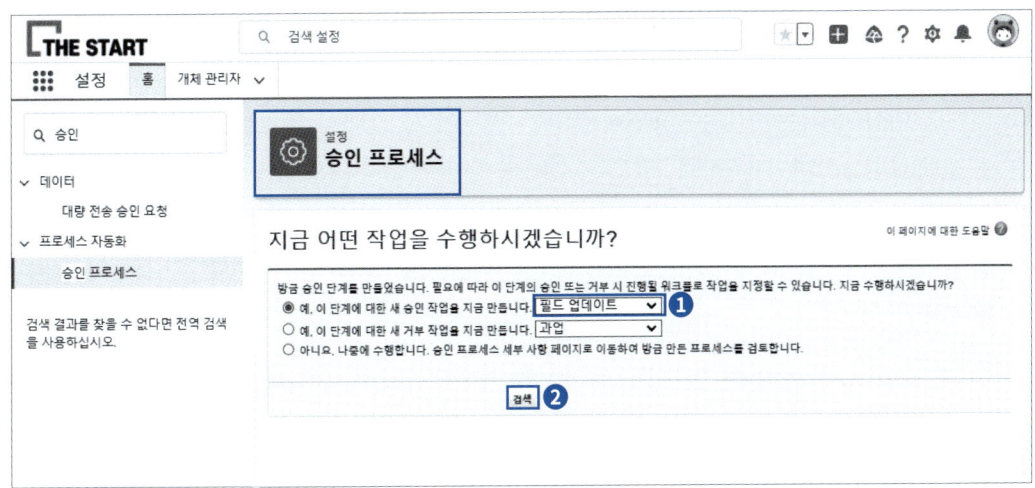

이제 승인 담당자가 "승인"을 하는 경우 필요한 작업과 아니면 "거부"를 하는 경우에 대한 작업을 정의해야 한다. 승인이 결정된 경우에는 해당 사원의 현재 "직위"를 한 단계 높여 주는 업데이트 작업을 정의할 것이다. 그러므로 첫 번째 승인 관련 작업에서 "필드 업데이트"를 선택(1번)한 다음, 또 이름이 이상하긴 하지만, "검색" 버튼(2번)을 눌러 다음 화면으로 이동한다.

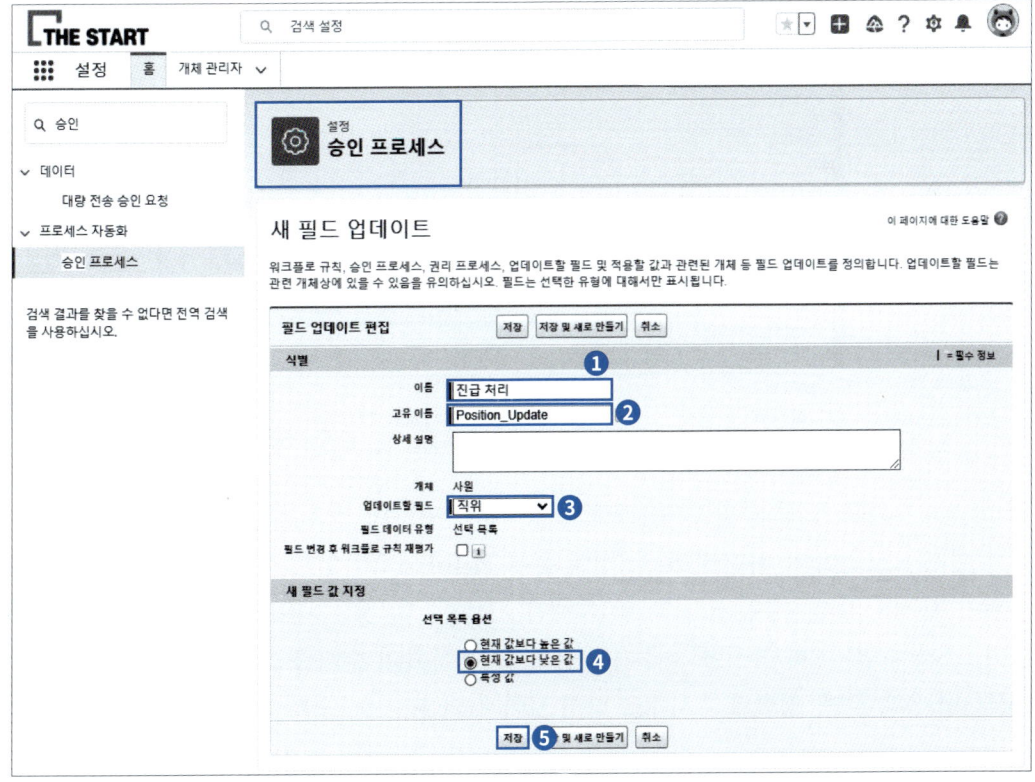

위 작업은 "승인"이 났다는 것을 전제로 무엇을 해야 할 지를 정의하고 있는 것이다. 해서 "이름"은 "진급 처리"로 입력(1번)했으며, "고유 이름"은 "Position_Update"로 입력(2번)했다. 그리고 그 대상이 되는 필드는 당연히 "직위" 필드이다. 그래서 "업데이트할 필드"에서 "직위"를 선택(3번)했으며, 이 "직위" 필드는 선택목록이다. 그러므로 하단에 항목이 확장되며, "선택 목록 옵션"을 보면 3가지가 있다. ("현재 값보다 높은 값", "현재 값보다 낮은 값", "특정 값") 여기서 우선 "특정 값"을 선택하면, 콤보 상자가 나타나서 어떠한 직위로 이동할지를 선택할 수 있게 된다.

그러나 우리는 승진 승인이 난 경우 "사원"의 경우 "책임"으로, "책임"의 경우 "선임"으로, 이렇게 한 단계씩 직위를 업데이트를 해 줄 예정이다. 그러면 직위의 우선순위가 어딘가 에는 정의가 되어 있어야 이 작업이 가능할 텐데, 어디서 직위의 우선순위를 정의했을까? 이는 사원개체의 직위를 선택목록으로 구성하면서 "직위"를 나열할 때 정의된다.

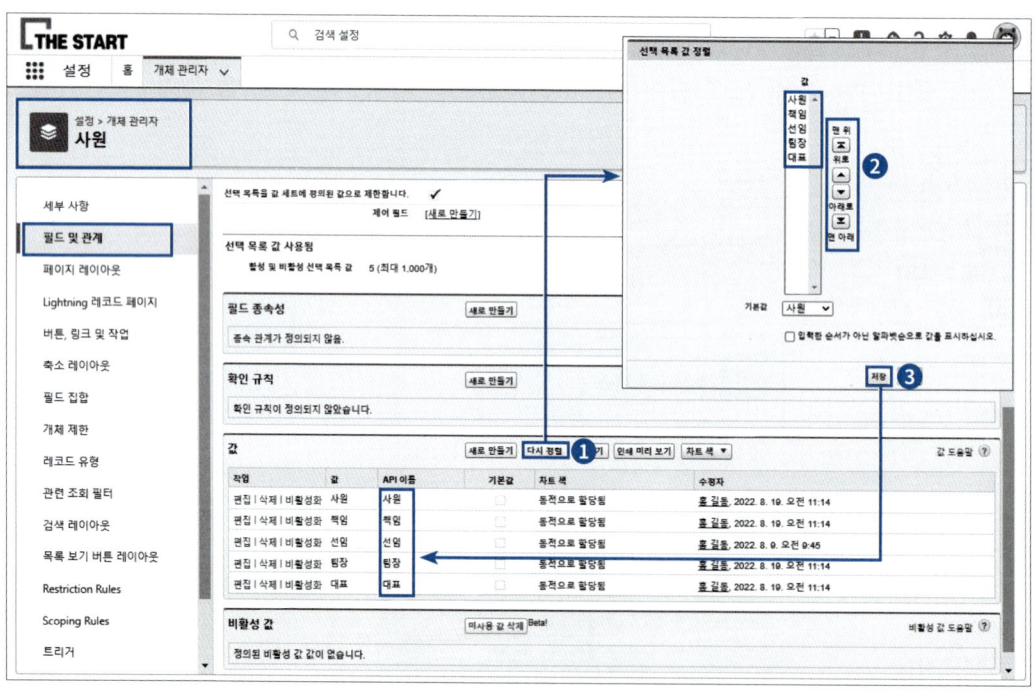

위 화면은 "사원" 개체의 "필드 및 관계"에서 "직위" 필드를 선택했을 때 해당 페이지 하단에 보여지는 모습이다. 하단에 보면 "선택 목록(Pick List)"가 있으며, 이 순서가 바로 우선 순위인 것이다. 만일 이 순서가 "사원", "책임", "선임", "팀장", "대표" 이렇게 되어 있지 않다면, 중간에 있는 "다시 정렬" 버튼(1번)을 눌러서 목록의 순서를 조정(2번)한 후에 "저장" 버튼(3번)을 누르면, 정렬된 순서대로 다시 보이게 된다.

그렇다면 일반적으로 대표가 가장 우선순위가 높게 되어 있어야 할텐데, 사원이 가장 높게 되어 있는 이유는 무엇일까? 이 이유는 바로 이 "직위" 필드가 선택 목록으로 "경로" 설정에 사용됐기 때문이다.

그러므로 현재 사원의 "직위" 값보다 낮은 값으로 업데이트를 하도록 해야 하기 때문에 이전 화면에서 "선택 목록 옵션"을 "현재 값보다 낮은 값"으로 선택(4번)해야 한다. 이제 모두 마무리됐다면, "저장" 버튼을 눌러서 승인이 났을 때 업데이트 작업을 완료하도록 하자.

승인 프로세스가 완료됐으면, 이제 "활성화"를 해주어야 해당 승인 프로세스가 실제로 동작하게 된다. 승진 승인 프로세스 설정과 관련한 세부 사항을 확인하고, 아래에 보면 승인 단계에서 처리하는 작업도 등록된 것을 확인할 수 있다.

이제 "승진 승인 프로세스" 설정이 완료되었으므로 마지막으로 "활성화" 버튼(1번)을 눌러서 "승진승인 프로세스"를 활성화 해주도록 하자.

2-3 승인 프로세스(Approval Process) 테스트

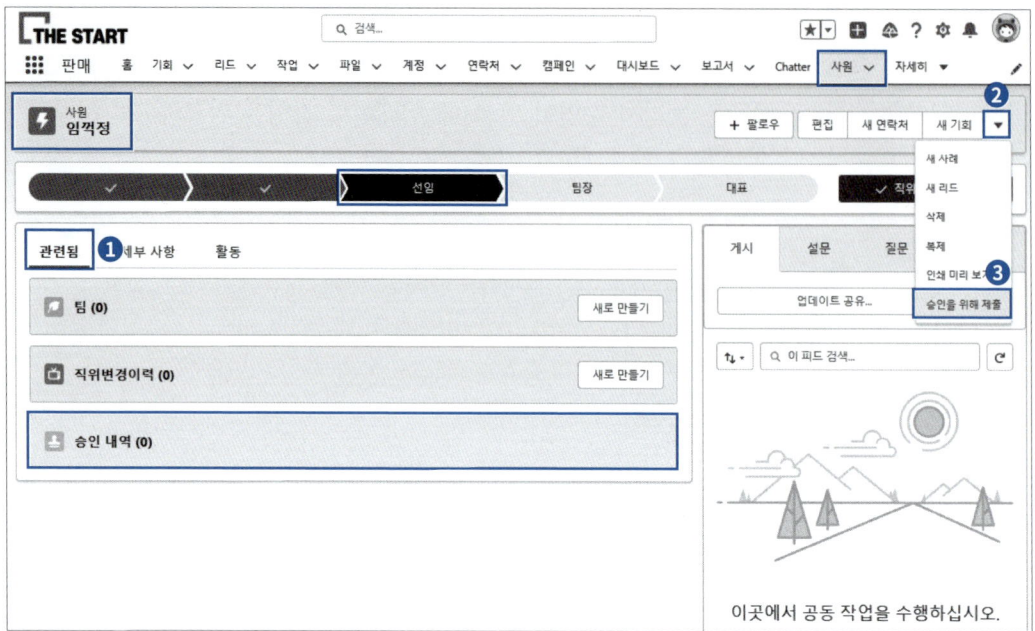

이제 준비된 승인 프로세스 즉 "승진 승인 프로세스"의 테스트를 진행하도록 하겠다. 위 화면은 "사원" 탭으로 이동한 후 "임꺽정" 사원을 선택한 후 "관련됨" 탭을 선택(1번)한 모습이다. "임꺽정" 사원의 현재 직위는 "선임"이며, 화면 하단을 보면 관련 개체로 "승인 내역"이 추가되어 있는 것을 확인할 수 있다.

이제 "임꺽정" 사원의 진급을 위한 승인을 요청해보기로 하겠다. 이를 위해 오른쪽 상단에 "콤보" 버튼(2번)을 누르고, 메뉴 중에 "승인을 위해 제출"이란 메뉴(3번)를 선택한다.

그럼 위 화면과 같이 "승인을 위해 제출" 대화상자가 나타난다. 관련하여 승인 요청 메시지를 입력(1번)한 후 "제출" 버튼(2번)을 누르면, 다시 화면이 전환되면서 "승인자"를 선택하는 단계가 나오게 된다. 우리는 이전 승인 프로세스를 정의하면서 옵션으로 "제출자가 수동으로 승인자를 선택할 수 있게 합니다."를 선택했었다. 그러므로 이와 같이 "승인자"를 선택할 수 있는 단계가 포함되는 것이다. "승인자"는 목록에서 회사 대표인 "차범근"을 목록에서 선택(3번)한 후 "제출" 버튼(4번)을 눌러서 승인 요청을 완료하기로 하자.

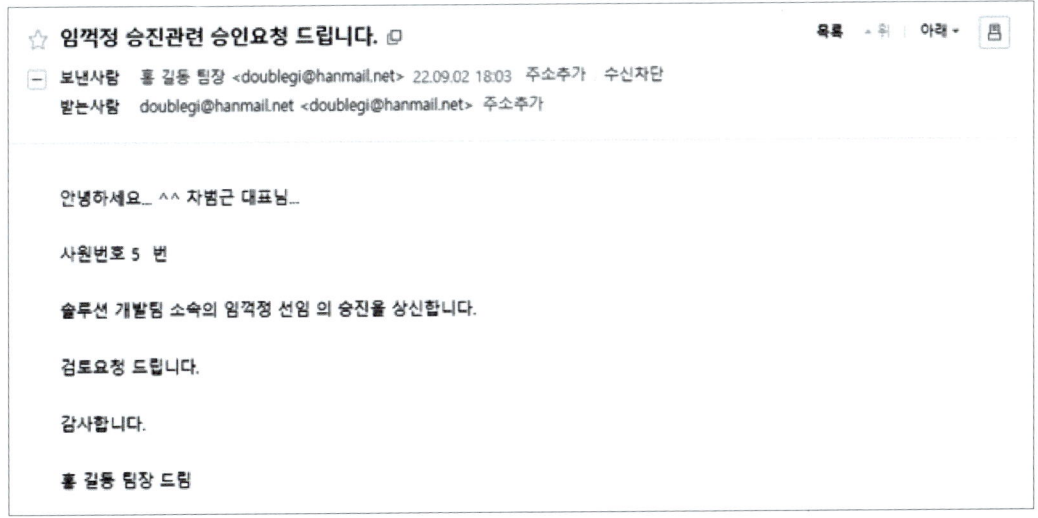

그러면 위와 같이 "차범근" 대표에게 메일이 전달된다. 앞서 정의했던 차범근 대표의 "사용자 이름"은 "dev_cha@thestart.cloud" 사용자 이름 즉, 사용자 ID 이며, 이메일 계정이 아니다. 차범근 대표의 이메일은 필자가 사용하는 이메일을 입력했기 때문에 필자에게 메일이 전달되는 것이다. 더불어 해당 내용은 차범근 대표의 알람으로도 전달된다.

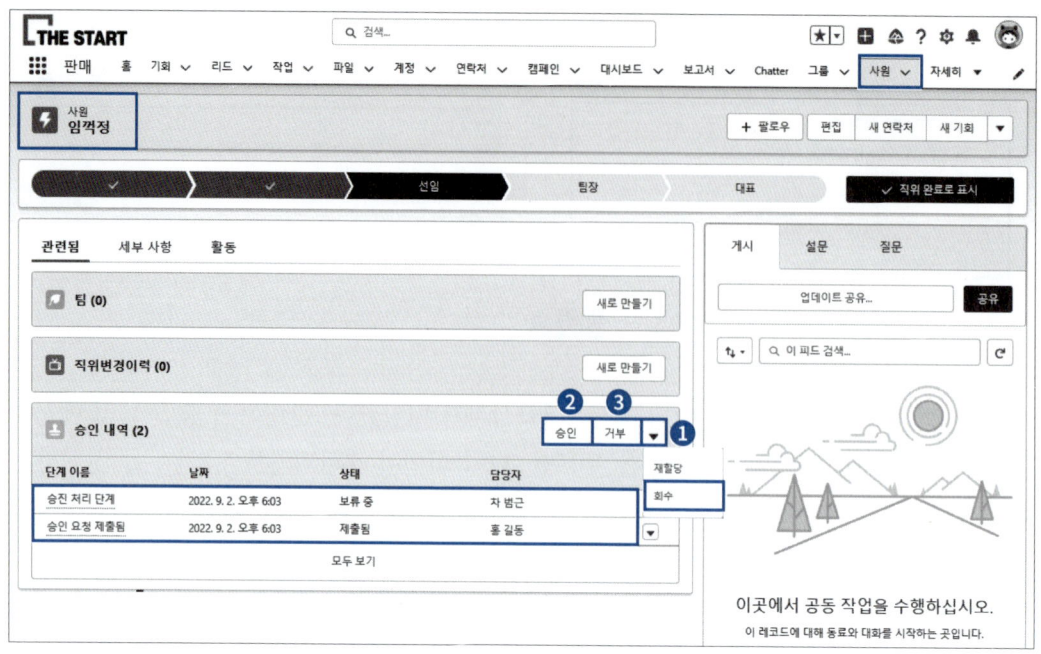

제출이 확정되면 이제 승인 내역에 관련 내용들이 등록되고, "승인"과 "거부" 버튼도 생성된다. 등록된 레코드를 살펴보면 두 번째 레코드는 "제출됨" 상태이고, "승진 처리 단계"는 "보류 중"인 상태이다. 여기서 "승진 처리 단계"는 전체 승인 프로세스에서 승진에 대한 승인이 났을 때 처리하기 위해 추가된 단계이다.

앞서 설명한 바와 같이 이렇게 승인이 요청되는 경우 제출자는 이를 다시 회수할 수 있다. 우리는 앞서 승인 프로세스를 설정하면서 제출자 선택 단계에서 "제출자가 승인 요청을 회수하도록 허용"이란 옵션을 선택한 바 있다. 그러면 위와 같이 승인 요청 건에 대해 "회수" 옵션을 사용할 수도 있다. 여기서는 메뉴가 생성된다는 정도, 그래서 승인 요청을 다시 회수할 수 있다는 정도만 확인하기로 하자.

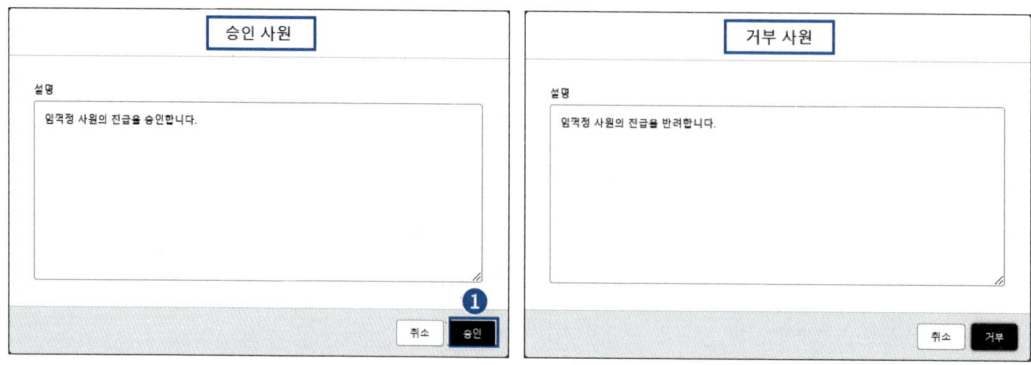

다음으로 위 화면은 이전 화면에서 "승인" 버튼(2번)을 누를 때와 "거부" 버튼(3번)을 누를 때의 화면이다. 이전 화면에서 "승인" 버튼(2번)을 누른 후에 "승인 사원" 대화상자에서 "승인" 버튼(1번)을 누르면 승인이 확정되며, 승인이 확정된 후 화면은 다음과 같다.

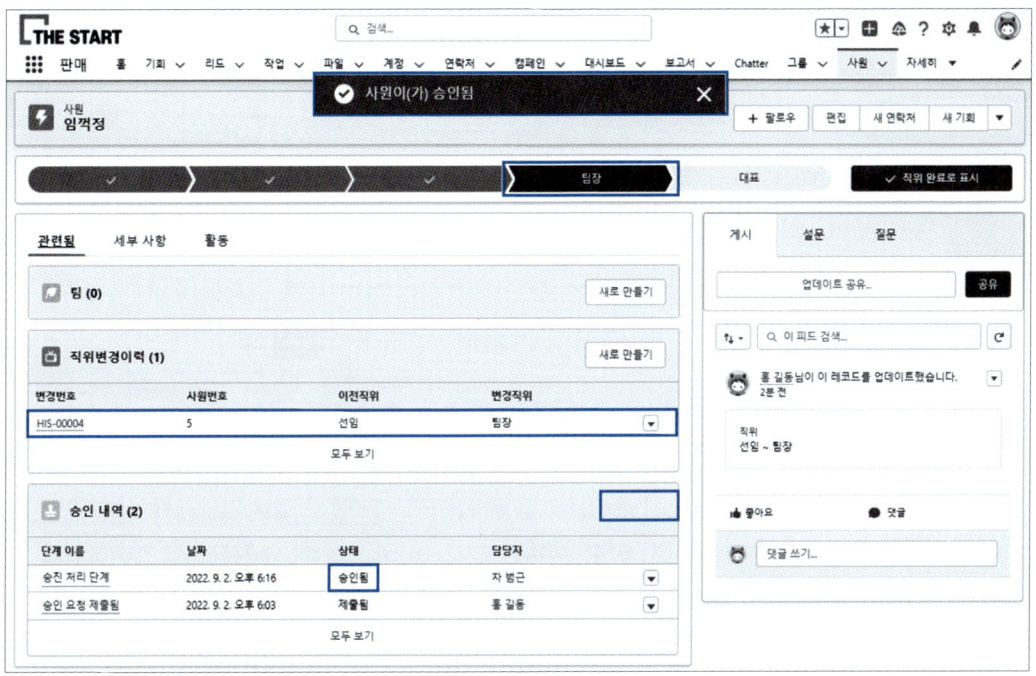

"승인"이 확정되면, 우선 가장 상단에 승인 메시지가 잠시 나타나며, 더불어 경로가 자동으로 "팀장"으로 이동한 것을 확인할 수 있다. 그리고 "직위변경이력" 레코드가 하나 생기는데, 이는 플로(Flow)를 통해서 자동 생성된 것이다. 그리고 하단에 레코드의 상태는 "승인됨"으로 변경되었으며, "승인"과 "거부" 버튼은 사라졌다.

그런데 한 가지 문제가 있다. 승인 관련 메일과 알림을 받는 건 좋은데, 승인할 때마다 이렇게 개별 레코드에 대표님이 접근해서 승인을 해야 한다면, 승인을 하는 대표님이 좀 불편하실 것 같다. ^^ 그러므로 이러한 승인자들을 위해 승인 요청들을 모아서 보여주는 "승인요청"이란 개체가 별도로 존재한다.

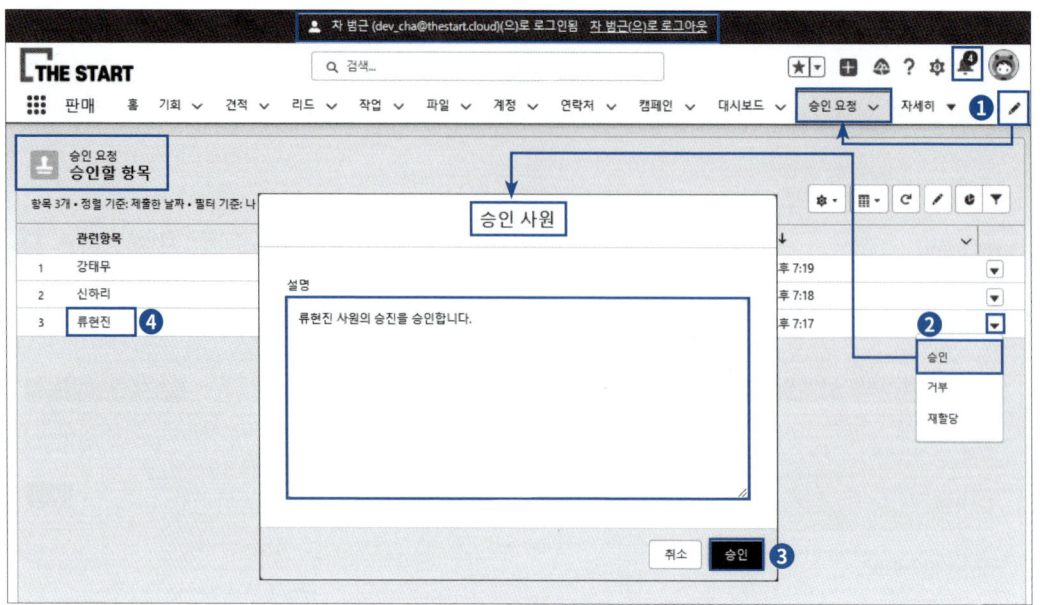

위 화면은 화면 상단을 보면 알 수 있듯이 "차범근" 대표 계정으로 로그인한 화면이다. 현재 "차범근" 대표님께 알림이 도착해 있는 것을 확인할 수 있다. 그리고 앞서 설명했던 내용인데 화면 탭 라인 오른쪽 끝을 보면 "연필" 버튼(1번)이 있는데, 이를 선택하면, 현재 보여지는 탭들을 추가 또는 제거할 수 있다. "연필" 버튼(1번)을 눌러서 "승인 요청" 개체가 탭에 노출되도록 하자.

"승인 요청" 탭을 보면 "승인할 목록"이 리스트로 보이게 된다. 그러면 대표님은 하나씩 오른쪽 콤보 상자를 눌러서 "승인" 메뉴(2번)를 눌러 "승인" 처리(3번)를 할 수 있게 된다. 그리고 관련 항목에 있는 이름을 개별적으로 선택(4번)하게 되면 다음과 같이 승인 요청관련 상세 내용을 확인할 수 있고, 해당 화면에서도 승인관련 처리를 할 수 있다.

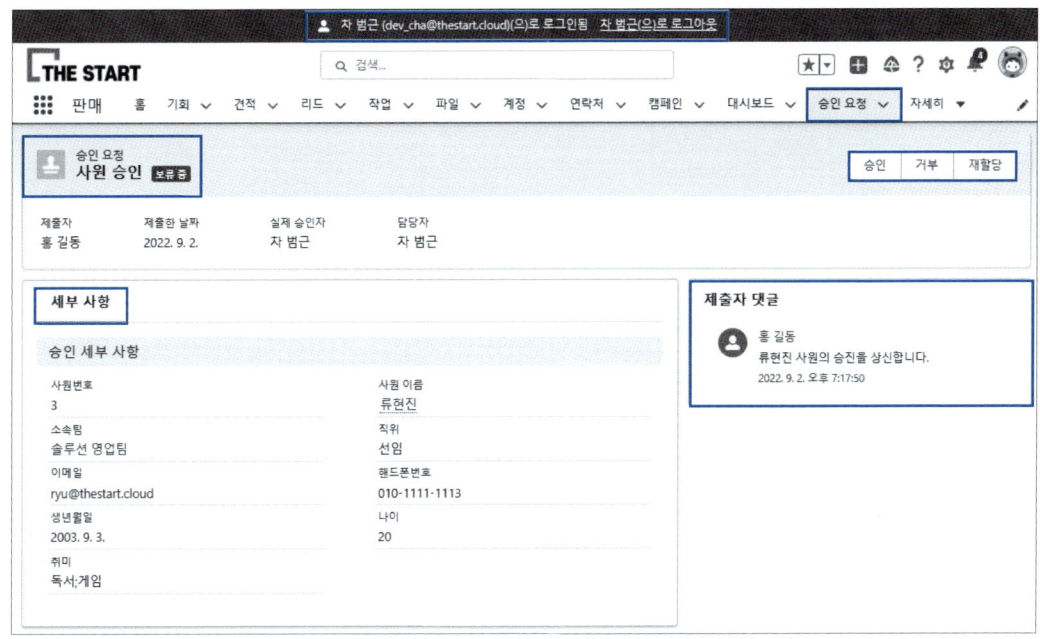

2-4 거부 프로세스(Reject Process) 추가 및 테스트

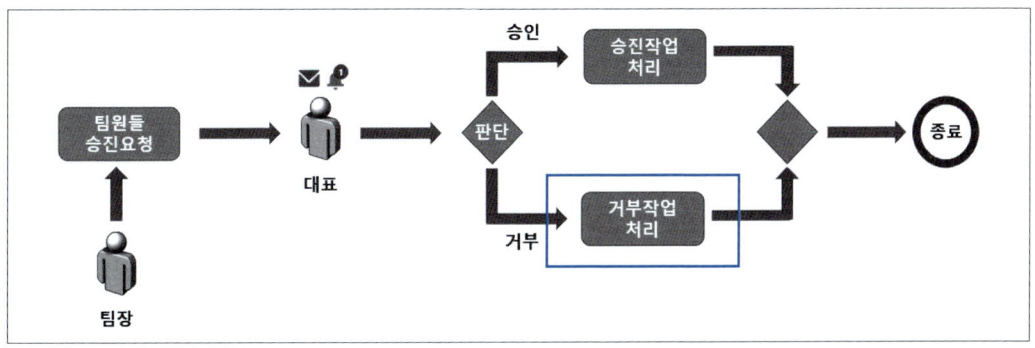

다음은 승인 요청이 발생했을 때 이를 승인하지 않고, 거부하는 상황에서 필요한 작업을 정의해보기로 하겠다. 이를 위해서 이전 단계에서 만들었던 승인 프로세스를 그대로 둔 상태에서 승인 요청이 거부되었을 때의 작업을 추가할 것이다.

"거부" 프로세스 처리를 다양한 시나리오를 통해 검토해볼 수 있으나 그러기 위해서는 또 다시 업무 시나리오를 장황하게 설명해야 하는 만큼 여기서는 기능적으로 거부를 확인해 보기 위해 간략히 승진작업과 반대로 승진이 거부되는 경우 직위를 한 단계 내리는 작업을 추가해보기로 하겠다.

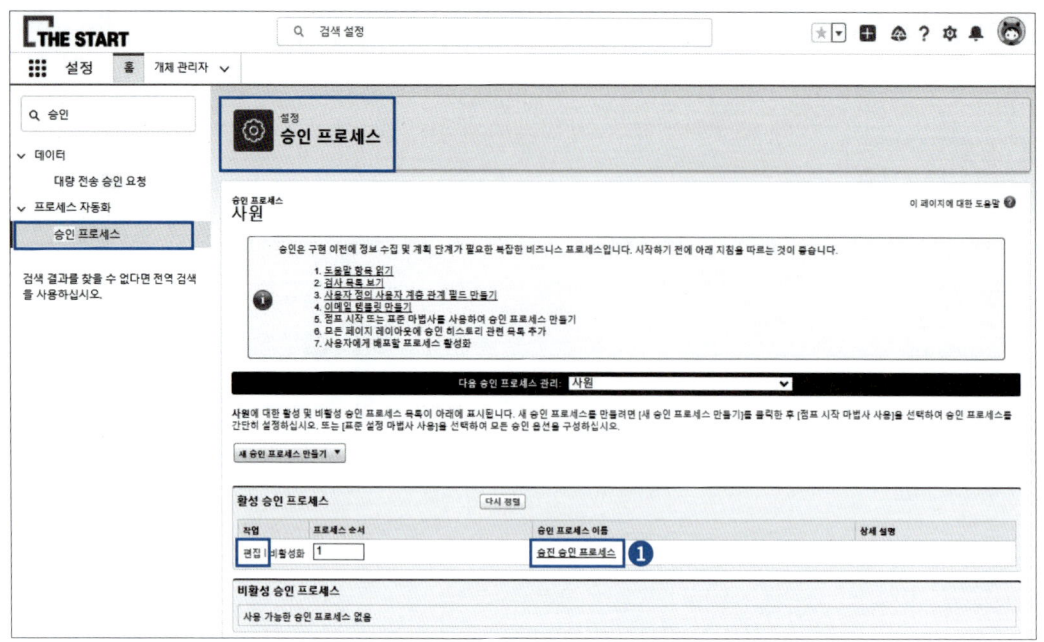

거부 프로세스를 추가하기 위해서 역시 "설정"의 "승인 프로세스"로 이동한다. 그러면 우리가 이전에 만든 승인 프로세스가 보이게 되는데, 여기에 우리가 방금 만든 승인 프로세스가 등록되어 있는 것을 확인할 수 있다.

그런데 여기에서 "편집" 버튼을 누르면, "승인 프로세스"를 처음 만들 때의 단계를 수정할 수 있는 항목이 나오게 된다. 우리는 "승인 프로세스"를 수정하고 싶은 것이 아니라 기존의 승인 프로세스에 거부(Reject) 시 필요한 작업을 추가할 것이다. 그러므로 지금은 승진 프로세스 이름인 "승진 승인 프로세스"를 선택(1번)해야 한다.

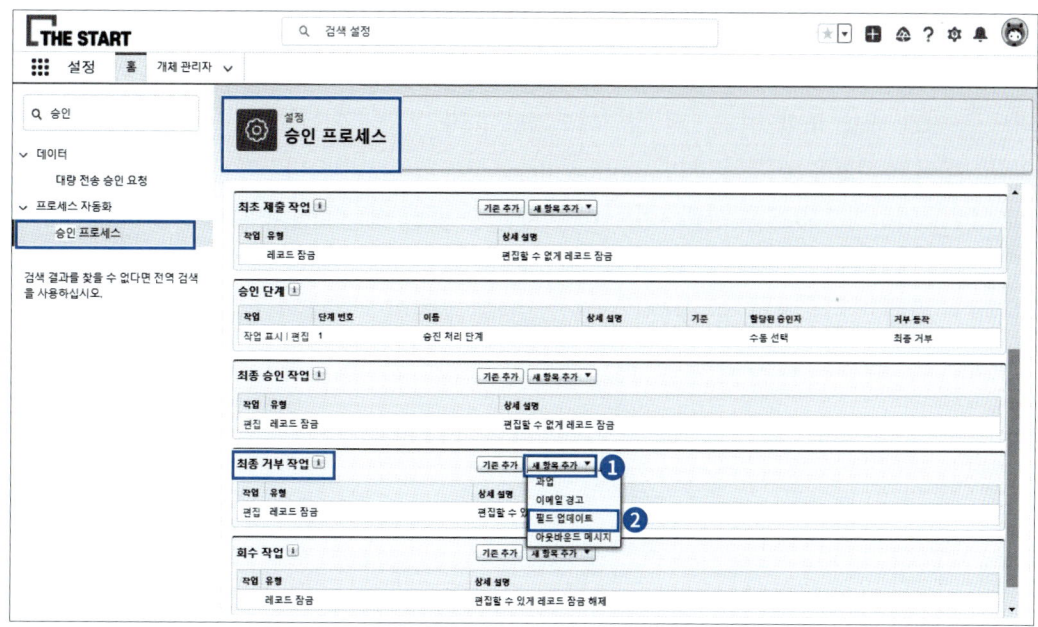

그러면 위와 같이 "승진 승인 프로세스" 페이지로 이동하게 된다. 내용이 좀 많지만 하단으로 내려와 보면 "최종 거부 작업" 영역이 보이는데, 여기에서 "새 항목 추가" 콤보 상자(1번)을 누른 후 "필드 업데이트"를 선택(2번)한다.

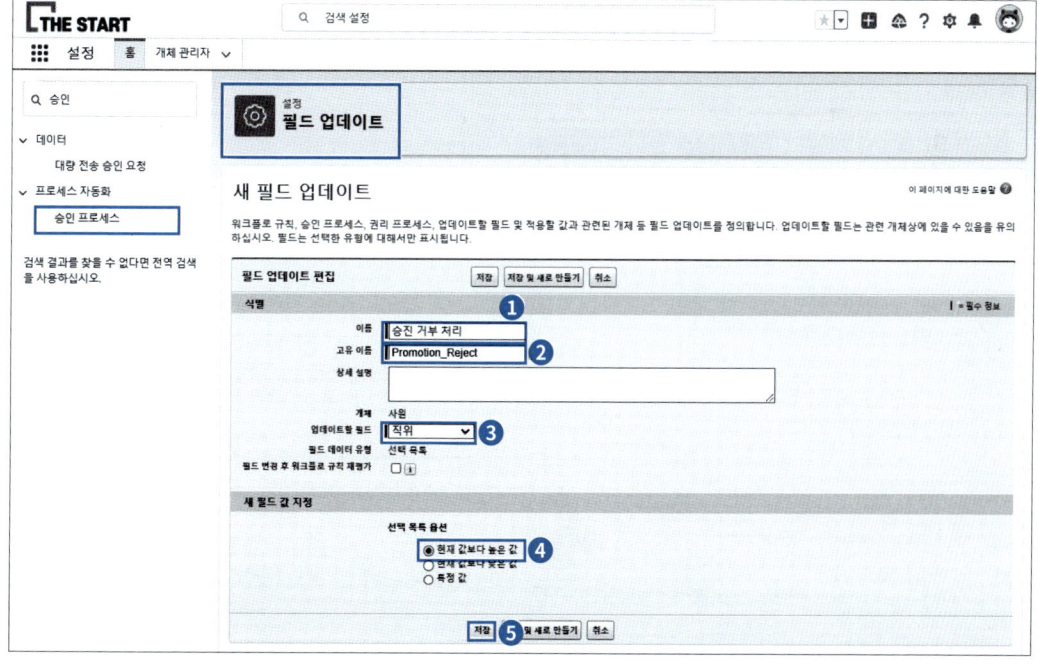

그러면 이제 "거부" 발생 시 수행할 작업을 정의하는데, 이전 단계에서 "필드 업데이트"를 선택했기 때문에 이전에 "승인" 시 처리했던 "필드 업데이트" 작업과 마찬가지 구성이다. 그러므로 여기 내용 또한 비슷하게 정의해보기로 하자. 우선 "이름"에는 "승진 거부 처리"로 입력(1번)하고, "고유 이름"은 "Promotion_Reject"로 입력(2번)한다. 다음으로 "업데이트할 필드"는 동일하게 "직위"를 선택(3번)한다. 다만 "승인"할 때는 "현재 값보다 낮은 값"을 선택했는데, 이번에는 직위를 한 단계 강등할 것이므로 "현재 값보다 높은 값"을 선택(4번)해야 한다. 그래야 선택목록 순서에서 높은 값인 하위 직위로 직위가 변경하게 된다. 설정을 완료했다면, "저장" 버튼(5번)을 눌러서 저장하도록 하자.

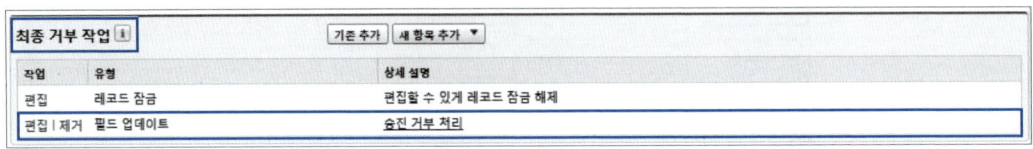

그럼 위와 같이 "사원 승진 거부 처리" 작업이 최종 거부 작업에 등록된 것을 확인할 수 있다. 이제 "거부"한 경우 동작할 작업을 추가했기 때문에 승인 요청 후 거부작업 시 "직위"가 낮은 단계로 이동하는지 확인해보기로 하자.

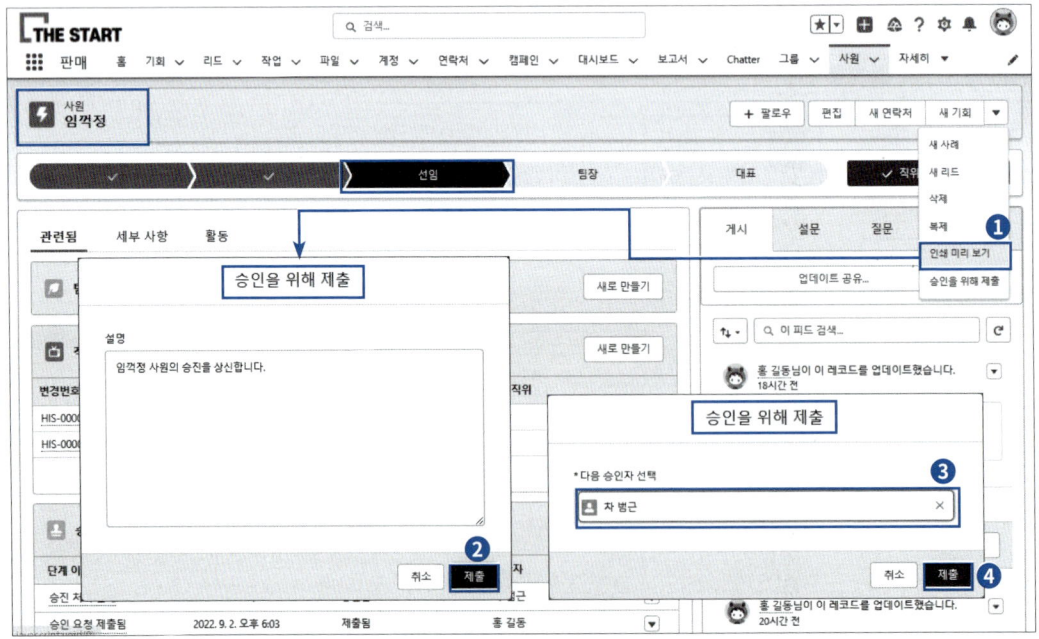

테스트를 위해서 이전 테스트를 진행했던 동일한 "임꺽정" 사원의 레코드 페이지로 이동한 후 "승인을 위해서 제출" 메뉴(1번)을 선택하면, 나타나는 "승인을 위해 제출" 대화상자에서 내용을 기입하고 "제출" 버튼(2번)을 누른다. 다음으로 "차범근" 대표를 승인자로 지정(3번)한 후 마지막으로 "제출" 버튼을 눌러 승인을 요청해보기로 하자.

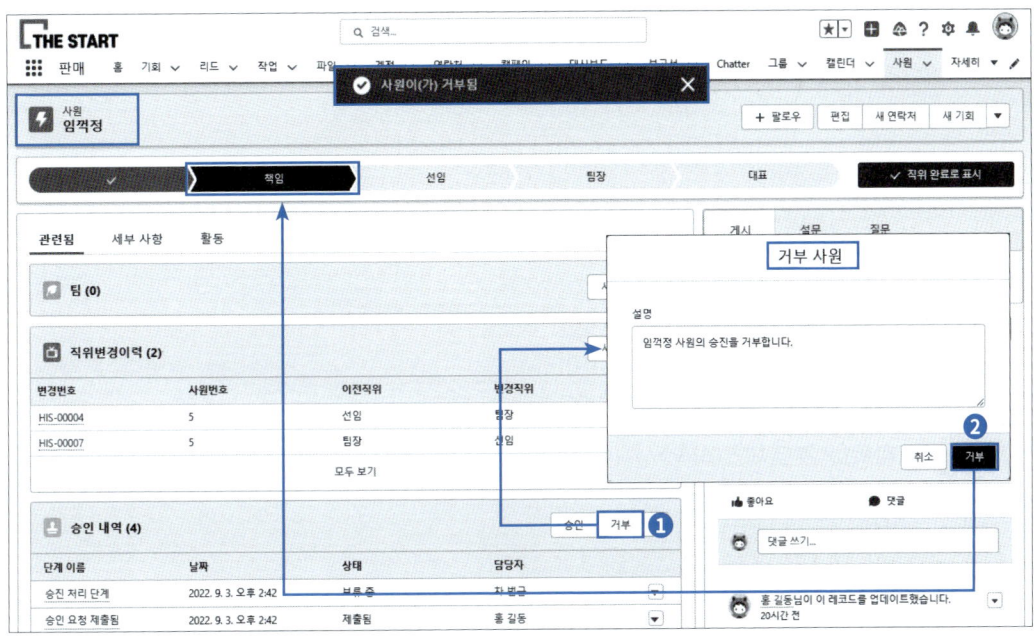

그러면 현재 "승인 내역"은 "보류 중"인 상태이다. 여기에서 "거부" 버튼(1번)을 누르면, 나타나는 "거부 사원" 대화상자에서 적합한 메시지를 기입한 후 "거부" 버튼(2)을 눌러서 승인 요청을 거부한다. 그러면 화면 상단에 "사원이(가) 거부됨"이란 메시지가 나타나며, 직위 경로는 "선임"에서 "책임"으로 변경된 것을 확인할 수 있다.

진급 승인을 거부할 때 거부당한 것도 억울한데 직위가 하락하는 경우는 현실적으로 말이 안 되는 논리이지만(^^;) 이전 실습 내용을 기반으로 하다 보니 간략히 승인 프로세스 내에 거부를 테스트하기 위해 준비해보았다.

자동화 작업과 승인 프로세스는 회사에서 매우 중요한 단계이며, 관리자가 해야 하는 일들 중 이와 관련한 일들이 적지 않을 것이다. 그러므로 관련 내용에 대해서 익숙해지면 좋을 듯하다.

chapter
10
프로세스 자동화(Process Automation)

01 다음 중 자동화(Automation)의 장점이 아닌 것은 무엇인가?

① 반복적인 작업에 대한 관리자의 업무 부담을 줄여준다.
② 시스템의 처리 성능을 높여준다.
③ 사용자들의 실수를 줄여준다.
④ 조직 운영의 효율성과 생산성을 높여준다.

02 다음 중 자동화 프로세스(Automation Process)가 시작되는 시점이 아닌 것은 무엇인가?

① 사용자가 버튼과 메뉴 등을 클릭할 때
② 특정 개체의 레코드가 입력, 수정, 삭제될 때
③ 지정된 시간 또는 주기가 됐을 때
④ 시스템의 CPU 사용량이 20% 미만일 때

03 다음 중 데이터가 입력, 수정, 삭제될 때 실행되며, 백그라운드에서 실행되는 플로는 무엇인가?

① 레코드 트리거형 플로 ② 플랫폼 이벤트 트리거형 플로
③ 자동 시작형 플로(트리거 없음) ④ 사용자 프로비저닝 플로

04 다음 중 Apex, 프로세스, REST API등에 의해 호출되며, 백그라운드에서 실행되는 플로는 무엇인가?

① 레코드 트리거형 플로 ② 플랫폼 이벤트 트리거형 플로
③ 자동 시작형 플로(트리거 없음) ④ 사용자 프로비저닝 플로

05 플로를 만드는 과정에서 실제 실행을 하지는 않지만, 구현된 플로가 정상적으로 동작하는지를 확인하는 작업을 무엇이라고 하는가?

① 플로 테스트 ② 플로 디버그
③ 플로 컴파일 ④ 플로 평가

06 다음 중 승인을 요청하기 위한 제출자의 유형이 아닌 것은 무엇인가?

① 사용자 ② 소유자
③ 작성자 ④ 관리자

07 다음 중 승인 프로세스를 만들기 위해서 가장 먼저 선택해야하는 것은 무엇인가?

① 제출자 ② 승인자
③ 개체   ④ 필드

1	2	3	4	5	6	7
①	④	①	③	②	④	②

chapter 11
이메일 연동 및 AppExchange

1 Outlook 연동

2 Gmail 연동

3 세일즈포스 AppExchange

4 앱 관리자를 이용한 앱 만들기

5 기타

THE START

1. Outlook 연동

 **Outlook 설정**

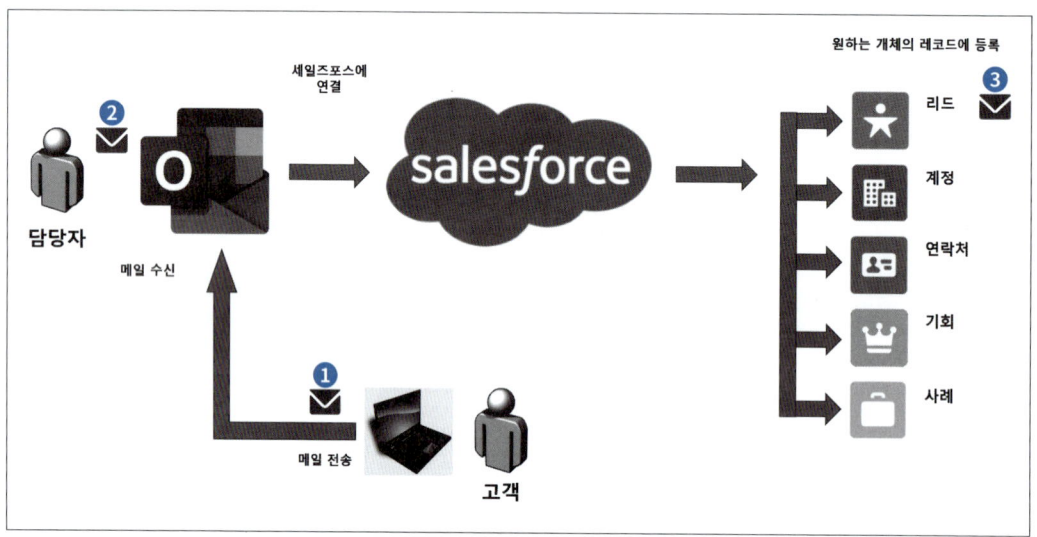

Outlook과 Gmail은 아마도 직장인들이 가장 많이 사용하는 메일서비스일 것이다. 우리는 이전에 학습했던 다양한 예제들을 통해서 세일즈포스에서 직접 메일을 발송하는 기능에 대해서 살펴보았다. 그렇다면 고객이 보낸 메일을 세일즈포스에서 직접 받을 수는 없을까? 그러나 그럴 수는 없다. 왜냐하면 세일즈포스가 메일 서버(Mail Server)는 아니기 때문이다.

즉, 이메일을 보내는 기능은 메일 서버 없이도 가능하지만, 이메일을 받을 때는 메일 서버(Mail Server)가 있어야 한다. Outlook은 회사의 메일 서버에 메일이 도착하면, 이를 사용자가 접근해서 읽어볼 수 있도록 만들어진 메일 클라이언트(프로그램)이다. 그러므로 사용자는 직장에서 메일을 보내거나 받아볼 때 Outlook을 사용하게 된다.

세일즈포스를 이용하는 사용자들도 마찬가지이다. 고객이 보낸 메일은 메일서버에 도착하고, 이를 Outlook을 통해 읽어오게 되는데, 이 때 특정 메일이 세일즈포스 업무와 관련이 있다고 하자. 그러면 해당 메일을 세일즈포스의 특정 개체에 있는 레코드에 등록할 수 있는데, 이를 이메일 연동이라고 한다.

다시 얘기해서 회사에서 담당자가 고객에게 메일을 받으면, 그 메일이 세일즈포스에 등록된 리드(Lead), 기회(Opportunity), 계정(Account), 연락처(Contact) 등의 개체와 관련이 있는 경우 해당 메일을 세일즈포스에 있는 특정 개체의 레코드에 등록할 수 있다는 것이다.

위의 화면을 보면 최초 고객이 우리회사 담당자에게 메일을 보낸다.(1번) 그러면 담당자는 해당 메일이 세일즈포스 특정 개체의 특정 레코드에 포함되어야 한다고 판단이 되는 경우 담당자는 Outlook에서 세일즈포스 오그(Org)에 연결(2번)한 후 특정 개체의 특정 레코드를 선택해서 메일을 등록(3번)할 수 있다. 이러한 기능의 장점은 고객에게 전달받은 메일을 담당자 개인만 알고 있는 것이 아니라 세일즈포스 개체의 레코드와 연계함으로써 고객과의 커뮤니케이션으로 주요하게 사용되고 있는 업무 관련 메일이 세일즈포스에서 누락되지 않고, 세일즈포스를 사용하는 담당자들 모두에게 공유되고, 확인될 수 있도록 한다는 점에서 적지 않은 의미가 있는 기능이라고 할 수 있다.

이러한 Outlook 이메일 연동 기능을 구현하기 위해서는 세일즈포스 오그(Org)와 Outlook에서 필요한 설정을 해주어야 한다. 우선 세일즈포스 오그에서 필요한 설정을 먼저 살펴보기로 하겠다.

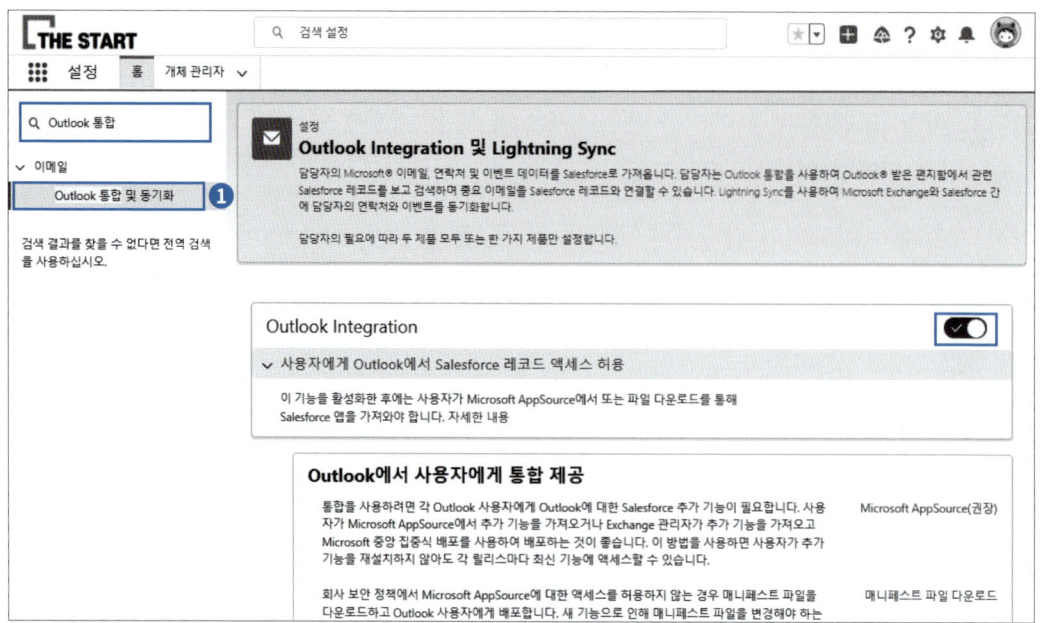

OutLook과의 연동을 설정하기 위해서 "설정"에서 검색란에 "OutLook 통합"으로 검색하면 "Outlook 통합 및 동기화" 항목이 검색된다. 이를 선택(1번)하면 해당 페이지로 이동하는데, 여기서 한 가지만 해주면 된다. 바로 "Outlook Integration"영역에서 토글 버튼을 눌러서 활성화(2번)시켜주는 것이다. 이 활성화의 의미는 Outlook에서 세일즈포스 오그 내에 있는 개체의 특정 레코드에 메일을 등록할 수 있도록 하는 설정이다.

이 외에도 하단에 추가되는 영역의 내용들을 살펴보면 Outlook 기능 통합과 관련한 다양한 내용들이 소개되고 있으니 한번 살펴보면 좋을 듯하다.

세일즈포스에서 설정을 마무리했다면, 이제 Outlook에서 설정을 해보기로 하자.

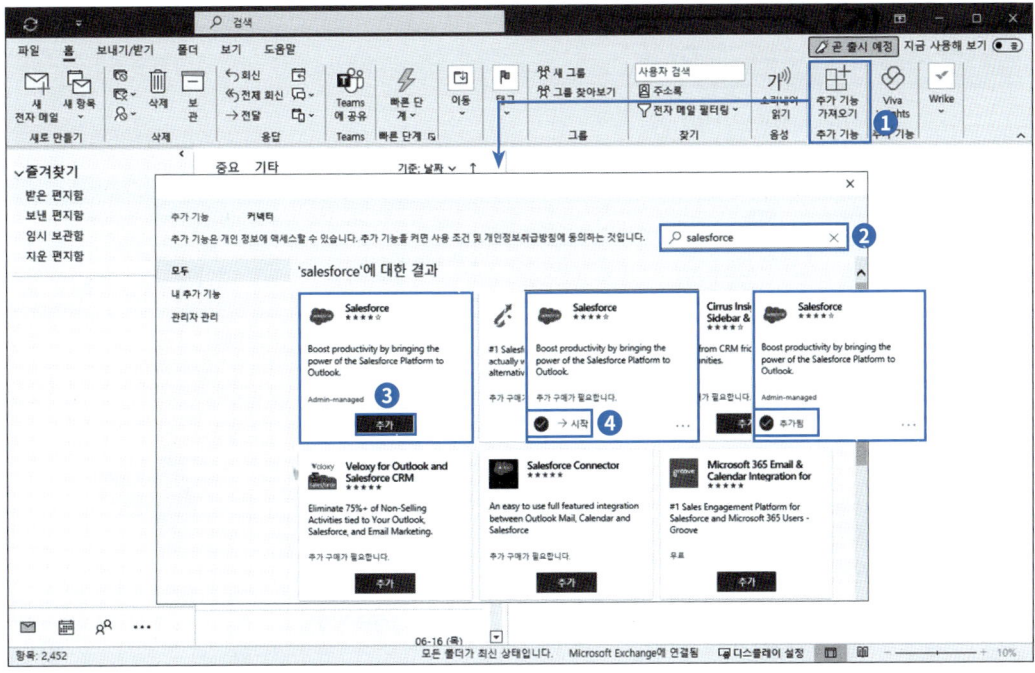

Outlook을 실행시키면 오른쪽 상단에 "추가 기능 가져오기" 버튼(1번)이 있다. 이를 선택하면 "추가 기능 대화상자"가 나타나는데, 이는 마치 애플의 앱 스토어나 구글의 플레이와 같이 다양한 각종 프로그램 및 유틸리티 등을 설치할 수 있는 앱 장터이다. 이 화면 오른쪽 상단 검색 란에서 "Salesforce"를 검색(2번)하면 Salesforce 관련 앱들이 검색되는데, 이들 중에서 우리가 설치해야 할 "Salesforce" 관련 앱이 가장 먼저 검색된다.

해당 앱의 "추가" 버튼(3번)을 누르면, 우선 "개인정보 동의" 팝업이 나타나며, 이에 동의를 해야만 한다. 그러면 다음으로 "시작" 버튼(4번)이 나타나며, 이를 누르면 그 다음은 "추가됨"으로 메시지가 변하게 된다. 그러면 Outlook에서 세일즈포스와 연동할 앱이 추가된 것이며, 해당 대화상자를 닫고 Outlook 화면을 보면 오른쪽 위에 Salesforce 버튼이 추가된 것을 확인할 수 있다. 이번 예제는 Trailhead에서 필자에게 보내온 메일을 세일즈포스의 기회 개체의 "서부발전 사무기기 납품" 기회에 연결할 것이다.

1-2 Outlook 연결

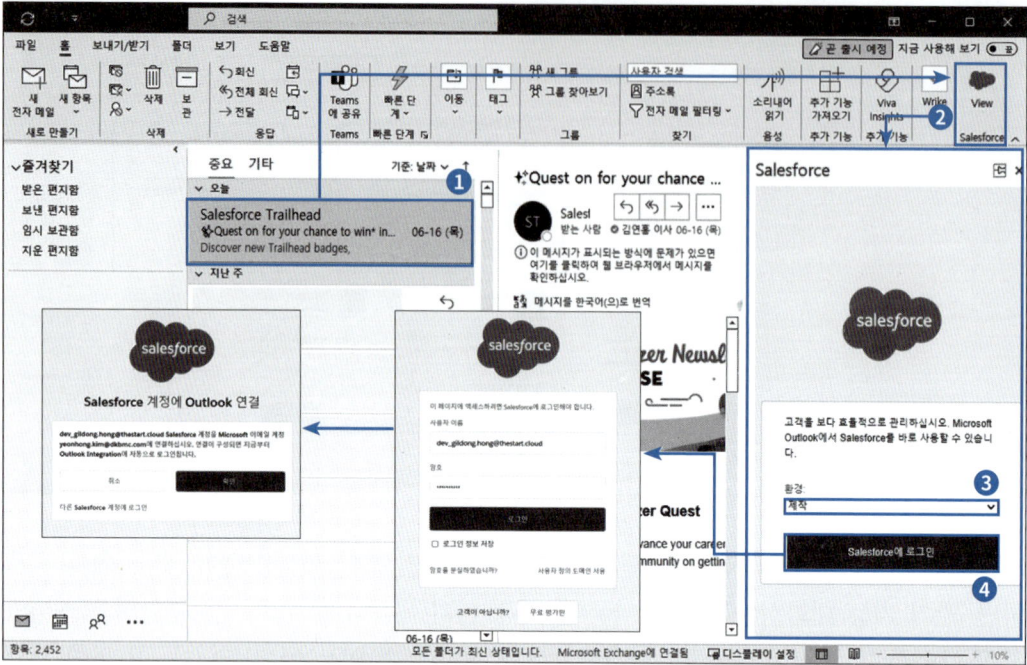

Outlook을 실행해서 특정 메일이 선택되지 않은 상황에서는 오른쪽 상단에 있는 Salesforce 버튼이 비활성화된 상태로 표시된다. 그러나 위 화면처럼 특정 메일을 선택(1번)하게 되면 "Salesforce 버튼"이 활성화(2번)되며, 이를 선택하면 메일 콘텐츠 화면이 분할되면서 세일즈포스 로그인 화면이 나타나게 된다.

그러면 이전에 Data Loader에서 로그인을 했던 것처럼 "환경"을 "제작" 즉, "Production"으로 선택(3번)한 후 "Salesforce에 로그인" 버튼(4번)을 누르면, 해당 오그에 연결하기 위한 로그인 대화상자가 별도의 웹화면에서 보이게 된다. 해당 로그인 화면에서 세일즈포스 사용자 계정과 비밀번호를 정상적으로 입력하면, 이제 Outlook과 세일즈포스가 연결되는 것이다.

1-3 Outlook에서 세일즈포스에 이메일 등록

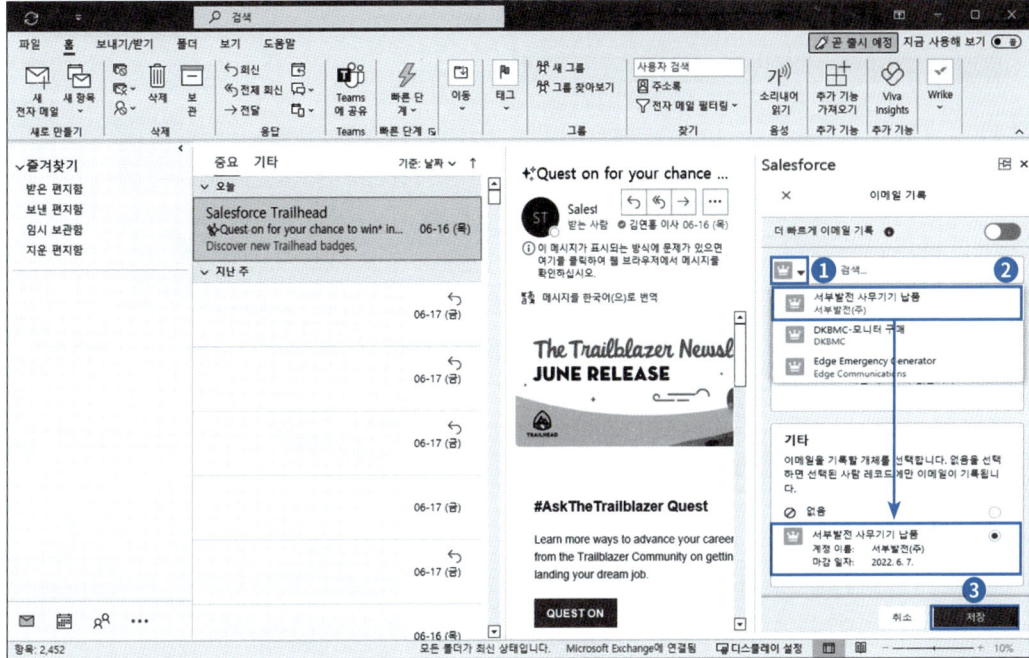

위 화면에서 개체 리스트 목록 버튼(1번)을 누르면, 다양한 개체가 나열되는 것을 확인할 수 있다. 이제 개체의 레코드 개념에 대해서는 이해하고 있을 것이므로 추가 설명은 하지 않도록 하겠다. 위 화면에서 "기회" 개체를 선택(1번)한 후 검색 란을 선택하면, 등록된 기회 리스트가 보인다. 여기에서 "서부발전 사무기기 납품" 기회를 선택(2번)하면, 해당 기회가 하단 리스트에 추가되며 "저장"을 누르면, 이제 Trailhead에서 필자에게 보내온 메일이 해당 기회 개체의 "서부발전 사무기기 납품" 레코드에 등록된다.

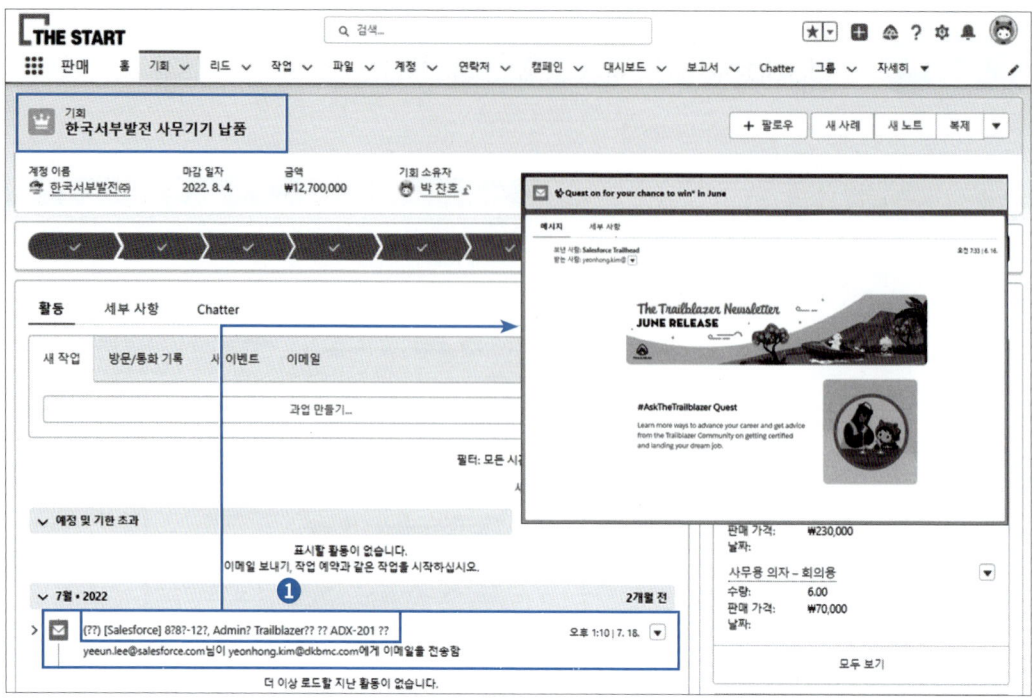

이를 확인하기 위해 "기회"의 "서부발전 사무기기 납품 기회"로 이동하면 활동(Activity)에 해당 메일이 등록된 것을 확인할 수 있으며, 메일 제목을 선택(1번)하면 해당 메일 페이지로 이동하게 된다.

1-4 Outlook 일정 세일즈포스에 등록

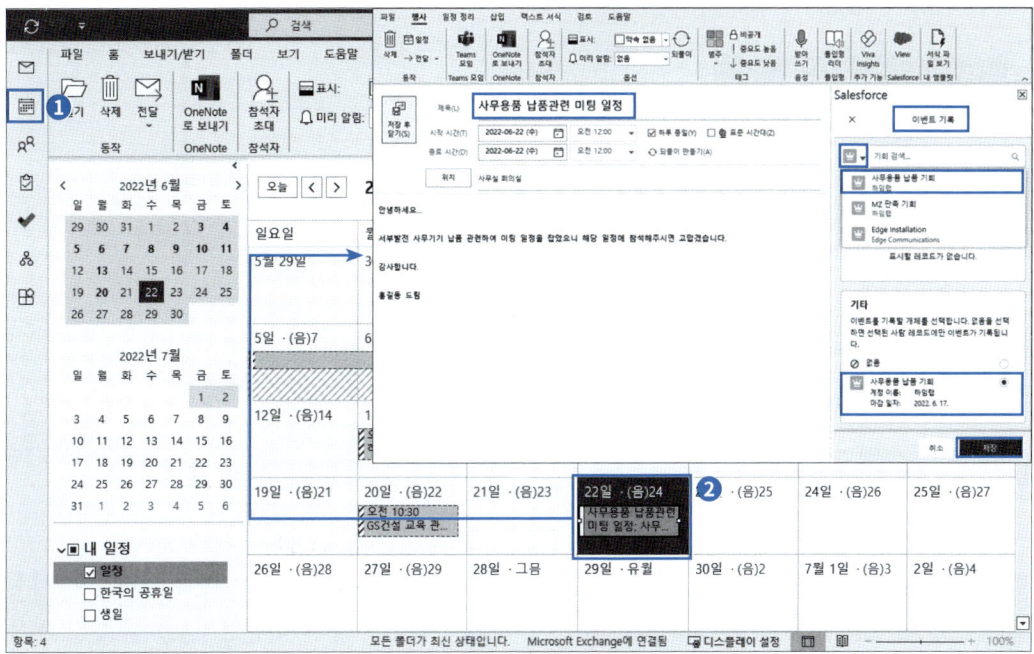

이번에는 Outlook 일정을 세일즈포스의 이벤트로 등록해보기로 하겠다. 이를 위해 Outlook의 일정 화면(1번)으로 이동한 다음, 특정 날짜 및 시간을 선택(2번)한다. 그러면 일정을 등록하기 위한 팝업창이 띄워지며, 화면에는 일정을 등록하기 위한 입력 내용이 화면 왼쪽에, 그리고 세일즈포스에 등록하기 위한 등록 설정 인터페이스가 오른쪽에 나타나지게 된다.

여기서 한 가지 확인할 내용은 이전 단계에서 이메일을 등록하기 위해 나타났던 세일즈포스 상단의 제목은 "이메일 등록"이었는데, 일정을 등록하기 위한 세일즈포스 상단의 제목은 "이벤트 기록"이라는 점이다. 처음 활동(Activity)에서 설명했던 것처럼 시작 일시와 종료 일시가 정해진 미팅을 포함한 모든 일정은 세일즈포스에서 이벤트로 기록된다.

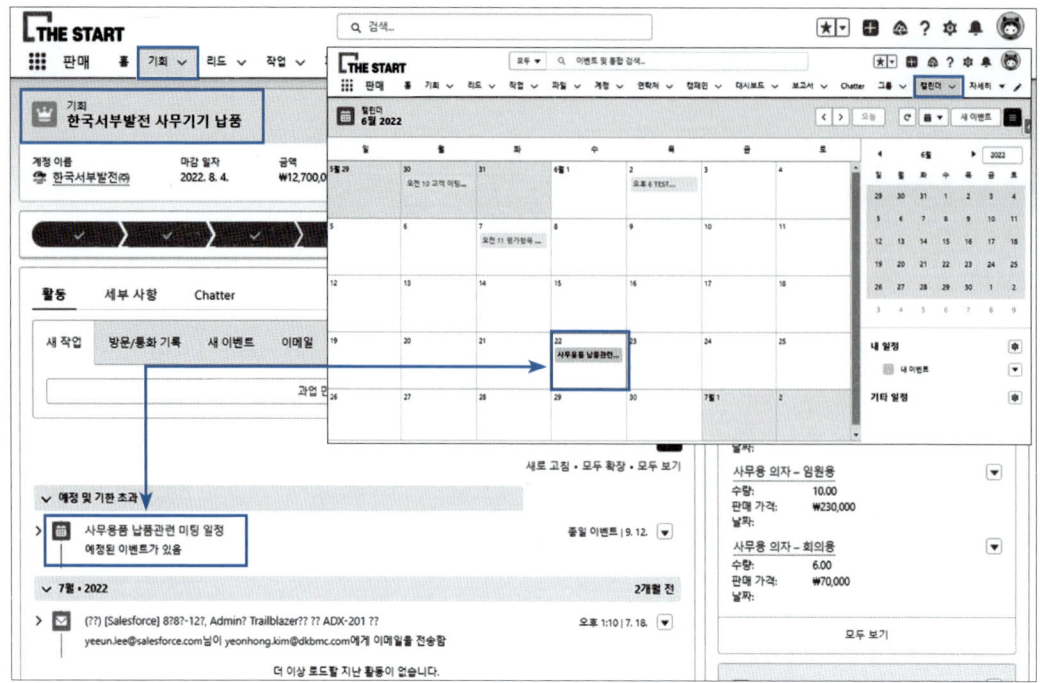

해당 일정이 세일즈포스에서 이벤트로 잘 등록되었는지를 확인해보기 위해 "기회"의 "서부발전 사무기기 납품"으로 이동하면 방금 전 **Outlook**에서 등록한 이벤트가 잘 등록된 것을 확인할 수 있고, 캘린더 탭으로 이동하면 역시 해당 이벤트가 캘린더에도 잘 등록된 것을 확인할 수 있다.

2 Gmail 연동

2-1 Gmail 설정

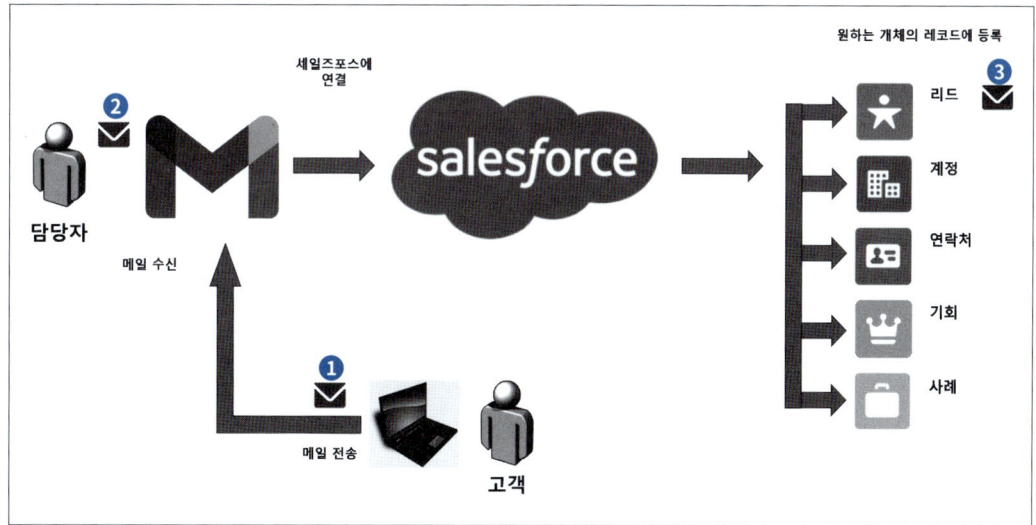

이번에는 Gmail 서비스를 이용한 세일즈포스 연동 방법에 대해서 살펴보기로 하겠다. 여기서도 역시 Outlook과 마찬가지로 오그(Org) 설정에서 Gmail 통합(Integration)을 활성화해주어야 한다. 이 부분은 Outlook에서 설명했기 때문에 다음과 같이 화면만 포함해 놓도록 하겠다.

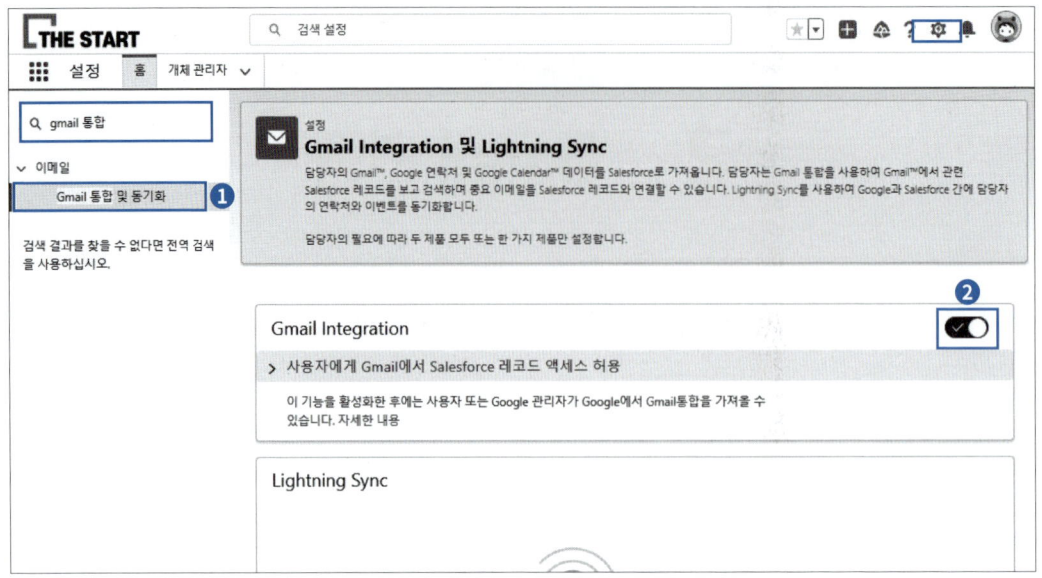

위와 같이 세일즈포스 설정을 마무리했다면, 이제 Gmail에서 설정을 해야 한다. 그런데 여기서 반드시 주의해야 하는 점이 있는데, 그것은 Gmail에서 세일즈포스와 연동하기 위해서는 개인 메일계정으로는 안 된다는 점이다.

이것의 의미는 Gmail과 세일즈포스와 연동은 개인 서비스가 아닌 "기업용 서비스"로 제공된다는 것으로 유료라는 점이다. 그러므로 Gmail과 세일즈포스와 연동을 테스트하기 위해서는 구글의 "Google Workspace"에 가입해야 하는데, 2주 동안 무료로 사용할 수 있으니 학습 목적으로 테스트를 할 수는 있는 상황이다. 이를 위해서는 우선 본인이나 기업에서 사용 가능한 도메인이 있어야 하며, 해당 도메인을 기준으로 이메일 계정을 생성한 후 테스트를 진행해야 한다.

그러면 우선 "Google Workspace"의 URL(https://workspace.google.com/)로 이동해서 "Google Workspace"에 가입하도록 하자. 그리고 Gmail 실습을 위해서는 Chrome 브라우저를 이용해야만 한다.

Google Workspace는 기업용 서비스로 기본적으로 2주간 무료 사용할 수 있는 "무료 평가판"이 제공된다. 그러므로 "무료 평가판 시작" 버튼(1번)을 눌러서 여러분들이 개인적으로 보유하고 있는 도메인이나 또는 회사의 도메인을 이용해서 Google Workspace 계정을 등록해야 한다.

Google Workspace에서 우리는 메일 연동 서비스를 진행할 것이므로 등록한 도메인과 구글 설정을 해주어야 한다.

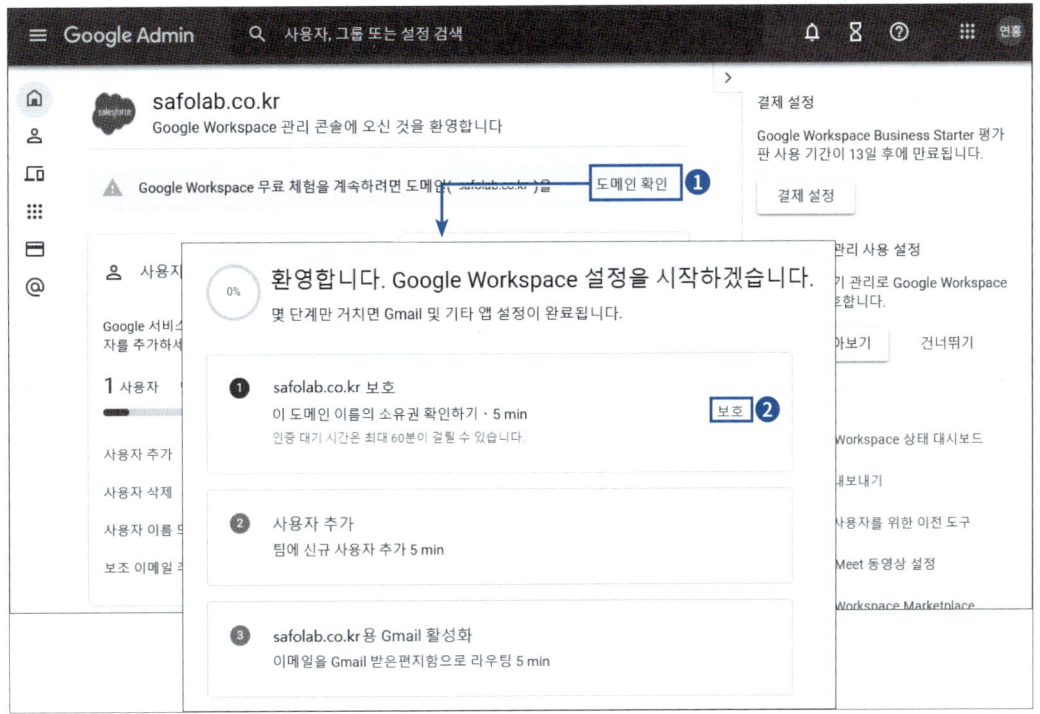

계정을 생성한 후 가장 먼저 해야 하는 일은 위에서 보는 것처럼 계정 생성시 등록한 도메인을 확인하고, 설정을 해주는 일이다. 그래서 관리자 화면에서 "도메인 확인" 링크(1번)을 누르면, "도메인 보호", "사용자 추가", "Gmail 활성화" 등의 단계를 거치게 된다.

이 과정에서 해당 도메인 등록업체(후이즈, 가비아 등등)로 이동해서 TXT레코드 등록과 MX레코드 등록을 해주어야 한다. 단계가 진행되면서 구글 안내페이지가 자세한 안내를 해주기는 하지만, 해당 용어나 내용 그리고 절차가 일반인들이 설정하기에 다소 생소하거나 부담스러울 수 있다. 하지만 구글 워크스페이스 서비스가 대중적인 서비스인 만큼 천천히 접근해서 단계를 진행하면, 크게 어렵지 않게 메일 관련 설정을 마무리할 수 있을 것이다.

이 책에서는 예제를 보여주기 위해서 필자가 개인적으로 보유하고 있는 도메인인 "www.safolab.co.kr" 도메인으로 등록했다. 독자분들도 관리할 수 있거나 접근할 수 있는 도메인이 없으면 실습이 어렵겠지만, 회사 담당자라면 회사 도메인에 접근할 수 있을 것이므로 관련 설정을 구현할 수 있을 것이다.

2-2 Chrome 확장 프로그램 추가

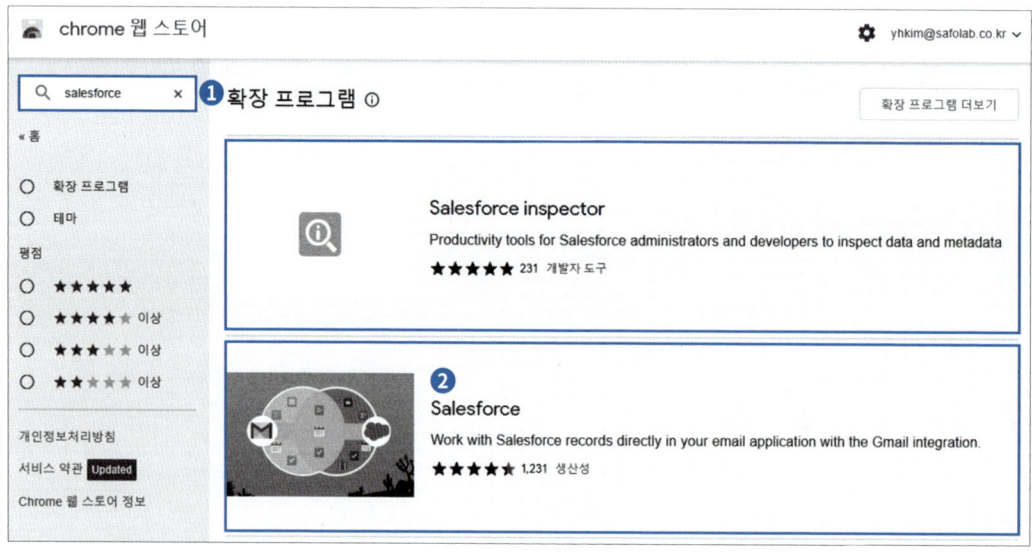

Gmail에서 세일즈포스 연동을 구현하기 위해서는 우선 Chrome 브라우저에서 사용할 수 있는 Chrome 확장 프로그램을 이용해야 한다. 이를 위해 Chrome 웹 스토어(https://chrome.google.com/webstore/)로 이동해서 검색 창에 "Salesforce"로 검색(1번)하면, 오른쪽에 검색 결과가 나타난다. 여기에서 "Salesforce Inspector"와 "Salesforce"가 검색되는데, 우리가 지금 설치하고자 하는 프로그램은 두 번째로 노출되고 있는 "Salesforce"이고, 이미지의 내용도 살펴보면 Gmail과 세일즈포스 간에 여러 작업 및 컨텐츠들을 공유하고 있는 모습이다. 이를 선택(2번)하면 다음 페이지로 이동한다.

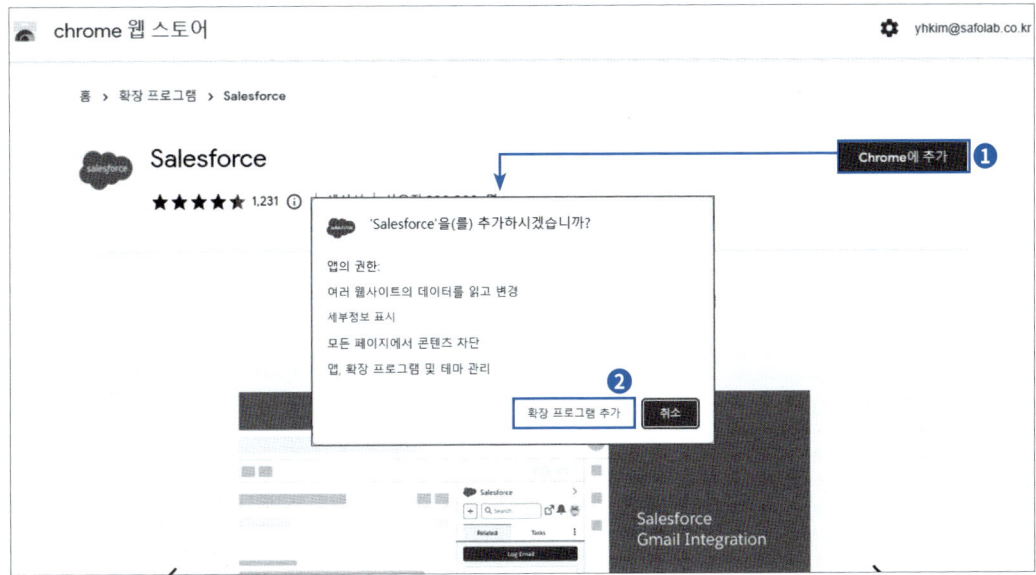

그러면 설치 화면으로 전환되며, "Chrome에 추가" 버튼(1번)을 누르면, 위와 같이 이를 확인하는 팝업 창이 나타나며, 여기에서 "확장 프로그램 추가" 버튼(2번)을 누르면, 해당 기능이 추가된다.

이제 모든 설정이 마무리된 것이다. 이를 확인해보기 위해 해당 계정의 Gmail 화면으로 이동해보기로 하자.

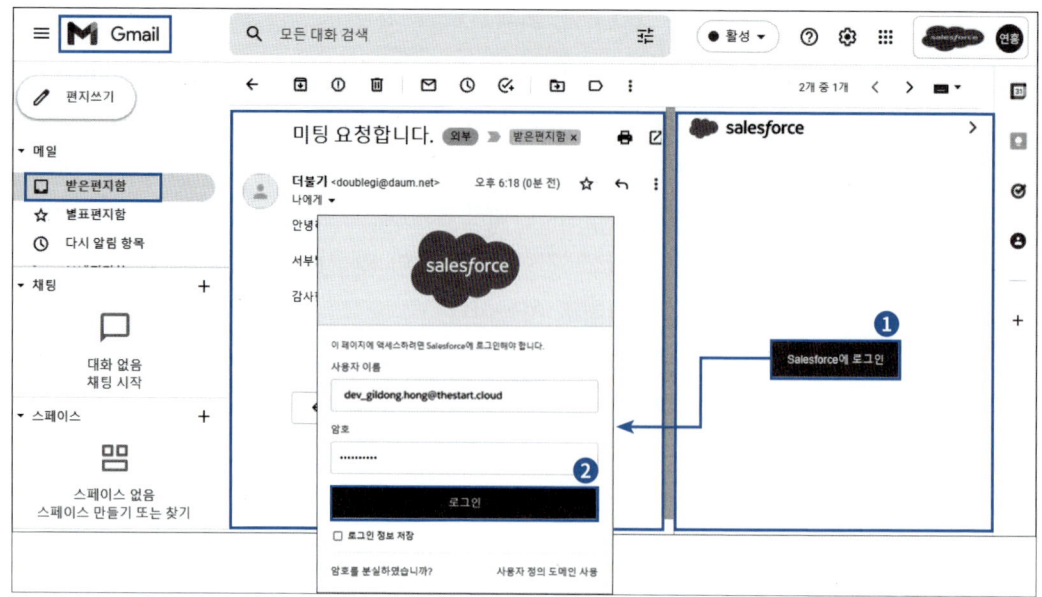

Gmail로 이동해서 받은 편지함에 있는 메일 하나를 선택하면, 이제 왼쪽에 메일 본문이, 그리고 오른쪽에 세일즈포스 영역이 보이게 된다. 이제 이 부분부터는 Outlook과 동일하게 접근하면 된다. 우선 Gmail에서 세일즈포스로 최초 연결이기 때문에 "Salesforce에 로그인" 버튼(1번)을 누르면 로그인 대화상자가 나타나며, 사용자 이름과 비밀번호를 입력한 후 "로그인" 버튼(2번)을 누르면, 이제 사용자 인증을 비롯한 권할 설정과 계정연동 등 여러 단계를 거치게 된다.

해당 단계를 모두 마치게 되면, 이제 세일즈포스에 이메일을 등록할 수 있게 된다.

2-3 Gmail에서 세일즈포스에 이메일 등록

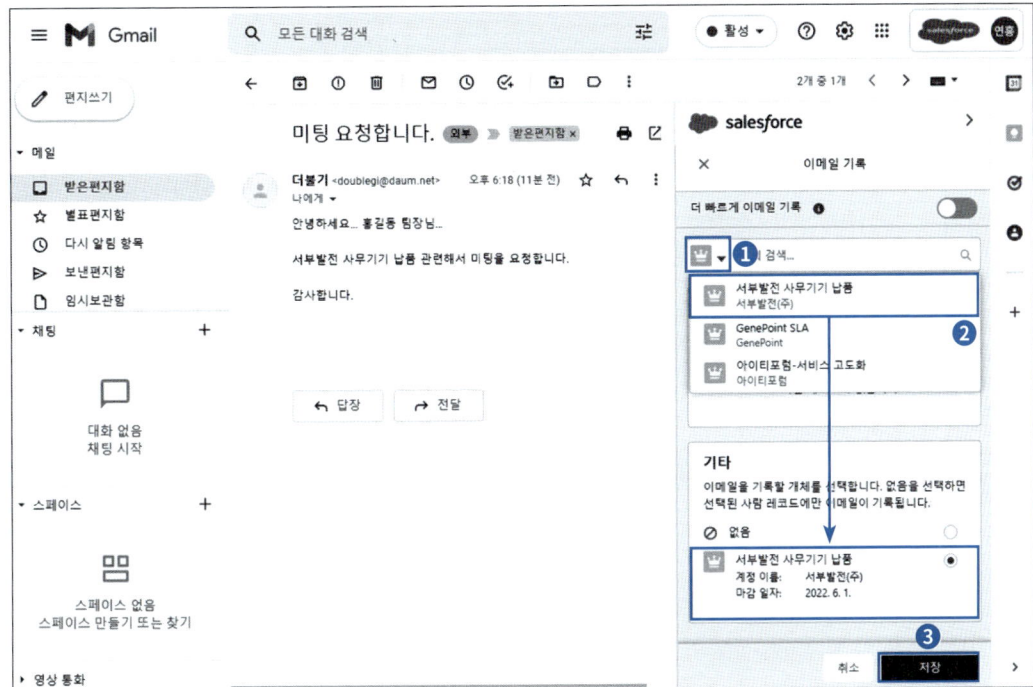

그럼 이제 이전 Outlook에서 봤던 것처럼 Gmail에서도 이메일을 세일즈포스에 등록할 수 있는 인터페이스가 화면 오른쪽에 보이게 된다. 이를 위해 개체선택 콤보 상자에서 "기회"를 선택(1번)하고, 리스트 중에 "서부발전 사무기기 납품"을 선택(2번)하면, 하위에 선택된 레코드가 이동하게 되며, 마지막으로 "저장" 버튼(3번)누르면, 해당 메일이 세일즈포스에 등록된다.

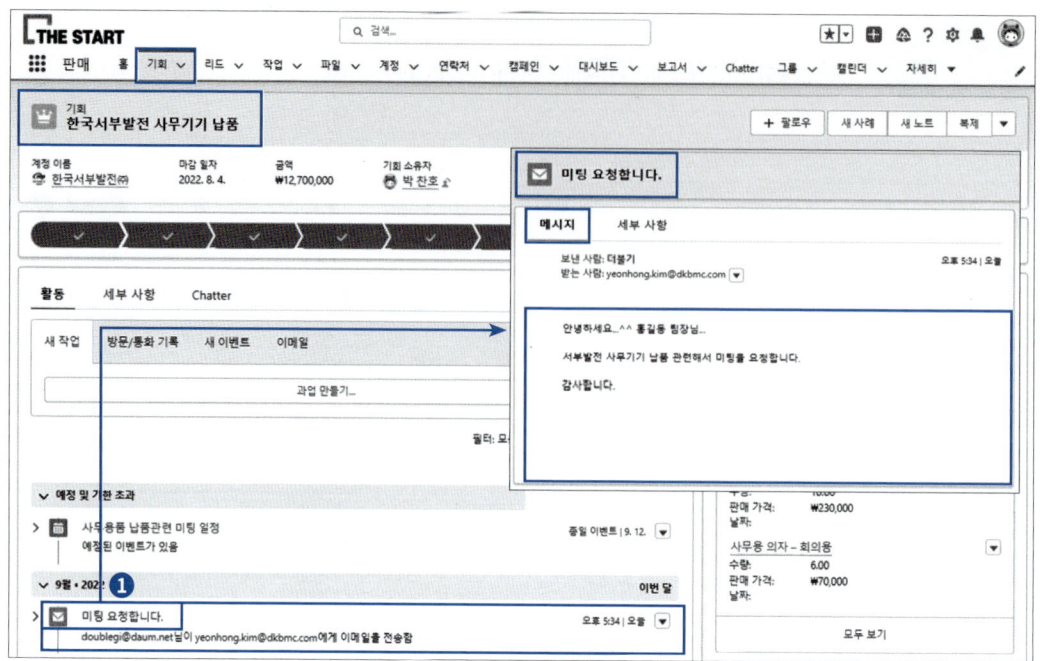

이를 확인하기 위해 세일즈포스로 이동해서 "기회" 탭을 선택한 후 "서부발전 사무기기 납품" 기회로 이동하게 되면, 위와 같이 메일이 등록된 것을 확인할 수 있고, 메일 제목을 클릭(1번)하면 메일 내용과 첨부파일 등 관련 내용들을 자세히 확인할 수 있다.

2-4 캘린더 이벤트 세일즈포스에 등록

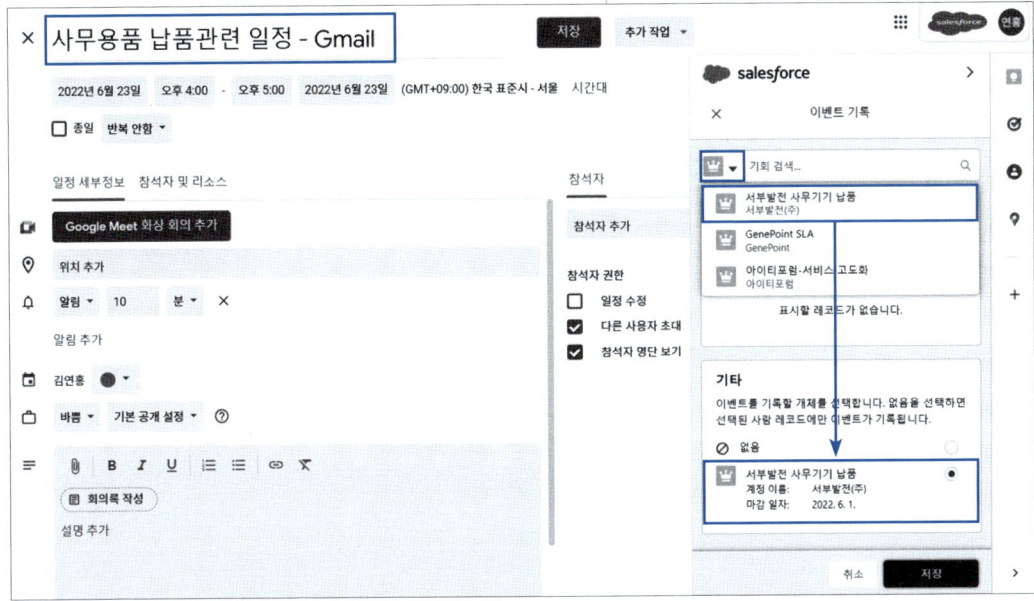

우선 구글의 캘린더에서 세일즈포스에 이벤트를 등록하기 위해서는 해당 캘린더에서 이벤트를 작성해서 저장한 후 해당 이벤트 화면을 열어야 한다. 그러면 위 화면처럼 화면 왼쪽에 이벤트 상세 내용이 보여지고, 화면 오른쪽에 세일즈포스 개체 및 레코드를 선택하는 화면이 보여진다.

해당 화면에서 마찬가지로 "기회"에서 "서부발전 사무기기 납품"을 선택하고 저장버튼을 누르면, 구글의 일정이 세일즈포스에 등록된다. 그러면 이제 세일즈포스에서 관련 이벤트를 확인해보기로 하자.

참고로 Outlook에서는 약속이나 행사라는 용어를 사용하는데, 구글 캘린더에서는 세일즈포스와 같은 이벤트라는 용어를 사용한다.

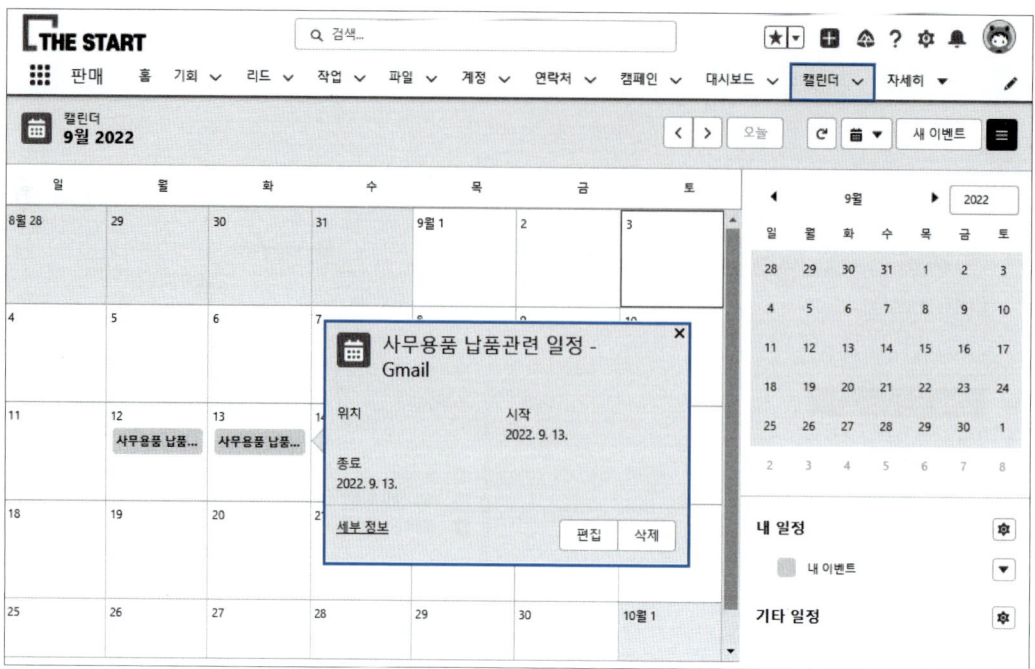

그러면 세일즈포스 캘린더에서 방금 전 Gmail에서 등록한 일정이 등록된 것을 확인할 수 있다.

3 세일즈포스 AppExchange

 세일즈포스 AppExchange 소개

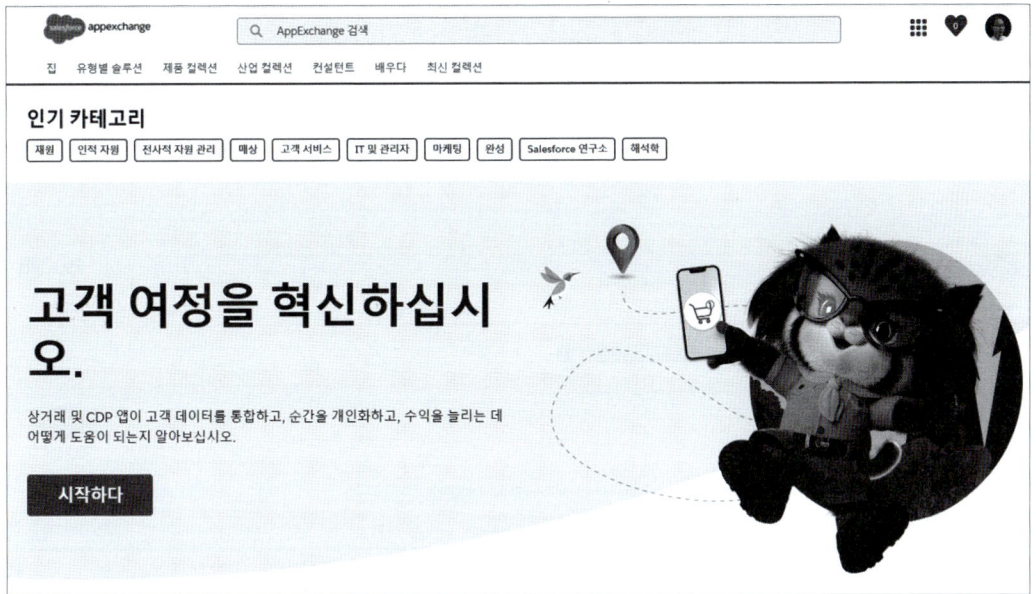

세일즈포스에서 운영하는 AppExchange(https://AppExchange.salesforce.com)는 구글 플레이와 애플의 앱스토어와 같은 세일즈포스 전용 엔터프라이즈 클라우드 마켓플레이스이다. 이곳에는 세일즈포스와 호환성 및 보안성이 검증된 4,000여개 이상의 앱이 등록되어 있으며, 이들은 다양한 타입 및 산업군 별 카테고리로 구분되서 등록되어 있다.

세일즈포스는 이제 더 이상 CRM 사업자라고 하지 않고, 플랫폼 사업자라는 말을 주저하지 않는다. 이는 세일즈포스의 정체성이 CRM을 기반으로 시작한 것은 맞지만, 그 이후 다양한 서비스들이 추가되면서 더 이상 CRM에 국한되지 않는 다양한 영역의 서비스들을 지속적으로 제공하고 있고, 기업의 인수 합병 및 협업을 통해 영역을 넓혀나가고 있기 때문이다. 특히나 AppExchange를 통하여 다양한 솔루션들의 유입을 허용하고, 세일즈포스의 기능을 보완하거나 확장할 수 있도록 허용함으로써 세일즈포스 기반 생태계 환경은 앞으로 더욱 활성화될 것이라 예상된다.

개인적으로 국내 많은 솔루션 기업들이 엔터프라이즈 시장에서 세일즈포스와의 연동을 고려하는 것은 국내 시장만을 위한 것이 아닌, 글로벌 시장으로 진출하는데 있어서 매우 유용한 수단이 될 수 있기에 세일즈포스 시스템과의 연동을 통한 비즈니스 모델 발굴에 많은 관심을 가지면 좋겠다는 바람을 가지고 있으며, 이 책이 그러한 길에 도움이 된다면 좋겠다.

예를 들어서 제가 아는 분 중에 성공닷컴이라는 개인 및 중.소규모 기업 세무 서비스를 제공하는 회사가 있다. 이 회사가 가지고 있는 솔루션이 세일즈포스를 이용하는 많은 이용자들에게 세무회계 서비스를 제공할 수 있도록 서비스를 연동할 수 있다면, 세일즈포스를 이용하는 고객들이 별도의 세무회계 프로그램을 사용하지 않아도 세일즈포스와 통합된 상태로 세일즈포스 내에서 해당 서비스를 이용할 수 있게 되는 것이다.

그럼 위의 화면에서 검색 "Dashboard"로 검색을 해보기로 하자.

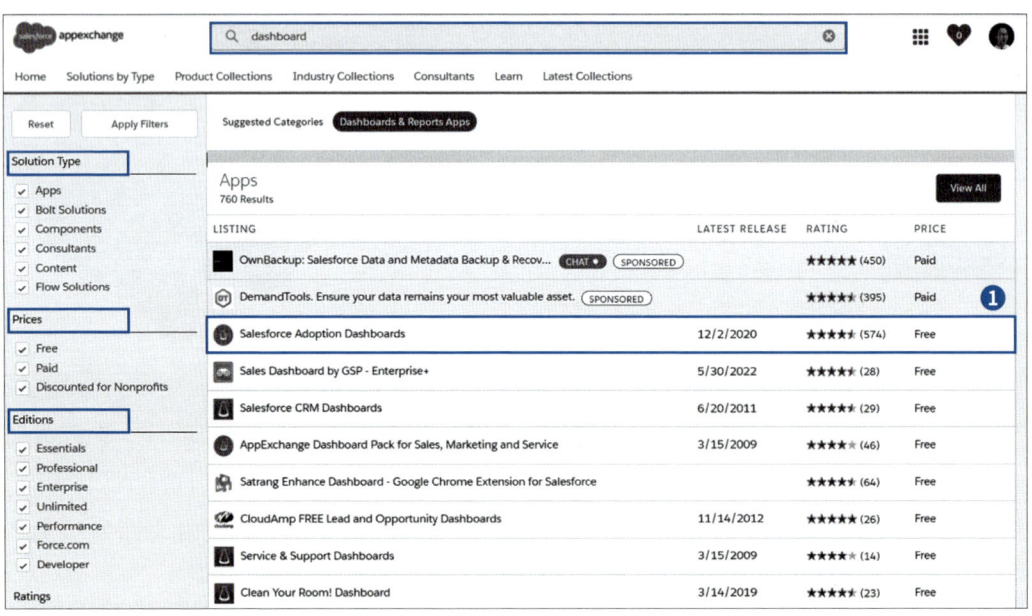

그러면 왼쪽에는 솔루션별 유형 그리고 가격 유무, 적용 에디션, 평점, 언어 등 다양한 검색 옵션을 선택해서 검색할 수 있다. 여기서는 "Dashboard"로 검색을 했기 때문에 관련 유료 / 무료 데시보드들이 리스트를 통해 검색된 것을 확인할 수 있다. 여기서는 무료(Free) 중에 가장 평가가 좋은 "Salesforce Adoption Dashboards"를 선택(1번)해 보기로 하겠다.

3-2 패키지(Package) 설치

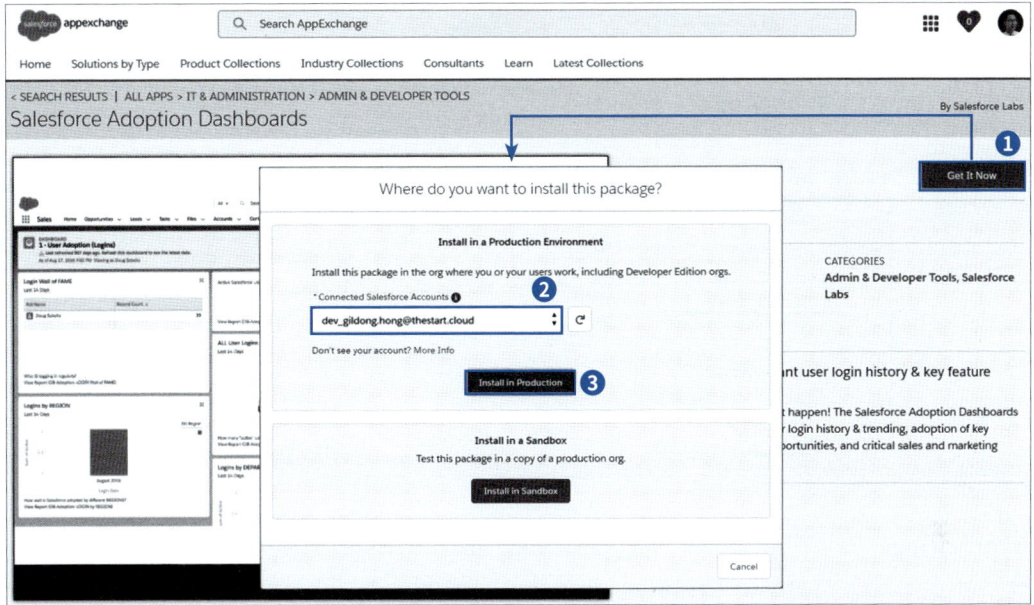

그러면 이제 해당 대시보드를 설치할 오그의 사용자를 선택(2번)한다. 그리고 지금 우리는 개발자 오그를 사용하고 있기 때문에 Production환경에 설치하기 위해 "Install in Production" 버튼(3번)을 누른다.

그런데 잠깐 만일 위 화면에서 2번 항목 즉 세일즈포스의 연결 사용자 이름(독자 분들의 개발자 오그 사용자 이름)이 목록에서 보이지 않을 수도 있다. 그렇다면 이를 등록해주어야 하는데, 만일 개발자 오그 사용자 이름이 있다면 다음의 설치 단계로 넘어가도 되지만, 그렇지 않은 분들은 바로 다음 내용을 확인해주어야 한다.

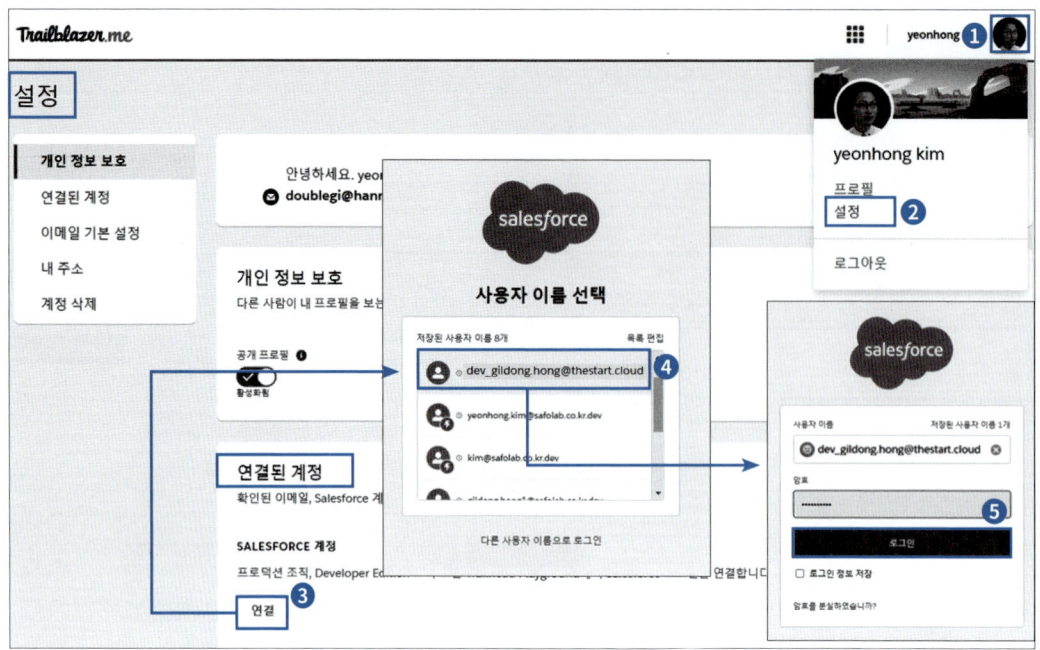

AppExchange 브라우저 오른쪽 상단에서 보면 나의 프로필이 있는데, 이를 선택(1번)하면 프로필 이미지와 항목들이 나타나게 된다. 여기에서 "설정" 링크(2번)를 누르면, 해당 페이지로 이동하는데, 페이지 중간 정도를 보면 "연결된 계정"이 있다. 여기에 독자분들이 연결하고자 하는 오그의 사용자 계정이 등록되어 있어야 하는 것이다. 그러므로 이전 화면에서 세일즈포스 연결 계정이 없었다는 것은 여기에 등록된 사용자가 없었기 때문에 해당 목록에서도 나오지 않았던 것이다.

그러므로 오그의 사용자이름을 등록하기 위해서 아래에 있는 "연결" 버튼(3번)을 누르고, 원하는 사용자 이름을 선택(4번)한 다음, 실제 비밀번호를 입력해서 "로그인" 버튼을 눌러야 한다. 마지막 단계로는 계정 연결 화면이 나오는데, 위 화면 구성상 포함하지는 않았다.

모든 과정이 정상적으로 마무리됐다면, 다음 화면에서 보는 바와 같이 이제 여러분들의 프로필에 해당 오그의 사용자 이름이 등록된다. 그러면 다시 첫 번째 화면으로 이동해서 설치 단계를 진행하면 된다.

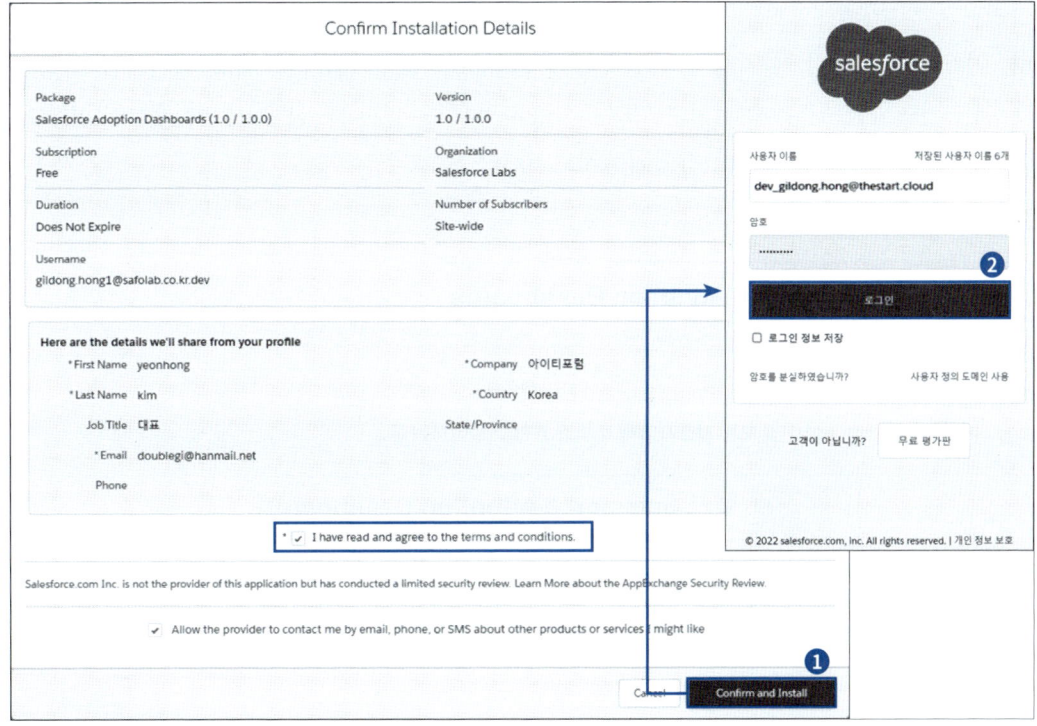

그러면 설치 관련 정보가 나타나며, 약관에 동의를 한 후에 'Confirm and Install' 버튼(1번)을 누르면, 해당 오그에 연결하기 위한 로그인 대화상자가 나타나며, "사용자 이름"과 "암호"를 입력한 후 "로그인" 버튼(2번)을 누른다.

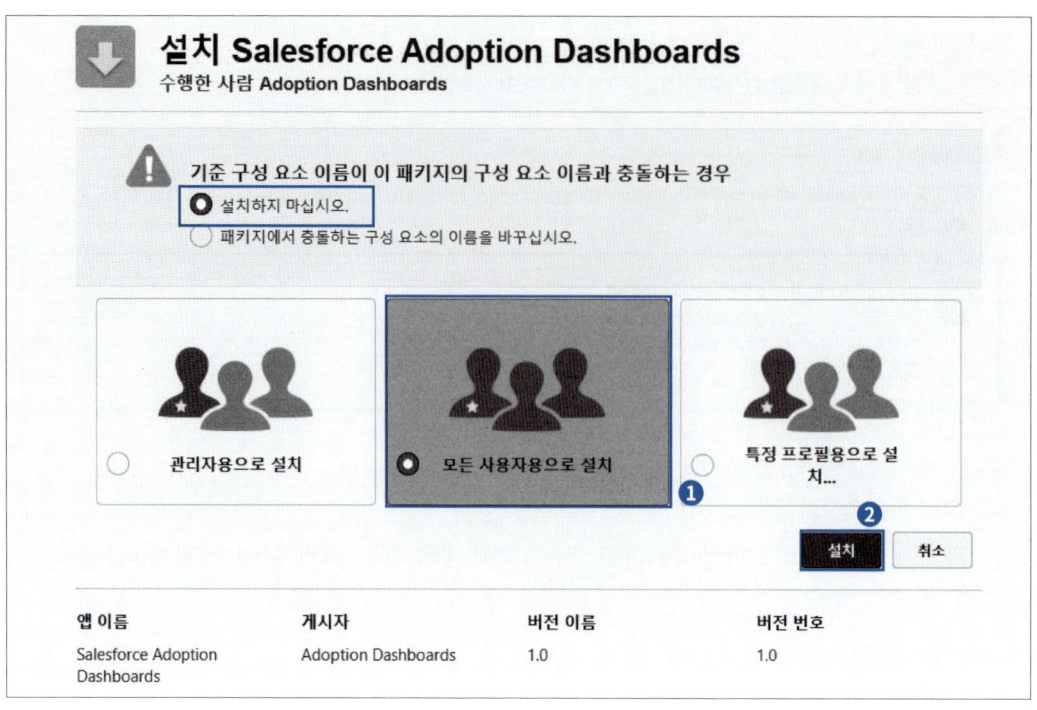

그러면 우선 기존 오그에 새로 설치하려는 패키지가 충돌이 발생하는 경우에 대한 경고이다. 여기서는 기본값 "설치하지 마십시오"를 그대로 하고, 다음으로 해당 패키지를 사용할 대상을 선택하면 된다. 여기서는 "모든 사용자용으로 설치"를 선택(1번)한 후 마지막으로 "설치" 버튼을 눌러서 설치를 진행해보기로 하자.

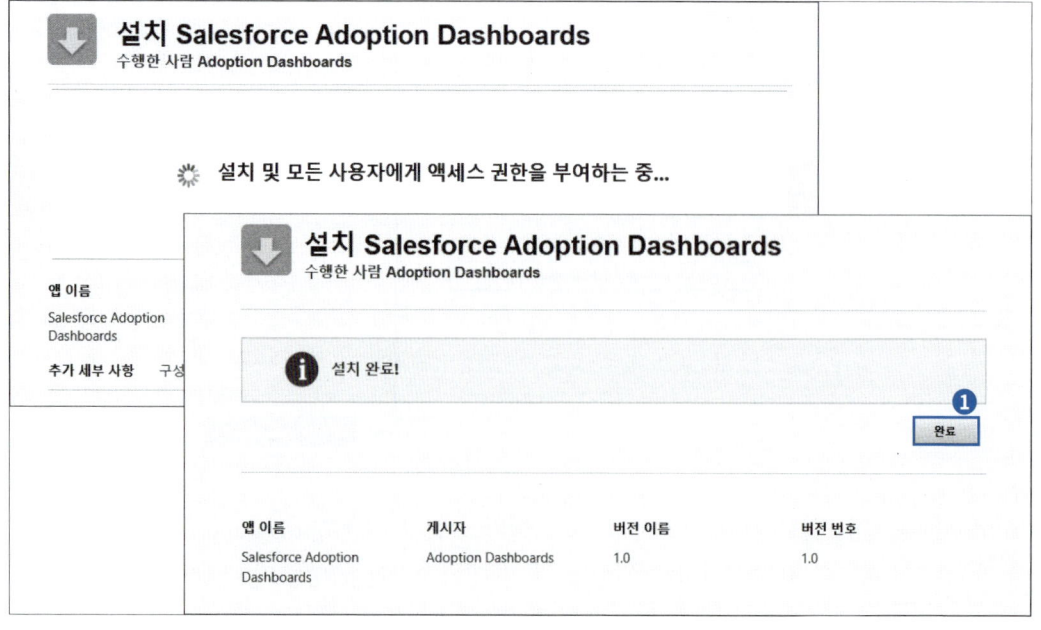

설치 과정이 진행되고 모두 마무리되면, 마지막 화면처럼 "설치 완료" 메시지가 보여지며, "완료" 버튼(1번)을 누르면, 패키지 설치는 마무리된다.

3-3 패키지(Package) 설치 확인

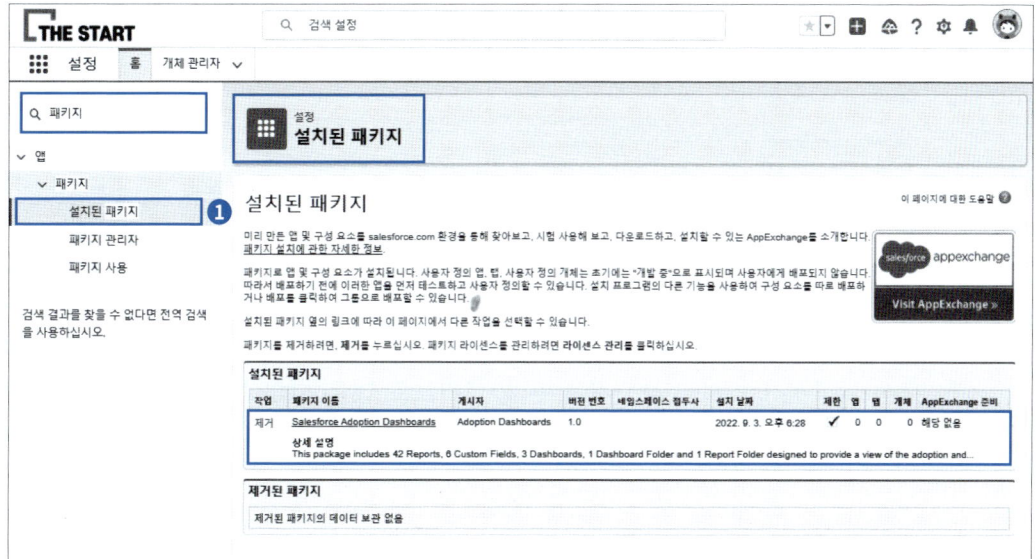

이렇게 AppExchange에서 설치된 패키지들을 확인하기 위해서는 "설정"으로 이동한 후 "패키지"로 검색하면 "설치된 패키지" 항목(1번)이 검색되는데, 이를 선택하면, 현재 오그에 설치되어있는 패키지들을 확인할 수 있으며, 여기에서 설치된 패키지를 제거할 수도 있다.

그리고 설치된 패키지의 정보를 확인할 수 있는데, 상세 설명에서 보면 현재 해당 패키지를 설치함에 따라서 42개의 보고서가 생성되었으며, 6개의 사용자 정의 필드가 추가되었고, 3개의 대시보드가 만들어졌으며, 이를 위해 1개의 대시보드 폴더 및 1개의 보고서 폴더가 만들어졌다는 것을 확인할 수 있다.

이를 확인하기 위해서 보고서와 대시보드 탭으로 이동해보기로 하자.

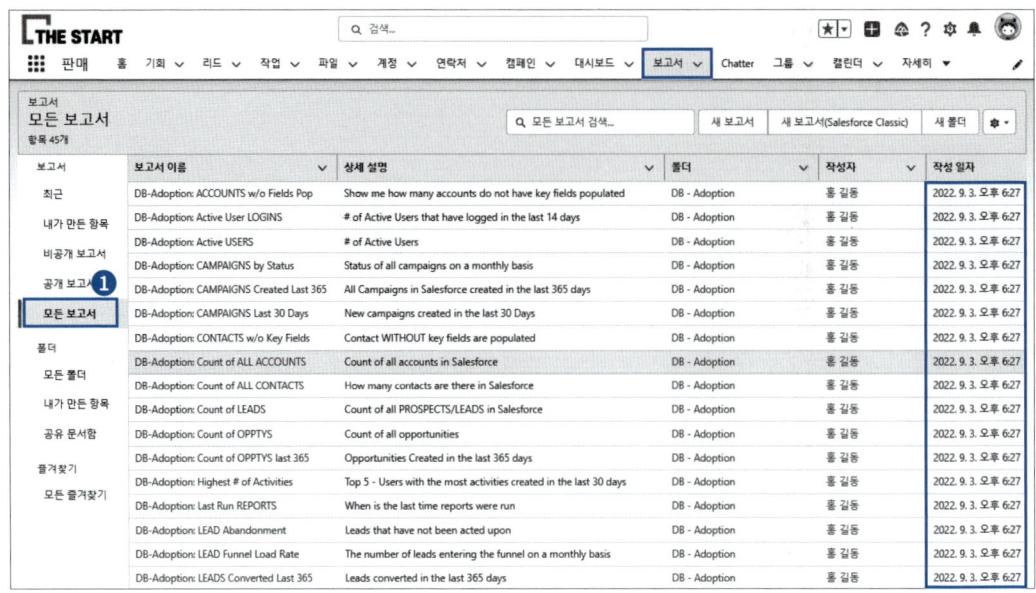

보고서 탭으로 이동한 후 "모든 보고서" 폴더를 선택(1번)하면, 같은 일시에 많은 보고서가 만들어진 것을 확인할 수 있다. 앞에서도 설명했지만, 대시보드(Dashboard)가 만들어지기 위해서는 우선 보고서가 먼저 만들어져야 한다. 그러므로 많은 수의 보고서가 이미 생성되어 있음을 확인할 수 있다.

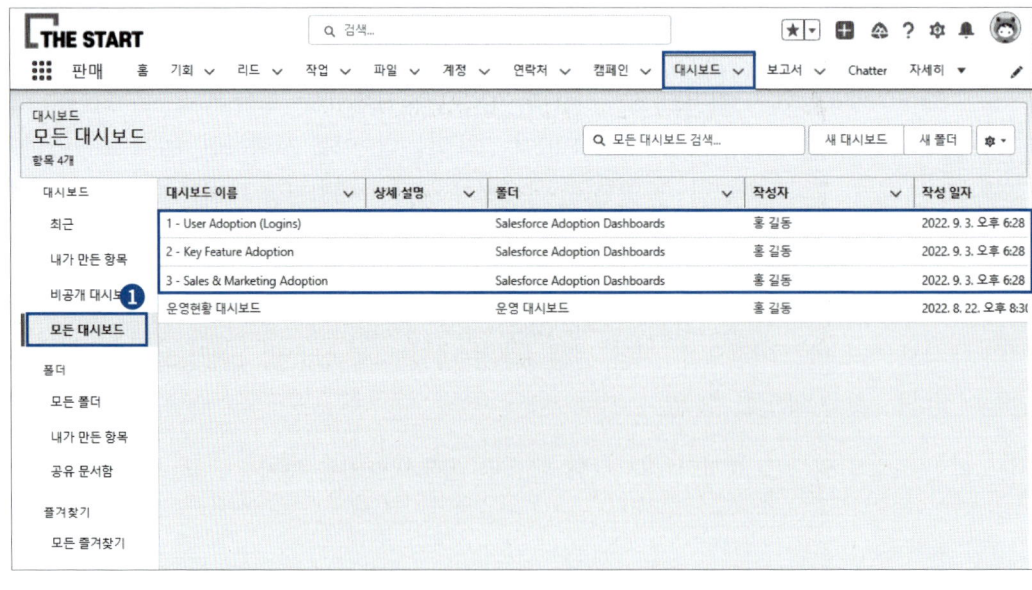

그렇다면 이제 대시보드를 확인해보기로 하자. 대시보드 탭으로 이동하여 "모든 대시보드"를 선택(1번)하면, 역시 새로 만들어진 대시보드를 확인할 수 있다. 첫 번째 대시보드는 "User Adoption (Logins)"로 사용자 계정과 로그인에 관한 정보를 보여주는 대시보드이고, 두 번째 대시보드는 "Key Feature Adoption"으로 계정과 연락처 중심의 활동 내역을 보여주고 있다. 마지막으로 세 번째 대시보드는 "Sales & Marketing Adopotion"으로 리드(Lead)와 기회(Opportunity) 그리고 캠페인에 대한 다양한 정보들을 보여주고 있다.

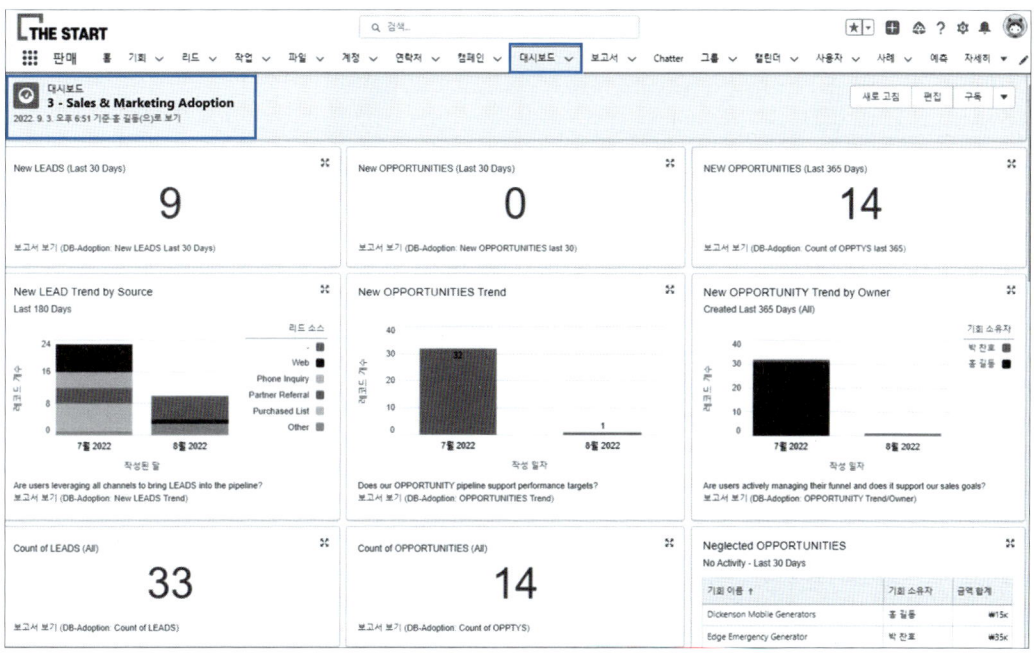

위 대시보드는 세 번째인 "Sales & Marketing Adopotion" 대시보드 화면이다.

3-4 대시보드 적용

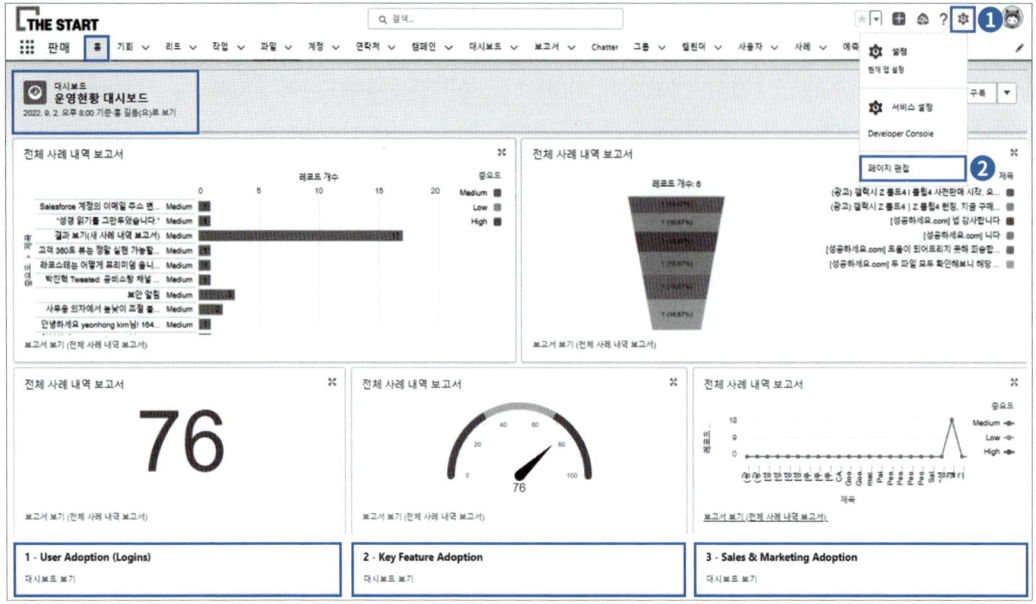

8장 보고서 및 대시보드 편에서 대시보드를 만들고 대시보드를 적용한 페이지를 만든 후에 이 페이지를 판매 앱 홈에 적용해 보았다. 이번에는 위 화면과 같이 기존 대시보드 하위에 3개의 대시보드를 추가해보기로 하겠다.

이를 위해서 우선 판매 앱의 홈에서 "설정" 버튼(1번)을 누른 후 "페이지 편집" 메뉴(2번)를 선택해서 "Lightnign 앱 빌더"로 이동하기로 하자. 우리가 목표로 하는 구성은 기존 영역을 상단으로 두고, 하위에 3개의 분할 영역을 갖는 템플릿으로 변경해서 새롭게 추가된 대시보드들을 각기 영역에 추가하는 것이다.

"Lightning 앱 빌더"에서 가장 먼저 해야 하는 일은 기존에 적용된 템플릿을 새로운 레이아웃을 갖는 템플릿으로 변경하는 것이다. 우리는 기존에 하나의 영역으로 되어 있는 템플릿을 사용했었다. 이를 위해 우선 오른쪽 템플릿 영역에 있는 "변경" 버튼(1번)을 눌러보자. 그러면 "새 템플릿 선택" 대화상자가 나타난다. 그러면 템플릿 목록이 두 개가 나오는데, 마침 우리가 원하는 형태의 템플릿이 존재한다. 그러므로 "머리글 및 3개의 영역" 템플릿을 선택(2번)한 후 "다음" 버튼(3번)을 눌러 다음 단계로 이동한 후 "완료" 버튼을 누른다.

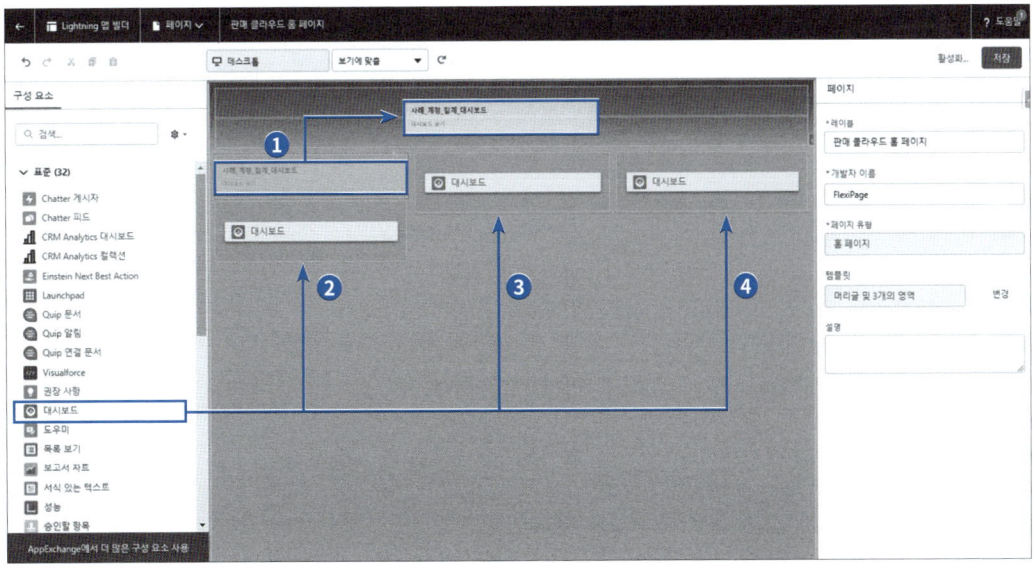

템플릿이 바뀌면서 기존에 있었던 "운영현황 대시보드"는 왼쪽 첫번째 영역으로 이동한 것을 확인할 수 있는데, 우선 이를 상단 영역으로 드래그 앤 드롭(1번)해서 위치를 변경한다. 그러면 상단 영역이 확장되면서 자리를 잡을 것이다. 그러면 하위 3개로 분할된 영역에 가각기 왼쪽의 구성요소 중 "대시보드"를 선택해서 각 영역에 드래그 앤 드롭(2번, 3번, 4번)해서 하위 영역에 대시보드를 추가한다.

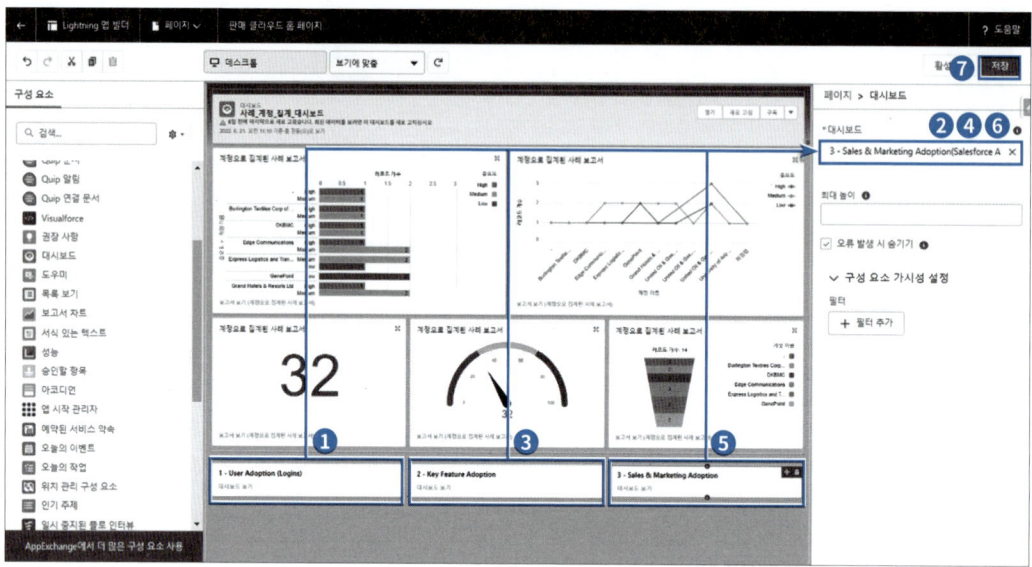

그런 다음 하단 첫 번째 영역의 "대시보드"를 선택(1번)한 후 오른쪽 상단의 "대시보드" 항목으로 이동해서 "1 – User Adoption (Logins)" 대시보드를 선택(2번)하고, 하단 두 번째 영역의 "대시보드"를 선택(3번)한 후 오르쪽 상단의 "대시보드" 항목으로 이동해서 "2 – Key Feature Adoption" 대시보드를 선택(4번)한다. 마지막으로 하단 오른쪽 "대시보드"를 선택(5번)한 후 오른쪽 상단의 대시보드 항목으로 이동해서 "3 – Sales & Marketing Adoption" 대시보드를 선택(6번)한다.

그러면 이제 화면 구성과 대시보드 배치는 모두 마무리되었기 때문에 "저장" 버튼(7번)을 눌러서 변경사항을 저장하도록 하자. 이미 해당 페이지는 활성화되어 있는 상태이기 때문에 저장한 후 다시 활성화를 할 필요는 없다.

그럼 이제 판매 앱의 홈 화면으로 이동해보기로 하자.

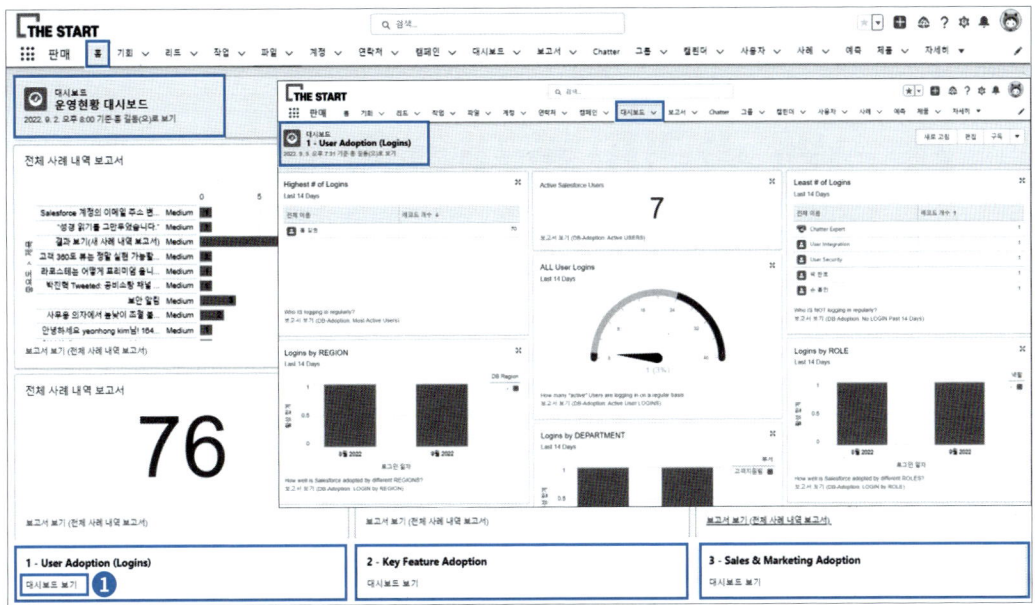

판매 홈 화면으로 이동하면, 기존에 있었던 "운영현황 대시보드"가 상단에 배치되어 있고, 하단에 각 대시보드 링크가 만들어진 것을 확인할 수 있다. 하단에 추가된 대시보드들이 링크만 추가된 이유는 해당 영역이 대시보드를 보여주기 위한 공간이 충분하지 않기 때문이다. 그래서 하단에 대시보드 항목에서 "대시보드 보기" 버튼(1번)을 누르면, 해당 대시보드 페이지로 이동해서 선택한 대시보드를 확인할 수 있다.

4 앱 관리자를 이용한 앱 만들기

 새로운 앱 만들기

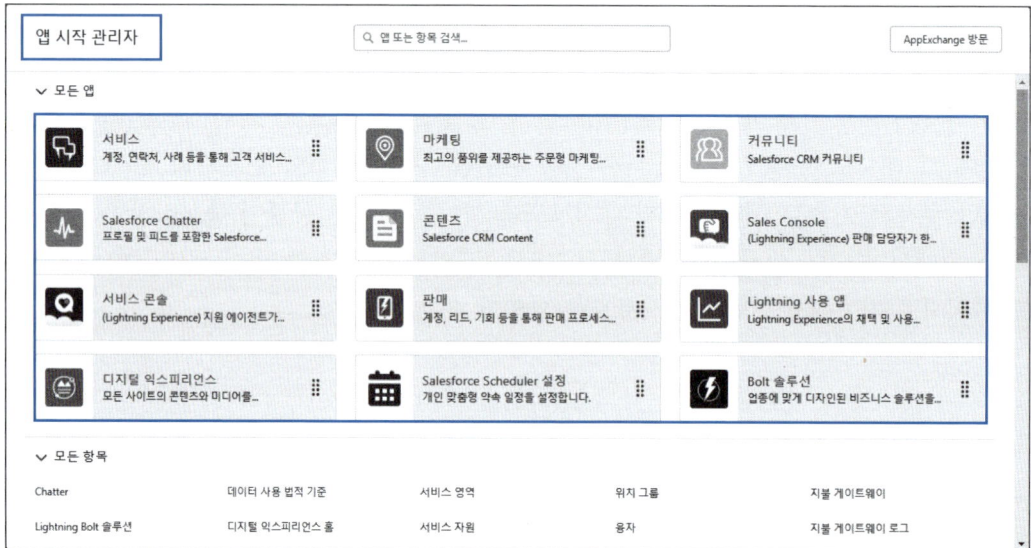

세일즈포스의 오그(Org)에 로그인 한 후 우리는 항상 "앱 시작 관리자"를 통해서 "판매" 앱과 "서비스" 앱 등 원하는 앱으로 이동했었다. 그러나 실제 업무 현장에서는 표준 개체들과 다양한 커스텀 개체(Custom Object)들을 업무적으로 묶어서 사용하게 되는데, 이때 기존에 만들어진 앱이 아닌 독립된 앱을 만들어서 회사의 요구사항을 하나의 앱으로 통합해서 구성할 수 있으며, 회사 전체가 아닌 부문 업무와 관련한 별도의 앱으로 만들어서 필요한 사용자(User)나 역할(Role)에게 제공해야 할 수도 있을 것이다.

이렇게 회사의 상황에 맞는 앱을 구성하기 위해서는 다음과 같이 오그 설정으로 이동한 후 앱 관리자를 사용해야 한다.

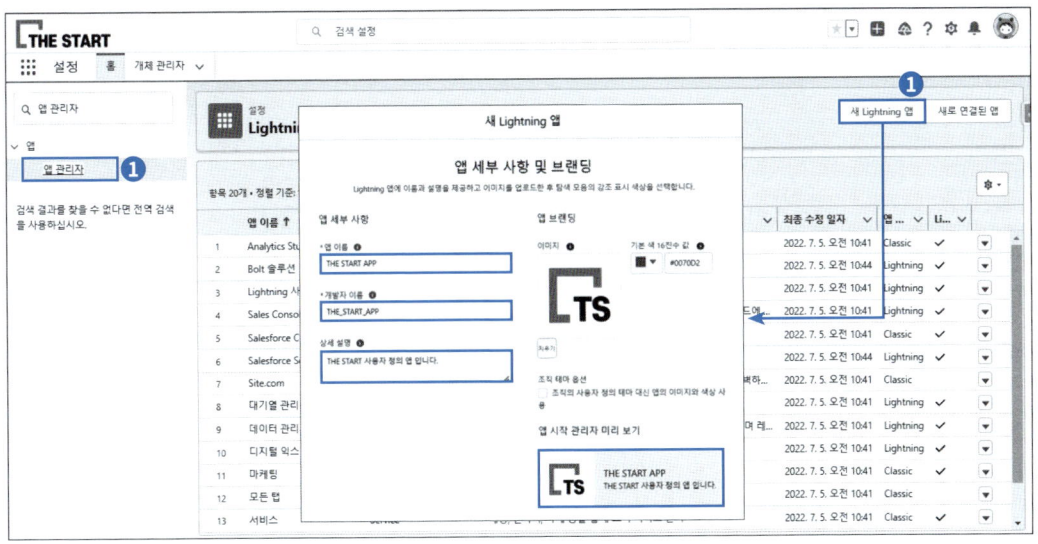

위 화면에서 보면 우선 검색란에서 "앱 관리자"로 검색한 후 "앱 관리자" 항목을 선택(1번) 하면, 현재 오그 내에 등록되어 있는 앱(App)들을 확인할 수 있다. 이 목록은 이전 화면인 "앱 시작 관리자"에서 보여지는 앱들의 리스트 들이다. 여기에서 새로운 앱을 만들기 위해서 화면 오른쪽 상단에 있는 "새 Lightning 앱" 버튼(2번)을 누르면 된다. 그러면 화면이 전환되는데, 화면 단계가 많아서 지면을 많이 차지하게 되어서 첫 번째 화면만 보여주고, 나머지는 글로 단계를 설명하도록 하겠다.

우선 첫 번째 화면에서 "앱 이름"은 해당 앱의 이름이며, 이는 "앱 시작 관리자"와 해당 앱에 들어갔을 때 화면 왼쪽 상단에 노출된다. 그리고 "개발자 이름"은 내부적으로 참조하기 위한 이름으로 API이름이라고 생각하면 된다. "상세 설명"은 해당 앱의 설명으로 "앱 시작 관리자"에 노출된다. 그리고 로고를 등록할 수 있는데, 여기에서 사용되는 로고는 "앱 시작 관리자"에서 보여지는 앱 들의 앞 부분 사각형 이미지이며, 이미지의 규격은 128 * 128이므로 해당 규격에 맞게 로고를 준비해서 업로드하면 된다.

그러면 하단에 "앱 시작 관리자"에 노출될 모습이 미리 보기로 보이게 된다. 다음 버튼을 눌러 다음 단계로 이동하기로 하자.

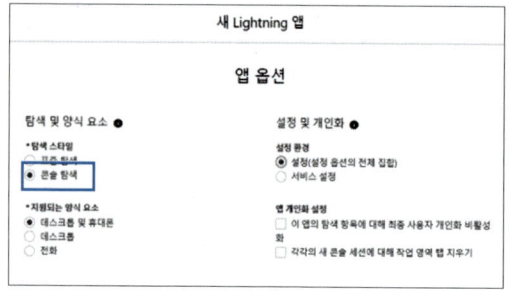 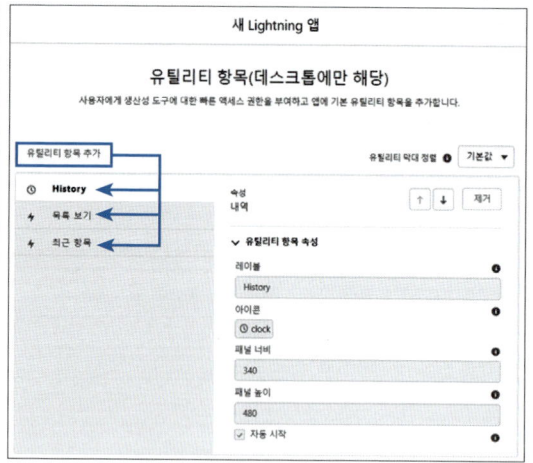

두 번째 단계에서 가장 중요한 옵션은 해당 앱의 기본 탐색 스타일을 무엇으로 할 지를 결정하는 것이다. 여기에는 "표준 탐색"과 "콘솔 탐색" 옵션이 있다. 표준 탐색은 우리가 여태까지 사용해왔었던 기본 인터페이스 즉, 각 개체들이 탭 단위로 나열되는 구조의 인터페이스를 말하고, "콘솔 탐색"은 선택한 레코드를 기준으로 연관된 레코드들이 탭으로 나열되는 구조의 인터페이스를 말한다.

이는 이 책에서 3장 1단원 "세일즈포스 인터페이스"에서 정리했던 "앱(App)과 콘솔(Console)의 차이"에서 언급했던 내용이다.

여태껏 "표준 탐색"은 많이 봤기 때문에 이번에는 "콘솔 탐색"을 선택해보기로 하자.

그리고 다음 화면에서는 브라우저 왼쪽 하단에 바로가기에 추가되는 유틸리티들인데, 익숙해지면 매우 편리하게 사용할 수 있는 기능들이다. 필요하다면 위 화면처럼 "유틸리티 항목 추가" 버튼을 눌러서 추가해보기로 하자.

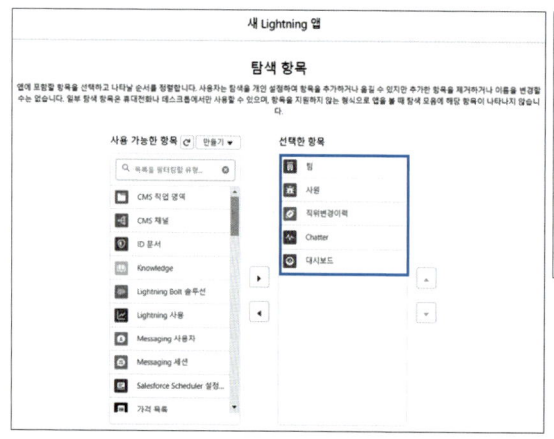 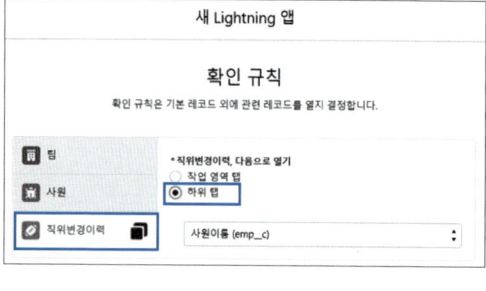

다음 단계는 해당 앱에 기본적으로 포함시킬 탭 목록을 정의하는 단계이다. 이 단계에서는 "팀", "사원", "직위변경이력", "Chatter", "대시보드"를 "선택한 항목"으로 옮겨놓고, 다음으로 이동하면 위 화면 오른쪽에 보이는 것처럼 "확인 규칙" 항목이 나타나는데, 여기에는 콘솔 보기 상태에서 어떻게 콘솔의 세부 상태를 보여줄 지를 선택해야 한다.

첫 번째 "작업 영역 탭"의 경우 선택한 해당 레코드를 중심으로 하위 탭들이 나열되는데 반해서, 두 번째에 있는 "하위 탭"을 선택하면, 해당 레코드의 상위 개체 레코드를 상위 탭에 두고, 선택된 레코드가 해당 탭의 하위 탭으로 표시된다. 이 두 옵션의 차이를 확인해 보기 위해서 위에서는 "팀"과 "사원" 개체의 경우 기본 값인 "작업 영역 탭"으로 그대로 두고, "직위변경이력" 개체의 경우 "하위 탭"을 선택했다.

위 화면의 다음 단계는 지금 만들고 있는 앱에 액세스할 수 있는 프로필을 선택하는 단계로 현재 Salesforce 라이선스는 "홍 길동" 사용자에게 적용된 "시스템관리자" 프로필과 "박찬호" 사용자에게 적용된 "표준 사용자" 프로필 밖에 없으므로 해당 프로필들만 옮기고, "저장하고 끝내기" 버튼을 눌러 앱 설정 및 만들기 작업을 완료하기로 하자.

4-2 앱 실행하기

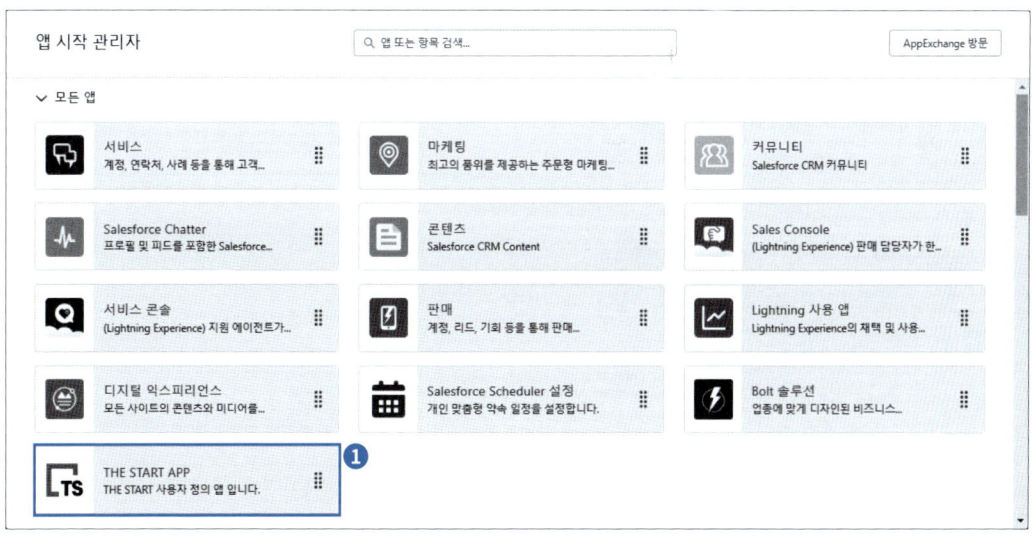

작업을 완료한 후에 "앱 시작 관리자"로 들어가면, 위 화면처럼 "THE START APP"이 다른 앱들과 함께 추가된 것을 확인할 수 있다. 그러면 "THE START APP" 앱을 선택(1번)해서 이동해보기로 하자.

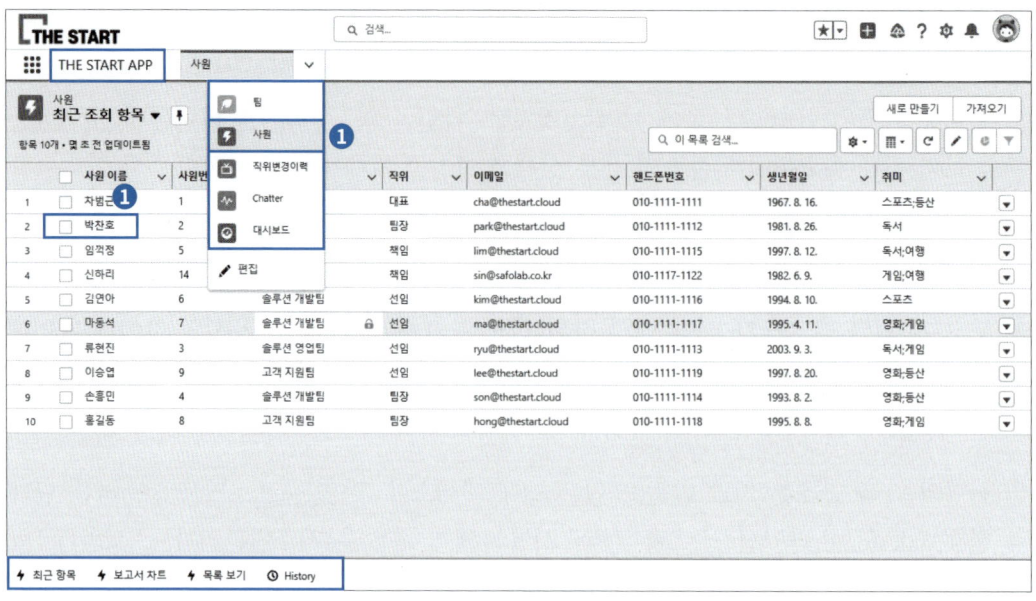

그러면 왼쪽 상단에 "THE START APP" 앱 이름이 보여지며, 모든 개체들이 탭이 아닌 콤보 상자에 리스트로 보여지고 있는 것을 확인할 수 있다. 그러면 이 상태 "사원" 개체를 선택(1번)한 후 목록 보기에서 "박찬호" 사원을 선택(2번)해보기로 하자.

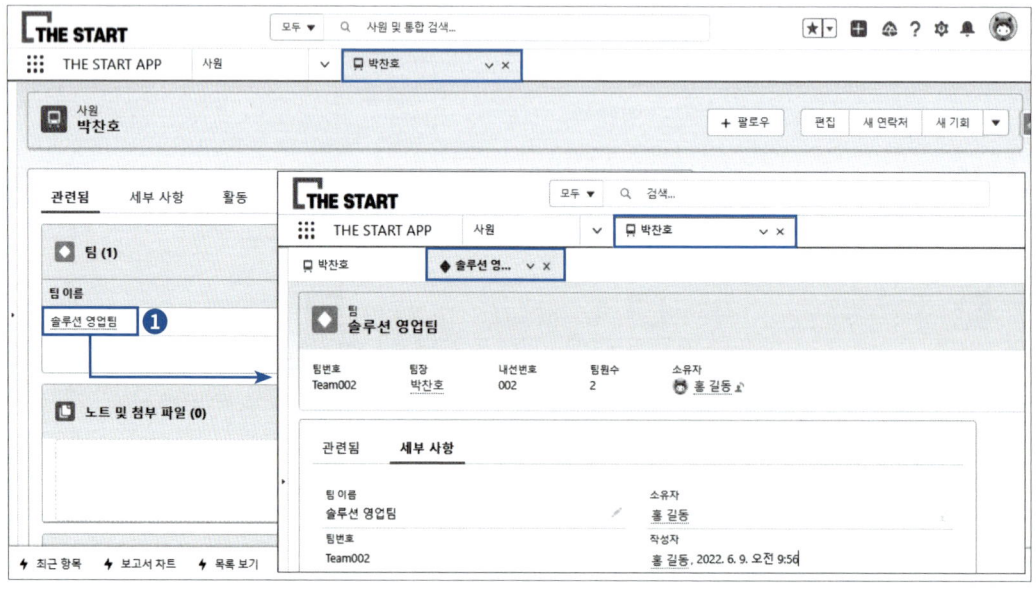

그러면 위 화면에서 상단에 "박찬호" 탭이 생성된다. 그리고 "솔루션 영업팀"을 선택(1번)하면, 여전히 "박찬호" 탭 하위에 "솔루션 영업팀" 탭이 위치하게 된다. 그러므로 이 의미는 가장 먼저 선택한 탭을 중심으로 그 다음 눌러진 레코드들은 모두 그 하위 탭에 표시된다는 것이다.

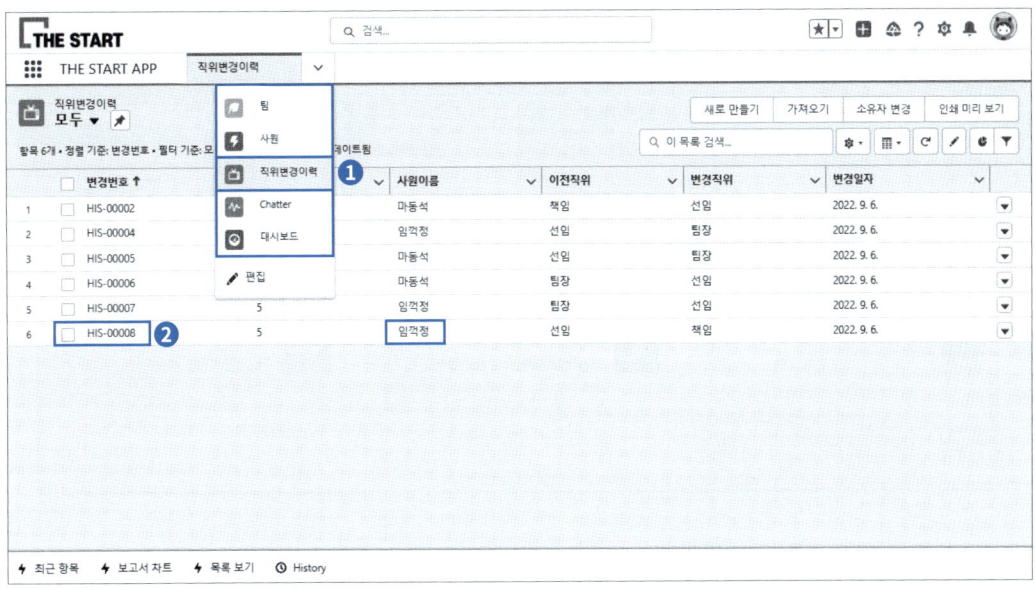

그렇다면 이제는 앞서 앱을 만들 때 "하위 탭" 옵션을 선택했던 "직위변경이력" 개체를 선택(1번)해 보기로 하자. 그러면 사원들의 직위 변경이력 리스트가 보여진다. 여기에서 "임꺽정"의 "변경번호" 필드의 값을 선택(2번)해보기로 하자.

그러면 선택된 김연아의 직위변경이력 레코드가 상위 탭이 되는 것이 아니라 변경이력의 주체인 "임꺽정" 사원이 상위 탭으로, 그리고 선택된 변경이력이 하위 탭에 표시된다. 이것이 바로 "하위 탭" 옵션인 것이다. 언뜻 보았을 때 이 두 옵션의 차이가 크지 않다고 생각할 수 있지만, UI(User Interface) 측면에서 결코 작은 차이는 아니다.

4-3 앱 노출 제어하기

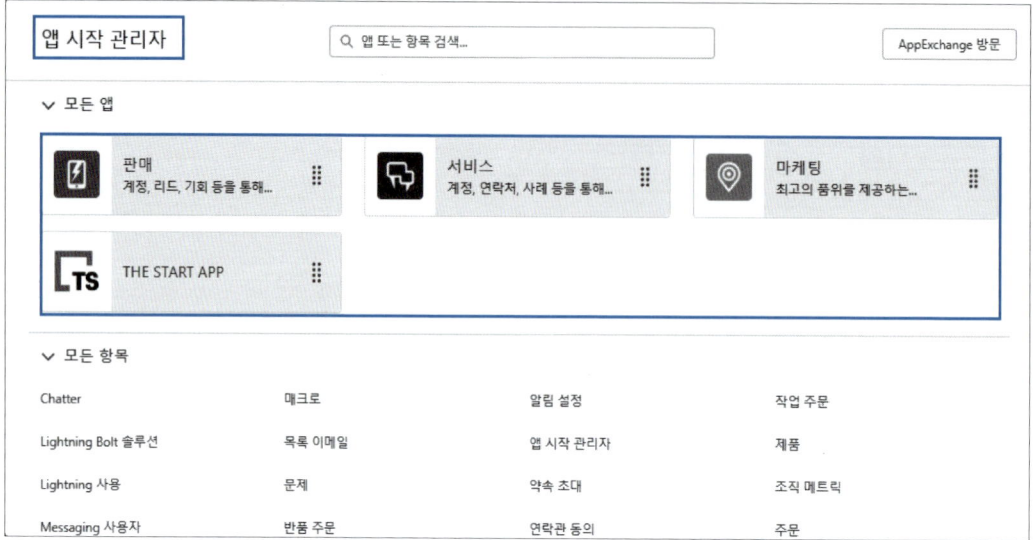

위 화면과 같이 "앱 시작 관리자"에서 노출되는 앱 목록을 제어할 수 있다. 이렇게 되면 복잡해 보이지 않아서 좋은 측면도 있지만, 사용하지 않는 앱을 굳이 노출할 이유도 없는 것이다. 이렇게 앱 시작 관리자에 노출되는 앱 목록을 제어하기 위해서는 아래와 같이 오그 설정으로 이동해야 한다.

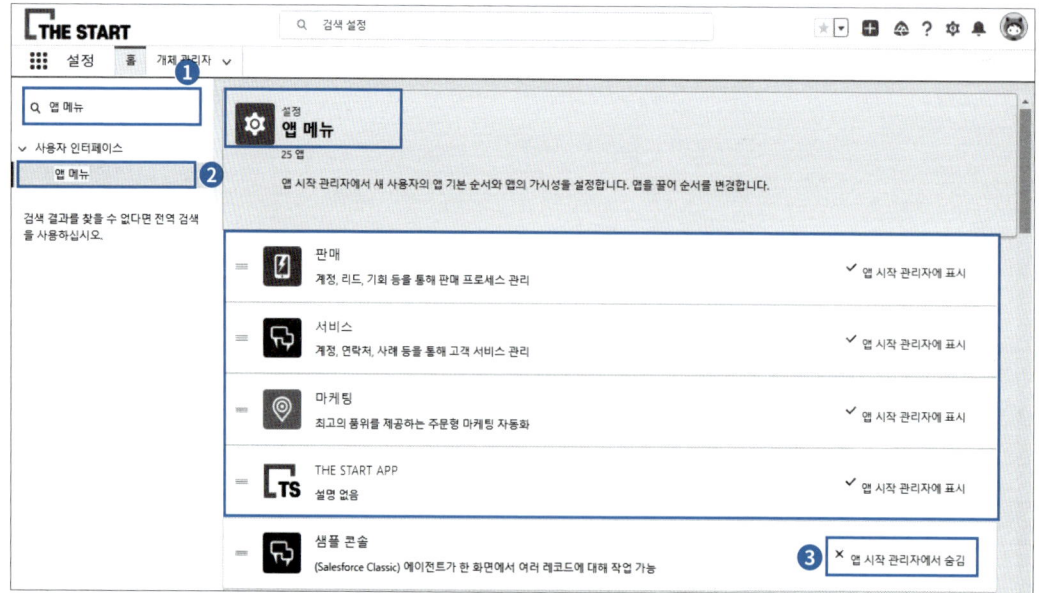

"앱 시작 관리자" 화면에서 노출되는 앱 목록을 제어하기 위해서는 위와 같이 "설정"으로 이동해서 검색란에 "앱 메뉴"를 입력(1번)하면 "앱 메뉴" 항목이 검색된다. 이를 선택(2번)하면, 오른쪽에 앱 목록이 보인다. 이들 중에서 내가 보기 원하는 "판매", "서비스", "마케팅", "THE START APP"은 지금도 노출되고 있으니 그대로 두고, 나머지 모든 앱들은 오른쪽에 있는 "입 시작 관리자에 표시"를 한번 더 눌러(3번) "앱 시작 관리자에서 숨김"으로 텍스트가 변경하게 된다.

그런 다음 다시 "앱 시작 관리자"를 확인해보면, 이전 화면과 같이 "앱 시작 관리자" 화면에서 원하는 앱들만 노출된다.

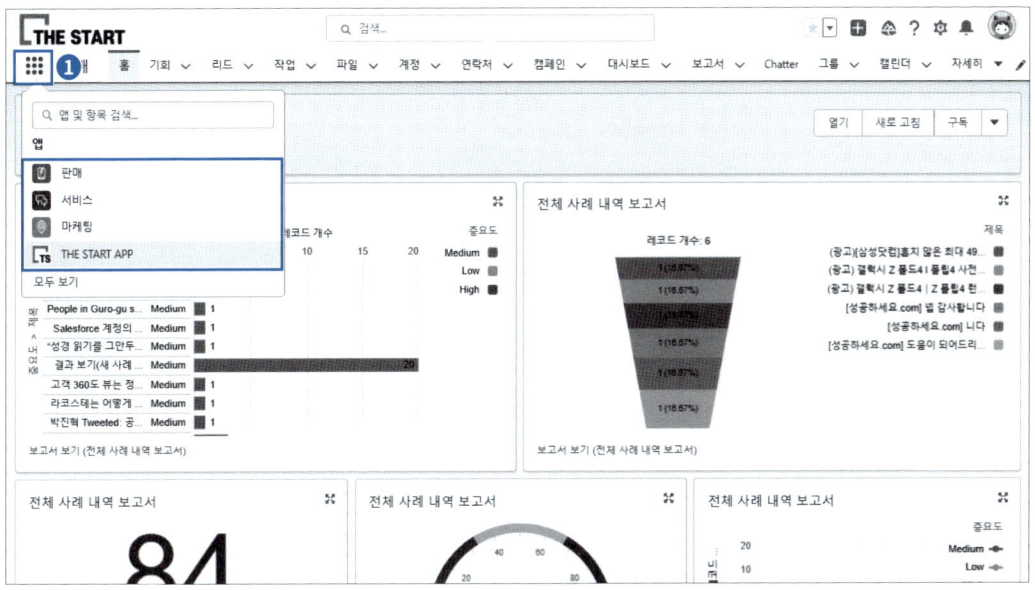

그런데 보다 더 좋은 점은 "앱 시작 관리자"를 실행하기 위해서 아이콘을 선택(1번)하면, 바로 원하는 앱이 목록에 보여지기 때문에 매번 번거롭게 "앱 시작 관리자"로 들어가지 않아도 된다는 장점이 있다. 물론 위 화면에서 노출되는 앱의 순서는 이전 화면인 "앱 메뉴"에서 자주 사용하는 앱을 위로 이동함으로써 목록에서 노출되는 순서를 변경할 수 있다.

5 기타

5-1 ORGanizer for Salesforce 사용

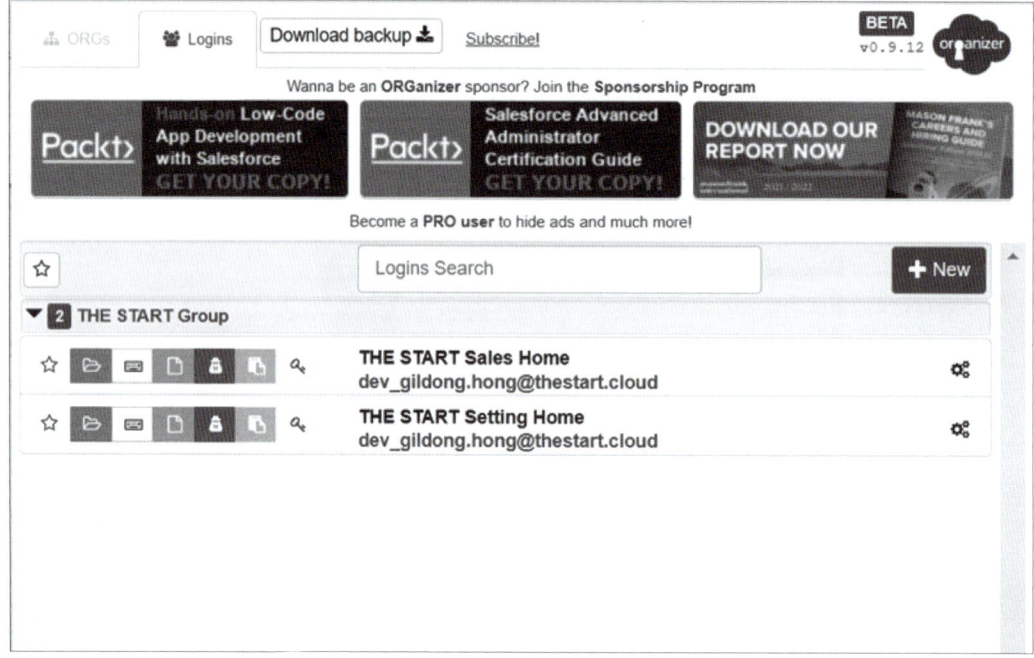

세일즈포스를 업무에 맞게 사용하는 일반 사용자들의 경우 지정된 "사용자 이름"과 "비밀번호"를 입력하는 방식으로 세일즈포스에 연결하면 큰 문제는 없다. 그러나 회사에서 세일즈포스를 운영 및 관리해야하는 관리자나 또는 개발자들의 경우 한 회사를 담당하더라도 기본적으로 "개발 오그", "샌드박스 오그", "프로덕션 오그"로 연결해서 작업을 해야 하는데, 이를 "사용자 이름"으로만 구분하게 되면 로그인 할 때 간혹 헷갈리는 경우가 발생하게 된다.

물론 브라우저에서 연결 오그(Org)마다 북마크를 해두어 혼란스러움을 줄이기는 하지만, 관리해야하는 오그가 늘어난다면 역시 이러한 방법도 한계가 있을 수밖에 없다. "ORGanizer for Salesforce"는 바로 이렇게 여러 사이트를 관리하거나 개발 작업을 수행하는 IT엔지니어들에게 편리함을 제공해주는 유틸리티이다.

해당 유틸리티는 Chrome 브라우저의 확장 프로그램으로 제공되며, 이를 설치하기 위해서 Chrome 웹 스토어(https://chrome.google.com/webstore/category/extensions?hl=ko)로 이동한다.

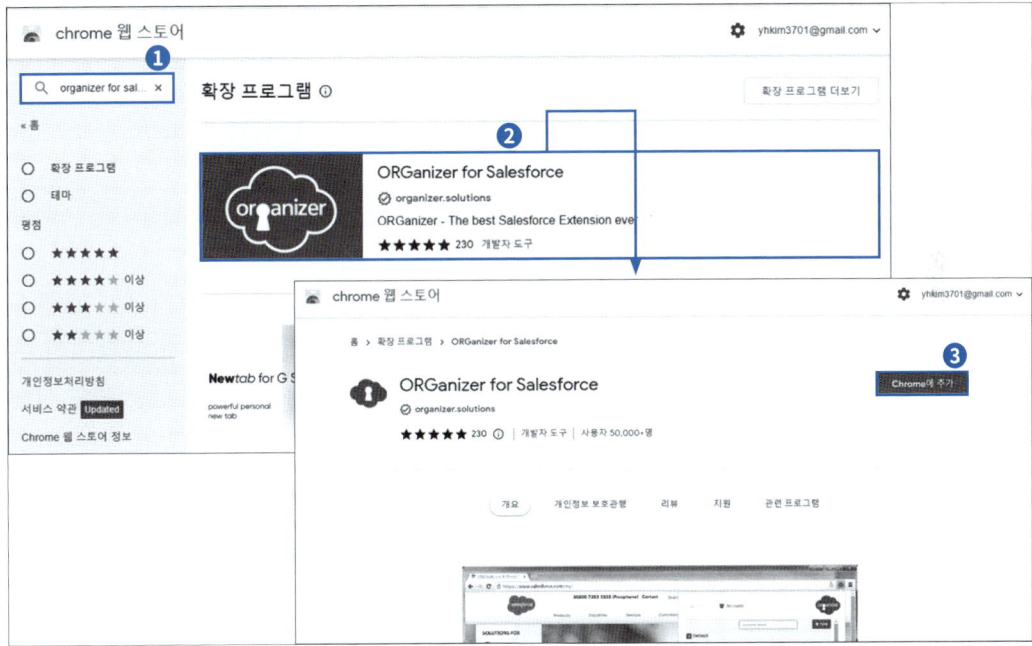

Chrome 웹 스토어에서 "ORGanizer for Salesforce"로 검색(1번)하면 위 화면과 같이 확장 프로그램이 검색되며, 이를 선택(2번)하면 "ORGanizer for Salesforce" 소개 페이지로 이동한다. 여기에서 "Chrome에 추가" 버튼(3번)을 누르면, 확인 단계를 지나서 브라우저에 추가된다.

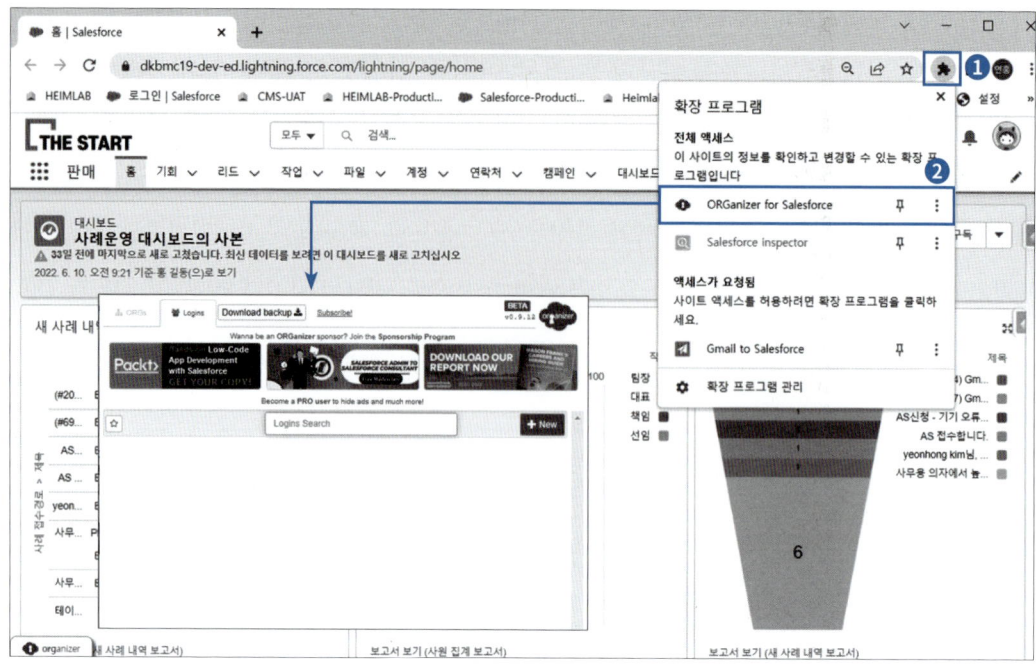

추가가 완료된 상황에서 "ORGanizer for Salesforce"를 실행하기 위해서 브라우저 오른쪽 상단에 있는 "확장 프로그램" 아이콘을 선택(1번)하면, 위 화면과 같이 확장 프로그램 목록이 보여지며, 여기에서 "ORGanizer for Salesforce"를 선택(2번)하면 프로그램이 실행된다.

그러면 이제 여러분들이 관리하고 있는 오그에 대한 연결 정보를 등록해야 하는데, "+ New" 버튼(2번)을 누르면, 이제 연결 설정을 위한 화면이 나타난다.

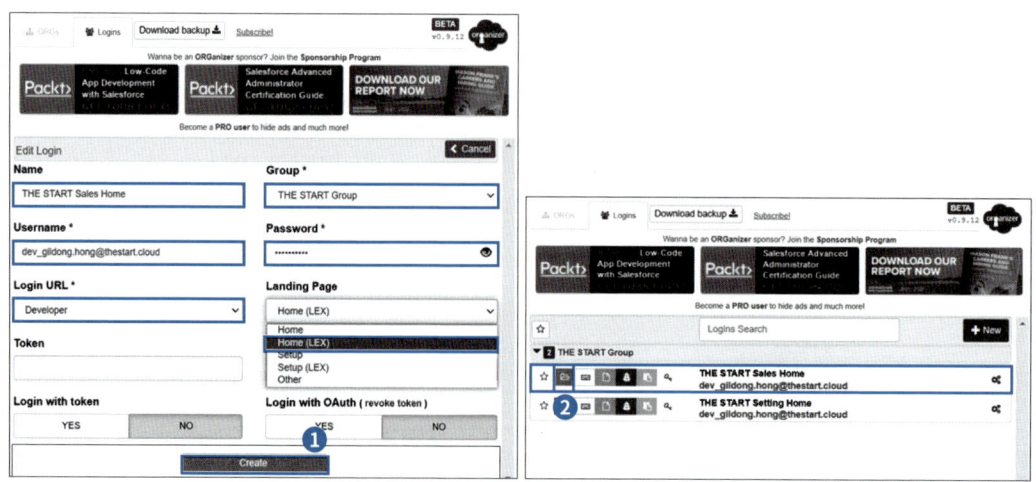

위 화면에서 왼쪽은 연결에 대한 설정 정보를 입력하는 곳이다. 여기서 "Name"열은 사용자 이름이 아니라 이 연결에 대한 이름이다. 그러므로 의미있는 이름을 써주어야 한다. 여기서는 "THE START Sales Home"이라고 입력했다. 그리고 "Group"열은 동일한 사이트의 오그(Org)가 여러 개인 경우 다른 오그들과 구분하기 위한 것이며, 여기서는 "THE START Group"으로 입력했다.

여기서 중요한 항목은 당연히 "Username"과 "Password"이다. 그리고 Login URL은 "Production", "Sandbox", "Developer", "Other" 중에 하나를 선택하는데, 우리는 개발자 오그(Org)를 사용하고 있기 때문에 "Developer"를 선택했다.

그리고 "Landing Page"는 "Home(LEX)"과 "Setup(LEX)"가 있는데, "Home(LEX)"을 선택해서 연결을 등록하면, 로그인 할 때 판매(Sales) 앱의 홈 화면으로 바로 이동한다. 상대적으로 "Setup(LEX)"는 설정의 홈 화면으로 이동하게 된다. 여기서 "LEX"는 Lightning Expreience의 약자이다.

이렇게 입력이 완료되면 "Create" 버튼(1번)을 눌러서 설정을 저장하면, 해당 연결 정보가 등록된다. 그러면 이제 연결을 위해서 "Open in new tab" 버튼(2번)을 누르면, 해당 브라우저에서 새로운 탭이 추가되면서 해당 오그의 판매 홈으로 연결된다.

연결이 확인됐다면, 추가로 설정(Setup) 홈에 연결할 수 있는 구성을 등록해보기로 하자. 이름은 "THE START Setting Home"로 하고 동일한 옵션으로 등록하면 된다.

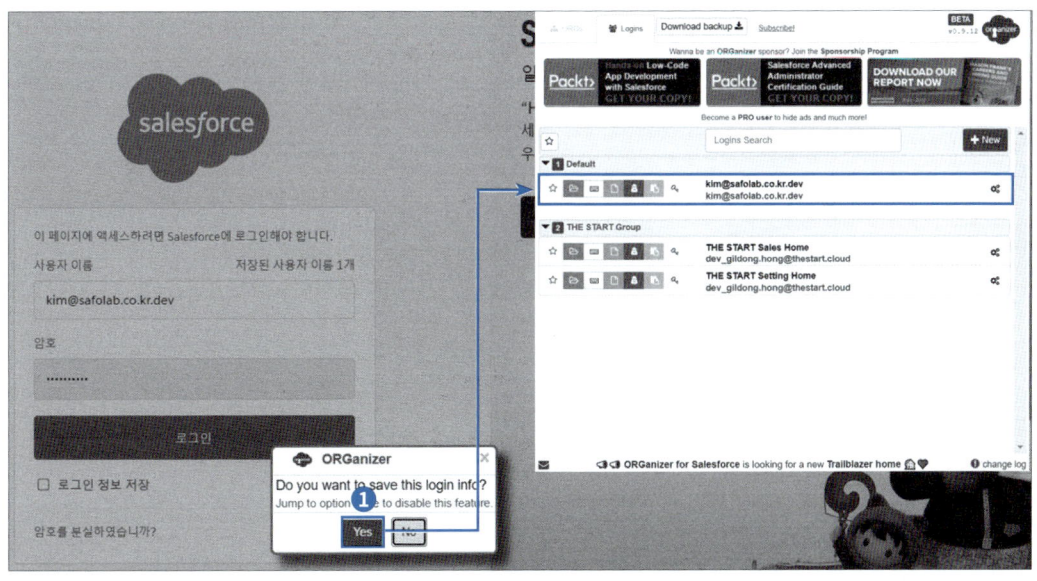

그리고 위 화면은 "ORGanizer"에 등록되지 않은 오그(Org)에 로그인을 시도하는 경우 이렇게 해당 오그의 사용자를 등록할 것인지를 자동으로 물어본다. 여기에서 "Yes"를 누른 다음 다시 "ORGanizer"를 확인해보면, 해당 오그(Org)에 연결하기 위한 정보가 자동으로 등록된 것을 확인할 수 있다.

추가로 이와 비슷한 유틸리티로 "Salesforce Logins by Synebo"도 있으니 같은 방법으로 추가해서 사용해 보기로 하자.

5-2 레코드 삭제 후 복원 : 휴지통

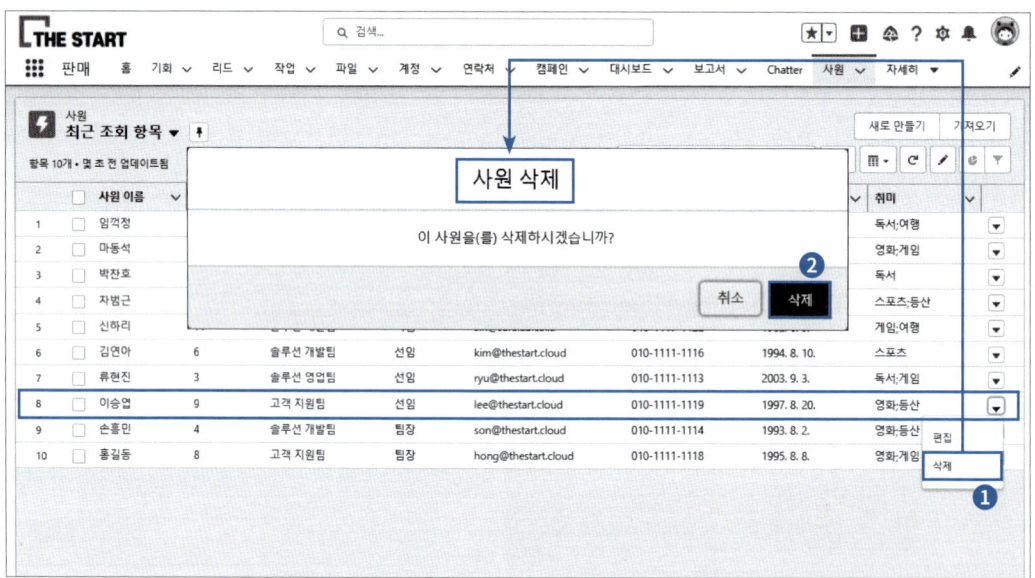

업무적으로 의도했든, 아니면 실수이던 간에 레코드 즉, 데이터는 삭제될 수 있다. 이러한 상황에서 가장 손쉽게 대응할 수 있는 방법은 "휴지통"을 이용하는 것이다. "휴지통"에서 연상되는 것과 같이 세일즈포스에 있는 레코드를 삭제하는 경우 이는 영구히 삭제되는 것이 아니라 잠시 그러니까 15일 동안은 해당 데이터가 "휴지통"에 옮겨지게 된다.

위 화면에서는 "이승엽" 사원 레코드 끝에 있는 콤보 상자에서 "삭제" 메뉴(1번)을 선택한 후 "삭제 확인" 대화 상자에서도 "삭제" 버튼(2번)을 눌러서 완전히 삭제하는 모습이다. 이 경우 목록 보기에서 데이터는 사라진다. 하지만, 영구히 삭제된 상황은 아니다. 그러면 휴지통으로 이동해 보기로 하자.

휴지통으로 이동하기 위해서는 앱 시작 관리자에서 휴지통을 검색하면, 바로 이동할 수 있다.

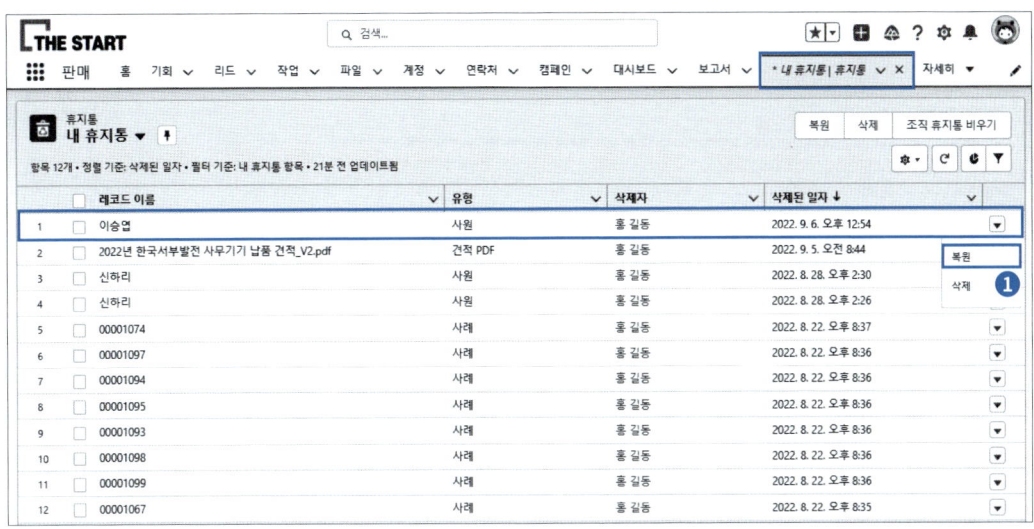

휴지통으로 이동하면, 방금 전 삭제했던 "이승엽" 레코드가 있는 것을 확인할 수 있다. 이를 복원하기 위해서는 끝부분 콤보 상자를 누른 후 "복원" 메뉴(1번)을 누르면 된다.

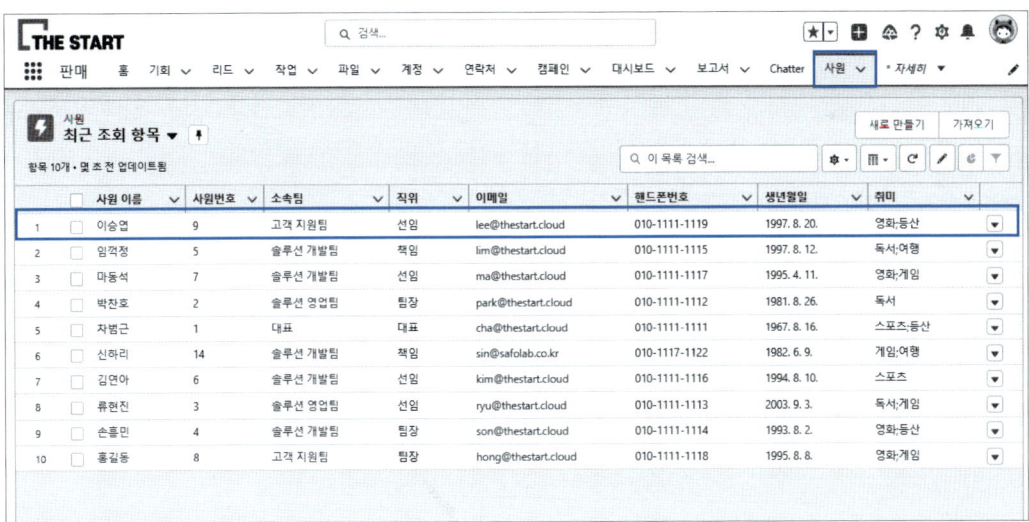

그러면 위 화면 처럼 "이승엽" 사원이 다시 목록 보기(List View)에 있는 것을 확인할 수 있다. 이러한 휴지통의 용량은 세일즈포스 오그(Org)의 저장소 용량에 영향을 미치지 않는다. 더불어 이렇게 삭제된 데이터는 15일 이내에 다시 복원할 수 있다. 그러나 15일이 지나면 자동으로 휴지통에서 제거된다.

5-3 인쇄하기

(1) 목록 보기에서 인쇄하기

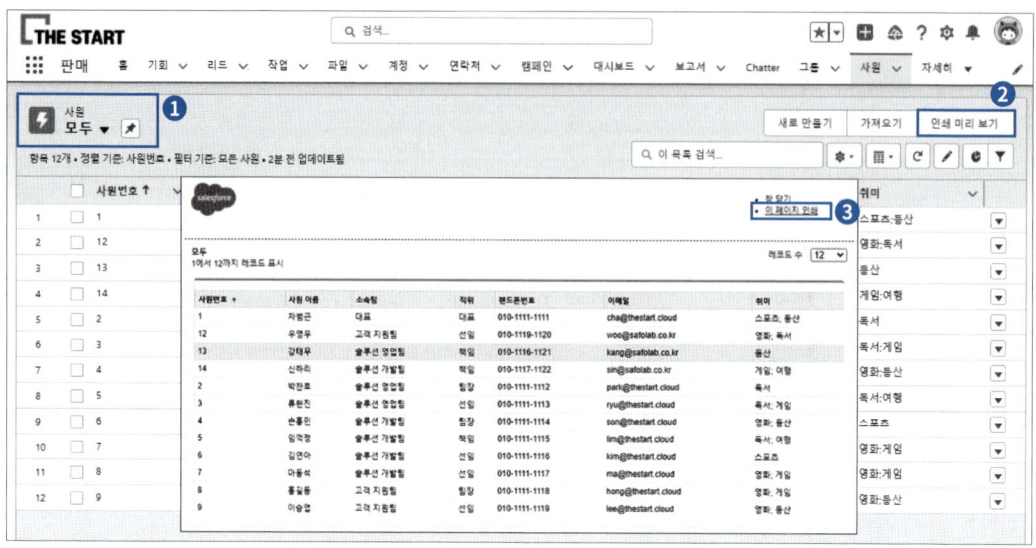

목록 보기에서 보여지는 데이터들을 바로 인쇄할 수 있다. 이를 위해서는 우선 "모두" 보기를 선택해야 하는데, "최근 조회 항목"에서는 오른쪽에 있는 "인쇄 미리 보기" 버튼이 보이질 않는다. 그러므로 우선 "모두" 보기를 선택(1번)하고, "인쇄 미리 보기" 버튼(2번)을 누르면, 가운데 보이는 것처럼 출력 페이지가 보인다. 여기에서 오른쪽 위에 있는 "이 페이지 인쇄" 링크(3번)을 누르면, 인쇄 대화상자가 나타나서 출력을 할수 있다.

(2) 레코드 인쇄하기

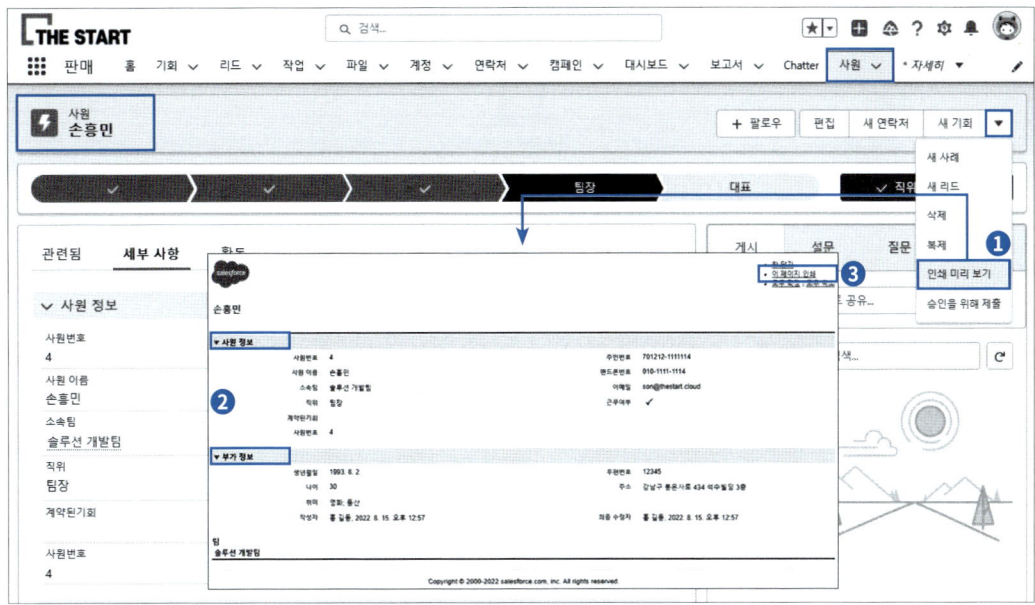

특정 레코드를 선택하면, 레코드 페이지로 이동하게 되는데, 이때 "인쇄 미리 보기" 메뉴(1번)를 선택하면, 세부 사항 페이지와 해당 레코드와 연관된 항목들이 하위에 출력된다. 여기서 재미있는 것은 섹션(2번)을 누르면, 섹션을 접을 수도 있다. 이 상태에서 "이 페이지 인쇄" 링크(3번) 누르면, 해당 섹션이 접힌 상태로 출력된다.

chapter
11
이메일 연동 및 AppExchange

01 다음 중 세일즈포스에서 Outlook과 Gmail 연동을 해야 하는 이유는 무엇인가?

① 세일즈포스는 메일을 발송할 수 있는 기능이 없기 때문이다.
② 세일즈포스는 메일을 수신할 수 있는 기능이 없기 때문이다.
③ 세일즈포스는 메일을 편집할 수 있는 기능이 없기 때문이다.
④ 세일즈포스는 메일을 삭제할 수 있는 기능이 없기 때문이다.

02 다음 중 Outlook과 Gmail 연동을 통해서 도착한 이메일을 특정 개체의 특정 레코드에 등록한 후 수행할 수 있는 일이 아닌 것은 무엇인가?

① 등록된 레코드의 세부 사항을 수정할 수 있다.
② 등록된 레코드에 Chatter를 등록할 수 있다.
③ 등록된 레코드의 활동을 등록할 수 있다.
④ 등록된 레코드의 "관련됨"을 통해 관련 개체들을 확인할 수 있다.

03 다음 중 Outlook과 Gmail 연동을 통해서 새로 만들 수 있는 개체가 아닌 것은 무엇인가?

① 새 연락처(Contact)　　　② 새 기회(Opportunity)
③ 새 계정(Account)　　　　④ 새 리드(Lead)

04 다음 중 세일즈포스에서 다양한 솔루션을 거래할 수 있는 마켓 플레이스를 무엇이라고 하는가?

① 앱 스토어　　　　　　　② 앱 플레이 스토어
③ 앱 세일즈 스토어　　　　④ 앱 익스체인지

05 다음 중 앱의 탐색 스타일로 선택된 레코드를 기준으로 연관된 레코드들이 탭으로 나열되는 구조의 탐색 스타일을 무엇이라고 하는가?

① 기본 탐색　　　　　　　② 표준 탐색
③ 연관 탐색　　　　　　　④ 콘솔 탐색

06 다음 중 브라우저 하단에 내역(History), 최근 항목, 보고서 차트, 목록 보기 등 빠른 액세스를 위한 항목을 추가하는 것을 무엇이라고 하는가?

① 퀵 파인더　　　　　　　② 바로가기
③ 탐색 항목　　　　　　　④ 유틸리티

07 다음 중 실수로 레코드를 삭제했을 때 이를 복원할 수 있는 기능을 무엇이라고 하는가?

① 휴지통　　　　　　　　② 백업
③ 스냅샷　　　　　　　　④ 리마인드

08 다음 중 실수로 레코드를 삭제하는 경우 이를 복원할 수 있는 기간은 삭제일로부터 며칠인가?

① 5일　　　　　　　　　② 10일
③ 15일　　　　　　　　　④ 20일

1	2	3	4	5	6	7	8
②	②	③	④	④	④	①	③

INDEX

$
$Record 506
$Record__Prior 506

A
AppExchange 571

C
Chatter 추가 381
Chrome 웹 스토어 467
Classic UI 103
CRM(Customer Relationship Management) 7

D
Data loader 455

E
Email to Case 301

G
Gmail 연동 561
Google Workspace 563

H
Heroku(히로쿠) 6

I
IaaS(Infrastructure as a Service) 5

K
Korea User Group 18

L
Lightning Login 30
Lightning UI 103
Lightning 앱 빌더 381
Lightning 앱 빌더 369

O
OAuth 2.0 459
ORGanizer for Salesforce 592
Outlook 연동 552
OWD(Organization Wide Default, 오그(조직) 전체 기본값) 59

P
PaaS(Platform as a Service) 5
Password Authentication 459
Process Builder 486
Production 환경 459

S
SaaS(Software as a Service) 5
Salesforce Authenticator 27
Salesforce Inspector 467
Sandbox 환경 459
SOQL(Salesforce Object Query Language) 465
SQL(Structured Query Language) 465

T
TODAY() 함수 343

U
UAT(User Acceptance Testing)	459

W
Web to Case	294
Web to Lead	161
Web-to-Case HEML 생성기	295
WorkFlow Rule	486

Y
YEAR() 함수	343

가
가격 목록(Price Book)	201
가격 목록(Price Book) 생성	210
간판 보기	102
강조 패널	391
개발자 에디션(Developer Edition)	19
개인 정보	37
개체 관리자(Object Manager)	326
거부 프로세스(Reject Process)	543
검색 레이아웃	363
게시(Post)	128
견적(Quote) 내기	226
견적(Quote) 동기화	232
견적(Quote) 수정	229
견적(Quote) 활성화	225
경로 설정	397
경로(Path)	395
계정(Account)	169
고객(Customer) 360	11
고객생애가치(LTV, Life Time Value)	8
공개 그룹(Public Group)	65
공유 규칙(Sharing Rule)	66
관련 연락처(Related Contact)	173
권한 집합 그룹(Permission Set Groups)	73
권한 집합(Permission Sets)	73
그룹(Group)	134
글로벌 검색(Global Search)	94
기회 관련 개체(Opportunity Related Object)	200
기회(Opportunity)	112
기회(Opportunity)의 단계	190
깔때기(funnel)	190

나
내 암호 변경	39
노트 및 첨부 파일	220
뉴스(News)	179

다
다단계 인증 (MFA, Multi-Factor Authentication)	28
대기열 할당 규칙(Queue Assignment Rule)	312
대기열(Queue)	309
대시보드(Dashboard)	427
대시보드(Dashboard)에 차트 추가	429
데이터 가져오기 마법사(Data Import Wizard)	442
데이터 내보내기	451
데이터 내보내기 - 예약	454
데이터 유형(Data Type)	330
디버깅(Debugging)	507

라
라이선스	48
라이선스	77
라이트닝 플랫폼(Lightning Platform)	14
레이아웃	369
레코드 대량 삭제	479

레코드 대량 전송	475
레코드 유형(Record Type)	398
레코드 트리거형 플로	500
롤업 요약 필드	350
리드 변환(Lead Conversion)	151
리드 변환(Lead Conversion)	158
리드 육성	145
리드(Lead)	111, 145

마

마스터 목록(Master List)	201
마스터-세부 사항 관계	345
마케팅(Marketing)	249
멀티 테넌트 클라우드(Multi Tenant Cloud)	6
목록 보기(List View)	96
목록 보기(List View) 새로 만들기	99
목록 보기(List View) 필터링	97
목록 보기(List View) 형식	101
목록 보기(List View)에서 차트보기	425
문자 코드	446

바

방문/통화 기록(Log a Call)	118
병합 필드	258
병합 필드	525
병합 필드	526
보고서(Report)	408
보고서(Report) 공유	419
보고서(Report) 구독	417
보고서(Report) 내보내기	415
분할 보기	102

사

사례 할당 규칙(Case Assignment Rule)	270
사례(Case)	263

사용자 이름(Usern ame)	78
사용자 이름(Username)	21
사용자 정의 개체 보고서 활성화	421
사용자 정의 탭	355
사용자 정의 프로필	85
사용자 정의 프로필(Custom Profile)	70
사용자(User)	76
새 Lightning 페이지 만들기	433
서비스 클라우드(Service Cloud)	12
서비스 클라우드(Service Cloud)	264
선택 목록 필드	341
선택 목록(다중 선택) 필드	344
설문(Poll)	130
세일즈포스 경제(Salesforce Economy)	9
세일즈포스 모바일 앱	31
소유자 변경	198
소유자(OwnerId) 필드	336
수식 필드	342
슈퍼 셋(Super Set)	17
슈퍼뱃지(Superbadge)	17
스키마 빌더(Schema Builder)	353
스트림(Stream)	136
승인 프로세스(Approval Process)	523
시스템 관리자 프로필	69
시스템 관리자 프로필	71
싱글 테넌트 클라우드(Single Tenant Cloud)	6

아

아인스타인(Einstein)	15
암호 다시 설정	79
앱 관리자	584
앱 메뉴	590
앱 시작 관리자(App Launcher)	92
앱(App) 만들기	584
앱(App)과 콘솔(Console)	105

언어 및 표준 시간대	40
업무 프로세스 관리 (BPM, Business Process Management)	8
에스컬레이션 규칙(Escalation Rule)	316
여러 사용자 추가	80
역할(Role)	62
연결된 계정	574
연락처 역할(Contact Role)	218
연락처(Contact)	171
예측(Forecast) 활성화	233
오그(Org, Organization)	20
온프레미스(On-Premise)	4
유틸리티	586
이름(Name) 필드	336
이메일(Email)	21
이메일(Email)	124
이벤트(Event)	120
인쇄하기	598
임의의 사용자 로그인	83

자

자동 번호 필드	337
자동 번호 필드	340
작성자(CreatedById) 필드	336
작업 영역 탭 옵션	587
작업(Task)	115
제품 목록(Product List)	201
제품(Product)	201
제품(Product) 등록	202
조회 관계	348
질문(Question)	132

차

체터(Chatter)	127
최종 수정자(LastModifiedById) 필드	336
축소 레이아웃	393

카

캠페인 구성원(Campaign Member)	255
캠페인(Campaign)	249
캠페인(Campaign) 계층	251
콘솔 탐색 옵션	586
클라우드(Cloud)	5

타

탭 추가	379
테마 및 브랜딩	55
테이블 보기	101
텍스트 필드	339
통화 설정	48
트랜잭션(Transaction)	8
트레이블레이저(Trailblazer)	16
트레일헤드(Trailhead)	16

파

파트너(Partner)	177
판매 클라우드(Sales Cloud)	12
판매 프로세스(Sales Process)	110
패키지(Package) 설치	573
페르소나 기법(Persona Method)	145
페이지 레이아웃	174
페이지 레이아웃	328
페이지 탭 추가	386
페이지 템플릿 변경	385
페이지 템플릿 변경	385
페이지 활성화	434
포린키(Foreign Key)	345
표시할 필드 선택	361
표준 가격 목록(Standard Price Book)	201
표준 가격 목록(Standard Price Book)에 제품 등록	209
표준 사용자 프로필	69

표준 사용자 프로필	72
표준 탐색 옵션	586
표준 프로필(Standard Profile)	69
프로필 복제	85
프로필(Profile)	68
플로 빌더(Flow Builder)	486
플로 빌더(Flow Builder)	500
플로(Flow) 버전	521
플로(Flow) 오류 경로 추가	512
피드 추적	382
피드(Feed)	129

하

하위 탭 옵션	587
할당 관리	75
향상된 목록	372
확인 규칙(Validation Rule)	351
확인란 필드	347
활동 허용 옵션	377
활동(Activity)	114
휴먼 에러(Human Error)	486
휴일 등록	53
휴지통	596